변이의 축제

조앤 러프가든 지음
노태복 옮김

Evolution's Rainbow

by Joan Roughgarden

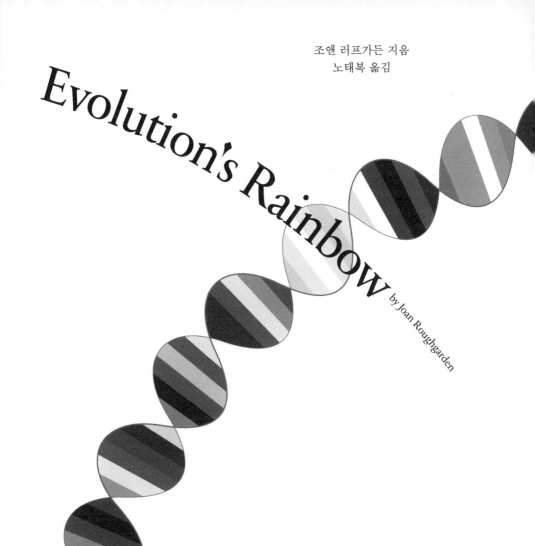

변이의 축제

다양성이 이끌어온
우리의 무지갯빛 진화에 관하여

갈라파고스

거리의 누이들에게

세상의 모든 누이에게

세상의 모든 사람에게

추천의 말

나도 모르게 갇힌, 그 좁은 틀에서 탈주하는 즐거움

한채윤 | 비온뒤무지개재단 상임이사

흔히 창조론과 진화론은 서로 대립하는 이론이며, 창조론은 종교적이고 진화론은 과학적이라고 말한다. 하지만 어떤 면에서 창조론과 진화론은 꽤 닮은 점이 많다. 자연 속의 수컷이 생존에 불필요한 특징(가령 공작새의 화려한 꼬리)이라도 암컷의 선택을 받기 위해 굳이 발달시킨다는 다윈의 성선택 이론은 신이 아담과 이브를 만드셨으니 남녀가 교제하여 자녀를 낳고 가정을 꾸리는 것이 창조 질서라는 주장과 크게 다르지 않다. 다른 성별끼리는 성적으로 끌리고, 같은 성별끼리는 성적으로 경쟁한다는 틀을 동일하게 전제해놓았기 때문이다. 모든 생명체가 생존을 위해 애쓰고, 종족 유지를 가장 중요한 목표로 삼는다고 말하는 진화론은 신이 인류에게 '생육하고 번식하라'고 명령하셨다는 창조론에 비유해서도 해석할 수 있다. 사실은 그렇다. 동성애자와 트랜스젠더 입장에서 보자면 진화론이나 창조론이나 존재를 억압하는 용도로 쓰인다는 점에서 별반 차이가 느껴지지 않는다. 조앤 러프가든이 "우리는 존재하지 말아야 할 존재이며 우리의 실체는 과학, 종교 그리고 관습에 의해 부정된다. 이론적으로 우리는 문젯거리다. 하지만 우리는 존재한다"라고 쓴 문장에 나는 밑줄을 긋지 않을 수 없었다. 과학에서든 종교에서든 '이미 존재하고 있다'는 가장 중요한 특징을 간과하고 객관성과 합리성, 그리고 모든 인류의 역사에 적용될 보편성을 획득할 수는 없다. 전혀 자연적이지 않은 것, 정말 신이 창조하지 않은 것은 이 세상에, 우리 곁에 '존재'할 수는 없을 테니 말이다.

　이 책이 가진 탁월한 가치는 바로 이 지점에 있다. 혹자는 책에 생물학자로서의 전문적 견해보다 트랜스젠더로서의 저자의 입장이 너무 강하게 들어간 게 아니냐고 투덜댄다. 하지만 그동안 '시스젠더 헤테로섹슈얼(태어날 때 지정된 성별대로 살아온 이성애자)' 학자들이 써낸 책을 보면서도 이러한 의심의 눈초리를 던진 적이 있는가? '이성애자라서 너무 이성애 중심적으로만 해석한 건 아닐까?', '성별이분법에 갇혀서 분석한 것은 아닐까?' 하고 말이다. 다윈은 성별이 진화에 어떤 영향을 미치는지에 주목했다는 점에서 그 위대함을 칭송받아 마땅하다. 하지만 성선택 이론이 이 세상엔 암수라는 단 두 개의 성별만 있다고 전제하고, 암컷은 튼튼한 수컷을 원하고 수컷은 자신의 유전자를 남기기 위한 건강한 암컷만을 선택한다고 주장하며, 성별이 수시로 바뀌는 동물과 암컷과 교미하지 않는 수컷 동물도 있다는 엄연한 사실을 못 본 척 지워버리는 것은 명백한 잘못이자 오류다.

　조앤 러프가든은 바로 이 지워진 존재까지 포함해서 동물과 인간 전체를 자연의 진화 과정 내에서 설명하고자 했다. 방대한 자료를 아주 꼼꼼하게 보고, 편견을 갖지 않으려 스스로 끊임없이 노력해야만 하는 힘든 작업이다. 우리가 얼마나 오랫동안 성별이분법에 갇힌 이성애 중심적인 글만 읽었는지를 떠올린다면, 50대에 접어들어 드디어 스스로를 긍정하고 트랜스젠더로서 살기를 결심한 이 용감한 생물학자가 세상에 하고픈 말이 얼마나 많을지 짐작하기 어렵지 않을 것이다. 언뜻 책이 무겁고 두껍게 보이겠지만 기존 학계의 권위에 도전하고 새로운 시야를 확보해 더 넓은 세상을 보여주려고 한 시도라는 걸 생각한다면 도리어 책의 두께가 너무 얇게 느껴진다.

저자가 자신의 위치를 뚜렷하게 밝히고 흔들림 없이 자신이 보고 느끼고 배우고 깨달은 것을 하나하나 차분하게 정리한 것이 이 책의 엄청난 미덕이다. 인간은 모두 자신이 선 자리에서 세상을 볼 수밖에 없다. 평생을 뛰어다닌다고 해도 모든 걸 볼 수 없기에 우리는 책을 통해 또 다른 세상을 간접 체험한다. 그렇기에 이 책은 방 안에서 떠나는 낯선 세계로의 여행 상품으로도 충분하다.

특별히, 이 책의 또 다른 장점으로 인간에 대한 저자의 '확고한 따뜻함'을 꼭 짚고 싶다. 조앤 러프가든은 "사회과학자들은 사람은 생물학적으로 똑같지만 사회가 차이를 만들어냄으로써 다양성이 생긴다고 여긴다"라고 비판하며 생물학적으로도 다양성이 얼마나 넘쳐나는지를 알려준다. 하지만 생물학적 다양성을 아는 것만으로는 충분하지 않다. 일전에 어느 학회에서 한 생물학자가 '생물학의 관점으로 보자면 성별은 너무 다양하기 때문에 사회적 성평등은 불가능하다'는 내용으로 발표하는 것을 들은 적이 있다. 이 학자는 차이 자체가 차별의 원인이라고 생각한 듯하다. 즉, 다양성을 아는 것과 다양성의 가치를 아는 것은 완전히 다른 일이다. 조앤 러프가든은 이 책에서 사회학자들의 편견에 맞서 존재는 사실 생물학적으로도 다양하다고 반박하려는 것이 아니다. 저자는 이미 존재하는 생명들에 대한 사랑과 신뢰가 가장 중요하다는 것을 강조한다. 이 책은 진심으로 그렇게 믿고 있기에 가능한 저술이고, 그래서 아름답다.

마지막으로 독자들에게 이 책을 읽는 팁을 하나 드린다면, 굳이 첫 페이지부터 읽지 않아도 된다는 것, 아무 페이지나 먼저 펼치고 읽기 시작해도 된다는 것이다. 어차피 어느 페이지를 펴든 흥미로운 이야기에 빠져들게 될 것이고, 더 잘 이해하고 싶은 마음에 글의 앞부분으로 돌아가서 다시 차근차근 읽고 있는 자신을 발견할 테니 말이다. 책이 워낙 두꺼워서 책을 집어 드는 것 자체가 하나의 도전일 수도 있지만, 그 도전은 '아니, 이게 사실은 이런 거였다고?'라는 놀라움과 함께 오랜 고정관념이 깨어지고 편견에서 벗어나는 경험을 선사할 것이다. 이런 즐거움을 누릴 수 있는 책을 만나기란 쉽지 않다.

『변이의 축제』는 2010년에 『진화의 무지개』라는 제목으로 출간되었었다. 당시 큰 주목을 받았으나 아쉽게 절판되었고, 이후로 주위 사람들에게 책을 추천해도 구할 수가 없다고 해서 아쉬웠던 차에 다시 출간된다는 소식이 너무 반갑고 기뻤다. 이제 흥미롭고 놀라운 이야기가 가득한 여행을 더 많은 독자가 떠날 수 있게 되었다. 부디 즐거운 책 읽기 시간을 누리시길 바란다. 저자의 따뜻함과 친절함과 함께.

차례

2013년판 서문

출간한 지 십 년이 지났어도 『변이의 축제: 다양성이 이끌어온 우리의 무지 갯빛 진화에 관하여(원제: Evolution's Rainbow: Diversity, Gender, and Sexualty in Nature and People)』는 자연 세계와 인간 세계에서 섹슈얼리티sexuality(성행위라는 뜻으로서의 sex가 성기, 성교 중심의 생물학적 의미인 데에 반해, sexuality는 성생활, 성적 지향을 비롯하여 심리적 · 사회적 · 문화적 등 여러 측면에서 인간의 성 활동을 포괄하는 개념이다. — 옮긴이)와 젠더gender 표현이 얼마나 다양한지를 여전히 잘 보여준다. 어느 정도 이 책의 변함없는 가치는 이 다양성의 범위를 한 권에 담아냈다는 데 있다.

또 다른 가치는 이 책의 접근법이 생물학적이라는 데 있다. 반면에 섹슈얼리티와 젠더에 관한 대다수의 책은 인문학 내지 의학적 측면에서 접근한다. 나의 접근법은 만약 화성인 생물학자가 지구에 찾아온다면 취할 방법이다. 지구에 처음 도착한 화성인은 인간을 포함한 이곳의 동물들에게서 다양성을 파악하려고 이리저리 둘러볼 것이다. 이 책을 읽을 때 여러분은 젊은 다윈이 되었다고 상상해보기 바란다. 대다수 사진에서 나오는 수염이 수북한 나이 든 사상가가 아니라 "세상에 뭐가 있는지" 발견하려고 하는 젊은이(갈라파고스섬에 도착해서, 기이하고 놀라운 생명체들에 감탄하는 다윈) 말이다. 섹슈얼리티와 젠더 분야에 들어서면 놀라운 사실을 많이 알게 된다. 여러분의 과제는 다양성을 자세히 살펴서, 그걸 설명하지 않고 인정하며 나중의 논의를 위해 그 주제를 테이블에 올려놓는 것이다. 나는 탐험에 나선 생물학자의 마음가짐으로 이 책을 썼다. 마치 1800년대의 사람들 또는 지금 지구를 방문할지 모를 화성인의 자세였다. 나는 수컷 및 암컷의 행동에 대한 상투적인 설명이 동물계에 적합하지 않다는 것을 간파하고서 그것이 인간 세계에도 맞지 않다고 보았다. 그래서 진실을 알기 위한 노력으로 이 책을 썼다.

이 책은 기존의 과학이 젠더와 섹슈얼리티의 다양성을 설명하기에 부적합하다는 것을 집중적으로 조명한다. 오늘날의 과학자들은 "변혁적인" 연구에 관심이 있다고 하며, 미국 정부의 주요 과학 자금 지원 기관 및 일부 민간 재단 들은 이 목적에 부합하는 연구를 지원하겠다고 주장한다. 하지만 변혁적인 학문 분야는 두 종류(확장적인 학문과 전복적인 학문)이다. 확장적인 연구는 쉽게 열광하게 되지만, 대체로 위험성이 크다. 하지만 만약 성공한다면 온갖 질문에 답할 수 있다. 확장적 연구는 신기술을 개발하거나 장기적인 실증적 문제들에 신기술을 적용하는 경우 등을 주로 가리킨다. 전복적 분야도 확장적 연구만큼이나 변혁적일 수 있다. 하지만 열정적인 반응 대신에, 방어적이고 적대적인 반응이 어김없이 뒤따른다. 어느 누구도 자신이 아끼는 이론이 내팽개쳐지고, 폐기된 낡은 생각이 되길 원하지 않는다. 『변이의 축제』는 변혁적이며 전복적이다. 전복적 학문을 위한 주요한 도구는 비판이다. 물론 변혁은 재구성이 전복의 뒤를 이을 때라야 완성된다. 재구성을 위한 나의 노력은 이 책의 후속작인『상냥한 유전자』에 고스란히 담겨 있다.[1]『변이의 축제』는 이제 시작되고 있는 재구성을 위한 발판을 마련해준다.

이 책은 "보편적인" 수컷 · 암컷의 젠더 역할에 관한 유서 깊은 이론을 비판하는데, 그 이론은 바로 다윈이 "성선택"이라는 이름으로 1871년경에 썼던 내용이다.[2] 이 설명은 수컷을 보편적으로 문란한 존재로, 암컷을 늘 까다롭고 수줍어하는 존재로 묘사하는 대중 언론과 자연 다큐멘터리를 통해 여러분이 이미 잘 아는 내용일지도 모른다. 이러한 수컷과 암컷의 특성들은 가령 왜 공작이 멋진 꼬리를 갖고 있는지를 설명하기 위해 등장했다. 문란한 공작들이 자신의 꼬리를 암컷 공작에게 뽐내면, 암컷은 그중에서 가장 아름다운 수컷을 짝으로 선택한다는 것이다. 이 책은 동물 사회의 진실과 직면할 때 이런 고정관념이 얼마나 터무니없는지를 밝혀낸다. 이 책에서 시작되는 나의 비판에 응하여 많은 생물학자들은 성선택을 다시 정의하며, 문란한 수컷과 수줍은 암컷과 같은 성 역할을 더 이상 언급하지 않도록 하고 있다. 성선택은 더욱 포괄적인 개념으로 재정의되고 있는데, 이제는 암수에 관한 일반적 특성에 대해 말하지 않고 짝짓기 경쟁으로 인해 진화되는 특성만을 말할 뿐이다.[3] 이렇게 수정된 정의는 이 책이 비판하는 초기의 성 역할 버전보다 훨씬 나아진 개념이다. 이 수정 개념은 이 책과 나의 후속 저술이 촉발한 성선택의 건강한 재구성이라고 나는 여긴다. 물론 이처럼 재구성된 성선택 이론도, 만약 짝짓기 경쟁에 대한 반응으로 진화했다고 여겨진 특성들이 사실은 자연선택의 어떤 다른 형태, 가령 『상냥한 유전자』에서 기술하는 암컷과 수컷의 협력에 의해 진화되는 것이었다면, 틀릴 수 있다. 수정된 버전의 성선택 이론이 보편적으로 인정될지 여부는 현재 생물학의 열린 연구 주제이다.

『변이의 축제』는 현재 브라질 포르투갈어와 한국어로 번역되어 있으며, 『상냥한 유전자』는 프랑스어로 번역되어 있다. 또한 재능 있는 그래픽 아티스트 그웬 지멜은 이 책에서 논의한 여러 동물 종을 담은 멋진 그림책

『자연에 대한 죄악』을 쓰기도 했다.[4] 기존의 독자들처럼 여러분도 『변이의 축제』를 재미있게 읽고서 새로운 통찰을 얻기를 바란다.

2013년 4월 17일

하와이의 카파아섬에서

조앤 러프가든

2009년판 서문

『변이의 축제』는 현재 인간 이외의 동물 및 인간에게 존재한다고 알려진 성, 젠더 그리고 섹슈얼리티의 광범위한 다양성을 파헤쳤다. 책이 처음 출간된 2004년에만 해도, 동물 사회의 동성애 섹슈얼리티의 정도는 생물학자들 사이에서조차 잘 알려져 있지 않았다. 젠더 다양성, 성 역할 뒤바뀜, 성 바뀜과 같은 다른 현상들은 훨씬 덜 알려져 있었다. 일반 대중은 물론이고 생물학과 학부생들은 교과서와 자연 다큐멘터리에 속아서 이성애적 이분법을 '자연의 길'이라고 여기고 있었다. 오늘날은 상황이 나아지기 시작했다. 가령, 젠더와 섹슈얼리티 다양성을 주제로 일반 대중을 위한 전시회가 2006년에 노르웨이 오슬로 대학의 자연사박물관에서 열렸고, 2008년에는 뉴욕시의 성 박물관에서 열렸다. 또한 2008년에 미국의 레즈비언 · 게이 수의학협회는 2007년 워싱턴 D.C. 연례회의에서 내가 했던 강연을 DVD로 만들어 출시했다. 아마존닷컴을 통해 배포된 이 DVD의 제목은 〈동물계의 성적 다양성Sexual Diversity in the Animal Kingdom〉이다. 성과 젠더 다양성의 정도에 관한 정보가 상식이 되려면 앞으로 수십 년이 더 지나야 할지 모르지만, 마침내 지니가 램프 밖으로 나온 셈이다.

　　오늘날의 과제는 생물학적 본성에 관한 우리의 관점을 뒤집을 이러한 다양성의 의미를 파헤치는 일이다. 젠더와 섹슈얼리티에 관한 표준적인 진화론적 설명은 "성선택"이라는 주제에 관한 찰스 다윈의 저술에서 처음 나왔으며, 이 특정한 저술 내용(그의 진화론 전반이 아니라)은 새로운 정보에 의해 도전을 받고 있다. 2004년에 내가 도달한 결론에 의하면, 이 다양성의 정도는 성선택 이론이 틀렸음을 가리켰다. 다윈의 성선택 이론은 내가 고안한 "사회적 선택"이라는 새 이론으로 대체되어야 한다고 나는 제안했다. 성선택은 짝짓기를 강조하고 누가 누구와 짝짓는지에 초점을 맞춘다. 반면에 사회적 선택은 자식을 낳고 기르기 위한 사회적 기반에 참여하는 것을 강조하며, 짝을 유혹할 방법보다는 자식을 다음 세대에 전할 방법에 더 초점을 맞춘다. 이런 사회적 선택의 맥락에서 보면, 젠더와 섹슈얼리티의 다양성은 진화와 어긋나기보다는 진화론적으로 타당하다. 다양성이 드러내는 소중한 사회적 역할 때문이다.

2004년은 물론 지금까지도 대다수 생물학자는 다윈의 성선택 이론을 넓게 확장시키면 젠더와 섹슈얼리티 다양성을 어떻게든 설명할 수 있으리라고 믿는다. 내 생각은 그렇지 않다. 정반대로, 2004년 이후로 성선택을 반박하는 증거와 이론적 논거는 많아져서 성선택 이론을 여전히 고집하는 이들은 무지하거나 아니면 대놓고 새 증거를 거부하는 이들인 듯하다. 그 사이에, 성선택의 대안으로서 사회적 선택 이론을 개발하는 연구는 나의 실험실에서 꾸준히 진행되고 있다. 이번 개정판 『변이의 축제』는 나의 새 저서 『상냥한 유전자』(2009년)의 출간과 더불어 나온다. 이 책은 2004년 이후의 연구들을 바탕으로 성선택 이론에 관한 나의 비판을 확장시키고 사회적 선택에 관한 내 연구를 요약해 전달한다.

동물들의 젠더와 섹슈얼리티 다양성에 관한 논의와 더불어 『변이의 축제』는 3부에서 여러 문화와 역사에 걸쳐 젠더와 섹슈얼리티를 살폈다. 특히 구약과 신약을 포함하여, 신앙 공동체 및 예배에서 젠더가 다른 사람들을 받아들이라고 가르치는 성경의 구절들에 주목했다. 이 주제를 발전시켜 시카고 로욜라 대학의 종교학자들은 책을 저술하기도 했다. 바로 2009년에 출간된 마리 비겐과 퍼트리샤 비티 정의『기독교, 젠더 그리고 인간의 섹슈얼리티: 학제 간 대화Christianity, Gender, and Human Sexuality: An Interdisciplinary Dialogue』이다. 또한 비록 앞으로 해야 할 일이 여전히 많긴 하지만, 2004년 이후로는 공공 분야에서 다양한 사람들에게 권리를 찾아주기 위한 많은 진전이 있었다. 그러나 이 책의 중반부에서 다루는 의학과 심리학 분야에서는 2004년 이후의 진전 상황이 실망스러웠다. 이 두 분야는 지금도 다양성의 진실을 파악하기 어렵게 만드는 이분법적 사고가 지배하고 있다.

여러분이『변이의 축제』개정판을 즐겁게 읽어주시길 바란다. 내가 흥미롭게 그리고 아주 신나게 알아낸 멋진 정보들은 세상의 많은 이들에게도 흥미로울 것이며, 생물학적으로 무엇이 자연스러운지에 관한 기존의 관념을 향한 도전이 될 것이다.

2008년 8월

샌프란시스코에서

들어가며
거부된 다양성

1997년 6월 햇볕이 뜨거운 어느 날, 나는 샌프란시스코에서 열린 퀴어 퍼레이드에 처음으로 참가했다. 깜짝 놀랄 만큼 많은 사람이 모인 행사였다. 시빅 센터를 지나 마켓 스트리트를 거쳐 샌프란시스코 베이로 행진하는 내내, 길 양쪽에서는 여섯 겹으로 줄지어 선 구경꾼 행렬이 격려와 지지를 보내며 환호하고 있었다. 처음으로 퀴어 공동체의 위대함을 오롯이 느낄 수 있었다.

나는 이때 받은 인상을 마음속 깊이 간직해두었다. 아울러 다음과 같은 의문이 들었다. 틀에 박힌 과학의 관점으로는 정상으로 보기 어려운 이 대규모 행렬을 생물학은 어떻게 설명할까? 이처럼 많은 사람더러 잘못되었다고 말하는 과학 이론이 있다면, 그 사람들이 잘못되었기보다는 아마 그 이론이 틀렸으리라.

나를 놀라게 한 것은 퀴어인 사람들의 숫자가 아니라 퍼레이드에서 드러난 개인적 표현의 다양성이었다. 신문에 실린 인물은 드래그 퀸drag queen (여성의 옷차림이나 화장 등을 하고 여성처럼 행동하는 남성. — 옮긴이) 한두 명의 모습뿐이었다. 하지만 그보다 덜 현란하면서도 상이한 젠더 상징들이 섞인 다른 표현들도 많이 목격되었다. 흥미를 잔뜩 느낀 나는 기회가 있다면 더 깊이 이 현상을 파헤쳐보기로 결심했다. 이후 몇 달 동안 나는 여성으로 성전환을 하는 것을 진지하게 고려했다.[1] 앞으로 어떻게 될지, 생물학 교수직에서 해고당할지, 나이트클럽에서 웨이트리스 일을 해야 할지, 심지어 수술을 받고 무사히 살아남을지도 알 수 없었다. 도저히 장기적인 계획을 세울 수가 없었다.

하지만 내 마음속에서는 의문이 꼬리에 꼬리를 물었다. 젠더와 섹슈얼리티의 다양성이 지닌 진정한 의미는 무엇일까? 인간 이외의 다른 척추동물에게는 다양성이 얼마만큼 존재할까? 동물계에서 다양성은 어떻게 진화할까? 그리고 개체들이 성장하는 동안 다양성이 어떻게 발현될까? 이 경우 유전자, 호르몬, 그리고 뇌세포의 역할은 무엇일까? 한편, 성서 시대에서부터 현재에 이르기까지 다른 문화나 특정 시대의 다양성은 어떠했는가? 심지어, 나는 젠더 표현과 성적 지향sexual orientation에 관한 다양성을 인간 다양성의 큰 틀 가운데 어디에 위치시킬지에 대해서도 의문이 들었다. 이러한 유형의 다양성도 키, 몸무게, 신체 비율, 그리고 적성의 차이처럼 정상적인 것일까? 아니면 젠더 표현과 섹슈얼리티의 다양성은 특별한 경우여서 신중히 다루어져야 할 대상일까?

1997년의 퍼레이드 이후 몇 년 후까지도 나는 여전히 살아 있을 뿐 아니라 직장에도 다니고 있었다. 어쩔 수 없이 행정 관련 업무에서는 손을 떼야 했지만, 오히려 연구와 저술에 더 많은 시간을 쏟고 있다. 덕분에 그 멋진 날에 퍼레이드를 따라 걸으면서 내 마음에 넘쳐흘렀던 의문들을 다시 되짚어볼 수 있었다. 그 결실이 바로 이 책이다.

알고 보니, 내 예상보다 훨씬 더 높은 수준의 다양성이 존재했다. 나는 생태학자이기에 다양성은 나의 주된 연구 분야다. 그런데 아직도 나는 이 주제에 감탄한다. 이 책에는 척추동물이 보이는 깜짝 놀랄 다양성으로 가득하다. 예를 들면, 동물 가족이 어떻게 사는지, 동물 사회가 어떻게 구성되는지, 동물들이 어떻게 성을 바꾸는지, 동물들이 어떻게 두 가지보다 더 많은 젠더를 갖는지, 종種들이 저마다 정상적인 사회 활동의 일환으로서 성교를 비롯한 동성 구애를 어떻게 행하는지 등을 이 책은 보여준다. 이러한 다양성은 진화 과정에 안정성을 부여할 뿐만 아니라, 전통적인 암컷/수컷 또는 화성/금성의 이분법을 넘어서는 젠더 표현과 섹슈얼리티의 생물학적 중요성을 드러내준다. 또한 나는 우리가 조그만 배아에서 성인으로 발달해가는 중에 우리 유전자가 여러 가지 결정을 내린다는 사실도 알게 되었다. 우리가 지닌 멋진 다양성은 여러 '유전자 위원회'가 다양한 생화학적 결정을 내린 결과다. 어떠한 유전자도 왕이 아니고, 어떠한 신체 유형도 절대적이지 않다. 아울러 다양한 목소리가 존중되는 작은 규모의 민주주의에서는 보편적인 틀이란 존재하지 않는다.

여러 문화에서 트랜스젠더를 어떻게 여기는지, 그리고 성경의 어느 부분에서 트랜스젠더가 나타나는지 살펴보았더니, 각 문화마다 성 정체성의 범주를 서로 다르게 규정한다는 사실을 알아냈다. 비록 모든 문화에서 인간 다양성의 전체적인 범위는 같게 드러났지만, 게이, 레즈비언, 그리고 트랜스젠더의 정체성을 구분하는 방법은 서로 달랐다.

당시에는 이 모든 사실이 내게 생소했으며, 심지어 지금도 매력적인 내용이어서 이 책의 여러 페이지에 '그런 걸 몰랐다니!', '이럴 수가!', '그것이 사실이라니!' 같은 감탄이 가득하다. 하여튼 이 책은 생태학과 진화론, 분자생물학, 인류학, 사회학, 그리고 신학 등의 학문 분야를 두루 섭렵하면서 얻어낸 기록이다. 내가 내린 종합적인 결론에 의하면, 모든 학문 분야는 저마다 다양성을 구분하는 나름의 방법을 갖고 있다. 처음에 염두에 둔 이 책의 주제는 젠더와 섹슈얼리티에 다양한 표현이 존재한다는 사실을 생물학적으로 입증할 다양성의 목록이었다. 이 입증 목록은 참으로 중요하다. 하지만 나의 학문적 여정을 되돌아보니, 우리가 왜 젠더와 섹슈얼리티에 관한 자연의 경이로운 다양성을 미처 알아차리지 못했는지가 점점 더 궁금해졌다. 마침내 나는 이 책의 주제가 다양성을 억압하고 거부하는 학계에 대한 고발이라는 것을 알게 되었다. 지금 내 결론은 이렇다. 즉, 우리의 모든 학문 분야는 학교로 되돌아가서 각자 최신 데이터로 이루어진 과정을 다시 밟아서, 다양성에 관해 획기적이고 광범위하며 더 정확한 개념을 갖추고 나와야 한다.

생태학과 진화론 분야의 경우, 젠더와 섹슈얼리티의 다양성은 다윈주의에 기원을 두는 성선택sexual selection 이론에 의해 폄하되었다. 이 이론의 가르침에 의하면 암컷과 수컷은 어떤 보편적인 틀, 즉 활동적인 수컷과 수줍은 암컷이라는 도식을 따르며 여기서 벗어난 현상은 비정상이다. 하지만 자연에서 알아낸 사실들로 볼 때, 다윈의 성선택 이론은 오류이다. 분자생물학과 의학에서 다양성은 병리화된다. 곧, 차이가 질병으로 간주된다. 하지만 질병에 대한 엄밀한 과학적 정의가 없다 보니, 질병을 진단하는 일은 종종 편견에 따른 가치 의존적 행위가 되곤 한다. 한편 사회과학에서도 젠더와 섹슈얼리티의 다양성은 비합리적이라고 여겨져 개별적 차이가 부정된다. 젠더와 섹슈얼리티가 일반적인 기준과 다른 사람들은 원시적인 신앙에 맹목적으로 사로잡혀 있거나, 부자연스러운 심리적 충동에 휘둘리거나, 또는 사회적 관습에 의해 세뇌되어 있는 부류로 여겨진다. 기존 학계는 늘 어떤 이유를 들이대며 젠더와 섹슈얼리티가 표준과는 다른 사람들을 진지하게 다루기를 피한다.

근본적인 문제는 모든 학문 분야의 뿌리인 서구 문화가 다양성을 차별한다는 데에 있다. 각 학문 분야는 이러한 차별에 필요한 나름의 근거를 찾는다. 이 책은 젠더와 섹슈얼리티 다양성을 폄하하는 학계의 공통적인 관행에 경종을 울리고, 아울러 각 학문 분야가 지닌 문제점들을 미리 짚어본다.

　　나는 동물계에서 관찰되는 젠더와 성의 변이를 이유로 이러한 변이가 인간에게도 좋다고는 결코 주장하지 **않을 것이다**. 어떤 사람들은 내가 과학자로서 "자연이 곧 선善이다"라고 말해주기를 바랄지도 모른다. 하지만 나는 사실과 가치를 혼동하는 이러한 오류는 어떤 식으로든 결코 옹호하지 **않는다**. 자연의 성질이 선한지 여부는 윤리적 추론의 영역이지 과학의 영역은 아니라고 믿는다. 유아 살해는 많은 동물에게 자연스러운 행위이지만 인간에게는 그릇된 짓이다. 젠더 변이와 동성애는 동물한테도 자연스러운 것은 물론이고 인간에게도 전적으로 좋은 현상이다. 내가 보기에 비도덕적인 것은 트랜스혐오와 동성애혐오다. 극단적인 경우 이 공포증은 고소공포증이나 뱀 공포증과 마찬가지로 치료를 요하는 질병일 수 있다.[2]

　　또한 나는 사람을 동물과 직접 비교할 수 있다고 보지는 않는다. 심지어 사람들조차 서로 다른 문화에 속하게 되면 삶의 체험을 서로 비교할 수가 없는데, 사람과 동물의 비교는 이보다 훨씬 더 위험하다. 하지만 때로는 서로 다른 문화 사이에도 유사점이 발견될 수 있다. 럭비는 미식축구와 엇비슷한 종목이지만, 서로 다른 스포츠 문화에 바탕을 두고 있다. 하지만 미식축구의 몇몇 특징, 예를 들면 공을 뒤쪽 선수에게 던지면서 경기를 시작하는 방식 등은 럭비와 비슷하다. 마찬가지로 인간의 행동 양식과 동물의 행동 양식 사이에서도 때로는 유사점을 찾을 수 있다. 이 경우 동물에게서 우리와 닮은 생물학적 문화를 건네받는 셈이다. 나는 기꺼이 동물을 의인화하고자 한다. 동물이 실제로 사람과 같기 때문이 아니라 동물은 결코 기계가 아니기 때문이다. 너무나 많은 인간적 특성을 동물에게 부여하면 잘못이겠지만, 동물을 기계로 여긴다면 그들을 과소평가하게 된다. 이 점에 대해 나는 균형을 맞추려고 애썼다.

이 책에서는 원제에도 쓰인 '무지개'라는 단어가 곳곳에 쓰였다. '무지개'는 다양성, 특히 인종적·문화적 소수자들의 다양성을 의미한다. 제시 잭슨 목사는 무지개 연합Rainbow Coalition과 함께 대통령 후보 선거전에 뛰어들었다. 무지개는 또한 성 소수자 해방을 상징한다.

이 책을 읽는 여러분은 아마도 생물학적으로 다양한 사람들과 함께 일하거나 이들을 관리·감독하는 사람일 것이다. 또는 특이한 아이의 부모이거나 친척일 수도 있다. 어쩌면 교사, 보이·걸 스카우트 단장, 코치, 장관, 국회의원, 정책 분석가, 판사, 법 집행관, 언론인, 치료사 등 다양하겠지만, 다들 각자의 동료, 고객 또는 유권자가 우리가 어릴 때 교육받았던 정해진 표준과 왜 그렇게 다른지를 궁금해하는 사람일 것이다. 여러분은 다양한 성향의 급우들을 이해하려는 대학생이거나 고등학생일지도 모른다. 또는 커밍아웃을 하기 전에 심호흡을 하며 마음을 다잡고 있거나, 이미 오래전에 커밍아웃을 하고 자신의 뿌리를 찾기를 갈망하는 사람일지도 모른다. 또한 젠더 이론을 연구하면서 과학이 끼어들 자리가 어디인지 궁금해하는 사람이거나 페미니즘 이론에 기여할 방법을 모색하는 여성 과학자일지도 모른다. 어쩌면 보존생물학자로서 생물다양성을 인간 생활에 더욱 적절히 활용할 방법을 궁리하는 사람일지도 모르겠다. 또 어쩌면 의과대학생으로서, 다양성에 관한 전문적인 정보를 의과대학에서 가르치는 수준보다 더 많이 얻고자 하는 사람일 수도 있다. 아니면 더 많은 사람을 감싸 안고자 애쓰는 교회 내 토론 모임에 속한 사람이거나, 박사 논문 주제를 찾는 젊은 박사과정 학생일 수도 있다. 이 책은 바로 이런 사람들 모두를 위한 것이다.

제1부 '동물의 무지개'는 나의 전공 분야인 생태학과 진화론에서 시작한다. 이미 나는 성의 진화를 주제로 글을 쓴 적이 있다. 생물체가 단순히 싹트기, 분열, 단위생식 또는 기타 무성적인 수단보다는 성을 통해 번식하게끔 진화된 이유를 탐구한 내용이었다.[3] 성을 이용하는 번식이 무성적인 방식보다 더 나은 까닭은 다음과 같다. 즉, 종이 장기적으로 생존하려면 균형 잡힌 유전자 포트폴리오가 필요한데, 성으로 인해 한 종의 유전자 포트폴리오가 지속적으로 다시 균형을 잡기 때문이다. 하지만 유전자 풀gene pool 섞기의 이러한 혜택이 보편적이긴 하지만, 성을 통해 번식을 실행하는 수단들은 다양한 신체 유형, 가족 구성, 서로 다른 성 사이의, 그리고 같은 성끼리의 결합 패턴에 걸쳐 믿을 수 없을 만큼 다양하다. 그리고 이러한 각 요소는 저마다 각각의 가치와 내적 논리를 지니고 있다.

제1부는 신체 계획, 젠더, 가족 구성, 암수의 짝짓기 상대 선택, 그리고 동물의 섹슈얼리티를 살펴본다. 이를 통해 결론적으로 다윈의 성선택 이론이 오류임을 밝힌다. 내가 알아낸 바로는, 자연을 이빨과 발톱이 으르렁대는 곳으로 보는 살벌한 이야기들은 매우 과장되어 있다. 동물 사이에도 온갖 종류의 우정이 존재하는데 그 대부분은 성적인 행동에 의해 맺어지며, 젠더가 반영된 신체적 상징들이 개체의 다양한 사회적 역할을 알려주는 기능을 한다. 난자와 정자는 크기 차이(질량으로 보자면 보통 수백만 분의 1 정도)가 뚜렷하지만, 남성과 여성은 신체, 행동, 생활사에서 그와 같은 정도의 차이를 보이지 않는다. 젠더의 이분법이 존재한다고 하더라도, 보통 그 차이는 미미하며 때로는 젠더의 고정관념이 뒤집히기도 한다. 게다가, 암컷과

수컷의 여러 가지 유형과 더불어 종종 두 가지보다 더 많은 젠더가 존재한다. 이처럼 실제 생활에서 드러나는 젠더 표현과 섹슈얼리티의 다양성은 진화론의 기본 바탕에 도전장을 내민다.

다윈이 제기한 유명한 주장은 다음의 세 가지다. 종들은 공동의 조상에서 내려온 후손을 공유함으로써 서로 관련되어 있다. 종들은 자연선택을 통해 변화된다. 암컷과 수컷은 보편적인 틀, 즉 활동적인 수컷과 수줍은 암컷이라는 도식을 따른다. 이 세 번째 주장은 성선택에 관한 다윈의 이론에서 나왔는데, 첫 번째와 두 번째가 아니라 바로 이 세 번째 주장이 특히 도전에 직면해 있다. 다윈의 성선택 이론에 따른 설명은 실제 세계의 동물 다양성을 다루기에는 세부적인 면에서 부정확하고 이론이 적용되는 범위도 부적절하다. 다윈의 성선택 이론은 구애에 직접 쓰이는 화려한 장식물을 수컷이 지닌 공작과 같은 종에는 아마 유효하겠지만, 젠더 역할에 관한 일반적인 생물학 이론은 아니다. 다윈의 원래 이론을 변형해 현재의 지식 체계에 끼워 맞추는 일은 동어반복에 지나지 않는다. 대신에 나는 다윈의 성선택 이론이 지닌 역사적 가치는 인정해주면서도, 이제는 앞으로 나아가야 할 때가 왔음을 천명한다.

나는 '사회적 선택social selection'이라 불리는 새로운 이론을 제안했다. 이 새로운 이론은 젠더와 섹슈얼리티의 다양성을 받아들인다. 또한 이 이론은, 동물이란 번식 기회를 가지려고 서로 도움을 주고받는 존재일 뿐 아니라, 번식 기회를 일종의 통화通貨로 삼음으로써 상호 협조를 위한 생물학적 '노동시장'을 마련하는 존재로 여긴다. 이 이론의 제안에 따르면, 동물들은 번식을 위한 자원, 그리고 생활과 새끼 기르기에 안전한 장소를 관리해주는 집단에 속하는 데에 적합한 특성들을 진화시킨다. 사회통합적 특성이라고 불리는 이러한 자질은 암컷과 수컷 중 단 한쪽만이 갖는다. 암컷만이 갖는 경우는 몸에 달린 음경을 이용하여 사회적 상호작용에 참여하는 암컷 점박이하이에나가 대표적인 예지만, 기존의 어떤 이론도 이러한 특성을 설명하지 못하고 있다. 반면에 수컷만이 이러한 특성을 갖는 경우는 비록 그러한 특성이 구애 중에 암컷에 의해 실제로 선호되지 않을지라도 이차성징으로 해석되어왔다.

제2부 '인간의 무지개'는 인간의 발생에 초점을 맞춘 생물학 영역을 다룬다. 나는 인간의 배胚발생에 관한 이야기를 일인칭 화법으로(예를 들면, "내 아버지의 정자가 어머니의 난자를 만날 때"와 같이 말하는 방식으로) 들려준다. 출생 전후뿐 아니라 평생에 걸쳐 생체 기관과 경험이 함께 작용한다는 점을 강조하기 위해서다. 또한 개체 중심적 관점을 허물고, 발생 과정에서 얼마나 많은 협력이 일어나는지를 강조하고 싶다. 이러한 협력은 어떤 정자는 화학적으로 인정해주는 반면, 난자와 결합하기에 충분한 경쟁력을 갖춘 다른 정자들은 인정해주지 않는 어미에서부터, 서로 연합하여 생식선을 만드는 유전자, 서로 맞닿아 있으면서 서로의 발달을 지시해주는 생체조직, 그리고 (서로의 기질에 영구적으로 영향을 미치는) 자궁 내 이웃한 태아들(쌍둥이를 이른다. ─ 옮긴이)의 호르몬에까지 일어난다. 그러므로 우리 존재는 개별 유전자보다는 관계로부터 생겨난 셈이다. 마치 석탄과 다이아몬드가 둘 다 탄소 원자만으로 이루어졌는데도 원자 결합은 서로 다르듯이.

나는 '상냥한 유전자genial gene'라는 용어를 새로 만들어냈다. 자신만을 위해 단독으로 발생을 제어한다고 널리 알려진 이기적 유전자selfish gene 개념과 구별하기 위해서다. 나는 유전자들이 서로 협력해야 한다는 점을 강조한다. 유전자를 담고 있는 몸이 옥신각신하는 선원들 때문에 가라앉는 배와 같은 신세가 되지 않으려면 말이다. 나는 사람들 사이의 유전적·생리학적 그리고 해부학적 차이를 상세히 고찰한다. 우리는 외관만큼이나 피부 아래에서도 서로 다르다. 생물학적 차이는 서로 다른 성 사이에, 그리고 서로 다른 젠더 표현과 섹슈얼리티를 지닌 사람들 사이에서 나타나지만, 임의의 두 사람 사이에서도 드러난다. 예를 들면, 현악기를 연주하는 음악가는 현악기 이외의 악기를 연주하는 음악가와는 다른 뇌를 지닌다는 사실이 그렇다. 제2부에서는 의학이 어떻게 사람들 사이의 미미한 해부학적 차이와 인생 경험의 차이에 주목하는지, 아울러 그러한 차이를 정상성이라는 인위적인 틀에 따라 구분함으로써 광범위한 사람들을 환자로 간주하여 결국 그들의 인권을 부정하고 있는지를 밝힌다. 한편, 사회 속에서 우리는 젠더와 섹슈얼리티에 관해 다양한 표현을 보이는 사람들에게 핍박이 가해지는 광경을 목격할 뿐 아니라, 우리 종의 유전자 풀의 온전성에 영구적인 손상이 더해져 종의 번영이 어려워질 가능성도 엿보게 된다. 제2부는 우리 유전자 풀의 다양성을 '청소'하려는 유전공학자들의 시도에 깃든 여러 위험을 요약하면서 끝난다.

제3부 '문화의 무지개'에서 이 책은 생물학을 넘어 사회과학으로 나아가서, 여러 문화에 걸쳐 그리고 역사를 통틀어 젠더와 섹슈얼리티의 다양성에 관한 조사 및 연구와 새로운 문헌을 제시한다. 아메리카 원주민의 여러 부족은 젠더와 섹슈얼리티의 다양성을 받아들였다. 이들은 성 정체성이 다른 사람을 '두 개의 영혼'으로 이해하고 부족사회에 포함해주었는데, 이러한 소식은 현대사회에서 핍박받는 이들에게 감화를 줄 수 있을 것이다. 폴리네시아에서는 아메리카 원주민의 '두 개의 영혼'에 비견되는 마후mahu가 있다. 이들은 트랜스젠더에 관한 서구적 개념이 도입되자 문화적 갈등을 겪

고 있다. 지구 맞은편의 인도에서는 히즈라hijra라는 대규모의 트랜스젠더 계층이 있다. 총 10억 명의 인도인 가운데 히즈라는 100만 명이 넘는다. 히즈라는 유구한 역사를 자랑하는 아시아의 전통으로서, 유럽 역사에서 이에 비견될 젠더 변이는 로마제국의 키벨레 여사제들에서부터 트랜스젠더 남성(실제로는 자신의 성 정체성을 남성으로 여긴 여성. — 옮긴이)인 잔 다르크, 이성의 복장을 하기를 좋아한 중세의 성인들에까지 이른다. 초기의 유럽 트랜스젠더들은 고자eunuch로 분류되었는데, 이들은 히즈라와 비슷할 만큼 규모가 컸으며 두 집단은 공동의 조상을 가질지도 모른다. 성경은 구약과 신약(예수의 복음을 포함해) 모두 명시적으로 고자에게 세례 · 종교 공동체의 정식 구성원이 될 자격이 있음을 인정한다. 젠더의 변이는 초기의 이슬람 문헌에서도 인정되었다.

초창기 그리스는 성적인 행위의 기법에 대해 이분법을 강요했다. 즉, 어떤 행위는 이성 간의 섹슈얼리티에 합당하다고 본 반면, 그 외의 다른 행위는 동성 간의 섹슈얼리티에 합당하다고 보았다. 인정된 행위는 '깨끗하다'고 여겨졌고 인정받지 못한 행위는 '부정하다'고 여겨졌다. 성경은 동성애에 대해 비교적 침묵을 지키는 편이다. 그런데도 성경이 동성애를 비난한다는 오래된 믿음이 내려오고 있다. 나는 성경이 젠더 변이를 분명하게 인정하면서도 동성애에 대해 비교적 침묵을 지킨다는 것은 정체성에 관한 젠더 · 섹슈얼리티 다양성의 범주가 시대마다 달라졌기 때문이라고 본다. (젠더 변이로서의) 고자라는 범주는 그리스도 시대와 선사시대 이전까지 유효했으며, 개인적 정체성으로서의 동성애 범주는 비교적 근래인 1800년대 후반의 유럽에서 기원했다. 따라서 성경이 쓰였을 때는 젠더 변이의 범주를 다룰 언어는 존재했지만, 섹슈얼리티 변이의 범주를 다룰 언어는 존재하지 않았다.

이어서 나는 인도네시아에서 연구하는 인류학자들에게로 초점을 옮긴다. 이들은 레즈비언에게서도 남성적인 정체성이 엄연히 존재함을 어쨌든 인정하게 된 과정을 설명한다. 비록 처음에는 이들도 레즈비언의 성적 지향에는 남성적 표현이 포함되지 않아야 한다고 믿었지만 말이다. 반대로, 멕시코의 베스티다vestida(트랜스젠더 성매매업 종사자)를 연구하는 어떤 학자는 그들을 경멸적으로 묘사할 뿐이다. 또한 도미니카 공화국에서는 흥미로운 상황이 하나 일어났다. 즉, 간성intersex(생식기나 성호르몬, 염색체 구조 등이 남성/여성 이분법에 들어맞지 않는 사람들. 외부 생식기 형태만으로 성별을 판정하기 어렵거나 남성/여성 성기를 동시에 가지고 있는 경우를 말한다. ― 옮긴이)인 사람들이 여러 마을에서 다수 모여 살다보니 **구에베도체**Guevedoche라는 특수한 사회계층이 생긴 것이다. 그리고 나는 현대 미국으로 돌아와서 트랜스젠더, 그리고 게이, 레즈비언 조직과의 연대 활동 증가와 관련된 정책을 논의하면서 문화적 연구를 마무리 지으며, 끝으로 트랜스젠더에 관한 정책 권고를 결론으로 제시한다. 3부에서는 우리 종의 여러 문화와 시대에 걸쳐 변이의 정도는 동일하게 나타나지만, 우리가 사람들을 사회적 범주로 묶는 방법들 사이에는 현격한 차이가 있음을 밝힌다.

제3부에서는 '종교적 관점에서 다양성을 인정하기'라는 주제를 논했다. 종교, 구체적으로 말해 성경을 외면하면 좁은 시야에 갇히고 만다. 과학이 어떻게 말하든, '성경은 레즈비언과 게이, 트랜스젠더를 폄하한다'고 사람들이 믿는다면, 이들을 끌어안는 일은 지극히 어려워진다. 많은 이가 과학보다는 종교를 우선하기 때문이다. 실제로 내가 알아낸 바로, 성경은 성적 지향에 대해 대부분 침묵을 지키며, 트랜스젠더를 직접적으로 인정하는,

고자에 관한 구절들은 사람들에게 대체로 무시되어왔다. 전체적으로 볼 때, 성경은 젠더와 섹슈얼리티의 다양성을 종교적 관점에서 박해하는 것을 지지하지 않는다. 더욱이, 그 유명한 노아의 방주 이야기는 종 내에서, 그리고 종 사이에 걸쳐 모든 생물다양성을 보존해야 할 도덕적 필요성을 전한다.

부록에서는 구체적인 정책을 권고한다. 심리학의 학부 교과를 강화하고 예비 의대생이나 의학대학원생이 자연의 다양성을 더 잘 이해할 수 있도록 관련 교육을 개선할 것을 제안한다. 병 치료라는 미명하에 인간의 다양성을 의학적으로 끊임없이 오용하는 관행을 막고자 새로운 제도적 절차를 제안한다. 또한 유전공학자들이 직업적인 책임을 맹세하는 것과 아울러, 자격시험에 합격한 이후에만 유전공학 기술을 실행할 수 있게 되기를 요구한다. 마지막으로, 미국에 다양성의 조각상Statue of Diversity이라는 거대한 상과 광장을 지어야 한다는 제안을 슬며시 내놓는다. 자유의 여신상Statue of Liberty이 동쪽 해안에 있으므로 이 조각상은 서쪽 해안에 세우면 되겠다.

이 책은 내가 처음으로 쓴 '대중서'로서, 강의실에서 특수하게 이용되기보다는 광범위한 독자들을 위한 것이다. 내가 이전에 쓴 책들은 전문적인 교재, 논문이나 학회 기록 등이었다.[4] 이 책의 성격상 나는 자유롭게 의견을 표현하고 격식에 매이지 않는 서술 방식을 택했다. 이 책에서 나는 내성 정체성을 기꺼이 밝혔다. 내 견해를 솔직히 드러내면 필연적으로 객관성의 문제가 대두된다. 아무튼 최선을 다해 진실, 그것도 객관적인 진실을 말했다. 하지만 사실에 대한 나 자신의 해석도 제시한다. 내가 마치 '박해'를 요구하는 상대편 변호사들과 맞서는 피고측 변호사라도 된 듯이 말이다. 따라서 이 책의 독자들은 친구와 이웃들로 구성된 배심원인 셈이니 각자 자신의 결정을 내리면 된다. 이 주제를 다루는 저자라면 누구나 특별한 관점과 개인적인 관심에서 글을 쓴다는 점을 고려해주길 바란다. 어떤 이들은 다윈의 성선택 이론에 따라 수컷의 바람기를 생물학적으로 변명하는 관행으로 덕을 본다. 다른 이들은 자신들의 공격적인 세계관을 뒷받침할 명분으로 다윈을 끌어들인다. 또 어떤 이들은 자신의 유전자가 우월하다는 확신 아래, 성선택 이론에 바탕을 둔 유전적 엘리트주의에 빠져있다. 내가 알아낸 바로는, 성선택 이론을 반박함으로써, 암컷선택(구애하는 여러 수컷 중 하나를 암컷이 선택하는 행위. — 옮긴이)이 권력과 가족을 결정하는 책임 있는 행위임을, 다윈이 설명한 것보다 훨씬 더 정교하게 파악할 수 있으며, 아울러 젠더와 섹슈얼리티의 다양한 표현들이 마음껏 펼쳐질 수 있다.

때로는 이 책을 쓰는 일이 즐거웠고, 또 어떨 때는 무슨 말을 해야 할지 두려움을 느꼈다. 우리 몸, 그리고 젠더와 섹슈얼리티라는 주제와 관련하여 요즘 떠오르는 관점은 매우 혁신적이다. 하지만 그 메시지는 긍정적이며 우리를 자유롭게 할 것을 알기에, 이 책을 계속 써나갈 수 있었다. 여러분한테 이 책이 재미있으면 좋겠다. 또한 이 책으로 여러분의 삶이 더욱 나아지면 좋겠다.

자료조사에 폭넓은 도움을 준 스탠포드 대학의 팰코너 생물학 도서관의 직원에 감사드린다. 또한 이 책을 읽고 조언을 해준 다음 분들에게 깊은 감사를 드린다. 블레이크 에드가, 패트리샤 고웨티, 스코트 노턴, 로버트 새폴스키, 보니 스패니어, 그리고 원고를 빛나게 해준 캘리포니아 대학 출판부의 직원들, 특히 엘리자베스 베르그와 수 하이네만에게 감사드린다. 고맙게도 나는 가장 가까운 친구인 트루디와 산타바바라에 있는 트리니티 성공회 교회의 자매들, 특히 테리에게 넘치는 사랑을 받았다.

1부

동물의 무지개

1장

성과 다양성

모든 종에게는 저마다의 유전적 다양성, 즉 나름의 생물학적 무지개가 있다. 여기에는 어떤 예외도 없다. 생물학적 무지개는 보편적이고 영원하다. 하지만 진화론이 출현하고부터 이 무지개는 생물학자들을 곤혹스럽게 했다. 진화생물학의 창시자인 찰스 다윈도 『비글호 항해기The Voyage of the Beagle』에 실은 일기에서 자신이 자연의 다양성과 친숙해지기 위해 애쓴 과정을 자세히 기록했을 정도다.[1]

1800년대 중반까지 생물체는 물이나 소금 같은 화학물질의 생물학적 등가물로 여겨졌다. 물은 어디에서나 똑같다. 물의 색깔과 끓는점은 나라마다 다르지 않다. 하지만 생물체는 종종 나라별로 독특한 차이가 난다. 다윈은 갈라파고스 군도에 속한 여러 섬마다 핀치새finch의 크기가 다르다는 것을 알아냈다. 우리도 캘리포니아의 울새는 뉴잉글랜드의 울새에 비해 땅딸막하며, 푸에르토리코 서부의 도마뱀은 산후안 근처의 갈색 도마뱀과 달리 회색임을 관찰할 수 있다. 다윈은 물질과 달리 생물종의 특성에 대한 정의는 어디에서나 동일하지는 않다는 것을 알아차렸던 것이다. 1800년대 중반뿐 아니라 심지어 지금까지도 매우 혁신적이고 당혹스러운 인식이 아닐 수 없다.

다윈이 살던 시대는 문門, 속屬, 종種 등에 기반을 둔 린네 분류체계가 정착되기 시작하던 때였다. 당시의 박물학자들은 외국으로 원정을 나가 박물관에 소장할 표본들을 수집한 다음 린네 분류체계에다 끼워 맞췄다. 한편, 물리학자들은 물질에 관한 분류체계인 원소 주기율표를 만들어가고 있었고, 화학자들은 화학결합에 근거하여 다양한 화합물의 제조법을 분류하고 있었다. 하지만 생물학적 분류는 물리학적 분류에 대응될 만큼 정확히 이루어지지는 못했다. 만약 보스턴의 울새가 샌프란시스코의 울새와 다르고 미국 80번 국도의 각 주유소마다 이 둘 사이의 어중간한 울새들이 산다면 어떻게 분류할까? '진짜' 울새는 누구일까? '울새'란 무엇을 가리킬까? 생물학적 명칭은 오늘날의 동물원과 식물원에서도 문젯거리다. 생물학적 무지개는 생명체를 간단한 범주에 끼워 넣으려는 어떤 시도도 제지한다. 생물학에는 생물종의 주기율표가 없다. 생명체는 우리가 구성하는 범주의 경계를 넘어 흘러 다닌다. 생물학에 관한 한, 자연은 범주를 혐오한다.

그렇긴 하지만 울새는 큰어치와는 분명히 다르다. 이름을 붙이지 않으면, 새 모이통에 있는 새가 울새인지 큰어치인지 어떻게 말할 수 있을까? 이 문제의 해법은 그 종의 무지개에 속한 색깔들의 전체 범위를 아우를 만큼 충분한 표본을 모으는 것이다. 생물학 분류의 전문가인 분류학자는 이렇게 말할지 모른다. "울새는 길이가 6~7인치이고 가슴에 붉은색에서 주황색까지의 색을 띠는 새다."[2] 어떤 한 마리의 울새가 '진짜 울새'를 대표할 수는 없다. 모든 울새가 진짜 울새이다. 모든 울새는 저마다 울새로서 최상급 지위를 가진다. 어떤 울새도 다른 울새들을 제치고 그 종의 대표가 될 자격을 갖지는 않는다.

다양성 – 좋은가, 나쁜가?

무지개는 자연을 분류하려는 인간의 목표를 무너뜨린다. 심지어 한 종 내부의 가변성은 어떤 잘못, 또는 서투른 실수를 의미할 수도 있다. 화학에서 변이는 불순물, 예를 들면 다이아몬드의 흠집과 마찬가지다. 한 종 내부의 가변성은 불순물과 불완전성을 가리키는 것이 아닐까? 진화생물학자가 마주치는 가장 기본적인 의문은 한 종 내부의 변이가 그 자체로서 좋은가, 아니면 다른 모든 종의 경우와 마찬가지로 불순물의 집합일 뿐인가 하는 문제다. 이 사안을 놓고서 진화생물학자들은 두 부류로 나뉜다.

많은 진화생물학자는 무지개에 대해 긍정적이다. 이들에게 무지개란 시대와 장소에 따라 전면에 나설 가능성이 있는 유전자들의 저장고다. 다시 말해, 변화하는 조건에서도 종의 생존을 보장받기 위한 수단이다. 무지개는 어떤 종이 가진 유전적 자산을 드러낸다.[3] 이 견해로는, 무지개란 결정적으로 좋은 것이다. 또한 이 견해는 늘 바뀌는 환경조건에 반응하는 종의 능력을 낙관적으로 본다. 한마디로, 다양성을 긍정하는 견해다.

다른 진화생물학자들은 무지개에 대해 부정적이다. 이들은 우리 종을 비롯해 모든 유전자 풀에는 해로운 돌연변이, 나쁜 유전자가 들어 있다고 믿는다. 1950년대에 실행된 여러 연구는, 인간에게는 저마다 세 개에서 다섯 개에 이르는 치명적인 열성 유전자가 있는데, 만약 나쁜 배우자를 골라 이 유전자가 발현되면 자녀가 죽게 된다고 주장하기도 했다.[4] 미래에 대해 비관적인 이 견해는, 진화가 이미 정점에 이르렀으며 모든 변이가 쓸모없거나 해롭다고 본다.[5] 이 학파의 진화론자들은 엘리트 유전자를 믿기에, 위대한 사람들의 유전자가 저장된 정자은행을 통한 인공수정을 옹호한다. 한마

디로, 다양성을 억압하는 견해다.

다윈 자신은 무지개의 가치를 좋게 보기도 하고 나쁘게 보기도 했다. 다윈은 자연선택이 종을 진화시키는 메커니즘이라고 주장하는 한편, 자연선택이 변이에 의존하므로 무지개가 종의 미래를 구성하는 가능성의 스펙트럼이라고 여겼다. 가변성이 없는 종은 개발 중인 제품이 없는 회사처럼 진화의 잠재력이 없다고 본 것이다. 한편, 다윈이 보기에 암컷이란, 바람직한 유전자의 수컷은 찾으러 다니지만 열등한 유전자의 수컷은 거부하는 존재였다. 이 견해는 수컷들의 다양성을 평가절하하고, 수컷의 질에 엄격한 위계가 있음을 넌지시 드러낸다. 따라서 암컷선택은 암컷과 가장 잘 어울리는 수컷이 아니라 최상의 수컷을 찾는 일이라고 주장한다. 다윈은 연구자로 지내는 동안 때에 따라 다양성을 긍정하기도 하고 억압하기도 했다.

다양성을 긍정할 것이냐 억압할 것이냐에 관한 철학적 갈등은 아직도 이어지고 있다. 이러한 갈등은, 생물학자가 어떤 동물이 특정한 짝을 고르는 동기에 관해 해석하는 방법에서부터 의사가 병원에서 신생아를 다루는 방법에 이르기까지 우리 삶 전반에 스며 있다.

성의 비용 vs 이익

그렇다면 무지개가 좋은지 나쁜지를 어떻게 결정해야 할까? 다양성을 긍정하는 쪽과 억압하는 쪽 가운데 누가 옳을까? 진화생물학의 가장 근본적인 이 질문에 답하기 위해, 우선 전체 스펙트럼의 무지개를 다 갖춘 종과 매우 좁은 스펙트럼을 지닌 종을 비교해보자. 성에 의하지 않고 번식하는 종은 무지개가 좁다. 성에 의해 번식한다는 것은 두 부모가 유전자를 섞어 새끼를 낳는다는 뜻이다. 많은 종이 성에 의하지 않고 번식한다. 그런 종은 모두가 암컷이며 새끼는 수정 없이 생긴다. 게다가 많은 종은 계절에 따라 수정하거나, 또는 수정하지 않고도 새끼를 낳는다.

하와이에 간다면 벽에 붙어 있는 귀여운 도마뱀붙이gecko를 보기 바란다. 그 도마뱀은 무성생식을 하므로 모두 암컷이다.[6] 암컷만 존재하는 종의 암컷들은 우선 필요한 모든 유전물질을 갖춘 난자를 생산한다. 인간처럼 유성생식을 하는 종의 난자에는 새끼를 낳기 위해 필요한 유전물질이 절반만 있다. 나머지 반은 정자에 있기에, 이 둘을 결합해야 필요한 유전물질이 전부 생긴다. 게다가 전부 암컷인 종의 난자는 배아 발현을 위한 세포분열을 시작하려고 정자에 의한 수정을 할 필요가 없다. 이 종은 번식할 때 자기 자신을 복제하면 되기 때문이다.

전부 암컷인 하와이의 도마뱀붙이는 어느 지역에나 풍부하며, 프랑스령 폴리네시아의 소시에테 군도에서부터 뉴기니 근처의 마리아나 군도에 이르기까지 남태평양 전역에 걸쳐 널리 퍼져 있다. 이외에도 전부 암컷인 종은 멕시코, 뉴멕시코 그리고 텍사스에도 많이 살고 있는데, 모두 채찍꼬리도마뱀의 변종인, 작고 그을린 듯 윤이 나며 갈색 줄무늬가 달린 이 동물은 먹이를 찾느라 땅바닥을 쏜살같이 기어 다닌다. 채찍꼬리도마뱀 가운데 전부 암컷인 종은 개울 바닥을 따라 사는 데에 반해, 이들의 친척들 중 유성생식을 하는 종은 근처 숲이나 다른 수풀 속에 있는 개울의 오르막 비탈에서 산다. 북미 남서부 지역에 있는 주요 강의 모든 유역은 전부 암컷인 채찍꼬리도마뱀 종이 진화한 곳이다. 이 지역에서 전부 암컷인 종은 모두 합쳐 아홉 종 이상 발견된다. 아르메니아의 카프카스산맥과 브라질의 아마존강 지역은 그러한 도마뱀 종이 더 많이 발견된다. 또한 전부 암컷만 있는 물고기도 존재한다. 정말로, 암컷만 존재하는 종들은 주요 척추동물 집단의 대부분에서 발견된다.[7]

또한 어떤 종은 암컷이 두 종류인데, 번식할 때 짝짓기를 하지 않는 암컷과 짝짓기를 하는 암컷으로 나뉜다. 이런 종의 예로는 메뚜기, 나방, 모기, 바퀴벌레, 초파리와 벌 등의 곤충과 더불어 칠면조와 닭을 들 수 있다.[8] 초파리는 실험실에서 쉽게 자라기에 특히 잘 연구되는 종이다. 초파리 종들 가운데 80퍼센트 이상에는 완전한 무성생식을 하는 암컷이 적어도 일부는 존재한다. 이 종의 암컷 다수가 짝짓기로 번식하긴 하지만, 실험실 내의 선택 과정에 따라 짝짓기가 필요 없는 암컷의 비율이 60배나 증가하므로 전부 암컷만으로 구성된 건강한 종이 얻어진다.[9]

따라서 동물계에 암컷만으로 이루어진 종이 존재한다는 사실은 잘 알려져 있다. 그렇다면 이런 종이 왜 더 많이 존재하지는 않을까? 모든 종이 암컷으로만 이루어지지 않은 까닭은 정말 무엇일까? 이 질문에 답하기 위해, 무성생식과 유성생식의 비용과 이익을 살펴보자.

유성생식은 개체군의 증가율을 절반으로 줄인다. 성이 이러한 비용을 부담하는 까닭은 오직 암컷만이 새끼를 낳고 수컷은 그럴 수 없기 때문이다. 만약 개체군의 절반이 수컷이라면 개체군의 증가 속도는 암컷만으로 이루어진 개체군의 증가 속도의 절반이 된다. 암컷만으로 이루어진 종은 수컷과 암컷이 함께 있는 종보다 재빨리 더 많이 번식할 수 있기에, 그런 종이 서식할 수 없는 곳, 치사율이 높은 서식지에서도 생존이 가능하다(이 결과는 자웅동체인 종에게도 해당된다. 이런 종은 암컷과 수컷의 번식 기능이 절반씩 배분되어 있으므로 난자를 만드는 데에 드는 암컷 역할의 비율이 절반으로 줄어든다).

1부 동물의 무지개

암컷만으로 이루어진 종이 보이는 두 배의 번식 능력은 농업과학자의 주목을 받아왔다. 1960년대에 칠면조와 닭은 품종 개량을 통해 암컷만으로 이루어진 종이 만들어졌다.[10] 스코틀랜드에서 실시된 양 복제(복제 양 돌리를 말한다. — 옮긴이) 사례를 보면, 번식에서 성을 제거함으로써 농업생산력을 증가시키려는 갈망이 지난 반세기 동안 얼마나 컸는지 알 수 있다. 비록 암컷만으로 이루어진 종이 개체군 증가라는 큰 장점을 누리기도 하고 이런 종의 예가 어느 정도 존재하긴 하지만, 복제를 통해 번식하는 종은 여전히 극소수일 뿐이다. 훨씬 더 많은 종은 대부분 유성생식을 한다. 자연은 복제로 번식하는 종에 대해 숱하게 실험해왔고 지금도 여전히 실험 중이지만, 성과는 미미하다. 하지만 성은 큰 성과를 내고 있다. 왜 그럴까?

성의 이익은 진화를 거듭하면서 생존해나간다는 것이다. 성 없이 복제로 번식하는 종은 진화상의 막다른 길이다. 진화상의 시간 척도로 보면, 복제로 번식하는 거의 모든 종은 유성생식을 하는 조상으로부터 근래에 생겨났다. 종의 가계도에서 무성생식 종은 길고 굵은 가지가 아니라 잔가지일 뿐이다.[11] 한 해의 특정 시기에 따라 성을 이용하거나 이용하지 않는 종에서도 성의 이익이 드러난다. 진딧물(정원 식물에 붙어 사는 아주 작은 곤충)은 식물들이 성장하는 계절이 시작될 때에는 복제로 번식하고, 그 계절이 끝나갈 때에는 유성생식으로 바꾼다. 진딧물은 비어 있는 장미 덤불을 장악할 때에는 빠른 번식으로 이익을 보지만, 그 계절이 끝나가면서 환경의 변화가 예상될 때에는 유성생식이 더욱 매력 있는 번식 방법이 된다.[12]

복제로 번식하는 종들은 '잡초'라고 할 수 있다. 곧, 어느 지역의 땅을 새로 뒤덮어버리는 식물처럼 빠른 성장과 급속한 확산에 능통한 종이다. 북미의 민들레는 조상이 유럽의 유성생식 종인데도 복제로 번식한다.[13] 하지만 서식 능력은 부족해도 장기적인 효율성이 더 높은 종에게 잡초는 결국 자기 영역을 빼앗긴다.[14] 이런 잡초의 예로, 다른 곳으로 퍼지기 어렵고 서식지가 지속적으로 교란되는 환경에서 사는 남태평양의 도마뱀붙이와 뉴멕시코 개울 바닥의 채찍꼬리도마뱀을 들 수 있다.

복제에 의한 번식은 생명을 이어가는 특별한 방식의 하나일 뿐, 이 혹성의 영원한 거주자임을 뽐내는 어느 종에게도 권장할 방법이 못 된다. 하지만 우리는 아직 왜 유성생식이 장기적으로 좋은지 대답하지 않았다. 성이 종에 이로운 까닭에 대해서는 두 개의 이론이 제시되어왔는데, 하나는 다양성을 긍정하고 다른 하나는 억압한다. 두 이론 모두, 무성생식 종이 유성생식 종에 비해 수명이 짧으며, 수명이 더 긴 종의 생존은 성을 통해 보장된다는 데에 견해가 일치한다. 따라서 두 이론 모두 성이 종에 이롭다는 데에 동의한다. 또한 두 이론 모두 성의 목적이 번식 그 자체는 아니라는 데에도 동의한다. 무성생식 종도 완벽하게 번식할 수 있기 때문이다. 하지만 성이 왜 좋은가 하는 관점에서는 두 이론이 갈라진다. 다양성 긍정 이론은 다양성 자체가 좋은 것이며 성이 그러한 다양성을 유지시킨다고 본다. 다양성 억압 이론은 다양성이 나쁜 것이며 성이 다양성을 지속적으로 솎아낸다고 본다.[15] 그럼 먼저 다양성 긍정 이론부터 살펴보자.

다양성 긍정 이론

성의 이익에 관한 다양성 긍정 이론에 따르면, 성은 어느 종의 유전자 포트폴리오가 지속적으로 균형을 잡게끔 해준다. 저축예금과 보석, 이 두 가지

색의 무지개를 생각해보자. 이 두 가지 색으로 얼마를 벌 수 있을까? 보석에 대한 수요가 낮아 전당포에조차 보석을 팔 수 없을 땐 은행 계좌에서 2퍼센트의 이자만 얻어도 대단한 이익이다. 반면에 보석의 가치가 높을 때에는 은행 이자는 낮게 여겨지고 보석을 팔면 짭짤한 이익을 본다. 전체 수입은 두 가지 투자를 합산해서 얻어진다.

생물종은 투자를 통해 돈 대신 자식을 얻는다. 어느 종의 장기적인 생존 여부는 자식을 언제나 얻을 수 있을 만큼 다양성의 무지개를 확보하느냐에 달렸다. 무지개를 새로운 환경에 대응할 유전자의 산실로 보는 생물학자도 있겠지만, 사실은 더위와 추위, 습기와 건기, 그리고 새로운 포식자나 경쟁자, 또는 흑사병, 에이즈 같은 병원균이 출현했다가 사라지곤 하는 일상적인 환경에서 생존하는 일이 더 중요하다.[16]

한 종 내부의 사회적 환경도 늘 바뀐다. '이상적인' 짝의 개념도 시간이 흐르면서 바뀐다. 인간의 경우, 남성은 어떨 때는 마마 카스Mama Cass(20세기 중반에 살았던 미국의 여성 가수로, 본명은 카스 엘리엇Cass Elliot. ─ 옮긴이)와 같은 풍만한 여성을 좋아하다가, 또 어떨 때는 미술관에 소장된 여성 초상화처럼 비쩍 마른 트위기Twiggy(영국의 여성 모델. ─ 옮긴이) 같은 여성을 더 좋아한다. 우리 사회 환경의 다른 측면들도 몇 세기를 지나면서 달라졌다. 가령, 어떤 이가 동성인 사람들과 함께 보낸, 또는 이성인 사람들과 함께 보낸 시간의 비율, 한 사람이 가진 섹스 파트너의 수 등이 이런 예에 해당된다. 어느 한 종 내에서 사회적 환경의 변화는 생태적 · 물리적 환경 변화와 마찬가지로, 무지개의 어떤 색들이 어느 특정 시기에 가장 밝게 빛나는지에 영향을 미친다.

복제로 번식하는 종은 돌연변이를 통해 다양성을 축적할 수 있다. 또는 비록 제한된 무지개이긴 하지만, 처음에 여러 가지 혈통으로 시작할 수도 있다. 실제로, 남태평양의 도마뱀붙이와 민들레에서 유전적으로 상이한 여러 가지 클론이 발견되어왔다. 하지만 돌연변이나 혈통에 바탕을 둔 무지개는 거의 단색이다.[17]

더군다나, 복제로 번식하는 종의 제한된 무지개조차 늘 위험에 처해 있다. 밝게 빛나는 색들이 그렇지 않은 색들을 몰아냄으로써 시간이 지나면서 다양성이 감소한다. 보석과 저축예금을 다시 떠올려보자. 만약 다이아몬드가 오랫동안 귀중하게 여겨지면 그 가치가 커져 저축예금이 무색해진다. 한편, 수익이 가장 확실하게 보장된 벤처에 자동으로 재투자된다면 수익 구조의 포트폴리오는 차츰 다양성을 잃게 되는데, 가령 새로운 다이아몬드가 시장에 쏟아져 보석에 대한 수요가 낮아지면 그러한 포트폴리오는 큰 타격을 입는다. 복제로 번식하는 종이 이와 비슷한 과정을 겪는다. 곧, 몇몇 투자에만 집중함으로써 위험을 불러일으키게 된다. 이와 달리 매년 여러 투자 대상에 골고루 수익을 재분배하는 방법은 위험 부담이 덜어진다. 만약 어떤 해에 보석이 가치가 높으면, 일부를 팔아서 그 수익을 저축예금에 넣도록 한다. 만약 어느 해에 금리가 높으면, 자금을 일부 회수하여 보석을 사도록 한다. 이런 식으로 여러 투자 대상에 두루 돈을 섞으면 포트폴리오의 다양성이 유지되므로, 어느 해에 하나의 투자 대상이 나빠지더라도 전체 포트폴리오에 끔찍한 손실을 일으키지 않는다. 월스트리트 투자가들은 이런 섞기를 '포트폴리오 재설정'이라고 부른다. 이것이 바로 유성생식 종의 전략이다. 모든 세대는 유성생식을 하는 동물이 짝짓기를 할 때 서로 유전자를 섞으면서 모자라는 무지개의 색상들을 재합성한다. 그러므로 다양성 긍정 이론에 따르면, 성은 생물학적 무지개를 유지하는데 기여하며, 이로써 종이

보존된다.[18]

다양성 억압 이론

성의 이익에 관한 다양성 억압 이론에 따르면, 성은 해당 종의 유전적 품질을 보호한다. 무성생식 종은 시간이 지나면서 해로운 돌연변이를 축적하여 점점 기능이 저하된다고 본다. 무성생식 도마뱀이 빨리 달리는 능력이나 어떤 먹이를 소화하는 능력을 차츰 잃는 현상이 기능 저하의 예다. 이 이론에 따르면, 성은 해로운 돌연변이를 골라내 재구성하여 그 종의 가계에서 나쁜 돌연변이가 없는 새끼가 태어나게 함으로써 이러한 위험을 상쇄한다. 곧, 어떤 새끼들은 두 가족의 돌연변이를 함께 지니기에 훨씬 일찍 죽는 반면, 다른 새끼들은 전혀 돌연변이가 없어서 그 종을 대표하여 번성하게 된다. 그러나 성이 없다면 각각의 가계뿐 아니라 모든 가계가 필연적으로 돌연변이를 축적하여 결국에는 종의 멸종으로 이어진다.

논의를 끝내며

다양성 긍정과 다양성 억압, 이 두 견해 모두 긴 역사를 지녔지만, 결론을 내야 할 때가 왔다. 단도직입적으로 말해, 다양성 억압 이론은 이론적으로 불가능하며 경험적으로도 허황된 것이므로 부정해야 마땅하다. 다양성 억압 이론이 구성한 시나리오는 불가능하다. 무성생식 종은 나쁜 유전자가 생기는 경우, 돌연변이가 처음 일어난 계통은 자연선택에 의해 사라지는 반면, 돌연변이가 없는 계통은 번성하게 된다. 그래서 계통전체의 질은 나빠지지 않는다. 왜냐하면 자연선택은 나쁜 유전자가 퍼질 때 먼 산이나 보고 있지는 않기 때문이다. 오히려 자연선택은 나쁜 유전자가 처음 생겼을 때 바로 제거함으로써 그 종의 전체 기능을 보존한다. 무성생식 종이 장애를 점진적으로 축적하거나 기능을 상실했기에 멸종했다는 것을 보여주는 증거는 전혀 없다. 나쁜 유전자는 무성생식 종 안으로 결코 들어가지 않기에, 성이 유전자 풀을 솎아내는 일은 불필요하고 비현실적이다.

한편, 환경이란 분명 해마다 바뀌기 마련인지라, 어느 해에는 상태가 안 좋은 개체들도 조건이 바뀌면 빛나는 삶을 살 수 있다. 물론 그 반대 경우도 있다. 나비의 경우, 몸속의 효소가 차가운 온도에서 활성화되는 종은 어둡고 습기가 많은 해에 번성하는 반면, 효소가 뜨거운 온도에서 그 기능을 가장 잘 발휘하는 종은 화창하고 건조한 해에 번성한다. 모든 나비는 완벽하게 좋은 나비다. 다만 환경이 현재 마련해준 기회에 어떤 나비의 능력이 적합하지 않은 경우가 있을 뿐이다.

성의 이익에 관한 다양성 억압 이론을 다양성 긍정 이론의 실질적인 대안으로 보는 견해는 아무런 근거가 없다. 좋은 게 좋다며 두 이론 모두 유효하다는 사람이 있을지 모르겠다. 하지만 이러한 타협은 진실이 아니다. 성의 기능이 다양성을 솎아내는 것이라고 살짝이라도 양보하게 되면, 전혀 과학적 지위를 얻지 못한 견해가 도출된다. 단지 예의의 차원에서 성에 관한 다양성 억압 이론을 받아들이면, 이후 차별을 정당화하는 데에 이용될지 모를 철학적 견해를 눈감아주는 셈이다.

따라서 나는 기본 전제로서, 종의 생물학적 무지개가 좋다고 인정한다.

다양성 덕분에 지속적으로 변화하는 조건에서 종이 생존할 수 있다고 보기 때문이다. 한발 더 나아가 나는 성의 목적이란 각 세대마다 지속적으로 종의 유전자 풀의 균형을 다시 맞춤으로써 무지개의 다양성을 유지하는 것이라고 본다. 아울러 성이 나쁜 다양성을 가진 유전자 풀을 솎아내기 위해 존재한다는 대안적 이론을 나는 거부한다.

다윈주의자들은 다양성의 가치에 대해 일관된 입장을 견지해야 한다. 그들은 한편으로는 대부분의 변이가 자연선택에 필요하기에 좋다고 주장하면서, 다른 한편으로는 마치 대부분의 유전자가 좋고 나쁨 사이에 등급을 매길 수 있다는 가정 아래 암컷이 끊임없이 최상의 유전자를 지닌 수컷을 찾아다녀야 한다고 주장한다. 그래서는 안 된다. 그 대신 나는 거의 모든 다양성은 좋으며 암컷선택은 가장 뛰어난 수컷보다는 가장 알맞은 궁합을 위한 것이라고 주장한다.

그렇다면 우리 자신의 종이 지닌 무지개를 우리는 어떻게 여겨야 할까? 우리는 유성생식을 하는 종임에 감사해야 한다. 비록 그 선물을 당연한 것으로 받아들지만 말이다. 나는 또한 우리가 우리의 무지개를 보존하고 감싸 안아야 한다고 느낀다. 다양성을 긍정하기란 어렵다. 그것도 매우 어렵다. 우리는 무지개의 색깔이 어떠하든 자기 자신을 받아들여야 하며 우리 이웃을 사랑해야 한다.

대체로 성은 본질적으로 협동적이다. 유전적 풍요로움을 함께 나누려는 자연의 약속인 것이다. 성에 의한 번식은 결코 투쟁이 아니다.

2장

성 대 젠더

대부분의 사람들에게 '성sex'이란 으레 '수컷' 또는 '암컷'을 의미한다. 생물
학자는 그렇게 보지 않는다. 1장에서도 보았듯이, 성이란 번식할 때 유전자
를 섞는다는 뜻이다. 유성생식은 두 부모에게서 받은 유전자를 섞어서 새끼
를 낳는 방식이고, 무성생식은 복제처럼 한쪽 부모에게서만 유전자를 받아
새끼를 낳는 방식이다. 유성생식을 정의할 때, '수컷' 또는 '암컷'이 전혀 언
급되지 않는다. 그렇다면 '수컷'과 '암컷'이 성과 무슨 관계가 있을까? 답은
다름이 아니라 유성생식이 일어날 때 부모 중 한쪽은 수컷이고 다른 쪽은
암컷이라는 것이다. 하지만 어느 쪽이 수컷인지 우리가 어떻게 알 수 있을
까? 수컷을 수컷답게, 그리고 암컷을 암컷답게 하는 요소는 무엇일까? 진실
로 오직 두 가지 성만 존재할까? 제3의 성은 있을 수 없을까? 도대체 수컷과
암컷을 어떻게 정의한단 말일까?

'젠더gender'도 대부분의 사람들에게 으레 '수컷' 또는 '암컷'을 의미한
다. 그렇다면 만약 수컷과 암컷을 생물학적으로 정의한다면 젠더에 대한 정
의가 마무리될까? 마찬가지로 '수컷답다'와 '암컷답다' 같은 형용사도 생
물학적으로 정의할 수 있을까? 더욱이, 사람의 경우에도 '남성'이라면 으레
수컷이고 '여성'이라면 반드시 암컷일까? 당연한 말로 여기는 이들도 있겠
지만, 이러한 핵심적인 단어들을 자세히 살펴보면 다르게 볼 여지도 많다.

이번 장에서는 앞으로 지속적으로 사용될 이러한 단어들을 정의해나간다.

인간에 대해 말할 때는 사회적 범주와 생물학적 범주를 구분하는 편이 낫다. '남성'과 '여성'은 사회적 범주다. 우리에게는 누구를 남성으로 여기고 누구를 여성으로 여길지 결정할 자유가 있다. 그 기준은 때때로 달라진다. 어떤 사회에서는 '진정한 남성'이라면 키시quiche(달걀, 우유에 고기, 야채, 치즈 등을 섞어 만든 파이의 일종. — 옮긴이)를 먹어서는 안 된다. 또 다른 사회에서는 남성성을 정의하려고 키, 목소리, Y염색체나 음경과 같은 신체적 특징에 주목한다. 하지만 이러한 특징들이 언제나 한목소리를 내지는 않는다. 테너처럼 목소리 음역이 높거나, 키가 작거나, Y염색체나 음경이 없는 남성도 있다. 그런데도 우리는 그러한 사람 모두를 남성으로 여기기로 해놓고서, 그가 어떤 직장에 지원할 수 있는지, 어느 모임에 참여할 수 있는지, 어떤 운동을 할 수 있는지, 그리고 누구와 결혼할 수 있는지를 정한다.

생물학적 범주라면 우리에게 그러한 자유는 없다. '수컷'과 '암컷'은 생물학적 범주이며, 생물체를 수컷과 암컷으로 구분하는 기준은 벌레에서 고래에 이르기까지, 홍조류에서부터 미국삼나무에 이르기까지 동일하게 적용된다. 수컷과 암컷을 가르는 생물학적 기준이 인간에 대해서는 남성과 여성의 현재 사회적 기준과 100퍼센트 일치하는 것은 아니다. 진실로, 생물학적 범주를 사회적 범주처럼 사용하는 관점은 '본질주의'라 불리는 오류다. 본질주의는 책임 떠넘기기와 마찬가지다. 사회적으로 누가 남성 또는 여성으로 여겨지느냐 하는 문제를 책임 있게 다루는 대신, 사람들은 과학에 의존하여 수컷의 생물학적 기준으로 남성을 정의하고 암컷의 생물학적 기준으로 여성을 정의하려고 한다. 하지만 사회적 범주의 정의는 과학이 아니라 사회의 영역이며, 사회적 범주는 강제적인 경우를 제외하고는 생물학적 범주와 일치될 수 없다.

수컷과 암컷에 대한 정의

생물학자가 보기에, '**수컷**'은 작은 생식세포를 만드는 존재를 의미하고, '**암컷**'은 큰 생식세포를 만드는 존재를 의미한다. 간단하다! 정의상, 두 생식세포 중 작은 것은 정자, 큰 것은 난자라고 불린다.♦ 생식세포의 크기 외에는 생물학자가 수컷과 암컷을 구분할 다른 보편적인 차이가 없다. 물론, 생식세포의 크기를 간접적으로 나타내는 표시가 어떤 종에서는 존재할 수도 있다. 포유동물의 경우 수컷은 Y염색체를 가진다. 하지만 어떤 개체가 수컷이냐의 여부는 정자 생산이 가능한지로 귀결되며, 아울러 Y염색체가 없는 포유류 종도 있다. 더욱이 조류, 파충류, 양서류에는 Y염색체가 없다. 그런데도 생식세포 크기에 의한 정의가 일반적인 기준으로 모든 동식물계에 통용되는 실정이다.

생식세포의 크기가 기준이라니 맥이 빠지는 소리일 수도 있다. 하지만 가령 사람의 경우, 수백 년 동안 시와 그림 속에서 남성은 힘과 용맹을 지닌 존재로, 여성은 아름다움과 모성을 지닌 존재로 표현되었다. 수컷과 암컷의

♦ 생식세포는 부모 유전자를 절반씩 지닌 세포다. 각각 필요한 유전자 개수의 절반을 가진 두 생식세포를 융합하면 새로운 개체가 생겨난다. 생식세포는 감수분열이라는 특별한 세포분열을 통해 만들어지는 반면, 다른 세포들은 체세포분열이라는 일반적인 세포분열을 통해 만들어진다. 두 생식세포가 융합할 때, 그 결과로 생기는 세포를 접합체zygote라고 한다. 곧, 수정된 난자가 접합체다.

본질적 차이가 오로지 생식세포 크기뿐이라고 말해보았자 아무런 소용이 없을 듯하다. 여기서 핵심은 '수컷'과 '암컷'이 생물학적 범주인 반면, '남성'과 '여성'은 사회적 범주라는 것이다. 시와 그림은 남성과 여성에 관한 것이지, 수컷과 암컷에 관한 것은 아니다. 남성과 여성은 생식세포의 크기라는 생물학적 차원뿐만 아니라 여러 사회적 차원에서도 서로 다르다.

하지만 생물학적으로 볼 때, 생식세포 크기에 따른 '암컷'과 '수컷'의 정의는 결코 맥 빠지는 소리가 아니다. 실제로 그 정의는 대단히 흥미롭다. 굳이 상상해보자면, 어떤 종의 모든 구성원은 생식세포 크기가 모두 같을 수도 있고, 작거나 중간이거나 크거나 생식세포 크기가 여러 가지일 수도 있으며, 아니면 작은 크기에서부터 큰 크기에 이르기까지 크기가 연속적으로 달라질 수도 있다. 과연 그런 종이 있을까? 거의 없다. 조류, 균류, 원생동물의 일부 종은 생식세포의 크기가 모두 같다. 짝짓기는 보통 '교배형mating type'이라는 유전적 범주 내에 있는 개체들 사이에서만 일어난다. 교배형이 두 가지보다 더 많은 경우도 종종 있다.[1] 이 경우에 교미는 교배형 사이에서 일어나긴 하지만, 생식세포 크기가 모두 동일하므로 수컷과 암컷의 구분은 의미가 없다.[2] 이와 달리, 생식세포의 크기가 다를 때에는 보통 두 가지 크기로 나타나는데, 하나는 매우 작고 다른 하나는 매우 크다. 생식세포의 크기가 세 가지 이상인 다세포생물은 아주 드물며, 생식세포의 크기가 연속적으로 다르게 나타나는 종은 알려지지 않았다.

생식세포의 크기가 세 가지 이상인 경우는 단세포생물들의 군체인 원생동물에서 나타난다. 녹색 섬모충인 클라미도모나스 유클로라 *Chlamydomonas euchlora*는 생식세포를 만드는 세포가 네 번에서 예순네 번까지 분열된다. 네 번의 분열은 비교적 큰 생식세포를 만들지만, 예순네 번의 분열은 많은 수의 작은 생식세포를 만든다. 다섯 번 이상 예순네 번 미만으로 분열하는 세포들은 그 중간 크기의 다양한 생식세포를 만든다. 또 다른 섬모충인 판도리나*Pandorina*는 열여섯 개의 세포들로 이루어진 군체로 살아간다. 번식할 때에는 여덟 개의 큰 생식세포로 분열하는 세포도 있고 열여섯 개의 작은 생식세포로 분열하는 세포도 있다. 하지만 이들 중 임의의 두 세포가 융합할 수도 있다. 다시 말해, 두 개의 큰 생식세포끼리, 두 개의 작은 생식세포끼리, 또는 큰 생식세포 하나와 작은 생식세포 하나가 융합할 수 있는 것이다.[3] 이 종들은 단세포생물과 다세포생물의 경계에 있는 셈이다.

미국 남서부의 드로소필라 비푸르카*Drosophila bifurca*는 초파리의 일종으로, 정자가 정작 그 정자를 만드는 수컷의 몸길이보다 스무 배(정말로 스무 배)나 더 길다! 여간 값비싼 정자가 아니다. 이 정자를 만드는 정소는 성체 수컷 몸무게의 11퍼센트에 이른다. 또한 정자를 만드는 데에 시간이 많이 걸리므로, 수컷은 성숙하는 데에 암컷보다 두 배의 시간이 든다. 정자가 너무나 비싼 까닭에 수컷은 정자를 보관하고 있다가 조금씩 암컷에 '제공'하므로 일대일의 암수 생식세포 크기 비율이 성립된다.[4] 거대한 난자 하나가 엄청나게 많은 미세한 정자로 둘러싸인 모습과는 큰 차이가 난다. 정자가 거대하다는 점이 매우 흥미롭긴 하지만, 정작 일부 드로소필라 종에서 발견된 중요한 내용은 정자가 세 가지 크기라는 사실이다. 즉, 하나의 거대한 정자와 더불어 어느 정도 엇비슷한 작은 두 가지 정자가 있어서 생식세포 크기가 총 네 가지다(정자 크기가 셋이고 하나는 난자다). 애리조나주 템페에 있는 드로소필라 프세우둡스쿠라*Drosophila pseudoobscura*의 경우, 큰 정자의 꼬리 길이는 3분의 1밀리미터이고 작은 두 정자의 꼬리 길이는 각각 10분의 1밀리미터, 20분의 1밀리미터다.

일부 드로소필라 종의 암컷은 짝짓기 후에도 여러 날 또는 심지어 한 달까지 정자를 몸속에 저장할 수 있다. 대략 3분의 1에 달하는 정자가 거대한 유형이고 나머지 3분의 2가 작은 유형이다. 암컷은 큰 정자를 저장하기 좋아하는 편이지만 작은 정자도 일부 저장한다. 또한 암컷은 수정에 사용할 정자로는 큰 것을 선호하는 편이다. 작은 정자도 수정에 사용되는지는 밝혀내기 어려웠다. 큰 정자 속의 내용물은 그 양이 작은 정자보다 약 100배에 이른다. 따라서 형평을 맞추자면, 작은 정자 수정률은 고작해야 큰 정자 수정률의 100분의 1이 되어야 하므로, 이처럼 낮은 비율은 알아내기가 어려운 법이다.[5]

만약 상이한 개체들이 상이한 크기의 생식세포를 만든다면, 각 생식세포 크기당 하나씩, 총 네 가지 성이 드로소필라에 존재할 수 있다. 하지만 이 종의 경우, 각 수컷이 저마다 세 가지 크기의 정자를 동일한 비율로 만든다는 점에서 모든 수컷은 분명 동일하다. 만약 향후 연구를 통해 정소가 여러 크기의 정자를 서로 다른 비율로 만든다는 사실이 드러나면, 두 가지 성보다 더 많은 성을 가진 종을 발견하게 될 것이다. 그러한 발견이 있다고 해서 자연의 법칙이 훼손되지는 않겠지만 그래도 매우 희귀한 일이다 보니 확실히 언론의 머리기사를 장식할 수는 있을 듯하다. 그러므로 현실적으로 보자면, 분명 수컷과 암컷은 작은 생식세포와 큰 생식세포, 즉 정자와 난자 사이의 이분법적 구분에 의해 정의된 보편적인 생물학적 범주이다.

그렇다면 유성생식 종의 경우, 왜 두 가지 유형의 생식세포 크기가 보편화된 것일까? 이 질문에 답하기 위해 현재의 이론은 동일한 크기의 생식세포를 만드는 두 교배형에서부터 발생을 시작하는 가상의 종을 상정한다. 제시된 가설에 따르면, 이 생식세포들은 서로 융합하여 접합체를 만드는데,

각 생식세포는 접합체에 필요한 유전자의 절반과 세포질의 절반을 제공한다. 이어서 두 교배형 중 한 생식세포가 질을 희생하는 대신 양을 늘리기 위해 작은 크기로 진화한다. 그러면 이 교배형의 생식세포가 만드는 작은 생식세포의 질 저하를 보상하기 위해, 다른 교배형의 생식세포는 크기가 크게끔 진화한다. 전체적으로 볼 때, 생식세포 크기에 관해 두 교배형 사이에서 밀고 당기는 진화론적 협상은 한 교배형이 가능한 한 가장 작은 생식세포, 즉 유전자만을 제공하고 그밖에는 아무것도 제공하지 않는 생식세포를 만듦으로써 절정에 이른다. 반면, 이때 다른 교배형은 유전자뿐만 아니라 접합체가 생명을 시작하는 데에 필요한 모든 세포질도 함께 제공할 만큼 큰 생식세포를 만든다.[6]

생식세포가 어떻게 두 가지로 나뉘기 시작했는지에 관한 이 짧막한 이야기는 검증되지 않은 완전한 추측일 뿐이지만, 이러한 중요한 사안에 관해 향후 더 많은 연구가 필요함을 알려준다. 이 이야기는 또한, 균류와 같은 생물군들은 오직 한 가지 크기의 생식세포만을 고수하는 반면, 드로소필라와 같이 희귀한 생물군들에서는 정자 크기가 여러 가지로 나타나는지도 설명하지 못한다.

젠더의 정의

지금까지 다음의 두 가지 일반론이 도출되었다. (1) 대부분의 종은 유성생식을 한다. (2) 유성생식을 하는 종들의 경우, 생식세포는 매우 작은 정자와 큰 난자라는 거의 보편적인 이분법을 따르기에, 수컷과 암컷의 생물학적 정의는 생식세포를 크게 만드느냐, 아니면 작게 만드느냐에 따라 내려진다. 이러한 두 가지 일반론 외에는 더 이상의 일반론이 존재하지 않으며 다양성이 등장한다!

생식세포 크기의 이분법은 더는 확장되지 않는다. 오늘날 생물학의 가장 큰 오류는, 생식세포 크기의 이분법이 이에 대응되는 신체 유형과 행동, 생활사에도 그대로 적용된다는 무비판적인 가정이다. 어떠한 이분법도, 생식세포를 만들고 이 세포들을 서로 결합해 수정을 시키며 아울러 상호관계를 맺어가면서 타고난 사회적 환경 속에서 생존해나가는 개체들을 모조리 지배하지는 않는다. 사실은, 종의 무지개를 유지하고 장기적인 생존을 가능하게 해주는 성적인 과정이야말로 다채로운 성행동을 가져다주는 보고다. 젠더는 생식세포 크기와 달리 두 가지에 한정되지 않는다.[7]

'젠더'는 대체로 한 사람이 어떤 문화적 맥락 속에서 자신의 성 정체성을 표현하는 방법을 가리킨다. 젠더는 개인이 문화적 규범에 다가가는 측면뿐 아니라 사회가 개인에게 기대하는 측면을 둘 다 반영한다. 젠더는 대체로 인간에게 고유한 것으로, 곧 성은 어떠한 종이든 갖지만 젠더는 오직 인간에게만 있다고 여겨진다. 하지만 여러분이 너그러이 봐준다면, 나는 젠더의 의미를 넓혀 인간 이외의 종에도 젠더를 적용하고 싶다. 나는 다음과 같은 정의를 제안한다. 젠더는 성화性化('성을 가진다sexed'는 의미. ─ 옮긴이)된 생물체의 외모, 행동, 생활사다. 생식세포의 크기에 따라 구분될 때 생물체는 '성화'된다고 한다. 그러므로 젠더는 외모와 더불어 활동, 한 생물체가 색과 형태를 비롯한 외형적 · 행동적 특성을 사용하는 방법, 그리고 성 역할을 수행하기 위한 행동 양식을 아우르는 개념이다.

이제 우리는 인간 젠더 연구에 대응되는 동물학적(그리고 식물학적!) 젠더 연구를 마음껏 펼칠 수 있게 되었다. 그래서 이런 질문이 가능하다. 인간 외의 다른 종에서는 젠더 표현이 얼마나 다양하게 일어나는가? 우선 우리가 사로잡혀 있는 몇 가지 고정관념부터 살펴보자. 비록 무척추동물과 식물에서 더 많은 다양성이 나타나긴 하지만, 우리는 대부분 척추동물을 살펴보기로 한다.

생물체는 평생 오직 수컷 아니면 암컷이다. 그렇지 않다. 식물 대부분과 동물의 약 절반 정도는 개체가 평생 일정 시기에, 또는 시기를 달리하면서 수컷이면서 동시에 암컷이기도 하다. 이 개체들은 평생 작은 생식세포와 큰 생식세포를 모두 만든다.

평균적으로 수컷이 암컷보다 크다. 그렇지 않다. 많은 종, 특히 어류는 암컷이 수컷보다 크다.

수컷이 아니라 암컷이 새끼를 낳는다. 그렇지 않다. 많은 종은 암컷이 알을 수컷의 주머니 안에 넣어두면 수컷이 부화할 때까지 품는다. 많은 종은 암컷이 아니라 수컷이 둥지를 돌본다.

수컷은 XY염색체를 갖고 암컷은 XX염색체를 갖는다. 그렇지 않다. 닭과 같은 가금류를 비롯해 조류는 그 반대다. 다른 많은 종도 수컷과 암컷 사이에 염색체 차이가 없다. 악어 가운데 앨리게이터와 크로커다일 전부, 거북과 도마뱀 일부, 그리고 계절성 어류는 알이 자랄 때의 온도로 성이 결정된다. 암컷은 그늘진 자리, 또는 햇볕이 드는 자리를 골라서 알을 낳음으로써 새끼의 성비를 조절할 수 있다.

두 가지 성에 대응하여 오직 두 가지 젠더만이 나타난다. 그렇지 않다. 많은 종은 세 가지 이상의 젠더를 가짐과 아울러, 각 성의 개체들은 형태상으로 두 가지 이상의 특징을 띤다.

수컷과 암컷은 서로 모양이 다르다. 아니다. 어떤 종은 수컷과 암컷의 모양을 거의 구분할 수 없다. 다른 종의 경우에도, 수컷은 두 가지 이상의 형태를 띠는데 그중 한 형태는 암컷을 닮은 반면, 나머지 형태들은 암컷과 다르다.

수컷이 음경을 갖고 암컷이 젖을 만든다. 아니다. 점박이하이에나 암컷에게는 겉모습으로 볼 때 수컷의 음경과 비슷한 신체 기관이 있다. 그리고 말레이시아와 보르네오의 큰박쥐는 수컷에게 젖을 내는 젖샘이 있다.[8]

수컷이 암컷을 통제한다. 아니다. 어떤 종은 암컷이 수컷을 통제하며, 많은 종의 경우 짝짓기에서 암컷의 선택과 수컷의 선택 사이에서 상호작용이 역동적으로 이뤄진다. 암컷은 우월한 수컷을 좋아할 수도, 좋아하지 않을 수도 있다.

암컷은 일부일처제를 선호하고 수컷은 바람피우기를 원한다. 아니다. 종에 따라 두 성 모두, 또는 어느 한 성만 바람을 피우기도 한다. 평생 일부일처제를 유지하는 종은 드물며, 심지어 일부일처제를 행하는 종 내에서도 암컷이 주도적으로 이혼을 하여 계급이 더 높은 수컷을 얻기도 한다.

젠더에 관한 고정관념은 이밖에도 훨씬 더 많은데, 이러한 고정관념들은 종종 '자연의 방식'으로 여겨지지만 생물학 내에서는 이에 대한 어떠한 일반론도 존재하지 않는다. 대신, 위에 언급한 생물체들의 삶을 더 면밀히 살펴봄으로써 그러한 주장들이 합리적인지 알아보도록 하자. 하지만 우선 어깨를 한번 들썩이고 나서 생명의 신비를 곰곰이 생각해보자.

'한 생명체가 성 역할을 표현하고 수행하는 방식'으로 성을 정의하면, '수컷답다' 및 '암컷답다'라는 형용사 또한 각 종에 고유한 방식으로 정의할 수 있다. '수컷답다'와 '암컷답다'는 대부분의 수컷과 암컷이 각각 지닌 독특한 특징을 가리킨다. 크로스젠더cross-gender적 외모와 행동을 가리킬 수도 있다. 예컨대, 대부분의 암컷 몸에 세로줄이 있고 수컷 몸에는 없다면, 세로줄이 있는 수컷은 '암컷다운 수컷'인 셈이다. 대부분의 수컷에게 갈라진 뿔이 있고 암컷은 없다면, 갈라진 뿔이 있는 암컷은 '수컷다운 암컷'인 셈이다.

정치적인 면에서 볼 때에는, 생식세포 크기로 수컷과 암컷을 정의해놓고 나면 사회의 젠더 범주들이 생물학의 성 이분법과 거리를 두게 된다. 그렇다고 모든 생명체의 젠더가 수컷/암컷 이분법으로 나누어지는지 여부를 문제 삼으려고 생물학에 따른 수컷/암컷 구별의 보편성을 거부해서는 안 된다. 하지만 특히 인간은 모든 사람에 대한 젠더 이분법이 칼로 자르듯이 명확하지는 않다. 비록 정자와 난자의 크기 비율이 100만분의 1이 될 정도로 차이가 명백한데도 말이다.

3장

몸 안의 성

비록 생식세포 크기의 이분법이 실제로 보편적이긴 하지만, 수컷과 암컷의 기능들이 개체들의 몸속에서 구현되는 방식은 어떠한 일관된 이분법에 딱 들어맞지 않는다. 흔히 우리는 수컷과 암컷의 몸이 반드시 서로 다르다고 여긴다. 왜냐하면, 반려동물, 가축, 공원 주변에 있는 새와 벌 등 우리와 함께 사는 동물들과 마찬가지로 우리 대부분이 그러하기 때문이다. 하지만 많은 종은 성적인 기능을 구성하는 데에서 다른 방법을 갖고 있다.

생애 중 어떤 시기에 작은 생식세포와 큰 생식세포를 **둘 다** 만드는 개체는 자웅동체라고 불린다. 두 가지를 동시에 만드는 개체는 동시적 자웅동체라고 하며, 서로 다른 시기에 만드는 개체는 순차적 자웅동체라고 한다. 대부분의 개화 식물은 동시에 꽃가루와 밑씨를 만들기에 동시적 자웅동체인 셈이다. 꽃가루는 식물의 수컷 부분이고 밑씨는 식물의 암컷 부분이다. 수정된 밑씨는 작은 배아로 바뀐 다음 떨어져 나가는데, 바람에 날려가거나 동물이 옮겨준다.

동물들의 경우에 자웅동체는 바다에서 흔히 찾아볼 수 있다.[1] 따개비, 고둥, 불가사리, 안점꽃갯지렁이, 그리고 말미잘과 같은 대부분의 해양 무척추동물은 자웅동체다. 그리고 많은 어류 또한 마찬가지다. 만약 여러분이 하와이, 카리브해, 호주, 또는 홍해의 산호초 지역에서 스노클을 물고 잠수

한다면, 물속에서 마주치게 되는 물고기의 대략 4분의 1은 아마도 자웅동체일 것이다. 또는 열대 수족관에서 쉽게 만날 수 있는 화려한 물고기들 가운데 일부도 순차적 자웅동체인 경우가 흔하다. 놀래기, 비늘돔이나 덩치가 큰 그루퍼의 종들 대부분은 자웅동체이며, 마찬가지로 일부 자리돔, 에인절피시, 망둥이, 도미, 엠퍼러에인절피시, 베바램치soapfish, 도티백, 곰치(모두 얕은 물에서 사는 물고기)와 더불어 많은 심해어류도 자웅동체다.[2]

자웅동체는 많은 종에 훌륭한 생활 방식인데, 내 짐작에 자웅동체는 서로 다른 몸 안에 서로 다른 성을 갖는 종들(자웅이체라고 함)보다 이 세상에 더 흔하다. 종종 우리는 서로 다른 몸에 서로 다른 성을 갖는 것을 '정상적'이라고 여기는데, 이는 식물, 산호초, 심해에서 보이는 자웅동체 현상이 어떤 특이한 과정이지 않을까 여기기 때문이다. 하지만 정반대로, 자웅동체 현상은 원래부터 정상적인 것이라 볼 수도 있다. 이런 관점에서 보자면, 오히려 육지 환경에서 움직이며 사는 생물체들이 서로 다른 몸에 서로 다른 성을 선호하게 된 까닭이 무엇인지 물어보지 않을 수가 없다.

물고기가 우리에게 말해줄 수 있는 것

수컷으로 바뀌는 암컷

성 바꿈sex change은 산호초 사회의 여러 흥미로운 측면 가운데 하나다. 블루헤드놀래기는 가장 큰 수컷의 푸른 머리를 따서 이름이 지어졌다. 크기가 작거나 성적으로 성숙하기 시작하는 단계일 때에는 두 성의 물고기 모두 비슷해 보인다. 이후에 세 가지 젠더가 발현된다. 한 젠더는 수컷으로 삶을 시작해서 평생 수컷으로 남는 개체들로 이루어진다. 또 하나의 젠더는 암컷으로 시작해 나중에 수컷으로 바뀌는 개체들로 이루어진다. 이처럼 성이 바뀐 수컷들은 처음부터 수컷이었던 개체들보다 크다. 세 번째 젠더는 평생 암컷으로 지내는 암컷 개체들로 이루어진다. 우리는 앞으로 두 가지 수컷 젠더를 각각 '성이 바뀌지 않은 작은 수컷'과 '성이 바뀐 큰 수컷'으로 부를 것이다. 성이 바뀐 큰 수컷은 세 가지 젠더 가운데서 가장 덩치가 크며 암컷들을 통제하려고 한다. 일부 종의 경우, 성이 바뀐 큰 수컷은 직접 암컷을 거느리고 지켜주는 반면, 다른 종은 암컷이 선호하는 듯한 영역 주변을 지켜준다.

수정은 체외에서 일어난다. 암컷이 난자들을 물속에 뿌려 놓으면 수컷이 한 무더기의 희뿌연 정액을 난자 주위에 뿌려서 수정시킨다. 수정되지 않은 난자들은 그대로 방치되어 있다가 근처에 있는 다른 수컷에 의해 수정될 수 있다.

성이 바뀌지 않은 작은 수컷과 성이 바뀐 큰 수컷은 서로에게 적대적이다. 성이 바뀐 큰 수컷들은 성이 바뀌지 않은 작은 수컷들을 자신들의 영역 밖으로, 또는 자신들이 거느리는 암컷으로부터 내쫓는다. 성이 바뀌지 않은 작은 수컷은 성이 바뀐 큰 수컷보다 훨씬 수가 많기에 큰 무리를 이루어서, 성이 바뀐 큰 수컷이 거느리고자 하는 암컷과 짝짓기한다. 성이 바뀌지 않은 작은 수컷들은 잽싸게 다가가서 성이 바뀐 큰 수컷들이 수정하려는 난자들을 수정시킨다. 성이 바뀌지 않은 작은 수컷 일부가 성이 바뀐 큰 수컷들을 계속 교란하고, 그 틈을 이용하여 다른 수컷들이 짝짓기하기도 한다.

성이 바뀌지 않은 수컷과 성이 바뀐 수컷은 선호하는 생태적 환경이 서로 다르다. 놀래기는 산호초에서도 살고 근처의 해초 밭에서도 산다. 해초 속에서 사는 경우에는, 해초 줄기 사이에 둥지를 튼 암컷은 제대로 보호받을 수가 없으므로, 대결 구도가 성이 바뀌지 않은 수컷에게 유리한 쪽으로 작용한다. 이러한 상황 탓에 결국 두 가지 젠더, 즉 성이 바뀌지 않은 수컷과 암컷만 존재하게 된다. 한편, 산호초 위에서 사는 경우, 물속에 장애물이 없고 개방된 서식지 구조 덕분에 성이 바뀐 수컷이 암컷을 거느리게 되어 대결 구도가 이 수컷에게 유리해진다.[3] 이러한 상황에서는 세 가지 젠더가 모두 존재하기 쉬워진다. 개체 수 밀도라는 단순한 요소도 젠더 비율을 변화시킨다. 밀도가 높으면 암컷이 보호받기 어려워 성이 바뀌지 않은 수컷이 지배하게 되는 반면, 밀도가 낮으면 성이 바뀐 수컷이 '하렘'을 거느리게 된다.[4] 암컷이 이 두 가지 유형 중 어느 쪽을 선호하는지는 알려져 있지 않다.

또한 성 바뀜은 사회적 구성의 변화에 의해서도 일어난다. 놀래기 종류 가운데 청소놀래기가 있는데, 이 이름은 다른 물고기에게서 체외 기생충을 긁어모으는 일을 하기 때문에 붙었다. 청소놀래기의 경우, 하렘을 거느리는 성이 바뀐 큰 수컷이 제거되면, 가장 큰 암컷이 성을 바꾸어 하렘을 거느린다. 몇 시간 만에 그 암컷은 남아 있던 암컷들과 함께 산란하거나 구애를 하는 등 수컷의 행동을 한다. 그리고 열흘 이내에 이 새로운 수컷은 활동적인 정자를 생산한다. 한편 하렘 내의 다른 암컷들은 성이 바뀌지 않는다.[5] 기존의 수컷이 죽을 때 가장 큰 암컷이라면 어떤 암컷이건 간에 수컷으로 바뀌는지, 아니면 암컷에는 어떤 상황이 생기든 암컷으로 남는 쪽과 상황이 적절하면 성을 바꾸는 쪽의 두 부류가 존재하는지는 나도 알아내지 못했다.

이러한 동물 사회가 너무나 괴상해 보이는가? 그렇지 않다. 이러한 시스템의 여러 측면은 여러 척추동물에게서 거듭 나타나는데, 특히 수컷이 암컷이나 난자를 지배하는 현상, 여러 개의 수컷 젠더, 일부 수컷 젠더 간의 대결 구도, 유연한 성 정체성, 그리고 생태적 맥락에 따라 변하는 사회 구성 등이 대표적이다. 아직도 산호초 어류가 보여주는 풍경이 괴상하다고 여긴다면, 여러분만 그런 것이 아니다. 이런 현상을 처음 목격했던 생물학자들도 마찬가지였다. 겨우 이제야 우리는 그동안 친숙했던 젠더와 섹슈얼리티 개념들에 심각한 결함이 있음을 깨닫고 있는 실정이다.

암컷으로 바뀌는 수컷

수컷에서 암컷으로 성이 바뀌기도 한다. 자리돔 중에는 어릿광대 분장을 연상시키는 선명한 흰 줄무늬 때문에 '어릿광대 물고기'로 불리는 무리가 있다. 이 물고기들은 말미잘의 촉수 사이에서 산다. 말미잘의 촉수에는 물고기를 찌르는 세포가 있어서 자신들을 건드리는데도 말이다. 이처럼 살벌한 집에서 살아남기 위해 어릿광대 물고기는 말미잘이 찌르기 세포를 방출하지 못하게 막는 점액을 분비한다. 말미잘 촉수 안에서 살면, 어릿광대 물고기에게는 안전이 보장되긴 하지만 집의 크기가 말미잘이 얼마만큼 자라느냐에 따라 제한된다. 말미잘 하나에는 성체 어릿광대 물고기 한 쌍과 몇 마리의 새끼가 살 공간밖에 없다.

어릿광대 물고기는 암컷이 수컷보다 크다. 만약 암컷이 제거되고 나면, 남은 수컷은 암컷으로 바뀌고, 새끼 가운데 하나가 자라서 수컷이 된다.[6] 어릿광대 물고기는 일부일처제고, 암컷은 몸집이 클수록 난자를 많이 만든다. 일부일처제의 수컷은 암컷 하렘을 거느리지 않기 때문에 몸집이 커봐야 득볼 것이 없다. 따라서 수컷은 몸집을 작게 유지하고 암컷은 몸집이 커야 이익이므로 발달 과정에서 수컷에서 암컷으로 바뀌는지도 모른다.[7]

수컷인 동시에 암컷

햄릿은 산호초에 사는 작은 농어로, 성을 고르느라 신경 쓰지 않아도 된다. 두 가지 성을 동시에 갖기 때문이다. 하지만 이들은 타가수정을 하기에 번식하려면 반드시 짝짓기를 해야 한다. 이러한 동시적 자웅동체는 짝짓기할 때 여러 번에 걸쳐 수컷 역할을 하기도 하고 암컷 역할을 하기도 한다. 한 개체가 난자 몇 개를 방출하고 이것을 다른 개체가 정자로 수정시킨다. 그리고 이번에는 그 다른 개체가 난자 몇 개를 방출하고 이것을 원래의 개체가 정자로 수정시킨다. 이런 식으로 계속 반복된다.[8]

햄릿이 동시적 자웅동체인 이유에 대해서는 아무런 이론도 제시되지 않았다. 심해어류들도 동시적 자웅동체인 편인데, 이런 종의 경우에는 지극히 낮은 개체군 밀도에 적응하기 위한 것으로 보인다.[9] 햄릿은 외모가 특이하지 않은데, 다른 자웅동체 물고기들도 마찬가지다. 자웅동체 물고기는 그냥 보통 물고기처럼 보인다. 햄릿은 특별히 희귀하지도 않고, 더군다나 희귀했거나 심해에서 살았던 조상의 후손도 아니다. 그런데도 왜 햄릿이 동시적 자웅동체인지는 여전히 불가사의하다.

수컷과 암컷의 크리스크로싱

한 번의 성 바꾸기도 엄청난 일일 듯한데, 어떤 물고기는 평생 동안 여러 번 그렇게 한다. 한 개체는 성이 발현되지 않은 새끼에서 암컷으로 바뀌고, 이어서 수컷으로 바뀌었다가 또다시 암컷으로 되돌아간다. 또는 새끼에서 수컷으로 바뀌고, 이어서 암컷으로 바뀌었다가 다시 수컷으로 되돌아간다. 어떤 종의 경우 성 정체성은 새 외투를 갈아입듯 쉽게 바뀔 수 있다.

이러한 크리스크로싱crisscrossing(여기서 크리스크로싱은 어떤 것이 다른 것으로 바뀌었다가 다시 원래로 돌아오는 현상을 말한다. ─ 옮긴이)은 어류 가운데 가장 많은 종과 속을 지닌 과科인 망둥이의 어느 한 종에서 발견되었다. 망둥이는 매우 작으며 종종 산호초에서 사는데, 이 경우에는 태평양의 섬인 오키나와에서 살고 있었다.[10] 이 망둥이는 가지처럼 뻗는 산호 위에서 일부일처제로 살며, 수컷이 알을 돌본다. 새끼의 약 80퍼센트가 성숙하면 암컷이 되고, 나머지는 수컷이 된다. 암컷 중 일부는 나중에 수컷으로 바뀌며, 수컷 중 일부도 나중에 암컷으로 바뀐다. 한번 성이 바뀐 개체들 중에서는 극히 일부만이 나중에 다시 원래 성으로 되돌아간다. 곧, 크리스크로싱을 한다.

왜 망둥이는 성이라는 옷을 굳이 바꿀까? 한 이론에 따르면, 망둥이의 짝 형성은 두 유충이 플랑크톤 상태에서 벗어나 산호 위에 살게 되면서 생긴 결과로 본다.[11] 탈바꿈 후에 깨어났을 때는 둘 다 같은 성이다. 그다음에는? 어쨌거나, 둘 중 하나는 성을 바꾼다. 성 바꾸기는 이리저리 돌아다니기가 위험한 상황일 때 다른 곳으로 이동하기보다 이성 짝을 얻기에 더 나은 방법으로 제시된다. 그러므로 이 이론은 바꾸느냐 이동하느냐 하는 선택의 문제로 귀결된다. 하지만 이 이론은 꽤 이성애주의에 가깝다. 햄릿의 사례에서 드러나듯, 번식을 위해 이성애 짝이 필요하지는 않다. 왜냐하면 둘 다 동시적 자웅동체가 될 수 있기에 굳이 크리스크로싱을 할 필요가 없기 때문이다.

호주의 대보초 지역의 리자드섬에 사는 망둥이의 한 종이 크리스크로싱을 한다는 사실이 최근에 발견되었지만, 흥미롭게도 오키나와의 망둥이와는 그 방식이 달랐다.[12] 호주의 망둥이는 모든 새끼가 자라 암컷이 되고 이후 일부가 수컷이 된다. 하지만 수컷은 다시 암컷이 될 수 있다. 사실은 수컷의 존재 의미가 여기서 애매모호해진다. 연구자들은 적어도 얼마만큼의 정자를 생산할 수 있으면 어떤 물고기라도 수컷으로 정의했다. 하지만 모든 수컷은 생식샘 속에 초기 단계의 난모세포, 즉 난자로 발달하는 세포를 지니고 있다. 따라서 모든 수컷은 일정 부분 암컷의 상태를 지니는 셈이다. 그러므로 이 종은 어떤 한 시기에 두 가지 젠더, 다시 말해 완전한 암컷 젠더와, 일부는 수컷이고 일부는 암컷인 젠더로 구성된다.

현화식물 가운데에는 자웅동체와 암컷이 섞인 개체군들이 흔한데,[13] 이들은 수컷과 암컷으로 이루어진 개체군들보다 더 흔하다. 이처럼 자웅동체와 단일한 성이 혼합된 종들은 전적으로 자웅동체인 대부분의 식물종과 뚜렷한 차이를 보인다. (아마도 더 많은 망둥이를 연구해보면, 식물처럼 암컷과 자웅동체로 이루어진 종이 발견될 것이다.)

식물은 또한 크리스크로싱을 통한 성 바뀜의 가장 재미있는 사례도 전해준다. 중국에서 서식하는 열대 생강의 경우, 일부 개체는 아침에 수컷이어서 꽃가루를 만드는 반면, 다른 개체는 아침에 암컷이어서 꽃가루를 받는다. 그런데 저녁이 되면 성을 서로 바꾼다. 플렉시스타일리flexistyly라고 불리는 이 현상은 현화식물 중 열한 가지 과科에서 나타난다고 알려져 있다.[14] 이 생강이 하루 동안에 성을 바꾸는 현상은 햄릿이 짝짓기할 때와 판이하게 다르지는 않다. 햄릿의 경우에도 짝짓기하는 쌍들은 수컷과 암컷 사이에서 수시로 바뀌기 때문이다.

순차적 · 동시적 자웅동체와 크리스크로싱 자웅동체의 이러한 사례들을 통해, 수컷과 암컷의 기능이 평생 서로 다른 몸속에 묶여 있지 않아도 된다는 것이 드러난다. 자웅동체인 척추동물 종은 흔히 존재하며 성공적으로 살고 있다.

포유동물의 간성

포유동물도 자웅동체일 수 있을까? 아니면 우리만이 예외일까? 꼭 그렇지만은 않다! 자웅동체로 묘사된 포유동물도 종종 보고된다. 비록 '자웅동체'라는 용어에 오해의 소지가 있긴 하지만.

몇 가지 정의를 내려보자. 포유동물의 생식 시스템은 난자와 정자가 발생하는 생식샘, 그리고 생식세포를 목적지로 옮겨주는 연결 부위로 이루어져 있다. 이 연결 부위는 내부 파이프와 외부 밸브로 이루어져 있다. 내부 파이프는 나팔관, 뮐러관 등이다. 외부 밸브는 음경, 클리토리스, 음낭, 음순 등이다. '간성' 개체는 난자와 정자를 둘 다 만드는 생식샘, 그리고 정자 관련 및 난자 관련 연결 부위가 결합되어 있는 기관, 이 두 가지를 함께 갖거나 적어도 하나는 갖고 있다. 전체 시스템에는 이렇게 많은 부분이 있으므로, 다양한 결합이 가능하다.

좀 더 구체적으로 말해 우리는 난소 조직과 정소 조직이 결합된 간성 생식샘을, 난자 관련 및 정자 관련 연결 부위와 결합된 간성 생식기와 구별할 수 있다.[15] 심지어 우리는 내부 생식기적으로 간성인 경우와 외부 생식기적으로 간성인 경우를 구별하여, 결합된 연결 부위가 어디에 위치하는지도 정확히 알아낼 수 있다. 비록 생식세포 크기의 이분법에 따르면 오직 두 가지 성 기능이 존재한다고 하지만, 실제로 몸 유형은 전부가 정자와 관련된 부분에서부터 정자 관련 및 난자 관련 부분의 다양한 결합, 나아가 전부가 난자와 관련된 부분에 이르기까지 다양하게 나타난다.

척추동물 몸체에 포유류 부품을 사용하여 자웅동체를 제조해내려면, 생식샘 부분과 연결 부위의 완전한 두 세트가 필요한데, 하나는 난자용이고 다른 하나는 정자용이다. 포유류에는 정자 관련 및 난자 관련 부분이 부분적으로 결합된 예가 많이 보인다. 이러한 모든 부분적 결합을 한데 섞어 놓으면, 언젠가 완전한 포유류 자웅동체로 진화될 수 있을지 모른다. 이전에 산호초 물고기들이 받았던 것과 같은 선택 압력(주어진 맞섬 유전자의 실제적인 표현형을 결정하는 힘. — 옮긴이)이 이 포유류에 작용하게 된다면 말이다. 어떤 포유류 종에게는 간성의 몸이 소수이지만, 또 어떤 종에게는 다수다.

가지 진 뿔은 어떤 간성 개체가 있을 수 있는지를 쉽게 알아볼 단서가 된다. 흰꼬리사슴Odocoileus virginianus에는 벨벳혼velvet-horn이라고 불리는 수컷 몸 유형이 있다. 벨벳혼이라고 불리는 까닭은 대개 뿔이 오래되면 생기는 특수한 벨벳 거죽이 이 사슴의 뿔 위를 덮고 있기 때문이다. 벨벳혼 수컷은 뿔이 작으며 암컷 같은 몸매 비율과 얼굴 모양에다 고환이 작아서 생식능력이 없다고 알려져 있다. 암컷들 대부분은 뿔이 없지만, 단단한 뼈 같은 뿔과 더불어 광범위한 연결 부위를 지닌 암컷도 있다. 이들도 생식능력이 없다고 여겨진다. 생식능력이 있으면서 뿔이 없고 특징적인 외모를 지닌 수컷 변종도 있고, 생식능력이 있으면서 뿔이 있고 특징적인 외모를 지닌 암컷 변종도 또한 나타난다.

생식불능에 대해 언급한다는 사실 자체가 간성이 '잘못된' 것이라는 선입견 때문이다. 하지만 이야기는 그리 단순하지가 않다. 흰꼬리사슴의 벨벳혼 수컷 비율은 어떤 지역에서는 약 10퍼센트이지만 40~80퍼센트까지 높아질 수도 있다.[16] 이처럼 높은 수치는 벨벳혼 수컷이 해로운 돌연변이라는 이론과 맞지 않는다.

이와 비슷하게, 검은꼬리사슴Odocoileus hemionus에는 선인장사슴이라 불리는 수컷 변종이 있는데, 이들도 간성의 한 형태일지 모른다. 붉은사슴

Cervus elaphus, 늪사슴*Cervus duvauceli*, 일본사슴*Cervus nippon*, 노루*Capreolus capreolus*, 그리고 다마사슴*Dama dama*, 이 모두에는 퍼루크*peruke*('가발'이라는 뜻이다. — 옮긴이)라고 불리는, 벨벳 덮인 가지 진 뿔이 달린 수컷 변종이 있다. 이 변종은 생식능력이 없다고 알려져 있다. 엘크*Alcesalces*('무스'라 불리기도 함)에는 벨레리콘 뿔이라고 불리는 벨벳 덮인 뿔이 달린 수컷도 있고, 아울러 퍼루크 수컷과 소수의 벨벳 덮인 뿔이 달린 암컷도 있다.[17]

　　암컷 캥거루는 태아를 자궁보다는 주머니 속에서 키우기 때문에, 간성 개체는 음경과 주머니, 젖샘과 정소를 모두 가질 수 있다. 간성 캥거루는 이스턴그레이캥거루*Macropus giganteus*, 붉은캥거루*Marcopus rufus*, 왈라루*Marcopus robustus*, 타마왈라비*Marcopus eugenii*, 그리고 쿠아카왈라비*Setonix brachyurus* 등에서 보인다.[18]

　　캥거루쥐*Dipodomys ordii*는 캥거루처럼 유대목에 속하지 않고 미국 남서부가 원산인 작은 설치류 포유동물이다. 캥거루쥐는 뒷발로 폴짝폴짝 뛰어다니는 까닭에 캥거루를 연상시킨다. 더 잘 알려진 캥거루에 뒤지지 않을 정도로 캥거루쥐에게도 간성이 많다. 이 동물 중 약 16퍼센트가 한 개체 내에 질, 음경, 자궁, 고환 등을 비롯해 정자·난자와 관련된 연결 부위를 갖고 있다.[19]

　　바누아투(이전에는 뉴헤브리디스로 불린 나라)의 남태평양 제도에 사는 돼지들은 간성 표현 때문에 사육되어왔다. 전형적으로, 이 돼지들은 수컷 고환과 정자 관련 내부 연결 부위, 중간 상태거나 혼합된 외부 생식기, 그리고 멧돼지와 같은 엄니를 갖고 있다. 바누아투 문화에서 이 돼지들은 신분의 상징으로 귀한 대접을 받는데, 사카오 부족은 이 돼지들을 난자 관련성이 가장 큰 외부 생식기를 가진 것에서부터 정자 관련성이 가장 큰 외부 생식기를 가진 것까지 서로 다른 일곱 가지 젠더로 구분해 이름을 붙인다. 간성의 다양한 변화에 대한 이들의 원시적 분류는 완벽하다고 알려져 있다. 심지어 서구 과학자들이 지금껏 개발했으며 이 문화를 처음 소개했던 과학자들이 도입했던 명명 체계보다도 말이다. 과거에는 가축으로 기르는 돼지 중 10~20퍼센트가 간성이었다.[20]

불곰*Ursus arctos*(이른바 갈색곰), 아메리카흑곰*Ursus americanus*, 그리고 북극곰*Ursus maritimus*을 비롯한 곰은 오랫동안 아메리카 원주민 부족들에게는 뒤섞인 젠더의 상징으로 여겨졌다. 비민쿠스쿠스민 부족과 이누이트 부족에는 음경-클리토리스를 통해 새끼를 낳는 '수컷 어미' 곰에 관한 이야기가 있다.[21] 정말로, 어떤 개체군의 경우 10~20퍼센트에 이르는 암컷 곰들은 별도의 질을 이루기보다는 클리토리스로 이어지는 산도産道가 있다. 실제로 한 간성 암컷 곰은 자신의 음경 끝 부분으로 짝짓기를 하고서 그곳을 통해 새끼도 낳는다.[22]

이런 형태의 간성 연결 부위는 탄자니아에 있는 점박이하이에나*Crocuta crocuta*의 모든 암컷에게서 발견된다. 이 암컷들이 가진 음경은 수컷의 음경과 거의 구별이 불가능할 정도다.[23] 아리스토텔레스는 이 동물들이 자웅동체라고 믿었는데, 그의 믿음은 절반만 옳았다. 1939년에 이루어진 최초의 과학적 연구에서 드러난 사실로, 점박이하이에나는 평생토록 난자나 정자 가운데 오직 한 가지 생식세포를 만든다.[24] 그러므로 이 하이에나들은 자웅동체가 아니다. 오히려 암컷 점박이하이에나는 일부 암컷 곰들처럼 간성이다. 이 암컷들은 수컷 음경과 비교해, 길이는 90퍼센트에 이르고 직경은 똑같은 음경을 가진다(정말로, 어떤 이의 측정으로는 길이가 171밀리미터에 직경이 22밀리미터였다). 게다가 음순이 합쳐져서 지방 및 고환을 닮은 연결 조직을 담고 있는 음낭을 이루고 있다. 비뇨생식관은 클리토리스가 돌출해 있는 데까지 이어져 있지, 아래쪽으로 뚫려 있지 않다. 오줌이 클리토리스로 나오기 때문에, 이 클리토리스는 곧 음경인 셈이다. 마지막으로, 암컷 음경에는 해면체가 들어 있어서 수컷 음경처럼 발기할 수도 있다.

　암컷 점박이하이에나는 자신의 음경관으로 짝짓기를 하고 새끼도 낳는다. 짝짓기할 때 암컷이 그 음경을 '마치 소매를 말아 올리듯' 몸속으로 오므려 구멍이 생기게 하면, 그 속으로 수컷이 자신의 음경을 삽입한다. 암컷의 음경은 수컷의 음경이 있는 자리와 같은 곳에 위치하므로, 대부분의 포유류의 질보다 더 위쪽인 배 가까이에 있다. 따라서 수컷은 짝짓기할 때 자기 음경이 암컷 음경 위에 놓이도록 자신의 궁둥이를 암컷 밑으로 미끄러지게 해야 한다. 새끼를 낳을 때 태아는 끝 부분이 급격히 굽어 있는 길고 좁은 산관을 따라 내려간다. 암컷의 약 15퍼센트는 첫 새끼를 낳다가 죽으며, 또한 처음 태어난 새끼의 60퍼센트 이상을 잃는다.[25] 이처럼 아무런 장점도 없어 보이는데 왜 암컷 점박이하이에나가 클리토리스 대신에 이런 음경을 갖는지 의문이 든다.

　암컷 점박이하이에나에게는 지배 서열이 있는데, 발기한 음경이 복종의 신호다. 두 암컷이 지배권을 놓고 서로 다툴 때, 항복하려는 암컷은 자신의 음경을 발기시켜 신호를 보낸다.[26] 왜 이런 신호 방법을 암컷 하이에나가 진화시켰는지는 아무도 모르지만, 신호가 어떤 의미를 갖는지는 언제나 그 자체로선 임의적일 뿐이다. 왜 교통신호등이 빨강, 노랑, 초록이겠는가? 하이에나의 암컷 음경 발기는 '정직한 신호'인 것이다. 발기는 이 동물들이 헤어졌다가 다시 만나 인사를 나눌 때 '만남 의식'에서도 나타난다. 이들은 서로에게 다가가 서로 한쪽의 머리가 다른 쪽의 꼬리에 놓이도록 나란히 선다음, 어느 한쪽 또는 둘 다 뒷다리를 들어 올려 발기된 음경을 서로 살펴볼 수 있도록 해준다. 인사하는 한 쌍 중 오직 한쪽이 발기된 음경을 보이면, 보통 그쪽이 복종한다. 각 암컷 하이에나는 자신의 생식기관을 강력한 턱 옆에 둔다. 사육되는 암컷 하이에나끼리 일주일 동안 떨어져 있다가 인사를 하게 될 경우, 긴장이 매우 팽팽하여 결국 싸움으로 번지곤 한다. 싸움은 한쪽이 다른 쪽의 생식기를 물면서 시작되는데, 이로 인해 다친 쪽은 생식능력에 일시적인 손상을 입게 된다.

암컷 하이에나의 수컷화된 생식기는 내가 명명한 사회통합적 특성의 한 예로서, 이를 통해 암컷 하이에나는 번식과 생존에 필요한 자원을 얻을 수 있다. 만약 암컷이 자기 음경을 신호로 사용하는 사회적 상호작용에 참여하지 않으려 한다면, 그 암컷은 하이에나 사회에서 제 기능을 다할 수 없을 테며 아마도 죽거나 새끼를 낳지 못할 것이다.

한편, 커진 클리토리스는 암컷 점박이하이에나의 테스토스테론 수치가 높아져서 생긴 부작용이라는 주장도 제기되었다.[27] 이 주장에 따르면, 암컷 점박이하이에나의 사회 생활에는 많은 공격이 뒤따르는데, 이것은 아마도 높아진 혈중 테스토스테론 수치 때문이라고 한다. 이 테스토스테론이 발육 중에 우발적인 '과잉' 수컷화를 초래할지 모른다는 것이다. 나는 이 이론을 받아들이지 않는다. 공격성에는 테스토스테론이 필요하지 않다. 지금 우리의 논의 대상은 약간 더 커진 클리토리스가 아니라, 수컷의 생식기 구조를 그대로 빼다 박아서 음낭뿐만 아니라 고환을 닮은 지방 조직까지 완전히 갖춘 생식기다. 이 구조는 혈액 내의 테스토스테론 수치가 몇 번 추가적으로 올라갔다고 해서 발현될 수 없다. 나는 포유류의 생식기가 상징적인 기능을 가진다는 것을 이 사례가 증명해준다고 믿는다. 실제로, 생식기 드러내기는 포유류의 특성이다. 물고기, 개구리, 도마뱀, 뱀, 그리고 새들은 밝은 색을 띠는 외부 생식기를 꺼내 서로에게 흔드는 일이 드물다. 이런 행동을 하는 건 포유류다.

음경은 갈라고원숭이 같은 다양한 영장류 암컷에서도 나타난다. 이 원숭이는 중앙아프리카에 사는, 다람쥐 비슷한 야행성 영장류로, 약 열두어 종이 알려져 있는데 모든 암컷에 음경이 달렸다. 음경은 길게 늘어진 클리토리스인데, 그 끝에 요도가 달려 있어서 암컷이 그것으로 오줌을 눌 수 있다.[28] 수컷의 음경 속에는 음경골이라고 불리는 뼈가 있다. 이 영장류는 교미가 대체로 느린 편이어서 한두 시간이나 지속된다.[29]

남아메리카의 거미원숭이에 관한 휴대용 도감에 따르면, 길게 늘어지고 발기가 가능한 클리토리스는 너무 길어서 음경으로 오해된다고 한다.[30] 이 원숭이는 일곱 종이 존재하는데, 이들은 물건을 쥘 수 있는 꼬리로 나무에 매달릴 뿐 아니라 마치 다섯 개의 다리가 달린 생물체인 양 손, 발, 그리고 꼬리를 이용하여 나뭇가지 언저리를 이리저리 돌아다니는 절묘한 재주로 유명하다. 클리토리스가 음경처럼 보이기 때문에, 수컷임을 알려주는 야생 표지로 음낭이 쓰인다. 냄새 표시 분비선 또한 거미원숭이의 클리토리스에 드러나 있을지 모른다.

양털원숭이는 거미원숭이와 가까운 친척으로서, 클리토리스가 실제로 음경보다 더 길다.[31] 또 하나의 가까운 친척인 양털거미원숭이는 젖꼭지가 겨드랑이 밑 몸의 측면에 위치해 있다. 그러므로 심지어 영장류에서도 젠더를 나타내는 부위가 여러 가지 방식으로 척추동물 몸체에 조립될 수 있다.

생식기를 대중 앞에서 내보이는 행위가 우리 인간에게는 정서적으로 매우 도발적인 사안이 되는데, 그 까닭은 유인원이 다른 포유류보다 생식기를 표현 수단으로 더 많이 사용하기 때문이다. 동물에 관한 그림책에는 개코원숭이라고도 불리는 개코원숭이가 종종 등장하는데, 개코원숭이는 수컷 주둥이의 색이 화려하다. 머리만 찍은 사진이 아니라 전신사진을 보면 그 화려한 색은 생식기까지 이어져 있다. 수컷과 암컷은 둘 다 생식기가 밝은 빨간색이다. 수컷은 진홍색 음경이 눈처럼 하얀 음낭 사이로 뻗어 나와 있고, 발정기의 암컷은 질 주변에 붉고 크게 부풀어 오른 부위를 드러낸다. 도발적이게도 개코원숭이는 이 부위를 서로 보이게끔 드러낸다.[32] 특별히 성적인 자극을 받는 상황 이외에는 생식기를 옷으로 가리는 우리의 관습은 생식기의 본디 모습과 더불어 겉치장의 상징적인 위력도 말해준다. 생식기의 해부학적 구조를 바탕으로 젠더를 결정하는 괴이한 의학사는 분명히 생식기를 일종의 상징으로 여기는 영장류의 성향으로까지 거슬러 올라갈 수 있다.

한편, 암컷화된 수컷의 생식기는 어떨까? 점박이하이에나, 갈라고원숭이, 그리고 거미원숭이는 수컷화된 암컷 생식기의 사례들을 보여준다. 그렇다면 그 반대의 경우는 어떨까? 수컷 돌고래와 고래의 생식기는 분명 앞의 사례와는 다른 유형의 간성을 나타낸다. 유체역학적인 유선형을 띠기 위해 돌고래와 고래 수컷에는 외부 생식기가 없다. 대신에 짝을 이룬 고환이 몸의 구멍 속에 자리 잡고 있다. 음경은 '생식기 슬릿genital slit' 안쪽에 깊숙이 놓여 있고 발기할 때 이외에는 덮개로 덮여 있다. 그리고 수컷 고래에게는 음낭이 없다.

포유류의 몸 부분과 무척추동물의 몸체를 이용하여, 수컷에게 이러한 생식기 구조를 발달시킬 가장 쉬운 방법은 무엇일까? 육상 포유류 수컷이 생식기를 발달시킬 때 일반적으로 취하는 단계 중 일부는 여기서 굳이 설명할 필요가 없다. 육상 포유류의 경우, 수컷의 정소는 체강體腔에서 음낭으로 내려가 고환이 된다. 이 음낭은, 암컷이라면 질과 클리토리스를 덮는 음순이 되었을 조직들이 결합해 생긴다. 발육 중인 수컷 돌고래와 고래는 굳이 음순 조직을 결합시켜 음낭을 만들지 않아도 되고 정소를 복부의 빈 체강 속에 놓아두어도 음순 조직을 보호 덮개로 사용함으로써 자신의 정소를 보호한다. 클리토리스는 계속 자라서 음경이 되는데, 이때 요도가 길어져 음경 끝까지 이어진다. 만약 이런 단계들이 육상에서 일어난다면, 포유류 수컷은 간성으로 분류될 것이다. 따라서 수컷 돌고래와 고래가, 다른 경우였다면 예외적인 간성 형태로 여겨졌을 형태를 정상적인 생식기 구조로 자리잡게 한 것이라고 짐작할 수 있다.

생식기 및 생식샘과 관련된 두 가지 간성 모두가 야생 고래에게서 보인다. 줄무늬돌고래Stenella coeruleoalba의 일부 개체는 외부 암컷 생식기와 더불어 정소와 내부 수컷 연결 부위를 지니고 있다. 큰머리고래Balaena mysticetus의 일부 개체는 암컷 외부 생식기와 더불어 수컷 염색체, 정소와 수컷 내부 연결 부위가 결합되어 있는 젖샘이 있다. 긴수염고래Balaenoptera physalus는 자궁, 질, 긴 클리토리스 및 정소를 비롯하여 암수의 생식기관을 모두 가진 고래로 묘사되어왔다. 세인트로렌스 수로에 있는 벨루가고래Delphinapterus leucas의 생식기는 두 난소와 두 정소가 온전히 들어 있는 한 세트의 생식기관이 수컷 외부 생식기와 결합되어 있는 구조다.[33]

비록 고래류의 간성에 관해 작성된 최근의 한 보고서를 보면, 환경오염에 의한 생식기 변형이 거론되지만, 간성에 관한 초기 보고서들은 오염이 위험한 수준이 되기 이전에 작성된 것들이다. 아마도 고래는 자웅동체 물고기들이 이미 도달했던 상태를 향해 진화의 여정을 밟아가고 있는지도 모른다.

지금까지의 사례는 간성 생식기 연결 부위에 초점을 맞추었다. 그렇다면 간성 생식샘은 어떤가? 이른바 '구세계두더쥐'라고 불리는 유럽산 굴 파기 포유류 중 네 종의 경우, 수컷에게는 포유류의 전형적인 정소가 있는 반면, 모든 암컷에게는 난소와 정소를 둘 다 포함하고 있는 난정소가 있다. 암컷은 난정소의 난소 부분에서 난자를 만들지만, 정소 부분은 비록 활발히 호르몬을 분비하는데도 정자가 들어 있지 않다. 이 종은 자웅동체에 가깝다.[34]

그러므로 많은 포유동물 종은 놀랍고도 성공적인 방식으로 생식기 연결 부위와 생식샘을 재결합시켰다. 더욱 일반적으로 말하자면, 어류에서부터 포유류에 이르는 척추동물도 생식세포 크기의 이분법적 구별이 모든 몸 유형에 널리 적용되지 않는다는 것을 우리는 알게 되었다. 여러 유형의 몸들은 두 가지 크기의 생식세포를 서로 다른 시기에 만들기도 하고 동시에 만들기도 할 뿐 아니라, 다양한 생식기 구조와 생식기 연결 부위의 혼합을 만들어낸다. 이 모든 현상은 해당 종의 사회에서 중요한 사회적 기능을 수행하기 위한 방식이다.

4장

성 역할

한 성에 대해 젠더가 하나뿐이어서 일반적이라고 여겨지는 종들은 물론이고, 평생 하나의 성만을 유지하는 개체들조차도 전통적인 바탕과는 매우 다른 젠더 역할을 종종 갖는다. 정말로, 어떤 종의 경우 수컷은 (정자 생산과는 별도로) 다른 종의 암컷과 매우 비슷한 외모와 행동을 보이며, 암컷은 (난자 생산과는 별도로) 다른 종의 수컷과 매우 비슷한 외모와 행동을 보인다. 만약 이런 종들이 우리 인간에 관해 자신들의 생각을 표명할 수 있다면, 우리의 젠더 구분 방식이 거꾸로 되어 있다고 말할 것이다.

뒤바뀐 몸 크기

아귀는 심해어류로, 아주 작은 낚싯대처럼 보이는 부분이 머리에 달려 있다. 이 물고기 앞쪽의 등뼈는 위로 약간 돌출해 있는데, 그 끝에는 먹이를 유인하기 위한 주름 장식이 달린 발광성의 돌기가 있다. 먹이가 가까이 다가오면 아귀는 앞으로 달려들어 '낚시질'을 한 다음 삼켜버린다.

이 포식자는 수없이 많은 교묘한 방법으로 먹이를 잡는다. 낚싯대를 지녔다는 점도 꽤 호기심을 자아내긴 하지만, 위에서 설명한 아귀에 관해 더욱 흥미로운 점은 이들이 전부 암컷이라는 것, 그러니까 여자 낚시꾼이지 남자 낚시꾼이 아니라는 사실이다. 아귀는 암컷만으로 이루어진 종의 한 예일까? 아니다. 수컷 아귀도 존재하지만, 이들은 매우 작아 '난쟁이 수컷'으로 불린다. 이 수컷 아귀는 독립적인 생존능력이 없다. 수컷은 암컷에게서 나오는 향기를 쫓아가기 위한 큰 콧구멍과 더불어, 암컷 몸의 작은 돌출부를 붙잡기 위한 집게가 이빨 대신 있다. 수컷이 암컷의 뒤쪽이나 옆쪽에 부착되고 나면, 이들의 표피 조직이 서로 결합되고 순환기가 하나로 합쳐지게 되므로, 결국 수컷은 암컷 장기의 하나가 된다. 여러 마리의 수컷이 한 암컷에게 붙을 수도 있으며, 이 경우는 일처다부제가 된다. 이렇게 되면 수컷들은 하나의 몸, 곧 한 서식지에 살지만 유전적으로는 구별되는 둘 이상의 개체로 바뀌는 셈이다.[1]

이러한 물고기는 1922년에 아이슬란드의 한 생물학자가 발견했다. 작은 물고기 두 마리가 주둥이로 큰 암컷의 배에 붙어 있는 모습을 그가 관찰하면서다. 그는 작은 물고기가 어미의 젖을 빠는 새끼라고 생각했다. 포유류에게는 늘 있는 일이지만, 어류로서는 대단히 놀라운 현상이었다.[2] 3년 후, 붙어 있던 그 작은 물고기들이 사실은 번식할 수 있을 정도로 성숙한 수컷이라는 사실이 밝혀졌다.

붙어 있는 수컷은 '기생체'라고 불렸다. 이는 고래에 붙어 사는 따개비나 열대 지역의 하천에서 먹을 감는 사람에게 들러붙는 거머리처럼 큰 개체의 몸 밖에 붙어 사는 체외기생체와 비슷하다. 이런 이름은 수컷에게는 가혹한 처사인데, 왜냐하면 둘의 관계는 아마 상호협력적일 테니 말이다. 수컷 아귀는 "단지 암컷의 부속물에 지나지 않고 영양분을 전적으로 암컷에 의존한다. … 따라서 완벽한 상태는 수컷 배우자와 암컷 배우자가 한 몸을 이루는 것으로, 이 경우 거의 확실히 둘의 생식샘은 동시에 성숙하게 된다.

그리고 이렇게 되면, 아마 암컷이 수컷의 정자 방출을 통제할 수 있고 아울러 난자를 수정시키기에 알맞은 시기에 정자가 방출되게 할 수 있으리라고 충분히 짐작할 수 있다."[3]

아귀 가운데 100종 이상이 전 세계에 걸쳐 수심 1마일 아래에 분포한다. 모든 아귀는 암컷이 수컷보다 훨씬 덩치가 크다. 하지만 다른 관점에서 보면, 아귀는 나름의 무지개를 선보이며 다양성을 드러낸다. 어떤 종은 위에서 설명한 대로 난쟁이 수컷이 암컷의 몸에 합체되어 있고, 또 어떤 종은 자유롭게 사는 수컷과, 암컷에 붙어 사는 수컷이 둘 다 존재한다. 그리고 또다른 종은 수컷이 전적으로 자유롭게 산다. 정말로, 어떤 생물학적 범주라도 깊이 들여다보면 어김없이 무지개가 드러난다. 생명체가 사는 세상은 무한히 연속적으로 무지개 속에 무지개가 있고, 그 무지개 속에 또다시 무지개가 있는 구조로 이루어져 있다.

뒤바뀐 성 역할

실고기는 연필 모양의 작은 물고기로, 플루트처럼 생긴 작은 원통형 입을 갖고 있다. 실고기의 어떤 종은 배아가 수컷의 아랫면에 '딱 붙어' 있다. 새끼 물고기는 그곳에서 자라다가 성체가 되면 떨어져 나간다. 실고기의 또다른 종은 수컷이 수정된 난자를 부분적으로 덮어주는 보호용 표피 덮개를 지니고 있다.

이들과 가까운 친척인 해마는 표피 덮개가 교묘하게 주머니 형태로 되어 있어 자라나는 배아를 완전히 감싼다. 암컷 해마는 수컷의 주머니 속에 난자를 넣어둔다. 난자는 그곳에서 수정되어 배아가 되므로, 수컷이 '임신' 하게 되는 셈이다. 수컷은 산소를 제공하고 적절한 염분 농도를 유지해가며 자기 주머니 속 배아를 기르고 보호해준다.[4]

우리는 해마와 실고기가 포유류와 비교해 암수의 역할이 뒤바뀌었다고 여길 수도 있다. 이런 생각이 옳은지를 알아보려면, 새끼를 기를 때 수컷과 암컷이 제공한 '부모의 투자'를 고려해야 한다. 수컷은 배아에게 정자를 제공하는데, 이 정자에는 에너지나 영양분이 거의 없다. 암컷은 큰 난자를 배아에게 제공한다. 따라서 암컷은 시작에서부터 수컷보다 더 많은 투자를 배아에게 하는 셈이다.

생물학자들은 새끼를 기를 때 수컷의 총 투자가 암컷의 총 투자를 초과할 때 '성 역할 반전'이 일어난다고 정의한다.[5] 수컷 해마와 실고기는 주머니 속에 넣어두거나 아랫면에 붙이고서 새끼를 기를 때 들이는 시간의 관점에서 보면 큰 투자를 한다. 그러나 시작할 때 암컷이 더 큰 투자를 했음을 고려한다면, 배아가 성숙할 때까지 수컷이 새끼에게 하는 투자의 총합이 암컷보다 더 크다고 할 수 있을까?

단순히 수컷이 새끼를 돌보았다고 해서 성 역할 뒤바뀜이 인정되지는 않는다. 수컷이 새끼를 돌보는 종의 사례는 이루 헤아릴 수 없을 정도로 많다. 많은 수컷 물고기가 바다나 호수 바닥의 둥지 속에 있는 알들을 보호하고 기른다. 어떤 종의 수컷은 알을 자신의 뺨 속에 보관하기도 한다(이들은 '입속에 알을 품는 물고기'라고 불린다). 수컷이 새끼를 돌보는 구체적인 방법은 종에 따라 다르며, 해마의 주머니는 흥미로운 출산 방법들 가운데 하나다. 돌보는 방식은 중요하지 않고 돌봄의 양이 중요하다. 그렇다면 해마는 성 역할이 뒤바뀌어 있을까? 달리 말해, 수컷 해마의 축적된 부모 투자가 암컷의 투자를 초과할까?

어느 성이 새끼 기르기에 전체적으로 가장 크게 이바지하는지 어떻게 알 수 있을까? 이를 알려줄 한 가지 지표는 짝짓기 당시 각 성의 수요와 공급에서 나온다. 우리 모두는 구애하는 동안의 수요와 공급에 대해 익히 알고 있다. 알래스카 금광 지역에 있는 한 미녀에게 남자들은 사금 주머니를 건네고, 파리 여행을 약속하면서 구애를 간청한다. 사랑의 유람선에 타고 있는 부유한 독신남에게는 여자들이 쿠바산 면세 담배와 함께 유명 미식축구 팀의 경기 기록집에서 외운 미식축구 이야기를 들려주며 환심을 산다. 이런 생각을 확장해보자.

만약 어느 성, 가령 A성이 새끼 돌보기를 가장 많이 한다면, 이들은 어떤 특정 시기에 짝짓기를 거의 받아들이지 않는다. 이들 대부분은 새끼를 기르느라 바쁘기 때문이다. 반면 다른 성, 예컨대 B성은 새끼 돌보기에 많이 관여하지 않기에, 기꺼이 짝짓기할 준비가 되어 있는 개체들이 많다. 수요와 공급 사이의 이러한 불균형은 서로 다른 성 사이에 역동적인 긴장을 유발한다. B성 개체들은 A성 개체들을 얻고 이들을 거느리려고 경쟁한다. 선택의 자유가 B성 개체들의 방해로 간섭받지 않는다면, A성의 개체들은 B성의 개체 중 누구와 짝짓기하고 싶은지를 선택한다.

생물학자들은 짝짓기에 적극적인 수컷들과 이를 받아들이는 암컷의 비율을 '유효성비operational sex ratio'라고 부른다. 유효성비는 50 대 50이 아니다. 왜냐하면 새끼 돌보기에 대한 투자가 더 큰 성은 새끼를 돌보느라 바빠 다른 성에 비해 짝짓기가 용이하지 않기 때문이다.[6]

해마와 실고기로 다시 돌아가서, 새끼 기르기에 노력을 기울여야 하기 때문에 짝짓기가 비교적 용이하지 않은 쪽이 어느 성인지를 물어볼 수 있다. 스웨덴 연구자들은 북극해 근처에 사는 두 가지 실고기 종이 정말로 성 역할이 뒤바뀌어 있음을 발견했다. 이 두 종 모두 암컷들은, 수컷 한 마리가 새끼를 기르는 데 걸리는 시간 동안 약 두 마리의 수컷에게 줄 충분한 난자를 생산한다. 야생 상태일 경우, 성숙한 난자를 가진 암컷의 수는 짝짓기를 받아들이는 수컷의 수보다 일관되게 더 많았다. 이 종의 암컷은 일처다부제여서 수컷 하렘을 거느린다. 게다가 이 암컷들은 수컷보다 덩치가 더 크며 짝짓기 기간에 밝은 색을 띤다. 아마도 이것은 다윈의 고전적인 공작 이야기와 반대로 수컷이 암컷을 고르게 하기 위해서인 듯하다. 더욱이, 수컷이 아니라 암컷이 서로 경쟁하여 자신들의 알을 돌볼 수컷을 얻기 위한 지배 서열을 구성한다. 다른 아홉 종의 실고기도 암컷만이 성적인 화려한 색을 띠거나 수컷보다 덩치가 큰데, 이들 또한 성 역할이 뒤바뀐 것으로 보인다.

한편, 해마와 어떤 다른 실고기 종들은 성 역할이 뒤바뀌지 않는다. 즉, 이들은 다윈의 공작 모형을 따른다. 수컷 해마는 새끼를 기르면서도, 암컷 해마가 한 번 낳을 분량의 난자들을 생산하는 데에 걸리는 시간보다 더 빨리 다음 배아를 만들 준비를 마친다. 그 결과 난자를 제공하는 암컷에 비해 난자를 원하는 수컷의 수가 더 많아진다. 수컷들은 암컷을 얻기 위해 난폭하게 서로 꼬리로 몸싸움을 벌이고 주둥이로 들이받는다. 반면, 암컷들은 서로 어떤 특정한 공격적인 행동을 보이지 않는다. 수컷 해마는 암컷보다 덩치가 더 크고 색깔이 더 화려하며 더 뚜렷한 무늬를 띤다.[7]

그러므로 성 역할 뒤바뀜은 자연에서 분명 일어나는 현상이다. 많은 이는 유효성비의 개념이 다윈의 성선택 이론을 효과적으로 확장시켜, 성 역할이 뒤바뀐 종까지도 그 이론에 포함된다고 여긴다. 결국, 전통적인 성 역할을 수행하는 종에 대해서나 성 역할이 뒤바뀐 종에 대해서나 작용하는 논리는 동일하며, 다만 성비가 높은 쪽의 성과 낮은 쪽의 성이 뒤바뀌었을 뿐이라는 말이다. 하지만 애당초 성 역할 뒤바뀜이 왜 일어나는지를 설명하는 이론은 전혀 제시되지 않고 있다.

성 역할 뒤바뀜은 조류, 특히 수생 및 해양 조류에서도 발견된다. 성 역할 뒤바뀜이 일어날 때 이중 잣대 또한 뒤바뀔 수 있는데, 그 사례 하나를 살펴보자. 파나마의 차그레스강에 사는 늘어진살자카나*Jacana jacana*는 크고 땅딸막한 검은 새로, 날개 끝이 희고 얼굴은 붉으며, 노란색의 긴 주둥이로 히아신스와 같이 얕은 민물에서 사는 식물들 사이에서 먹이를 구한다. 야단스럽고 살집이 통통한 암컷은 자기 영역의 경계에서 서로 다투며 하루를 보낸다. 이 영역 안에서는 작은 덩치의 수컷들로 이루어진 하렘이 알과 새끼를 돌본다.

DNA 지문이 밝혀낸 바에 따르면, 수컷들은 하렘을 거느리는 암컷이 낳은 알을 돌보는데, 심지어 하렘 바깥의 수컷이 아비 역할을 한 알까지도 돌본다. 암컷은 버젓이 하렘 바깥으로 나가서 짝짓기를 하고서는 자기 하렘에 속한 수컷들에게 새끼를 기를 부담을 지운다. 연구자들은 자신들도 수컷인지라 격분하면서, 수컷 자카나가 그토록 새끼 돌보는 데에 기여하고도 "바람난 아내를 둔" 신세가 되었다고 단언했다. 한 연구자는 이렇게 말했다. "이 수컷들에게는 더할 나위 없이 나쁜 일이다."[8]

반대 경우였다면 그처럼 격분을 초래하지는 않았으리라. 어느 수컷의 지배를 받는 하렘 내의 한 암컷은 아비가 그 수컷이긴 하지만, 이웃 하렘의 암컷이 가져다 놓은 새끼를 기를지 모른다. 왜 그런 입양이 생기게 되는지는 여러 가지 이유를 상상해볼 수 있다. 그 암컷은 하렘을 거느리는 수컷이 먹이와 보호를 자기 새끼들에게 제공하는 데에 대한 보답의 차원에서 남의 새끼를 기르는 편이 이익이라고 여길 수 있다. 이와 마찬가지로, 수컷 자카나는 하렘을 거느리는 암컷이 먹이와 보호를 자기 새끼들에게 제공하는 데에 대한 보답의 차원에서 그 암컷이 낳은 남의 새끼를 기르는 편이 이익이라고 여길 수 있다. 그러므로 성 역할 뒤바뀜은 이중 잣대까지도 뒤바뀜을 의미한다. 이런 이론은 익숙해지는 데에 시간이 꽤 걸린다.

성 역할 뒤바뀜을 보이는 다른 조류에는 물새인 큰지느러미발도요와 점박이도요가 있다.[9] 분명히 포유류에는 성 역할 뒤바뀜이 나타나지 않는데, 그것은 아마도 포유류 암컷이 부모로서의 투자를 아주 많이 하기 때문일 것이다. 포유류 암컷은 태아에게 난자뿐 아니라 영양분도 제공하고, 아울러 태어날 때까지 태반이나 주머니에 넣어둔다. 포유류 수컷은 그렇게 하기가 어렵다. 암컷이 이미 부모로서의 투자를 이처럼 많이 해놓았는데도 수컷이 이를 능가하려면, 인간 사회에서처럼 젖을 뗀 이후에도 수컷이 새끼를 돌볼 수 있는 사회적 시스템이 필요하다.

포유류의 태반과 주머니가 진화한 것은 대체로 생리학적 발전으로 여겨진다. 공룡 시대 이후 전 지구적으로 온도가 내려간 기후에서 태아를 발육하기 위해 환경에 적응한 결과라고 보기 때문이다. 이와 달리, 태반과 주머니의 배후에는 암컷이 자신들의 새끼를 통제할 수 있도록 진화상의 힘이 작용했다고 볼 수도 있다. 부작용이라면, 그다음에 수컷이 암컷을 통제할 계기가 마련되었다는 점이다.

5장

두 가지 젠더로 구성된 가족

그러면 이제는 젠더가 두 가지인 종으로, 성이 바뀌지 않고 몸의 일부가 간성을 띠지 않으며 성 역할이 바뀌지 않는 동물들을 살펴보자. 그런 동물들은 '정상'일까? 드디어 우리는 자연의 모습에서 드러난 대로, 보통의 몸을 지닌 동물들이 행하는 낯익은 젠더 역할과 마주하게 될까? 아니면 자연의 모습은 어쩌면 그 실체를 온전히 드러내지는 않고 있을까? 젠더가 두 가지인 동물 가족에게는 어떤 일이 일어나며, 그러한 가족은 어떻게 구성될까?

많은 이는 자라면서 핵가족을 표준으로 여기도록 교육받았으며, 편부모 가족, 동성 커플로 이루어진 가족이나 공동체는 차선책이거나 더 심하게는 잘못된 형태라고 배웠다. 하지만 인간 가족의 의미는 유동적이다. 미국에서는 부모의 반대에도 불구하고 손자를 만날 조부모의 권리에 관한 최근의 대법원 사건의 결과 '가족'을 어떻게 정의할 것인가라는 문제에 국민의 관심이 한껏 모아졌다. 3,000만 명의 회원을 둔 미국은퇴자협회AARP는, 많은 핵가족이 방치해버린 140만 아이들을 돌볼 중요한 사람들이 조부모라고 선언한다.[1]

법과정의를위한아메리칸센터The American Center for Law and Justice는 기독교 권리를 대표하는 단체로, "결혼한 부모와 이들의 자녀로 구성된 전통적인 가족"은 사회의 기본 구성 요소라고 주장한다. 이슬람 연합의 지도자도 이와 비슷하게 다음과 같이 선언한다. "언제나 … 결혼하는 이들의 50퍼센트가 3년 안에 이혼하는데, 이것은 문명의 쇠퇴를 알리는 신호다."[2]

한편, 람다 법적 보호 및 교육 기금Lambda Legal Defense and Education Fund 이라는 동성애자 권리 단체는 조부모든 부모든 어느 편도 비전통적인 가족 내에서 길러지는 아이들을 충분히 보호하지 못하며, "혈연적 유대나 가문보다는 개별 아동과 어른 사이의 관계의 질과 안전성"에 대한 으뜸가는 중요성을 인정해야 한다고 주장한다.[3] 정말로, 2002년 6월 캘리포니아 대법원은 여섯 살 소년을 돌본 남자를 두고 비록 생물학적 아버지가 아니고 소년의 어머니와 결혼한 적이 없더라도 부모로 간주할 수 있음을 만장일치로 판결했다. 그 남자는 소년의 어머니가 반대했음에도 그 아이의 양육권을 얻었는데, 이는 "부모가 될 자격은 사랑과 책임 있는 행동으로 얻어질 수 있음"을 보여준다.[4]

가족과 부모됨의 의미에 관해 이토록 많은 논란이 있다 보니, 동물이 새끼를 어떻게 기르는지 알아보면 도움이 될 수도 있겠다. 동물 가족이란 무엇일까? 가족 구성은 무엇보다 새끼를 효과적으로 기르는 방법에 따라 정해질까? 또한 핵가족이 우리 사회에서 특권적 지위를 가져야 한다는 믿음은 생물학적으로 뒷받침될까?

성과 권력

아, 동물 가족의 가장 단순한 형태가 수컷과 암컷으로 이루어진 축복 받은 한 쌍이라면 얼마나 좋을까. 하지만 슬프게도, 수컷과 암컷은 가장 기본적인 동물 가족에서조차 권력을 놓고 협상을 벌인다. 페미니스트 저술들은 다음과 같이 성과 성 사이의 권력 차이에 주의를 환기시킨다. "(동물을 가두는) 우리의 이미지는 … 억압의 속성을 떠올리게 한다. '내가 왜 공원에 갈 수 없냐고? 남자가 어슬렁거리잖아!', '그게 여자아이들에게 안전하지 않기 때문임.'"[5] 음, 그렇다면 우리 바깥은 얼마나 안전한가? 도대체 우리는 왜 존재해야 하는가? 다람쥐를 보면, 생물학자들이 '배우자 보호mate guarding'이라 부르는, 수컷의 암컷 가두기를 알 수 있다.

아이다호땅다람쥐Spermophilus brunneus는 100마리에서 300마리에 이르는 개체들이 짧은 풀이 자라는 초원에서 산다.[6] 이 다람쥐는 한 해의 대부분을 굴속에서 동면하다가 3월 후반부터 8월 초까지만 활동한다. 수컷은 암컷보다 약 2주 일찍 동면에서 깨어난다. 암컷은 동면에서 깨어난 첫날 오후의 약 세 시간 동안 성 활동이 활발해진다. 이 하루의 세 시간이 다람쥐가 가족생활을 하는 전부다.

수컷 다람쥐에게 성공적인 데이트란 뒤에서 어슬렁거리다가 암컷의 생식기에 주둥이를 들이대 핥고선 굴속으로 들어가 5분 동안 짝짓기를 하고 나서 굴 밖으로 다시 나오는 것이다. 성공적인 짝짓기의 표시로 암컷은 '정자 플러그'sperm plug(짝짓기를 할 때 수컷이 암컷의 생식기에 분비하는 젤라틴 분비물로, 나중에 단단해져서 다른 수컷이 이 암컷과 짝짓기를 하지 못하게 막는 일종의 정조대 역할을 한다. — 옮긴이)를 얻게 되는데, 이것은 사람 관찰자뿐 아니라 아마도 다른 다람쥐들도 알아볼 수 있을 것이다. 그다음으로 수컷은 암컷의 1미터 이내에 머물며 '몰이'를 통해 좁은 구역에 암컷을 가두어놓는다. 40분마다 수컷은 굴속으로 들어가는 암컷을 따라가서 다시 짝짓기를 한다. 암컷이 신선한 정자 플러그를 얻고 나면, 수컷은 돌아서서 자기 몸으로

굴 입구를 막는다. 수컷은 암컷과 짝짓기하려는 다른 수컷을 평균 네 마리 정도 쫓아낸다. 만약 수컷이 다른 수컷에게 암컷을 빼앗기고 쫓겨나게 되면, 다른 암컷을 찾는 데에 약 한 시간 반 정도가 걸리는데, 그마저도 또 다른 수컷이 그 암컷을 지키고 있는 경우가 보통이다.

한 배에서 난 새끼들은 대개 다섯 마리다. 만약 세 시간의 짝짓기 동안 오직 한 수컷만이 암컷을 지켰다면, 그 수컷이 새끼 전부의 아비다. 만약 두 마리 이상의 수컷이 암컷을 지킨 경우에는, 친부 확인을 해보니 암컷을 가장 마지막으로 지켰거나 아니면 가장 오래 지킨 수컷이 새끼들의 아비였다.

그러므로 아이다호땅다람쥐의 가족생활은 한 해에 세 시간이 고작이다. 아이다호땅다람쥐 가족은 순전히 번식을 위한 구성단위일 뿐이다. 수컷은 나돌아 다니지 않고 새끼 기르기를 돕는다. 수컷은 자신의 암컷이 바람을 피우지 못하게 함으로써 자신의 정자 '투자'를 보호하려고 암컷을 지키는 셈이다. 수컷도 바람을 피우지 않는다. 왜냐하면 만약 암컷 지키기를 그만두면 자신의 투자를 잃게 되며, 그랬다가는 다른 암컷을 찾기가 거의 불가능하기 때문이다.

이 다람쥐와 가까운 친척으로, 미국 중서부에 사는 벨딩땅다람쥐 *Spermophilus beldingi*는 배우자 보호를 하지 않는다. 이 종은 수컷이 또 다른 짝을 찾아 구애를 시작하는 데에 걸리는 시간으로 25분이 전부다. 벨딩다람쥐 암컷은 보통 셋에서 다섯 마리의 수컷과 짝짓기한다. 암컷의 첫 번째 짝이 새끼들 대부분의 아비가 되고, 그 뒤를 이어 두 번째 짝, 세 번째 짝 등의 순으로 나머지 새끼들의 아비가 된다. 이것은 마지막 짝인 수컷이 새끼들 전부의 아비가 되는 아이다호다람쥐와는 뚜렷이 다르다. 벨딩다람쥐 수컷이 암컷을 지키느라 시간을 낭비하지 않는 까닭은 수컷의 정자 투자가 안전하기 때문이다. 즉, 첫 번째로 짝짓기를 했기에 자신이 새끼들 대부분의 아비가 되는 것이 이미 보장되어 있기 때문이다. 대신에 이 수컷들은 서둘러서 주변에 널려 있는 짝짓기할 다른 암컷들을 찾아 나선다. 그러지 않을 리가 있을까?

그러므로 암컷을 가두는 행위가 생물학적으로 보편적인 것은 아니다. 이 두 종의 다람쥐는 가까운 친척 사이이면서도 암수 사이의 권력 관계는 서로 완전히 다르다. 수컷 아이다호땅다람쥐는 암컷을 지키는 반면, 수컷 벨딩땅다람쥐는 그렇지 않다. 왜 그럴까? 아마 권력 관계란 겉보기처럼 그리 단순하지 않기 때문이리라. 아이다호다람쥐 암컷은 자신들의 의지에 반하여 가둠을 당하고 있을까? 아마 그렇지는 않을 테다. 그런 질문을 받는다면, 아이다호다람쥐 수컷은 애교를 부리며 이렇게 대답할 것이다. 자신은 짧은 짝짓기 동안 다른 수컷과의 원치 않는 경쟁으로부터 암컷을 '지키고' 있노라고. 이 말에 암컷도 그런 수컷을 얻게 되어 행복하다고 맞장구칠 것이다. 짝짓기 전에 수컷의 구애를 받아들였다는 사실은 암컷이 그런 점을 이미 승낙했음을 뜻한다. 또한 암컷은 마음만 먹었으면 수컷을 물리적으로 내쫓을 능력도 있다. 그런데도 세 시간의 섹슈얼리티 분출이 있고 난 다음 날에야 아이다호다람쥐 암컷은 둥지를 짓고서 다른 모든 다람쥐를 그 주변의 작은 영역 밖으로 내쫓았다. 따라서 그 암컷은 수컷이 자신을 지켜주길 원할지 모른다.

왜 아이다호다람쥐는 마지막 수컷이 새끼들 대부분의 아비가 되는 반면, 벨딩다람쥐는 첫 번째 수컷이 새끼들 대부분의 아비가 될까? 암컷 다람쥐는 누구의 정자가 자신의 난자를 수정시킬지를 통제할 수 있을까?[7] 암컷은 수컷의 정자를 통제함으로써 어떤 수컷이 자신을 지키도록, 또는 지키지 않도록 조종할 수 있을까? 첫 번째 수컷이 더 머물기를 암컷 쪽에서 바라지 않는데도, 암컷은 그 수컷의 정자로 수정하는 것을 선택할 수 있을까? 한편, 암컷은 비록 마지막 수컷이라도 떠나지 않고 자기를 지켜주길 바란다면, 그 수컷의 정자를 선택할 수 있을까? 배우자 보호를 '수컷이 자신의 투자를 보호하기 위한 하나의 전략'이라고 보는 견해는 암컷의 관점을 무시한다. 이 견해에 따르면, 암컷은 수컷이 씨를 뿌릴 밭일 뿐 아니라 필요하면 수컷이 지켜주는 대상으로 여겨진다. 하지만 암컷은 자신들이 지킴을 받을지 여부를 아마도 능동적으로 결정할 것이다.

아이다호다람쥐와 벨딩다람쥐는 서로 다른 식으로 즐거움을 느끼게끔 진화했을지도 모른다. 아이다호다람쥐 암컷은 굴속에 꽉 끼기를 좋아할지 모른다. 수컷은 굴 입구를 막으면서 암컷을 자기 뒤에 두기를 즐거워할지도 모른다. 마치 남자가 빨간 오픈카에 여자를 태우고 둘 다 신나게 드라이브를 즐기듯이. 하지만 굴속에서 압박을 받는 것이 벨딩땅다람쥐 암컷에게는 정나미가 떨어지는 일이기에, 그런 이유로 수컷의 지킴을 허용하지 않을 수 있다. 권력이 어떻게 성애와 관련되는지는 종마다 다르기 때문에 동물들이 짝짓기 상대를 선택하는 동안, 그리고 가족생활을 하는 동안 자유를 갖는지 여부를 알아내기는 어렵다.

영장류의 경우에는 성적인 강압의 정도가 종마다 매우 달라지는데, 동성 간·이성 간 공격의 전체적인 수준도 이와 마찬가지다.[8] 새끼 키우기 기간이 아니면, 마운틴고릴라 수컷은 하루에 한 번에서 네 번에 걸쳐 암컷을 공격하며, 올리브개코원숭이는 하루에 한 번씩, 그리고 붉은고함원숭이는 하루에 단 0.04번만 공격한다. 공격이 일어나는 상황은 먹이 경쟁을 비롯해 어느 암컷을 다른 암컷으로부터 보호하기, 그리고 암컷끼리의 싸움을 말리기에 이르기까지 다양하다. 이러한 공격은 직접적으로 성적인 강압은 아니지만 폭력적인 사회 분위기를 반영해준다.

새끼 기르기 기간일 때, 히말라야원숭이 수컷은 경쟁 수컷과 어울리는 암컷을 공격한다. 마찬가지로 우리와 가장 가까운 영장류 중 하나인 침팬지 수컷은 암컷이 낮은 계급의 수컷 경쟁자와 어울리면 그 수컷이 아니라 암컷을 공격한다. '정당한 수준의 공격성'[9]을 사용함으로써 침팬지 수컷은 그들이 사는 무리에서 암컷을 빼내 와서 함께 지내자고 설득한다. 전체 새끼 배기의 3분의 1이 여러 날 또는 한 달 이상 무리에서 떨어져 나온 쌍들이 짝짓기하여 이루어진 결과다. 침팬지 수컷들은 또한 자신들이 나중에 접근할 때 복종하도록 위협을 가해둔다. 저항하지 않았다고 해서 반드시 암컷이 기꺼이 받아들였다는 뜻은 아니지만, 이전에 수컷의 공격을 받은 경험이 있음을 드러낼 수는 있다.

수컷에 의한 성적 강압 분야의 기록보유자는 오랑우탄이다. 거의 성숙한 수컷이 치르는 대부분의 교미와 더불어 성숙한 수컷이 치르는 모든 교미의 절반 가까이는 암컷의 격렬한 저항이 무자비하게 제압되고 난 후에 일어난다.[10] 수컷이 암컷을 공격하는 성향을 많이 보이는 다른 영장류 종으로는 흰이마카푸친, 울보카푸친, 검은거미원숭이, 그리고 갈색여우원숭이 등이 있다. 수컷에 맞서기 위한 전략으로 암컷은 수컷이 나타나는 지역을 피하거나, 보호를 받기 위해 어느 수컷의 영역 또는 하렘으로 들어가거나, 아니면 암컷끼리 동맹을 맺어 싸움을 통해 수컷을 내쫓기도 한다.

하지만 평화로운 삶을 즐기는 영장류 종도 있다. 암컷에 대한 수컷의 공격은 비교적 공격성이 강한 침팬지만큼이나 사람과 가까운 영장류 종인 보노보에게서는 드물다. 수컷의 성적인 강압이 드문 종으로는 또한 파타스원숭이, 중앙아메리카다람쥐원숭이, 갈색꼬리감기원숭이, 양털거미원숭이, 그리고 흑백목도리여우원숭이 등이 있다. 보노보와 침팬지 사이의 뚜렷한 차이와 마찬가지로, 수컷이 성적인 공격을 얼마나 많이 하는지는 가까운 종들 사이에서도 차이가 난다.

왜 어떤 사회는 서로 다른 성 사이에 강압적인 권력 관계를 발달시킨 반면, 다른 사회는 평등한 권력 관계를 발달시켰는지를 설명해주는 이론은 존재하지 않는다.[11] 비록 어떤 종은 〈뉴욕경찰24시NYPD Blue〉와 같은 거친 텔레비전 드라마를 방불케 하지만, 다른 종은 온순한 미스터 로저스Mr. Rogers(미국의 한 아동용 텔레비전 프로그램 진행자)를 닮았다. 생물학적인 측면에서 볼 때, 권력이 성과 관련을 맺는 방식은 다 똑같은 게 아니다. 우리는 닮고 싶은 종과 닮기 싫은 종의 생활 방식 중에서 선택할 수 있다.

일부일처제와 이혼

세 시간의 결혼 기간을 갖는 벨딩땅다람쥐에서 벗어나, 두 가지 젠더로 이루어져 오랫동안 지속되는 가족을 살펴보면 구도가 더욱 분명해진다. 조류의 90퍼센트는 일부일처제다. 한 가족이 하나의 수컷과 더불어, 적어도 한 차례의 새끼 기르기 철 동안 이 수컷과 같은 둥지에서 지내며 새끼를 함께 기르는 하나의 암컷으로 이루어지기 때문이다. 이와 달리, 포유류 종의 90퍼센트는 하나의 수컷과 많은 암컷으로 이루어진 일부다처제다.[12] 포유류는 대체로 한 마리의 수컷을 둔, 두 마리 이상의 암컷이 무리를 이룬다.

하지만 이러한 통계는 무엇을 뜻할까? 생물학자들은 경제적인 목적의 일부일처제와 번식 목적의 일부일처제를 구별하는 데에 둔감했다. 새들은 단지 같은 둥지에서 살고 새끼를 함께 기르기만 하면, 곧 경제적인 기준만으로도 '일부일처제'로 인정된다. 생물학자들은 아무런 의심도 없이 어린 새가 둥지 안 배우자들의 새끼라고 가정해버린다. 부모가 다른 둥지에 흩어져 있음이 발견되면, 생물학자들은 무언가 잘못되었다고 느낀다. 즉, 배우자의 한쪽이나 다른 쪽이 '속임수'를 써서 혼인 관계를 벗어난다고 본다. 하지만 새들은 번식 목적의 일부일처제와 경제적 목적의 일부일처제를 구분해왔다. 둘을 함께 유지하는 종도 있지만 그렇지 않은 종도 있다.

동부 온타리오주의 검은머리박새*Parus atricapillus*는 일부일처제다.[13] 여름 동안 이 새의 쌍들은 어느 지역에 정착해 새끼들을 기른다. 도시 외곽 거주자들이 꿈꾸는 생활을 하는 셈이다. 겨울 동안에는 부부로 살기를 그만두고, 약 열 마리의 새와 함께 무리를 지어 산다. 평균수명이 여러 해이므로, 박새들은 월동기와 새끼 양육 시기를 다 지내면서 서로 잘 알고 지낸다. 겨울 동안에 수컷과 암컷은 별도의 지배 서열을 스스로 정한다.

새로운 쌍들은 겨울 동안에 사교 기간을 갖고서 여름 동안 함께 가족을 기른다. 부부가 되어 이들은 함께 먹이를 채집하고 둥지로 삼을 굴을 함께 파며, 서로 짝짓기를 하고 자신들의 영역을 함께 방어한다. 둘이 함께 먹이를 구해 오는데도 수컷이 암컷에게 먹이를 주며 그 암컷에게 다른 수컷이 접근하지 못하게 한다. 부부를 맺을 때는 계급이 가장 높은 암컷이 계급이 가장 높은 수컷과 짝을 이룬다. 대부분의 부부는 한 차례 이상의 양육 기간 동안 함께 지낸다. 암컷은 짝과 '이혼'하거나 둥지 짝 이외의 수컷과 짝짓기를 할 수 있다. 짝 이외의 짝짓기는 생물학 전문용어로 짝외교미, 또는 EPC Extra-Pair Copulation라고 한다. 암컷 박새는 수컷 지배 서열이 현재의 짝보다 더 높은 수컷을 얻기 위해 이혼한다.

한 연구에서,[14] 높은 계급의 일곱 마리 수컷과 짝을 맺은 일곱 마리 암컷을 인위적으로 떼어놓아 일시적으로 아주 매력적인 홀아비가 일곱 마리 생기게 되었다. 그다음 이틀 동안, 나머지 암컷 중 일부는 자기 짝을 버리고 높은 계급의 홀아비와 짝을 맺었다. 이들은 떼어냈던 암컷들을 다시 제자리로 돌려놓자 재빨리 야심차게 자신들이 떠났던 수컷들에게로 다시 돌아갔다. 공처가 남편들은 이런 제멋대로인 짝을 다시 받아들였다. 실험을 완결하고자, 여섯 마리 암컷을 낮은 계급의 여섯 마리 수컷에게서 잠시 떼어놓았지만, 나머지 암컷들은 아무도 자기 짝을 떠나 위와 같은 슬픈 약탈에 참여하지 않았다. 이 수컷들이 영원한 고독에서 벗어났던 때는 오직 원래 짝들이 되돌아와서 재회를 했을 때뿐이었다. 암컷 박새는 기회만 생기면 높은 계급의 수컷을 얻으려고 자기 짝을 기꺼이 버렸을 뿐만 아니라, EPC를 통해 높은 계급의 수컷과 서슴없이 짝짓기하려고 했다. 그 결과 부모가 이리저리 섞인 많은 새끼가 태어났다.

박새의 가까운 친척이자 같은 속屬에 속하는 새로, 유럽박새*Parus major*가 있다. 이 새가 둥지를 틀고 살 새집들이 스웨덴 남동부의 고틀란드섬에 지어졌다. 그리고 1985~1989년 실험에서 한 쌍이 사는 둥지에서 알들을 빼내서 다른 쌍이 사는 둥지에 넣어 이혼의 효과를 관찰하는 연구가 이루어졌다. 알을 잃은 쌍들이 더 자주 이혼했는데, 그 까닭은 아마도 기준 개체군만큼 새끼들을 기를 수 없었기 때문이었을 것이다. 반대로, 알을 더 얻은 쌍들은 더 많은 새끼를 길렀기 때문에 이혼을 적게 했다. 새끼를 잘 기르느냐는 새가 이혼을 결정하는 하나의 요소인 듯했다.[15]

조류의 결혼 충실도에 관한 우리 연구에 따르면, 연간 이혼율은 북유럽의 흰얼굴기러기*Branta leucopsis*에서는 2.4퍼센트, 호주, 뉴질랜드 및 피지에 살며 베리를 먹는 숲속 새인 호주동박새*Zosterops lateralis*에서는 2.5퍼센트, 그리고 롱아일랜드에서 노바스코샤에 걸쳐 사는 코리슴새*Calonectris diomedea*에서는 2.7퍼센트로 낮게 나타난다.[16] 최고로 높은 수치는, 가마우지와 비슷하지만 해양성이 더 강한 유럽가마우지*Phalacrocorax aristotelis*가 보이는 36퍼센트와, 위에서 언급했던 유럽의 삼림지대에서 아름다운 울음소리를 내는 유럽박새가 보이는 30.6퍼센트다.

이혼율은 사망률과 상관관계가 있다. 연간 생존율이 고작 40~80퍼센트인 조류는 이혼율이 높으며, 연간 생존율이 90퍼센트 이상인 조류는 이혼율이 낮다.[17] 짝짓기하기에 알맞은 많은 홀아비와 과부가 독신계를 뜨겁게 달군다. 독신계가 너무 과열되면, 짝짓기 행동은 독신들에게만 국한되지 않는다. 또한 이혼율이 높으면 많은 짝짓기가 둥지 밖에서도 일어난다. 조류에 대한 통계 데이터를 살펴보면 이혼율과 EPC 사이에 비례관계가 있음이 드러난다.

그러므로 조류의 일부일처제는 경제적으로 이로운 사회체제인 듯 보이며, 아울러 이혼과 혼외 짝짓기도 일상적으로 발생한다. 조류 암컷은 이익이 된다면 여러 짝을 고르고 이혼을 일삼으므로 자기 자신의 삶을 소중히 여기는 존재로 볼 수도 있다. 그런데 포유류로 눈길을 돌리면 일부일처제는 드문 현상인 듯하다. 왜 그럴까?

왜 조류가 포유류보다 일부일처 관계를 더 많이 보이는지에 대한 설명으로서, 조류는 하늘을 날기에 자기 짝을 선택할 기회도 포유류보다 더 많이 얻는다고 보는 견해가 있다.[18] 조류 암컷은 마을 여기저기를 날아다니며 전도유망한 남편을 확인할 수 있는 반면, 포유류 암컷은 가장 가까운 모임에 걸어갈 수밖에 없다는 설명이다. 자신의 주변에 아주 많은 선택 기회가 있기에, 조류 암컷은 믿음직하면서 접시 닦기도 거드는 남편을 요구할 수 있지만 포유류 암컷은 그럴 수가 없다. 하지만 이 이론은 수컷이란 일반적으로 한 자리에 머물 수 없으며 새끼 기르기를 도우려 하지 않고 접시 닦기를 참을 수 없다고 여기며, 만약 수컷이 그런 태도를 고집하면 암컷이 다른 수컷에게로 가버리겠다고 위협해야만 수컷의 태도가 바뀔 수 있다고 가정한다. 나는 이 이론을 받아들이지 않는다. 내가 보기에 수컷의 관점은 이와 달리 설명되어야 한다. 수컷이 사회적 노력을 투자할 수 있는 방향은 두 가지다. 동성 간의 노력은 다른 수컷과 경쟁하거나 그들과 동맹을 맺어 암컷을 얻는 것이다. 이성 간의 노력은 암컷과 '동맹을 맺어' 새끼를 함께 기르는 것이다. 수컷이 동성 간 또는 이성 간의 동맹 맺기를 통해 전체적으로 더 많은 새끼를 얻게 되는지 여부는 상황에 따라 달라진다. 동물계와 마찬가지로 인간 사회에서도 직장 생활과 가족 돌봄 사이의 균형 잡기 문제가 대두된다.

따라서 일부일처제는 다음 두 가지 상황에서 출현한다. (a) 다른 수컷과의 관계 맺기보다 암컷과의 관계 맺기가 수컷의 번식 성공에 더 이로울 때. 그리고 (b) 새끼를 혼자 기르거나 다른 암컷과 협력하여 기르는 것보다 수컷과의 관계 맺기가 암컷의 번식 성공에 더 이로울 때. 일반적으로 짝짓기 시스템들이 여러 가지로 다르게 나타나는 까닭은 이성 간 · 동성 간 관계에 최적의 사회적 노력을 들이는 방식들이 서로 다르기 때문이다.

비록 조류만큼 흔하지는 않지만, 포유류에서도 일부일처제가 나타난다. 영장류 가운데 15퍼센트의 종이 일부일처제인데 무엇보다도 야생 개들에게서 흔하다. 대부분의 일부일처제 종은 수컷 배우자가 굴이나 피난처

　　　　　　1부 동물의 무지개

를 만들고 가족의 양육 지역을 지키고, 젖을 먹이는 암컷에게 먹이를 구해 주고 어린 새끼들을 데리고 다님으로써(예를 들어, 방과 후 아이들을 축구장으로 데려다준다거나) 부모로서의 돌봄에 기여한다. 일부일처제인 대초원들쥐 *Microtus ochrogaster*의 경우, 암컷이 보통 때보다 많은 새끼를 낳으면 두 번째 둥지를 짓고서 새끼들을 나누어 넣은 다음에, 수컷은 한쪽 둥지를 돌보고 암컷은 다른 쪽 둥지를 돌본다. 이렇듯 포유류에서도 비록 조류만큼 흔하지는 않지만 일부일처제가 나타난다.

하지만 왜 포유류에서는 일부일처제가 드물까? 포유류 암컷은 자궁이나 주머니 내부에서 태아를 발육시키지만, 조류 암컷은 알의 형태로 발육되고 있는 태아를 외부 환경에 놓아둔다. 이 차이는 누가 새끼를 거느리는지에 영향을 미친다. 새끼를 거느리기를 바라는 포유류 수컷은 어쨌든 반드시 암컷 자체를 거느려야 하는 반면, 조류 수컷은 둥지에서 자신이 직접 알을 거느릴 수 있다. 포유류 암컷은 자기 몸속에서 자라는 태아가 다른 어떤 암컷이 가져다 놓은 알과 달리 자기의 것임을 안다. 조류의 경우, 암컷은 일부일처제 결혼을 통해 수컷의 새끼 부양과 더불어 수컷의 둥지 보호를 얻어낼 수 있는데, 이 보호에는 포식자로부터 둥지를 지키는 것뿐 아니라 '내다버리는 자들', 즉 그 둥지 속에다 자기 알을 맡겨두는 다른 암컷들로부터 둥지를 지키는 것도 포함된다.[19] 따라서 조류 수컷은 알에 대한 암컷의 초기 투자와 더불어 그 암컷이 추가적으로 제공하는 혜택도 얻는다. 포유류는 수컷과 암컷을 막론하고 결혼을 통해 조류만큼 많은 이익을 얻지는 못하는 셈이다.

대가족

이제 두 가지 젠더로 이루어져 있지만 두 개체보다 더 큰 규모의 가족, 대가족을 살펴보자. 큰부리애니*Crotophaga sulcirostris*는 곤충을 먹고 사는 검은 새로, 깊은 홈이 새겨진 큰 부리를 갖고 있다. 중앙아메리카의 습지와 목초지 벌판에 살며 뻐꾸기와 친척 관계다. 애니의 가족은 암컷 하나와 수컷 하나의 양자 구성, 암컷 둘과 수컷 둘의 4자 구성, 그리고 6자 구성, 심지어 8자 구성으로 이루어진다.[20] 4자 구성은 60년대 스타일의 자유연애 공동체가 아니다. 애니의 4자 구성 가족은 구유 하나에 침실이 하나인 집에 두 부부가 함께 사는 형태다. 둥지는 가시 달린 나무나 덩굴로 짓는다. 각 수컷은 암컷 중 하나를 지킨다. 암컷은 매일 또는 이틀에 한 번씩 알을 낳는다. 산란에서부터 새끼가 막 날기 시작할 때까지는 3주가 걸린다.

4자 구성 가족 내의 두 암컷이 낳는 알은 우여곡절 끝에 총 네 개가 된다. 양자 구성 가족의 한 암컷도 혼자서 네 개의 알을 낳을 수 있다. 그러므로 암컷 한 명당 낳은 알의 개수는 양자 구성보다 4자 구성이 더 적다. 4자 구성에서는 암컷들이 서로 다른 시기에 알을 낳기 시작한다. 처음 시작하는 암컷은 큰 알을 낳으며 다음에 이어지는 알들을 낳는 데에 걸리는 시간은 뒤늦게 알을 낳는 암컷들보다 더 걸린다. 두 암컷은 거의 같은 시기에 알 낳기를 멈춘다. 각 암컷은 다른 암컷이 이미 낳은 알 중 일부를 둥지 밖으로 '내던지는데', 뒤늦게 알을 낳는 암컷은 전체 알의 평균 63퍼센트를 어미로서 돌보고, 처음 알 낳기를 시작한 암컷은 전체 알의 평균 37퍼센트만 어미로서 돌본다. 알 내던지기가 모두 끝나고 나면 둥지 내에는 결국 네 개의 알이 남는다.

1부 동물의 무지개

뒤늦게 알을 낳은 암컷이 더 많은 알을 돌보기는 하지만, 그렇다고 꼭 대부분의 새끼를 성공적으로 길러내는 것은 아니다. 처음 알을 낳은 암컷이 더 큰 알을 낳는데, 이 알은 먼저 부화하므로 이 새끼들은 뒤늦게 낳은 알에서 나온 새끼들보다 생존 가능성이 더 높다. 4자 구성 가족 내의 네 마리 새는 모두 협력해 알을 돌보고 보호한다. 수컷들은 하루를 나누어 불평등한 교대근무를 한다. 가장 연장자인 수컷은 밤에, 그리고 대부분의 낮 시간 동안 알을 품는다. 그 결과, 이 수컷은 큰 위험과 더불어 사망률이 가장 높다. 그렇긴 하지만 가장 많은 새끼의 아비가 된다.

그런데 둥지의 동거자들이 자신의 알을 내던지는 사태를 걱정할 필요 없이 양자 구성 가족으로 네 개의 알을 낳을 수 있는 암컷들이 왜 군이 4자 구성 가족에서 살아야 할까? 무리의 규모가 커지면 포식자로부터 알을 지킬 수 있기 때문이다. 일단 포식자에 의한 알의 손실을 고려했을 경우, 4자 구성 가족에서 처음 알을 낳기 시작한 암컷이 가장 많은 새끼를 낳았고, 양자 구성 가족의 암컷은 중간 정도의 새끼를 낳았으며, 4자 구성에서 뒤늦게 알을 낳은 암컷이 새끼를 가장 적게 낳았다. 애니의 경우에는, 두 쌍이 대가족을 이루어 살면서 포식자로부터 알을 지키는 이익이, 오붓하긴 하지만 새끼를 잃어 원한을 품고 사는 불이익보다 더 크다.

타마린의 가족생활은 애니와 흥미로운 대조를 보인다. 안장무늬타마린 saddle backed tamarin은 마누 국립공원을 비롯한 페루 남동부의 열대우림에 사는 아주 작은 원숭이다.[21] 타마린 가족들 가운데 22퍼센트는 일부일처제 관계로 한 수컷에 한 암컷, 61퍼센트는 한 암컷에 여러 수컷, 14퍼센트는 여러 암컷에 여러 수컷, 그리고 3퍼센트가 수컷만으로 이루어져 있다. 한 암컷에 여러 수컷으로 이루어진 가족에서는 암컷이 모든 수컷과 짝짓기를 한다. 짝짓기는 다른 수컷들이 보는 데서 이루어지지만, 수컷들은 공격할 기미를 전혀 보이지 않는다. 이 종의 수컷들은 새끼 돌보기를 도울 뿐 아니라 서로 협력해서 그렇게 한다. 암컷은 대체로 쌍둥이를 낳으며, 수컷은 우듬지로 다닐 때에도 새끼들을 데리고 다닌다. 수컷과 암컷은 새끼에게 과일과 큰 곤충을 먹으라고 준다.

새끼 쌍둥이는 태어났을 때 어미 몸무게의 20퍼센트에 이르며, 스스로 걷고 나무를 탈 수 있을 무렵에는 어미 몸무게의 50퍼센트에 이른다. 한 암컷에 한 수컷만으로는 쌍둥이를 기르기에 부족하고 최소한 어른 셋은 있어야 할 듯하다. 심지어, 어른 수컷 하나와 어른 암컷 하나로 이루어진 가족에는 도움을 주는 나이 든 새끼들이 딸려 있기도 하다. 이러한 가족 구성을 협동적인 일처다부제라고 한다.

협동적인 일처다부제를 가진 다른 포유류에는 아프리카들개*Lycaon pictus*와 난쟁이몽구스가 있다.[22] 협동적 일처다부제는 또한 조류에게서도 나타나는데, 캔버라 근처에 사는 호주 흰이마스크럽렌*Sericornis frontalis*, 태즈메이니아네이티브헨*Tribonyx mortierii*, 갈라파고스매*Buteo galapagoensis*, 영국바위종다리*Prunella modularis*, 뉴질랜드푸케코*Porphyrio porphyrio*, 베네수엘라줄무늬등굴뚝새 등이 해당된다.[23] 생물학적 특성상 이 종의 수컷들은 당연히 서로 협력하여 집안일을 돕는다.

이와 달리, 사자는 성 사이의 전쟁이라는 생각을 아주 진지하게 받아들이는 듯하다. 우리는 협력하는 사냥꾼이라는 통상적인 사자의 이미지 때문에 오해할 수 있다. 비록 사자도 사냥뿐 아니라 새끼 기르기와 무리 지어 으르렁거리기 등을 함께하는 듯 보이지만, 진실을 알고 나면 인간의 정치적 내분은 순진하게 보일 정도다.[24] 사자 가족은 다부다처제로, 암컷 무리를 지키는 수컷 무리를 이루는데, 이 사자 무리를 프라이드pride라고 부른다. 수컷들은 한 마리에서 여덟 마리까지 평생의 동맹 관계를 맺는다. 한 동맹의 대부분 구성원은 형제나 친척 사이이지만, 다른 동맹의 사자들끼리는 서로 친척 관계가 아니다. 성장하고 나면, 이 동맹은 한 프라이드의 암컷들을 책임지며 두어 해 동안 그 프라이드 안에서 태어난 모든 새끼의 아비 역할을 한다. 그 후에 경쟁 상대인 동맹이 들어와 이들을 쫓아낸다. 수컷들은 다른 어떤 상황보다 경쟁 무리들과 싸울 때 가장 효과적으로 협력한다. 한 수컷이 얼마나 잘하느냐는 그가 속한 동맹이 얼마나 잘하느냐에 달렸는데, 이는 무리끼리의 전쟁에서 가장 극명하게 드러난다. 수컷 사자는 알맞은 무리에 속하지 못하면 정처 없는 존재가 되고 만다.

싸움에서 이긴 수컷들은 진 수컷들과 이상적인 친구 관계를 맺지 않는다. 새끼는 2년이면 다 자라는데, 암컷은 이 기간 동안 짝짓기에 관심을 두지 않는다. 하지만 만약 새끼가 죽으면, 암컷은 채 이틀도 지나지 않아 다시 짝짓기를 한다. 조급하게 아비가 되려는 마음에, 침입하는 수컷 무리들이 새끼들의 4분의 1 이상을 죽일 수도 있다. 그러면 새끼들의 어미는 더욱 번식에 서두르는 처지가 된다. 침입하는 수컷들끼리도 서로 평등한 아비가 되지는 않는다. 한두 수컷이 그 프라이드에 속하는 새끼들 거의 전부의 아비가 된다.

수컷이 새끼에게 위해를 가하는 상황에 대처하기 위해, 암컷들은 서로 유대를 맺고 함께 새끼를 기른다. 암컷은 약 10년간의 번식기를 즐기는데, 그동안 다섯 무리의 수컷이 드나든다. 암컷은 몰래 새끼를 낳은 다음, 새끼들이 스스로 움직일 수 있을 때까지 마른 강바닥이나 울퉁불퉁한 암석으로 덮인 지역에 숨겨둔다. 그런 다음에 새끼들을 이른바 크레슈creche라는 양육 장소로 데려온다. 크레슈는 일하는 여성이 아기를 맡겨두는, 일종의 공공 탁아소를 뜻한다.

　　암컷 사자는 자신의 새끼뿐 아니라 다른 이의 새끼에게도 젖을 먹인다. 이러한 공동 수유는 전적으로 이타적이지는 않다. 암컷은 일차적으로 자기 새끼들에게 젖을 주고 다른 새끼들은 다가오지 못하도록 한다. 그래도 암컷은 잠을 자야 하기에, 잠자는 동안은 다른 새끼들도 젖을 빨 수 있다. 암컷이 비록 자기 새끼들을 더 좋아하긴 하지만, 이러한 선호의 정도는 다른 새끼들이 얼마나 그 암컷과 가까운 친척 관계를 갖느냐에 따라 달라진다. 만약 한 프라이드가 대부분 가까운 친척들로 이루어져 있으면, 암컷은 비교적 친척 관계가 덜한 프라이드에 있을 때보다는 자기가 낳지 않은 새끼들에게 더욱 너그럽다.[25] 요약하자면, 암컷 사자가 크레슈에서 자신들의 새끼를 기르는 까닭은 공동 양육을 통해 영양학적 혜택을 제공받기보다는 영아 살해를 하는 수컷들로부터 새끼를 보호하기 위해서다. 희한하게도, 집쥐 또한 사자와 똑같은 가족 간 역학 관계를 가진다.[26] 이런 점에서 보자면 결국 사자는 으르렁거리는 쥐인 셈이다.

큰 도시

어떤 동물 종은 도시라고 불러도 좋을 곳에서 산다. 이런 종들의 가족생활은 인간 도시 생활의 복잡 미묘한 점들을 많이 닮아 있다. 흡혈박쥐*Desmodus rotundus*를 살펴보자. 우선 여러분은 한밤중에 홀연히 날아와서 순진한 희생자의 피를 빠는 흡혈박쥐의 놀라운 시력에 전율을 느낄지도 모른다. 하지만

흡혈박쥐는 사회적 협력에 관해서라면 놀라운 이야깃거리를 갖고 있다.[27]

흡혈박쥐는 꽤 작은 박쥐로, 크기가 자두 한 알 남짓하다. 흡혈박쥐는 말의 갈기에 발로 매달린 채 말의 목을 물 수 있다. 이 박쥐는 피를 빨아먹는 게 아니라, 면도날처럼 예리한 송곳니로 작은 살덩이를 떼어낸 다음 상처에서 흘러나오는 피를 꿀꺽꿀꺽 들이킨다. 흡혈박쥐의 침에는 피의 응고를 막는 항응고제가 들어 있다. 한 흡혈박쥐가 배부르게 피를 마시고 나면 다른 흡혈박쥐가 똑같은 장소에서 그 일을 계속한다. 말은 머리를 흔들거나 꼬리로 찰싹 때리거나 나무에 몸을 비벼 자기 피를 먹고 있는 박쥐를 떼어낼 수 있다.

흡혈박쥐의 일생은 힘겹다. 온혈동물이지만 깃털이나 털이 없기에 몸의 열을 많이 잃는다. 따라서 에너지가 아주 많이 필요하다. 흡혈박쥐는 끼니마다 자기 몸무게의 50~100퍼센트에 이르는 먹이를 소비한다. 하지만 흡혈박쥐 가운데, 많으면 3분의 1이 밤에 끼니를 얻지 못할 수 있다. 한 끼라도 거르면 위험하다. 흡혈박쥐는 먹이를 먹지 못하면 60시간 후에 죽는다. 왜냐하면 그 무렵이면 체중이 25퍼센트 줄어들어 임계 체온을 더는 유지할 수 없기 때문이다. 살아남기 위해 흡혈박쥐는 먹이를 나누어 먹는 정교한 협동 체제를 발달시켰다. 먹이 나누기는 어미와 새끼 사이뿐 아니라 어른들 사이에서도 일어난다.

코스타리카의 목장 지대에 사는 흡혈박쥐에 관해 연구가 진행되었는데, 이 연구는 암컷 열두 마리씩 세 그룹으로 나눈 한 개체군에 대해 집중적으로 이루어졌다. 한 그룹의 구성원들은 오랫동안 종종 함께 지내는데, 어떤 경우에는 열두 해나 함께 살고서도 서로에 대해 잘 알지 못한다. 열두 마리의 어른 박쥐로 이루어진 그룹은 흡혈박쥐의 관점에서는 하나의 가족 단위인 셈이다. 그룹의 구성원 대부분은 각자 대체로 새끼 한 마리씩 기르는 암컷으로 이루어져 있다. 새끼 암컷은 다 자라도 그룹 내에 남지만, 새끼 수컷은 떠난다. 한 그룹 내의 암컷들은 여러 세대에 걸쳐 있다. 하지만 그룹의 회원 자격이 완전히 정적이지만은 않다. 새로운 암컷 하나가 2년마다 그룹에 들어오므로, 언제라도 그룹 내의 암컷들은 여러 어미로부터 이어진 모계에 속하게 된다.

흡혈박쥐는 나무의 움푹 파인 곳에서 산다. 밑이 뚫린 길쭉한 공간이 줄기 안쪽 깊숙이 파여 있는 나무를 상상하면 된다. 암컷들은 그 공간의 위쪽에 함께 모여 있다. 말하자면 움푹한 나무에 대략 암컷 세 마리가 산다. 수컷한 마리가 그 공간의 위쪽 근처 암컷들과 가장 가까운 곳에 자리 잡고서 다른 수컷들의 공격에 대비해 그 자리를 지킨다. 무리의 지배자인 이 수컷은 그룹 내의 대략 절반에 이르는 새끼들의 아비다. 아래 계급의 수컷들은 입구 옆 나무의 바닥 근처 자리를 차지한다. 그 외의 수컷들은 불운하게도 혼자 지내거나, 아니면 암컷이라곤 거의 찾지 않고 수컷들만 있는 작은 그룹 내에 자리를 잡고 있다.

한편, 먹이 나누기의 패턴이 특히 흥미롭다. 한 박쥐가 이미 삼켰던 먹이를 다시 꺼내 다른 이의 입속에 넣어줌으로써 먹이가 전달된다. (박쥐가 되고 싶은 마음이 싹 가시게 만드는 이야기다.) 먹이 전달의 대부분(70퍼센트)은 어미에게서 새끼로 전해진다. 이 먹이 나누기는 어미의 수유를 보충해준다. 나머지 30퍼센트는 어른 암컷이 자기가 낳지 않은 새끼들을 먹이는 경우, 어른 암컷이 다른 어른 암컷을 먹이는 경우, 그리고 드물긴 하지만 어른 수컷이 새끼들을 먹이는 경우로 이루어져 있다.

어떤 어른 암컷들은 친척 관계가 아닌 암컷들과 '특별한 우정'을 맺는다(수컷들도 이와 마찬가지의 동성 관계를 갖는다. 223~224쪽을 참고하기 바란다). 이러한 유대는 일부분 사교 생활 차원의 몸단장에 의해 생겨난다. 흡혈박쥐는 하루 중 5퍼센트의 시간을 들여 서로 몸단장을 해주고 핥아준다. 이러한 몸단장 중 일부는 특별한 친구 사이에서, 그 외에는 친척 사이에서 이루어진다. 굶주린 흡혈박쥐는 조금 전에 먹이를 먹고서 먹이를 나누어주려는 흡혈박쥐에게 몸단장을 해준다. 굶주린 흡혈박쥐는 먹이를 얻어내기 위해 기부자의 날개를 핥은 다음 입술을 핥아준다. 그러면 기부자는 먹이를 내어줄지 모른다.

서로 돕기가 중요하다. 서로 돕지 않는다면, 흡혈박쥐의 연간 사망률은 연이어 이틀 밤 끼니를 거를 확률을 바탕으로 계산해보면 약 80퍼센트에 이를 것이다. 하지만 실제 사망률은 약 25퍼센트 정도인데, 그 까닭은 먹이 나누기 덕분에 위험한 밤이 찾아와도 무사히 넘길 수 있기 때문이다.

생물학자들은 동물 종들이 서로 진정으로 협력하지 않는다고 가정한다. 만약 자연선택이 적자생존을 따른다면, 자연선택은 이기적 행동에는 보상을 해주고 협력은 막아야 하지 않을까? 생물학자들은 자연선택에 의해 진화될 수 있는 협력에는 두 가지 종류가 있다고 제시한다. 첫째는 친족 돕기에 국한되는 협력이고, 두 번째는 특별한 친구들, 즉 정기적으로 서로 협력적 행동을 주고받는 이들을 돕기에 국한되는 협력이다.[28] 흡혈박쥐는 많은 종들과 마찬가지로 친족을 도울 뿐만 아니라 친척 관계가 없는 친구들까지 돕는다. 흡혈박쥐는 이 점에서 매우 흥미로운 동물이다. '상호 이타주의'라고 불리는 이러한 서로 돕기는 함께 살아왔고 서로 잘 알게 된 동물들 사이에서 주로 일어난다. 각자 다양한 시기에 걸쳐 서로 돕는데, 각각의 도움이 있을 때마다 도움을 주는 쪽의 수고와 비교하면 도움을 받는 쪽이 훨씬 더 큰 혜택을 얻는다.

　상호 이타주의의 개념에 반대하는 이들은 서로 주고받음 없이 먹이를 구하는 '사기꾼'에게 자연선택이 유리하게 작용한다고 주장한다. 만약 사기꾼이 먹이 공유자보다 진화상으로 더 성공적이라면, 이타주의는 결국 사라지며 모든 동물은 결국 이기적인 존재가 될 것이다. 흡혈박쥐는 동성 구애라고 볼 수도 있는 행동을 통해 특별한 우정을 발전시킴으로써 사기꾼 문제를 해결한다. 이것은 지속적으로 서로 몸단장해주기와 박쥐식 키스라고 할 수 있는 행동을 통한 먹이 요청으로, 이 모든 것이 결속을 강화하고 장기적인 생존을 보장해준다.

　이기적인 구성원을 배척하거나 복수를 가하는 여러 가지 요령을 가진 종도 있다.[29] 예를 들어 히말라야원숭이의 경우, 먹이가 있는 곳을 찾고도 다른 동료들에게 이를 알리지 않는 개체는 나중에 공격의 대상이 된다.

　동물들도 어떤 구성원을 협력 행동 속에 포함할지의 여부를 결정하는 참고자료로 '평판'이라는 것을 구하는지에 대해서는 거의 알려져 있지 않다. 상호 이타주의의 개념은 쌍pair의 관점에서 사고하도록 권장한다. 그런데 내가 도마뱀에 관해 진행한 현장 연구에서는, 두 동물이 머리 까닥이기, 윗몸일으키기, 색깔 바꾸기 등을 통해 서로 상호작용하는 모습을 내가 보고 있을 때면, 언제나 근처에 있는 다른 도마뱀들도 그 모습을 지켜보고 있었다. 그들은 방금 본 모습을 기억할까? 아마 그럴 것이다. 그 도마뱀들은 영역을 놓고 벌이는 마지막 결전에서 누가 이기고 지는지 아마 기억할 수 있을 것이며, 또한 누가 기만 행동을 했으며 협력이 필요한 순간에 누가 서로 도움을 주고받았는지 기억할 수 있을 것이다. 동물들도 서로에 대해 이야기하며 자기들 나름의 소문 내기에 빠져 있을지도 모른다.[30] 짝짓기에서부터 영역 다툼, 몸단장해주기, 먹이 나누기에 이르기까지 동물의 상호작용은 종 종 개방된 공간에서 일어나므로 모든 동물이 그걸 보고서 무슨 일이 일어났 는지 나중에 논의할 수 있다. '좋은' 평판을 가진 동물은 협력 행동 속에 포 함될 것이며 '쩨쩨한' 동물은 제외될 것이다. 평판 덕분에 동물들은 누가 서 로 돕는 유형인지를 힘들이지 않고 쉽게 판단할 수 있다.

마찬가지로 동물의 '너그러움'에 대해서도 잘 알려져 있지 않다. 사기 꾼을 제외시키는 데에 효과적인 사회 시스템은 나눔의 욕구가 진화되도록 촉진한다. 너그러움은 가치 있는 행동이 언젠가는 보상을 받는다는 사회적 약속에 바탕을 두고 있다. 만약 흡혈박쥐가 언젠가 자연에서 가장 너그러운 생물체임이 밝혀진다면, 미래의 어린이 만화책에는 흡혈박쥐가 적이 아니 라 친구로 등장할지도 모른다.

포유류 사이의 협력이라는 종목에서 금메달을 받을 동물은 케냐, 에 티오피아, 소말리아 지역의 땅속에 사는, 작고 털이 거의 없는 설치류들이 다. 이들의 지하 가족은 번식 전문인 어떤 개체들과 일상적으로 몸단장, 먹 이 주기, 새끼 보호를 담당하는 다른 개체들로 이루어져 있다. 만약 여러분 이 보기에 이러한 사회가, 번식을 담당하는 여왕이 일꾼들에 둘러싸여 있는 벌 서식지처럼 보인다면 제대로 맞혔다. 이 포유류는 매끄러운 살갗이 노출 되어 있기에 벌거숭이두더지쥐*Heterocephalus glaber*로 불리는데, 사회성 곤충의 척추동물 버전인 셈이다.[31]

벌거숭이두더지쥐 가족은 대체로 약 100마리의 개체로 이루어져 있다. 벌거숭이두더지쥐는 항상 땅속에 산다. 땅 위에 드러나는 표시라고는 화산 모양인 30센티미터가량의 흙무더기가 전부인데, 이들이 사는 굴에서 파헤 쳐진 흙 때문에 생긴 것이다. 벌거숭이두더지쥐는 주로 새벽이나 어스름,

그리고 겨울 우기 동안 터널을 파느라 이 흙무더기를 만든다. 먹이를 찾기 위해 벌거숭이두더지쥐는 즙이 있는 뿌리와 마주칠 때까지 땅을 판다. 이 쥐들은 앞을 볼 수도, 흙을 통해 냄새를 맡을 수도 없기에, 뿌리를 찾기란 마치 광부가 무작정 금맥을 두드리는 것과 같다. 벌거숭이두더지쥐에 대해서는 현장 연구를 하기 매우 어렵기에, 대부분의 관찰은 실험실에 마련된 서식지를 바탕으로 이루어진다.

벌거숭이두더지쥐 가족은 정말로 서로 가까운 사이여서, 짝짓기의 80퍼센트 이상이 형제와 자매 사이, 내지는 부모와 새끼 사이에서 이루어진다. 보통 한 마리의 암컷과 한 마리에서 세 마리의 수컷이 번식을 담당한다. 번식을 담당하는 암컷은 다른 암컷들을 거칠게 대하며 거느린다. 번식 담당 암컷은 두어 달마다 약 열 마리의 새끼를 낳는다. 암컷은 매년 약 30~60마리의 새끼를 생산한다. 번식을 담당하지 않는 벌거숭이두더지쥐라고 해서 생식능력이 없지는 않다. 만약 번식을 담당하는 수컷이나 암컷이 죽거나 없어지면, 번식을 담당하지 않던 같은 성의 벌거숭이두더지쥐가 대신 번식을 담당한다.

번식은 부담이 큰 임무다. 비록 번식 담당 암컷은 대체로 자신이 주된 번식을 담당하는 기간에도 대가족 내에서 가장 크고 무거운 동물로 남아 있지만, 번식을 담당하는 수컷은 번식을 하고 나면 몸무게가 줄어드는데, 그것도 급작스럽게 자기 몸무게의 17~30퍼센트가 줄며, 여러 해가 지나고 나면 수척해진다. 한편, 번식 담당 암컷은 몸무게도 늘어나고 키도 커질 뿐 아니라 척추도 더 굵어진다.

(암컷이든 수컷이든) 누가 번식을 담당하게 되는지는 도전하는 암컷들 사이의 싸움으로 정해지는 듯하다. 번식을 맡은 암컷이 죽자마자, 차기 후

계자는 다른 암컷을 공격할 뿐 아니라 특정한 수컷도 목표물로 삼아 거칠게 떠밀거나 물어뜯는다. 암컷이 수컷을 상대로 시작한 일곱 번의 싸움 가운데 다섯 번이 수컷의 죽음으로 이어졌다.[32] 공격당한 수컷은 이전에 번식을 담당하던 암컷의 짝이거나, 그 암컷의 항문 또는 성기에 종종 주둥이를 들이미는 구애 행동을 하면서 유대 관계를 맺었던 사이다.

번식을 담당하지 않는 수컷들과 암컷들은 번식자들이 낳은 새끼들을 부모처럼 돌본다. 새끼가 태어난 직후부터 젖을 뗄 때까지 이들은 집단 보금자리 내에서 새끼들과 함께 한데 모여서 안정적인 온도 환경, 즉 따뜻한 양육 환경을 만들어준다. 번식을 담당하지 않는 쥐들은 정기적으로 새끼들을 살살 찔러주고 만져주고 몸단장을 해준다. 또한 둥지에서 이탈한 새끼들을 되찾아온다. 가족이 새로운 둥지 장소로 옮기면 새끼들을 날라준다. 그리고 곤란한 사정이 생겼을 때는 새끼들을 둥지에서 꺼내준다. 또한, 번식을 담당하지 않는 쥐들은 덜 소화된 배설물 알갱이를 먹이는 자기분식自己糞食의 형태로 새끼들에게 먹이를 제공한다. 새끼들은 번식을 담당하지 않는 암수에게 졸라서 이런 조그만 사탕을 얻어먹을 뿐, 번식 담당 암수에게는 그러지 않는다. 새끼들은 완전히 젖을 떼고 나면, 재가공되지 않은 먹이를 먹을 수 있다. 또한, 번식을 담당하지 않는 쥐들은 가족의 터널 시스템을 방어하고 유지하고 확장한다. 이들은 먹이를 모아서 터널을 통해 둥지로 들여오고, 번식 담당 암수를 비롯하여 다른 가족 구성원들에게 먹이를 준다.

한 집단 내에서 일어나는 번식 활동의 분포를 그 집단의 번식편중reproductive skew이라고 한다. 모두가 번식을 하는 집단은 편중이 낮다. 벌거숭이두더지쥐는 100마리 이상의 개체로 이루어진 전체 집단에서 거우 둘에서 네 개체만 번식을 담당하므로 편중이 높게 나타난다. 한 동물 사회의 번식편중은 진화론적 관점에서 볼 때 사회의 가장 근본적인 성질로서, 그 사회의 번식 평등성을 나타내는 지표다. 처음에 한 사회의 번식편중을 결정하는 요인이 무엇인지는 알려져 있지 않지만, 일단 번식편중의 값이 정해지고 나면 편중은 그 사회 내에서 각 개체가 번식 성공을 위해 어떤 생활 계획을 마련할지를 결정하는 바탕이 된다.

삼색제비*Hirundo pyrrhonota*는 대도시에 관해서라면 아마도 우리와 가장 가까운 사촌일 것이다.[33] 이 제비는 서식지 내에서 일부일처제로 짝을 지어 산다. 이들이 사는 둥지들은 옆으로 나란히 놓인 작은 주전자들을 닮았다. 최대 5000마리의 새가 모여 사는 곳은 가히 흙 오두막 도시라 할 만하다. 하지만 모든 삼색제비가 대도시에 살지는 않는다. 일부는 스물 남짓한 둥지들로 이루어진 작은 마을에 살며, 어떤 수컷은 둥지 없이 마을 밖에서 많은 시간을 보낸다.

삼색제비의 생활에는 우리 도시 생활의 여러 특징이 고스란히 나타난다. 예를 들면, 과열된 부동산 시장, 무단 침입, 강도, 이웃과의 문란한 성생활 등인데, 이를 무마해줄 몇몇 장점도 있다. 그런데도 삼색제비의 생활을 관찰하는 대부분의 사람은 문제점에만 초점을 맞춘다. 아마도 이 새들이 도시 생활의 미덕을 과소평가하는 시골에서 살기 때문이리라. 둥지가 너무 조밀하게 모여 있는지라, 어떤 새는 만약 이웃의 공사 프로젝트로 입구의 구멍이 막혀버리면 안에 갇히거나 죽기도 한다. 더군다나 위쪽 둥지에서 떨어지는 배설물이 아래 둥지를 막거나 묻히게 할 수도 있다. 삼색제비에게는 전문적인 토목공학 기술이 절대적으로 필요하다. 또한 공공 보건 문제도 심각하다. 서식지 밀도가 높아 벌레가 잘 자라는 바람에 새끼와 어른 모두 피해를 입는다.

이 새들은 가끔씩 서로의 둥지를 '무단침입'한다. 침입자는 갑작스레 주인을 밀치고 들어오거나 주인이 뒤돌아서 입구를 막기 전에 슬쩍 뒤따라 들어온다. 침입자의 75퍼센트는 수컷이다. '성공적'이라고 할 수 있는 둥지 침입 사례 중에서, 14퍼센트는 침입자가 둥지를 정렬하는 데에 사용되는 풀을 훔치고, 9퍼센트는 수컷 침입자가 이웃의 아내에게 달려들고, 7퍼센트는 침입자가 마르기 전의 축축한 진흙을 훔쳐가고, 3퍼센트는 암컷이 알을 낳거나 자기 알을 슬며시 이웃의 둥지에 넣어두고, 1퍼센트는 침입자가 이웃의 알이나 새끼를 창밖으로 내다버리고, 0.3퍼센트는 침입자가 주인을 내쫓는다. '삼색제비의 만행'이라는 제목의 새로운 TV 드라마를 만들 수 있을 정도로 흥미진진하다.

암컷들은 둥지를 만들기 위해 흙과 풀을 모을 때 함께 무리를 이룬다. '할 일 없는' 수컷은 암컷이 둥지로 내려앉을 때까지 흙 구멍 주위에서 서성거린다. 수컷이 위에서 허공을 맴돌다가 갑자기 들이닥쳐서 교미를 '강요' 하면, 둘은 흙 속에서 뒤엉킨다. 하지만 어떤 수컷은 못된 마음을 품지 않고 단지 일상적인 진흙탕 놀이를 하려고 흙 구멍을 찾아왔다가 "강요된 교미를 유도하는" 암컷과 마주치기도 한다. 또한, "암컷은 흙 구멍에서 짝짓기를 시도하는 수컷과 언제나 다투지는 않는 듯하다. 어떤 암컷은 성공적인 배설강(동물의 소화관 말단 개구부와 비뇨생식기관의 개구부가 같이 연결된 부분. ― 옮긴이) 접촉을 분명히 허용한다."[34] 정말로, EPC의 86퍼센트가 배설강 접촉을 '얻어내는' 듯 보였다.

둥지로 돌아온 남편은 이런 상황에 어떻게 대처할까? 남편은 "아마도 아내가 바람피울 위협에 대한 대책으로 자주 아내와 짝짓기를 갖는다." 정말로, "수컷은 암컷이 둥지로 되돌아올 때마다 거의 매번 짝짓기를 해서,"

아침 한나절에 무려 "열댓 번" 부부의 사랑을 나눈다.

생물학자들은 어떤 수컷이 불법적인 로맨스의 '범인'인지를 관찰했다. EPC를 하는 것으로 관찰된 서른여덟 마리의 수컷 가운데, 한 수컷이 '저지른' 교미 횟수가 열두 번, 또 다른 한 수컷이 열한 번, 그다음 수컷이 여덟 번 등이었다. 전체 EPC 중 30퍼센트를 상위 세 마리가 저질렀는데, 딱 한 번만 바람을 피운 새들도 있다. 따라서 적은 수의 수컷만이 빈번히 "이런 행동에 관여하며", 대부분은 가끔씩 "그런 짓을 하거나" 아예 하지 않는다.

EPC의 결과, 짝외아비extra-pair paternity, EPP, 즉 둥지를 보살피는 수컷이 아닌 다른 수컷을 아비로 둔 알이 태어난다. 암컷들은 알을 서로의 둥지에 넣어두는데, 이로 인해 자기 둥지에도 여러 부모에게서 나온 알이 들어오게 된다. 짝외어미extra-pair maternity, EPM는 둥지를 보살피는 암컷이 아닌 다른 암컷을 어미로 둔 알을 가리킨다.

암컷은 이웃 둥지에 알을 낳거나 자기 둥지에서 낳은 알을 부리로 물고 날아가서 다른 둥지에 옮긴다. 암컷은 주로 자기 둥지에서 거리로 다섯 둥지 이내인 가까운 이웃 둥지에다 알을 옮겨놓는다. 알 옮기기는 주로 받는 쪽 둥지의 방비가 허술하다고 여겨질 때 일어난다. 하지만 여러 사례에서, 수컷 둥지 주인은 이웃 암컷이 자기 둥지로 들어와 자기가 있는 상태에서 알을 놓도록 허용해주었다. 남의 둥지에 들어온 암컷은 자기 알을 낳을 공간을 마련하기 위해 그곳에 이미 있던 알들을 밖으로 내다버리지 않고, 단지 기존의 알들에다 자기 알을 보탰다. 결국 둥지의 약 15퍼센트가 짝외 어미인 알들을 하나 이상 갖게 된다.

생물학자들은 알 옮기기를 '번식기생'이라고 하며, 남의 알을 받아들이는 둥지의 주인인 새를 '숙주', 그리고 알을 옮기는 새를 '기생자'라고 한다. 숙주 새가 낳는 알의 개수는 기생자 새가 낳은 알 개수의 71퍼센트인데, 이것은 기생자가 숙주보다 어쨌든 이익을 본다는 뜻이 된다. 하지만 기생자 쪽에서도 둥지를 지키지 않으면 종종 기생을 당하곤 한다.

EPC를 '저지를' 가능성이 더 높은 수컷이 있는 것과 마찬가지로, 번식기생자일 가능성이 더 높은 암컷도 있다. 한 연구에 따르면, 기생자로 확인된 암컷들 가운데 29퍼센트가 두 개 이상의 둥지에 알을 낳은 반면, 다른 암컷들은 오직 자기 둥지에서만 알을 낳았다. 암컷은 집안일에서 벗어나려고 번식기생을 하지 않는다. 기생자로 확인된 암컷도 숙주만큼이나 자기 둥지에서 많은 새끼를 기르며 부모로서 새끼를 돌본다. 번식기생의 장점은 단지 다른 암컷의 둥지 안에 더 많은 알을 남겨두는 것일 뿐, 자기 둥지의 크기를 줄이기 위함이 아니다. 남의 둥지에 알을 더 잘 놓는 암컷들이 있듯, 남의 알들을 더 잘 받아들이는 암컷들도 있다. 또한 암컷은 때때로 이미 부화된 새끼를 다른 둥지로 옮기기도 한다.

EPC와 번식기생을 고려하면, 둥지의 43퍼센트는 둥지를 돌보는 한 쌍 중 적어도 한 개체와는 아무 관계가 없는 알을 갖는다고 추정된다. 분명히 삼색제비는 경제적 목적의 일부일처제를 번식 목적의 일부일처제와 분리시켰다.

EPP와 EPM, 이 둘 때문에 둥지 내의 한 쌍 중 적어도 한 개체와는 아무 관계가 없는 알이 생기게 된다. 하지만 EPP와 EPM은 대칭적이지 않다. 왜냐하면 EPP에서는 둥지와 무관한 생식세포가 한 개가 되지만, EPM은 하나는 어미에게서 다른 하나는 아비에게서 총 두 개의 생식세포가 전달되기 때문이다. 사실, 알을 옮기는 암컷은 무임승차를 하려는 의도가 아니고 오히려 그 알의 아비가 있는 둥지로 옮기려는 것일지 모른다. 이른바 번식기생이 경쟁적인 행위라고 증명되지는 않았다.

도둑질과 기만행위가 만연해 있음을 알아내고자 하는 마음에, 생물학자들은 실제 일어나는 현상을 제대로 보지 못하고 엉뚱한 해석을 내려왔다. 삼색제비는 새끼 기르기를 위한 분산 시스템을 분명히 갖고 있다. 서식지 전체에 걸쳐, 새끼 돌보기의 노동량은 기본적으로 어른 둘로 이루어진 근무팀별로 나누어져 있으므로, 이런 제도는 경제적 일부일처제에 해당된다. 알과 생식세포를 거래한다는 것 자체가 번식 목적의 일부일처제가 아니라는 뜻이다. 각 팀은 저마다 같은 수의 알과 새끼를 둥지에서 돌보며, 한 둥지의 전체 새끼들에는 이웃에서 옮겨진 새끼들이 포함되어있다(친척 관계가 가까운 종에서 같은 아비를 둔 새끼들이 여러 둥지에 걸쳐 나누어져 있는 시스템에 관해 자세히 알려면, 7장의 녹색제비를 참고하기 바란다).

막 날기 시작한 어린 새들은 크레슈라는 무리를 이룬다. 어른 새는 어린 새들이 둥지를 나가도 이 크레슈에서 찾아내 며칠 동안 먹이를 계속 준다. 어린 새들이 울 때 내는 고유한 신호를 듣고서 어른 새는 자기 자식을 알아낼 수 있다. 어떤 어린 새들은 크레슈에 속하지 않는 대신 둥지로 되돌아오는데, 마치 중학생 아이가 과자를 나눠주는 유치원으로 되돌아오는 것과 같다. 절취기생자kleptoparasite라고 불리는 이 어린 새들은 둥지 입구를 막고서 둥지 안의 갓 태어난 새끼들이 먹을 먹이를 가로챈다. 부모는 '기꺼이' 이 어린 새들에게 먹이를 준다. 어른 새는 다른 어른이 침입할 때는 늘 내쫓으면서도 이 어린 새들에게는 그러지 않는다. 왜일까? 부모는 이 어린 새들이 도둑인지 분간할 수가 없어서 깜빡 속는 바람에, 갓 태어난 새끼가 아닌데도 먹이를 마구 퍼준다고 짐작된다.

왜 우리는 어린 새에게 주어지는 먹이를 어른이 자발적으로 준다고 여기지 않을까? 둥지에 있는 이 어린 새들을 절취기생자라고 부른다는 것은 우리가 이 새들을 범죄자로 여긴다는 뜻이며, 아울러 어른 새가 무엇이 자신에게 가장 큰 이익이 되는지를 알 능력이 없다고 본다는 의미다. 정말로, 해서는 안 될 행동을 하는 삼색제비는 모든 이가 범죄자로 취급하고 만다. EPC를 행하는 수컷은 부정한 짓을 '저지른 자'이고, 암컷은 부정한 짓을 '유도한 자'이며, 남의 둥지에 알을 넣어 둔 암컷은 '기생자'가 되고 만다. 새들은 영화에 나오는 섹스와 폭력에 물든 적이 없다. 새들이 우리보다 훨씬 더 행동거지가 낫지 않을까?

이런 식의 도식이 굳어져 있다. 수컷들은 때때로 흙 구멍에서 다른 수컷과 교미를 하는데, 이런 행동은 '진흙탕 싸움'으로 묘사된다. 박제 새 모형을 흙 구멍 근처에 놓아두고 진행된 실험에서, 교미 시도의 70퍼센트는 수컷이 이 모형 수컷을 대상으로 한 것이었다. 이에 대해서, 수컷이 '착오'를 했으며, 박제된 모형의 성을 구별할 수 없었다는 해석이 제시되었다. 흠….

삼색제비는 복잡한 역학 관계 속에서 살아간다. 생물학자들조차 이 새들의 도시 생활에서 무슨 일이 일어나는지를 파악하기 어렵다. 하지만 경멸적인 어투로 이들을 묘사하는 생물학자들은 삼색제비 사회를 더 깊이 이해하려는 시도들을 이제껏 가로막아왔다.

다른 모형

동물은 정말로 무언가를 소유할까? 그렇다는 가정은 인간의 재산권을 자연에까지 확장한 개념이다. 이렇게 가정하고 나면 동물들도 훔치기를 한다는 설명이 가능해진다. 생물학자들은 동물들도 인간처럼 재산에 관심을 둔다는 듯 동물에게도 소유권을 기꺼이 부여한다. 한 생물학자는 다른 새에게 먹이를 주는 새는 자기 먹이를 낭비한다고 해석한다. 그 새는 너무 멍청해서 속는 줄도 모르고 자기가 힘겹게 얻은 소득을 내놓는 존재로 치부된다. 하지만 다른 여러 관점에서 보면 똑똑하다고 인정될 수도 있다. 왜 어느 새가 어떤 관점에서 보면 똑똑하고 또 다른 관점에서 보면 멍청하다고 여겨질까? 다시 한번 생물학자들은 소유가 잘 정의된 개념이라고 가정하고서, 이기심이 적응에 이롭다는 가정이 잘못되었다고 여기기보다는 이기적이지 못한 성향을 능력의 한계라고만 설명한다.

개체들이 서로 유전적으로 가까운 사이라면 자연적인 재산의 개념이 약화된다. 여러분이 누구와도 매우 가까운 친척 사이인 곳에서 산다고 상상해보자. 각 개인이 저마다 다른 이와 50퍼센트의 친족관계를 맺고 있으면, 여러분은 자기 물건의 절반을 소유하는가, 아니면 각각의 자기 물건에서 하나당 50퍼센트의 지분을 소유할까? 쉽지 않은 질문이다. 누가 무엇을 소유하는지가 여기서는 복잡해진다. 분산된 상호 이타주의 또한 자연적 재산의 개념을 약화시킨다. 나는 샌프란시스코에서 홈리스들 사이에 산다. 이곳에서 나는 가진 것이 그리 많지 않은 사람들이 길거리의 가난한 이들에게 무언가를 주는 모습을 자주 본다. 그들은 이기적인 사람이 되라는 말을 듣지 않았을까? 아마 그들, 사실은 그들의 유전자는 이기적으로 살았던 적도 있을 것이다. 자기가 한 행동은 결국에는 자기에게로 돌아오기 마련이다.

20년 전에 진화생물학자인 샌드라 베렌캠프가 내놓은 이론에 따르면, 한 사회의 번식편중은 오늘날 이른바 사회 내의 협력을 위한 '노동시장'과 관계가 있다고 한다. 그녀의 주 연구대상은 여러 마리의 여왕을 둔 곤충 서식지였다. 동물은 번식 기회를 얻는 것에 대한 답례로 남을 돕는다는 것이 그 이론의 기본 개념이다.[35] 어떤 특권적인 개체들은 번식 기회를 장악하고서, 번식 기회를 얻지 못한 다른 개체들에게 이 기회의 일부를 넘겨준다. 이러한 기회 제공에 대한 보답으로, 특권을 갖지 못한 개체들은 특권 개체들의 번식을 돕는 노동을 제공한다.

서로 다른 개체들이 처음에 갖게 되는 번식 기회의 불평등을 경제학자들은 '분배의 불평등'이라 부른다. 분배의 불평등이 생긴다는 것은 먹이, 물, 그리고 햇살이 비치는 곳과 그늘진 곳이 섞인 환경 등을 얻을 가능성이나 포식자에 대한 노출의 정도가 여러 영역마다 달라짐을 나타낸다. 한 동물이 가진 정치적 연줄 또한 자원에 대한 통제권을 얻게 해줄 수 있다. 분배의 불평등은 유전, 나이, 능력, 그리고 운 때문에 발생할 수도 있다.

번식을 위한 노동의 제공은 특히 친척들 사이에 이익이 되므로, 이를 통해 대가족이 구성된다. 이러한 가족 구성에서는 번식을 행하는 개체는 둥지에 남아 있는 도우미의 부모다. 이 도우미가 부모의 번식을 돕는 행위가 얼마만큼 가치가 있는지는 도우미가 부모의 새끼들과 어느 정도의 유전적 관련성이 있느냐에 따라 달라진다. 가장 가치가 큰 경우는 그 새끼들이 모두 도우미의 형제자매일 때다. 이 경우 도우미는 굳이 자신은 번식을 하지 않아도 되며 부모가 번식을 모두 떠맡게끔 한다. 이것을 혈연선택이라고 한다.[36]

번식 기회를 얻기 위한 도움의 제공은 심지어 유전적 관계가 없을 때에도 가능하다. 이 경우는 도우미가 얻은 번식 기회의 정도가 만약 자신이 노동을 제공하지 않았다면 얻었을 번식 기회보다 더 클 때다. 특권을 갖지 못한 개체를 고용하는 특권적 개체가 수여하는 번식 기회를 '머물기 인센티브staying incentive'라고 한다. 왜냐하면 그러한 기회를 제공하면, 특권을 갖지 못한 개체라도 새로운 둥지를 지으려고 떠나지 않고, 대신에 도우미가 되어 그 둥지에 머물기 때문이다. 결론적으로, 이 이론에 따르면 동물 사회란 번식 기회를 통화로 삼아 거래를 함으로써 유지되는 정치적 경제 시스템이다.

대가족은 노동시장 내의 수요와 공급에 따라 형성된다. 만약 노동에 대한 수요가 부족하면, 즉 젊은이들이 집 밖에서 할 일이 없으면, 심지어 작은 머물기 인센티브라도 그들을 집 안에 머물도록 유도하여 대가족에 속하도록 한다. 집 밖에 일할 기회가 많으면 심지어 큰 머물기 인센티브라도 젊은 이들이 독립해 나가는 것을 막지 못한다.

이러한 생각에 따르면, 가족 구성은 유동적이어서 둥지 밖에서 얻을 기회가 달라지고 또한 번식자가 짝을 바꾸면(이럴 경우, 도우미가 자신이 제공한 노동으로 얻는 유전적 이익의 가치가 낮아진다) 그에 따라 달라진다. 분배의 불평등이 크면 번식자와 도우미 사이의 상호 협의에 따라 번식이 소수의 개체에 집중되며, 이로 인해 번식편중이 커지므로 원래의 불평등을 더욱 가중시킬지 모른다. 이와 달리 만약 자원이 균등하게 분배되어 있다면, 거의 모든 개체는 스스로 번식을 할 것이고 사회체계는 번식편중이 낮게 나타난다. 샌드라 베렌캠프는 이처럼 극단적인 두 경우를 각각 '독재' 사회와 '평등' 사회로 명명했다.[37]

지금부터는 이 이론이 실제 사례에 어떻게 적용되는지 알아보자. 호주 캔버라의 흰이마스크럽렌의 사례는 가족 역학 관계에 관한 노동시장 이론에 들어맞는다.[38] 사회 집단은 번식을 담당하는 암컷 하나와 하나 이상의 수컷(일처다부제)으로 구성된다. 이 경우, 어린 수컷은 집에 머물면서 부모를 도울지, 아니면 집을 떠나 새로운 가정을 꾸릴지를 결정해야 한다. 암컷은 혼자서 자신의 둥지도 짓고 알도 부화시킨다. 수컷은 암컷이 알을 낳기 전의 수태 기간, 그리고 알을 부화시키는 동안 암컷에게 먹이를 가져다준다. 암수 모두 새끼들이 둥지에 있는 기간뿐 아니라 둥지를 떠난 뒤 8주까지는 먹이를 준다. 수컷들은 싸움을 통해 지배 서열을 마련하는데, 으뜸 수컷이 제일 높은 계급을 차지하고 버금 수컷이 그 아래를 차지한다. 그런데 의문점은 으뜸 수컷이 왜 버금 수컷을 독립시키지 않고 자기 밑에 있도록 하느냐는 것이다. 어떻게 으뜸 수컷은 버금 수컷을 도우미로 삼을까? 이에 대한 답으로 네 가지 유형의 다중가족이 제시된다.

1. 만약 버금 수컷이 으뜸 수컷과 암컷, 이 둘 모두와 친족관계에 있으면, 버금 수컷은 둥지에서 도움만 줄 뿐 자기 자신은 어떤 새끼의 아비도 되지 않는다. 으뜸 수컷이 유일한 수컷 부모다. 비록 버금 수컷이 아비가 아니더라도 알들이 전부 자신의 형제자매이므로 그에게도 소중하다. 둥지 바깥에서의 번식 기회도 많지 않기에, 버금 수컷은 짝짓기에 일부 참여할 계기가 없더라도 머무는 것이 번식에 도움에 된다고 여긴다. 이 가족은 번식편중이 높다.

2. 만약 버금 수컷이 암컷과만 친족관계를 맺고 있고 으뜸 수컷과는 그렇지 않으면, 버금 수컷은 이 경우에도 짝짓기를 하지 않고 둥지에서 도우미 역할을 한다. 하지만 암컷과 으뜸 수컷이 다 친족관계일 때만큼 그 알들이 소중하지는 않다. 이때에도 으뜸 수컷은 머물기 인센티브를 제공하지 않는다. 이 가족 또한 번식편중이 높다.

3. 만약 버금 수컷이 으뜸 수컷과는 친족관계에 있고 암컷과는 그렇지 않으면, 알의 아비가 누구인지 불확실하므로 그 가치는 더욱 낮

다. 알 가운데 약 15퍼센트는 무리 밖의 짝짓기에 의해 아비가 정해진다. 버금 수컷의 관점에서는 으뜸 수컷이 아비가 아닌 알들은 어느 것이든 아무런 가치가 없다. 머물기 인센티브의 일환으로, 으뜸 수컷은 버금 수컷과 암컷의 짝짓기를 허용하여 버금 수컷이 전체 새끼 약 20퍼센트의 아비가 되도록 해준다. 이 가족은 번식편중이 중간이다.

4. 만약 버금 수컷이 으뜸 수컷과 암컷, 어느 쪽과도 친족관계가 아니면, 버금 수컷이 전체 새끼의 약 50퍼센트의 아비가 된다. 으뜸 수컷은 버금 수컷을 도우미로 곁에 두기 위한 최대한의 인센티브로, 전체 짝짓기의 절반을 버금 수컷에게 허용하는 것이다. 이 가족은 번식편중이 0이다.

따라서 으뜸 수컷이 버금 수컷에게 집단 내의 번식 기회를 얼마라도 허용해주는 것은 버금 수컷을 도우미로 붙잡아두는 데에 꼭 필요한 수단으로 볼 수 있다. 1과 2 상황에서, 버금 수컷은 머물기 인센티브가 전혀 필요하지 않다. 3 상황에서는, 으뜸 수컷은 버금 수컷에게 새끼의 20퍼센트의 아비가 되도록 허용하며, 4 상황에서는 새끼의 절반의 아비가 되도록 허용한다.

여러분은 이 가족이 모두에게 건설적인 삶을 열어가기 위해 서로 합의하여 함께 지내는 행복한 모임이라고 생각하는가? 어떤 생물학자들은 이에 비판적이며 다음의 세 가지 반론을 제시한다.[39] 첫째, 머물기 인센티브가 너무 높아서 번식자가 이를 치르는 데에 동의하지 않을지 모른다는 것이다. 그러면 도우미가 둥지를 버리고 독립하게 된다. 번식자는 어쨌든 도우미가 머물도록 강요한다. 하지만 번식자는 도우미를 완전히 통제할 수는 없게 된다. 따라서 도우미는 할 수 있는 만큼 은밀히 짝짓기를 한다. 평화로운 가정이 아니라 다툼이 끊이지 않는 집안인 셈이다.

두 번째 반론은 '도우미'의 순효과가 실제로 도움인지 손해인지를 문제 삼는다. 둥지에서 머물고 가끔씩 먹이를 가져오는 것이 번식자에게 순이익을 가져다줄까? 벌거숭이두더지쥐의 경우에는 번식 담당 암컷이 '게으른' 일꾼들을 사납게 찔러대는데, 이는 고용주와 고용자 사이에 갈등이 있음을 시사한다.[40]

세 번째 반론은 상호 합의라는 것은 동물의 능력을 넘어선다는 관점이다. 아마도 동물은 사람들한테도 쉽지 않은 노동계약에 관해 제대로 협상할 수 없을지 모른다. 하지만 나는 동물이 그럴 능력이 있다고 믿는다. 나는 어쩔 수 없는 동물옹호자다.

아마도 이러한 반론들은 초기 단계의 새 이론에 계속 흠집이나 내려는 시도에 지나지 않는다. 가족 구성원 사이의 노동관계를 살펴보자는 접근 방법은 내가 보기엔 전도유망한 이론이다. 나는 앞으로 이 이론이 더욱 역동적이고 다채로워지길 바란다. 현재로선 도우미가 무엇을 기꺼이 받아들이고서 그 대가를 치르는지를 번식자가 안다고 가정한다. 경제학자들이 쓰는 용어로 치자면, 번식자는 완벽히 안목 있는 독점사업자다. 곧, 구매자가 기꺼이 무엇을 치르려고 하는지에 대해 완벽한 정보를 가진 유일한 판매자인 셈이다. 경제이론에서는 또한 판매자와 구매자 사이의 가격 흥정과 더불어 양자 사이의 경쟁도 허용된다. 생물학적 노동관계 이론을 확장하여 번식자와 도우미 사이에서 일어나는 협상을 포함시키면 현재의 이론적 제약이 해결될지 모르며, 덕분에 우리도 언제 사회가 평화롭거나 폭력적이게 되는지 예측해낼지도 모른다.

이 이론의 핵심은 번식 불평등이란 분배의 불평등과 유전적 관련성이 결합되어 생긴다는 것이다. 동물들에게도 인간의 민주주의와 독재정치에 대응하는 시스템이 존재한다. 우리는 이러한 생물학적 이론들에서 정치학자들이 인간사회를 다룰 때와 똑같은 사안들을 보게 된다. 또한 우리는 자원이 균등하게 분배되면 번식에 참여하는 개체들의 폭이 넓어지는 반면, 자원의 분배가 집중되면 권력 위계, 가족 간의 기만, 그리고 노동쟁의가 생김을 보게 된다. 즉, 번식 기회를 거래하는 시장을 보게 되는 셈이다.

다음 장부터는 다양한 젠더를 나타내는 사회체제를 살펴보려고 한다. 생물학자들이 동물의 행동 방식을 설명하기 위해 써온 언어는 어느 한쪽으로 편향되어 있다. 그 언어는 영역을 차지하고 짝을 소유한 개체들을 무작정 칭송한다. 마치 수컷마다 공주를 포함해 자신의 성을 한 채씩 소유할 자격이 생물학적으로 부여되었다고 여기는 식이다. 절도, 기생, 사기, 흉내 같은 단어들이 논의를 지배하는 바람에, 참여 구성원들의 생물학적 다양성을 간직한 사회에서 실제로 일어나는 현상의 정교한 진실이 왜곡된다. 이와 달리, 번식 기회의 거래 이론은 다양한 젠더로 구성된 가족에도 훌륭하게 적용된다.

6장

다양한 젠더로 구성된 가족

다양한 젠더를 보이는 동물들의 사회적 역할은 몸을 통해 알 수 있다. 어느 종의 수컷이나 암컷은 크기나 색이 두 가지 이상이다. 그러나 형태상의 차이는 빙산의 일각일 뿐이다. 서로 다른 두 형태는 구애하는 방법, 짝의 수, 동성 간·이성 간 관계의 방식, 수명, 집 지을 터로 어떤 곳을 좋아하는지 여부, 그리고 자식 돌보기의 정도 등 여러 면에서 다르다. 몸의 모양, 색, 그리고 자세(물고기와 도마뱀의 경우에는 중요한 의사소통 수단이다)가 생물학자들의 눈에 쉽게 들어오기 때문에, 다양한 젠더로 구성된 사회들을 설명할 때 소리와 냄새 등의 의사소통 수단보다는 위의 요소들이 더 잘 쓰인다.

생물학자들은 한 성 내의 이러한 다형성polymorphism(같은 종의 생물이지만 모습이나 고유한 특징이 다양한 성질. — 옮긴이)에 어떤 이름을 붙여야 할지 고민해왔다. 대안적인 짝짓기 전략이라는 명칭은 각 형태가 서로 다른 짝짓기 방법을 가짐을 강조한 표현이다. 대안적인 생활사는 각 형태가 갖는 서로 다른 삶의 과정을 강조한 표현이다. 앞에서 나는 삶의 방식에 관한 이러한 서로 다른 표현들을 '젠더'로 부르자고 제안했다. 내가 보기에, 이 단어는 짝짓기에서 생활 방식, 수명에 이르기까지 여러 형태 간의 전반적인 차이를 가장 잘 포착하고 있다.

'대안적' 짝짓기 전략이나 '대안적' 생활사와 같은 표현은 특히 다양한 젠더에 대한 명칭으로는 좋지 못하다. 왜냐하면 '대안적' 전략은 대체로 가장 흔한 전략이기 때문이다. 소수의 전략을 '정상'으로 삼고서 그 나머지에 '대안적'이라는 꼬리표를 붙이는 것은 편견일 뿐이다. 다양한 젠더를 갖는 사회들은, 우리가 그 실상을 알아낼 준비가 미처 되어 있지 않기 때문에, 설명하기가 그리 쉽지 않다. 하지만 지금부터 파헤쳐보자.

수컷 젠더 둘, 암컷 젠더 하나

하나의 수컷 젠더와 하나의 암컷 젠더로 구성된 두 가지 젠더 사회를 넘어서는 첫 번째 단계는 두 가지 수컷 젠더와 한 가지 암컷 젠더, 즉 모두 세 가지 젠더로 구성된 사회다. 다음 사례를 보자.

황소개구리*Rana catesbeiana*는 수컷 젠더가 두 가지다. 밤에 시끄럽게 울고 크기가 커서 황소개구리라는 이름이 붙은 수컷과 울지 않는 작은 수컷이 있다.[1] 둘 다 번식을 위해 경쟁하며 암컷은 두 수컷 모두와 짝짓기한다. 울지 않는 수컷은 자라면서 시끄럽게 우는 수컷으로 바뀐다. 다른 종의 수컷 개구리[2]와 많은 척추동물 수컷은 번식을 언제 시작할지, 부와 권력을 과시할 만큼 확실한 기반을 잡을 때까지 기다릴지, 아니면 가진 건 적지만 매력은 넘치는 시기에 빨리 번식을 시작할지를 결정해야 한다. 아마 울지 않는 수컷은 시끄럽게 우는 수컷과 다른 젠더가 아니라 동일한 젠더의 초기 발달 단계로 간주될 수도 있다. 하지만 이 사례를 다른 경우와 비교해보면, 울지 않는 단계에서 시끄럽게 우는 단계로 성장해나가는 수컷은 젠더가 바뀐다고 보는 것이 더 합리적이라는 데에 여러분도 동의할지 모른다.

여러분은 물고기가 노래할 수 있다는 사실을 아는가? 샌프란시스코만을 비롯한 태평양 연안의 만과 강어귀에는 무늬없는지느러미해군사관생도물고기*Porichthys notatus*라고 불리는 물고기가 산다. 이런 이름이 붙은 까닭은 해군 제복에 세로로 달려 있는 단추들을 닮은 생체발광 점들 때문이다. 이 물고기는 또한 캘리포니아노래하는물고기 또는 카나리아새물고기라고도 알려져 있다. 이 물고기 종에는 황소개구리와 어느 정도 비슷하게 행동하는 두 가지 수컷 젠더가 있다. 큰 수컷 젠더는 영역을 방어하고 그곳에서 낳은 알들을 지키는 물고기로 이루어진다. 짝짓기할 준비가 되었음을 알리기 위해, 큰 수컷이 15분 동안 낮게 웅웅거리는 소리를 내면, 암컷이 이에 반응하여 영역 안으로 들어와 알을 낳는다. 암컷은 오직 한 무더기의 알만 낳는다. 큰 수컷은 대여섯 암컷이 낳은 큰 무더기의 알을 지킨다. 한편, 작은 수컷 젠더는 더 일찍 성숙하며 마치 울지 않는 황소개구리처럼 조용한 물고기로 이루어진다. 이들은 영역을 방어하지 않는다. 대신, 큰 수컷의 영역에서 낳은 알들이 있는 곳으로 쏜살같이 다가와 수정함으로써 짝짓기를 한다.

이 물고기는 수컷이 두 가지 이상의 젠더를 갖는 것으로 알려진 수백 종 가운데 하나일 뿐이다. 그런데도 이 종이 특별한 까닭은 이들의 노래하는 습성을 통해 생물학자들이 두 가지 수컷 젠더의 속성이 얼마나 철저히 다른지를 알아낼 수 있었기 때문이다. 생물학 마니아를 위해 전문적인 내용을 잠시 소개한다. 큰 수컷 젠더는 작은 수컷 젠더에 비해 소리 발생 근육의 질량이 여섯 배가 더 크고 소리 발생 근육섬유의 개수와 직경이 세 배에서 다섯 배가 더 클 뿐 아니라, 미토콘드리아가 조밀하게 채워진 넓은 영역을 포함하고 있는 초미세 세포구조, 가지가 더 많이 뻗어 있는 소포체, 더 큰 근절筋節, 그리고 폭이 스무 배나 되는 Z선을 갖고 있다. 운동뉴런과 심장박

동조절뉴런도 세 배나 더 클 뿐 아니라 종말 단추가 달린 음파전달 축삭돌기도 두세 배가 더 크다. 그 외에도 여러 가지 차이가 있다. 생물학 마니아가 아니더라도, 큰 수컷 젠더와 작은 수컷 젠더가 분명 아주 다른 발생 프로그램을 나타내주며 전체 유전자 집합을 달리 표현함을 알 수 있다.[3]

그러므로 황소개구리와 무늬없는지느러미해군사관생도물고기 둘 다에는 시끄럽게 우는 큰 수컷 젠더와 울지 않는 작은 수컷 젠더가 있다. 황소개구리 수컷은 자라면서 작은 젠더에서 큰 젠더로 바뀌는 반면, 수컷 무늬없는지느러미해군사관생도물고기는 평생 동안 이 두 젠더 중 하나로 고정되어 있다.

태평양의 은연어Oncorhynchus kisutch는 수컷이 두 가지 유형이다. '잭jack'은 새끼를 낳으러 하천으로 돌아가기 전에 바다에서 2년을 지내고, '매부리코'는 하천으로 돌아가기 전에 바다에서 3년을 지낸다. 암컷도 바다에서 3년을 지낸다. 이 세 가지 유형 모두 새끼가 부화된 후에 죽는다. 잭은 작은 덩치에 수수께끼와 같은 색깔을 띠고 있으며, 매부리코는 덩치가 크고 주둥이가 튀어나와 있고(그래서 매부리코라는 이름이 붙었다) 색깔이 밝다.

암컷은 자갈 속에 둥지를 파서 난자를 방출한다. 그러면 가장 가까이에 있는 수컷이 난자 대부분을 수정시킨다. 암컷 근처의 자리를 차지하려는 다툼에서 매부리코가 잭을 이기기 때문에, 대부분의 수정을 매부리코 수컷이 한다. 잭은 암컷이 난자를 방출하는 틈에 쏜살같이 암컷 밑으로 달려들어 난자 일부를 수정시킨다. 잭은 1년 일찍 번식을 할 수 있다. 덕분에 험난한 바다 생활을 1년 덜 할 수 있으므로, 매부리코보다 수정을 적게 하는 단점이 보상된다. 잭과 매부리코 은연어는 둘 다 똑같이 성공적인 생활 전략을 가진 듯하다.[4]

대서양의 대서양연어*Salmo salar*도 수컷이 두 가지 유형이다. 어떤 수컷은 스몰트smolt(2년쯤 자란 연어로 이제 바다로 갈 준비가 된 상태이다. ─ 옮긴이)로서 강에서 바다로 내려갔다가 5년 후에는 길이가 75센티미터나 되는 큰 소하성溯河性 수컷이 되어 되돌아온다. 다른 유형의 수컷은 파parr라고 하는데 굳이 바다로 먼 여행을 떠나지 않는다. 이들은 하천에서 지내며 3년 후에는 50센티미터 가까이 자란다. 암컷은 바다로 갔다가 되돌아온다. 산란기에는, 큰 소하성 수컷이 암컷을 차지하고서 지키는 반면, 파는 물 아래쪽에서 어슬렁거린다. 소하성 수컷과 암컷이 짝짓기할 때, 파는 잽싸게 달려들어서 알의 일부를 수정시킨다. 이 두 수컷의 생활 전략은 생존과 짝짓기를 둘 다 고려했을 때 전체적으로 동일한 성공률을 보인다.

가지 진 뿔이 없는 수컷 붉은사슴(일명 '엘크')은 아마도 울지 않는 수컷 황소개구리의 포유류 버전이라고 할 수 있다.[5] 험멜hummel(또는 노트nott)라고도 불리는 이 사슴은 뿔을 가진 수컷보다 신체적 조건이 더 낮기에 가끔씩은 짝짓기를 더 잘할 때도 있다.[6]

수컷 젠더 셋, 암컷 젠더 하나 ─ 선피시

이제 수컷이 세 가지 젠더인 종을 살펴보자. 암컷 한 젠더를 포함해서 이 종은 젠더가 모두 네 가지다. 적절한 예로 선피시sunfish를 들 수 있다. 둥그스름한 이 물고기는 길이가 평균 10센티미터 정도이며 북아메리카의 호수에 매우 흔하다. 내가 뉴저지주에서 고등학교를 다닐 때, 물 아래서 선피시를 본 기억이 난다. 근처 호수에 스노클링을 하러 갈 때마다 고글을 통해 그 물고기들을 바라보곤 했다. 낚시하러 갈 때면 내가 낚았던 물고기는 전부 선피시였다. 다들 이 고기는 당연하게 여겼기에 퍼치고기나 기타 희귀한 다른 물고기를 잡고 싶어 했다. 미국과 캐나다에 사는 흔해 빠진 그 물고기가 언젠가 젠더와 섹슈얼리티의 근본을 뒤흔들 줄은 당시에는 짐작조차 하지 못했다.

선피시 종의 하나인 파랑볼우럭*Lepomis macrochirus*은 캐나다 온타리오주의 오피니콘 호수와 뉴욕주 북부의 카제노비아 호수에서 자세히 연구되었다.[7] 산란기인 수컷은 크기와 색깔이 뚜렷이 구별되는 세 가지 유형으로 이루어져 있고 여기에 암컷이 더해져, 이 종은 다음과 같이 네 가지의 서로 다른 젠더에 해당되는 총 네 가지 형태학적 범주를 갖는다.

1. **큰 수컷**은 길이가 약 17센티미터이고 나이는 여덟 살이다. 생식샘은 몸무게의 1퍼센트를 차지하며, 몸의 색은 밝고 가슴 부위가 노란 주황색이다.
2. **중간 크기 수컷**은 길이가 약 10센티미터이고 나이는 네 살이다. 생식샘은 몸무게의 3퍼센트를 차지하며, 몸의 색은 어둡고 어두운 세로줄이 나 있다.
3. **작은 수컷**은 길이가 약 7센티미터이고 나이는 세 살이다. 생식샘은 몸무게의 5퍼센트를 차지하며, 몸의 색은 고르게 밝으며 노란 주황색 가슴이나 어두운 세로줄은 없다. 고환이 체강의 대부분을 차지할 수도 있어서 위를 압박하고 창자의 위치를 어긋나게 하기도 한다.
4. **암컷**은 길이가 약 12센티미터이고 나이는 여섯 살이다. 중간 크기 수컷보다 2센티미터가 더 길고 나이도 두 살이 더 많다. 번식기에

암컷은 알을 채우고 있어서 몸이 꽤 불룩하다. 중간 크기 수컷과 마찬가지로 몸의 색은 어둡고 어두운 세로줄이 나 있다. 중간 크기 수컷은 색 패턴이 암컷과 비슷하므로 작고 어린 암컷과 어느 정도 닮았다.

1년에 한 번 있는 산란은 딱 하루 동안 진행된다. 준비 단계로, 큰 수컷들은 렉lek이라고 불리는 100마리 이상의 무리를 이루어 1미터 깊이의 호수 바닥을 따라 여러 영역에 차례로 자기들 영역임을 표시해둔다. 큰 수컷들은 대략 3분에 한 번꼴로 이웃 수컷들로부터 자기 공간을 지킨다. 큰 수컷은 꼬리로 진흙 속을 움푹 파서 자기 영역 내에 알을 낳을 둥지를 만든다. 암컷은 많은 수컷이 모인 장소에 모여들 뿐, 외따로 있거나 언저리에 있는 둥지에는 얼씬거리지 않는다. 암컷이 큰 무더기로 모인 둥지를 좋아하는 까닭은 수컷들이 많이 모여 있어야 자기 알을 포식자로부터 더 잘 보호할 수 있기 때문이다.

　큰 수컷들은 신사적인 사나이가 아니다. 이들은 물기, 아가미덮개 펼치기, 나란히 늘어서서 시위하기, 꼬리로 때리기, 쫓아다니며 괴롭히기 등 온갖 공격을 퍼붓는다. 주로 침입하는 다른 수컷들을 대상으로 하긴 하지만 때로는 영역 내의 암컷도 공격하는데, 이 경우는 선피시 사회의 가정폭력인 셈이다. 수컷은 암컷이 알을 낳는 속도와 시간을 분명히 통제하려고 한다. 암컷은 만약 이런 식으로 너무 괴롭힘을 당하면 그냥 떠나버린다.

　암컷은 무리를 지어 도착해서 한 마리씩 차례차례 큰 수컷의 영역으로 들어간다. 암컷 하나가 도착하면 큰 수컷 하나가 좁게 원을 그리며 돌기 시작하고 암컷이 그 뒤를 따른다. 그 쌍이 빙빙 도는 몇 초마다, 암컷은 몸을 눕힌 채 회전하면서 자신의 생식공genital pore(생식세포를 방출하는 구멍. — 옮긴이)을 큰 수컷의 생식공에 대고 누른다. 암컷이 난자를 방출하면 큰 수컷이 수정시킨다. 난자 방출은 나란히 아래로 쑥 가라앉는 모습처럼 보인다.

암컷은 여러 둥지에서 산란할 수도 있다. 큰 수컷 한 마리는 하루의 번식기 동안 여러 암컷으로부터 최대 3만 개의 난자를 끌어모을 수 있다. 암컷 한 마리가 난자들을 아래로 쑥 가라앉히는 동작으로 산란할 때 한 번에 약 12개를 낳는다. 따라서 여러 암컷들이 30초마다 한 마리 꼴로 방출하는 난자들이 모두 쌓이게 된다. 냄새는 빨리 퍼진다. 따라서 이웃의 큰 수컷들이 틈을 내서 어떻게든 이 둥지로 들어간다. 그 결과, 한 둥지에서 일어나는 수정의 약 9퍼센트는 이웃의 큰 수컷에 의해 일어난다.

한편, 작은 수컷은 활동적이다. 이들은 큰 수컷들이 차지한 영역들 사이의 경계에 머무는데, 그 언저리는 종종 바위나 해양식물이 자라는 곳과 가깝다. 난자는 호수 물속에서 약 한 시간 동안 살아 있는 반면, 정자는 고작 1분밖에 살지 못한다. 암컷이 난자를 방출할 때 작은 수컷들은 쏜살같이 달려들어 난자 위에다 정자를 방출하여 자기들 몫의 수정을 행한다. 큰 수컷은 작은 수컷을 영역에서 쫓아내려고 하지만 작은 수컷은 큰 수컷보다 개체 수가 훨씬 많다. 얕은 물 서식지의 경우에는 대략 일곱 배 차이가 난다. 이런 작은 수컷들뿐 아니라 이웃의 큰 수컷들과, 가끔씩 나타나는 포식자도 쫓아내야 하기 때문에, 큰 수컷은 자기 영역에서 암컷들이 낳은 난자들을 수정시키는 데 집중하지 못한다. 그처럼 큰 수컷이 정신없이 바쁜 동안 암컷은 기꺼이 작은 수컷들을 통해 난자들을 수정시킨다.

깊은 물보다 얕은 물 서식지에 작은 수컷들이 더 많은 까닭은 몸을 숨길 식물들이 더 많기 때문이다. 큰입배스, 작은입배스, 강꼬치고기 등과 같은 포식자들이 호수에 도사리고 있기 때문에 몸 숨기기는 중요하다. 따라서 작은 수컷 대 큰 수컷의 비율은 주변 환경에 따라 달라진다. 대체로, 작은 수컷은 울지 않는 황소개구리, 울지 않는 노래하는물고기, 잭 연어와 파 연어, 그리고 뿔 없는 수컷 사슴과 엇비슷한 젠더다.

세 번째 수컷 젠더인 중간 크기 수컷은 실로 놀라운 존재들이다. 이들이 대부분의 시간 동안 어디에서 사는지 아무도 모르지만, 아마도 암컷과 무리 지어 살 것이다. 중간 크기 수컷은 큰 수컷의 영역 쪽으로 물 위쪽에서부터 접근하여 아무런 공격 행동도 망설임도 없이 큰 수컷의 영역으로 내려간다. 곧이어 두 수컷은 구애의 의미로 빙빙 돌기 시작하는데, 이 행동은 약 10분 동안 계속된다. 결국 이 중간 크기 수컷은 큰 수컷이 원래부터 만들고 지켜 왔던 영역을 함께 쓰며 큰 수컷과 더불어 살게 된다.

중간 크기 수컷은 암컷이 도착하기 전에도 큰 수컷과 같이 지내지만, 암컷이 이미 곁에 있더라도 이보다 더 자주 버젓이 찾아온다. 큰 수컷은 좀체 중간 크기 수컷을 쫓아내려 하지 않는데, 작은 수컷이 자기 영역으로 잽싸게 달려들 때 기어이 쫓아내려는 것과는 뚜렷하게 구별된다. 암컷 하나와 수컷 둘이 함께 있을 때, 그들 셋은 빙빙 도는 구애 행동과 짝짓기를 함께 행한다. 대체로, 중간 크기 수컷은 암컷보다 작기 때문에 빙빙 돌기가 진행되는 동안 큰 수컷과 암컷 사이에 끼이게 된다. 암컷이 난자를 방출하면 두 수컷이 함께 수정시킨다.

가끔씩 두 암컷이 큰 수컷 한 마리의 영역 안에 동시에 있을 때도 있다. 큰 수컷은 두 암컷과 짝짓기를 하지만, 그 셋은 한 암컷이 큰 수컷과 중간 크기 수컷과 함께 3중 관계를 맺어 치르는 것과 비슷한 공동의 의식은 행하지 않는다.

산란일의 짜릿한 흥분이 가시고 나면, 큰 수컷들은 저마다 자기 영역 내에 머물며 여드레에서 열흘 정도 알을 지킨다. 큰 수컷은 둥지를 기웃거리는 포식자들을 쫓아낸다. 이 기간에는 먹이를 구하려고 둥지를 떠나지 않기 때문에 몸이 홀쭉해진다.

모두 합쳐, 번식에 관여하는 수컷들의 85퍼센트는 작은 수컷 아니면 중간 크기 수컷이며, 나머지 15퍼센트가 큰 수컷이다. 비록 소수이긴 하지만 큰 수컷은 대부분의 짝짓기에 참여한다. 큰 수컷은 번식편중이 심하며, 살기 좋은 영역을 얻기 위해 벌이는 서로 간의 공격에서 그들 가운데 일부만이 살아남는 듯 보인다. 작은 수컷과 중간 수컷은 산란된 전체 난자의 약 14퍼센트를 수정시킨다. 전체적으로 보면, 산란이 일어나는 영역들의 85퍼센트는 하나의 수컷과 하나의 암컷으로 이루어진 곳이고, 11퍼센트는 둘 이상의 수컷과 하나의 암컷으로 이루어진 곳이며(대개 큰 수컷 하나에 중간 크기 수컷이 딸려 있다), 4퍼센트는 하나의 수컷과 두 암컷으로 이루어진 곳이다.

발생학적으로 보면, 작은 수컷과 중간 크기 수컷은 하나의 유전자형이고 큰 수컷은 다른 유전자형이다. 작은 수컷 유전자형의 개체는 자라면서 작은 수컷 젠더에서 중간 크기 수컷 젠더로 바뀌는 반면, 큰 수컷 유전자형의 개체는 큰 수컷 젠더의 몸 크기와 나이에 도달하기 전까지는 번식능력이 활성화되지 않는다.

중간 크기 수컷 젠더에 대한 해석은 생물학자들 사이에 대단한 혼란을 일으켰다. 이에 대해 세 가지 이론이 등장했다.

속임수

가장 인기 있는 이론은, 중간 크기 수컷이 암컷의 색을 일부 띠고 빙빙 돌기 구애 행동에 참여함으로써 큰 수컷이 중간 크기 수컷을 암컷으로 여기도록 속인다고 본다.[8] 그런 다음에 이 암컷으로 위장한 수컷은 당연히 큰 수컷이 수정시켜야 할 난자들의 일부를 훔친다는 것이다.

나는 이 이론이 타당하다고 보지 않는다. 선피시는 낮 동안 물에서 작은 새우를 잡아먹고 사는데 시력이 매우 좋다. 포식자인 이 물고기는 크기와 거리를 아주 잘 파악하기에, 이 능력을 줄곧 발휘하여 어느 먹이는 잡고 어느 먹이는 그냥 놔둘지를 결정한다. 여러 가지 외형을 살펴보면 중간 크기 수컷과 암컷이 구별된다. 단지 크기와 모양만 보더라도 차이를 알 수 있다. 1미터 떨어진 거리에서 1밀리미터 크기 새우와 2밀리미터 크기 새우의 차이를 구별할 수 있는 물고기는 바로 자기 옆에 있는 두 물고기가 서로 2센티미터 차이가 난다는 사실을 당연히 알아낼 수 있다. 게다가 큰 수컷은 무려 10분 동안 빙빙 돌며 진행되는 구애 행동 중에 충분히 시간을 들여 중간 크기 수컷인지를 확인할 수 있다. 이 정도 시간이면 큰 수컷은 중간 크기 수컷이 산란하지 않고 있음을 충분히 간파할 수 있다.

만약 큰 수컷이 속고 있다면, 가끔씩은 3중 짝짓기 의식을 중단해야 마땅하다. 큰 수컷 하나와 암컷 하나가 사이에 중간 크기 수컷을 낀 형태로 헤엄치려면, 대단한 정확성이 요구된다. 만약 큰 수컷이 속고 있었다면, 일단 중간 크기 수컷이 난자가 아니라 정자를 방출한다는 사실을 알고 나면, 작은 수컷을 거세게 쫓아낼 때처럼 중간 크기 수컷을 쫓아내려고 움직일 것이다. 게다가 진짜 암컷 두 마리가 수컷 하나와 영역 내에 있을 경우, 그 셋은 3중 짝짓기 의식을 치르며 함께 헤엄치지 않는다. 만약 큰 수컷이 중간 크기 수컷이 암컷이라고 믿었다면, 함께 3중 짝짓기 의식을 행하지는 않았어야 한다.

큰 수컷이 일단 속임수를 알아채고 나고서도 중간 크기 수컷을 내쫓지 않는 이유는 암컷이 활발히 산란하고 있는 동안에 수정시킬 기회를 놓칠까 봐 걱정하기 때문일 것이다. 하지만 큰 수컷은 그런 손해를 감수하고서도 작은 수컷이라면 쫓아낸다. 이 문제를 해결하기 위해, 중간 크기 수컷이 암컷과 비슷한 색을 띠기에 큰 수컷의 공격성향이 누그러진다는 주장이 제기된다.

대체로 이러한 이론은 어떤 놀라운 현상이 나타나면 그 동물에게서 어떤 능력의 결함이 있다고 가정하고서 설명해버리는 생물학 이론의 한 사례다. 다음과 같이 보는 식이다. 큰 수컷은 중간 크기 수컷을 쫓아내야 하지 않을까? 그런데 만약 큰 수컷이 그러지 않는다면 어떤 이유로 그럴 수가 없는 경우다. 큰 수컷은 너무 멍청해서 중간 크기 수컷을 암컷과 구별할 수 없다. 따라서 큰 수컷은 필요한 상황인데도 자신의 공격성을 작동할 수 없다.

젠더와는 무관한 공통의 신호

대안적 이론은 중간 크기 수컷이 큰 수컷을 도와 팀을 이뤄 함께 일한다고 본다.[9] 왜 그럴까? 한 가지 가능성은 두 수컷이 함께하면 수컷 하나일 때보다 암컷을 더 잘 꾈 수 있기 때문이라는 것이다. 암컷은 영역 내에 많은 수컷이 모인 가운데에 산란하기를 선호한다. 왜냐하면 많은 수컷이 모여 있으면 혼자 떨어져 있는 수컷보다 포식자로부터 알을 더 잘 보호받을 수 있기 때문이다. 따라서 영역 내에 있는 큰 수컷은 중간 크기 수컷과 팀을 이루면 암컷을 꾈 확률을 높일 수 있다. 이 수컷의 처지에서는 중간 크기 수컷과 팀을 이루는 편이 다른 큰 수컷과 팀을 이루는 것보다 더 마음이 끌린다. 왜냐하면 중간 크기 수컷은 생식샘이 작기에 큰 수컷보다 정자를 덜 생산하기 때문이다. 중간 크기 수컷과 팀을 이루면 아주 적은 비용으로 도우미를 얻는 셈이다.

이 이론에 따르면, 중간 크기 수컷이 차지하는 자기 몫의 수정은 큰 수컷에게서 훔친 것이 아니라 큰 수컷이 함께 지내자며 건네는 인센티브다. 즉 생식 기회를 놓고서 벌어지는 거래다. 중간 크기 수컷이 큰 수컷의 영역에 들어오기 전에 벌이는 구애 행동은 일종의 면접에 해당된다. 중간 크기 수컷이 띠는 암컷의 색 패턴은, 이 이론에 의하면, 백기를 드는 것처럼 서로 간에 적대와 공격을 멈추자는 표시다. 중간 크기 수컷이 우연히 암컷과 닮은 모습인 까닭은 둘 다 백기 흔들기라는 동일한 신호를 보내기 때문이라고 이 이론은 본다. 이런 설명에 따르면, 중간 크기 수컷은 우연히 암컷과 같은 깃발을 휘날릴 뿐 모두에게 수컷으로 알려진 진짜 수컷이다.

그럴듯한 이론 같긴 하지만, 나로선 여전히 미심쩍다. 이 이론은 너무 수컷 중심적이어서, 수컷이 많을수록 더 낫다, 즉 수컷이 많으면 보호를 더 잘 받고 수컷다운 성질이 클수록 매력이 더 크다는 생각이 바탕에 깔려 있다.

글쎄, 어쩌면 그럴지도. 하지만 암컷과 중간 크기 수컷이 띠는 색상의 기능은 무엇일까? 이것은 단지 젠더와는 무관한 백기일 뿐일까? 아니면 중간 크기 수컷은 암컷다운 수컷이 되려는 게 아닐까? 그리고 큰 수컷은 자기보다 단지 더 작은 수컷이 아니라 특히 암컷다운 수컷을 도우미로 삼으려는 것은 아닐까?

수컷의 암컷다움

나는 세 번째 이론, 즉 암컷은 텃세가 심한 큰 수컷을 위험하게 여긴다는 이론을 조심스럽게 내놓는다. 암컷은 크고 힘세게 보이려 하는 이러한 수컷한테서 가정폭력을 겪지 않을까 하고 생각할지 모른다. 암컷은 큰 수컷이 이웃의 큰 수컷과 작은 수컷을 쫓아내는 모습을 늘 본다. 보이는 것이라곤 폭력뿐이다. 큰 영역을 가진 이 잘생긴 사내와 함께 지내도 안전하다는 보장이 어디 있는가? 한편, 큰 수컷은 수컷 동료들이 온통 거친 모습만 보이는 상황에서 자신만은 신사적이라고 어떻게 말할 수 있겠는가?

아마도 큰 수컷과 중간 크기 수컷 사이의 구애 행동 덕분에 암컷은 자기보다 약간 작고 암컷처럼 보이는 수컷에 대해 큰 수컷이 어떻게 행동하는지 지켜볼 수 있다. 큰 수컷이 중간 크기 수컷과 함께 돌면서 구애 행동을 어떻게 하는지 암컷이 살펴볼 수 있다는 뜻이다. 큰 수컷이 중간 크기 수컷에게 난폭하게 대하는지 여부도 살필 수 있다. 물론, 중간 크기 수컷에게 친절한 수컷이라고 해서 암컷에게도 친절하리란 보장은 없지만, 적어도 큰 수컷이 중간 크기 수컷을 어떻게 대하는지 살펴보면 짐작만 하는 것보다는 더 나은 판단을 할 수 있을 테다.

게다가, 중간 크기 수컷이 큰 수컷과 암컷 사이에 끼여 셋이서 함께 빙빙 도는 구애 행동을 하고 있으면, 난자와 정자의 방출이 동시에 일어나도록 함으로써 어떤 식으로든 짝짓기를 촉진시킬지 모른다. 중간 크기 수컷은 큰 수컷과 암컷 사이에 놓인 자신의 지정학적 상황을 통해 산란과정에 해가 생기지 않도록 암컷을 보호할지도 모른다. 또한 중간 크기 수컷은 함께 어울리는 동안 암컷과 건설적인 관계를 맺어, 큰 수컷이 안전한 존재인지 보증해주는 역할을 담당할 수 있다.

내 해석에 따르면, 중간 크기 수컷의 암컷다움은 속임수가 아니라 진실한 역할을 수행한다. 암컷다운 수컷은 짝짓기를 맺어주는 '중매쟁이'이자, 어쩌면 '관계 조언자'로서 일단 암컷이 큰 수컷의 영역에 들어온 후에 짝짓기 과정을 촉진하는 역할을 할 수 있다. 이러한 서비스에 대한 대가로 중간 크기 수컷은 큰 수컷에게서 번식 기회를 얻는다. 그러므로 두 번째와 세 번째 이론은 둘 다 중간 크기 수컷이 큰 수컷에게서 도둑질을 하는 것이 아니라 큰 수컷과 협력하는 존재로 보며, 도우미의 개념을 확장한다. 수정 기회를 나누어 갖는 것을 도둑질이 아니라 곁에 머물러달라는 유인책으로 본다. 새로운 생물학 용어를 만들어 표현하자면, 이미 태어난 새끼들을 돌보는 데에 도움을 주는 사후접합체 도우미와 달리, 사전접합체 도우미라고 할 수 있다. 짝짓기가 일어나도록, 그리고 짝짓기 후에 새끼들을 돌보도록 동물들끼리 서로 협력하지 않을 이유가 없다. 이 두 가지는 동물 세계에서 일어나는 결혼 전 사전 도움 중매 서비스와 결혼 후 사후 도움 소아과 치료 서비스인 셈이다(7장에서 목도리도요에 관한 논의를 참고하기 바란다).

세 가지 수컷 젠더가 행하는 역할의 관점에서, 이제부터 큰 수컷은 '통제자', 작은 수컷은 '우회침입자', 그리고 중간 크기 수컷은 '협력자'라고 부르도록 하자.

수컷 젠더 셋, 암컷 젠더 하나 – 다른 사례들

대체로 몸 크기가 중간인 세 번째 수컷 젠더는 번식 기회를 얻는 대가로 통제자에게 어떤 서비스를 제공한다. 통제자가 가치 있게 여기는 서비스가 무엇인지는 상황에 따라 달라진다.

유럽의 놀래기는 산호초에 사는 놀래기만큼이나 흥미진진하다. 이 종들은 성 바꿈을 전혀 하지 않으면서도 수컷 젠더가 여러 가지다. 수컷이 두 종류인 종은 색상이 화려하고 영토를 거느리며 알을 지키는 통제자 수컷과, 작고 색이 단조로운 우회침입자 수컷이 포함된다. 수컷이 세 가지인 종은 여기에 중간 크기 수컷이 더해진다. 이 수컷을 북아메리카의 선피시와 비교하면 유용한 정보를 얻을 수 있다.

점박이유럽놀래기*Symphodus ocellatus*는 바위투성이 해변을 따라 지중해의 얕은 물속에서 산다. 생물학자들은 코르시카섬의 칼비 마을 서쪽에 있는 레벨라타만에서 스쿠버다이빙을 하면서 이 놀래기들을 관찰했다.[10] 꽤 작은 이 물고기는 3년까지 살며 여름에 번식하고 최대 길이가 8센티미터다. 세 가지 형태 중에 중간 크기 수컷이 이번에도 가장 흥미롭다. 이 수컷은 모양이나 행동에서 전혀 암컷 같지 않다. 암컷보다 몸집도 조금 크고 자기 고유의 색을 가졌으며 공격적일 때도 있다. 그런데도 큰 수컷은 자기 영역으로 들어와 그 영역 안에서 산란된 난자를 수정시켜 달라며 중간 크기 수컷을 유혹한다. 왜 그럴까? 큰 수컷은 중간 크기 수컷을 경비원으로 고용했음이 분명하다. 중간 크기 수컷은 큰 수컷이 직접 쫓아내기 마련인 작은 수컷을 자기가 맡아서 쫓아낸다. 더욱 흥미롭게도, 이 종에는 영역을 차지한 수컷보다 암컷의 수가 더 많다. 산란기에는 여러 암컷이 한 둥지에 모이는데, 큰 수컷이 그 둥지에 있는 동안 한 번에 오직 한 암컷만이 산란하고, 다른 암컷들은 둥지 언저리에서 기다린다. 하지만 이 암컷들은 우르르 몰려와 산란 중인 암컷을 방해할 수도 있다. 이런 상황일 때, 중간 크기 수컷이 이 여분의 암컷들을 쫓아내 산란이 계속될 수 있도록 한다. 중간 크기 수컷은 사흘 동안 둥지에 머무는데, 이와 달리 큰 수컷은 한 주 내내 머문다.

점박이유럽놀래기는 발육 경로가 세 가지다. 한 유형은 초기 번식 단계를 건너뛰고 곧바로 성숙하여 통제자가 된다. 두 번째 유형은 우회침입자로 시작하여 협조자로 바뀐다. 세 번째 유형은 협력자로 시작하여 통제자로 바뀐다.[11] 따라서 놀래기와 선피시를 비교하자면, 유효성비를 통해 중간 크기 수컷이 암컷다운지 수컷다운지를 알아낼 수 있게 된다. 만약 선피시처럼 암컷이 드물다면, 큰 수컷에게는 암컷을 유혹하기 위한 도움이 필요할 테고, 암컷다운 수컷이 이를 도와줄 수 있다. 만약 놀래기처럼 암컷이 흔하다면, 큰 수컷에게는 집안의 질서 유지를 위한 도움이 필요할 테다. 이 경우 통제자는 중매쟁이 대신에 경비원을 고용한다.

특히 시각적으로 생생한 또 다른 사례가 시클리드다. 퍼치고기처럼 화려한 이 과의 물고기는 아프리카, 남아메리카와 중앙아메리카, 인도, 스리랑카, 그리고 마다가스카르의 열대 담수에서 발견된다. 약 1500종이 알려져 있는데, 모든 척추동물 종의 5퍼센트에 해당하는 수치다! 대부분의 종은 동부 아프리카의 그레이트 리프트 호수들(말라위 호수, 탕가니카 호수, 그리고 빅토리아 호수를 합쳐서 부르는 이름)에서 발견된다. 시클리드는 무엇보다도 자리돔, 놀래기, 비늘돔과 가까운 친척 관계다.[12] 시클리드는 화려하고 다양한 산호초 어류의 담수어 버전인 셈이다.

시클리드의 한 종류인 오레오크로미스 모삼비쿠스*Oreochromis mossambicus*는 모잠비크의 코마티강에 사는 물고기로, 포르투갈의 한 수족관에 가둬놓고서 연구가 이루어졌다.[13] 길이가 약 6센티미터로 조금 작은 편인 이 물고기는 수컷 젠더가 세 가지다. 통제자는 놀라울 정도의 동성 섹슈얼리티를 비롯한 구애 활동으로 협력자를 고용한다.

영역을 지배하는 이 짙은 색 수컷은 산란기 동안 모래나 진흙 속에 조밀한 무리로 렉을 이룬다. 수컷은 구덩이를 파서 암컷을 유혹하며, 구애가 끝나면 암컷은 그곳에 알(난자)을 낳는다. 그러면 수컷이 몸을 떨어서 알 위에 정자를 방출한다. 암컷은 알과 정자가 섞인 혼합물을 삼켜 입속에 넣는데, 여기서 실제 수정이 일어난다. 그 후로 암컷은 알을 입에 넣은 채 돌보는데, 심지어 새끼들이 부화한 후에도 계속 입에 넣고서 기른다. 이 기간이 다 합쳐 3주나 지속된다. 새끼들은 암컷의 입에서 헤엄쳐 나올 때 진정으로 '태어나는' 셈이다.

두 번째 수컷 젠더는 우리가 익히 알던 우회침입자로, 산란이 일어나는 동안 통제자 수컷의 영역으로 잽싸게 달려들어 암컷이 삼키게 될 정자와 난자의 혼합물에 자신의 정자를 덧보탠다. 통제자 수컷은 우회침입자를 거세게 내쫓는다. 세 번째 수컷 젠더는 이번에도 역시 가장 곤혹스러운 존재다. 이 수컷은 중간 정도의 연한 색을 띠는데, 통제자 수컷은 암컷에게 행해질 법한 온갖 구애 레퍼토리를 이 수컷에게 열렬히 사용한다. 이 구애 행동에는 몸 기울이기, 둥지가 있음을 신호로 알리기, 원형으로 돌기, 몸 떨기 등이 포함된다.

관찰된 600건의 구애 행동 가운데 200건이 이 연한 색 수컷을 대상으로 행해진 것이었으며 나머지 400건은 암컷을 대상으로 행해졌다. 수컷과 수컷의 구애 행동 가운데 세 건은 연한 색 수컷이 텃세가 심한 짙은 색 수컷의 생식돌기(항문 부위에 있는 젖꼭지 모양의 돌기. — 옮긴이) 위에 자기 입을 올려놓으면 짙은 색 수컷이 몸을 떨다가 정자를 방출하고, 그 정자들 위로 연한 색 수컷이 마치 암컷이 정자·난자 혼합물을 삼킬 때와 마찬가지로 자기 입을 갖다 대며 이뤄진다. 우회침입자는 수컷과 암컷 구애 때에는 잽싸게 달려들지만 수컷끼리 구애할 때는 침입하지 않는다. 근처에 있는 누구나 무슨 일이 벌어지고 있는지를 안다는 뜻이다.

이 물고기 무리 대부분에서 수컷은 다른 수컷보다 암컷과 구애 행동을 더 많이 했지만, 어떤 한 무리에서는 암컷보다 다른 수컷과 더 많이 했다. 연구자들은 "추가적인 실험이 필요하다"는 결론을 내렸다. 특히 세 번째 수컷 젠더가 통제자 수컷에게 제공했을 것으로 짐작되는 혜택이 무엇일지에 대해 설명이 필요하다. 수컷 젠더는 영역에 머무르는 정주형에서부터 영역을 떠나는 방랑형에 이르기까지 다양하다. 비록 수컷 젠더가 세 가지인 종들 가운데 상당수가 통제자, 우회침입자, 협력자를 바탕으로 구성되어 있지만 모두가 그렇지는 않다. 미국 남서부에 사는 나무도마뱀*Urosaurus ornatus*은[14] 수컷들이 다양한 색을 띠는데, 그중 아홉 가지가 유명하다. 오직 한 색만을 띠는 수컷도 있고 두 가지 색을 띠는 수컷도 있고 다섯 가지나 띠는 수컷도 있다.

애리조나주의 베르데강 상류 한 곳에는 두 가지 색을 띠는 수컷들이 전체의 45퍼센트를 차지한다. 주황-파랑 형태인 개체는 핑크록 마니아들이 열광할 만한 모습이다. 턱은 주황색이고 그 가운데에 크고 푸른 점이 있으며, 몸통 근처에 주황색 목둘레 살이 있고 끄트머리에는 푸른색 띠가 있으며, 배는 푸른색이다. 이와 달리, 주황색 개체는 턱, 목둘레 살, 배가 전부 주황색이다. 주황-파랑 수컷은 가장 사나우며 이들의 몸매는 짧고 땅딸막하다. 이들은 통제자로서 암컷 영역 서너 군데의 크기와 비슷할 정도로 큰 영역을 지킨다. 주황색 수컷은 우회침입자인데, 이들은 다시 방랑형과 정주형 두 가지로 나뉜다. 대부분의 우회침입자과 달리, 이 수컷은 통제자보다 몸매가 더 가늘고 길지만 몸무게는 같거나 더 무겁다. 이 수컷은 사납지 않으며 위협을 받았을 때는 통제자에게 복종한다.

전형적인 건기일 때, 주황색 수컷은 방랑형으로 하루 이틀 정도만 한곳에 머문 다음 떠돌아다닌다. 우기에는 한곳에 정착하는데, 이때에는 정주형이 되어 암컷의 둥지 정도 넓이인 비교적 작은 영역을 차지한다. 통제자들과 우회침입자들은 평생 정착해서 사는데, 어떤 우회침입자는 해를 번갈아 가며 방랑형과 정주형 생활 방식을 바꿀 수 있다.

이 종에 대해 호르몬 차원의 젠더 표현이 연구되었다. 프로게스테론이라는 호르몬이 수컷이 자라서 통제자가 될지 우회침입자가 될지를 결정한다. 알에서 부화하는 바로 그날 아주 작은 새끼에게 프로게스테론을 한 번 주사하면, 틀림없이 새끼는 주황-파랑의 통제자가 된다. 이와 대조적으로 프로게스테론이 적은 수컷은 주황색의 우회침입자가 된다.[15] 중간 유형은 생기지 않는다. 아마도 유전자가 부화 당일에 프로게스테론 수치를 높거나 낮게 함으로써 수컷이 통제자로 발달할지 아니면 우회침입자로 발달할지를 결정하는 듯하다.

계절이 지나고 이 도마뱀이 비를 기다릴 무렵이면, 주황색 수컷은 에밀루 해리스(1947년 출생인 미국의 싱어송라이터. ― 옮긴이)의 노래 '본 투 런 Born to Run'의 도마뱀 버전을 듣는다. 어떻게 주황색 수컷은 한동안 머물기보다는 길을 떠나야 할 때라는 느낌을 받게 될까? 주황색 수컷은 예민하다. 기후가 건조해지면 코르티코스테론이라는 호르몬 수치가 높아지는데, 이는 심한 스트레스를 받고 있음을 나타낸다. 주황색 수컷의 코르티코스테론 수치가 높아지면 테스토스테론 수치는 낮아진다. 테스토스테론의 이러한 감소로 주황색 수컷은 길을 떠나 방랑자가 된다.[16] 한편 주황-파랑 수컷은 기후 조건에 무덤덤하여, 어떤 일이 생겨도 그런가 보다 하고 여긴다.

나무도마뱀은 이른바 호르몬의 '조직화' 효과(발생 초기에 일어나며 나중에 되돌릴 수 없는 효과)와 '활성화' 효과(대체로 생애 후반부에 나타나며 되돌릴 수 있는 효과)의 산증인이다. 부화 당일의 프로게스테론은 수컷 몸을 주황색과 푸른색이 섞인 통제자로 성숙하도록 조직화시킨다. 건조한 시기 동안 목마름으로 인해 생긴 스트레스가 유발하는 코르티코스테론은 주황색의 우회침입자가 정주형보다는 방랑형이 되도록 **활성화**시킨다.

수컷 젠더 둘, 암컷 젠더 둘

여러 가지 젠더가 수컷과 암컷 둘 다에게 나타날 때, 어떤 젠더 조합은 유난히 잘 어울리지 않는 건 아닐까 하고 궁금해질 수 있다. 암컷다운 수컷과 수컷다운 암컷의 조합이 마초 같은 수컷과 요부 같은 암컷과 마찬가지로 훌륭한 쌍이 될 수 있을까? 이와 다른 쌍들은 어떨까?

캐나다 온타리오주의 흰목참새*Zonotrichia albicollis*는 아래와 같이 수컷 두 가지와 암컷 두 가지를 합쳐 젠더가 네 가지다.

1. **흰 줄무늬 수컷**은 가장 공격적이며 자주 울고 텃세가 가장 심하다.
2. **황갈색 줄무늬 수컷**은 덜 공격적이며 흰 줄무늬 수컷으로부터 영역을 지킬 능력이 없다.
3. **흰 줄무늬 암컷**은 공격적이며 즉흥적으로 울고 영역을 지킨다.
4. **황갈색 줄무늬 암컷**은 가장 느긋하다. 영역이 침범당했을 때에도 먹이 구하기를 계속한다.[17]

따라서 암컷과 수컷 둘 다 흰 줄무늬 개체들은 황갈색 줄무늬 개체들보다 더 공격적이다. 번식하는 쌍들의 90퍼센트는 흰 줄무늬 수컷과 황갈색 줄무늬 암컷의 조합이거나 아니면 황갈색 줄무늬 수컷과 흰 줄무늬 암컷의 조합이다. 서로 다른 쪽에게 끌리는 셈이다.

흰 줄무늬 수컷은 모든 것이 자신을 위해 존재한다고 여기는 듯 보인다. 황갈색 줄무늬 수컷을 선택해 짝을 이루려는 암컷은 열악한 영역에 정착해야 한다. 그런데도 어떤 암컷들은 황갈색 줄무늬 수컷을 더 좋아한다. 1988년과 1989년에 행해진 두 차례 연구에서는 흰 줄무늬 수컷보다 더 많은 황갈색 수컷이 암컷 짝을 구했고, 게다가 더 빨리 구했다. 그렇다면 마초인 흰 줄무늬 수컷이 어째서 짝에게 영 인기가 없을까?

황갈색 줄무늬 수컷과 흰 줄무늬 암컷은 팀을 이루어 자기 영역을 지킨다. 한 쌍 단위의 능력을 고려했을 때, 황갈색 줄무늬 수컷과 흰 줄무늬 암컷 팀은 흰 줄무늬 수컷과 황갈색 줄무늬 암컷 팀만큼이나 침입자 퇴치에 효과적이다. 두 팀의 공격 능력이 같다는 말이다. 황갈색 수컷들은 암컷들이 도와주러 오기 전까지는 자기 영역을 차지하지도 못한다.

그런데도 왜 흰 줄무늬 암컷은 흰 줄무늬 수컷과 짝을 맺지 않을까? 가장 공격적인 둘이 함께 팀을 이루면 가장 좋은 영역을 얻을 텐데 말이다. 어쩌면, 황갈색 줄무늬 수컷은 흰 줄무늬 수컷보다 새끼 돌보기를 더 많이 하기 때문에, 둥지 차원의 생존을 고려하면 흰 줄무늬 암컷은 더 가정적인 파트너와 함께 지내고 대외적인 싸움은 자신이 맡는 편이 낫다. 이와 달리, 황갈색 줄무늬 암컷은 흰 줄무늬 수컷보다 새끼 돌보기를 더 많이 하므로, 이둘로 구성된 팀도 새끼 돌보기의 총량에서는 다른 팀 유형과 동일하다.

흰목참새는 혼성 젠더의 깔끔한 사례에 속한다. 두 종류의 팀은 전체적으로 동일한 정도의 영역 보호와 새끼 돌보기를 수행하지만, 각자 맡은 일은 서로 다르다. 이 젠더들은 유전적 다형성을 나타내는데, 여기서 몸의 차이는 줄무늬 색깔에만 국한되지 않는다. 각 형태들의 뇌 구조도 서로 다르다. 노래하는물고기, 즉 무늬없는해군사관생도물고기의 여러 형태와 마찬가지로 젠더 사이의 차이는 몸 깊숙한 곳까지 뻗어 있다(338쪽을 참고하기 바란다).

수컷 젠더 셋, 암컷 젠더 둘

지금까지 알려진 바로는 한 종 내에서 가장 많은 젠더는 다섯 가지로, 수컷 세 젠더와 암컷 두 젠더로 이루어져 있다. 현재의 메달 수여자는 미국 남서부와 동부에 사는 옆줄무늬도마뱀*Uta stansburiana*으로, 이 도마뱀은 암컷과 수컷 둘 다 여러 가지 색을 띠며 두 성 모두 다양한 젠더를 가진다. 포식자에 잡아먹히는 비율이 높아서 해마다 개체군의 구성원들이 달라진다. 세 가지 수컷 색 형태와 두 가지 암컷 색 형태는 캘리포니아 중앙부의 로스 바뇨스 그란데의 초원지대에서 나타난다.

1. **주황색 목 수컷**은 통제자다. "매우 공격적이고, 텃세가 대단히 세며, 높은 테스토스테론 수치를 보이는" 이 수컷들은 네댓 마리 정도의 암컷 둥지들의 크기와 비슷한 정도의 큰 영역을 지킨다.
2. **푸른 목 수컷**은 덜 공격적이며 테스토스테론 수치가 낮은 편이다. 이들은 오직 한 암컷을 들일 수 있을 정도의 좁은 영역을 지키며 암컷을 "보호한다."
3. **노란 목 수컷**은 영역을 지키지 않는다. 대신 이들은 주황색 목 수컷

의 영역 주변에 무리를 이루어 "몰래 침입하여" 교미를 하고 "암컷 흉내쟁이"로 위장한다.

4. **주황색 목 암컷**은 한 번 산란할 때 평균 5.9개씩, 크기가 작은 알을 많이 낳는다. 주황색 목 암컷은 주황색 목 수컷과 마찬가지로 텃세가 심하므로 반드시 서로 멀리 떨어져 있어야 한다. 그 결과 최고밀도라고 해보았자 1.54제곱미터당 암컷 한 마리다.

5. **노란 목 암컷**은 한 번 산란할 때 평균 5.6개씩, 크기가 큰 알을 적게 낳는다. 노란 목 암컷은 노란 목 수컷과 마찬가지로 서로에게 훨씬 너그러우므로 최고밀도가 0.8제곱미터당 암컷 한 마리일 수도 있다.[18]

암컷은 산란기에 한 달씩 간격을 두고서 최대 다섯 차례 알을 낳는다. 전체 수컷에서 각 젠더의 수컷이 얼마나 차지하는지의 비율은 시기에 따라 순환한다. 4년의 기간을 살펴보면, 1991년에는 푸른 수컷이 우세했고, 1992년에는 주황색 수컷이, 1993~1994년에는 노란 수컷이, 그리고 다시 1995년에는 푸른 수컷이 우세했다. 각 젠더별 암컷 비율도 순환하긴 하지만, 순환주기가 2년이다. 전체 개체 수 또한 2년 주기로 변동한다. 따라서 암컷 젠더 비율의 주기는 전체 개체 수의 2년 주기와 시기가 일치한다.

수컷 젠더의 경우, 수컷의 순환주기에 대해 제시된 해석은 아이들의 가위바위보 놀이를 바탕으로 하고 있다. 이 놀이에서는 바위가 가위를 이기고 보가 바위를 이기며 가위가 보를 이기므로 결국 누가 이기는지가 끊임없이 순환한다. 이와 마찬가지로, "무단침입을 하는 노란 수컷은 암컷 흉내female mimicry를 내어 주황색 수컷을 속일 수 있다. 하지만 무단침입을 하는 노란 수컷은 푸른 수컷에게 쫓겨 공격당할 수 있다. 테스토스테론 수치가 높고 원기가 왕성한 주황색 수컷은 푸른 수컷을 가볍게 물리칠 수 있지만, 암컷의 유혹에는 약하다."[19] 이런 식으로 생태학적 영구기관이 돌아간다.

　이 이론은 너무 깜찍해서 오히려 옳다고 보기 어렵지 않을까? 늘 그렇듯, 공격적이지 않은 수컷 젠더를 어떻게 해석하느냐가 문젯거리다. 우선, 노란 수컷뿐 아니라 모든 수컷이 '몰래 침입'한다는 점을 알아야 한다. 따라서 침입하는 수컷을 꼭 노란 목 수컷이라고 단정할 수는 없다. 더욱 중요한 것은, 실제로는 노란 수컷이 전혀 암컷 흉내를 내지 않는다는 사실이다. 도대체 노란 목 수컷이 어떤 암컷다운 요소를 지녔을까? 초기에 실시된 연구에서는 모든 암컷에 노란 목이 관찰되었다. 따라서 노란 수컷은 목의 색깔로 볼 때 암컷을 닮았다고 여겨진 것이다. 나중의 연구에서 드러난 바로는, 초기 연구 기간에 주황색 암컷이 개체 순환주기상 그 수가 적었다고 한다. 그러다가 주황색 암컷의 수가 순환주기의 정점에 이르게 되자 노란 목 수컷과 주황색 목 수컷 둘 다 이 암컷에게서 발현되는 형태를 닮게 되었다. 암컷다움의 기준인 노란 목 색이 사라지자 다음과 같은 한 가지 특징만 남게 되었다. "수컷이 나타내는 가장 흥미로운 표시는, 노란 목 수컷에게 국한되는데, 암컷의 거부 표시를 모방한 행동이다. 이 거부 표시는 수정 후 암컷의 특징으로서 여러 번의 빠른 머리 흔들기(이른바 버징buzzing)로 이루어진다. 수컷은 노란 목을 부풀려 등을 불룩하게 만든 채 다가와서는 통제자 수컷의 꼬리를 살짝 문다. 노란 수컷과 … 진짜 암컷의 실제 거부 행동은 놀라울 정도로 비슷하다."[20]

　왜 주황색 수컷은 이 한 가지 행동에 속아 노란 수컷이 암컷이라고 믿게 될까? 푸른 수컷은 속지 않는데, 왜 유독 주황색 수컷만 속을까? 연구자들도 이 의문 때문에 당혹스러워하는 듯하다. "당신은 눈이 멀었는가?Are You Blind?"라는 제목의 웹사이트에는 다음과 같은 흥미로운 내용이 적혀 있다. "주황색 수컷은 어느 정도 눈이 먼 상태여서 자기 앞에 노란 수컷이 있어도 수컷이라고 알아볼 수 없다." 눈이 먼 도마뱀이 현란한 모습의 포식자가 되어 벌레를 잡아먹고 산단 말일까? 터무니없는 소리다. 주황색 수컷은 눈이 먼다면 굶어 죽을 것이다. 주황색 수컷이 자기가 무슨 행동을 하는지 잘 알고 있으며 실제로 노란 수컷을 주변에 두고 싶어 할 가능성은 전혀 고려되지 않고 있다.

암컷의 경우, 종의 전체 개체 수와 암컷 젠더의 비율 사이에 동시성이 존재함을 볼 때(종의 전체 개체 수도 2년 주기로 순환하고 각 젠더의 암컷 비율도 2년 주기로 순환한다는 뜻. ─옮긴이), 개체들의 군집밀도가 번갈아 커졌다 작아지는 현상이 주황색 암컷 대 노란 암컷의 비율을 번갈아 달라지게 한다고 볼 수 있다. 주황색 암컷은 군집밀도가 낮고 개체의 성장이 중요할 때 더욱 가치가 있다. 노란 암컷은 군집밀도가 높고 개체들을 작은 공간에 모으는 능력이 중요할 때 더욱 유용하다.[21] 그러므로 주황색 암컷과 노란 암컷 사이의 다형성은 낮은 밀도 조건에 적응한 유전자형과 높은 밀도 조건에 적응한 유전자형 사이의 다형성이라는 이론을 세울 수 있다.

그럼에도 불구하고 높은 밀도 군집과 낮은 밀도 군집의 교대 발생이 이 야기의 전부일 수는 없다. 이 순환 속에서, 상호 협력도 일어난다. "주황색 암컷은 이웃에 주황색 암컷이 많아지면 체구가 줄어들고, 노란 암컷이 많으면 체구가 커진다. 노란 암컷의 체구는 두 유형의 밀도에 영향을 받지 않는다."[22] 한편 마지막으로, 2년의 주황색·노란색 암컷 순환주기가 4년의 주황색·노란색·푸른색 수컷 순환주기와 어떻게 연결되는가 하는 궁금함이 남는다. 전체적으로 이러한 다중 젠더 사회 시스템은 앞으로도 추가적인 연구와 진지한 탐구가 더 필요한 상태이다.

암컷다운 수컷 – 속임수 신화

이제껏 살펴보았듯 보편적인 수컷 또는 암컷이라는 고정관념은 확실히 사실이 아니다. 이번에는 보편적 수컷이라는 틀을 분명히 깨트리는 듯 보이는 수컷, 즉 암컷다운 수컷을 특히 집중적으로 살펴보자. 파랑볼우럭의 세 번째 수컷 젠더는 암컷처럼 생겼다. 이처럼 복장을 바꾸는 현상이 과연 드물까? 한 성의 구성원들은 종종 다른 종의 복장을 하고 있다. 특히 암컷다운 수컷을 대하면 생물학자들은 입에 거품을 물고 다음과 같이 반응한다. 왜 잘난 수컷이 암컷처럼 못 보여 안달일까? 음, 속이려는 목적으로 그런다면 문제될 게 없다. 세상에, 생존경쟁이 벌어지고 있는 마당에 이기려면 사내가 무슨 짓이든 못하겠는가. 심지어 크로스드레싱crossdressing이라도 해야 하고말고.

그런 행동의 기능이 속임수임을 생물학자들이 실제로 증명했는지 알아보기 위해, 수컷에서 암컷으로 크로스드레싱을 한 경우를 살펴보자. 실제로 증명되지 않았다면(두고 봐야겠지만) 암컷다운 수컷은 그 자체로 적응에 이롭다고 봐야 할지도 모른다.

알락딱새*Ficedula hypoleuca*는 곤충을 먹고사는 흔한 유럽 새다. 수컷의 깃털은 뚜렷한 검은색과 흰색에서부터 갈색까지 다양하며 색이 유전된다. 암컷은 갈색이다. 어떤 생물학자들은 갈색 수컷이 암컷 흉내쟁이라고 한다.

갈색 수컷이 암컷보다 꼬리가 더 짙은 색이고 날개가 더 흰데도 말이다. 그렇다면 사람이 봐도 성을 구별할 수 있는 마당에, 새가 어쩐 일인지 성을 구별할 수 없단 말인가?[23] 혹시 여러분들도 생물학자가 새보다 관찰 능력이 더 뛰어날 수 있다고 여기는가?

노르웨이 오슬로 근처의 숲에서, 자기 영역을 차지하고 사는 수컷 알락딱새들에게 한 마리씩 새장에 갇혀 있는 암컷을 데려다 놓아 성을 구별할 수 있는지 알아보았다.[24] 이전에 암컷을 접해본 적도 없던 수컷인데도 자기 둥지의 구멍 입구를 자랑 삼아 보여주며 유혹의 울음소리를 냈다. 이 수컷에게 마초형의 흑백 수컷을 데려다 놓았더니, 앞서 보였던 환대는 사라지고 그 방문자의 새장에 달려들어 부리로 쪼며 공격하려고 했고 환영의 울음소리도 전혀 내지 않았다. 암컷다운 갈색 수컷을 데려다주자 수컷은 다시 둥지 구멍을 자랑하며 초대의 울음소리를 냈다. 영역을 차지한 수컷은 암컷다운 갈색 수컷이 암컷이라고 착각하고 있을까?

번식기 후반부에, 영역을 차지한 이 수컷들이 이미 암컷에게 마음을 빼앗겨본 경험이 있고 난 뒤 다시 한 번 암컷다운 수컷을 곁에 데려다 놓았다. 이번에는 영역을 차지한 수컷들 중 절반가량이 암컷다운 수컷 방문자에게 구애하지 않았고 대신에 공격적으로 대했다. 연구자들이 내린 결론에 따르면, 영역을 차지한 수컷들은 암컷과 암컷다운 수컷을 구별할 수 있을 만큼 암컷에 대한 충분한 '경험'이 있기 때문에 더는 속지 않는다.

하지만 영역을 차지한 바로 이들 수컷 가운데 일부는 그 전 해에도 번식을 했다. 그 당시 이미 '경험'을 하지 않았을까? 이에 대한 연구자들의 결론은 다음과 같다. 영역을 차지한 수컷은 1년이 지나면 암컷과 수컷을 구별하는 방법을 잊어버리므로 성을 올바로 식별하려면 '최근의 성 경험'이 필요하고, 그래서 '매년 새롭게' 성 경험을 해야 한다는 것이다. 영역을 차지한 수컷이 이 정도로 멍청할 수 있을까?

번식기의 시작 무렵에, 암컷다운 수컷은 늦게 도착하는 편이어서 일찍 도착한 새들의 영역 가운데에 자기 영역을 위한 자리를 반드시 찾아야 한다. 암컷다운 수컷은 마초 수컷들이 서로에게 허용하는 거리보다 더 가깝게 마초 수컷 옆에 자리를 잡을 수 있다. 여러분이 마초 수컷이라면, 공격적인 이웃보다는 상냥한 이웃이 가까이 오도록 허락하지 않을까? 그렇다고 해서 암컷다운 수컷이 반드시 약골은 아니다. 실험실 새장에서 둥지 상자를 얻기 위해 마초 수컷과 경쟁해야만 할 상황일 때는, 암컷다운 수컷은 이왕 싸움을 하려고 하면 먼저 공격해서 이긴다. 그런 상황의 20퍼센트의 경우에서 암컷다운 수컷은 과감히 싸움에 나서서 마초 수컷이 둥지를 차지하지 못하게 만든다.[25]

영역을 차지한 수컷들 중에 암컷을 접해본 적이 없던 개체들에게서는 야생에서 암컷다운 수컷을 유혹하는 모습이 관찰되었다. 이 수컷들이 둥지 구멍을 자랑삼아 보여주며 암컷을 꾀기 위한 울음소리를 내면 암컷다운 수컷이 다가와 둥지 구멍 속으로 함께 들어간다. 암컷다운 수컷이 속임수를 이용해 텃세가 심한 수컷의 집에 들어가 "이웃 둥지의 상태"에 관한 "정보를 빼내려고" 한다고도 볼 수 있지 않을까? 암컷다운 수컷이 그렇게나 교활할까?

더 단순한 해석에 의하면, 이는 암컷을 접해본 적이 없는 수컷이 쉽게 흥분해서 암컷다운 수컷과도 로맨스를 즐기려 하는 행위다. 수컷이 이미 암컷을 접해본 적이 있었다면 더는 암컷다운 수컷에 대해 흥분을 느끼거나 구애할 마음을 품지 않는다. 이 해석의 요지는, 어느 누구도 속지 않고 어느 누구도 해마다 기억을 잃지 않으며 어느 누구도 제한된 기억을 지속적으로 갱신하지 않아도 된다는 것이다. 이 해석은 둥지 구멍 속으로 들어가는 두 수컷 새가 로맨스를 즐기고 있다고 본다. 이 새들은 동성에 대한 성적인 끌림을 바탕으로 협력 관계를 맺는 이웃일지 모른다.

동물행동에 관한 속임수 이론의 문제점은, 어떤 동물들은 어처구니없을 정도로 멍청하고 다른 동물들은 놀라울 정도로 교활하기에, 두 부류의 인지능력에 분명 상당한 비대칭성이 존재한다고 보는 것이다. 한 새가 남의 둥지에 간첩 활동을 위해 잠입한다고 일단 상상해보자. 그 새는 자신이 알아낸 정보로 무엇을 하려는 것일까? 이웃 둥지에 들어가 머리에 더러운 배설물을 잔뜩 묻힌 채 서류 캐비닛이라도 확보할까? 나는 그렇게 생각하지 않으며, 다른 과학자들도 전혀 그런 관찰 결과를 내놓지 못했다.

황조롱이*Falco tinnunculus*는 무시무시한 맹금인데, 이 새에게서도 나름의 크로스드레싱을 볼 수 있다. 나이가 두 살 이상인 수컷들은 전체적으로 푸른색과 회색이 섞여 있고 등이 붉은 벽돌색이며 머리에 점이 있다. 암컷은 대부분 갈색이며 머리에 줄무늬가 있다. 한 살 된 수컷은 암컷을 닮았는데, 닮은 정도가 너무 심해 관찰자들은 어린 수컷과 암컷을 구별하기가 어렵다. 따라서 생물학자들은 한 살 된 수컷은 암컷 흉내쟁이로서 자신을 암컷으로 여기게끔 다른 수컷들을 속인다는 주장을 내놓았다.

대략 30마리의 새가 핀란드 중앙부에 있는 현장 연구시설에서 한 마리씩 새장에 갇힌 채 관찰되었다.[26] 어떤 새는 일방투시 유리가 양쪽 측면에 설치된 새장에 넣어두었다. 이 새장 양 측면에도 새를 넣어두었는데, 측면 새장의 새들은 일방투시 유리 때문에 가운데 새장에 있는 새를 볼 수 없었다. 하지만, 가운데 새는 양쪽 새들을 볼 수 있었다. 곧이어 생물학자들은 가운데 새가 관심을 가장 많이 쏟고 관계를 맺으려고 노력하는 새, 즉 '선호되는 새'가 어느 쪽인지 알게 되었다.

가운데 새가 마초 수컷이고 한쪽 옆에는 또 하나의 마초 수컷이, 다른 쪽 옆에는 암컷이 있을 때에는, 가운데 새는 언제나 암컷을 더 좋아했다. 이번에는 한쪽 옆에는 암컷다운 수컷이 다른 쪽 옆에는 암컷이 있을 때에는, 가운데 수컷은 두 쪽에 대해 50 대 50의 선호 비율을 보였다. 연구자들은 마초 수컷이 암컷다운 수컷과 진짜 암컷을 구별할 수 없다는 사실을 자신들이 밝혀냈노라고 주장했다. 하지만 분명 다른 가능성이 있을 수 있다. 곧, 마초 수컷은 암컷다운 수컷과 진짜 암컷을 잘 구별할 수 있는데도 누가 자기 옆에 오든 개의치 않는다고 볼 수도 있다.

가운데 새가 암컷이고 한쪽 옆에는 마초 수컷이, 다른 쪽 옆에는 암컷다운 수컷이 있을 때에는, 이 암컷은 언제나 마초 수컷을 더 좋아했다. 그러자 연구자들은 수컷보다 암컷이 성 정체성을 더 잘 구별할 수 있음을 자신들이 밝혀냈노라고 주장했다. 하지만 그 실험은 암컷이 암컷다운 수컷과 암컷을 구별할 수 있는지를 밝히는 것과는 상관이 없다. 암컷에게는 암컷다운 수컷과 암컷 사이에서 하나를 고를 기회가 주어지지 않았고, 오직 수컷들만이 선택대상이었으니 말이다.

연구자들은 이제 다음과 같은 추론을 내놓기에 이른다. "수컷에 비해 암컷이 성 식별 능력이 더 뛰어나도록 진화된 까닭은 암컷이 '까다로운' 성이기 때문이다. 수컷은 … 암컷만큼 성 식별 능력이 좋을 필요가 없다." 속임수 이론은 일종의 덫이다. 속임수 이론은 과학자들로 하여금 누가 더 영리한지에 대해 편들기를 강요한다. 그래서 이 경우에는 암컷이 수컷보다 더 영리하다는 주장이 나온 것이다.

다른 유형의 크로스드레싱은 가터얼룩뱀*Thamnophis sirtalis parietalis*에서 나타난다.[27] 이 독 없는 뱀은 가터뱀의 일곱 가지 뚜렷한 아종 가운데 하나다. 검은색 바탕에 노란 줄과 빨간 막대 모양 무늬가 있으며, 무척추동물과 작은 설치류를 잡아먹고 산다. 암컷과 수컷은 길이가 각각 평균 55센티미터와 45센티미터로, 암컷이 10센티미터 더 길다.

가터얼룩뱀 덕분에 매니토바의 호수 접경 지역은 뱀 관찰의 명소가 되었으며, 인우드 마을은 가터뱀이 많은 동네임을 기념하는 기념비를 세우기까지 했다. 뱀굴(또는 동면 장소)은 나무뿌리, 셰일로 된 절벽, 돌무더기, 하수도, 건물 토대, 다른 동물이 파놓은 굴, 암석 노출지, 싱크홀sinkhole(지하 암석이 용해되거나 기존의 동굴이 붕괴되어 생긴 움푹 파인 웅덩이. — 옮긴이)에서 발견된다. 2만 마리의 가터뱀이 겨울 동안 단 하나의 굴에 모여 있을 수도 있다. 봄에 이 뱀들이 떼 지어 나타나는 모습은 장관을 이룬다. 1880년대만 하더라도 이 현상을 보려고 스토니산 근처에서 요란한 야외소풍 모임이 벌어졌을 정도다. 하지만 뱀들이 한데 모여 있으면 무섭기도 하다. 스토니산 근처의 교도소 건설 공사 인부들은 뱀굴이 제거되기까지는 작업을 거부하겠다며 파업을 벌이기도 했다.

뱀들은 밖으로 나온 후에, 짝짓기를 하고서는 늪지 밑 옅은 호숫가에 있는 자신들의 여름 집으로 흩어진다. 수컷은 암컷보다 굴속에 오래 머물기에 굴 입구 근처의 수컷 대 암컷의 비율은 10 대 1 정도다. 구애 행동은 '교미공mating ball'이라고 불리는 작은 집단에서 일어나는데, 여기서는 한 마리가 다른 여러 명으로부터 구애를 받는다. 이러한 '구애자'들은 자신들의 몸을 구애받는 개체와 나란히 놓고서 각자 자신들의 꼬리 밑부분을 구애받는 개체의 꼬리 밑부분에 대려고 열심히 애를 쓰는데, 그 결과 몸을 비틀고 있는 뱀들로 이루어진 둥근 공 모양이 만들어진다.

암컷은 피부에서 특수한 지방질 향기를 내뿜어 수컷을 자극한다. 1985년에 일부 수컷 가터뱀이 피부에서 암컷과 같은 향기를 낸다는 사실이 발견되었다. 200개의 교미 공 가운데 약 15퍼센트가 수컷만으로 이루어져 있었다. 이 수컷들은 아마도 피부에서 암컷의 향기가 나기에 구애하는 수컷에게 둘러싸였던 것이다. 암컷 향기를 내는 수컷은, 여러분도 짐작하겠지만, 암컷 흉내쟁이라고 불린다. 암컷 중심으로 활동이 진행되는 교미 공 속에 끼어든 암컷다운 수컷들은 이미 그곳에 있던 수컷들의 마음을 혼란스럽게 하여, 그들 자신이 암컷에 접근할 기회를 더 많이 확보한다고 여겨졌다.

암컷 흉내쟁이에 관한 다른 주장들과 마찬가지로 위의 이야기도 내적인 모순이 있다. 선택 실험에서, 수컷은 암컷다운 수컷보다 암컷을 더 좋아했는데, 이를 통해 수컷이 성의 차이를 구별할 수 있음을, 그들이 속지 않음을 알 수 있다. 게다가 2000년에 드러난 바에 따르면, 모든 수컷 가터뱀은 봄에 굴속에서 나올 때 암컷 향기를 낼 뿐만 아니라 모든 수컷은 암컷은 물론이고 이 향기를 내뿜는 수컷에게도 구애했다. 이런 정황이 드러나자, 연구자들은 왜 모든 수컷이 굴속에서 나올 때 암컷 향기를 내는지를 설명하기 위해 다음과 같은 네 가지 이론을 들고 나왔다. (1) 향기를 내는 수컷은 자신이 짝짓기하는 동안 다른 수컷을 혼란스럽게 하려 한다. (2) 향기를 내는 수컷은 동면에서 완전히 깨어나기 전에 짝짓기로 인한 에너지 낭비를 꺼린다. (3) 향기를 내는 수컷은 짝짓기를 준비하는 동안 다른 수컷들로 하여금 자신에게 구애를 하게 유도하여, 그들의 시간과 에너지를 낭비하게 만든다. (4) 향기를 내는 수컷은 다른 수컷들을 혼란하게 만들어 암컷을 잘 구분할 수 없게 하여, 자신이 짝짓기에 나설 때 더 많은 암컷을 차지한다.

하지만 명백해 보이는 가설 한 가지는 제외했다. 여러분이 봄에 동면에서 깨어나는 가터뱀 수컷이라고 한번 상상해보자. 날씨는 아직 쌀쌀하고 여러분 몸에는 차가운 때와 흙이 묻어 있다. 굴의 천장을 통해 푸른 하늘이 비친다. 밖으로 기어 나갔더니 여러분이 암컷인 줄 알고 열 마리의 매력적인 수컷 뱀들이 웃는 얼굴로 인사를 건넨다. 여러분은 암컷이 아니다. 하지만 그 수컷들은 몸이 따뜻하고 움직임도 빠른데, 여러분은 몸이 차갑고 움직임도 느리다. 햇볕 속에서 몸을 이리저리 굴리면 얼마나 좋을까? 그런 의도를 슬며시 알릴 겸 향기를 좀 이용해야 하지 않을까? 그리고 이번에는 만약 여러분이 땅속에서 이처럼 밖으로 내미는 얼굴을 바라보고 있는 열 마리 수컷 가운데 하나라면, 그 뱀이 여러분이 기다리던 암컷이 아니라는 사실을 알게 되었더라도 반갑게 맞이해서 햇볕을 쬐게 해주고 서로 알고 지내는 사이가 되지 못할 까닭이 무엇인가? 그 뱀을 공격하는 것보다야 낫다. 비록 나머지 아홉 마리 친구들이 여러분까지 공격할 태세라도 말이다.

이러한 설명, 즉 암컷 향기가 굴속에서 나오는 수컷을 보호해준다는 해석은 가터뱀을 단지 '호전적'으로 설명하지 않는다는 이유로 배척되었다. 본질적으로 이 뱀은 서로 다정하다. 정말로, 2만 마리가 한 군데 모여 있으니 그럴 만도 하다! 하지만 왜 그렇게나 '심하게 밝히는' 것일까? 무엇 때문에 서로 그렇게 다정할까? 바로 집단교미 때문이다.

이러한 연구가 곤혹스러운 까닭은 트랜스젠더들에게 피해를 주면서까지 선정적인 주장을 펼치려 하기 때문이다. 과학 잡지인《동물행동Animal Behaviour》의 한 기사는 다음과 같이 시작한다. "암컷 흉내는 수컷이 암컷의 외모를 띠는 것으로서, 인간 사회에서 드물긴 하지만 널리 알려진 현상이다. 놀랍게도 다른 동물 종들에서 이와 비슷한 현상을 볼 수 있다." 하지만 암컷다운 수컷과 수컷다운 암컷은 인간 사회에서 드물지 않다. 더군다나 트랜스젠더를 뱀과 비교한다는 것은 있을 수 없는 일이다. 가터뱀의 경우에는 모든 수컷이 암컷 향기를 내고 매년 동성애 교미에 참여한다! 다른 과학 잡지인 《캐나다 동물학 저널Candian Journal of Zoology》은 암컷 흉내를 '괴상한' 현상으로 언급한다.[28] 암컷 흉내의 문제는 그것이 괴상해서가 아니라, 바로 암컷 흉내가 일종의 신화이기 때문이다.

두 기사는 모두 문장과 그림 제목에 나오는 암컷다운 수컷을 '쉬메일 she-male'이라고 칭한다. 이 단어는 포르노에서 유래된 것으로, 상스러운 표현이다. 쉬메일은 음경을 가진 여자다. 트랜스젠더 공동체는 성이 전환된 몸을 표현하는 더 나은 어휘를 갖고 있다. 생물학 문헌에서도 암컷다운 수컷이나 수컷다운 암컷을 묘사할 때, '암컷형태의gynomorphic 수컷'과 '수컷형태의andromorphic 암컷'이라는 표현을 더 선호한다.[29]

위의 두 기사는 트랜스젠더뿐만 아니라 그 파트너에게까지 모욕을 준다. 한 기사의 제목에는 '복장도착자 뱀'이라는 구절이 포함되어 있고, 또 다른 기사는 "'쉬메일'과 이들에게 구애하는 수컷들의 행동전략"에 관해 언급한다. 이러한 글은 트랜스젠더를 특정한 신체 유형으로 낙인찍을 뿐 아니라 그 낙인을 그들의 친구들에게까지 전달한다. 나는 이 동물들에 대한 향후 연구는 더 수준 높은 전문성을 갖고서 수행되길 바라며, 이 주제에 관한 향후의 발간물을 편집할 때는 감독이 더 엄밀히 이루어지길 바란다.

지금까지 인용한 사례는 외모가 꽤 암컷처럼 보이는 수컷에 관한 것이다. 이와 다른 종류의 사례로 큰뿔야생양 수컷을 들 수 있는데, 이 수컷은 다른 수컷들과 형태적으로는 구별이 되지 않지만 행동적 특성으로는 매우 다른데('암컷성 수컷effeminate male'이라고 한다), 이 책의 다른 부분에서도 논의된다(8장을 참고하기 바란다). 암컷을 닮은 수컷이 공통적으로 보이는 특징은 적대 행동이 약하다는 것이다. 적대 행동의 중단은 가터뱀처럼 일시적일 수도 있고, 어린 수컷의 색이 암컷의 색과 일치하는 어린 새처럼 1년 남짓 지속될 수도 있고, 아니면 구애 동안에 통제자 수컷을 돕는 일을 하는 협력자 선피시처럼 평생 지속될 수도 있다. 암컷다운 수컷은 색 줄무늬나 띠무늬처럼 뚜렷한 암컷성 표시를 드러낼 수도 있고, 또는 암컷과 마찬가지로 단지 통제자 수컷이 띠는 위협적인 색을 띠지 않기만 할 때도 있다. 어느 경우이든 암컷다운 이미지가 수컷에게 스며들어 적대감을 줄이고 친밀함을 북돋운다.

암컷다운 수컷의 긍정적인 가치를 간과하는 성향은 동물들 사이의 협력을 간과하는 더 큰 문제점의 일부다. 심지어 젠더 표현과는 무관하게도 많은 형태의 협력이 일어난다. 몇 가지 사례를 더 살펴보자.

다정한 물고기

물고기 행동에 관한 책들은 자세하고 지루하다는 점에서 전화번호부와 쌍벽을 이룬다. 너무 장황한 세부사항을 다루는 대신, 몇 가지 사례만 살펴보아도 물고기의 젠더 무지개에 몇 가지 빠진 색들을 채워 넣기에 충분하다.[30]

어떤 물고기 종들은 굳이 통제자 수컷을 두지 않는다. 대신 그런 물고기들은 단순히 수컷과 암컷이라는 두 가지 젠더가 큰 무리를 지어 번식한다. 단순하기 그지없다. 서전피시surgeon fish는 수천 마리의 개체들이 하나의 거대한 애정 축제를 벌이려고 모인다. 다른 종들은 쌍 단위로도 번식하고 무

리를 지어 번식하기도 한다.[31]

　푸른머리처브*Nocomis leptocephalus*라는 물고기의 수컷들은 둥지를 함께 짓는 파트너십을 맺는다. 하나씩 뚜렷이 구별되는 큰 수컷 두 마리가 함께 연이어 다섯 가지의 서로 다른 둥지를 짓는 모습이 관찰되었다. 북미에 사는 녹색줄무늬화살물고기*Etheostoma blennioides* 수컷들은 암컷에게 구애하는 데에도 서로 파트너십을 맺는다. 여러 종의 온순한 민물고기들도 연합 구애 작전을 펼치는데, 이런 종에는 호수송어*Salvelinus namaycush*, 노란지느러미샤이너*Notropis lutipinnis*, 그리고 빨대잉어*Moxostoma carinatum* 등이 있다. 빨대잉어의 여러 종들은 번식이 오직 세 마리 한 쌍으로만 일어나는 듯하다. 번식 파트너인 두 수컷이 각각 한 수컷의 양쪽에 바짝 붙어서 측면을 누른다. 이러한 구성은 '진주 기관'이라고 불리는 번식 결절의 도움을 받아 이루어진다. 이 기관이 몸 표면을 까칠까칠하게 만들어주는 덕분에 세 물고기는 위치를 단단히 고정하고 미끄러지지 않는다.

　지중해공작놀래기*Symphodus tinca*와 같은 종의 수컷은 '고약한 짓'을 한다. 즉, 보금자리의 주인이 번식기인 동안에 그 집 안에서 정자를 방출한다. 어떤 이유에서인지 생물학자들은 이 보금자리 공유를 '해적질'로 규정하는데, 여기서도 도둑질 개념에 집착하고 있음이 드러난다. 모자이크화살물고기*Etheostoma olmstedi*의 경우 한 번씩 구멍에 정자를 방출한 후에 그곳을 내팽개치고 다른 구멍을 찾으러 나선다. 그러면 다른 수컷이 그 집을 차지하고서 씻겨도 주고 감시도 해주면서 알을 돌본다.[32]

　어떤 종들은 대가족 형태로 새끼 기르기를 서로 돕는다. 보금자리에서 접합 이후 도움주기postzygotic helping를 행하는 대가족 새의 경우와 마찬가지다. 탕가니카 호수에 사는 작은 물고기인 람프로로거스 브리샤르디

*Lamprologus brichardi*는 그곳에서 새끼 돌봄을 서로 돕는 여섯 종 가운데 하나다.[33] 말라위 호수에서 미다스시클리드*Cichlasoma citrinellum*라는 물고기가 보호해주는 5주 이상 된 모든 새끼에는 이 종의 새끼뿐 아니라 니에트로플루스 네마토푸스*Neetroplus nematopus*가 포함되어 있다. 한편 니에트로플루스 네마토푸스가 보호해주는 새끼들 중에도 미다스시클리드의 새끼들이 포함되어 있다.[34]

대체로 물고기들은 많은 협력 사례들을 보여준다. 비록 이게 나의 첫 번째 소원은 아니지만, 물고기가 되어도 살 수 있을 것 같다.

편향된 어휘

울지 않는 황소개구리, 뿔 없는 사슴, 그리고 작거나 중간 크기이거나 큰 수컷 선피시는 생물학자들이 자신들에 대해 어떻게 설명하는지 다행히도 모른다. 만약 안다면 대단히 분통을 터뜨릴 것이다.

조용한 황소개구리는 자신을 연구하는 생물학자들에게서 '성적인 기생체'라는 이름을 얻었다. 반면, 생물학자들은 밤새 울어대는 황소개구리에 대해서는 어린 수컷 개구리들이 당연히 되고 싶어 하는 모범적인 황소개구리라고 치켜세웠다. 이 시끄러운 수컷이 뭐가 그렇게 잘났을까? 만약 내가 암컷 개구리라면, 밤새도록 날 깨어 있게 만들지 않는 수컷을 분명 더 좋아하겠다. 크고 시끄러운 수컷은 개구리다움에 걸맞은 수컷 표준으로 치켜세워주고 조용한 개구리는 기생체라고 깎아내리는 이유를 도무지 모르겠다.

생물학자들은 잽싸게 달려들어 난자를 수정시키는 작은 수컷 물고기를 '침입자'라 일컫고, 작은 암컷을 닮은 중간 크기 수컷을 '암컷 흉내쟁이'로 일컬으면서도, 텃세가 심한 큰 수컷에 대해서는 자기 알을 지키는 측면을 긍정적으로 여겨 '부모답다'라고 표현한다. 그리고 침입자와 암컷 흉내쟁이는 부모다운 수컷이 집 짓기와 영역 보호에 쏟은 '투자'에 빌붙어 사는 '성적인 기생체'로 본다. 침입자와 암컷 흉내쟁이는 '바람둥이' 유전자의 표출로 여겨지며, 부모다운 수컷은 자기 영역 내에서 어떤 암컷과 혼인했지만 아내의 부정 때문에 심한 고초를 겪는 존재로 묘사된다. 사실, 텃세가 심한 수컷과 잠시 이 수컷의 영역에 머무르는 암컷은 짝으로 맺어진 사이가 아니다. 즉, 과학자들은 젠더에 관한 고정관념을 바탕으로 중요한 과학 문헌을 작성함으로써 그 객관성을 실추시키고 있다. 그러한 설명이 아무런 해가 없는 표현일까?

전혀 그렇지 않다. 그러한 표현은 생물학에서 자연을 바라보는 관점에 영향을 미친다. 동물은 전투 로봇이 아니다. 작동을 시켜놓으면 거짓말, 속임수, 도둑질, 싸움만 하는 로봇이 아니라는 말이다. 내가 알기에 생물학은 동물들 사이의 정교한 관계, 다시 말해 속임수와 경쟁보다는 정직함과 협력으로 맺어진 관계를 밝히는 학문이다.

과학자들은 도처에 속임수가 가득하다는 견해를 노골적으로 선호한다. 다음 글이 좋은 예다. "자연선택은 남의 행동을 조작함으로써 자신의 적응도를 증가시킬 수 있는 개체들에 호의적이다." 또는 "협력은 경쟁의 반대로 볼 수도 있지만 … 대신 이기적 행동의 또 다른 모습이기도 하다."[35] 이런 태도는 동물행동을 어떻게 해석할지에 영향을 미치고 어떤 데이터를 얻어야 할지를 미리 결정짓는다.

'암컷 흉내'와 같은 표현은 젠더 변이에 대한 연구를 가로막는다. 이 표현은 수컷이 기만적으로 암컷 흉내를 낸다는 암시를 준다. 생물학에서 대체로 흉내는, 먹을 수 있는 파리가 먹을 수 없는 벌처럼 위장하는 경우를 가리키는 용어다. 여기서 '처럼 위장하는'이란 '정확히 같은'이라는 뜻이지 '대강 같은'의 뜻이 아니다. 벌을 흉내 내는 파리는 벌을 전체적으로 닮는다. 성능 좋은 확대경과 전문지식이 있어야 둘을 구별할 수 있다. 땅 위로 빠르게 날아가는 새라면 그 차이를 파악할 수가 없다.[36] 이른바 암컷 흉내는 암컷을 정확하게 닮는 것이 아닌 데다가 모든 개체는 서로를 살펴볼 충분한 시간이 있다. 아무래도 암컷 흉내란 생물학자들의 상상의 세계 속에서나 존재하는 개념인 듯하다.

따라서 생물학자들은 수컷과 수컷끼리의 경쟁이라는 자신의 편견과 경험을 동물의 몸에 투사하며 동물에 대해 모욕적인 언어를 사용한다. 울지 않는 수컷 황소개구리를 성적인 기생체가 아니라 과도한 마초성에 대한 자연의 해결책, 즉 통제자가 무제한의 권력을 차지하지 못하도록 자연이 내놓은 해결 수단으로 보면 어떨까? 암컷다운 수컷 선피시를 바람둥이가 아니라 자연의 중재자로 보면 어떨까? 생물학자들은 자신이 보고 있는 다양성에 관한 긍정적인 화법을 개발할 필요가 있다. 그러면 새로운 가정들이 등장해서 검증받을 테며, 속임수 이론을 뒷받침하는 기존의 얕고 경멸적이며 애매모호한 개념들은 무대에서 사라질 것이다.

트랜스젠더 종

어떤 종들은 외모나 행동이 '트랜스젠더'라는 용어와 딱 들어맞는다. 이 종들의 다형성에는 암컷다운 수컷, 수컷다운 암컷, 수컷다운 수컷, 그리고 암컷다운 암컷이 포함되며, 아울러 젠더 교차 행동도 나타나기도 한다. 박물관 표본을 대상으로 한 어느 연구에서 트랜스젠더 형태에 관해 아래와 같은 비교 데이터가 제시되었다.

벌새는 세상에서 가장 작은 새로, 꽃꿀이나 곤충을 먹고 산다. 꽃에서 먹이를 먹으려고 떠 있을 때 날개에서 나는 윙윙거리는 소리 때문에 그런 이름을 얻었다. 전 세계에 약 340종이 존재한다. 벌새는 대체로 3~5년까지 산다. 그중 가장 작은 종은 쿠바 원산의 꿀벌벌새인데 길이가 고작 5.7센티미터에 불과하다.

또한 벌새는 모든 조류 가운데 알도 가장 작아서 젤리빈(콩 모양의 젤리 과자. — 옮긴이)의 절반 크기다. 암컷은 둥지를 짓고 새끼들을 혼자 기른다. 수컷은 수정만 한다. 전형적인 둥지는 아주 작은데 대략 풍선껌 크기다. 암컷은 2~3주 동안 알 두 개를 품고 있다가 부화하고 나면 새끼들에게 3주 동안 먹이를 날라준다. 암컷이 모든 일을 하므로 수컷이 남아돌아 암컷은 그중에서 원하는 수컷을 선택할 수 있다. 정말로 많은 벌새 종의 수컷은 굉장히 화려한데, 다윈이라면 이것을 두고서 암컷 벌새가 멋진 수컷을 찾는다고 주장할 것이다. 하지만 최근에 벌새는 조류 가운데 가장 잘 기록된 트랜스젠더 표현의 예로 떠오르기 시작했다.

선에인절벌새*Heliangelus*는 베네수엘라에서 콜롬비아, 에콰도르, 페루를 거쳐 볼리비아에 이르는 안데스산맥에 사는데, 이 벌새의 수컷에게는 목 주위에 고지트gorget이라 불리는 화려한 깃털이 있다. 고지트라는 이름은 펜싱에서 칼이 목을 관통하지 않도록 가리는 아기 턱받이 모양의 금속 갑옷 옷깃에서 유래했다. 새의 고지트는 목과 가슴 윗부분에 있는 뚜렷한 색상의 넓은 띠를 가리킨다.

　박물관 표본을 통해 밝혀진 바로는, 아홉 종의 선에인절벌새 가운데 여덟 종에서 일부 수컷다운 암컷의 고지트는 수컷의 고지트와 꼭 닮아 있었다. 암컷의 색을 띤 수컷의 사례도 몇 가지 발견되었다.[37] 수컷다운 암컷과 암컷다운 수컷에 대한 연구는 이제는 다섯 개 속屬의 마흔두 벌새 종으로 확대되었는데, 이를 통해 조류의 트랜스젠더 표현에 관한 첫 통계 자료가 나왔다.[38] 마흔두 종 가운데, 일곱 종에는 수컷다운 암컷과 암컷다운 수컷이 둘 다 있었고, 아홉 종에는 수컷다운 암컷만 있고 암컷다운 수컷이 없었으며, 두 종에는 암컷다운 수컷만 있고 수컷다운 암컷이 없었고, 스물네 종에는 수컷다운 암컷과 암컷다운 수컷이 둘 다 없었다. 수컷다운 암컷이나 암컷다운 수컷 중 어느 하나가 있는 종이나 둘 다 있는 종을 다 모았더니 두 성의 젠더 표현의 전체적인 변이에 관한 데이터가 얻어졌다. 한 새의 고지트 모양은 네 가지 계열, 즉 가장 암컷다운 모양에서부터 가장 수컷다운 모양으로 나누어졌다. 어른 암컷의 52퍼센트(548마리 가운데 288마리)가 수컷다웠는데, 이 중 34퍼센트는 매우 수컷다웠다. 이와 대조적으로 어른 수컷의 겨우 2퍼센트(745마리 가운데 18마리)가 암컷다웠다.

　전체 젠더 변이뿐만 아니라 그 분포 또한 성에 따라 다르게 나타났다. 암컷은 수컷다움의 분포가 점진적이었다. 암컷 대부분이 암컷다웠으며 가장 암컷다운 쪽에서부터 가장 수컷다운 쪽으로 가면서 그 비율이 차츰 낮아졌다. 이와 달리 수컷은 암컷다움의 정도가 양봉분포bimodal distribution를 나타냈다. 대다수의 수컷은 수컷다웠고, 중간 상태가 없이 가장 암컷다운 범주에서 작은 두 번째 정점이 나타났다. 따라서 두 성은 트랜스젠더 표현의 총량이나 분포에서 비대칭적이다.

젠더 표현의 이러한 변이는 무엇을 의미할까? 쉽게 말하기는 어렵다. 벌새의 박물관 표본을 대상으로 한 이 연구의 장점은 넓은 범위를 다루었다는 것이다. 하지만 젠더의 행동 방식에 관한 현장 데이터가 없어서 아쉽다. 그렇지만 고지트 이외의 다른 특성을 관찰해 찾아낸 아래와 같은 단서가 있다.

수컷 벌새는 암컷보다 부리가 짧은 편이다.[39] 벌새의 경우, 부리 길이는 어떤 유형의 꽃을 찾아갈지를 결정하는 중요한 요소다. 즉, 짧은 부리는 짧고 동글동글한 꽃에 적합하고 긴 부리는 긴 관 모양의 꽃에 적합하다. 전체적으로 짧은 꽃과 짧은 꽃 이용자들이 긴 꽃과 긴 꽃 이용자들보다 수가 훨씬 더 많다. 따라서 경쟁이 심한 짧은 부리 벌새들은 결국 자기 꽃들을 지켜야만 하기에, 그러지 않아도 되는 긴 부리 벌새들보다 더 공격적이고 텃세가 심하다. 또한 수컷은 비교적 부리가 짧을 뿐 아니라, 대체로 고지트가 두드러져 보이며 텃세 행동도 심하다.

수컷다운 암컷은 암컷다운 암컷보다 부리가 짧으므로, 짐작하건대 꽃이 있는 영역을 지킨다. 어쩌면 수컷은 새끼들이 자원을 마음껏 얻을 수 있도록 영역을 지켜주는 암컷을 짝짓기 상대로 선호할 수 있다. 실제로 최근의 연구에서 작은바다쇠오리, 비둘기, 참새, 흰눈썹울새, 박새, 그리고 두 종의 핀치 등 일곱 가지 종의 새 수컷이 화려한(수컷다운) 암컷을 선호했다.[40] 그러므로 수컷다운 암컷 벌새는 암컷 통제자의 젠더를 나타내며, 이 역할은 수컷의 선택에 의해 일정 부분 유지된다는 추측이 가능하다.

암컷다운 수컷은 수컷다운 수컷보다 부리가 긴데, 심지어 암컷다운 암컷보다도 더 길다. 그러므로 암컷다운 수컷은 분명 수컷다운 수컷이 찾는 꽃과는 다른 꽃을 찾는다. 암컷다운 수컷은 또한 수컷다운 수컷보다 고환이 작기에, 정자 생산에 에너지를 덜 사용함을 알 수 있다. 젠더끼리 연분 맺기의 다른 사례와 마찬가지로, 아마 암컷다운 수컷은 수컷다운 암컷과 짝을 맺을 것이다. 그렇지 않으면 구애를 촉진하는 역할을 할지도 모른다. 아울러 일부 종에서는 무리를 이루어 짝짓기가 일어나기도 하는데, 이는 암컷다운 수컷 선피시와 목도리도요의 경우와 비슷하다. 아마 암컷다운 수컷은 무리 속에서 구애를 촉진하는 역할을 맡는 듯하다. 어쨌든 박물관 표본에 관한 데이터로 보았을 때, 벌새는 트랜스젠더 표현이 광범위하게 나타나므로 후속 현장 연구가 뒤따라야 할 것이다.

트랜스젠더 행동의 한 사례로, 위의 경우와는 정반대의 데이터 수집, 즉 현장에서 단 하나의 개체에서만 데이터를 모으는 연구를 살펴보자. 두건휘파람새*Wilsonia citrina*는 미국 애틀랜타 중앙부의 숲에 사는 새다. 이런 이름을 얻게 된 까닭은 어른 수컷이 머리에 쓴 검은색 깃털이 두건 모양이기 때문이다. 일부 암컷도 이 검은 두건을 썼기에 새 관찰자는 이 암컷과 수컷을 구별할 수 없다.[41] 초기에는 암컷 깃털 색의 변이가 나이를 나타낸다고 여겼지만, 나중에 이루어진 연구에 의해 그 색은 평생 유지됨이 밝혀졌다. 색에 대한 유전적 다형성이 존재한다는 뜻이다. 암컷 가운데 약 5퍼센트가 수컷과 매우 닮은 모습이다.

특히 흥미로운 사례는 메릴랜드에서 발견된 트랜스젠더 검은두건휘파람새 한 마리다.[42] 처음에 그 새는 수컷다운 암컷으로 여겨졌으나, 나중에 생식샘으로 볼 때 수컷임이 밝혀졌다. 검은두건휘파람새는 일부일처제이기에 트랜스젠더 새는 일부일처제 쌍의 암컷 구성원처럼 행동했다. 이 새는 2년 내내 전형적인 암컷 행동을 했다. 둥지를 지었고, 알을 품었고, 새끼를 길렀고, 울지 않으며 영역을 지키지 않았다. 트랜스젠더 새의 외모는 전형적인 수컷이지만 행동은 전형적인 암컷이었다. 이 새는 외모로나 행동으로나 모두 전형적인 수컷과 잘 어울리는 쌍이었다.[43] 이 경우, 수컷의 몸을 한 새는 알 낳기를 제외한 모든 면에서 암컷처럼 행동했다. 이 두건휘파람새의 젠더 정체성은 성별화된 몸이 갖는 전형적인 정체성이 뒤섞인 형태다.

결론적으로, 다양한 젠더로 구성된 가족은 두 젠더로 구성된 가족에 대해 개발된 개념을 확대 적용하여 설명할 수 있다. 번식 기회를 얻는 대가로 집에서 도움을 제공한다는 개념은, 사회적 곤충을 대상으로 처음 고안되긴 했지만 조류나 포유류의 대가족에 적용하더라도, 다양한 젠더들이 어떻게 한 사회체제 속에서 함께 어울려 있는지를 설명해준다. 친족선택 이론을 확장하면 이제 번식 기회와 서비스 제공 사이의 거래에 바탕을 둔 노동시장 이론이 도출되는데, 이 이론에서 유전적 관계는 번식 기회의 값어치에 영향을 주는 요소일 뿐이다. 서로 다른 젠더는 이 경제 시스템 내부의 서로 다른 부류를 나타낸다. 우회침입자와 같은 부류는 통제자와 분명히 경쟁하는 반면, 다른 부류(예를 들어 협력자)는 계약하에 일하는 노동자다. 복잡하면서도 흥미로운 이러한 사회적 역학 관계, 동물계의 정치경제를 이해하는 것이 진화론적 사회이론의 다음 단계라고 나는 믿는다. 암컷과 수컷에 대한 보편적인 틀을 예견한 다윈의 성선택 이론은 틀렸을지 모른다. 하지만 사회적 행동에 대한 진화론적 접근 방법은 지금도 온전히 살아 있다.

7장

암컷선택

성선택 이론의 문제점들을 드러내줄 증거를 찾기 위해, 실제 생활에서 일어나는 암컷선택이 다윈의 성선택 이론에 나오는 암컷선택과 어떻게 다른지 살펴보자. 다윈은 오직 짝짓기에만 초점을 맞춘다. 암컷은 매력과 능력에 따라 수컷을 선택한다고 여겨진다. 수컷은 짝짓기 기회를 얻으려고 서로 경쟁하며 자신들의 외모를 암컷에게 자랑하는 존재로 여겨진다. 오직 짝짓기 행동만을 유독 강조하는 관점은 실제의 암컷선택을 보면 설명되지 않는다. 실제의 암컷선택에서는 새끼의 성장과 보호를 비롯한 번식의 전체 과정이 더 큰 관심사이기 때문이다.

'다윈 적응도Darwinian fitness'라는 전문용어가 있는데, 이는 다음 세대의 번식에 참여하게 되는 새끼 번식의 정도를 가리킨다. 수학적인 관점에서 볼 때 적응도란 생식능력과 생존확률의 값이다. 진화는 번식 성공에 관한 이러한 총량에 따라 달라진다. 짝짓기는 적응의 한 요소일 뿐인데도 '짝짓기 성공'에 너무 사로잡히다 보니 적응의 다른 요소들을 간과하고 말았다. 실제로, 암컷선택은 짝짓기를 균형적인 시각으로 바라보아 새끼 낳기의 전반적인 과정을 고려한다. 암컷선택과 관련하여 다윈이 내놓은 거의 모든 세부사항은 옳지 않다. 동물들에게 암컷선택이 존재한다는 사실을 다윈이 처음 알아냈다는 점은 평가받아야 하겠지만 말이다.

그렇다면 암컷이 선호하는 것은 무엇이며, 어떻게 암컷의 선호가 다양하게 나타날까? 암컷은 수컷에게서 무엇을 원하고, 수컷과 얼마나 자주 짝짓기하기를 원하며, 또한 얼마나 많은 수컷과 짝짓기를 원할까? 그리고 암컷은 어떻게 자신의 이상형을 만날까? 그리고 암컷은 몇 개의 알을 낳을지를 어떻게 결정할까?

새끼를 돌보지 않는 수컷은 사절

수컷의 진정한 패기는 다른 수컷과의 싸움을 통해 드러날까? 최상의 수컷이 승자로서 전체 지배 서열의 우두머리가 될까? 암컷은 입증된 승자와 살림을 차려야만 할까? 암컷은 수컷 대 수컷 경쟁의 승자를 자기 새끼의 가장 좋은 아비, 최상의 유전자를 전해줄 아비로 떠받들어야 할까? 이 수컷과 짝짓기하면 가장 뛰어나고 총명한 새끼가 반드시 태어나게 될까?

우선 암컷 망둥이가 수컷 지배에 대해 어떻게 여기는지 알아보자. 모래망둥이*Pomatoschistus minutus*는 유럽 해변에 흔한 작은 물고기다(길이가 5~6센티미터다). 암컷 망둥이가 수컷 망둥이에게서 무엇을 원하는지 알아보고자 스웨덴의 클루반 생물학 연구소 근처의 얕은 모래에서 표본을 수집해 관찰용 바닷물 수조에 넣었다.[1] 실험을 마친 후에는 바다로 다시 보내주었다.

모래망둥이는 1~2년 정도 살며 한 번의 산란기를 갖는다. 수컷과 암컷 모두 두 달(5월과 6월)의 산란기 동안 자주 번식을 한다. 수컷은 빈 홍합 껍데기를 모래로 덮고 그 아래 빈 구멍을 파서 집을 짓는다. 수컷은 화려한 지느러미 보여주기 등의 구애 행동으로 암컷을 유혹한다. 산란한 다음 암컷은 자신의 알들을 한 겹으로 펴서 집에 부착한다.

한 실험에서 우두머리가 누군지 알아내기 위해, 망둥이 수컷 두 마리에게 둥지로 삼을 도자기 조각 하나를 차지하도록 경쟁을 시켰다. 대체로 승자는 패자보다 약간 더 컸다. 그래봤자 고작 3밀리미터 더 큰 정도이지만. 그다음에 둘을 수조의 양쪽 반대편 공간에 따로 놓아두었다. 수조는 투명한 분리대를 사용하여 세 구역으로 나누어져 있었고, 가운데 구역은 비어 있었다. 승자와 패자에게는 새로운 도자기 조각을 주어 스스로 집을 만들도록 했다.

그다음에 암컷을 가운데 구역에 넣었다. 암컷이 어느 수컷을 더 좋아하는지는 어느 쪽 구역 가까이서 시간을 보내는지를 살펴보면 알 수 있었다. 암컷이 누굴 더 좋아하는지가 파악되고 나면, 동전을 던져 두 수컷 중 하나, 즉 좋아하는 수컷 아니면 반대편 수컷 쪽에 그 암컷을 넣어두고서는 산란이 일어나기까지 걸리는 시간을 기록했다. 그리고 또 하나의 암컷을 남아 있는 수컷 옆에 두고서 이 둘이 산란하기까지 걸린 시간도 기록했다. 따라서 두 수컷 모두 짝짓기를 할 수 있었다.

마침내 산란이 모두 끝난 후에 두 암컷을 빼내자, 분리대로 나뉘어 있는 두 수컷은 각자 자신의 알이 든 집과 함께 수조의 양쪽 끝에서 지내게 되었다. 이어서 알의 포식자인 작은 게 한 마리를 넣었다. 관찰자들은 포식자에게 희생되는 알의 수를 세어서 각 수컷이 자신의 알을 얼마나 잘 보호하는지 알아보았다.

결과는 놀라웠다. 보금자리 차지하기 경쟁에서 이겼다고 해서 알을 잘 보호하는 아비인 것은 아니었다. 또한 암컷의 선호는 수컷끼리 경쟁에서의 우위와 상관관계가 없었다. 암컷은 자신이 좋아한 수컷이 다른 수컷과의 싸움에서 이기는지에 대해서는 관심이 없었다. 암컷의 관심은 수컷이 알을 보호하느냐 여부였다. 어떤 식으로든 암컷은 누가 좋은 아비이고 안 좋은 아비인지를 예측할 수 있었으며, 이후에 알을 잘 보호한다고 밝혀진 수컷과의 짝짓기를 분명 더 좋아했다. 어찌된 셈인지 암컷은 수컷을 척 보기만 해도 새끼를 잘 돌볼 아비인지를 알아낼 수 있었다.

이제부터는 공작놀래기*Symphodus tinca*를 살펴보자. 이 물고기는 지중해 코르시카섬, 거기서도 바위가 많고 얕은 해변가에 서식한다.[2] 암컷 공작놀래기는 수컷의 둥지 속에 알을 낳을지, 아니면 바다 밑바닥에 낳아 자기 알들을 널리 퍼뜨릴지 선택해야 한다. 어떤 선택을 할지는 수컷이 제공하는 부모로서의 돌봄에 대한 평가에 따라 달라진다.

큰 통제자 수컷은 직경이 1미터에 이르는 영역을 구축하고서 감시한다. 영역 가운데 해조류를 옮겨놓고 거기에다 알을 붙인다. 집을 짓는 데에는 하루 내지 이틀이 걸리며, 그다음 사나흘 동안 암컷들이 그 집을 찾아와 각자 한 번에 약 50개의 알을 낳는데, 다 합쳐서 한 집에 약 5만 개의 알이 쌓인다. 이후 그 수컷은 알 덩어리가 부화할 때까지 지키는데, 부화 기간은 때에 따라 달라 4월 중순의 차가운 물에서는 12일 정도이고 6월 중순의 따뜻한 물에서는 엿새 정도 걸린다.

작은 수컷은 두 가지 역할을 맡는다. 이들은 '뒤따르는 자'가 되어 수태한 암컷 뒤에서 멀찍이 헤엄치다가 바다 밑바닥에 흩어져 있는 알들을 수정시킨다. 아니면 우회침입자로서 통제자의 영역 근처에서 어슬렁거리다가 틈을 봐서 그 영역 안에서 산란된 알을 수정시킨다. 하지만 산란기의 전반기 동안에는 작은 수컷이 나타나지 않는다. 작은 수컷은 후반기에만 나타나는데, 그 까닭은 아마 이 기간에는 큰 수컷이 이미 산란된 알을 지키느라 작은 수컷을 쫓아내는 능력이 제대로 발휘되지 못하기 때문인 듯하다.

알을 지키는 수컷은 이 기간 동안 몸무게가 줄고 사망률이 높아진다. 따라서 지킬 가치가 있을 만큼 충분한 알이 모이지 않은 집은 버려진다. 버려진 알들은 말하자면 무방비 상태인 셈이다. 버려진 알들은 한곳에 모여 있기 때문에 금세 포식자들의 먹잇감이 된다. 그러므로 알을 살리는 최상의 방법은 버려지지 않은 집에 알을 낳는 것이며, 그다음 좋은 방법은 알을 바다 밑바닥에 낳고 널리 퍼뜨리는 것이며, 최악의 방법은 나중에 버려질 집에 알을 낳는 것이다.

수컷이 머무는 보금자리의 수는 산란기 초반에는 전체의 고작 20퍼센트에 불과하다가, 산란기 중반에 이르면 85퍼센트로 높아지고, 산란기 끝무렵에는 다시 20퍼센트로 떨어진다. 그러므로 수컷의 집에 알 낳기는 산란기 중반에 시도해야만 좋다. 정말로, 암컷은 15퍼센트가 산란기 초반 보금자리에 알을 낳다가, 중반에는 그 비율이 85퍼센트로 높아지고 다시 산란기 끝 무렵에는 15퍼센트로 떨어진다.

암컷 공작놀래기는 수컷한테서 무엇을 바랄까? 새끼에 무관심하지 않은 수컷, 그리고 알을 내팽개치지 않을 수컷을 바란다. 암컷은 이런 수컷을 알아낼 수 있다. 연구자들은 이렇게 적고 있다. "암컷이 집 바깥에 알을 낳기로 한다면, 암컷은 오직 여러 집을 방문해본 다음에야 그런 결정을 내리는 편이다."

암컷의 헌신을 요청하기

사내는 자신이 자식한테 무관심한 남성이 아님을 여성에게 어떻게 확신시킬까? 오래전부터 내려오는 이 질문에 물고기가 어떤 조언을 건네준다. 암컷은 수컷이 그의 관점에서 볼 때 가치가 있을 만큼 알이 충분히 모이지 않은 집을 버린다는 사실을 안다. 암컷의 관점에서 보면, 이미 많이 모여 있는 알 덩어리에 자신의 알을 덧보태는 것이 이치에 맞다. 왜냐하면 작은 알 덩어리보다는 그런 알 덩어리를 수컷이 지켜줄 가능성이 더 크기 때문이다. 그렇다면 알 낳기가 애초에 어떻게 시작될 수 있을까? 암컷은 운에 맡기고 어느 수컷을 선택하든가, 아니면 자기 혼자서 알을 낳아야 한다.

여러 수컷 물고기는 자기 몸에 알을 닮은 구조를 갖고 있는데, 흔한 예가 부채꼬리화살물고기*Etheostoma flabellare*다. 이 작은 물고기는 켄터키 중부를 비롯한 북아메리카의 하천에서 발견된다.[3] 봄철 동안 수컷은 평평한 돌 밑에 보금자리를 파서 작은 영역을 지키며 여러 암컷과 짝짓기하는데, 암컷들은 수컷의 보금자리 속에 알을 낳는다. 이후 수컷은 부화할 때까지 알을 지킨다.

수컷의 앞지느러미 속에 든 7, 8개까지의 등 쪽 뼈에는 각각 끝에 살이 뭉쳐 생긴 혹이 달려 있다. 이 옹이는 실제 알의 크기보다 작지만, 가장 큰 수컷에 달린 옹이는 실제 알 크기에 가깝다. 속임수 이론가들에 따르면, 암컷은 바로 이 구조에 속아서 수컷이 이미 알을 잘 돌보고 있기에 자기 알을 덧보태도 안심이라고 믿는다고 한다. 이 이론이 가정하는 속임수는 '알 흉내 내기'로 불린다.

그러나 이 해석과 상충되는 두 가지 사실이 있다. 뭐냐면, 암컷에게도 이 옹이가 있다는 사실, 그리고 수컷의 옹이가 실제 알보다 작다는 사실이다. 유일한 기능이라고는 수컷이 암컷을 속이도록 하는 것밖에 없는 옹이를 암컷이 왜 가졌을까? 포식자의 분위기를 물씬 풍기는 이 물고기들이 왜 실제 알보다 작은 옹이에 속을까?

실험에 따르면, 암컷은 옹이를 가위로 제거당한 수컷의 집보다 옹이가 달린 수컷의 집에 알 낳기를 선호한다. 비록 예비적인 연구이긴 하지만 그런 결과는 무엇을 의미할까? 암컷이 속았던 것일까? 그와 달리 옹이는 알을 흉내 낸 것이 아니라 알의 상징일 수도 있다. 수컷은 돌의 아랫부분 가까이에서 헤엄치며, 암컷에게 알을 어디에 놓아야 할지를 보여주려고 할지도 모른다.

암컷 물고기는 수컷 물고기가 약속대로 알을 잘 지키기를 바란다. 수컷은 자신이 새끼들을 진심으로 기꺼이 돌보려 한다는 점을 알려야 한다. 자기 둥지 속으로 알을 낳으러 오라고 요청할 때에는 어떤 식으로든 수컷이 이러한 책임을 다할 방법을 알고 있음을 알려주어야 한다. 암컷은 조심스레 그 약속이 믿을 만한지 평가한다. 알 흉내 내기와 같은 술책에 암컷이 속을 것 같지는 않다.

섹스는 얼마나 많이 해야 충분한가?

신문에는 사람들이 더 자주 섹스하도록 돕는 새로운 섹스 토이와 약품들에 대한 광고가 가득하다. 글쎄, 얼마나 자주 해야 충분할까? 새를 살펴보면 어떻게 암컷이 짝짓기 빈도와 시기를 주도적으로 정하는지 알 수 있다.

프랑스 피렌체 중앙부에 사는 바위종다리*Prunella collaris* 암컷은 섹스를 좋아한다.[4] 이 암컷은 수컷의 치근덕거림을 걱정하지 않는다. 사실 그 반대여서 암컷은 늘 가여운 수컷에게 치근덕대서 교미하게 만든다. 이 밝히는 암컷은 무엇을 원하는 것일까? 바로 암컷 모래망둥이나 암컷 공작놀래기와 똑같은 것, 즉 수컷이 가사 일을 함께해주기를 바란다.

바위종다리는 수컷 넷과 암컷 넷이 모여 여덟이 한 가정을 이룬다. 암컷은 첫 알을 낳기 전 1주일에서 마지막 알을 낳을 때까지 대략 2주 동안이 발정기다. 알이 부화하고 나면 새끼 기르기를 수컷이 돕기도 한다.

발정기의 암컷은 열심히 교미를 요청한다. 암컷은 수컷에게 다가가 자기 가슴을 웅크려서 땅에 닿게 한 다음, 꼬리를 들어 발갛게 부푼 배설강을 노출한 채 꼬리를 양옆으로 흔들고 날개도 떤다. 수컷이 깨어 있는지 확인해보려고 종종 수컷 바로 앞으로 폴짝 뛰어가서 자기 배설강을 수컷의 얼굴에 직접 내보인다. 그러니 외면할 도리가 없다. 암컷은 이런 식으로 8.5분마다 한 번꼴로 교미를 요청한다. 전체 교미 요청의 93퍼센트가 암컷이 수컷에게 다가감으로써 시작되며, 나머지 7퍼센트는 수컷이 암컷에게 다가가서 요청한다.

무리 내의 수컷들은 지배 서열을 세운다. 으뜸 수컷은 발정기의 아무 암컷이나 뒤쫓고 그 아래 수컷들에게는 암컷에게 접근하기를 제한하는데, 그렇다고 완전히 못 하게 하지는 않는다. 게다가 수컷들은 거들먹거리는 편이어서 받은 요청의 68퍼센트를 무시해버린다. 그런데도 암컷들은 어쨌든 짝짓기를 많이 한다. 실제로 한 암컷은 한 번의 알 낳기마다 250차례 교미한다. 단 한 번의 사정만으로도 전체 알들을 다 수정시킬 만큼 충분한 정자를 얻는데도 말이다. 교미의 유일한 목적이 번식이라고 믿기에는 너무 많은 횟수다!

　도대체 어떻게 된 일일까? 으뜸 수컷은 아주 바쁠 때가 아니면 둥지에서 도움을 주려고 머물지 않는다. 걸핏하면 이웃 둥지를 들락거리므로 집에 붙들어두려면 암컷은 서열이 낮은 수컷들보다 이 수컷과의 짝짓기에 더 많은 시간을 투자해야 한다. 서열이 낮은 수컷들은 둥지 밖으로 나다닐 기회가 많지는 않지만, 만약 둥지에서 도우미로 남고자 할 때는 최소한의 자기 몫을 요구한다. 따라서 암컷은 서열이 낮은 수컷들에게도 열심히 구애의 몸짓을 보여, 이들 수컷도 교미할 기회를 나누어 얻고 아비가 될 수 있다고 믿게끔 한다.

　바위종다리는 암컷이 으뜸 수컷을 선호한다는 것을 알려주는 한 가지 예다. 왜냐하면 대부분의 교미는 그 수컷과 이루어지는 데다가 암컷들이 먼저 교미를 유도하기 때문이다. 이러한 선호 현상을 통해서, 으뜸 수컷은 '훌륭한 유전자'와 같은 어떤 혜택을 암컷에게 주며, 암컷이 으뜸 수컷을 선호하기에 그 유전자가 그만큼 우월함을 보증해준다고 해석할 수도 있다. 하지만 데이터상으로 볼 때, 으뜸 수컷을 아비로 둔 새끼들은 서열이 낮은 수컷을 아비로 둔 새끼들에 비해 별반 나을 것이 없다. 둥지를 떠날 때 새끼들의 몸무게로 판단하면 말이다. 사실, 암컷이 으뜸 수컷과 더 많이 교미하는 듯 보이는 단 한 가지 이유는 으뜸 수컷이 둥지 바깥에 나다닐 기회가 많다 보니 더 많은 노력을 기울여 둥지 안에 붙들어두려 하기 때문이다. 암컷의 관점에서 보면, 교미는 일종의 '머물기 인센티브'로, 수컷으로 하여금 아비가 되게 해주는 역할을 한다. 이 인센티브는 수컷을 둥지에 머물게 하려면 무엇이 필요한지에 따라, 다양한 서열 상태의 수컷들에게 적절히 할당된다.

　그렇다면 일부일처제 암컷인 경우에는 난자가 수정할 준비가 되어 있는 짧은 기간에만 짝짓기할까? 아니면 일부일처제 암컷도 재미를 보고 싶어 할까? 사실, 일부일처제 암컷은 다른 가족 유형의 암컷보다 성적으로 더 활발하다.[5] 청둥오리와 바다오리와 같은 새는 암컷이 난자를 생산할 준비가 되기 전, 그리고 수컷이 정자를 생산할 준비가 되기 전에 미리 짝짓기를 시작한다. 분명 아무 필요도 없을 때에 왜 이런 짝짓기가 일어나야 할까? 이미 짐작하시겠지만, 이에 대한 명백한 답은 짝짓기가 암수 사이의 유대를 지속시킨다는 것이다. 말하자면, 정기적인 짝짓기는 암수 쌍을 서로 접촉하게 한다. 짝짓기를 함으로써 그들은 서로 성적인 기쁨을 즐긴다. 짝짓기의 즐거움이 그런 종에게서 진화된 까닭은 한 쌍의 구성원이 함께 머물 계기를 계속 제공하기 위해서라는 이론도 가능하다.

하지만 속임수 이론 쪽에서 보자면 한 쌍의 구성원 사이의 '과도한' 짝짓기는 그런 관계 맺기와는 아무런 상관이 없다. 오히려 암컷이 섹슈얼리티를 이용해 수컷에게서 공짜 먹이, 즉 교미에 뒤따르는 식사를 얻겠다는 뜻으로 해석된다. 일부일처제 조류의 '암컷 섹슈얼리티'의 진화에 관한 어느 모형에 따르면, 수컷은 '이별의 위험'을 무릅쓰지 않으려고 계속 식사를 대접한다고 한다. 그 결과, "암컷은 수컷의 존재로 혜택을 보지만 수컷은 아무런 이익도 얻지 못하게 된다."[6]

기록상으로 볼 때, 생물학은 섹슈얼리티의 기능이 일부일처제 관계에서 속임수로 작용하는 증거를 밝힐 증거를 내놓지 못하고 있다. 대신, 수컷·암컷 협력 이론이 일부일처제 가족의 섹슈얼리티에 대한 근거로 고려되었어야 했다.

암컷이 수컷처럼 보일 때

암컷과 수컷 사이의 크로스드레싱이 암컷선택의 역할에 대해 알려주는 바는 무엇일까? 암컷다운 수컷에 관한 기록들에는 속임수임을 암시하는 수사적 표현과 선정주의가 두드러진다. 수컷다운 암컷에 관한 기록은 드문 것으로 보아 제대로 기록하지 않았음을 알 수 있다. 기록된 내용이라고 해봐야, 어떤 암컷들은 수컷의 색과 우연히 닮은 색을 띠어 수컷의 구애를 받아들이겠다는 뜻을 알리기도 하고, 또 다른 암컷들은 수컷의 구애 요청을 자기들 입맛에 맞게 조정하려고 수컷에 대한 자기 매력 포인트를 바꾼다고 하는 정도뿐이다.

이베리아반도의 북서쪽 끄트머리에는 라코루냐라는 스페인 항구도시가 있는데, 이곳에 보카즈벽타기도마뱀*Podarcis bocagei*이 산다. 이 도마뱀은 지금껏 암컷이 수컷을 흉내 낸다고 기록된 유일한 척추동물 종이지만, 그다지 확실치는 않다.[7] 수컷은 등에 짙은 초록색을 띤다. 암컷 벽타기도마뱀은 대체로 갈색이지만, 난관卵管 속에 수정된 알을 갖고 있거나 최근에 알을 낳았을 때는 초록색으로 색깔을 바꾸어 더는 짝짓기를 받아들이지 않겠다는 뜻을 알린다. 일부 과학자의 짐작대로 수컷처럼 초록색으로 바꾸면 다른 수컷들에게 성적으로 덜 매력적일까? 이러한 관점에서는 암컷다운 수컷은 사기꾼으로 내몰리고 수컷다운 암컷은 매력 없는 존재로 내몰린다. 아니면 단지 초록색은 짝짓기로 성가시게 굴지 말라며 수컷들에게 젠더 중립을 표방하는 신호일 수도 있을까?

초록색은 수컷처럼 보여 다른 수컷에게 덜 매력적으로 보이게 하려는 신호라기보다는 중립 젠더 알림 신호인 듯하다. 왜냐하면 수컷은 초록색 암컷에게도 때때로 달려들어 짝짓기를 시도하다 퇴짜를 맞기 때문이다. 이 수컷들은 초록색이 무슨 뜻인지 아마도 알아가는 중일 것이다. 만약 초록 암컷이 매력 없음을 수컷이 알았다면 애초에 구애하려고도 하지 않을 테니까 말이다.

흥미롭게도, '수컷 흉내'라는 표현은 도입되지 않고 있다. 암컷은 수컷을 속이는 존재로 여겨지지 않는다. 만약 이것이 수컷 흉내의 사례라면, 초록색 암컷과 짝짓기를 시도하는 수컷은 암컷을 수컷으로 착각하여 동성 구애를 요구한다고 봐야 할 것이다. 하지만 이 종에 대해 (아직은?) 그렇게 해석하지는 않는다.

이 종과 비교할 만한 에콰도르 서부의 한 도마뱀 종인 미크롤로푸스 오키피탈리스*Microlophus occipitalis* 또한 암컷이 구애를 거부할 때 특별한 색을 띤다.[8] 갓 부화한 새끼들은 암수 모두 약 한 달 동안 목과 턱이 붉다. 그 후 수컷은 붉은색을 잃는 반면, 암컷은 목 한쪽 옆의 피부 주름에 붉은색을 계속 지닌다. 수컷은 등에 검은 반점이 생기며 암컷보다 훨씬 크게 자란다.

번식기 동안 일부 암컷은 어린 시절과 비슷하게 목과 턱에 붉은 색소가 번진다. 여러분의 목과 턱에서 시작해 가슴뼈까지 텍사스 레드Texas-red(붉은색 염료의 일종. ─ 옮긴이)를 칠한다고 상상해보자. 여러분은 당장 눈에 띄게 된다. 암컷은 난관 속에 미발육 난자를 품고 있거나 알을 낳은 후에는 턱과 목에 붉은색을 띤다. 수컷은 붉지 않은 암컷에게 구애하려고 더 자주 접근하고 이들 암컷에게 더 열렬히 구애하려고 한다. 반대로, 수컷이 구애하려고 다가올 때 붉은 암컷은 붉지 않은 암컷보다 더 많이 거절한다. 3년간의 연구에서 관찰된 서른여덟 번의 짝짓기 가운데, 서른세 번은 붉은색이 없거나 그런 흔적이 조금만 있는 암컷들과의 짝짓기였던 반면, 겨우 다섯 번만

이 목이 완전히 붉은 암컷과의 짝짓기였다.

따라서 스페인의 도마뱀과 에콰도르의 도마뱀 둘 다 암컷은 짝짓기를 거부할 때 이를 알린다. 스페인 도마뱀의 경우 그 신호(등의 초록색)는 수컷도 우연히 등에 지닌 색임에 반해, 에콰도르 도마뱀 암컷의 신호는 수컷이 턱과 목에 지닌 색과는 뚜렷이 다르다. 밝은색은 지금껏 서른 종 이상의 도마뱀 암컷에게서 나타난다고 밝혀졌는데, 그중 열여덟 종이 암컷이 난관에 알을 지녔을 때 나타났다.[9] 그러므로 색을 이용해 수컷에게 다가오지 말라는 신호를 보내는 암컷은 도마뱀에게선 꽤 보편적이다.

진정으로 수컷다운 암컷의 사례를 찾으려면 곤충의 세계를 들여다보자. 1800년대 이후 동식물 연구자들이 알아낸 바로, 많은 종의 실잠자리 암컷은 두 가지 색 형태, 즉 뚜렷한 암컷 형태와 수컷을 닮은 형태로 나타난다.[10] 플로리다 중부의 연못에 사는 실잠자리의 한 종인 이슈누라 람부리 *Ischnura ramburi*의 수컷은 머리에 초록색 점들이 있고 가슴은 초록색, 배는 검은색이어서 매우 화려하다.[11] 암컷다운 암컷은 머리에 주황색 반점들이 있고 가슴이 주황색이며 배는 초록색과 검은색이 섞인 금속빛깔이다(구찌를 뺨칠 정도다). 수컷다운 암컷은 수컷처럼 초록색을 띠긴 하지만, 암컷의 외부 생식기와 날개에 약간 드러나 있는 암컷의 색을 보면 암컷임이 확인된다. 이 수컷다운 암컷을 어떻게 해석해야 할까?

수컷 실잠자리는 짝 지키기를 하지 않는다. 대신에 수컷과 암컷 실잠자리는 짝짓기 그 자체로 달콤한 시간을 보낸다. 교미 시간은 한 시간에서부터 최대 여섯 시간에 이르는데, 평균 세 시간 정도다. 오래 교미하면 매우 즐거울 것 같긴 하지만 한나절을 몽땅 소비해버릴 수도 있어서 좋은 일이라해도 너무 과하다. 특히나 수명이 며칠밖에 안 되는 터에 날마다 이런 식의 교미는 지나치다.[12] 정말로, 암컷의 처지에서는 단 한 번으로도 충분한 정자를 얻는지라 첫 번째 이후의 교미는 괜한 짓이다. 여분의 교미는 단지 어떤 위험 상황에 희생될 가능성만 높일 뿐이다.

수컷다운 암컷의 교미 횟수는 암컷다운 암컷과 비교하면 평균적으로 절반 정도다. 수컷이 접근할 때 수컷다운 암컷이 보이는 행동은 수컷이 다른 수컷에게 하는 행동을 닮았다. 즉, 얼굴과 얼굴을 맞대고 서는데, 마치 야구 코치가 항의하러 심판의 얼굴 앞에 서 있는 모습과 비슷하다. 그렇긴 하지만 수컷다운 암컷도 분명 짝짓기를 하므로 수컷도 아마 무슨 일이 벌어지는지 알 것이다.

다른 종의 실잠자리인 북방아시아실잠자리*Ischnura elegans*에 관한 후속 연구에 따르면, 수컷답게 보이는 암컷이 얻게 되는 이익은 주위에 얼마나 많은 수컷이 있느냐에 따라 달라진다. 수컷의 밀도가 높을 경우, 수컷다운 암컷은 수컷한테 성적 괴롭힘을 당하지 않게 되고 물가에 더 자유롭게 접근할 수 있으므로, 암컷다운 암컷에 비해 방해를 덜 받으면서 물가에 알을 낳을 수 있다. 하지만 수컷의 밀도가 낮을 경우에는 수컷다운 암컷은 수컷에게서 구애를 덜 받기 때문에 암컷다운 암컷에 비해 짝짓기를 덜 자주 하게 된다.[13] 내가 보기에 이러한 실잠자리 사례는 설득력이 있다. 수컷다운 암컷은 수컷에게서 괴롭힘을 덜 당하므로 생존율이 높긴 하지만 짝짓기 확률은 줄어들 수 있다.

그래도 어떤 요소가 수컷의 마음을 사로잡는지는 알려져 있지 않다. 비록 수컷다운 암컷이 소수(대부분의 실잠자리 종에서는 대략 30퍼센트)이긴 하지만, 에날라그마 보레알레 셀리스*Enallagma boreale Selys*의 경우에는 수컷다운 암컷이 전체 암컷의 약 60~80퍼센트를 차지한다. 이 종의 수컷은 수컷다운 암컷에게 실제로 매력을 느낀다.[14] 따라서 암컷이 수컷처럼 보일 때 어떤 결과가 생기는지는 어느 정도 수컷의 취향에 따라 달라진다.[15]

어떤 곤충 종들은 암컷이 수컷의 향기를 합성한다. 가터뱀에서 보았던 내용과 반대 경우다. 암컷은 이 향기를 이용해 수컷을 가까이 오지 못하게 한다. 여자가 애프터세이브 로션을 바르는 격이다. 여러분도 남자를 떼어내고 싶으면 다음 데이트 때 제이드 이스트Jade East(애프터세이브 화장품 브랜드의 하나. — 옮긴이)를 바르시길! 짝짓기 동안 수컷 노랑초파리*Drosophila melanogaster*는 암컷에게 '성욕억제제'를 전달한다. 그 대부분은 첫 번째 짝짓기 후 네 시간에서 여섯 시간이 지나면 증발해버리지만, 암컷은 나중에 구애 기간 동안 스스로 이 약품을 합성해 수컷에게 덜 매력적으로 보이게 한다.[16] 나비 또한 성욕억제제를 이용한다.[17]

음, 이 시점에서 여러분은 척추동물이 수컷다운 암컷의 사례로 적절하지 않다는 결론을 내릴지 모른다. 짝짓기를 내켜 하지 않는다는 신호인 암컷 도마뱀의 색깔은 가끔씩만 수컷의 색깔과 같기 때문에 이 일치는 아마도 우연이라고 볼 수 있기 때문이다. 사실, 수컷다운 암컷에 대한 가장 광범위한 연구는 곤충을 대상으로 한다. 하지만 안데스의 벌새와 미국 동부의 두건휘파람새를 떠올려보라. 이 둘은 트랜스젠더 표현을 지닌 종의 예로서 6장에서 인용되었다. 실제로 암컷 벌새와 암컷 두건휘파람새는 '암컷 장식' 현상을 보여준다. 바로 여기에서 암컷의 젠더 변이가 제대로 기록되지 않고 있다.

새의 암컷 장식은 수컷에게서 발견되며 아울러 몇몇 암컷에서도 표현되는 밝은색 깃털, 피부판, 부리, 볏을 말한다. 다윈은 암컷 장식이 '우연히' 암컷에게서 표현되는 수컷의 특성이라고 주장하면서, 이런 현상이 생기는 이유는 암컷의 유전 시스템이 배발생胚發生. embryogenesis 동안 그 특성의 발현을 완전히 차단하지 못하기 때문이라고 했다. 오늘날에는 암컷이 이런 특성 덕분에 어떤 혜택을 얻는가에 관심이 차츰 더 모아지고 있다. 이외에도 암컷이 장식을 꾸며서 수컷처럼 보이는 새로는 볏작은바다쇠오리, 야생비둘기, 제비, 흰눈썹울새, 푸른박새, 하우스핀치, 제브라핀치 등이 있다.[18]

늘어진살찌르레기*Creatophora cinerea*는 아프리카 동부와 남부의 초원에 사는 새로, 대부분의 수컷은 번식기 동안 특별한 외모를 드러낸다. 예를 들면, 부리의 양쪽에 각각 두 개씩 늘어진 피부판(늘어진 살)이 생기고, 머리에 깃털이 빠지면서 노랗거나 검은 두피가 드러나며, 이마에 빗 모양의 살이 생긴다. (깃털 빠지기는 사람 남성의 대머리 되기에 비견되는데 둘 다 수컷-남성 호르몬에 의해 일어나기 때문이다.) 암컷의 약 5퍼센트에서도 이러한 늘어진 살과 깃털 빠지기 현상이 일어나므로 이 암컷들은 수컷다운 암컷으로 인정된다. 이 현상 외에는 많이 알려져 있지 않다.[19]

대체로 수컷에게만 나타나는 특징인 뿔을 달고 있는 암컷 사슴을 수컷다운 암컷으로 볼 수 있다. 흰꼬리사슴*Odocoileus virginianus*은 암컷의 1퍼센트가 뿔을 달고 있으며, 노새사슴*Odocoileus hemionus*의 암컷 일부도 뿔을 달고 있는 것으로 보고되었다.[20] 순록*Rangifer tarandus* 암컷은 수컷과 마찬가지로 대체로 뿔을 달고 있지만 모든 암컷이 그렇지는 않다. 이런 암컷이 나타날 빈도는 개체군에 따라 8~95퍼센트 사이이다.[21] 따라서 많은 사슴 종을 통해 암컷이 수컷다운 외모를 띠게 되는 이유를 앞으로 더욱 깊게 연구해볼 수 있을 것이다.

이상적인 수컷 찾기

가끔은 유능한 짝에 관한 충분한 정보를 얻기 어려울 때가 있다. 어떤 수컷 젠더는 다른 쌍들이 인연을 맺는 데에 도움을 주는 듯하다. 중간 크기의 수컷 선피시가 그 예다(6장을 참고하기 바란다). 선피시의 경우와 마찬가지로, 렉이라는 무리 단위로 짝짓기를 하는 새 가운데서도 비슷한 예가 있다. 렉은 수컷들이 한데 모이는 일종의 수컷 홍등가로, 각 수컷은 이 구역 내에서 '코트court'라고 불리는 자신만의 공간을 지킨다. 암컷들도 렉에 오는데, 수컷은 저마다 암컷을 자기 코트로 끌어들여 짝짓기를 하려고 꼬드긴다. 암컷의 관점에서는 어떤 근거로 수컷을 선택할까? 이상적인 수컷을 어떻게 찾을까?

러프*Philomachus pugnax*(우리말로는 '목도리도요')는 도요새의 일종으로, 여름 동안에 영국에서부터 시베리아에 이르는 북유럽에서 번식하는 물가의 새다.[22] 러프라는 이름이 붙여진 까닭은 수컷의 목 주위 깃털이 르네상스 시대에 입던 옷의 칼라 주름인 러프ruff를 닮았기 때문이다. 수컷 러프는 젠더가 최소한 두 가지다. 한 젠더는 칼라 주름이 검은색이고, 머리에도 검은 깃털이 모여 있어서 다발을 이루고 있다. 반면, 다른 젠더는 칼라 주름과 머리의 깃털 다발 모두 흰색이다. 이 젠더들은 유전되는데, 20퍼센트는 흰 칼라 주름이고 나머지 80퍼센트는 검은 칼라 주름이다.

러프는 렉 내에서 짝짓기하지만 반드시 그렇지는 않다. 수컷은 또한 암컷이 먹이를 찾으러 나갈 때 뒤따라가며, 암컷이 먹이를 먹는 동안 구애의 표시를 한다. 만약 자원이 널리 흩어져 있어서 암컷 밀도가 낮으면, 수컷은 암컷 뒤쫓기를 그만두고 대신 렉에 모여 암컷들이 자기들에게 오도록 한

1부 동물의 무지개

다.[23] 핀란드의 한 장소에서 수컷의 12퍼센트가 렉에 모였는데, 암컷에 대한 구애 표시의 90퍼센트는 렉 바깥에서 일어났다.[24] 렉 바깥에 있는 수컷들은 시간의 75퍼센트를 먹이 먹는 데에 썼으며 나머지는 암컷을 유혹하는 데에 썼다. 한 렉 내에서 수컷들은 렉 바깥보다 짝짓기 비율이 다섯 배나 높았다. 비록 암컷에게 구애하려는 모든 노력은 렉 바깥에서 이루어졌지만 말이다. 렉 바깥의 암컷은 먹이를 구하느라 바빠 마음이 다른 데에 쏠려 있다. 하지만 렉으로 들어가는 암컷들은 수컷과 똑같은 마음, 섹스, 섹스, 섹스뿐이다.

러프가 렉 단위로 무리 짓는 다른 새들과 다른 점은 수컷 젠더가 두 가지라는 사실이다. 검은 칼라 주름 수컷은 약 1.5제곱미터 크기의 작은 코트를 렉 내의 다른 검은 칼라 주름 수컷으로부터 지킨다. 흰색 칼라 주름 수컷은 협력자로 참여해달라는 요청을 받는다. 흰색 칼라 주름 수컷이 곁에 있고 검은 칼라 주름 수컷이 코트 내에 혼자 있으면, 검은 칼라 주름 수컷은 무릎을 반쯤 구부리고 부리를 아래로 숙인다. 이 행동은 흰색 칼라 주름 수컷이 자기 코트로 들어와 달라고 초대하는 뜻이다.[25] 렉에 도착하는 암컷은 한 마리의 검은 칼라 주름 수컷보다는 검은색·흰색 팀을 선호한다. 짝짓기 동안에 검은 칼라 주름 수컷은 흰색 칼라 주름 수컷이 암컷에게 접근하지 못하게 막을 수도 있는데, 사실상 거의 쫓아내는 수준이다. 검은 칼라 주름 수컷은 자기 혼자일 때보다 흰색 칼라 주름 수컷이 곁에 있을 때 더 많이 짝짓기한다. 비록 짝짓기를 둘이 나눠 하긴 하지만. 따라서 이 두 수컷 젠더는 각각 통제자와 협력자의 역할을 하는 셈이다. 어쨌든 협력자는 더욱 매력적인 짝짓기 코트를 마련하는 일에 참여해 통제자를 도우며, 그 보답으로 짝짓기 공유라는 머물기 인센티브를 얻는다. 두 젠더가 함께함으로써 암컷선택의 요구에 구체적으로 응할 수 있게 된다.

왜 암컷이 검은 칼라 주름 수컷만 있는 코트보다 검은색·흰색 팀이 있는 코트를 더 매력적으로 여기는지를 설명하는 어떤 이론도 나는 찾아내지 못했다. 대부분의 연구자는 암컷이 하나보다는 두 수컷, 즉 더 많은 수컷성을 으레 더 낫게 여긴다고 가정하는 듯하다. 만약 전체적으로 더 많은 수컷성이 그토록 중요하다면, 검은 칼라 주름 수컷 두 마리가 서로 팀을 이루면 된다. 왜 두 젠더끼리 모일까? 내가 짐작하기로 흰색 칼라 주름 수컷은 암컷들과 더불어 렉 바깥에 있을 때 그들과 관계를 맺는다. 검은 칼라 주름 수컷이 다른 검은 칼라 주름 수컷으로부터 자기 코트를 지키는 동안 흰색 칼라 주름 수컷은 바깥에서 암컷과 함께 날아다니며, 짐작하건대 서로를 알아가는 듯하다. 말하자면 아마 흰색 칼라 주름 수컷은 암컷이 렉에 도착할 때 자기소개를 하는 것이리라. 그는 암컷과 함께 시간을 보내며 잘 알게 됨으로써, 또한 검은 칼라 주름 수컷과 함께 암컷에게 구애한 후 이 수컷에 대해서도 잘 알게 됨으로써 짝짓기를 촉진할 수 있다. 다시 말해 중매자 역할, 즉 혼인 브로커 역할을 하는 셈이다.

가족 규모

가족의 규모는 누가 결정할까? 진화론적 관점에서 보자면, 가족 규모는 결국 자신이 낳는 알의 크기와 개수를 결정하는 암컷이 정한다. 암컷은 자신이 어미로서 제공할 투자와 더불어 공동 투자에 대한 수컷의 예상 기여분을 합쳐 이를 바탕으로 알의 크기와 개수를 정한다. 포유류의 경우, 암컷은 자신을 거느리는 수컷의 강요로 인해, 번식 자유가 허용되었을 때보다 더 많은 알을 낳아야 할 수도 있다. 척추동물의 경우 가족 크기에 대한 암컷선택은 거의 알려져 있지 않다. 더 많은 관심이 집중된 분야는 수컷에 대한 암컷의 선택과 짝짓기 빈도이다.

옆줄무늬도마뱀의 암컷에는 노랑과 주황, 두 가지 색 형태가 있다. 이 둘은 6장에서 이미 설명했듯 알 크기와 알 개수가 서로 다르다. 연어는 가장 큰 알이 가장 작은 알보다 두세 배 크다. 같은 양의 재료에서 시작해서 자란 알인데도, 이러한 알 크기 변이 때문에 어떤 가족은 다른 가족보다 최대 세 배는 더 큰 가족이 된다.[26] 알 크기의 변이가 심하게 나타나는 현상은 조류의 몇몇 종들에서도 보고되었다.[27]

가족 규모는 번식에 관한 선택의 한 측면이다. 암컷이 자신의 번식 운명을 스스로 결정할까? 생물학의 전통적인 가정으로는, 암컷이 자신이 낳는 알의 개수와 크기를 직접 정하고 수컷들은 그 알들에 대한 친권을 얻으려고 서로 싸운다고 한다. 이와는 다른 대안적인 이론으로는, 수컷이 암컷의 가족 규모 결정에 함께 참여해 협력하는 방향으로 짝짓기 상대에 관한 암컷의 선택이 이루어진다고 한다. 만약 수컷이 부모로서 새끼 돌보기에 협력하고서 곁에 머물러준다면, 암컷은 혼자 새끼를 키우는 경우보다 더 많은 새끼를 가지기로 마음을 정할 수 있다. 이처럼 가족 규모를 서로 협력해 정하게 되면 경쟁으로 정하는 경우보다 일반적으로 알을 더 많이 낳을 것이다. 구애의 역할은 수컷이 자신의 장점, 권력, 소유를 선전하는 것이기보다는 협력을 통해 서로의 믿음을 굳건히 하는 측면이 더 클지 모른다.

파트너의 수와 정체

암컷의 번식 선택에 관한 또 하나의 측면으로서 짝짓기 파트너의 수와 정체를 꼽을 수 있다. 암컷의 파트너 선택은 생물학이 심각하게 편향된 언어를 보여주는 또 다른 한 분야다. 지금까지의 연구에서는 암컷이 하나의 파트너와 짝을 맺길 좋아하면 '충실한' 암컷으로, 여러 파트너와 짝을 맺길 좋아하면 '문란한' 암컷으로 묘사한다. 아비가 여럿인 한 배의 알들은 '합법적인' 새끼와 '불법적인' 새끼를 함께 포함하고 있다고 보며, 아비가 여럿인 알들을 돌보는 수컷은 '바람난 아내를 두었다'고 본다. 이처럼 인간의 윤리적 잣대를 덧씌우는 바람에 진실이 흐려진다.

큰부리바다오리Alca torda는 북대서양에서 서식지를 이루고 사는 바닷새로, 웨일스 해변 근해의 스코머섬에서 연구되었다.[28] 수컷과 암컷은 색과 전체적인 외모가 같으며 한 서식지 내의 둥지에서 쌍을 이루어 산다. 한 쌍은 매년 낳는 하나의 알을 함께 돌보는데, 경제적 목적의 일부일처제로 볼 수 있다. 하지만 5장에서 이미 보았듯이 경제적 목적의 일부일처제 쌍이 반드시 번식 목적의 일부일처제와 같은 것은 아니다.

아레나arena라고 불리는 탁 트인 구역이 서식지 근처에 있다. 대부분의 짝짓기는 이 구역에서 일어나는데, 심지어 짝외교미도 일어난다. 서식지 내의 둥지를 함께 쓰면서도 한 쌍의 암수가 벌이는 짝짓기의 약 75퍼센트가 아레나에서 일어난다. 반면, 짝외교미의 87퍼센트도 아레나에서 일어난다. 상당수의 동성애 짝짓기도 그곳에서 일어난다(214쪽을 참고하기 바란다).

암컷의 3분의 1은 짝외교미를 받아들이고 3분의 2는 거부한다. 2년 동안 줄곧 관찰해봐도 짝외교미를 받아들이는 암컷과 받아들이지 않는 암컷의 비율은 늘 그대로다. 짝외교미를 받아들인 암컷 가운데 대부분은 다른 수컷을 딱 하나만 허용했으며, 나머지는 둘, 셋, 심지어 일곱 마리의 수컷을 허용한 암컷도 있었다. 관찰자들은 3분의 2에 해당하는 '충실한' 암컷과, 3분의 1에 해당하는 '문란한' 암컷, 이 두 가지 유형의 암컷이 존재한다고 결론을 내렸다.

한편 모든 수컷은 짝외교미에 참여했다. 문란한 암컷과 쌍을 이룬 수컷들은 충실한 암컷과 쌍을 이룬 수컷들보다 짝외교미 기회를 얻는 데에 약간 더 성공적이었다. 연구자들은 끼 있는 수컷이 끼 있는 암컷과 짝을 맺는 경향이 있긴 하지만, 보통 모든 수컷이 바람을 피운다고 결론을 내렸다.

왜 이런 연구가 수행되었을까? 암컷의 신비를 밝혀내기 위해서다. 연구자는 이렇게 적고 있다. "수컷이 짝외교미로 얻는 혜택은 분명하다. 여러 암컷에게 수정을 시킴으로써 수컷은 다른 수컷에게 손해를 입히면서도 자신의 번식 성공률을 높일 수 있다. … 일부 암컷 새들도 분명 짝외교미를 추구하긴 하지만, 암컷이 어떤 혜택을 얻을 수 있는지는 여전히 불분명하다." 암컷이 한 수컷에 만족하지 않고 더 많은 수컷과 짝짓기하길 원하는 이유를 추측해놓은 목록에는 훌륭한 유전자를 얻고 싶어서, 다양한 유전자를 얻고 싶어서, 수컷이 불임일 때를 대비해 정자를 저장해두려고, 그리고 나중에 차지할 수컷을 미리 확인해두려고 등이 있다. 이러한 추측은 수컷이 건네주는 것이라곤 오직 유전자뿐이라고 가정한다.

한번 생각해보자. 짝짓기가 정자 전달보다 더 많은 역할을 할 수 있지 않을까? 정말로, 짝짓기는 왜 탁 트인 아레나에서 열릴까? 배우자 사이의 짝짓기인데도 왜 그럴까? 답은 누구라도 알 수 있다! 공개적인 짝짓기는 상징적인 의미를 지닌 행사이다. 만약 새를 관찰하는 사람이 새들의 짝짓기를 볼 수 있다면 다른 새들도 물론 볼 수 있다. 짝짓기는 공개적으로 열리는 것일 뿐만 아니라 종종 단지 보여주기를 위해 치러진다. 암컷 큰부리바다오리는 정자를 받아들일지 여부를 자신이 통제할 수 있다. 암컷은 길고 딱딱한 꼬리를 가졌는데, 이것을 들어야만 수컷이 배설강 접촉을 할 수 있다. 암컷은 정자를 받아들이지 않으면서도 수컷을 자기 몸 위에 태우기와 같은 교미 행동을 할 수 있다. 600건 이상의 짝외교미를 관찰한 결과, 수컷이 암컷의 꼬리를 강제로 들게 하여 배설강 접촉을 한 사례는 없었다. 연구자들은 수컷에게는 교미를 강요할 "능력이 없는 듯 보인다"고 결론지었다. 그렇다면 아마도 정자 전달이 아니라 교미 보여주기가 중요하다고 볼 수 있다.

교미의 유일한 목적으로 정자 전달에 초점을 맞추게 되면 온갖 문제점이 줄줄이 뒤따른다. 만약 수컷이 정말로 '바람난 아내를 두었다면', 충실하지 못한 짝을 버려야만 한다. 그런데 수컷 큰부리바다오리는 짝을 버리지도 않고 짝이 짝외교미를 받아들여도 공격하지 않는다. 수컷 큰부리바다오리는 짝의 문란한 정도에 맞추어 부모로서 자신의 새끼 돌보기를 줄이지도 않는다. 왜 그러지 않을까? 아무것도 배운 것이 없어서일까? 수컷이 투덜거리면서도 참고 살 수밖에 없기에 암컷들이 책임을 면할까?

그런 관점은 앞뒤가 맞지 않는다. 그래서 나는 짝짓기가 정자 전달만큼이나 관계 맺기를 위한 용도로 치러진다고 제안한다. 공개적인 아레나에서 짝짓기함으로써 암수 둘 다 자신들이 참여하는 관계의 네트워크를 선전한다. 암컷의 3분의 2는 분명 한 수컷이 자기 알들의 아비가 되는 편이 이익이라고 여기는 반면, 3분의 1은 친권의 가능성을 여러 수컷에게 나누는 편이 이익이라고 여긴다. 공개적인 짝짓기를 함으로써 이러한 처리 방식이 전체 서식지에 널리 알려지기 때문에 관계 네트워크 내에서 생기는 동맹과 권력 관계 또한 공개적으로 알려진다.

하지만 왜 어떤 암컷들은 친권의 가능성을 여러 수컷에게 나누는 반면, 다른 암컷들은 그러지 않을까? 권력 관계의 네트워크가 새에게는 어떤 의미일까? 수컷은 암컷이 친권의 가능성을 여러 수컷에게 나누는 행위를 막지 않고 보복도 가하지 않는데, 과연 수컷도 동맹 네트워크를 형성함으로써 혜택을 입을까?

서식지에 사는 다른 종을 하나 살펴보자. 큰부리바다오리와 마찬가지로, 캐나다 온타리오에 사는 녹색제비*Tachycineta bicolor* 암컷은 '두 가지 대안적인 교미 전략'을 보인다고 보고되었다.[29] 이 새들은 암컷의 신비를 밝혀내기 위해서 연구되기도 했다. 연구자들은 이렇게 적고 있다. "이전에는 많은 관심이 수컷에 대한 혜택에 집중되었다. … 나중에 파악된 바로는 … 암컷은 단지 EPC의 수동적인 대상이 아닐지 모른다." 멋진 말씀! 연구자들은 다음과 같이 계속한다. "배우자가 아닌 수컷과 배우자 수컷과의 갈등은 명백하고 직접적이다. 배우자가 아닌 수컷은 배우자 수컷의 새끼 돌보기에 기생함으로써 비교적 낮은 비용으로 번식 성공률을 높이려고 하는 반면, 배우자 수컷은 자신의 친권을 지키고 자신과 아무 관계 없는 새끼 돌보기를 피하려고 한다. 암컷에게 어떤 이익이 있는지는 다소 애매하다." 이번에도 연구자들은 암컷이 이해되지 않는다고 시인한다. 아울러 EPC에 대해, 배우자 수컷의 정당한 몫인 부모로서의 새끼 돌보기를 빼앗는 짓이라고 폄하한다. 배우자 수컷이 다른 이익을 얻는 대가로 자신이 분명 행사해야 할 친권의 가능성 일부를 거래할지도 모른다는 것은 전혀 고려하지 않은 해석이다. 연구자들은 이런 결론을 내렸다. "일부 종들의 암컷은 EPC에 열심이다…. 다른 종들의 암컷은 배우자가 아닌 수컷이 교미를 시도하면 대체로 받아들이지 않는다."

연구자들은 암컷이 혼인 서약을 깨트리는 이유를 알아내기 위해 우선 특정한 암컷들만 그러는지 알아보고자 했다. DNA 지문을 이용한 친부 조사로는, 전체 둥지의 50퍼센트에서 짝외 수컷을 아비로 둔 새끼들이 한 마리 이상 들어 있었다. 더욱이, 짝외아비EPP를 둔 한 배의 새끼들에는 이 '불법적인' 새끼들이 단 한 마리만 들어 있지는 않았다. 새끼들의 65퍼센트가 짝외 수컷을 아비로 두었던 것이다. 따라서 암컷의 약 절반은 짝외교미에 의하지 않은 새끼를 낳았고, 암컷의 나머지 절반이 낳은 새끼들은 대부분 짝외교미로 수정한 알에서 나왔다.

어느 실험에서 열 마리 암컷으로 하여금 한두 개의 난자를 낳게 한 후 배우자 수컷을 제거했다(쏘아 죽였다). 그리고선 '과부'에게 대체 수컷을 얻게 해주었다. 처음에 생긴 두 난자는 만약 암컷이 집에 머무르는 유형이면 원래의 배우자 수컷에 의해 수정되었을 것이며, 만약 암컷이 집 밖으로 나도는 유형이면 여러 수컷이 수정시켰을 것이다. 대체 수컷은 이후에 낳게 될 난자들을 수정시키게 될까? 집에 머무르는 유형의 암컷은 대체 수컷과 교미하기를 거부하고서 원래 배우자 수컷이 자신의 몸에 사정해놓은 정자를 저장해두었다가 이후에 생긴 난자들을 수정시켰다. 그 결과 처음 낳은 두 알 이후에 낳은 알들의 78퍼센트는 원래 배우자 수컷이 아비였다. 이미 죽은 수컷인데도 말이다. 하지만 집밖에 나도는 암컷은 대체 수컷과 기꺼이 교미했다. 그런데도 처음 두 알 이후에 낳은 알들은 대체 수컷이 아니라 다른 이웃 수컷들이 종종 수정시켰다. 집밖에 나도는 암컷은 늘 나돌기 마련이라 새끼들은 여러 수컷이 아비가 되었다. 반면, 집 안에 머무는 암컷은 원래의 배우자 수컷에 '충실했다.'

연구자들은 다음과 같은 가능성을 제시했다. "두 가지 유형의 교미 행동은 불가피한 전략이다. 어떤 암컷들은 늘 충실한 반면, 다른 암컷들은 늘 문란할 수밖에 없다는 뜻이다." 짝외교미의 3분의 1은 다른 수컷 둥지로 날아간 암컷이 요청해서 그곳에서 짝짓기가 이루어졌으며, 나머지 3분의 2는 암컷에게 찾아온 어떤 수컷과 더불어 그 암컷의 둥지에서 일어났다. "암컷은 효과적으로 교미를 거부할 수 있으므로 강요된 EPC가 드물게 나타날 수밖에 없다." 그러므로 바람피우기에 대한 책임은 자발적으로 바람을 피우는 암컷에게 있는 셈이다.

수컷은 '자신의' 암컷이 벌이는 바람피우기 행동에 어떻게 반응할까? 연구자들은 서식지에 사는 종에게는 짝 지키기가 가능하지 않다고 한다. 왜냐하면 수컷은 둥지를 지켜야만 해서 암컷까지 지켜낼 여력이 없기 때문이라고 한다. 대신 수컷은 자주 교미한다. 새끼들을 한 차례 낳을 때마다, 한 번으로 충분한데도 무려 50번의 교미를 한다. 그러므로 이 이론으로는, 둥지에 묶여 있는 수컷이 지킬 수 없으므로 암컷이 바람을 피운다. 대신 수컷은 암컷이 밤에 둥지로 돌아오면 집중적으로 교미한다. 암컷의 몸에 들어가는 자신의 정자가 암컷이 바깥에서 나다니며 다른 수컷에게서 받은 정자보다 더 많기를 바라면서 말이다. 그런데 수컷은 자신의 짝이 집밖에 나도는 유형이든 집에 머무는 유형이든 교미 방식을 다르게 하지 않는다. 이에 대해 위의 이론은 "수컷은 자기 짝이 충실한지 여부를 확신할 수 없기 때문이다"라고 주장한다.

교미가 일어나는 곳이 탁 트인 곳, 즉 새를 관찰하는 사람은 물론이고 새들 자신도 볼 수 있는 곳에서 일어난다는 사실을 명심하자. 그러므로 수컷이 자기 배우자의 교미 이력을 늘 모르고 지낼 리가 없다. 게다가 가장 최근에 교미한 수컷이라고 해서 그가 아비가 된다는 보장이 없다. 왜냐하면 암컷은 저장된 다른 수컷의 정자로 수정시킬 수 있으니까. 마지막으로, 상당수의 EPC는 사실은 수컷 사이의 동성 짝짓기이다(214쪽을 참고하기 바란다).

이번에도 위의 이론은 앞뒤가 맞지 않는다. 이 이론은 일부 암컷은 짝외교미를 받아들이고 다른 암컷은 받아들이지 않는 이유를 제시하지 못한다. 또한 수컷이 암컷을 지키는 대신 둥지를 지키는 데에 더 신경을 쓰는 이유를 설명하지 못하며, 수컷이 자신의 배우자가 집에 머무는 유형인지, 아니면 집밖에 나도는 유형인지에 무관심해 보이는 이유도 설명하지 못한다. 이 이론은 대체 수컷이 아무 소용이 없으며 심지어 위험하다는 점을 간파하지 못했다. 수컷이 제거되지 않은 둥지에서는 수컷과 암컷이 새끼들에게 먹일 먹이를 반반씩 구해 왔기에 업무량을 서로 공평하게 나누었다. 반면, 알을 하나 낳은 후에 원래 수컷이 제거된 둥지에서는 대체 수컷이 둥지 부동산을 지키긴 했지만, 이 수컷들 중 절반만이 새끼들에게 먹이를 주고 나머지 절반은 먹이를 원하는 새끼들의 요구에 전혀 아랑곳하지 않았다. 이 경우 수컷이 협력해주지 않아 부족한 먹이를 암컷이 전부 채워줄 수 없기 때문에 많은 새끼가 굶어 죽었다.

이보다 더 극적인 상황도 벌어졌다. 알을 두어 개 낳고 나서 원래 수컷이 제거되고 나면 대체 수컷이 실제로 새끼들을 죽였다. 몇 개의 알이 이미 들어 있는 무방비의 둥지를 차지한 수컷은 어김없이 새끼 살해를 저지른다. 수컷의 새끼 살해가 관찰된 것은 이번이 처음이 아니다. 25년 전의 선구적인 한 연구에서 세라 허디는 암컷 랑구르(인도 등에 사는 원숭이)가 수컷의 새끼 살해로부터 보호받기 위해 아비를 분배한다(여러 수컷과 교미하여 새끼들의 아비가 달라지게 한다는 뜻. — 옮긴이)는 사실을 밝혀냈다.[30] 나는 일부 암컷 녹색제비도 원래 수컷이 사라지고 나면 둥지를 차지할 가능성이 매우 높은 여러 수컷 사이에서 아비를 교묘히 분배한다고 본다. 한편 암컷은 수컷한 개체가 한 둥지 안 모든 새끼의 아비가 되게 할 수도 있다. 이 경우는 그수컷이 죽거나 쫓겨날 가능성이 없고 그 수컷에게서 최대한의 새끼 돌보기를 얻어낼 수 있다고 암컷이 여겼을 때다.[31] 또한 암컷은 현재 둥지를 지키고 있는 수컷을 잃을 위험이 높아서 자기 새끼의 안전을 책임질 수컷이 필요할 때에는, 둥지를 차지할 가능성이 있는 여러 수컷에게 아비 자격을 분배할 수도 있다.

어쩌면 둥지 수컷은 '그의' 암컷이 이웃 수컷들에게 아비 자격을 분배하는 것에 동의할지도 모른다. 만약 그 수컷 둥지 내의 새끼들에 대해 이웃수컷들도 아비일 가능성이 어느 정도 있다면, 이웃 수컷들이 그 수컷을 쫓아내거나 그 수컷이 죽는 경우 그의 새끼들을 죽이려고 할 가능성이 낮아진다. 생물학자들은 걸핏하면 수컷의 유일한 목적은 가능한 한 많은 난자를수정시키는 것뿐이라고 주장하지만, 사실 수컷도 알이 성공적으로 부화될지 여부에 관심을 기울인다. 수컷의 새끼 돌보기는 먹이주기에만 국한되지않고, 자기가 먹여 살리는 새끼들의 생존을 보장하려고 친권의 일부를 다른수컷에게 양보하는 것까지도 포함된다. 암컷이 여러 수컷에게 아비가 될 확률을 배분하는 것은 자기 새끼들에 대한 보호를 얻으려는 '평화 유인책'에해당될 수 있다. 수컷의 승인 아래 치르는 일종의 가정 경비인 셈이다. 물론수컷은 밤에 암컷이 돌아올 때 집중적으로 짝짓기함으로써 이 비용을 최대한 낮게 유지할 수도 있지만, 현금 흐름을 모니터링하는 것은 계좌를 닫으려는 것과는 다르다.

녹색제비 암컷을 두고서 결혼서약을 찬양하는 소녀성가대원이나 제 남편을 속이는 헤픈 여자, 이 둘 중 하나로 볼 필요는 없다. 암컷은 새끼 키우기를 위한 사회체제의 일부일지도 모른다. 이 체제에서 암컷은 수컷이 권력을 행사함으로써 자기들에게 생기는 위험과, 수컷이 새끼 돌보기에 투자함으로써 자기들에게 생기는 이익 사이에 균형을 맞추려고, 짝짓기를 여러 수컷에게 분배한다. 이 일은 전부 수컷의 묵인 아래에 이루어진다. 따라서 이 사회체제는 경제적 목적의 일부일처제(암컷과 수컷이 새끼를 기르려고 한 둥지 내에서 함께 일하는 방식)를 번식 목적의 일부일처제와 분리시킨다(친족관계가 가까운 삼색제비들에게서 두 가지 일부일처제가 분리되는 현상을 다룬 5장의 내용과 비교하기 바란다).

나는 이보다 더 일반적인 주장으로서, 암컷이 자기 새끼들의 유전적 관계들을 관리하려고 짝짓기 상대를 공개적으로 선택한다고 제안한다. 암컷은 오래된 유전자 클럽의 회원권을 사들임으로써 새끼들의 안전을 보장하고, 또한 배우자 수컷의 암묵적인 동의를 얻어 짝외 파트너를 선택한다. 암컷은 '훌륭한' 유전자를 지닐 것으로 짐작되는 수컷이 아니라 집안이 좋은 유전자를 지닌 수컷을 선택한다. 유전학의 전문용어로 표현하자면, 암컷은 상태에 의한 유전적 동일성이 아니라 혈통에 의한 유전적 동일성에 관심이 있다. 암컷이 꼬리에 특별한 색깔이 있는 수컷을 선택한다면, 겉모양에 대한 불가해한 취향을 무조건 따르고 있는 게 아니라, 튜더 왕가의 코처럼 문화적으로 유전되는 권력의 표시를 자기 새끼들의 몸에 부여해주는 셈이다.

그러므로 다윈은 암컷선택을 이론화하면서 근본적으로 방향을 잘못 잡았다. 모래망둥이와 바위종다리를 통해 드러난 바로는, 알려진 척도(새끼의 몸무게와 건강 상태)를 기준으로 보았을 때 지배자 수컷의 유전자가 서열이 낮은 수컷의 유전자보다 더 뛰어나지 않다. 모래망둥이와 공작놀래기의 사레에서 밝혀진 바로는, 암컷이 수컷을 선택할 때에는 훌륭한 유전자를 얻기 위해서가 아니라 새끼 돌보기 약속을 실제로 지킬 가능성을 보고 수컷을 고른다. 즉 암컷은 새끼에 무관심한 수컷을 기피한다. 바위종다리와 녹색제비의 사례를 보면 암컷은 수컷의 새끼 돌봄을 얻기 위한 유인책과, 다른 수컷들로부터 자신의 둥지에 가해지는 위험 사이의 균형을 맞추려고 여러 수컷에게 아비 자격을 분배할지 모른다.

실잠자리의 경우를 보면 암컷은 수컷의 구애 행동을 조절하려고 자신의 젠더 표현을 조절한다. 암컷 늘어진살찌르레기, 두건휘파람새, 순록을 비롯하여 수컷 장식을 한 암컷들의 사례를 보면, 척추동물도 젠더 상징을 조정하여 수컷의 구애 빈도를 조절할지 모른다.

옆줄무늬도마뱀에게서 드러난 대로, 암컷은 알 크기를 변화시킴으로써 가족 규모를 바꿀 수 있기에, 가족 규모는 수컷의 새끼 돌봄에 대한 기대가 줄어들면 그에 맞게 조정됨을 알 수 있다. 그렇다면 구애는 수컷이 암컷에게 훌륭한 유전자를 선전하는 활동이 아니라 오히려 수컷이 제공할 새끼 돌봄 정도에 대한 협상이며, 아울러 수컷의 새끼 돌봄 약속이 믿을 만한지를 암컷이 평가하는 과정이다. 이 평가에 도움을 얻고자 암컷은 중매쟁이를 끌어들여 이들에게 수컷을 검증해달라고 요구하는지도 모른다. 파랑볼우럭와 러프의 협력자 수컷 젠더는 중매쟁이에 대한 이러한 필요를 채우는 쪽으로 진화되었는데, 이를 통해 암컷선택이 수컷들 사이의 젠더 다양성의 진화에 기여했음을 알 수 있다.

암컷이 수컷에 대해 내리는, 이처럼 정교한 여러 결정은 모든 암컷이 훌륭한 유전자를 지닌 헐크만 찾고 있다고 설명한 다윈의 단순한 이론을 훨씬 넘어선다.

8장

동성 섹슈얼리티

다윈의 성선택 이론을 무너뜨릴 마지막 일격은 자연에서 광범위하게 발견되는 동성 섹슈얼리티다. 다윈에 따르면, 짝짓기는 새끼를 낳을 의도로 정자를 전달하는 행위인데, 동성 짝짓기로는 새끼를 낳을 수 없기에 동성애는 아예 불가능하다. 따라서 만약 동성애가 발견되는데도 성선택 이론을 고수하고자 한다면, 어떤 교묘한 조치가 필요하다. 대체로 생물학자들은 동성애 주제가 나오면 '오류'이며, 설사 오류가 아니라 하더라도 기만적이고 그럴싸한 속임수라고 잽싸게 단언한다. 한편, 짝짓기가 정자 전달만큼이나 관계 맺기의 역할도 한다면, 짝짓기를 이성애에 국한할 필요가 없다. 즉, 짝짓기는 번식과 똑같은 개념이 아니며, 사실 이 두 활동은 종종 서로 분리된다. 하지만 이건 너무 앞서가는 이야기다…. 우선 무척추동물의 동성애를 살펴본 다음 그 의미에 대해 고려하자.

과학계의 거부

2000년에 한 저명한 학자가 민물 시클리드 물고기의 생물학에 관한 책에서 자신의 연구 인생을 다음과 같이 요약했다. "동물이 이성異性의 구성원에게 접근할 수 있는 경우에는 동성애가 자연에서 거의 일어나지 않는다고 알려져 있다. 비록 영장류에서 드물게 예외가 나타나긴 하지만 말이다."[1] 하지만 우리는 이미 시클리드를 비롯해 어류의 여러 사례에서(6장 참고) 생식기 접촉을 포함한 동성 구애에 대해 살펴보았다. 게다가 1년 전에 동성애자로 커밍아웃한 젊은 학자가 책을 한 권 출간했는데, 두께가 5센티미터에 쪽수가 751페이지에 이르는 이 책은 300종 이상의 척추동물 종을 놓고 성기 접촉을 비롯한 여러 동성 구애 행동을 살핀다.[2] 모든 사례는 동료 과학자들의 검토를 거친 과학 문헌에서 인용했으며 자세한 참고문헌도 제시했다.

왜 한 과학자는 동물의 동성애가 거의 알려져 있지 않다고 단언하는 반면, 다른 과학자는 동성애가 흔하다고 말할까? 아마도 사실을 놓고서 이처럼 의견이 다른 까닭은 살아오면서 겪은 경험이 서로 다르기 때문이다. 어떤 종은 서로 어울려 살면서 동성애가 나타나고 다른 종은 그렇지 않은데, 이에 대해 서로 다른 결론을 내리는 까닭은 연구 시스템이 서로 근본적으로 다르기 때문이기도 하다. 아마도 각 과학자는 순수한 의도이긴 하지만 지나친 일반화를 시도해서 오류를 범하고 있다. 하지만 동물의 동성애에 관한 과학계의 침묵은 고의적이든 아니든 진실의 은폐에 해당된다.

왜 과학자들은 동물의 동성애를 드러내려 하지 않을까? 아마도 어떤 과학자들은 동성애혐오자여서 동성애에 대해 다루는 것 자체를 거부하며, 다른 이들은 공연히 동성애에 관해 긍정적으로 말하면 자신들이 동성애자로 의심받을까 봐 당혹스러워하거나 두려워하는지도 모른다. 어떤 이들은 동성애란 진화론적으로 불가능하다고 여기기에, 실제로 동성애 행동을 보면 자신들의 눈을 의심할지도 모른다. 마지막으로 들 수 있는 이유는 동성애가 이론적으로 중요하다는 합의가 과학자들 사이에 이루어지지 않아서다. 그래서 이런 의문들을 품는다. "그 주제로 논문을 쓸 가치가 있을까?, 그걸로 일자리를 얻을 수 있을까?" 사실, 동물의 동성애는 특별히 중요하며 진화생물학의 여러 기본 가정에 도전을 제기한다.

이러한 은폐 의혹에 대응하려면 과학자들이 진실을 가르치기 시작해야 하며, 대중들에게 자연을 소개해주는 단체들도 이제부터는 올바른 모습을 제시해야 한다. 과학자들은 동성애가 부자연스럽다는 주장을 반박해야 할 직업적인 책임이 있다. 이 책임을 내팽개치는 바람에 동성애자들이 '부자연스러움'이라는 잘못된 가정에 따라 핍박받게 되었으며, 낮은 자존감과 자긍심으로 괴로움을 당해야 했다. 젠더와 섹슈얼리티에 관한 이야기 전부를 억압하는 것은 다양한 사람들이 자연과 일체감을 느낄 권리를 부정하는 것일 뿐 아니라, 자연 보호도 틈새 운동, 즉 특권적인 성 정체성의 정치적 사안으로 전락되고 만다.

동성 구애에 관해 박물관은 어떤 내용을 전시하며 자연을 소재로 한 영화는 어떻게 묘사하는가? 그 내용은 우선 겉보기에 서로 다른 젠더를 지닌 동물들 사이에서 우리가 이미 본 적이 있는 구애일 수 있다. 이 구애 행동은 동성애homosexual이지만 헤테로젠더럴heterogenderal이다(heterogenderal은 heterosexual에 대비되는 개념으로, '서로 다른 젠더끼리 구애하는 (동물 또는 인간)'이라는 뜻이다. 이와 반대로 homosexual과 대비되는 개념으로서 아래에 나오는 homogenderal은 '서로 같은 젠더끼리 구애하는 (동물 또는 인간)'을 뜻한다. homosexual과 heterosexual은 각각 동성애(자)와 이성애(자)로 정착된 번역어가 있으나, 위의 두 용어는 정착된 용어가 없는 데다 '동성애', '이성애'처럼 마땅한 번역어를 찾기 어려우므로 영어 표기대로 옮겼다. ― 옮긴이). 생식기 접촉을 비롯한 구애 행동은 성이 같으면서 젠더도 같은 동물들 사이에서도 일어날까? 이

동물들은 동성애자이면서 동시에 호모젠더럴homogenderal이다. 이제부터 그런 종을 찾아보자.

레즈비언 도마뱀들

미국 남서부와 하와이에 살며 전부 암컷만 존재하는 채찍꼬리도마뱀을 다시 떠올려보자(1장 참조). 복제로 번식하는 종들은 굳이 구애를 하지 않으리라고 여러분은 생각할 것이다. 어쨌든, 수정시킬 필요가 없는 알을 낳는 것만큼 쉬운 일이 어디 있을까? 그러면 정자를 받으려고 수컷(남자)을 구할 걱정도 없고 관계 때문에 골치를 썩일 일도 없는 데다, 텔레비전 앞에서 리모컨을 독차지한 상대방을 두고서도 참고 살아야 할 일도 없다. 그런데도 미국 남서부의, 전부 암컷만 존재하는 도마뱀 종 암컷은 알을 낳기 전에 생식기 접촉을 비롯한 정교한 구애 과정을 거친다.

크네미도포루스 이노르나투스Cnemidophorus inornatus처럼 암수가 같이 존재하는 일반적인 미국 채찍꼬리도마뱀 종들의 경우에는, 수컷이 자기 입으로 암컷의 뒷다리나 꼬리를 물면서 구애를 시작한다. 암컷이 거부하더라도 수컷은 부위를 바꾸어 암컷의 목덜미를 물면서 암컷 위에 올라타, 자기 꼬리를 말면서 암컷 꼬리 밑으로 집어넣는다. 수컷 도마뱀은 음경이 Y자 모양이기에 오른쪽에서 암컷에 올라탈 수도 있고, 왼쪽에서도 올라탈 수 있다. 수컷은 자기 몸으로 암컷을 감싸서 '도넛' 모양을 이룬 다음에 자신의 반음경hemipenis을 뒤집어 암컷의 배설강 속으로 집어넣는데, 여기서 삽입이 이루어진다.

무성생식 종의 구애도 거의 똑같다.[3] 암컷 중 하나가 철두철미하게 수컷 역할을 그대로 한다. 올라타는 수컷 역할을 하는 암컷은 심지어 자신의 배설강 영역을 뒤집어서 아래에 놓인 암컷의 배설강 영역에 갖다 댄다. 암컷 채찍꼬리도마뱀 사이의 구애는 유성생식을 하는 조상들로부터 내려온 암수 구애의 어설픈 패러디가 아니라 정교하고 세련된 나름의 성 의례다.

두 암컷이 한곳에 살게 되면, 둘은 재빨리 호르몬 주기를 교대로 바꾼다.[4] 한 암컷이 에스트라디올 수치가 높은 주기가 될 때, 난자가 성숙하게 되어 구애 시 암컷의 역할을 맡는다. 이와 동시에, 다른 암컷은 프로게스테론(테스토스테론이 아니라) 수치가 높은 주기가 되어 수컷 역할을 맡는다. 이어서 둘은 몇 주 후에 호르몬 주기가 서로 바뀌면 성 역할도 바꾼다.

무성생식을 하는 채찍꼬리도마뱀 암컷이 왜 굳이 정교한 성 의례를 치를까? 진화상 그런 식으로 굳어졌다고 볼 수도 있다. 암컷은 자극을 받기 위해 수컷에 '의존'한다. 그런데 수컷이 없다 보니 암컷들 가운데 하나가 나서서 수컷 역할을 맡아야 한다. 무성생식 종은 바람직하지 않은 의존을 떨쳐버릴 만큼 진화의 시간이 길지 않았다.[5] 하지만 분명히 무성생식 종의 암컷들은 서로 교미를 함으로써 이익을 본다. 자연 상태에서 이 무성생식 암컷은 번식기 당 평균 2.3개의 알을 낳는다. 만약 사육 시설에 혼자 넣어두면 약 0.9개의 알을 낳는다. 반면, 수컷 행동을 유발하는 호르몬 상태인 다른 암컷과 함께 사육 시설에 넣어두면 번식기 동안 2.6개의 알을 낳는다.

무성생식 암컷들 사이의 교미는 처음에 애리조나의 한 종(크네미도포루스 이노르나투스*Cnemidophorus inornatus*)과 콜로라도의 두 종(크네미도포루스 벨록스*Cnemidophorus velox*, 크네미도포루스 테셀라투스*Cnemidophorus tesselatus*) 등 총 세 가지 채찍꼬리도마뱀 종에서 보고되었다. 애리조나 종의 암컷이 콜로라도 종의 암컷보다 동성 구애를 더 많이 하는 편이다. 하지만 처음에 나온 이 보고는 "표준적인 동성애 활동이라고 볼만한 증거가 없다"는 반박을 받았다.[6] 그러나 이러한 반박 과정에서도 네 가지 무성생식 종에게서 동성끼리의 올라타기가 확인되었으며, 더 나아가 유성생식 종에서도 암컷이 암컷에 올라타고 수컷이 수컷에 올라탄다는 사실이 밝혀졌다. 또 다른 공격으로는 동성 구애는 오직 실험실에서만 일어나며 야생에서는 일어나지 않는다는 주장이 제기되었다. 하지만 데이터에 따르면, 야생의 무성생식 암컷은 몸 측면에 유성생식 암컷의 교미 표시, 즉 구애하는 동안 수컷의 물기 행동으로 생기는 자국과 동일한 V자 표시를 지니고 있다.[7] 분명 무성생식 도마뱀은 실험실뿐 아니라 야생에서도 동성 짝짓기에 참여한다.

그렇다면 무성생식 도마뱀 암컷은 일종의 동성 구애를 즐기며 이를 통해 번식에 관한 혜택을 얻는다고 보는 것이 마땅하다. 이 혜택은 진화로 인해 굳어진 생리적 의존성을 반영하는 것일까? 이들의 동성 구애 행동은 인간으로 치자면 쓸모없어진 맹장 역할을 하는 것일까? 다른 가능성도 한 번 살펴보자.

무성생식 도마뱀 암컷은 사회적 행동을 보이며 사회체제 안에서 산다. 이들은 홀로 살며 외롭게 알을 낳는 복제 로봇이 아니다. 아마 이들은 쌍을 이루어 산다. 아무리 적게 잡아도, 호르몬 주기가 서로 교대로 바뀌는 두 암컷은 함께 짝을 이룬다. 다른 형태의 협력도 존재한다는 보고도 있다.

뉴멕시코와 콜로라도의 무성생식 채찍꼬리도마뱀과 더불어 뉴멕시코의 유성생식 도마뱀을 모아 오클라호마의 야외 금속울타리 안에서 길렀다.[8] 이 도마뱀들은 밤 동안에는 땅속의 굴 안에서 살고 낮에는 먹이를 구하러 밖으로 나온다. 채찍꼬리도마뱀은 한 영역에 머물지 않는다. 먹이를 찾아

늘 돌아다니기에 이들을 '탐색자'라 부른다. 자기들이 지키는 영역 안에서만 먹이를 찾는 다른 유형의 도마뱀, 즉 '앉아서 먹이를 기다리는 자'와 구별하기 위해서다. 낮에 먹이를 찾는 동안에 유성생식 도마뱀은 무성생식 도마뱀보다 네 배나 더 많이 서로를 공격했다. 유성생식 종은 싸움을 더 많이 벌이고, 서로의 먹이를 훔치려고 더 많이 쫓아다녔으며, 지배 서열이 더 강했다.

유성생식 종이 이처럼 과도한 공격성을 지닌 까닭을 두 가지 측면에서 파헤친 흥미로운 실험이 있다. 무성생식 도마뱀은 복제로 번식하기 때문에 유성생식 도마뱀보다 서로 사이가 좋으며, 또한 친족관계이다 보니 서로 협력이 잘 이루어지는 편이다. 게다가 무성생식 도마뱀에게는 수컷이 존재하지 않는다. 유성생식 종은 수컷이 있기 때문에 공격성의 정도가 높아진다. 그렇다면 무성생식 도마뱀이 서로 사이좋게 어울리는 까닭은 가까운 친족이기 때문일까(친족 효과), 아니면 문젯거리인 수컷이 없기 때문일까(수컷 효과)? 연구에 따르면 두 가지가 다 작용한다.

하지만 무성생식 채찍꼬리도마뱀의 평화로운 삶이 오직 가까운 친족관계와 수컷 부재 때문일까? 어쩌면 암컷들이 동성 구애를 통해 짝을 맺기 때문이 아닐까? 이들이 짝을 맺는지 알려줄 흥미로운 단서로는 무성생식 암컷들이 땅속의 동일한 구멍 속에 함께 자면서 굴을 공유한다는 관찰 결과가 있다. 이전에는 그런 함께 지내기는 유성생식 채찍꼬리도마뱀의 암수 쌍 사이에서만 관찰되었다. 따라서 무성생식 도마뱀 암컷은 가까운 친족관계나 수컷 부재로 설명할 수 있는 것보다 더 깊은 협력 관계를 가질지도 모르는데, 이처럼 깊은 협력은 특히 동성 구애를 통한 짝 맺기의 결과일 수 있다.[9]

암컷만 존재하는 도마뱀 종의 동성 구애에 대한 광범위한 연구는 암컷과 수컷이 함께 존재하는 도마뱀 종의 동성 구애에 대한 연구를 무색하게 할 정도이다. 아직 많이 알려져 있지는 않지만, 동성 올라타기를 한다고 알려진 도마뱀 종에는 숲경주도마뱀*Ameiva chrysolaema*, 쿠바, 도미니카 공화국, 자메이카에 사는 아놀도마뱀 여섯 종(*Anolis carolinesis, A. cybotes, A. garmani, A. inaguae, A. porcatus, A. sagrei*), 푸른배울타리도마뱀*Sceloporus undulatus*, 옆줄무늬도마뱀*Uta stansburiana*, 그리고 스킹크, 도마뱀붙이, 말린꼬리도마뱀 등이 있다.[10]

조류의 관계 맺기 방식

동성 구애에 관한 정보는 좀처럼 얻기가 어려운데, 그 까닭은 전 세계 과학 연구의 대부분이 이루어지는 미국에서조차 이 주제에 관한 연구를 냉담하게 바라보기 때문이다. 이런 관점에는 미국 의회의 직접적인 개입도 작용해왔다. 1992년에 에이즈의 확산을 막기 위해 실시된 미국인의 성 관련 습관에 관한 연구는 노스캐롤라이나주의 제시 헬름스 상원의원과 캘리포니아주의 윌리엄 다네마이어 하원의원에 의해 중지되었다. 헬름스는 그 연구를 '동성애 어젠다'로 여기고서 그 연구 대신에 혼전순결을 장려하는 데에 돈을 써야 한다고 주장했다. 그 연구는 민간의 재정지원을 통해 어찌되었든 진행되기는 했다.[11] 결국 검열이 성공하지는 못했지만, 동성애자뿐 아니라 이성애자의 에이즈 확산을 막기 위한 정보를 얻는 활동이 지체되고 말았다. 지금부터 살펴볼 조류의 동성 구애에 관한 두 가지 연구는 동성애를 부정적으로 보지 않는 환경에서 실시되었다. 동성 구애에 대한 미국의 냉담한 태도로 볼 때 미국은 진실 알아내기와는 거리가 먼 나라다.

크고 멋진 새가 하나 있는데, 이 새는 미국에서는 자색쇠물닭purple swap hen. *Porphyrio porphyrio*이라 불리고 뉴질랜드에서는 푸케코pukeko라고 불린다. 보는 각도에 따라 약간씩 색이 달라지는 짙은 남색을 띤 이 새는 부리가 크고 뭉툭한 진홍빛이며 다리는 주황색과 붉은색이 섞여 있다. 미국의 경우 이 새는 루이지애나에 살지만, 미국 이외에 남부 유럽, 아프리카, 인도, 동남아시아, 뉴기니, 멜라네시아, 서부 폴리네시아, 호주와 뉴질랜드에서도 볼 수 있다. 푸케코는 뉴질랜드에 많이 사는데 이들은 1000년 전에 이곳에 들어온 것으로 보인다. 이들은 늪과 초지의 식물뿐 아니라 곤충, 개구리, 작은 새와 알까지 먹으며 살기에 전체적으로 매우 잡식성이다. 요즘에는 도로변의 도랑에서 먹이를 먹고 돌아오는 중에 자동차에 치여 많이 죽는다.

푸케코는 이성 간뿐만 아니라 동성 간에도 구애와 짝짓기를 즐긴다. 뉴질랜드의 오클랜드 북부에서 실시된 연구에서는 푸케코의 동성 구애와 관련된 제반 상황이 다음과 같이 기록되었다.[12] 수컷과 암컷의 짝짓기는 대체로 다음 세 단계로 일어난다. (1) 수컷이 우뚝 선 자세로 암컷에게 다가오면서 크게 윙윙거리는 소리를 낸다. (2) 암컷은 웅크린 자세를 취함으로써 수컷이 자기 등에 올라타도록 해준다. (3) 암컷이 자기 꼬리를 들어 올리면 수컷이 자기 배설강을 암컷의 배설강 속으로 넣어 정자를 전달한다.[13] 수컷끼리 또는 암컷끼리의 짝짓기도 세 가지 단계 모두에서 암수 짝짓기와 동일한데, 한 가지 차이라면 짝짓기에 참여하는 새의 성별이 다르다는 것뿐이다. 3년간에 걸친 관찰로는 암수 짝짓기가 555건, 암컷끼리의 짝짓기가 29건, 그리고 수컷끼리의 짝짓기가 12건으로 드러났다.[14] 전체 짝짓기의 10퍼센트가 동성끼리 이루어진 셈이었다.

암컷끼리의 짝짓기는 어떻게 시작되었을까? 암컷 두 마리와 수컷 세 마리로 이루어진 번식 그룹 내에서 암컷과 수컷은 별도의 지배 서열을 갖는다. 열일곱 가지 사례에서, 둘 다 혼자 있을 때 으뜸 암컷이 버금 암컷에게 다가가 짝짓기했다. 아홉 가지 사례에서, 으뜸 암컷이 수컷과 구애 중인 버금 암컷에게 다가갔다. 으뜸 암컷은 수컷 앞으로 달려가더니 수컷보다 먼저 버금 암컷 위에 올라탔다. 동일한 암컷들이 관여한 세 가지 사례에서, 한 암컷이 자신에게 구애하려는 수컷들을 따돌리고 다른 암컷에게 달려가더니 그 암컷과 짝짓기를 시작했다. 그러자 수컷들은 바로 그 암컷에게로 관심을 돌렸다.

수컷끼리의 짝짓기는 어떨까? 열두 번의 사례 모두 으뜸 수컷이 먼저 짝짓기를 시작했다. 하지만 이 중 단 두 사례에서 으뜸 수컷은 몸을 치켜세우고 버금 수컷에게 다가갔다. 나머지 열 번의 사례에서 으뜸 수컷은 버금 수컷 앞으로 달려가 웅크리는 자세를 취했다. 그때 버금 수컷은 암컷에게 구애하는 중이었다. 으뜸 수컷이 그렇게 나오자 버금 수컷은 암컷 대신에 으뜸 수컷 위에 올라탔다.

일부의 새들만 동성 짝짓기에 관여했다. 수컷끼리의 짝짓기 거의 전부를 아홉 마리의 으뜸 수컷 중 세 마리가 주도했으며, 암컷끼리의 짝짓기 대부분을 암컷 세 마리가 주도했다.

동성 짝짓기에는 어떤 의미가 있을까? 버금 수컷이 암컷과 짝짓기하는 동안 으뜸 수컷이 끼어들어 버금 수컷과 짝짓기하는 상황을 살펴보자. 경쟁 옹호론자라면 으뜸 수컷이 동성 짝짓기를 이용해 버금 수컷이 암컷과 짝짓기하지 못하게 하여, 결국 으뜸 수컷의 정자가 번식에 이용될 수 있도록 하기 위한 전략이라고 성급히 결론지을 테다. 하지만 연구자들은 으뜸 수컷이 버금 수컷의 짝짓기를 방해하기는커녕 전혀 거들떠보지 않을 때가 종종 있음을 언급하며, 경쟁주의 이론에 경고를 던진다. 게다가 버금 수컷이 짝짓기를 요청하기 위해 취하는 웅크리는 자세는 영역 다툼 후에 공격을 자제하자는 신호로, 짝짓기 외에도 쓰인다. 따라서 짝짓기 요청은 전체적인 적대감을 줄이는 사회적 의미가 있을 뿐, 수정하기 위한 경쟁과는 아무런 관련이 없을 수도 있다.

이번에는 암컷끼리의 짝짓기를 살펴보자. 푸케코 암컷들은 서로를 공격적으로 대하는 경우가 드물며, 둥지를 함께 쓰는 일부 다른 조류들과 마찬가지로 서로의 알을 공격하지도 않는다. 연구자들이 제기한 어떤 가능성에 따르면, 으뜸 암컷은 버금 암컷에게 알을 몇 개 낳을지를 알려주어, 그 무리가 관리할 수 있을 만큼 낳는 알의 총 개수를 정한다. 암컷끼리의 짝짓기는 알을 낳을 즈음에만 일어난 반면, 암수 짝짓기는 이보다 거의 두 달 전에 일어났다. 그러므로 암컷끼리의 짝짓기는, 전체 번식 규모가 정해지고 있는 중이어서 서로의 의사소통으로 상황을 바꿀 수 있을 때에 일어난다.

최종적으로 연구자들이 밝힌 바로는, 푸케코의 매우 발달된 사회체제 내에서 번식기의 암수 사이에는 공공연한 공격이 일어나지 않으며, 동성 짝짓기는 이 사회체제 내에서 나름의 위치를 분명히 차지하고 있다.

두 번째 연구는 유라시아의 검은머리물떼새*Haematopus ostralegus*를 살펴본다. 해안가에 살며 눈에 띄는 외모를 지닌 섭금류涉禽類의 이 새는 몸통이 희고 검으며, 부리는 길고 주황색이며, 다리는 장밋빛인 데다, 개펄에 사는 새들이 흔히 그렇듯 눈이 빨갛다. 대부분의 검은머리물떼새는 경제적 목적의 일부일처제를 따라 암수가 쌍을 이루어 번식한다. 이혼과 짝외교미를 통해 아비가 일부 나눠지기도 한다. 암컷은 두 구성원이 새끼를 돌볼 수 있을 만

1부 동물의 무지개

큼 알을 낳는데, 만약 어느 한쪽이 책임을 다하지 않으면 새끼들은 자라는 데에 어려움을 겪는다.[15]

하지만, 1983년에서 1997년 사이에 집중적으로 연구가 진행된 네덜란드 어느 한 지역에서 번식 그룹의 약 2.5퍼센트는 수컷 하나와 암컷 둘로 이루어져 있었다. 그 자체로는 이러한 무리 짓기가 특별한 것은 아니다. 어쨌든 일부다처제는 자연에서 가장 흔한 짝짓기 시스템의 하나이니 말이다. 정작 특별한 점은 이러한 3자 관계가 두 가지 서로 다른 형태, 즉 공격적인 형태와 협력적인 형태로 나타난다는 사실이다. 공격적인 3자 관계에서는 암컷들이 경쟁한다. 암컷은 각자 자기 둥지를 지키고 수컷은 두 암컷을 아우르는 한 영역을 지킨다. 협력적인 3자 관계에서는 두 암컷이 둥지를 함께 쓰고 그 속에서 함께 알을 낳으며 셋은 모두 함께 둥지를 지키고 새끼를 기른다.[16]

3자 관계의 약 60퍼센트는 공격적이다. 두 암컷은 번식기 동안 대략 2분에 한 번꼴로 서로에게 공격적으로 대한다. 두 암컷은 대략 2주 간격을 두고서 알을 낳는다. 수컷은 먼저 알을 낳은 암컷의 둥지에 있는 알들을 주로 돌봐준다. 그 결과 새끼들이 매우 적게 태어나게 된다. 수컷의 관심이 두 둥지로 나뉘는 바람에 한 둥지는 오랫동안 보호받지 못하게 된다. 아울러 두 둥지의 알들 모두 충분한 포란기를 갖지 못해, 발육하기에 알맞은 알의 온도가 유지되지 않는다.

3자 관계의 나머지 40퍼센트는 협력적이다. 두 암컷은 대략 여섯 시간 내지 일곱 시간에 한 번꼴로 서로 짝짓기하는데, 이때 공격적인 3자 관계에서 줄곧 일어나는 공격적인 행동을 전혀 보이지 않는다. 으뜸 암컷은 수컷과 약 세 시간마다 짝짓기하고 버금 암컷은 약 다섯 시간마다 짝짓기한다.

따라서 두 암컷이 서로 짝짓기하는 횟수는 수컷과 짝짓기하는 횟수보다 조금 적은 셈이다. 두 암컷은 앞뒤로 오가며 서로 교대로 올라타기를 하거나 올라타기를 당하기에, 어느 한쪽도 암컷이나 수컷의 '역할'을 고정적으로 하는 것으로 볼 수 없다. 또한 둘은 함께 앉아서 깃털을 다듬어주기도 한다. 둘은 대략 하루 간격으로 알을 낳아 둘이 함께 쓰는 둥지 속에 넣어둔다. 협력적인 3자 관계는 나름의 이점이 있는 듯하지만, 전체적으로 보자면 어느 정도 바람직하지 못한 구성이다. 이 새들은 덩치가 그다지 크지 않아서 알을 네 개밖에 품지 못하므로 알 가운데 서너 개는 온기가 부족해서 부화하지 못한다. 그 결과 협력적인 3자 관계는 공격적인 3자 관계보다는 새끼를 더 많이 얻지만, 그래도 경제적 목적의 일부일처제 암수 쌍보다는 새끼를 적게 얻는다.

연구자들이 내린 결론에 따르면, 3자 관계가 생기는 까닭은 암컷들이 그다음 해에 영역을 확보할 수 있도록 자신의 입지를 마련해놓기 위해서다. 검은머리물떼새는 개체 수가 많기 때문에 거주 공간이 품귀 상태다. 3자 관계에 속한 암컷은 다음 해에 일부일처제 관계로 옮겨갈 확률이 어떤 번식그룹에도 속하지 않은 암컷보다 더 높다. 따라서 번식 그룹에 전혀 속하지 않는 편보다 3자 관계에 속하는 편이 더 나으며, 최종적으로는 일부일처제 쌍을 맺는 편이 가장 낫다. 그래도 이왕 암컷이 3자 관계에 속해 있다면 공격적인 관계보다는 협력적인 관계가 더 효과적이다.

협력적 3자 관계 내에서 암컷끼리 하는 동성애 교미의 역할은 협력을 촉진함과 아울러 둘 사이의 유대를 굳고 두텁게 하기 위함이다. 또한 동성 교미는 암컷들이 두 주 간격으로 알을 낳기보다는 동시에 알을 낳도록 이끄는 메커니즘일지도 모른다. 따라서 동성 교미는 검은머리물떼새가 선보이는 정상적인 사회 생활의 한 레퍼토리로, 그리 자주는 아니지만 때때로 매우 값진 역할을 한다.

　동물의 동성 짝짓기에 대한 최근 연구에서는 조류의 경우 아흔네 가지 사례가 발견되었다.[17] 지금까지 밝혀진 사례 중에서 위의 설명과는 다른 경우를 몇 가지 상세히 살펴보자. 예를 들면 회색기러기*Anser anser*는 백년해로라는 인간사회의 이상을 실현하는 조류의 예로 손꼽힌다. 회색기러기는 수명이 20년인데, 그중 10년 이상 암수가 쌍을 이루어 산다. 동성애 회색기러기 간의 결혼도 일정 부분을 차지한다. 15퍼센트의 쌍이 수컷끼리 맺어진 관계인데, 어떤 쌍은 무려 15년 이상 함께 지낸다는 기록이 있다. 수컷은 동성 파트너가 죽으면 '슬픔'을 보이며 낙담하고 무기력해지는데, 이성 파트너가 죽었을 때 보이는 행동과 다를 바가 없다고 한다. 회색기러기는 때때로 검은머리물떼새와는 정반대의 3자 관계, 즉 수컷 한 쌍이 하나의 암컷에 붙어 있고, 이 세 마리가 함께 가족을 키우는 형태를 이룬다.[18]

　흑고니*Cygnus atratus* 또한 여러 해 동안 지속되는 수컷끼리의 안정된 쌍을 맺는다. 동성 흑고니들도 쌍을 이루어 새끼들을 함께 기를 수 있다. 암컷은 일시적으로 수컷끼리의 쌍에 동참해서는, 그 수컷들과 짝짓기하여 자신의 알을 낳아주기도 한다. 그러면 수컷 커플이 알을 돌보는데 암수 커플보다 더 훌륭하게 알을 돌본다고 한다. 수컷 둘이 함께 있으면 더 나은 둥지 자리와 영역을 확보할 뿐 아니라 암수 커플보다 작업량을 더 균등하게 나눌 수 있기 때문이다. 동성 커플의 총 80퍼센트가 새끼들을 훌륭하게 키워내는 데에 비해, 암수 커플은 그 비율이 30퍼센트다.[19]

　일부일처제인 큰부리바다오리 암컷이 짝외교미에 가담하는 '불가사의'에 대해서는 앞에서 이미 언급했다(7장을 참고하기 바란다). 더군다나 수컷들이 암컷들뿐 아니라 서로에게도 EPC를 요청하기에 이 '불가사의'는 더욱 미궁에 빠져든다. 전체 짝외교미 가운데서 41퍼센트가 수컷끼리 이루어지는데, 이것은 배우자에 의한 암수 짝짓기를 포함한 전체 올라타기 횟수의 18퍼센트에 이른다. 전체 수컷의 거의 3분의 2가 다른 수컷에 올라타고 (한 마리당 평균 다섯 파트너를 취하는데, 최대 열여섯 파트너까지 취한다), 수컷들의 90퍼센트 이상이 다른 수컷들로부터 올라타기를 당한다. 따라서 수컷의 짝외교미는 암수 모두에게 분배되는 셈이다.[20]

또한 작은청왜가리*Egretta caerulea*와 황로*Bubulcus ibis*도 동성 EPC를 하는데, EPC의 약 5퍼센트는 수컷끼리의 짝짓기다.[21] 고리부리갈매기, 갈매기, 서부갈매기, 세가락갈매기, 은갈매기, 재갈매기, 붉은부리갈매기, 웃는갈매기, 북극흰갈매기, 붉은부리큰제비갈매기, 그리고 긴꼬리제비갈매기는 동성·이성 간 부부 관계가 혼합된, 매우 다양한 양상을 보이는데, 이는 모두 동성·이성 교미를 통해 이루어진다.[22] 어떤 종은 모든 쌍의 최대 20퍼센트까지 두 수컷으로 이루어진다. 짝을 이룬 두 암컷과 하나의 수컷으로 이루어진 3자 관계도 있는데, 이 경우 수컷은 일시적으로만 나타나므로 레즈비언 커플은 자기들끼리 자기 새끼를 기를 수 있다. 한편 어떤 종들에게서는 짝을 이룬 두 수컷과 하나의 암컷으로 이루어진 3자 관계에서 암컷이 떠나버리고 나면 가장 극적인 장면이 연출되는데, 바로 게이 수컷 커플이 새끼들을 직접 기르는 것이다.[23]

녹색제비*Tachycineta bicolor*도 암컷이 짝외교미에 참여하는 '불가사의'와 관련해 앞서 논의된 새다. 이 종의 EPC 중 일부는 수컷끼리 이루어진다.[24] 푸른박새*Parus caeruleus*에게서는 두 암컷으로 이루어진 쌍이 가끔씩 보인다. 두 암컷 모두 어느 한쪽이 낳은 알들을 품는데, 그 알들은 대체로 무정란이다. 이 종은 동성 부부 관계가 간헐적으로만 나타난다.[25] 주홍이마앵무 *Aratinga canicularis*는 암수 모두 약 50퍼센트가 동성 짝인 듯하다.[26]

우리와 비슷한 양들

1984년까지 수컷의 동성애 행동은 63종의 포유류에게서 보고되었다.[27] 1999년의 보고에서는 100종 이상의 포유류에서 보이는 수컷과 암컷의 동성애 행동을 묘사했다.[28] 현재 입수할 수 있는 여러 사례 가운데서 나는 우선 양을 골랐다. 왜냐하면 양은 행동뿐 아니라 생리 현상까지 야생과 실험실, 두 환경 모두에서 연구되었기 때문이다.

　큰뿔양은 사람들이 보존하려는 동물 목록 가운데서 가장 우선시되는 공식 지정 종이다. 로키산맥의 울퉁불퉁한 비탈에 사는 큰뿔양은 캐나다의 밴프 국립공원과 쿠트네이 국립공원, 몬태나의 내셔널 바이슨 레인지(야생 동물 보호 지역)를 찾는 이들에게 영감을 불러일으키는 존재다. 수컷(숫양)은 눈 위에서 귀 뒤로 말려 있는 크고 두꺼운 뿔을 가졌으며, 몸무게는 최대 130킬로그램에 이른다. 마초 같은 외모는 많은 남자 스포츠 팀에게 하나의 상징이 되었다. 암컷(암양)은 수컷과 따로 떨어져 산다. 두 성이 서로 만나는 때는 발정기라고도 불리는 번식기뿐으로, 가을 중반에서 겨울 초반까지다. 암컷은 약 사흘 동안 수컷을 순순히 받아들이지만, 이 사흘 외에는 결코 수컷의 올라타기를 허용하지 않는다.[29]

　큰뿔양의 수컷들은 '동성애 사회'라고 묘사되어왔다. 거의 모든 수컷이 동성애 구애·교미에 가담한다. 수컷끼리의 구애는 독특한 모습의 다가서

기로 시작하여, 곧이어 생식기 핥기와 주둥이 비비기로 옮겨지다가 종종 항문 성교로 이어지는데, 이때 보통 큰 수컷이 뒷다리로 우뚝 서서 작은 수컷에 올라탄다. 올라타기를 당한 수컷은 등을 구부려 척주전만春柱前彎이라고 알려진 자세를 취하는데, 이것은 암컷이 이성애 짝짓기 동안 등을 구부리는 모습과 똑같다. 올라탄 수컷은 음경을 발기시켜 항문에 삽입한 다음 피스톤 운동을 하여 사정한다.

동성애 활동에 가담하지 않는 소수의 수컷에게는 '암컷다운' 수컷이라는 딱지가 붙었다. 이 수컷들은 다른 수컷과 외모는 똑같지만 행동이 매우 다르다.[30] 이들은 모두 수컷으로 이루어진 무리와 섞이기보다는 암양들과 함께 산다. 이 수컷들은 암컷을 지배하지 않으며 대체로 덜 공격적인 데다, 암컷이 오줌을 눌 때처럼 몸을 쭈그리는 자세를 취한다. 다른 수컷들이 올라타기를 시도해도 거부해버린다. 이 비동성애 수컷들은 '정상에서 벗어난' 존재로 간주되는데, 아마도 호르몬 결핍으로 암컷의 행동을 띠는 듯하다. 체구나 뿔의 발육과 같은 신체적 외관으로 보면 이 수컷은 다른 수컷과 구별되지 않는데도, 과학자들은 이 수컷의 '내분비학적 신상명세'를 더 깊이 연구해야 한다고 주장한다.

이 경우는 정상과 비정상의 개념을 거꾸로 뒤집는다. '정상적인' 마초 큰뿔양은 다른 수컷과 노골적인 항문 성교를 한다. '비정상적인' 수컷 큰뿔양은 암컷만을 상대하는데, 동성애에 대해 무관심한 태도는 병적인 것으로 간주된다. 자, 그러면 왜 이성애는 호르몬 검사를 받아야 할 정도로 병리적일까? 연구자들은, 겉보기엔 마초처럼 보이는 수컷 큰뿔양이 암컷다운 행동을 하니 비정상이라고 한다. 암컷처럼 오줌을 누니, 게이보다 더 못 봐줄 꼴이라는 것이다!

　　　　　1부 동물의 무지개

이상한 나라의 앨리스식의 이러한 정상과 병리적인 것의 혼합은 사육 양의 동성애에 관한 실험실 연구에서도 계속된다. 이 연구는 미국 농무부의 재정 지원을 받아서 아이다호주의 두보아에 있는 정부 산하 미국양실험센터에서 실시되었다. 이 프로젝트가 의회의 칼날을 피할 수 있었던 것은 양 사육자의 수입 증대라는 목적으로 위장했기 때문이다.[31]

사육 양 수컷의 동성애 행동은 1970년대 이후로 보고되어왔다.[32] 두 연구자가 "사춘기 이전 동물의 수컷끼리 올라타기가 이후 성체가 되어서 정상적인 후방 올라타기 행동의 방향을 잡도록 해주는 데에 중요한 역할을 한다는 것은 널리 인정된다"고 적으면서 동성애 소에 대한 연구를 인용하고 있다.[33] 이런 식의 상투적인 설명은 오랜 세월 동성애 동물의 진실을 회피하는 데에 한몫했다. 어릴 때의 동성애 기질이 나중의 암수 부부 관계를 위해 필요하다고 둘러댄 것이다. 이제 그만 솔직해지자. 동성애 양과 소는 실제로 게이이지 그런 척 티를 내는 것이 아니다.

연구자들은 다른 숫양에게만 매력을 느끼게 하는 숫양을 가리켜 '쓸모없는 번식용 숫양dud stud'라는 신조어를 만들어냈다. 다음 인용문의 내용대로, 능력이 아니라 취향이 문젯거리다. "탄창에 총알이 아무리 많아도 발사되지 않으면 아무 소용이 없다."[34] 자, 그러면 숫양의 값이 350달러에서 최고 4000달러까지라는 사실을 고려해보자. 양 사육자는 숫양 한 마리당 암양 30~50마리의 비율인 데다, '우량' 번식용 숫양은 암양을 100~125마리까지 상대할 수 있다. '쓸모없는 번식용 숫양'이 한 마리 있으면, 양 사육자는 태어날 새끼 양 한 마리당 더 많은 번식용 숫양을 구입해야만 하기 때문에 손해를 입는다. 그래서 연구자들은 두 가지 검사를 개발했는데, 하나는 숫양이 탄창에 총알을 가졌는지 여부를 알아보기 위한 검사('능력 검사')이고 다른 하나는 그 숫양이 총알을 어디로 조준할지를 아는지 여부를 알아보기 위한 검사('취향 검사')다. 이 검사의 장기적 목적은 동성애 행동의 생물학적 · 유전학적 근거를 알아냄으로써, 쓸모없는 번식용 숫양을 사육 양 무리에서 솎아내어 양 사육의 이윤을 높이기 위함이었다.[35]

동성애자 양과 이성애자 양을 구분하기 위해, 숫양들을 여러 기간에 걸쳐 짝짓기를 잘 받아들이는 암양에게 노출시켜두었다. 만약 숫양이 암컷에 올라타지 않으면 그 양은 동성애자로 간주될 후보에 올랐다. 그다음에 한 게이 후보 숫양을 지지대 안에 끈으로 묶고 나서, 각 면에 구멍이 뚫린 큰 상자 속에 넣어 움직이지 못하게 고정시켰다. 지지대 양쪽에 두 성의 양들을 배치하여, 게이 후보 숫양이 다양한 암컷과 수컷에 반응할 수 있도록 했다. 게이 후보 숫양은 지지대 안에서 암컷 또는 다른 수컷에 대한 자신의 호감을 표시할 수 있는 상황이었다.

후보에게 아무 수컷이나 데려다주지는 않았다. '수용자'로 이미 확인된 수컷들, 즉 자신들이 사는 우리 내에서 다른 수컷이 올라탈 때 기꺼이 받아들이는 수컷들을 특별히 데려다주었다. 만약 후보 수컷이 구애 상대로 암컷보다 이 수용자 수컷을 선택하면 동성애자로 분류되었다. 후보 수컷이 이 게이 취향 검사에서 불합격하면 두 번째 기회를 주었다. 만약 수용자 수컷 중 어느 하나에도 올라타지 않고 자신의 우리 내에 있는 다른 어떤 수컷에 올라타려 하면, 특별히 그 수컷을 데려다주었다. 랑부예, 타아기, 콜롬비아, 폴리페이, 핀란드 랜드레이스 등의 대표적인 양 품종의 수컷 아흔네 마리 가운데 여덟 마리가 게이로 판명되었다. 흥미롭게도 이 수컷 중 여섯 마리가 수용자 수컷에게 올라타려고 했다. 하지만 두 마리는 서로에게만 올라탈 뿐 다른 수컷은 상대하지 않았는데, 이는 그 둘이 어떤 식으로든 부부 관계를 맺고 있음을 시사했다.

이런 준비를 전부 마친 다음에 게이 수컷의 호르몬 반응을 알아보았다. 연구자들은 수용자 수컷에 대한 게이 숫양의 호르몬 반응이 교미를 기꺼이 받아들이는 암컷에 대한 이성애 수컷의 호르몬 반응과 동일한 방식으로 일어나리라고 가정했다. 하지만 이 가정은 틀렸다. 게이 수컷은 다른 수컷이 암컷이라고 여기지 않으며 그렇게 반응하지도 않는다.

야생 양이 게이인 까닭에 사육 양에서도 게이 기질이 예상된다. 자연에서 게이가 이치에 맞는 사회구조는 동물들이 사는 울타리 안에서도 분명히 어느 정도 존재한다. 양 사육의 이익을 높이기 위해 숫양에게서 게이 기질을 제거하면 그들의 울타리 안 사회체제에 변화를 가져온다. 단언하건대, 게이 기질을 가진 숫양들을 번식 과정에서 도태시킴으로써 경제적 이익이 생기더라도, 그 이익은 점점 기능이 저하되는 사육장 사회체제 내에서 나머지 종마들의 생존율이 낮아지므로 상쇄되고 만다.

털을 가진 다른 많은 동물도 동성 짝짓기에 관여한다고 보고되었다.[36] 흰꼬리사슴, 검은꼬리사슴, (엘크라고도 불리는) 붉은사슴, 순록, 무스, 기린, 가지뿔영양, 코브, 워터벅, 인디아영양, 톰슨가젤, 그랜트가젤(코브에서 그랜트가젤까지는 전부 영양의 일종이다. — 옮긴이), 사향소, 산양, 아메리카들소, 산얼룩말, 사바나얼룩말, 흑멧돼지, 목도리페커리, 비쿠냐(라마의 일종), 아프리카코끼리, 아시아코끼리는 모두 어느 정도 동성 짝짓기에 관여하는 것으로 과학 보고서에 기록되어 있다.[37] 어떤 종은 동성 짝짓기가 가끔씩 나타나는 반면, 또 다른 종은 매우 흔해서 전체 교미의 절반을 차지하기도 한다. 어떤 종은 수컷이 동성 짝짓기의 대부분에 관여하는 반면, 다른 종은 대부분 암컷들이 관여하며, 또 다른 종은 두 성이 모두 관여한다. 동성 짝짓기는 암컷 붉은사슴, 수컷 기린, 암컷 코브, 수컷 인디아영양, 암·수컷 산양, 수컷 아메리카들소, 수컷 아프리카코끼리와 수컷 아시아코끼리에서 흔하다.

더 나아가 사자, 치타, 붉은여우, 늑대, 회색곰, 흑곰, 점박이하이에나도 동성 짝짓기에 관여한다고 보고되었다. 이번에도 동성 짝짓기를 간헐적으로 하는 종에서부터 빈번히 하는 종까지 다양하며, 또한 종에 따라 두 성 모두 관여하기도 하고 한 성만 관여하기도 한다.[38] 회색캥거루, 붉은목왈라비, 긴꼬리왈라비, 쥐캥거루, 도리아나무타기캥거루, 매치나무타기캥거루, 코알라, 더나트dunnart, 주머니고양이도 비교적 빈도가 낮긴 하지만 모두 동성 짝짓기를 즐긴다.[39]

붉은다람쥐, 회색다람쥐, 꼬마다람쥐, 올림픽마멋, 백발마멋, 난쟁이기니피그, 노란이빨기니피그, 야생기니피그, 긴귀고슴도치, 회색머리날여우박쥐, 리빙스턴과일박쥐, 흡혈박쥐 등은 다양한 정도의 동성 짝짓기를 보인다.[40] 예를 들면, 암컷 붉은다람쥐들은 가끔씩 어떤 관계를 맺는데, 이를 통해 애정이 담뿍 담긴 성적인 활동을 벌이다가 함께 새끼를 돌본다. 암컷 다람쥐들은 서로 번갈아가며 올라타기를 하고 새끼들을 한 번 낳는다. 비록 이 쌍의 구성원 중 하나만 어미이지만 둘 다 함께 새끼를 돌본다. 오직 암컷들만 그런 부부 관계를 맺으며, 붉은다람쥐 수컷과 암컷 간에는 부부 관계를 맺지 않는다. 수컷 붉은다람쥐의 경우, 올라타기의 18퍼센트가 동성애다. 흡혈박쥐의 경우 암컷들끼리 털 가다듬기와 입맞춤을 비롯한 애정 어린 몸짓을 통해 오래 지속되는 특별한 우정을 키워나간다는 사실을 상기해보라(5장을 참고하기 바란다). 암컷 흡혈박쥐에서는 생식기 대 생식기의 접촉이 보고되지는 않았지만, 수컷 흡혈박쥐들은 배를 맞대고 매달린 채 서로를 핥는데, 이때 둘 다 음경이 발기되어 있다.

큰돌고래, 스피너돌고래, 아마존강돌고래, 범고래, 귀신고래, 북극고래, 참고래, 회색바다표범, 코끼리바다표범, 잔점박이물범, 오스트레일리아바다사자, 뉴질랜드바다사자, 북방물개, 바다코끼리, 서인도바다소 등은 동성끼리의 생식기 접촉 행동이 매우 활발하다.[41] 거의 모든 사람이 어린이 영화에 종종 나오는 돌고래의 장난스러운 기질에 경탄해왔다. 그런 모습을 보면 사방에서 환호성을 연발한다. 특히 수컷 병목돌고래들이 면밀히 연구되었다. 수컷은 발기된 자신의 음경을 다른 수컷의 생식기 틈, 콧구멍, 또는 항문 속으로 집어넣는다. 둘은 부리로 서로의 생식기 틈을 비벼대며, 3자 관계와 4자 관계로 성애 활동을 벌인다. 뒤섞인 섹스 그룹에서 동성애 활동은 이성애 활동만큼, 또는 오히려 더 많이 일어난다. 동성 구애는 같은 나이의 수컷 돌고래들끼리 평생에 걸친 부부 관계를 맺고 유지하는 활동의 일부다. 그들은 사춘기에 그런 유대를 맺고서 변함없는 짝꿍 사이가 되어, 온 바다를 함께 여행한다. 짝을 맺은 수컷들은 서로 교대해가며 파트너가 쉴 때 감시해주고 상어와 같은 포식자들로부터 서로를 지켜준다. 짝이 죽으면, 홀아비가 된 수컷은 새로운 짝을 찾아야만 하는데, 대체로 다른 홀아비를 만나지 못하면 짝을 얻지 못하게 된다.

가끔씩 어떤 수컷은 한 쌍이 아니라 돌고래 삼인조에서 평생의 유대 관계를 찾기도 한다. 마지막으로, 조금은 흔해 빠진 이러한 섹슈얼리티 장면을 완성시키는 차원에서 수컷 동성 짝짓기는 **서로 다른 종 사이에서도** 일어난다! 수컷 큰돌고래는 수컷 대서양알락돌고래*Stenella frontalis*와 짝짓기하며 종간 협력을 위한 유대 관계를 맺을 수도 있다. 하지만 달콤하고 밝은 면만 있지는 않다. 이러한 부부 관계는 '닫힌 동맹' 체제의 일부다. 남방큰돌고래 *Tursiops aduncus*의 경우, 한 쌍 또는 3인조로 구성된 팀들은 암컷을 차지하기 위해 다른 팀과 싸운다.[42] 따라서 바닷속 포유류의 동성 짝짓기에 대해서는 아직도 풀지 못한 비밀이 너무나 많다.

우리와 가장 가까운 친척

드디어 동물계에서 우리와 가장 가까운 친척인 영장류를 다룰 차례다. 지금쯤이면 여러분도 영장류가 다른 포유류와 마찬가지로 동성 구애와 동성 짝짓기를 아주 많이 나타낸다고 예상할지 모르겠다. 여러분이 예상한 그대로다.

일본원숭이*Macaca fuscata*는 구세계원숭이들 중에 가장 잘 알려진 편에 속하며, 인간을 제외하면 가장 북쪽에 사는 영장류다. 암수 모두 회갈색 털이 달려 있으며 얼굴은 눈에 띄는 붉은색이며 생식기도 종종 붉은색을 띠고 꼬리는 작다. 키는 최대 60센티미터 정도이며 몸무게는 27킬로그램까지 나갈 수 있다. 일본원숭이는 대부분 초식성이어서 과일, 씨앗, 잎사귀, 나무껍질 등을 먹지만 아울러 달팽이, 가재, 버려진 새알 등도 먹는다. 일본원숭이는 태어난 지 약 5년이 되면 어른이 되며 최고 30년 동안 살 수 있다. 자유롭게 사는 무리(아라시야마 서부 무리)가 1972년에 텍사스에 옮겨져 그곳에서 번성하고 있다. 심지어 방울뱀에 대한 특별한 경고 신호를 고안해내기도 했다.

이들의 사회구조는 100~500만 헥타르 넓이의 지역에 걸쳐 대략 50~200마리의 암수로 구성된 무리들이 섞여 사는 형태다. 암컷들은 한자리에 머무르며, 한 무리는 여러 모계혈통 또는 연장자 암컷의 암컷 후손들로 이루어진다. 한 무리 내 암컷 대 수컷의 비율은 대체로 암컷 넷에 수컷 하나 꼴이다. 수컷들은 2~4년마다 다른 무리로 옮겨 다닌다. 사회체제는 주로 암컷, 그리고 암컷 간의 상호작용을 통해 유지된다.

　암컷들은 엄격한 지배 서열을 갖고 있으며 모든 암컷은 우두머리에서 꼴찌까지 하나의 계보를 따라 등급을 매길 수 있다. 서열이 작동하는 방식은 다음과 같다. 연장자 암컷 셋을 각각 나이가 많은 쪽에서 적은 쪽으로 A, B, C 등급이라고 하자. 모든 암컷 새끼들은 어미의 등급을 물려받는다. 따라서 만약 A의 딸이면 AI, B의 딸이면 BI, 그리고 C의 딸이면 CI이 되며, 전체 지배 서열은 A, AI, B, BI, C, CI 순서다. 그리고 만약 AI도 딸을 낳으면 그 딸은 AII가 되며 마찬가지로 B와 C에 대해서도 각각 BII, CII 등이 나올 수 있다. 이 경우, 삼대에 걸친 전체 지배 서열은 A, AI, AII, B, BI, BII, C, CI, CII 순서다. 하지만, 실제 상황은 이보다는 좀 더 유동적이다. 이런 서열이 생긴 까닭은 연장자들이 자신들의 딸과 손녀를 지키기 때문이다. 태어날 때, AII는 C 모계의 아래에 놓이지만, 이 손녀를 대신하여 A와 AI이 나서서 AII의 지위를 A 모계로 올려놓는다. 지배 서열 검사는 지속적으로 이루어진다. 어느 누구도 자신의 지위를 아무런 의심도 없이 받아들이지 않는다.

　이러한 배경을 바탕으로, 동성 구애·교미도 진행된다. 동성 관계는 가까운 친족 사이에서가 **아니라** 먼 친족인 개체군들 사이에서 일어난다. 이러한 동성 교미를 통해, 직선적인 가계 바탕의 지배 서열을 뛰어넘는 유대 관계가 생긴다. 그리하여 상호교차되는 연결 관계가 이루어지고, 사회체제 내의 네트워크 구조가 형성된다. 동성 구애·교미는 이른바 암컷-암컷 배우자 내에서 일어난다. 이것은 단기적인 관계short-term relationship, STR로서, 한 시간 미만에서 최대 나흘까지 지속된다. 이 시간 동안 두 암컷은 자주 서로 올라타서 생식기 대 생식기 접촉을 행한다. 함께 교미하지 않을 때에도 둘은 함께 붙어 있고, 자고, 먹이를 찾아다니며, 서로 털을 골라주고 외부 공격으로부터 지켜준다. STR이 지속되는 동안 한 쌍은 일부일처제를 유지한다. 하지만 며칠 후 그들은 새로운 STR을 맺는다. STR 동안에는 서로 상대에 올라타며 함께 즐기므로 이 관계 내에서는 지배나 복종의 징후가 전혀 나타나지 않는다.[43] 진실로 관계 내에 공격성이 조금이라도 나타나면 '분위기'가 깨지며, STR의 와해가 예상된다.

수컷은 이러한 레즈비언 사랑이 계속되는 동안 어려운 처지에 놓인다. 수컷이 암컷과 짝짓기하려고 다가가면, 대체로 이 암컷의 동성 파트너가 쫓아내버린다.[44] 암컷들은 STR 기간 동안 서로를 지지해준다. 한 STR 내에서 서열이 낮은 구성원은 파트너의 도움으로 일시적으로 서열이 올라간다.[45] 이러한 일시적인 서열 상승은 STR 종료와 함께 끝난다. 배우자 가운데 낮은 서열의 구성원이 일시적으로 서열이 오르더라도, 낮은 서열 암컷은 마음에 드는 높은 서열 암컷과 짝을 맺으려는 태도를 보이지 않는다. 더 훌륭한 동맹을 찾는 데에 관심이 있을 법도 한데 말이다. 대신, 서열이 높은 암컷 쪽이 관계를 시작하는 일을 떠맡는다. 두 암컷 중 어느 누구도 새끼를 함께 돌보기 위한 배우자 관계는 맺지 않는다. 둘은 서로의 새끼를 기르기 위해 돕지 않는다. 한쪽 암컷은 출처가 의심스러운 파트너 암컷의 새끼를 도와주지 않으며 그 새끼의 털도 가다듬어주지 않는다. 오히려 파트너끼리 서로의 새끼들에 대해 공격적인 태도를 보인다.

암컷 대 수컷의 비가 11 대 1로 암컷이 훨씬 많은 작은 무리를 만들어, 암컷이 수컷의 환심을 사려고 벌이는 경쟁이 심해지는지, 아니면 암컷끼리의 동성애 관계 횟수가 늘어나는지를 알아보는 실험이 실시되었다. 한 마리의 수컷을 차지하려는 경쟁을 더 치열하게 벌이기보다는, 암컷들은 동성애 관계를 더 많이 맺었다. 그렇기는 해도, 동성 파트너를 더 좋아해 청일점 수컷의 성적인 유혹을 거절했던 암컷 중 다수는 나중에 그 수컷을 알맞은 짝으로 여겨 이성애 배우자 관계를 맺었다.[46]

이 연구에서 드러나듯, 영장류의 동성애에 관한 연구는 다른 척추동물에서와 같은 "세상에, 정말로 그런 행동을 할까?"라는 단계를 넘어서 있다. 동성애는 영장류에게서 너무나 노골적으로 두드러지게 나타나는 현상이어서 무시할 수가 없다. 그러다 보니 무려 1970년대부터 이에 관해 비교적 광범위한 문헌들이 발표되기 시작했다.[47] 비록 영장류의 광범위한 동성애 활동에 관한 실상이 충분히 확인되었지만, 이러한 동성애가 일어나는 까닭은 여전히 논의 과제로 남아 있다. 일본원숭이는 이성 파트너를 구할 수 없기 때문에, 또는 지배와 복종의 표현을 위해서, 동맹을 맺으려고, 아니면 새끼들을 기르는 데에 도움을 얻으려고 동성애 관계를 맺는 것은 아니다. 그렇다면 왜 암컷 일본원숭이는 동성 구애 · 교미에 그렇게나 많은 시간을 들일까?

일본원숭이 암컷의 동성애에 대해 설명할 수 없게 되자, 연구자들은 "질문의 방향이 잘못되지 않았을까"라는 의문이 들었다.[48] 동성애가 간접적으로나마 전체 번식량을 늘려야만 할까? 이와 달리 내가 중립자 관점이라고 부르는 대안에 따르면, 동성애는 다른 특성들의 진화에 따른 중립적인 부산물이다.[49] 동성애는 해롭지 않기 때문에 진화 과정 동안 사라지지 않는다는 주장이 있다. 암컷 일본원숭이들은 새끼가 많은데, 이들은 정자가 필요할 때면 언제든지 이성애 짝짓기에 참여한다. 동성애가 번식을 방해하지 않는데 굳이 왜 자연선택이 이 무해한 행동을 제거하겠는가? 어떤 제안에 따르면, 동성애는 진화의 과정 중에 우연히 어떤 종에서 두드러지게 나타나고 또 다른 종에서는 거의 사라지게 되었다고 한다. 또는 어떤 종의 경우 동성애는 우연에 의해 유전학적으로 중요한 유전자와 연결되었고, 그 바람에 그러한 유전자들에게 '묻어 가서' 두드러진 요소가 되었다고 한다. 논란의 여지는 있지만, 두 가지 제안 모두 동성애 행동이 진화론적인 목적에 부합하지 않는다고 본다.

많은 특성이 중립적인 마당에, 인과관계 메커니즘은 그중 어떤 특성을 실제로 진화시키기로 결정할까? 이에 대해 '즐거움'을 답으로 제시하는 견해가 있다. 일본원숭이는 왜 여가 시간에, 예컨대 원숭이식 칸트 철학책 읽기 대신 동성 교미를 할까? 아무리 짐작해 봐도 번식 성공률을 높이는 일도 아닌데 말이다. 하지만 칸트 읽기와는 달리 성적인 자극은 즐거움을 준다. 따라서 번식에 관련된 중요한 활동을 수행하지 않을 때에는 칸트 읽기가 아니라 성적인 활동이 일어나도록 진화되었다. 비록 "성적인 즐거움이 자연선택에 의해 선택된 까닭은 그것이 개체들로 하여금 번식을 위한 교미에 참여하게끔 북돋우기 위함이긴 하지만 … 성적인 즐거움은 번식을 위한 교미에만 국한되지 않고 번식과 무관한 여러 가지 수단으로도 쓰일 수 있다."[50] 이런 관점에서 보자면, 진화론은 오직 번식과 생존에 영향을 미치는 특성들에만 적용되므로 불완전한 이론이다. 그런데도 진화론은 이 즐거움 원리를 확장하여 중립적인 특성들의 집합 가운데 어떤 특성이 진화될지 또는 진화되지 않을지 설명한다. 동성애는 자연선택이라는 레이더망 아래에서만 그 존재가 드러나는 행위로 여겨지며, 아울러 단지 정서적인 변덕에 따라 일어나는 행위로 치부된다.

나는 이러한 중립 관점을 아직까지는 받아들이지 않는다. 나는 적응주의 학파라는 다른 학파 소속인데, 이 학파에서는 거의 모든 행동과 특성이 생명체에게 이롭게 작용하며 우리의 임무는 그 과정을 밝혀내는 일이라고 본다. 여기서 내 견해를 밝혀본다. 내 경험에서 보자면, 동물들은 한가롭게 노닐 자유시간이 많지 않다. 내가 연구하는 도마뱀들은 하루 내내 바쁘다. 활발하게 먹거나 짝짓기하거나 제 모습을 서로에게 뽐내지 않을 때에라도 먹이를 찾거나 이웃들을 감시하느라 주위를 면밀히 살핀다. 물론 도마뱀들도 가끔씩 잠을 자며, 움직임이 너무 느려 먹이를 잡을 수 없는 추운 날에는 굴속에서 잠을 잔다. 하지만 도마뱀은 시간을 현명하게 쓰며 낭비하지 않는다. 우리는 언제나 동물들을 과소평가한다. 오래전에 우리는 도마뱀을 두고서 마음이 없는 작은 로봇이라고 여겼다. 오늘날 우리가 알아낸 바에 따르면, 그들은 최고경영책임자가 값비싼 컨설턴트를 사서 해결할 정도의 복잡한 결정을 종일토록 내린다.[51] 이런 현장연구 덕분에, 어떤 특성은 쓸모없다는 주장은 받아들이기 어려워진다.

일본원숭이는 어떨까? 매일매일이 천국이고, 진화론적으로 아무 의미도 없는 놀이를 하며 허구한 날 파티만 벌이는 것일까? 일본원숭이는 어째서 그렇게나 행운아인 반면, 불쌍한 우리들은 먹고 살려고 힘겹게 일해야 할까? 내 생각에, 진화상의 우연이라기에는 일본원숭이 암컷의 삶에서 동성애가 차지하는 시간이 너무나 길다.

짐작건대 우리는 그들의 사회체제를 너무 단순하게만 보아왔다. 전통적으로, 만약 A가 B를 공격하여 B가 뒤로 물러나면 A가 B보다 우월하다고 말한다. A가 우월한 동안에는 무엇이든 원하는 것을 다 얻는다고 가정된다. 하지만 이 가정이 언제나 옳지는 않다. 나는 숲속의 바위에 앉아서 약 1인치 길이의 어린 도마뱀이 자신보다 다섯 배나 큰 어느 수컷에게서 영역을 차지하는 모습을 본 적이 있다. 비결은 이랬다. 어린 도마뱀이 큰 도마뱀 영역의 가장자리로 다가간다. 큰 도마뱀이 알아차리고서 달려든다. 어린 도마뱀은 부리나케 달아난다. 일단 진 셈이다. 큰 도마뱀이 원래 자리로 돌아가면 어린 도마뱀이 다시 종종걸음으로 달려온다. 그러면 큰 도마뱀이 다시 달려들어 어린 도마뱀을 쫓아낸다. 이번에도 어린 도마뱀이 졌다. 계속 이런 식으로 반복된다. 다섯 번 쫓아내고 나면 큰 도마뱀이 지쳤는지 더는 어린 도마뱀을 쫓아내지 않는다. 어린 도마뱀이 차지하고자 하는 소중한 땅은 큰 도마뱀이 보기에는 굳이 소란을 일으키며 지킬 가치가 없다.[52] 전체적으로 보면, 어린 도마뱀은 매번 겨루기에서는 졌지만 지배자 수컷의 영역 일부를 얻어냈다. 전투에서는 번번이 졌지만 전쟁에서는 이긴 셈이다. 따라서 서로의 힘겨루기에서 어린 도마뱀이 매번 물러났다고 해서 큰 도마뱀이 어린 도마뱀보다 우월하다고 말한다면 진정한 권력 관계를 제대로 파악하지 못한다. 더욱이 둘 사이의 경쟁이라고 해서 둘만의 공간에서 일어나지는 않는다. 주변의 모든 나무에 도마뱀이 산다. 빤히 보이는 상황이므로 모든 도마뱀이 그 내용을 기억한다. 따라서 둘 사이의 대결이 지닌 의미는 단지 두 도마뱀을 넘어, 보고 있던 모든 도마뱀에게까지 확장된다. 한 사회체제는 개별적인 다툼들의 총합이 아니다.

일본원숭이의 서열 분류는 둘씩 벌이는 다툼의 기록을 조합해서 만들어지는데, 그렇다보니 일본원숭이 사회조직의 실상을 놓치게 될 수도 있다. 여기서 암컷 일본원숭이가 오직 재미 삼아 교미하는지, 아니면 향후의 어떤 이익을 위해 관계망을 형성하는지가 궁금해진다. 만약 동성애가 오직 재미 때문이라면, 왜 STR은 가까운 친척끼리가 아니라 오직 모계 사이에서만 일어날까? 이성애 짝짓기에서는 '근친상간 금기'가 근친교배를 막아준다. 동성애 짝짓기에서는 새끼를 수태하는 일이 없으므로, STR이 친척 사이에서 맺어지지 않을 까닭이 없다. 내가 보기에는, 가까운 친척 사이의 STR은 전략적 가치가 없다. 왜냐하면 가까운 친척끼리는 이미 하나의 유대 관계, 즉 친척 관계 그 자체를 맺고 있기 때문이다. STR은 친척 관계를 넘어서는 유대를 맺는 데에 필요하다. 게다가 만약 동성애가 재미로만 하는 것이라면, 왜 높은 서열 암컷이 낮은 서열 암컷보다 STR를 유지하는 데에 더 큰 책임을 맡을까? 서열은 비물질적이기에, 이때의 STR은 오직 누가 가장 즐길 만한 교미 파트너인가에 의해서만 맺어져야 하지 않을까?

다른 관점으로 살펴보자. 이러한 사회구조를 지배 서열이라고 부른다면 높은 서열 암컷의 권력을 과대평가하는 셈이다. 으뜸 암컷은 지배당하는 이들의 동의하에 지위를 가질까? 으뜸 암컷이 정상의 자리를 유지하기 위해 그들의 지지를 요청하거나 자신에게 투표해달라고 부탁해야 할까? 아마도 높은 서열 암컷은 낮은 서열 암컷들의 지지가 필요할 것이며 STR을 맺음으로써 그들의 우정이 굳건해질 것이다. 만약 이 사회체제가 지배 서열보다 권력의 네트워크에 바탕을 두고 있다면, 암컷이 동성 파트너를 선택하는 것은 서열 사다리의 위쪽으로 오르기 위해서가 아니라 정치적인 네트워크를 넓게 형성하기 위해 적용된 행동이다.

이제야 대결 구도의 윤곽이 드러난다. 중립주의자들은 진화생물학 내의 적응주의자들과 종종 다툼을 벌인다. 하지만 이 논쟁은 금세 끝날지도 모른다. 진화론에는 중립주의 이론과 적응주의 이론이 맞는지 알아볼 매서운 검사가 포함되어 있다.[53] 동성애가 진화론적으로 중립이려면, 단기간의 동성애 관계에 참여하는 암컷이든 참여하지 않는 암컷이든 평생 평균적으로 거의 동일한 횟수의 번식을 해야 한다.

내가 보기에 동성애가 일본원숭이에 한해 선택적으로 중립인 것 같지는 않다. 동성애 STR에 참여하지 않는 암컷은 무리에서 쫓겨나서 죽을 가능성이 높기 때문에 비참한 운명이 기다리고 있을 듯하다. 무리에서 쫓겨나게 되면, 그 암컷은 번식을 많이 할 만큼 오래 살지 못하기 때문에 평생 번식하는 평균적인 횟수가 매우 줄어든다. 그리고 그 암컷이 낳은 어떤 새끼들도 무리의 자원이나 보호를 얻지 못하게 된다. 만약 암컷 사회에 소속되기 위해 STR에 가담해야 한다면, 이 종의 암컷 동성애 섹슈얼리티는 내가 말하는 이른바 사회통합형 특성에 해당된다(9장을 참고하기 바란다). 이 경우 동성애 섹슈얼리티가 필수인 STR에 참여하지 않는 것은 치명적이다.

이제 동성애 섹슈얼리티가 광범위하게 보고된 또 다른 영장류를 살펴보자. 보노보*Pan paniscus*는 그냥 일반적인 영장류가 아니다. 보노보, 즉 피그미침팬지는 침팬지*Pan troglodytes*와 더불어 우리와 가장 가까운 친척이다. 침팬지와 인간 계보는 약 800만 년 전에 나누어졌다. 침팬지 계보는 더 나아가 피그미침팬지와 일반 침팬지로 나누어졌고, 인간 계보는 다양한 형태의 초기 인류로 나누어졌다. 호모 사피엔스*Homo sapiens*가 인간 계보에서 남은 유일한 종이므로, 우리와 가장 가까운 친척으로서 지금도 살아 있는 종은 바로 침팬지. 침팬지◆는 수컷끼리의 권력 게임으로 유명한 반면, 보노보는 암컷끼리의 관계와 섹슈얼리티를 사회적 수단으로 사용하는 면이 돋보인다. 보노보는 비록 잘 알려진 종은 아니지만, 인간의 실제 생활 방식을 알아보는 데에 적잖은 의미를 갖는다.

보노보는 중앙아프리카 콩고의 열대우림 저지대에 사는데 키는 약

◆ '침팬지'라는 용어는 앞으로는 다른 언급이 없으면 일반 침팬지를 가리키고 '보노보'는 피그미침팬지를 가리킨다.

60~90센티미터 사이에다 몸무게는 약 31~38킬로그램 사이이며 머리털은 검다. 수명은 약 40년인데 태어난 지 13년이 조금 넘어서부터 번식을 시작한다. 보노보는 과일, 곤충, 작은 포유류를 잡아먹으며 침팬지와 비교하면 거의 채식주의자에 가깝다. 침팬지가 원숭이를 먹잇감으로 사냥하는 데에 반해 보노보는 그렇지 않다. 사육 환경에서 보노보는 도구를 능숙하게 사용하지만 야생에서는 침팬지보다도 도구를 덜 사용한다. 보노보는 침팬지만큼 영리하며 침팬지보다 더 민감하다. 제2차 세계대전 때 독일이 폭격을 받는 동안, 헬라브룬 동물원에 있던 보노보들은 소음 때문에 죽은 반면, 침팬지들은 아무런 영향을 받지 않았다.

보노보는 성별과 나이가 섞인, 대략 60마리 규모의 무리 속에 산다. 보노보 암컷은 생식기 주위가 분홍색으로 부풀어 오르는 것으로 짝짓기 준비가 되었음을 알린다. 보노보 암컷은 거의 언제나 교미를 허용하는 반면, 침팬지 암컷은 번식 주기에 며칠 동안만 교미를 허용한다. 보노보의 이성 간 짝짓기는 3분의 1이 얼굴을 맞대고 행해지며 3분의 2는 수컷이 암컷에 올라타 앞뒤로 행해진다. 이와 달리, 모든 침팬지의 이성 간 짝짓기는 수컷이 올라탄 채 앞뒤로 행해진다.

보노보 암컷의 동성 접촉은 두 암컷이 서로 얼굴을 맞대고 이루어진다. 한 암컷이 팔과 다리로 파트너에 매달리면, 파트너가 그 암컷을 땅에서 들어 올린다. 두 암컷은 생식기 주위의 부푼 곳을 좌우로 문지르는데, 오르가슴에 달하면 이빨을 드러내 히죽거리며 꽤액 소리를 지른다. 이런 행위는 이른바 생식기 대 생식기 문지르기('GG 문지르기')의 한 형태다. 보노보 수컷의 동성 접촉에서는 두 수컷이 불룩한 부위를 서로 문지른다. 즉, 둘이 등을 맞대고 선 채 한 수컷이 자신의 음낭을 상대편의 궁둥이에 대고 문지른다. 또 다른 자세로 페니스 펜싱penis fencing이 있는데, 이때 두 수컷은 나뭇가지에 얼굴을 맞댄 채 매달려서 서로의 발기된 음경을 함께 문지른다. 보노보는 항문 접촉을 하지 않지만 가끔씩 구강 교미를 하고 생식기를 손으로 마사지하며 강렬한 프렌치 키스도 많이 한다. 이러한 성적인 활동과 더불어 보노보는 심지어 여러 가지 수신호를 개발해 무엇을 좋아하는지를 서로 알린다. 이 신호는 이성 간·동성 간의 성적 접촉에 모두 이용된다.

온갖 성적 활동이 다양하게 마련되어 있다고 해서 보노보의 삶이 난잡한 놀이판인 것은 아니다. 일상생활은 하루 내내 여러 가지 사소한 일들로 이루어진다. 각 암컷은 대략 두 시간마다 GG 문지르기에 참여한다. 성적인 접촉은 약 10~15초 동안 지속되므로 전부 합쳐도 교미에 시간이 많이 걸리지 않는다. 섹스를 통해 아래와 같이 최소 여섯 가지 효과가 뒤따른다.

1. 섹스는 나눔을 촉진한다. 동물원의 사육사가 먹이를 갖고서 보노보에게 다가갈 때, 수컷 보노보는 발기를 일으킨다. 먹이가 던져지기 전에, 수컷은 암컷을 초대하고 암컷은 수컷을 초대하며, 암컷끼리도 서로를 초대해 섹스한다. 섹스 후에 식사가 시작된다. 콩고에 있는 로마코 숲의 야생 환경이라면 보노보들은 무화과가 가득 열린 나무에 오른 후나 동물 먹잇감을 잡은 후에 섹스를 즐긴다. 5~10분의 성적 접촉이 끝난 후에는 모두 앉아서 함께 식사한다. 섹스는 먹이뿐 아니라 필요한 모든 것에 대해 나눔을 촉진한다. 장난감으로 쓰이는 마분지 상자를 동물원의 보노보에게 주면, 보노보들은 상자를 갖고 놀이를 시작하기 전에 서로에게 올라탄다. 이와 달리 대부분의 영장류 종은 상자를 놓고서 실랑이하거나 싸움을 벌인다.

2. 섹스는 서로 다툰 다음에 화해의 수단으로 이용된다. 나뭇가지를 따라 걸을 권리가 누구에게 있느냐를 놓고 실랑이를 벌일 때가 좋은 예다.

3. 섹스는 새로 들어오는 보노보들이 무리 내에서 잘 융화되게 돕는다. 암컷들이 새로운 무리로 들어오면 새로 도착한 이들은 빈번한 GG 문지르기와 털 가다듬기를 통해 기존의 암컷 우두머리와 우호적인 관계를 맺는다.

4. 섹스는 연합체 형성을 돕는다. 암컷 보노보들은 GG 문지르기를 통해 서로 연합체를 이루어, 암컷을 거느리려고 하는 수컷들에 맞선다. 침팬지에게 먹이를 주면, 암컷에게 몫이 돌아가기 전에 수컷들이 다 먹어버린다. 하지만 보노보는 수컷이 있든 없든 암컷은 먹고 싶은 만큼 먹는다. 암컷들은 자신들을 괴롭히는 수컷을 서로 협력하여 내쫓는다.

5. 섹스는 사탕이다. 섹스에 대한 보답으로 암컷은 한 꾸러미의 가지와 잎사귀, 또는 사탕수수를 수컷에게서 얻기도 한다.

6. 아, 잊은 것 한 가지! 섹스는 번식에 이용된다.[54]

왜 동성애가 암컷 보노보 사이에 진화되었을까? 암컷들은 친척 관계가 없는 다른 암컷과도 돈독한 우정을 지속하며, 먹이에 대한 접근을 통제하고 수컷보다 암컷끼리 서로 먹이를 나누어 먹으며, 동맹을 맺어 수컷에게 협공을 펼치거나 심지어 상처를 입히기도 한다. 먹이를 더 잘 통제하고 수컷의 위협이 적기 때문에 암컷 보노보는 그러한 우정을 맺지 않는 암컷 침팬지보다 더 이른 나이에 번식을 시작한다. 번식을 처음 시작하는 나이가 어리니 평생 번식에 더 많이 성공한다.[55] 동성 섹슈얼리티를 비롯한 이러한 사회 체제에 속하지 않은 암컷은 무리의 혜택을 공유하지 못한다. 암컷 보노보는 레즈비언이 아니면 생존이 위태롭다.

이런 이유로 보노보 암컷의 동성 섹슈얼리티는 내가 말하는 이른바 사회통합형 특성에 해당된다(9장을 참고하기 바란다). 암컷 동성애를 진화시킨 원동력은 자원을 통제하는 무리 안에 속할 필요성이다. 이들에게는 무리에 속하지 못하는 것은 거의 치명적이다. 이러한 유대 형태가 이미 마련되어 있다면, 동성애 활동에 참여하기를 반기는 선택은 매우 강하게 작용한다.

보노보와 침팬지는 사회조직에서 흥미로운 대조를 보인다. 신체적으로 둘은 아주 닮은 모습이며, 주요한 차이라고 해봤자 침팬지에게는 턱 밑에 회색 털이 있고 보노보에게는 없는 정도뿐이다. 하지만 침팬지는 수컷이 지배하는 사회이고 보노보는 암컷 중심의 사회다. 이미 살펴보았듯 보노보는 침팬지가 부러워할 수밖에 없는 애정 생활을 누린다.

다른 영장류는 어떨지 궁금하다면, 동성 구애와 짝짓기가 보고된 다른 몇몇 영장류를 소개하겠다. 마다가스카르에 사는 베로시파카*Propithecus verreauxi*라는 여우원숭이는 수컷이 제한적인 동성 짝짓기를 하는데, 우리 연구에서는 전체 올라타기의 최대 14퍼센트에 이른다.[56] 남아프리카에 사는 다람쥐원숭이*Saimiri sciureus*와 흰머리카푸친*Cebus capucinus*과 같은 신세계원숭이들은 동성끼리 생식기 접촉을 한다.[57] 암컷 다람쥐원숭이는 단기간의 성적인 관계를 맺으며 또한 가까운 암컷 '친구'를 사귀어 함께 여행하고 쉬며 때로는 함께 부모 노릇을 한다. 수컷들도 동성끼리 생식기를 보여준다. 암컷들끼리의 올라타기가 매달 한 주 동안 40분에 한 번꼴로 벌어지며, 전체 생식기 보여주기의 40퍼센트가 동성끼리 행해지며, 4분의 1이 암컷끼리 행해진다. 흰머리카푸친은 올라타기의 절반 이상이 동성끼리 행해지며, 특별한 구애 몸짓과 발성이 뒤따른다.[58]

구세계원숭이들의 동성 성 접촉은 매우 많이 기록되어 있다. 이미 살펴본 일본원숭이 외에도 히말라야원숭이*Macaca mulatta*와 짧은꼬리마카크 *Macaca arctoides*가 일상생활의 한 부분으로서 동성애를 한다. 히말라야원숭이는 전체 올라타기의 약 3분의 1을 동성끼리 행하며, 그중 80퍼센트가 수컷끼리 행해진다. 암컷들은 암수 쌍과 마찬가지로 단기간 또는 그보다 조금 더 긴 기간 동안 관계를 맺는다.[59] 짧은꼬리마카크 수컷끼리의 생식기 접촉에는 항문 성교, 삽입, 사정, 서로 간의 구강성교도 포함되며, 동성애 활동이 전체 성 접촉의 25~40퍼센트에 이른다.[60]

아프리카에 사는 노랑개코원숭이*Papio cynocephalus*, 망토개코원숭이*Papio hamadryas*, 그리고 겔라다개코원숭이*Theropithecus gelada*도 동성끼리의 생식기 접촉을 아주 많이 한다. 노랑개코원숭이 수컷들은 온갖 동성 성기 접촉을 하는데, 그 한 예로서 '디들링diddling'을 들 수 있다. 이때 수컷은 서로의 생식기를 애무하는데, 이 행동을 두고 '인사하기'라고 부른다. 어떤 수컷들은 성적인 호의를 서로 나누면서 장기적인 동맹을 맺는다. 노랑개코원숭이들은 서로를 지켜주고 도와주는데, 이들의 연합관계는 여러 해 동안 지속되어 장기적인 관계long-term relationship, LTR를 맺기도 한다. 올라타기의 대략 20퍼센트가 수컷끼리 행해지며 9퍼센트가 암컷끼리 행해진다.

개코원숭이의 일생은 폭력으로 얼룩져 있다. 수컷 노랑개코원숭이들은 암컷에게 교미를 강요하며, 종종 암컷에게 심한 부상을 입힌다. 외부의 수컷이 무리를 차지하면 어미와 젖먹이들을 공격하기도 한다. 이때 암컷을 다치게 하여 유산을 초래하며 젖먹이들을 살해한다. 수컷들은 종종 젖먹이들을 '납치'하는데, 이때 어린 새끼들이 다치기도 한다. 이러한 사회체제에서는 동성 구애가 특히 동맹 맺기를 위한 수단으로 이용된다. 개코원숭이의 경우, 동맹을 맺어 권력과 위세를 행사하는 쪽에게 대항한다.[61] 권력을 잡고 있는 수컷들이 자신들에게 맞서는 낮은 서열의 동맹을 무너뜨리기 위한 시도는 일종의 동성애혐오 형태로 나타난다.

하누만랑구르 *Presbytis entellus*는 인도에 사는 중간 크기의 원숭이로, 젖먹이와 어린 새끼에게 남다른 공격성을 행사하는 것으로 유명하다.[62] 젖먹이들의 전체 죽음 가운데 절반이 어른 수컷의 공격 때문일지 모른다. 이런 폭력에 따른 스트레스는 암컷들이 태아를 자발적으로 유산하는 원인이 된다. 암컷들은 또한 배를 땅에 대고 누르거나 자기 배 위로 다른 암컷이 뛰어오르게 함으로써 낙태를 유도하기도 한다. 암컷들이라고 해서 꼭 모범적인 어미는 아니다. 어미가 젖먹이에게 하는 못된 짓에는 내다 버리기뿐 아니라 매달아 놓기, 떨어뜨리기, 끌고 다니기, 땅에 패대기치기, 물거나 차기, 나무에서 떨어뜨리기 등이 총망라된다. 한 무리 소속의 암컷들이 이웃 무리의 젖먹이를 납치하여 사흘 동안 데리고 있다가 그 새끼의 어미가 나타나면 돌려주기도 한다. 처음 보고되었을 때 이 행동은 논쟁거리가 되었다.[63]

랑구르의 경우 동성끼리의 성적 활동은 오히려 일반적이다. 모든 암컷이 서로에게 올라탄다. 흥미롭게도 암컷은 가까운 친척에게 올라타며(전체 레즈비언 올라타기의 27퍼센트가 배다른 자매끼리 행해진다), 동성애 근친상간은 금기시하지 않지만 이성애 올라타기에서는 근친상간이 금기시된다. 수컷들도 서로에게 올라탄다. 올라타기를 당하는 쪽이 특별한 머리 흔들기 행동을 보임으로써 올라타기를 먼저 유도한다. 때때로 수컷끼리 짝을 이루는데 이 부부 관계는 약 한 달 동안 지속된다. 동성애 올라타기로 관계를 맺은 수컷들은 서로 협력하여 이웃 무리의 수컷들을 공격하기도 한다.

대만의 흰손긴팔원숭이*Hylobates lar*, 말레이반도와 수마트라의 큰긴팔원숭이*Hylobates syndactylus*는 랑구르와 개코원숭이와는 뚜렷하게 다른 원숭이로, 얼마간 이혼 사태가 생기긴 하지만 기본적으로 일부일처제다. 암수 열한 쌍의 긴팔원숭이를 대상으로 6년 이상 진행된 연구에서 다섯 쌍이 갈라섰고 여섯 쌍이 유지되었다. 암컷은 2, 3년마다 네다섯 달 동안 번식을 하고, 동성끼리의 성적 행동은 대체로 번식기에 국한된다. 가정 내에서도 비폭력적인 동성애 행동이 흔히 보인다. 아비와 새끼 수컷들 사이에서 번식기 동안 이성 간의 짝짓기 빈도만큼이나 자주 성적 접촉이 일어나는데, 주로 페니스 펜싱을 통해 오르가슴과 사정으로 이어진다. 긴팔원숭이가 일부일처제이긴 하지만, 이성애 짝짓기의 약 10퍼센트는 짝외교미다. 전체 시스템은 조류의 일부일처제와 흡사한데, 다만 아비와 새끼의 동성 간 성애 행동이 보태진다.[64]

고릴라*Gorilla gorilla*는 한 수컷이 셋에서 여섯 마리까지의 어른 암컷과 여러 새끼로 이루어진 무리에서 살기도 하고, 전부 수컷으로 이루어진 무리에서 살기도 한다. 동성끼리의 성기 접촉은 암컷과 수컷 모두 행한다. 수컷끼리의 동성애 행동 대부분은 전부 수컷만으로 이루어진 무리 안에서 일어난다. 수컷도 파트너를 갖기를 좋아하는데, 어떤 수컷은 오직 한 파트너와 관계를 갖지만 또 다른 수컷은 최대 다섯 파트너까지 관계를 맺는다. 이 수컷들도 새끼 죽이기를 저지르는데, 한 연구에 따르면 이 때문에 젖먹이들의 40퍼센트 이상이 사망한다.[65]

대체로 많은 동성 구애·짝짓기가 영장류에게서 행해진다. 영장류의 가계도를 나무 형태로 그려보면 유형을 알 수 있다. 맨 아랫부분의 줄기가 가지로 처음 나뉘는 곳에서 한쪽으로는 원원류原猿類, Prosimians로, 다른 쪽으로는 유인원類人猿, anthropoid으로 갈라진다. 원원류 가지에는 갈라고원숭이, 여우원숭이, 안경원숭이가 포함된다. 원원류는 발정기에만 동성끼리의 올라타기가 행해지며 동성 구애가 의미 있는 사회적 역할을 한다는 증거는 없다. 유인원 가지는 다시 두 개의 딸림 가지인 신세계영장류와 구세계영장류로 갈라진다. 신세계영장류에는 마모셋, 타마린, 거미원숭이와 같이 물체를 잡을 수 있는 꼬리를 가진 원숭이들이 포함되는데, 이 신세계영장류들은 얼마간의 동성애 행동을 보인다. 동성 구애가 두드러지게 나타나는 쪽은 구세계영장류이다. 구세계영장류에는 일본원숭이, 개코원숭이, 긴팔원숭이, 오랑우탄, 고릴라, 침팬지, 보노보, 그리고 인간이 포함되는데, 이 영장류는 가장 정교한 사회체제를 갖추었다. 이 종들의 경우, 개체들이 복잡한 관계를 맺는데, 이 관계들은 분명히 동성애와 이성애의 성생활을 통해 촉진된다.[66] 영장류의 가계도에 두루 나타나는 이러한 패턴을 통해, 영장류의 동성애는 원원류와 유인원의 주요 가계들이 나누어지기 시작했던 약 5000만 년 전에 비롯된 진화상의 혁명임을 짐작해볼 수 있다.

객관성과 동성애

내가 다룬 동물들의 동성애 논의를 두고서, 마치 리트머스 검사처럼 객관적이겠거니 여기는 사람들도 있을 것이다. 단지 동물들에게서 동성애가 흔하므로 사람에게도 합당하다고 나는 단언하는 것일까? 동물의 동성애가 얼마나 널리 퍼져 있는지, 그리고 그러한 정보가 사람의 동성애를 긍정하는 데에 어떤 관련성이 있는지에 관해 이제 내 입장을 분명히 밝히고 싶다.

앞서 언급했던 대로 나는 인간 행동의 도덕적 평가는 동물들이 무엇을 하는지와는 무관하다고 믿는다. 수컷의 새끼 죽이기가 동물에게서는 흔하기에, 암컷들도 어느 정도 이 위험을 해결하고자 여러 수컷을 짝으로 고른다. 동물에게서 수컷의 새끼 죽이기가 자연스럽다고 해서 결코 인간의 영아 살해가 정당화되지 않는다. 인간의 영아 살해는 나쁜 짓이다. 따지고 말고 할 것도 없다. 이와 달리, 나는 동성애 표현을 인정하는 것이 인간에게 올바른 일이라고 믿는다. 동물들이 종종 동성애를 행하기 때문이 아니라 동성애 표현을 인정함으로써 공정하면서도 생산적인 사회가 이루어진다고 보기 때문이다. 동성애의 도덕적 측면은 이 책의 후반부에 더 자세히 논의하고자 한다. 지금은 동성애의 도덕성을 논할 때가 아니다. 동성애가 동물들에게서 실제로 흔히 일어나는지가 논점이다.

나는 이 장을 시작하면서 두 가지 상반되는 관점을 인용했다. 한 과학자는 동성애가 거의 존재하지 않는다고 할 정도로 드물다고 말한 반면, 다른 과학자는 300종 이상의 척추동물에게서 동성애가 행해진다고 보고했다. 과학적 견해에서 이 정도면 매우 큰 간격이다. 동성애가 거의 존재하지 않는다고 여기는 과학자들은 내가 온갖 데이터를 다 긁어내서 있지도 않은 이야기를 만들어낸다고 느끼리라. 동성애가 흔하다고 여기는 과학자들은 왜 자신의 동료들이 침묵을 지키며 진실을 은폐하는지 의아할 테다. 나는 차츰차츰 첫 번째 과학자 캠프에서 두 번째 캠프로 옮겼다.

이 책을 쓰려고 조사하기 이전에는 나도 동성애가 당연히 드물다고 보았다. 나는 아직도 도마뱀에게서 동성애라고 확신할 만한 짝짓기를 직접 본 적이 없다. 30년 동안이나 도마뱀을 연구했으면서도 말이다. 동성애가 드물다고 하는 이들도 이해가 된다. 내 경험도 그랬으니까. 하지만 이제는 나도 이러한 경험이 잘못임을 안다. 이전에 나는 단성생식(암컷 생식세포(배우자)가 수정을 하지 않고 배아가 형성되어 발달하는 무성생식 방식 중 하나. ― 옮긴이)을 하지 않는 도마뱀의 동성애 교미를 주제로 출간된 문헌을 알고 있었지만, 그 상황은 독립적인 사례가 되기에는 일반적이지 않다고 여겼다. 그래서 검토해보지 않았다. 야생 현장에서 나는 며칠에 한 번씩 도마뱀이 짝짓기하는 모습을 본다. 때때로 나는 암수를 확실히 구별할 수 있다. 하지만 대체로 나는 큰 도마뱀이 수컷이고 작은 쪽이 암컷이라고 가정하는 편이다. 만약 둘이 대략 같은 크기면 어느 하나는 수컷이고 다른 쪽은 암컷이려니 여긴다. 정확히 알아보려면 둘이 짝짓기하는 중에 잡아서 둘을 떼어놓고 나서 손으로 만져보면서 배설강 구멍을 확인해 어느 성인지 조사하면 된다. 하지만 이렇게 하면 무단으로 침입하여 동물에게 혼란과 상처를 줄 수도 있으며, 원래 연구 목적에 맞지 않는 행동을 하는 바람에 시간을 낭비하게 될 수도 있다. 이런 까닭에 오랜 세월 연구했던 종에 대해서도 동성애 짝짓기가 어떻게 일어나는지 모르고 있었다. 분명 다른 많은 과학자도 똑같은 상황이었다. 우리는 제대로 살펴보지 못했던 것이다.

알고 보니 놀랍게도 주요 문헌에 나오는 동성애 관련 기록이 너무나 많았다. 이미 살펴본 일곱 가지 사례, 즉 채찍꼬리도마뱀, 푸케코, 검은머리물떼새, 큰뿔양, 사육 양, 일본원숭이, 보노보는 다수의 연구자가 오랜 세월에 걸쳐 상세히 기록했다. 이 기록을 보면 동성애가 어떻게든 존재한다는 사실이 명백하다. 대략 총 300종 가운데 293종에 대해, 어떤 종들은 동성애 존재 여부가 확인되지 않겠지만 다른 종들은 재확인될 것이다. 오늘날 동성애가 자연의 사회체제 내에서 얼마나 흔한지를 알아내기는 매우 어렵다. 데이터가 수집되어 있지 않거나 성별이 확인되지 않거나, 또는 데이터를 구할 수 있어도 보고되지 않을 때도 있다. 어쨌든 지금 전체적인 결론을 내리자면, 사회체제가 더 복잡하고 정교할수록 동성애가 이성애와 섞여서 나타날 가능성이 더 커진다. 복잡한 사회 내에 있는 동물은 어느 누구나 동성·이성 관계 둘 다를 다루어야 한다. 두 관계 유형 모두 신체 접촉을 통해 맺어지는데, 이 신체 접촉에는 포옹, 털 가다듬기, 생식기 접촉과 더불어 발성, 몸짓 신호, 먹이 나누기와 경고 신호 보내기 같은 행동 등이 포함된다.

동성 섹슈얼리티가 문젯거리인가?

입수할 수 있는 증거를 바탕으로 하여 동성 섹슈얼리티가 이제는 자연스럽고 흔한 현상이라고 가정하자. 이러한 발견이 문젯거리가 되는가? 내가 일상적으로 듣는 질문들을 아래에 소개한다.

동성애는 어떤 기능을 갖는가? 동성 섹슈얼리티는 우정을 촉진한다. 생식기는 즐거움을 주는 감각뉴런이다. 서로의 생식기 뉴런을 자극하면 우호적인 메시지가 전해져 좋은 관계가 맺어진다. 우정이 생기는 목적은 맥락에 따라 달라진다. 우정의 목적은 순수할 수도 있고 위협을 가하기 위해서일수도 있다. 추운 날 밤에 함께 끌어안고 있는 다정한 박쥐들은 순수하다. 으뜸 수컷의 권력을 뺏고자 동맹을 맺는 다정한 박쥐들은 위협을 가하려고 우정을 맺는다. 으뜸 수컷은 이 우정을 막으려고 하는데, 이것이 동성애혐오증으로 비친다.

동성애 유전자가 존재하는가? 이 질문은 실제로 DNA에 관한 물음이 아니다. 동성애가 유전하는지를 묻는 것이다. 동물의 동성애는 어떤 방식으로 분명 유전되긴 하지만, 단일한 동성애 유전자는 존재하지 않는다. 동성애는 복잡한 사회적 행동의 하나인데, 복잡한 특성들은 단일 유전자에 의해 일어나지는 않는다. 이후 논의하겠지만, 인간의 동성애 유전자에 관한 보고는 오류다.

동성애는 진화와 모순되지 않는가? 이 질문은 대체로 동성 섹슈얼리티를 비非번식과 혼동하고 있다. 비번식은 진화상 문젯거리이지만 동성 섹슈얼리티는 그렇지 않다. 둘이 꼭 관련되어 있지는 않다. 비번식자들은 이성애자든 동성애자든 항상 존재한다. 대부분의 종에서는 오직 일부 구성원만이 번식하고 나머지는 번식하지 않는데, 이것은 개체군의 번식편중이 있음을 반영한다. 번식편중이 일어난다는 이유로 해당 개체군에 동성애 성향이 있을 것이라 가정하곤 하는데, 번식편중을 설명하려면 동성 간 생식기 접촉 여부가 아니라 편중을 일으키는 원인을 찾으면 된다. 진화론의 중심 과제는 번식편중이 어디에서 생기는지를 설명하는 것이지 동성 생식기 접촉이 일어나는지를 알아내는 게 아니다.

비록 동성애 성향의 동물 중 일부는 번식을 하지 않지만, 대부분은 번식을 한다. 번식을 하는 동성애 성향의 동물들은 상황에 따라, 번식을 하는 이성애 성향의 동물들보다 번식능력이 낮을 수도, 높을 수도 있다. 번식을 하는 동성애 성향의 동물들은 번식능력과 생존 사이에 균형을 맞추어야 하기 때문에, 번식을 하는 이성애 성향 동물들보다 번식능력이 낮을 수 있다. 자연선택은 평생 낳는 자손의 평균 총생산량을 높이는 특성들에 우호적인데, 이 생산량은 번식능력과 생존 가능성에 따라 달라진다. 동성애 성향 동물들은 우정을 통해 생존 가능성을 높이려고 동성 짝짓기를 증가시키는 전략을

택할 수 있다. 이러한 동성애 전략은 이성 간 짝짓기를 감소시켜 생산력 감소를 초래할지 모른다. 하지만 동성애 전략은 높아진 생존 가능성 때문에, 평생에 걸쳐 평균적으로 보면 이성애 전략만 펼치는 것보다 더 많은 새끼를 낳을지도 모른다.

한편, 번식을 하는 동성애 성향 동물들은 번식을 하는 이성애 성향의 동물들보다 번식률이 훨씬 더 높을 수도 있다. 왜냐하면 동성애로 우정을 맺은 동물들은 이성애만을 행하는 동물들보다 더 많은 자원을 얻을 수 있어서 번식상의 이익을 얻을 수 있기 때문이다. 동성애는 사회통합형 특성이 될 수 있다. 이 경우, 동성애는 번식과 생존을 둘 다 증가시키고, 심지어 번식과 생존 사이의 균형 맞추기를 고려하지 않고서도 자연선택이 선호하는 행동이 될지 모른다. 따라서 동성 섹슈얼리티는 일반적으로든 개별적으로든 꼭 진화와 모순되지는 않는다.

동성애가 진화와 모순을 일으키지 않긴 하지만, 동물들에게 동성애가 널리 퍼져 있다는 사실은 우리가 몸과 사회적 관계를 어떻게 생각하는가 하는 문제에 대해 새로운 관점을 열어준다. 이제부터는 '동성애는 우리 척추동물 친척들의 사회 생활에서 일반적인 구성요소'라는 이러한 인식이 지닌 몇 가지 의미를 살펴보자. 우선 한 가지 의미를 들자면, 지금껏 오직 이성애 관점으로만 해석된 특성들을 이제 재검토할 필요가 있다는 것이다.

생식기의 기하학적 구조

동물을 매혹적으로 보이게 하는, 화려한 깃털을 비롯한 여러 가지 특성을 가리켜 이차성징이라 한다. 짐작하기로 동물들은 이차성징으로 이성을 유혹한다. 어떤 종에서는 동성 섹슈얼리티가 이성 섹슈얼리티만큼이나 중요하므로, 이차성징은 이성 파트너만큼이나 동성 파트너를 유혹하는 데에도 활용될 수 있다. 이차성징의 특별한 예로 생식기의 색깔과 기하학적 구조를 들 수 있다. 많은 사람은 생식기의 최적 설계를 노골적으로 다루기가 어려운지, 대신에 화려한 꼬리 깃털이나 모피나 비늘 같은 안전한 성징에 초점을 맞춘다. 하지만 생식기는 상징적인 중요성을 가진 기관으로서 정자를 전달하는 것뿐 아니라 이성 간·동성 간 사회적 관계를 맺고 유지하는 데에도 기여한다.

즐거움을 느끼는 민감한 뉴런들이 포함된 클리토리스가 왜 질에서 어느 정도 떨어져 있는지는 오랫동안 수수께끼로 남아 있다. 수컷은 주요 성감대가 음경 끝부분이다. 따라서 수컷은 오르가슴을 얻기 위해 질 속에 음경을 삽입할 이유가 충분하다. 이와 달리 암컷은 음경이 삽입되어 있는 동안에도 클리토리스가 자극받지 않을 수 있기 때문에 오르가슴을 느끼지 못할지 모른다. 암컷의 경우 왜 수컷처럼 이성애 교미에서 큰 즐거움을 얻는 생식기 구조가 아닌지 아리송하다.

동성끼리의 짝짓기가 이성끼리의 짝짓기만큼이나 흔하기 때문에 생식기의 기하학적 구조는 이성끼리의 성 접촉뿐만 아니라 동성끼리의 성 접촉을 촉진하게끔 형성되었을지도 모른다. 보노보는 암컷들이 서로 얼굴을 마주 보고 생식기를 옆으로 문지르며 동성애를 즐긴다. 1995년에 저명한 영장류학자인 프란스 드 발은 이렇게 적었다. "앞쪽으로 향한 보노보의 질과 클리토리스는 암컷 생식기가 이러한 (앞쪽으로 향하는) 위치에 적응되어 있음을 강하게 시사한다."[67] 더욱 노골적으로, 저명한 행동생태학자 마를린

주크는 2000년에 이렇게 적었다. "보노보의 클리토리스가 앞쪽에 있는 까닭은 아마도 자연선택이 암컷들 사이에서 흔히 일어나는 생식기 대 생식기 문지르기 동안에 자극을 극대화하는 자세를 선호하기 때문일 것이다."[68] 보노보는 독특하게도 이성끼리의 짝짓기 또한 앞뒤 자세보다는 얼굴을 마주 보는 자세로 행한다. 이로써 보노보 수컷도 앞쪽에 자리 잡은 암컷 생식기의 위치에 적응하고 있음을 알 수 있기에, 생식기의 기하학적 구조는 동성애뿐 아니라 이성애 모두에 알맞음이 분명하다. 암컷의 번식 관점에서 보면, 수컷이 교미를 하기에 충분한 자극을 얻을 수 있는 마당에 굳이 클리토리스 뉴런을 질 근처에 두어 동성 짝짓기가 촉진되는 상황을 만듦으로써 얻을 이익이란 거의 없다. 그런데도 즐거움을 느끼는 뉴런들이 동성 짝짓기를 촉진하여 더욱 효과적인 동성애 유대 관계를 이룰 수 있는 위치에 있으며, 이로써 번식 비용을 굳이 치르지 않고도 전체적인 다윈 적응도가 커진다. 아무튼 정자 전달 이외에 상징적 기능을 비롯한 생식기의 모든 기능을 통합적으로 고려하는 연구들이 뒤따르면, 앞으로 척추동물 전반의 생식기 구조가 밝혀질 것으로 본다.

9장

진화론

젠더 표현과 섹슈얼리티의 다양성은 다윈의 성선택 이론을 무너뜨린다. 하지만 이렇게 말한다고 해서 다윈 저술의 모든 내용이 틀렸다는 뜻이 아니다. 비록 그의 이론 중 한 곳에 심각한 실수가 있긴 하지만, 다윈의 위대한 공헌을 절대 무시할 수는 없다.

아마도 다윈의 가장 중요한 발견은 모든 종이 공통의 조상으로부터 내려온 자손들을 통해 다른 종들과 연결되어 있다는 사실이다. 가장 위대한 존재와 가장 하찮은 존재가 하나의 생명을 공유하고 있음을 간파한 것이다. 다윈은 젊은 시절 비글호라는 항해선을 타고 박물학자로서 여행하는 동안에 이러한 통찰에 이르렀다. 일기를 통해 다윈은 갈라파고스 군도의 동물들을 그가 예전에 들렀던 남아메리카의 동물들과 비교했다.[1] 그는 이렇게 적고 있다. "우리가 보기에, 이 군도는 태평양에 있긴 하지만 동물학적으로 볼 때 아메리카의 일부다. 만약 이러한 특징이 단지 아메리카에서 이주해온 동물들 때문이라면 별로 주목할 점은 없을 것이다. 하지만 우리가 보기에 모든 육상동물의 대다수, 그리고 현화식물의 절반 이상이 토박이다. 아주 놀랍게도 이 군도에 가득한 새로운 조류, 새로운 파충류, 새로운 조개류, 새로운 곤충, 새로운 식물들뿐 아니라 온갖 사소한 세부 구조들, 그리고 심지어 새의 음색과 깃털조차도 파타고니아의 온화한 평지나 칠레 북부의 뜨겁고 건조한 사막의 특징을 보이는 것이 내 눈앞에 생생히 드러나 있다." 다윈은 자신이 토박이라고 부른 동식물들이 갈라파고스에 고유한 종들인데도 남아메리카 종들과 연결되어 있음을 관찰했다.

이어서 다윈은 갈라파고스 군도의 여러 섬에 있는 동물들을 이렇게 비교한다. "50, 60마일밖에 떨어져 있지 않고, 대부분 서로 육안으로 보이며, 완전히 똑같은 돌들로 이루어져 있는 데다, 거의 비슷한 기후를 나타내며, 거의 똑같은 높이로 솟아 있는 섬들이 서로 다른 동식물 분포를 보이리라고는 꿈도 꾸지 못했다. … 이런 표현을 써도 좋다면, 이처럼 작은 불모의 바위섬에 엄청난 규모의 창조적인 힘이 나타나 있다는 데에 놀랐다. 아울러 서로 매우 가까운 지점들에서 다양하면서도 유사한 행동이 나타난다는 사실이 더욱 놀랍다." 여기서 다윈은 종들이 섬과 본토 사이뿐 아니라 섬들 안에서조차 달라진다는 것을 아울러 관찰하고 있다.

오늘날, 어느 누구도 다윈이 구성한 이론을 더 낫게 만들 수는 없으리라. 다윈이 공통 조상을 통한 진화의 개념을 완벽하게 표현했기 때문이다. 그는 단일 개체보다는 동식물의 **개체군**에 초점을 맞추었다. 엄밀히 말해 다윈은 자신이 직접 본 종들이 공통 조상에서 내려온 자손에 의해 서로 관련되어 있다는 결론을 내렸을 뿐인지도 모른다. 비록 요즘에는 단세포 생물체의 엄청난 다양성을 고려한 결과, 한 생명에 둘 이상의 개별적인 기원이 있을 가능성을 배제하지는 않는다. 하지만 사람들에게 일반적으로 익숙한 모든 생명체는 공통 조상에서 내려온 자손을 공유하고 있음이 분명하다.[2]

다윈의 자연선택

다윈의 다음 과제는 어떤 '창조적 힘'이 새로운 종의 다양성을 만들어내는 지를 이해하는 일이었다. 다윈은 자신이 '자연선택'이라고 명명한 어떤 힘이 있음을 간파해내고, 이 힘 때문에 종들은 시간에 따라 변한다고 보았다. 다윈의 자연선택 이론은 전체적으로 옳다. 비록 그 과정에 대한 현시대의 이해는 다윈이 그 이론을 구성하던 방식과 어느 정도 다르긴 하지만 말이다.

농촌에서 살았기에 다윈은 소와 말, 수확을 위한 곡물들, 개, 수탉, 관상용 꽃 등 동식물의 번식에 대해 잘 알고 있었다. 동식물 번식은 매일 행해졌고 분명 기르는 동식물들의 특성을 바꿀 수 있었다. 동식물 번식은 특정 개체들을 골라서 번식시키고 나머지를 제거하는 방식에 기반을 두고 있다. 이 과정은 '인위선택'이라고 불린다. 이는 누구를 살리고 번식시킬지를 자연환경이 아니라 농부가 결정한다는 점을 가리키기 위한 용어다.

다윈은 또한 동시대인인 토머스 맬서스가 진행하던, 인구 성장의 결과에 관한 연구를 알고 있었다. 다윈은 이렇게 적었다. "기하급수적 증가의 원리상 … 생존 가능한 수보다 더 많은 개체가 태어나기에 결국은 생존투쟁이 일어날 수밖에 없다. … 이것은 여러 측면을 지닌 맬서스의 원리를 전체 동식물계에 적용한 결과다."[3] 다윈은 만약 특정한 유형의 개체들만이 혼잡한 조건에서 생존한다면 개체군은 그 생존 개체들의 자손들로 이루어질 것임을 알아차렸다. 그 결과 '자연선택'의 개념이 태어났다. 이것은 자연환경이 누구를 생존시키고 번식시킬지를 결정하는 과정이다. 자연선택이란, 수확을 얻으려는 인위선택이 자연 상태에서 일어나는 과정인 셈이다. 게다가 만약 자연이 서로 다른 곳에서 서로 다른 유형의 개체들을 선택한다면, 그곳의 개체군은 시간의 흐름에 따라 다양하게 나누어지며, 마침내 서로 다른 종으로 구별될 만큼 충분한 차이가 축적된다.

다윈이 처음에 했던 설명이 지닌 기술적인 어려움은 바로 다양성이 어떻게 유지되느냐 하는 문제였다. 다윈은 멘델 유전자에 대해 듣지 못했기에, 어째서 변이가 자연적인 개체군 내에서 사라져버리지 않고 유지되는지를 설명할 수가 없었다. 50년 후에 영국의 개체군 유전학자인 로널드 피셔와 J. B. S 홀데인, 그리고 미국의 시월 라이트가 멘델의 유전 현상들을 통일적으로 설명하는 수학방정식을 사용해 다윈의 자연선택 이론을 구해냈다. 오늘날 모든 진화론 교과서는 초기의 개체군 유전학 이론이 다윈의 자연선택 이론에 어떻게 엄밀한 수학적 근거를 마련해주었는지를 의기양양하게 가르친다.

과학자들은 초기 개체군 유전학자들을 그토록 자랑스러워하면서도 그러한 방정식이 자연선택의 작용 방식을 근본적으로 바꾸기도 했다는 점은 거의 언급하지 않는다. 맬서스의 시나리오에서 '생존투쟁'은 희소한 자원을 차지하려는 경쟁을 강조하면서 자연선택이라는 주제를 공격적인 투쟁으로 만들어버렸다. 하지만 자연선택의 방정식들은 제한된 자원을 차지하려는 투쟁과는 아무런 관계가 없다. 대신, 각각의 유전적 유형은 순純 번식 생산성(번식률×생존확률), 즉 다윈 적응도의 척도와 관련이 있다. 오늘날 자연선택을 가장 잘 정의하자면, 자연적 수확의 점진적 향상을 바탕으로, 생산성이 높은 개체들이 생존하는 경향이라고 할 수 있다. 자연선택에 의한 진화는 심지어 무제한의 자원을 가진 개체군에서도 일어난다. 왜냐하면 어떤 유전적 유형들은 자원의 많고 적음과 관계없이 다른 유형들보다 유전적으로 더 생산성이 높기 때문이다. 어떤 유전적 유형은 협력을 통해 우정을 맺음으로써, 검소해지거나 혁신적으로 변함으로써, 또는 '투쟁'과는 아무런 관련이 없는 여러 전략에 의하여 생산성이 높아질 수 있다. 내가 보기에, 수학적인 자연선택 이론의 중심적인 비유였던 '생존을 위한 아귀다툼식 투쟁'의 개념은 이미 50년 전에 폐기되었는데도, 과학자들은 이런 점을 대중에게 효과적으로 알리지 못했다. 자연에서 실제로 일어나는 일들은 사람들이 상상하는 것보다 훨씬 더 평화롭다.

따라서 다윈의 자연선택 개념은 수정되었을 뿐 아니라 새로운 의미를 띠게 되었고, 이로써 다윈의 이론은 올바른 궤도에 오르게 되었다. 하지만 자연선택에 의한 진화는 오늘날까지도 완전히 확립된 개념이 아니다. 개체들 간의 변이가 어디에서 생겨나는가 하는 문제가 여전히 남아 있다. 이것이 진화생물학 분야의 가장 큰 문젯거리다.

1970년대에 저명한 생물학자인 린 마굴리스는 박테리아 이상의 모든 동식물, 이른바 진핵생물들은 세포 단계에서 진정한 동반자 관계를 맺고 있음을 발견했다.[4] 나는 10대였을 때 생물학 수업 시간에 양파 껍질을 벗기고 그 얇은 껍질을 현미경 아래에 놓고서 처음으로 세포를 바라보던 장면을 생생히 기억하고 있다. 세포가 생물체의 기본 구성요소라고 배웠는데, 바로 그때 양파의 구성요소를 바라보았던 것이다. 하지만 세포가 유일한 구성요소가 아님이 이제는 분명해졌다. 대신, 세포는 많은 소기관이 함께 사는 곳이며, 그 소기관들 중 일부는 과거의 어떤 시기에 따로따로 살게 되었다. 엽록소로 인해 광합성이 일어나는 식물세포 내의 장소인 엽록체는 한때 스스로 살아가던 박테리아였다. 우리가 먹는 음식이 분해되고 에너지로 바뀌는 세포 내의 장소(미토콘드리아)였거나, 아니면 한때는 독립적으로 존재하는 박테리아였다. 양파의 세포들과 아울러 우리 몸의 세포들 속에 있는 유전자들은 핵 속에만 있지 않고, 한때는 자유롭게 살던 세포들 속의 다른 장소에도 있다. 따라서 세포들은 동반자 관계이며 세포 속의 전체 게놈은 이전에는 독립적이었던 동반자들에 걸쳐 나누어져 있지, 핵 속에만 들어 있는 것이 아니다.

생물학자들은 이 동반자 관계가 어떤 의미인지 생각해보기를 꺼려왔다. 만약 우리 몸의 각 세포가 이전에 자유롭게 살던 박테리아들이 공생하는 공간이라면, 우리는 박테리아의 집합체에 지나지 않는다. 우리는 박테리아의 후손일 뿐만 아니라 우리 자신이 **곧** 박테리아다. 이런 생각은 너무나 굴욕적이다. 그리고 세포의 기능은 핵 속에 든 유전자가 자신의 소망을 세포질에 구현하는 단순한 이야기가 아니다. 대신, 애초에 우리 몸의 세포를 구성하는 데에는 세포소기관들 사이의 어떤 협상이 필요했고, 그러한 협상은 지금도 벌어지고 있다. 아마도 핵과 미토콘드리아는 생화학적 논의를 끊임없이 진행하고 있을 텐데, 그 논의가 중단되면 병이 생긴다.

우리 몸의 세포 속에 있는 유전자들 대부분은 사실 핵 속에 들어 있으며, 미토콘드리아와 다른 곳에 들어 있는 소수의 유전자는 예외적이다. 이러한 사실 때문에, 핵이 유전자를 통제한다는 이야기는 아무런 도전을 받지 않고 내려오고 있다. 하지만 이런 이야기가 얼마나 오래 지속될 수 있을까 하는 의문을 품는 이도 있다. 전통적인 개체군 유전학자들은 유전적 변이가 핵 속 유전자의 무작위적인 돌연변이로 맹목적으로 갑자기 일어나며, 자연선택이란 그러한 새로운 유전자들이 혁신적인 적응을 하도록 작동하는 것이라고 여긴다. 이 견해는 핵이 유전자를 제어한다는 이야기를 암묵적으로 받아들인다.

이와 달리, 유전자가 다른 유기체와 협상을 벌인 결과로 생긴다고 가정해보자. 가령, 한 세포가 다른 세포에게 "네 유전자가 조금 필요해"라고 말하자, "알았어. 대신 난 살 집이 필요해"라고 대답하는 식이다. 예컨대 이러한 협력이 바로 산호에서 일어난다. 산호는 히드라와 같은 무척추동물로, 작은 촉수로 먹이를 잡을 수 있다. 하지만 산호는 갈충말zooxanthellae이라는 단세포 조류를 자기 몸속에 기꺼이 받아들인다. 언제나 산호 세포 속의 유전자에는 산호 세포의 핵 속에 든 유전자와 그 조류의 핵 속에 든 유전자가 함께 포함되어 있다. 하지만 산호 속의 갈충말은 육상식물의 엽록체와 달리 언제든지 산호를 떠나 혼자 살아갈 수 있다. 산호-갈충말 관계는 빛이 적어지면 깨지는데, 그러면 산호는 촉수로 잡을 수 있는 먹이만 먹고 산다. 갈충말이 독립적으로 살 때 무엇을 하는지는 아무도 모른다. 갈충말은 많은 변종이 존재하는데, 한 산호 세포 속에 든 전체 유전적 구성은 갈충말의 여러 변종이 포함되는지 여부에 따라 달라진다. 따라서 산호 세포의 유전적 변이는, 전통적인 개체군 유전학 이론의 예상과 달리 단일 유전자들의 맹목적 돌연변이에 의존하지 않는다. 대신, 한 세포는 자신의 게놈을 놓고서 다른 세포와 적절한 협상을 벌일 수 있다.

진화생물학은 게놈의 구성요소가 맹목적인 돌연변이 대신 다른 게놈과의 협상으로 시작된다는 것이 무슨 의미인지를 전혀 이해하지 못하고 있다. 내가 보기에 세포의 기반이 동반자 관계임을 발견한 것은 DNA의 발견만큼이나 중요하다. DNA 이야기는 초등학교 이후로 유전자 제어에 관한 정교한 이야기들을 많이 들어왔기에 사람들이 받아들이기에 비교적 쉬웠다. 하지만 세포 기능에 관한 동반자 관계 이론은 전혀 뜻밖의 것이어서, 과학자들은 이 발견을 대하고서도 어떻게 해야 할지 몰랐다. 이런 상황은 젠더와 섹슈얼리티의 경우와도 비슷하다. 그 분야에서도 발견 결과에 대해 아무도 준비가 되어 있지 않은 데다, 협력 관계가 과소평가되어왔다.

따라서 자연선택이 다양성을 낳는 창조적인 힘이라고 보는 다윈의 이론은 진화론의 주요 개념으로 계속 유지될 것이 확실할 듯하다. 비록 변이의 원인에 대해서는 논의가 계속되겠지만. 이와 달리 다윈 이론의 세 번째 요소인 성선택 이론은 내가 보기에는 역사의 뒤안길로 사라져야만 한다.

다윈의 성선택

한 분야의 주요 이론에 의혹을 제기하기란 나로서도 부담스럽다. 하지만 내가 보기에 다윈의 성선택 이론에 나타나 있는 자료상의 문제점들은 쉽사리 무마될 수 없을 듯하다. 또한 나는 이 이론이 사회적 불평등을 촉진했을 뿐 아니라 그 이론을 버림으로써 전반적으로 우리가 과학적·윤리적으로도 더 나아지리라고 믿는다. 성선택 이론에 대한 전면적인 재검토를 요청한 사람은 결코 내가 처음이 아니다. 나는 인도원숭이의 암컷선택에 관한 세라 허디의 용감한 연구에서 비롯되어 오늘날까지 퍼트리샤 고워티의 저술과 실험실, 현장 연구에서 이어지고 있는 전통을 따를 뿐이다.[5] 굳이 밝히자면, 나는 성선택 이론의 전면적인 폐기를 요청하는 면에서는 이 학자들보다 더 극단적이다.

다윈의 성선택은 진화생물학에서 젠더를 다룬 최초의 보편적 이론이다.[6] 다윈은 자신의 경험적 연구를 바탕으로, 수컷과 암컷이 거의 보편적인 틀을 따른다고 주장했다. 그는 이렇게 적었다. "거의 모든 동물의 수컷은 암컷보다 열정이 더 강하다." 아울러, "암컷은 … 아주 드문 예외가 있긴 하지만 수컷보다 열정이 약하며 … 수줍어한다."

다윈은 수컷과 암컷이 왜 이러한 보편적 틀을 따르는지를 설명하기 위해 성선택 이론을 내놓았다. 수확을 얻기 위한 인공 번식이 자연선택의 모형이었던 반면, 보여주기를 위한 인공 번식이 성선택의 모형이었다. 다윈의 주장에 따르면, 농부와 마찬가지로 암컷은 뽐내는 정력적인 수컷을 선택한다고 한다. 암컷이 고르는 수컷의 조건에 대해 그는 이렇게 적었다. "정력적이며 잘 무장한 수컷 … 닭싸움에서 이기는 새들을 선택함으로써 싸움닭의 번식을 향상시킬 수 있는 것과 마찬가지로 … 가장 강하고 가장 정력적인 수컷이나 가장 좋은 무기를 갖춘 수컷들이 … 종의 향상을 이루어냈다." 또한 아름다움도 한 요소가 될 수 있었다. 특히, "공작의 많은 암컷 조상이 분명 … 계속해서 가장 아름다운 수컷을 선호했기 때문에, 공작은 현생 조류 가운데 가장 멋진 새가 되었다." 따라서 다윈은 수컷이 어떤 보편적인 모습을 띠게 되는 까닭은 암컷이 그러한 수컷을 보편적으로 원했기 때문이고 그 결과 그 종이 더 나아진다고 상상했다.

더 나아가 다윈은 동물의 사회 생활에 대한 보편적 틀을 다음과 같이 제시했다. "확실히 거의 모든 동물에게는 암컷을 소유하기 위한 수컷들 사이의 투쟁이 있다. … 가장 강하고 가장 무장을 잘 갖춘 수컷들이 … 더 건강하고 영양을 잘 섭취한 암컷들과 결합한다. … (그리고) 분명 이런 암컷이 발육이 뒤쳐진 암컷보다 새끼들을 더 많이 기른다. 발육이 뒤쳐진 암컷은 투쟁에서 패한 덜 강한 수컷들과 결합할 수밖에 없다." 이 글에서 다윈은 경멸적이게도 한 종 내의 다양성을, 우월한 개체들에서 시작해 '발육이 뒤쳐진' 개체들로 내려가는 위계 구조로 보았다. 이 견해는 다양성을 억압하는 엘리트주의적 발상으로, 약하고 병든 개체들의 솎아내기를 강조하고 수컷의 암컷 지배가 자연스럽다고 여긴다. 하지만 이 초기 저술에서 다윈은, 각 종이 자연에서 특별한 생태적 위치를 차지한다고 상상하면서, 한 생태공동체 내의 여러 종에 걸쳐 나타나는 다양성은 우호적으로 여겼다. 종 내의 다양성과 종 사이의 다양성에 대해 이처럼 명백히 상반되는 다윈의 태도는 생물학과 의학에서부터 정치와 법에 이르기까지 오늘날의 우리 사회를 곤경에 빠뜨리고 있다.

하지만 다윈이 다양성을 완전히 무시했던 것은 아니다. 보편주의적 주장과 더불어 일반적 패턴에 대한 '예외'도 인정했기 때문이다. 어떤 종은 수컷이 경쟁자를 물리쳐서 암컷을 '획득'한다. 다른 종은 암컷을 일방적으로 얻지 않고, 그 대신 암컷에게 선택을 허용한다. "아주 많은 경우 경쟁자를 물리친 수컷은 암컷의 선택과 무관하게 암컷을 소유하지는 않는다." 그런 경우에, "암컷은 … 더 장식이 화려한 수컷, 또는 노래를 가장 잘 부르거나 우스꽝스러운 짓을 가장 잘하는 수컷과의 짝짓기를 선호한다. … (그리고) 동시에 더욱 정력적이고 활기가 넘치는 수컷을 선호한다." 하지만 어떤 종에서는 수컷과 암컷이 평등하며 수컷이 암컷을 선택하는 일은 암컷이 수컷을 선택하는 일만큼이나 중요하다. 다윈은 이렇게 적었다. "매우 드문 사례이긴 하지만 수컷들이 … 경쟁자를 물리친 … 특정 암컷을 선택할 때에는 매력적일 뿐 아니라 건강한 암컷을 골랐다." 다윈은 경험 많은 박물학자답게 짝짓기 행동의 다양성을 알고 있었지만, 이러한 다양성을 다룰 때 잘생긴 전사의 이야기는 칭송하고 그 밖의 다른 내용은 예외로 취급해버렸다. 다윈은 '예외'가 왜 일어나는지, 또는 종들의 성별 사이에 왜 권력 관계가 달라지는지는 설명할 시도조차 하지 않았다. 이러한 다양성에다 예외라는 꼬리표를 붙여버리고 더는 설명할 필요성을 못 느꼈던 것이다.

다윈은 또한 많은 동물이 하나의 단순한 성 이분법을 따르지 않는다는 사실도 인정했다. 다윈은 동시적 자웅동체인 따개비를 자세히 연구했으면서도 그 연구결과를 자신의 이론에 적용시키려 하지 않았다. 대신, 따개비와 같은 종들은 제쳐두고 모든 나머지 종은 암컷과 수컷에 대한 보편적인 틀을 따른다며 아래와 같이 단언했다. "대체적으로 성이 구별되어 있는 거의 모든 동물은 수컷이 암컷을 소유하기 위해 서로 끊임없이 투쟁을 벌인다."

마찬가지로 다윈은 성 역할 뒤바뀜을 알고 있었지만, 다음 글처럼 그러한 뒤바뀜은 드물다는 말 외에는 아무런 설명도 내놓지 않았다. "조류의 경우 각 성에 합당한 정상적인 역할이 완전히 뒤바뀌는 경우가 가끔씩 있다. 즉, 구애할 때 암컷이 더욱 적극적인 반면, 수컷은 비교적 소극적인데도 더욱 매력적인 암컷을 선택하는 듯하다. … 따라서 어떤 조류의 암컷은 수컷보다 더욱 힘이 세고 호전적일 뿐 아니라 더욱 화려하고 장식을 많이 한다." 화식조, 에뮤, 나무발바리, 쏙독새의 성 역할 뒤바뀜을 살펴본 다음에 다윈은 이렇게 결론지었다. "대부분의 조류 수컷이 보이는 습성을 우리의 안내자로 삼아 … (암컷)은 수컷을 소유하기 위해서 … 경쟁 암컷을 내쫓으려 노력한다. (여기서) 수컷은 밝은 색과 장식 또는 발성이 가장 매력적인 암컷들에게 가장 큰 매력과 흥분을 느꼈다. 암컷의 매력을 차츰 추가하면 성선택 이론은 제대로 작동하게 된다. 수컷과 새끼들은 이 이론에서 제외되는 것이 아니라 약간 수정될 뿐이다." 새끼를 기를 때 수컷이 암컷보다 더 많은 투자를 함으로써 성 역할 뒤바뀜이 일어난다는 '설명'이 심지어 오늘날에도 통용되고 있다. 하지만 아직까지 어떤 이론도 이러한 성 역할 이분법의 전도가 언제 일어나는지를 설명하지 못했다.

　다윈은 '자연에서 발견되는 동성 섹슈얼리티나 젠더 다양성은 대안적인 번식 전략과 생존 전략이 각 성 내에서 공존함을 의미한다'라고는 인식하지 못한 듯하다. 더욱이 다윈은 번식과 직접 관련이 없는 짝짓기가 어떤 기능을 갖는지도 전혀 고려하지 않는다. 하지만 다윈은 난자와 정자의 상대적 비용에 바탕을 둔 부모로서의 투자에 관한 이론을 다음과 같이 예측했다. "암컷은 난자를 만들기 위해 많은 유기물질을 소비하는 반면, 수컷은 경쟁자와 격렬히 싸우고 암컷을 찾으러 돌아다니고 목소리를 질러야 하는 등 많은 힘을 소비한다. … 전체적으로 두 성이 소비하는 물질과 힘의 양은, 비록 방식과 비율이 매우 다르게 작용하긴 하지만, 거의 동일하다."

　다윈은 물리적 환경에서의 생존에 대부분 기여하는 특성들과 사회적 환경에서의 번식에 대부분 기여하는 특성들을 구별했다는 점, 그리고 여러 가지 예외를 인정했을 뿐 아니라 오늘날에도 이용되는 많은 개념을 예측한 점에서는 공로를 인정받아야 마땅하다. 다윈은 또한 암컷에게 진화론상의 지위를 부여한 점에서도 공로를 인정받아야 한다. 심지어 암컷이 선택이라는 행위를 할 수 있는지도 당시에는 논쟁거리였다. 하지만 다윈은 이렇게 적었다. "암컷은 자신의 정신적 능력이 선택을 행사하기에 충분하다면 여러 수컷 가운데서 하나를 선택할 기회가 있다. … 의심할 바 없이 이는 원래 그럴 능력이 전혀 없다고 여겨졌던 암컷들 쪽에서도 분별력과 취향이 있음을 암시한다. 사실 자료를 통해 … 바라건대 … 암컷에게도 실제로 이러한 능력이 있음을 밝히고 싶다."

　그렇다면 우리는 다윈의 성선택 이론을 어떻게 바라보아야 하는가? 문제의 핵심은 그 이론의 밑바탕에 깔린 은유가 올바른지를 밝히는 것이다.

사회적 맥락에서 행해지는 선택은 인위선택의 자연계 버전으로서, 보여주기 위한 목적으로 행해질까? 동물의 사회적 삶은 매력적이고 잘생기고 건강한 전사형 수컷을 찾는 신중한 안목을 지닌 처녀 암컷들로 이루어져 있을까? 수컷들 사이의 사회적 역학 관계는 암컷의 소유를 둘러싼 싸움에만 국한되어 있을까? 한 종 내의 다양성은 유전적 우월성의 위계를 반영할까?

오늘날의 성선택 이론은 다윈의 성선택 이론보다 조금은 나을까? 그렇지 않다. 오늘날의 이론은 새로운 실수를 덧보태는 바람에 오히려 상황을 더 악화시킨다. 즉 다윈이 실제로 조성해놓은 수컷의 자만심을 더 교묘히 변형했다. 오늘날의 버전에 따르면, 정자가 값이 싸기 때문에 수컷은 암컷보다 더 문란할 수밖에 없고, 따라서 수컷은 자신의 정자를 수정시킬 난자를 늘 이리저리 찾아다닌다고 한다. 한편 암컷은 난자가 비싸기 때문에 까다로울 수밖에 없고, 따라서 암컷은 열등한 수컷의 나쁜 유전자와 섞이지 않도록 자신들이 비싸게 투자한 난자를 지켜야만 한다. 그러나 수컷은 종의 멸망을 초래하는 번식의 중단이 일어나지 않도록 암컷의 저항을 압도할 능력을 본디 부여받았다고 한다. 사실, 다윈의 저술은 비싼 난자 대 값싼 정자 원리를 인정하지 않는다. 오늘날의 성선택 문헌들은 다윈이 저지르지 않았던 실수를 해명하는 데에 바탕을 두고 있다. 다윈은 각 성이 평생 동안 번식을 위한 노력에 들이는 총 에너지가 동일하다고 보았으니 말이다.[7]

현재 이론의 두 번째 실수는 속임수를 진화론상의 원리로 격상시킨 데에 있다. 다윈은 암컷에 대한 통제를 확보하려는 다툼이 수컷들 사이의 보편적 사회 역학 관계라고 주장했다. 따라서 협력 관계, 특히 동성 구성원들 사이의 협력 관계는 다윈이 보편적이라고 주장하는 사회적 틀이 잘못된 개념임을 시사한다. 이에 대처하려고 현시대의 이론은 속임수 개념을 상정한다. 오늘날의 성선택론자들은 성적인 흉내내기, 암컷 흉내내기, 알 흉내내기 등 '흉내내기' 이론을 남발해왔다. 이러한 유형의 흉내내기를 상정함으로써, 싸움과 갈등은 기본적인 기조가 유지되면서도 지하로 숨어들어 게릴라전으로 변하게 되었다. 하지만 어떤 흉내내기도 다른 동물을 속여 넘긴다는 점이 결코 밝혀지지 않았다. 그러므로 이러한 정황에 따르면, 동물들은 무슨 일이 일어나는지 사실은 훤히 안다는 말이 된다. 성선택론자들이 제시한 자연의 모습은 아름답지 않을 뿐 아니라 올바르지도 않다.

다윈은 식민 군대를 미화하고 정숙한 아내에게 소극적인 성 역할을 강요하던 사회에서 자신의 이론을 잉태했다. 현시대에도 일부 과학자들은, 성적인 능력을 선전하고 이리저리 추파를 던지는 성향을 정당화하며 암컷의 관점을 무시하려는 욕망에 사로잡힌 나머지, 정확성에 대한 비판이 제기되는데도 성선택 이론을 계속 떠받들고 있다.

성선택의 오류

현대 성선택 이론의 예측은 다음과 같다. 사회적 진화를 통한 표준적인 결과는, 매력적이고 잘생기고 건강한 전사형 수컷과 짝을 이루는 신중한 안목을 지닌 처녀 암컷이라는 것이다. 따라서 이 표준에서 벗어나는 것은 어떤 특별한 주장을 끌어들여서라도 반드시 해명이 되어야 한다. 하지만 우선, 이러한 예측을 하는 이론이 과연 옳을까? 얼마나 많은 예외가 있어야 성선택 이론이 그 자체로 의심을 받게 될까?

이제 잔을 탁자 위에 올려놓을 때가 되었다. 성선택 이론이 분명히 오류임을 선포하고 예외를 하나씩 성선택 이론의 틀 속에 억지로 끼워 맞추는 일을 그만둘 때가 되었다는 말이다. 우리는 성선택 이론이 부정확할 뿐 아니라 부적합하다는 사실을 직시해야 한다. 그러지 않는다면, 성선택 이론이 아무런 오류가 없고 반박을 받지 않아도 된다고 여긴다는 뜻이다.

성선택 이론의 보편적 주장은 옳지 않다. 수컷이 보편적으로 활발하지도, 암컷이 보편적으로 수줍어하지도 않는다. 수컷 사이의 사회적 역학 관계가 보편적으로 암컷을 통제하려는 투쟁인 것도 아니다. 수컷 사이의, 그리고 암컷 사이의 다양성은 유전적 우월성의 위계구조에 보편적으로 들어맞지도 않는다. 게다가 성선택 이론은 몸과 행동, 그리고 실제로 존재하는 생활사를 제대로 다루는 데에 부적합하다. 다윈은 굳이 자신이 알아낸 예외들을 설명하지 않았다. 또한 젠더와 성의 다양성에 관한 데이터가 계속 축적되면서, 애당초 오직 일부 사실들만을 언급했을 뿐인 성선택 이론은 점점 더 부적합한 이론이 되고 있다.

그러면 실제 종들이 성선택 이론의 표준과 다름을 밝혀주는 여러 방식을 열거해보자.

1. 몸은 이분법적 모형을 따르지 않는다. 생식세포의 이형성二形性, dimorphism이 이분법적인 몸 유형을 의미하지는 않는다. 많은 종의 개체들은 삶을 지속하기 위해 난자와 정자만을 만들지는 않는다. 대부분 종에서 '수컷'과 '암컷'의 몸은 구분할 수 있을 정도로 뚜렷한 차이를 보이지 않는다. 성선택 이론이 많은 종에 적용되지 않는 까닭은 이 이론이 상정하는 뚜렷이 구별되는 수컷과 암컷 개체가 그러한 종에 존재하지 않기 때문이다. 이 점은 다윈도 인식하고 있었다.

2. 젠더는 이분법적 모형을 따르지 않는다. 생식세포의 이형성은 또한 젠더 역할의 이분법을 의미하지 않는다. 두 성은 비록 별개의 몸에 자리 잡고 있더라도, 형태적 특징, 행동 역할, 그리고 성이 표현된 몸의 생활사에 따라 두 젠더보다 더 많은 젠더를 가질 수 있다. 하나, 둘, 그리고 세 가지 수컷 젠더와 더불어 하나 또는 두 가지 암컷 젠더를 가진 사회들이 광범위하게 보고되었다. 하지만 성선택 이론은 두 가지 젠더에 관한 이론이다.

3. 성 역할은 뒤바뀔 수 있다. 성 하나에 젠더 하나를 갖는 뚜렷이 구별되는 수컷과 암컷 몸이 존재하더라도, 이 젠더들이 수행하는 행동 역할은 성선택 이론이 기대하는 것과 정반대일지 모른다. 실고기와 자카나는 다른 후생동물 종들과 마찬가지로 정자가 매우 작고 난자가 크다. 하지만 수컷이 제공하는 부모로서의 투자는 암컷의 투자를 능가하는데, 이로써 작동 성비가 뒤바뀌므로 결국 암컷들이 수컷을 얻기 위해 서로 경쟁하게 되고 수컷이 암컷을 선택하는 결과가 생긴다. 오늘날의 확장된 성선택 이론은 물론이고 다윈의 원래 이론도 언제 이런 상황이 생기는지를 전혀 예측하지 못한다.

4. 정자는 값이 싸지 않다. 저명한 영장류학자인 메러디스 스몰에 따르면, "인간 이외의 영장류들은 오늘날 많은 미국 여성이 이미 아는 바를 우리에게 알려준다. 때때로 데이트를 얻어내기가 매우 어렵다는 진실 말이다. 암컷 히말라야원숭이와 개코원숭이는 종종 수컷에게 선물을 보낸다. 이것은 암컷이 그 수컷에게 호감이 있어서 짝짓기 상대로 선택하겠다는 분명한 신호이건만, 수컷은 이 신호를 걸핏하면 외면한다. 사자꼬리마카크 암컷, 특히 성장기가 거의 끝난 암

컷들이 이런 외면을 함께 당한다. 이 종은 암컷이 교미의 거의 70퍼센트를 먼저 시작하지만 59퍼센트만 올라타기로 이어진다. 정자가 그토록 저렴한데도 수컷들이 왜 암컷의 유혹을 거절하는지는 확실치 않다. 수컷은 종종 발정기의 암컷들까지 외면한다."[8] 정자가 그토록 값싼데 수컷은 왜 성선택 이론의 예상과 달리 교미 제안을 거부할까? 잠자리 함께하기는 그 자체로 의미가 있기 때문이다. 동물의 섹스는 은밀히 진행되지 않는다. 짝짓기는 공적인 상징이다. 동물계의 '뒷소문' 때문에 누가 누구랑 자는지를 모두 알게 된다. 따라서 짝 선택을 포함하여 수컷이 행하는 선택은 여러 관계를 다루고 공표하는 역할을 한다. 수컷은 새로운 암컷을 받아들임으로써 생기게 될 사회적 의무를 달가워하지 않을지 모른다.

5. 암컷은 '훌륭한 유전자'를 선택하지 않는다. 암컷은 여러 가지 이유로 짝을 고르지, 성선택 이론에 따라 수컷에게 있다고 짐작되는 훌륭한 유전자를 얻으려 한다는 이유로 짝을 고르는 일은 거의 없거나 아예 없다. 서열이 낮은 수컷의 새끼들이라고 해서 서열이 높은 수컷의 새끼들과 능력이 별반 다르지 않다. 암컷은 새끼를 돌봐주겠다고 약속을 지키는 수컷을 선택하여 자식들의 안전을 보장하려고 여러 수컷 사이에 아비를 분배한다. 수컷의 신체적 특성들은 새끼들에게 훌륭한 가문의 신체적 표지를 갖추게 하기 위한 것일 뿐 매력적인 모습을 얻기 위함이 아니다. 암컷은 새끼들이 오래된 유전자 클럽에 속할 수 있도록 해준다.

6. 가족의 규모는 협상을 통해 정해진다. 난자와 정자 생산은, 성선택 이론의 예상과 달리, 꼭 서로 무관하게 이루어지지는 않는다. 수컷

은 정해진 개수의 난자를 수정시키려고 이리저리 돌아다니지 않아도 된다. 수컷과 암컷은 암컷이 생산하는 난자의 개수를, 만약 암컷 혼자 새끼들을 키워야 할 때 생산할 개수보다 더 늘리기 위해 협상을 벌일 수 있다. 게다가 수컷은 자신이 수정시키는 난자가 성공적으로 자라도록 보장해야 한다. 부모로서의 새끼 돌보기를 잘하게끔 협상이 이루어진다면 수컷이 정자를 얼마나 많이 생산하느냐 하는 문제는 중요하시 않다.

7. 사회적 속임수는 증명되지 않았다. 성선택 이론에 필요한 속임수는 전혀 증명되지 않았다. 과학자들이 성적인 흉내내기와 알 흉내내기 같은 사회적 속임수의 범주를 많이 만들어내긴 했지만, 모방 특성이 사회적 상징이 아니라는 것이 증명되지는 않았다. 아마 동물들은 이따금 서로 거짓말을 할 테지만, 생물학자들은 아직 거짓말을 포착해내지 못했다. 따라서 진실이라고 가정해야 타당하다.

8. 동성 섹슈얼리티는 흔하다. 동성 섹슈얼리티는 성선택 이론에 모순되기에, 이 이론에 따르면 동성애의 존재는 일탈 행동 또는 속임수로 치부하여 설명할 수밖에 없다. 하지만 척추동물의 동성 섹슈얼리티에 관한 광범위한 기록은 성선택 이론과 상충되며, 이 기록으로 볼 때 동성애의 존재를 더는 부정할 수 없다.

9. 짝짓기의 주목적은 정자 전달이 아니다. 이성애든 동성애든 짝짓기의 목적은 정자 전달보다는 관계를 맺고 이어가는 측면이 더 크다. 성선택 이론에서는 짝짓기가 주로 정자 전달을 위한 것이어야 하지만, 실제로 일어나는 짝짓기의 양은 수태만을 위해 필요한 양보다 100~1000배 더 많다.

10. 이차성징은 이성애 짝짓기만을 위한 것이 아니다. 성선택 이론은
    이차성징의 의미를 이성애 짝짓기에 국한한다. 동성애 짝짓기가 흔
    한 종에서는 생식기의 기하학적 구조를 비롯한 이차성징은 동성애
    짝짓기를 포함한 모든 유형의 짝짓기를 촉진하기에 알맞도록 형성
    된다.

성선택 이론이 지닌 문제점이 너무 많다 보니 허점들을 다 막아낼 수가
없다. 사소한 허점이라면 고칠 수 있지만, 이처럼 많은 허점은 수리가 불가
능하다. 성선택 이론은 광범위한 동성애가 발견되기 오래전부터 허점이 드
러나고 있었지만, 그 이론에 최후의 일격을 가한 것은 바로 동성애다.

성선택 이론의 무비판적 수용으로 동물들의 협력이 과소평가되었고,
이 때문에 어쩔 수 없이 과학자들은 생명체들 사이의 모든 상호작용을 어느
정도 경쟁적인 것으로 해석하고 말았다. 과학적인 관점에서 볼 때, 성선택
이론은 주장이 올바르지 않은 데다, 심지어 그 확장 이론조차도 몸, 젠더, 섹
슈얼리티와 생활사의 다양성을 설명할 수 없다.

무엇보다도 중요한 점을 말하자면, 성선택 이론은 다양성을 억압한다.
성선택 이론은 수컷끼리의 경쟁을 나약한 개체를 솎아내는 활동으로 여기
며, 암컷선택이란 수컷끼리의 경쟁에서 이긴 수컷과 잠자리를 함께하여 새
끼들이 훌륭한 유전자를 물려받기 위한 수단이라고 본다. 부당하게도, 이러
한 퇴보적이고 엘리트주의적인 견해는 유전자 풀의 다양성이 대부분 나쁜
유전자, 즉 수컷이 반드시 제거해야 하고 암컷이 피해야 하는 유전자들로
이루어진다고 여긴다.

오염된 성선택 이론

성선택 이론은 오랫동안 군림하면서 윤리적으로 의심스러운 젠더 고정관념을 영속화시켰는데, 이 고정관념은 여성을 비하할 뿐 아니라, 젠더 표준으로 자리 잡은 이성애 성향 수컷으로 인정받지 못하는 다른 모든 이도 비하했다. 성선택 이론이 과학적으로 틀렸다고 밝히기를 주저하는 바람에 과학자들은 현시대 진화심리학자들의 저술에서 보이듯 이 이론이 야기한 부당함을 지속시켰다.

진화심리학자는 오늘날 성선택 이론의 값싼 정자-비싼 난자 원리를 확장하여 인간의 욕망을 '설명'하고 있다. 한 심리학자는 이렇게 적고 있다. "진화 역사상 과거에 여성들은 섹스 결과에 대해 엄청난 투자 위험을 떠안았기에, 짝 고르기에 매우 신중한 여성들이 진화과정에서 선호되었다. … 인간의 진화사에서 남성은 고작 몇 시간을 손해 보고 임시로 맺은 관계에서 벗어날 수 있었다. … 진화사에서 여성 또한 임시로 맺은 관계에서 벗어날 수 있었지만, 만약 그 결과 임신하게 되면 그 결정에 대한 대가를 여러 달, 여러 해 심지어 수십 년 후에도 감당할 수밖에 없었다."[9] 이 견해는 모성이 그 자체로서 바람직한 목적이 아니라 섹스에 대한 일종의 처벌임을 암시한다. 만약 여성이 진실로 임시로 맺은 관계에서 남성보다 더 심각한 결과를 감당해야 한다고 해도, 아이 돌보기의 사회적 불평등이 존재함을 드러낼 뿐, 난자와 정자의 크기와 같은 보편적인 차이를 드러내지는 않는다. 그렇다면 심리학자들이 어떤 식으로 젠더 불평등을 자연스러운 것으로 만들려고 하는지 알아보자.

또 다른 심리학자는 이렇게 적고 있다. "짝짓기 전략의 차이는 새끼를 낳는 데에 필요한 최소한의 '부모로서의 투자'로 거슬러 올라간다. 우리 종은 새끼를 낳는 데에 필요한 부모로서의 투자가 암컷에게 훨씬 더 많이 요구된다(암컷은 열 달인 반면, 수컷은 몇 분). 암컷이 평생 최대 20마리의 새끼를 낳을 수 있다고 할 때, 비교적 많은 수의 수컷과 섹스하는 것은 적응에 이롭다고 할 수 없다. 일반적으로, 새끼 기르기에도 참여하면서 좋은 유전자도 지닌 수컷을 신중하게 선택함으로써 각 새끼 당 더 많은 투자를 하는 편이 훨씬 더 낫다. 수컷은 생식 능력이 있는 많은 암컷과 성관계를 맺음으로써 피임 도구를 활용할 수 없던 고대 때부터 번식 성공률을 높일 수 있었다."[10] 난잡한 성행위에 자연의 권리를 부여해준 것과 별도로, 위의 인용문은 또한 번식 목적이 아닌 섹스가 콘돔의 발명을 기다려왔음을 시사한다. 우리 영장류 친척들의 행동을 언급하지 않더라도, 그리스 도자기에 그려진 그림만 보아도 번식 목적이 아닌 이성애 체위가 많이 표현되어 있다.

위의 인용문들을 통해, 그냥 내버려두었으면 오류로 치부되고 말았을 다윈의 이론이 어떻게 심리학자에 의해 오염되면서 자극적인 판타지로 바뀌었는지를 알 수 있다. 심리학자들이 생물학적 진리라고 단언하는 주장들이 마침내 전문적인 진화생물학자들의 관심을 받게 되었는데, 이들은 전문가답지 않게 그런 주장들을 격렬히 반박하고 있다. 매우 뛰어난 실험 개체군 유전학자인 제리 코인은 이렇게 적고 있다. "진화심리학자들은 이론과 게으른 추측을 일상적으로 혼동한다. … 진화심리학은 … 굳건한 과학적 토대가 완전히 결여되어 있다." 진화심리학의 "이야기들은 과학으로 인정되지 않고 동의를 얻어낼 자격이 없으며, 심지어 대중의 존경을 받을 자격조차 없다."[11]

왜 저토록 과격한 반박이 생겼을까? 강간의 자연스러움을 다룬 최근에 발표된 또 하나의 이론도 진화생물학에 바탕을 둔 듯하다.[12] 이 이론은 '일 반적인 방법'으로 짝을 찾을 수 없는 남자는 강간을 통해 번식할 수 있다는 발상을 펼친다. 그러면 강간 유전자가 증가하고, 마침내 뇌는 '강간 칩rape chip'을 얻게 된다고 한다. 따라서 모든 남자는 잠재적인 강간범이다. 비록 외부 환경에 따라 이 잠재력을 반드시 행사하는 것은 아니지만 말이다. 코 인은 이러한 '나는 진화에 대항할 수 없다'는 식의 이론이 오류임을 다음 사 실들로 지적한다. 곧, 모든 강간의 3분의 1이 번식하기엔 너무 어리거나 너 무 나이 든 여자를 대상으로 벌어지며, 20퍼센트가 질 삽입과 무관하고 50 퍼센트가 질내 사정과 무관하며 22퍼센트가 강압적으로 성교를 하는 데에 필요한 것보다 훨씬 더 심한 폭력을 사용한다. 또한 '평화 시 강간'의 10퍼 센트가 무리 내에서 일어나므로, 이는 무리 내 각 남자의 번식 가능성을 약 화시키는 결과를 낳게 되고, '전시 강간'이 대체로 극심한 경우에는 희생 자 살해와 성기 관련 손상을 야기하며, 일부 강간범은 부유하여 강압 없이 도 여자를 얻을 수 있는 이들이며, 많은 강간이 동성끼리 일어난다. 많은 강 간이 번식과 무관하므로, 강간은 불리한 남자가 번식하기 위한 정자 전달의 한 수단이라고 보기 어렵다. 다른 짝짓기 행동처럼 강간은 관계, 즉 지배 관 계의 문제다.

모든 남자가 잠재적인 강간범이라는 주장은 남자들로 하여금 성선택 이론의 오용에 대해 분개하게 할 만큼 모욕적이다. 성선택 이론의 틀에 속 하지 않는 여자와 다른 이들이 오랜 세월 그랬듯이 말이다. 코인은 더 나아 가 많은 이가 이미 언급했던 내용을 공개적으로 드러냈다. 즉, 진화심리학 은 "과학이 아니라 선동"이며, 진화심리학자에게는 "과학적 기준에 무관심 한 것부터 잘못이다. 그들은 주장만 세게 했을 뿐, 부실한 추론, 부실한 데이터와 거짓 통계로 그 주장을 뒷받침하고 있다. … (그리고) 지식 대신에 이데올로기를 선택한다." 코인은 또한 이렇게 지적한다. "프로이트의 견해는 과학적 근거가 없다고 알려지자 신뢰를 잃었지만, 실제로 이데올로기의 전당, 즉 인간 삶의 하나의 신화가 됨으로써 과학적 반박에 강하게 저항했다. 지금 진화심리학자들이 그 비슷한 전당을 세우고 있다. 이들 또한 과학의 명제보다는 도그마를 다룬다." 잠재적인 강간범 이론보다 더 큰 문제로, 코인은 과학의 오용에 대해 다음과 같이 분개한다. "과학자에게는 과학적 오류가 … 그것의 이데올로기적 함의 … 보다 훨씬 더 역겹다."

그러므로 다윈의 성선택 이론은 동물의 사회 생활에 대한 그릇된 모형을 이용한다. 먹이 찾기나 포식자로부터 도망가는 일로 바쁠 때가 아니라면 신중한 안목을 갖춘 암컷들은 매력적이고 잘생긴 전사형 수컷을 찾느라 분주하다는 모형이다. 사회 생활이 보여주기 특성에 대한 선택으로 귀결된다는 이 이론은 그릇된 보편주의적 주장일 뿐 아니라 몸, 젠더 표현, 그리고 실제 자연에서 일어나는 섹슈얼리티의 다양성을 설명하는 데 부적합하다. 더욱이 이 이론은 진화심리학자 등에 의해 오염되어, 불평등을 합리화하고 표현의 자유를 부정해왔다.

그런데도 어떤 이들은 성선택 이론을 부정하는 것이 너무 급진적이라고 여길지 모른다. 성선택 이론이 폐기되어야 한다는 내 제안을 놓고서 이런 반응이 나온다. "아주 건강한 아기를, 구정물이 조금 묻었다고 내다 버리는 격이다."[13] 다윈의 이론은 놓아두고 단지 새롭게 표현할 수는 없을까? 다시 말해, 자연선택 이론에 대해 그랬던 것과 마찬가지로 성선택 이론에 새로운 의미를 부여할 수는 없을까? 글쎄, 내 관점에서 핵심은 성선택 이론의 바탕이 되는 모델(보여주기를 위한 선택)이 틀렸다는 데에 있다. 내가 보기에 성선택 이론의 구정물에 떠 있는 것은 전부 오물일 뿐, 아기는 지금도 이전에도 결코 없었다.

　성선택 이론을 과학적 원리로 계속 받아들일지는 여러분 스스로 판단하기 바란다. 나는 줄곧 내 입장을 분명히 밝혔다. 나는 트랜스젠더 여성이며, 법률가의 표현대로 이 이론이 끼친 손해에 대해 소송이라도 하겠다는 견해다. 이 이론은 자연에서의 내 위치를 부정하고, 내가 감당할 수 없는 정형화된 틀(이전에는 그렇게 살려고 했다)속으로 나를 구겨 넣는다. 성선택 이론을 부정하는 것은 내게는 학문적인 과제가 아니다. 어느 누가 보더라도, 성선택 이론 때문에 인간의 본성이 잘못 파악되었다. 오늘날에는 성선택 이론을 과학적으로 조사해달라는 요청이 사회에 제기되고 있다. 내가 이 조사를 벌여 관련 책들을 찾아냈다. 정말이지 과학 원리라 하더라도 사실에 의해 오류로 판명될 수 있으므로, 성선택 이론은 이젠 폐기될 수밖에 없다고 나는 믿는다. 그 대신 나는 다른 이론을 제시한다.

사회적 선택

나의 기본 가정은 암수가 구별되어 있는 동물 종들은 번식 기회를 얻기 위해 사회적으로 상호작용한다는 것이다. 다시 말해, 거래를 비롯한 여러 교환을 통해 동물들은 새끼의 생산과 생존을 가능하게 하는 자원을 얻는다고 본다. 동물들은 서로의 유전자를 찾는 게 아니라 각자가 통제할 자원을 찾는다. 각 동물은 동성 관계와 이성 관계 사이에 시간 배분을 한다. 이 두 관계가 함께 작용해 다음 세대에서 성공적으로 살아갈 새끼들의 예상 마릿수를 늘려간다.

암컷들은 첫 시작 때부터 번식 기회를 완전히 통제한다고 볼 수 있지만 수컷은 그렇지 않다. 난자는 수컷의 도움이 전혀 없어도 발육될 수 있기 때문이다(단성생식의 경우). 그렇다면 유성생식의 경우 수컷은 암컷에게 어떠한 번식 혜택을 줄까? 수컷은 종의 유전적 포트폴리오의 균형을 지속적으로 다시 맞추어준다. 이러한 혜택은 분명 중요하다. 왜냐하면, 알을 낳을 수 있는 딸만 100퍼센트 낳는 대신에, 암컷들은 향후 그들의 번식률을 절반으로 줄이면서, 알을 낳지 못하는 아들을 50퍼센트 낳고 알을 낳을 수 있는 딸을 50퍼센트 낳기 때문이다. 하지만 새끼를 낳는 데에 수컷도 참여할 수 있게 하는 조건으로 협상하여 수컷으로 하여금 부모로서 새끼를 돌보게 하면, 암컷은 자신이 낳을 수 있는 새끼의 수를 늘리거나 심지어 두 배까지 높일 수 있다. 이를 통해 수컷과의 교미로 처음에 지급해야 했던 50퍼센트의 손실을 부분적으로 만회할 수 있게 된다. 따라서 구애는 지급할 능력, 지급 가능성, 통제 권한 넘기기 등에 관한 정보 교환으로 이루어진다. 한편 지불 능력은 암수 모두 각자가 관여하는 동성 관계에 의존하고 있다. 수컷들은 그들이 부모로서의 돌보기 대가로 지급하는 자원을 얻고 지키려고 상호작용하며, 암컷들은 자신들의 통제하에 새끼들을 안전하게 기를 환경을 얻기 위해 상호작용한다.

수컷과 암컷의 기능을 한 몸 유형 속에 다 갖추기(식물, 많은 무척추동물, 산호초 물고기들에게서 보이듯)는 본래적이고 더욱 일반적인 조건으로 볼 수 있다. 한 성을 한 몸에 가두기는 정자의 '가정 배달home delivery'을 위한 특수 목적에서 생긴 현상이다. 바람으로 꽃가루받이를 하는 식물과, 성게처럼 정자를 주변에 흩뜨리는 번식자들은 정자를 상당수 잃기 때문에 특별한 배달시스템을 마련했다. 예를 들어, 만조와 간조 사이 주변 바위에 달라붙어 있는 따개비는 동시적 자웅동체이면서도 자기 몸의 직경보다 보통 세 배 이상인 매우 긴 음경을 진화시켰는데, 이것은 넘실거리는 파도에도 손실 없이 정자를 이웃 따개비에게 전달하기 위해서다. 고정되어 있어서 스스로 배달할 수 없는 식물들은 곤충이나 새와 계약을 맺어 정자를 이웃 식물들에게 배달한다. 움직일 수 있는 동물들은 암컷에게 전달하기 위해 정자를 별도의 몸, 즉 수컷에게 맡길 수 있다. 하지만 일단 수컷이 암컷과 분리되어 존재하게 되자 수컷들은 자신들만의 과제를 떠맡았다. 수컷은 훌륭한 아비가 되기 위해 암컷에게 새끼 돌보기를 제공함으로써 자신들의 이익이 더 커짐을 알게 되었다. 수컷은 암컷들뿐 아니라 자기들끼리도 협상을 해야만 하기 때문에 정자 배달은 짝짓기 행동에서 이차적이면서 거의 부수적인 기능을 맡는다고 볼 수 있다. 그렇다면 짝짓기는 정자 전달에 관한 것이라기보다, 새끼들의 먹이와 안전을 제공하는 데에 필요한 동성·이성 관계의 유지에 더 큰 의미를 갖는다.

만약 동물의 사회 생활이 주로 번식 기회의 획득과 거래에 관한 것이라면, 동물 사회의 역학 관계는 복잡하고 비선형적이며 예측 불가능하다. 매우 가까운 친척관계인 종들에게서 사회적 진화가 작동하는 방식이 예측 불가능하다는 점이 불현듯 떠오른다. 우리와 가장 가까운 두 친척인 보노보와 침팬지를 살펴보자. 이들은 턱에 난 털과 서식지만 약간 다를 뿐이다. 하지만 하나는 평화롭고 다른 하나는 폭력적이다. 암컷 점박이하이에나는 음경이 있지만, 이와 가장 가까운 친척은 그렇지 않다. 아이다호땅다람쥐는 짝지키기를 하지만, 벨딩땅다람쥐는 그렇지 않다. 매우 가까운 친척 쌍들이 이처럼 서로 정반대인 권력 관계를 지닌 사회를 발전시켰다. 왜일까? 전통적으로, 한 사회의 조직은 환경의 특성을 반영하며 한 사회는 어쨌든 전체 효율을 위해 개체들이 모여 있는 구조, 다시 말해 집단의 기능을 위해 조직된 일종의 거대한 기계로 여겨졌다.[14] 나는 이와 달리, 사회적 진화는 격동적이어서 동물 사회는 고동치고 진동하고 활기 넘치며, 가까운 친척 관계인 종의 권력 관계에서 나타나는 예측 불가능성은 격동적인 사회적 역학 관계의 진화론적 표시라고 본다. 사회적 진화의 결과는 아마도 급류가 잎사귀를 실어 나르는 것만큼이나 예측할 수 없다.

만약 사회적 진화가 복잡한 비선형적 역학 관계에서 비롯된다면, 다윈이 지나쳐버린 성 역할 뒤바뀜 같은 현상은 그리 비정상적이지 않다. 비선형 시스템의 일반적인 특징은 여러 개의 대안적이고 안정화된 상태들의 존재다. 젠더화된 형태와 젠더화된 행동은 각각 동시적으로 안정되어 있는 두 가지 진화 상태를 가질 수 있으며, 진화적으로 안정된 형태와 행동의 여러 조합을 만들어낼 수 있다. 성적으로 단일한 형태도 있고, 두 가지 형태도 있으며, 또한 젠더 역할이 전형적인 경우도 있고, 역할이 뒤바뀐 경우도 있다. 마찬가지로, 일부일처제, 일처다부제 또는 일부다처제 등 다양한 가족 형태가 나타날 수 있다. 이런 다양한 현상은 번식과 안전에 필요한 다양한 종류의 자원을 얻는 방식에 관해 벌어지는 사회적 협상의 결과로서 일어난다. 이런 주장은 내가 제기하는 순전한 추측이긴 하지만, 나는 우리가 이런 방향으로 생각하기 시작해야 한다고 믿는다.

우리가 번식하기 위한 자원의 통제권을 지속적으로 교환하는 과정으로서의 사회 생활에 초점을 맞춘다면, 복수의 젠더가 존재하는 복잡한 사회도 비정상적이지 않다. 여러 젠더는 직업적 범주로서 나타난다. 다시 말해, 젠더는 마치 노동자의 작업복이 인간 사회에서 수행하는 기능처럼 짝짓기, 새끼 기르기나 자원 돌보기 같은 직업적 역할을 알리기 위한 신호로서 작용한다. 제공된 서비스에 대한 대가는 번식 기회의 증가로서 지급된다. 어떤 젠더는 자신들의 욕구를 시장 기준에 맞게 채우는 반면, 다른 젠더는 그들의 정치경제 바깥에서 어슬렁거리며 폭력과 강제력을 동원하여 번식 기회를 갖는다. 사회적 폭력은 자연의 표준 상태가 아니라, 번식 기회를 얻기 위한 동물 사회의 시장에서 흥정에 성공하지 못한 특별한 경우다.

차츰 동물과 인간 사이에 더 많은 유사성이 드러나고 있기에, 이제 동물 사회는 이전에 우리가 믿었던 것보다 인간 사회에 더 가까워지고 있을까? 인간의 사회과학에서 주요한 분야인 정치학과 사회학은 동물 사회의 기능 방식에 관한 연구를 포함하도록 확장되어야 할까? 나는 그렇다고 본다. 동물과 비교한다고 해서 사람의 지위가 떨어지지는 않지만, 동물은 사람과의 비교를 통해 지위가 격상된다.

사회통합적 특성

마침내 우리는 많은 이가 다윈의 성선택 이론이 옳다고 여기는 사안 한 가지를 남겨두고 있다. 이른바 이차성징의 한 사례인 공작 꼬리가 그것이다. 다른 사례로는 바다코끼리의 긴 코, 사슴의 뿔, 기타 숱한 수컷 장식들을 들 수 있다. 다윈이 적었듯 암컷 공작이 "아름다운 수컷을 선호하는 까닭에 공작은 지금 살아 있는 조류 가운데 가장 멋진 새가 되었"고, 아름다운 꼬리를 암컷이 좋아하기 때문에 수컷이 그런 꼬리를 가졌을까? 비록 다윈의 성선택 이론이 보편적인 주장으로는 틀렸을 뿐 아니라 몸, 젠더 표현, 그리고 실제 존재하는 섹슈얼리티의 다양성을 설명하기에는 부적합하다고 하더라도, 공작에 대해서는 다윈이 옳게 본 듯하다. 아마 성선택 이론은 공작과 같은 소수의 종, 말하자면 오직 수컷만이 매우 화려한 장식을 하고 수컷이 구애 동안에 암컷에게 이러한 장식을 실제로 드러내는 종에게만 적용되는 셈이다.

만약 다윈의 변호사와 소송 없이 합의로 해결해야 할 상황이라면, 기꺼이 타협안을 얻어내고자 공작은 양보하겠다. 하지만 언젠가 공작에 대해서도 다윈에게 도전하는 사람이 있다면 그는 이긴다는 쪽에 돈을 걸겠다. 다음과 같은 문제가 있기 때문이다. 이제 잠시, 치장한 수컷은 잠시 접어두고 암컷이 독특한 성 구조를 지닌 종을 살펴보자. 암컷이 치장한 몇몇 종으로는 실고기와 자카나처럼 성 역할이 뒤바뀐 경우가 있다. 하지만 암컷이 제한적으로 치장한 종들의 경우, 성 역할이 뒤바뀌어 있지 않다. 암컷이 음경을 지닌 점박이하이에나를 한번 살펴보자. 암컷이 이런 구조를 갖게 된 까닭이 수컷 하이에나가 큰 음경을 지닌 암컷을 좋아하기 때문이라고 주장하는 사람은 아무도 없다. 하이에나 암컷의 음경은 암컷끼리의 사회적 상호작용에 이용될 뿐, 수컷이 원하는 바와는 아무 관계가 없다. 하이에나 암컷의 경우, 어떤 특정 신체구조를 갖게 되면, 번식에 필요한 자원을 통제하는 동성 사회조직에 속하기가 한결 쉬워진다. 만약 암컷 하이에나에게 음경이 없다면 다른 암컷과 효과적으로 관계 맺을 기회를 잃는다. 따라서 그 암컷은 하이에나 사회에서 자원을 통제하고 있는, 전부 암컷으로만 이루어진 조직에서 제외되고 만다. 이런 경우 더는 번식할 수 없게 되므로, 진화론적으로 볼 때 죽은 것이나 마찬가지다.

사회통합적 특성의 후보들에는 암컷 점박이하이에나의 수컷다운 생식기, 보노보와 일본원숭이 암컷의 동성 섹슈얼리티, 그리고 인간의 뇌가 포함된다(이에 대해서는 12장에서 살펴보겠다). 사회통합적 특성은 빠르게 진화하는데, 왜냐하면 한 특성이 자리 잡으면 그것이 없는 개체는 무리에서 제외되어 치명적 상황을 맞이하기 때문이다. 또한 사회통합적 특성은 어떤 무리에 고유하게 나타나므로, 동물의 특별한 취향을 나타내주는 신체적 표현이다. 이차성징이 다윈의 성선택 이론에 관한 것이듯, 사회통합적 특성은 사회적 선택에 관한 이론이다. 하지만 사회통합적 특성은 동성끼리의, 그리고 이성끼리의 사회 역학 관계 둘 다에 관련이 있고, 또한 단지 암수 관계가 아니라 많은 개체 사이에 나누어져 있는 관계들에도 관련이 있다. 사회통합적 특성의 선택은 성 역할이 뒤바뀌지 않은 종의 암컷한테서만 보이는 특성, 즉 지금까지는 전혀 파악되고 있지 않은 특성을 설명해주는 듯하다. 따라서 사회통합적 특성이라는 개념이 과학적 설명의 빈틈을 메워주고 있다.

또한 사회통합적 특성은 이전부터 수컷의 이차성징으로 해석되던 특성들을, 전부 다는 아닐지라도 상당수 대안적으로 설명해준다. 그런 예로는, 공작의 꼬리처럼 암컷들이 선호한다고 짐작되던 특성을 들 수 있다. 문제는 암컷과의 교미를 위해 존재하는 듯한 수컷의 특성들이 사실은 암컷들에게 보여주기보다는 다른 수컷들의 관심을 얻기 위해서일지도 모른다는 데에 있다. 가령, 사슴의 뿔은 수컷들이 다른 수컷을 물리적으로 패배시키려는 수단으로 작용하는 한편, 동료와의 동맹을 원한다는 신호를 다른 수컷들에게 보내는 표시일지도 모른다. 곧, 이러한 특성들은 암컷이 가치 있게 여기는 장식이라기보다 다른 수컷이 가치 있게 여기는 '메달'일지 모른다. 암컷쪽에서는 수컷이 다른 수컷에게 관심을 많이 보여도 굳이 개의치 않을 수있다. 그 수컷의 관심이 암컷 자신에게 제공하는 부모로서의 돌보기의 양과 신뢰성에 상관관계를 가질 정도가 아니라면 말이다. 하지만 다른 수컷들로부터 높은 관심을 얻지 못하는 수컷은 암컷에게 구애할 기회를 전혀 얻지 못할 수 있다. 그래서 암컷이 의기양양한 수컷, 또는 수컷 사이에서 높은 관심을 보이는 수컷을 더 좋아한다는 환상이 생겨난 것이다. 사실 암컷은 자신의 번식 성공에 직접 영향을 미치지만 않는다면 그런 특성에는 아무런 관심이 없는데도 말이다. 여기서 누가 적합한 구혼자인지를 결정해주는 요소는 수컷끼리의 사회적 역학 관계다. 따라서 수컷의 뽐내기 특성이 성선택에서 비롯된 장식인지, 아니면 사회통합적 선택에서 비롯된 메달인지를 검사하는 일은 암수 중 어느 쪽에서 그런 특성을 가치 있게 여기느냐의 문제일 뿐, 그 특성이 없는 수컷이 짝짓기를 못 하느냐의 문제가 아니다. 이런 까닭에 나는 공작에 관한 다윈의 설명이 옳다는 쪽에 돈을 걸지 않겠다. 왜냐하면 우리는 공작 수컷들이 서로의 꼬리를 어떻게 여기는지 모르기 때문이다. 공작 수컷들은 구혼자가 될 자격을 설정하는 수컷 간 사회 역학 관계에 참여하기 위한 하나의 조건으로서 서로에게 아름다운 꼬리를 요구하는지도 모른다.

사회통합적 메달은 진화생물학자들이 '짝짓기 전 격리 메커니즘'이라고 일컫는 것이 동성 사이에서 나타나는 사례다. 동물들은 색깔이 있는 점과 발성을 이용하여 자신들이 무슨 종인지를 구별하고 다른 종과의 이종교배를 막는다. 이러한 특성 때문에 종들의 구분이 강화된다. 생물학자들은 종들이 어떻게 서로 구별되는지를 오랫동안 궁금하게 여겼다. 잡종을 줄이기 위한 선택 압력은 종들이 서로 더욱 뚜렷이 구별되어가면서 차츰 감소한다. 이 압력은 종들의 구별이 완성될 때까지 진화를 늦추다가 마침내 잔류 잡종률을 남기며 소멸한다. 만약 종들을 서로 분리시키는 특성이 사회적 통합의 메달로서도 기능한다면, 사회통합적 선택은 잡종률을 낮추고 종의 차이가 완성되도록 진화를 촉진하는 셈이다. 광범위한 이종교배가 여러 속屬에 걸쳐 일어나는 식물 종들보다 동물 종들이 서로 더 뚜렷이 구별된다. 만약 동물의 짝짓기 전 격리 메커니즘이 사회통합적 메달이기도 하다면, 이런 이유로 동물 종이 식물들보다 종간 구별이 더 뚜렷해야 한다.

척추동물의 다양한 젠더 표현과 섹슈얼리티를 이렇게 검토해보면, 분명 생물학은 이제 더는 단순하고 따분한 이야기를 늘어놓을 필요가 없다. 생물학은 엄격한 보편성을 담보하는 본질주의의 전달 수단일 필요가 없다. 생물학은 우리의 잠재성을 제한할 필요가 없다. 자연은 어떻게 살아야 하는지에 대한 가능성의 만찬을 제공하며 모든 상황에 대해 해결책 목록을 끝없이 제시한다. 우리는 그중 어떤 것은 거절하고 또 어떤 것은 받아들이거나 수정한다.

자연의 참된 이야기는 소수의 젠더 표현과 섹슈얼리티를 가진 사람들에게 크나큰 힘을 북돋아 준다. 하지만 생물학자들은 이 진리를 숨겨왔다. 또한 몇몇 사례가 드러나긴 했지만 경멸적인 언어로 취급되고 있다. 부패한 개념을 제거하기 위해 우리는 진화론의 근본 토대 속으로 깊이 파고 들어가서 부패의 요인(다윈의 성선택 이론)을 확인해, 앞으로 다가올 미래에 중요한 역할을 맡을 수 있는 새로운 개념으로 대체해야 한다.

2부

인간의 무지개

10장

배아에 관한 이야기

조금 전에 살펴본 동물들에게서 분명히 드러나는 몸, 젠더 표현과 섹슈얼리티의 다양성을 창조해내기 위해서는 많은 발생 프로그램이 분명히 존재하기 마련이다. 이러한 메커니즘은 무엇일까? 처음에는 거의 같아 보이는 두 수정란이 어떻게 나중에는 수사자와 암사자, 또는 남자와 여자처럼 서로 다른 두 성체를 만들어낼까? 어떻게 수정된 한 난자는 기업의 CEO로 성장하는 반면, 다른 난자는 남자 동성애자로 성장할까? 2부에서는 다양성을 만들어내는 발생 메커니즘을 주제로 다룬다.

발생에 관해 이야기하는 분야는 발달심리학뿐 아니라 분자유전학, 세포생물학, 발생학, 생리학 등인데, 나는 이런 분야들을 뭉뚱그려 발생생물학이라고 부르겠다. 발생생물학은 성선택 이론이 빠졌던 것과 똑같은 함정에 빠졌다. 즉, 하나의 대표 틀이 정상이며 다양성은 이상적인 표준에서 벗어난 결점을 반영한다고 본 것이다. 비록 초기의 과학자들은 다들 열린 마음으로 발생생물학에 올바로 접근하여 몸과 행동의 다양성을 만들어내는 분자 메커니즘의 다양성을 기꺼이 포용했지만, 이후 다양성이라는 낌새만 들어도 경고음을 내는 쪽으로 기본 방침이 바뀌어 다양성을 질병으로 낙인찍고 그것을 '치료'하려 했다. 물론 때때로 질병이 생기며 진짜 질병에 대한 치료는 필요하다. 그러나 다양성을 질병으로 보는 모형은 인간의 본질을 근본적으로 오해하여, '치료'라는 명목하에 사람들에게 불필요한 시술을 하거나 실제적인 해를 끼쳤다.

발생생물학이 저지른 근본적인 실수는 유전자에게 최상위 제어 능력이라는 특권을 부여했다는 점이다. 발생생물학에 따르면, 유전자들은 핵 왕국 내의 염색체 왕좌에 비스듬히 기댄 채 세포소기관 하인들에게 자신들의 이기적 욕망을 이루도록 지시한다. 이 이야기는 오늘날에도 여전히 생물학 수업에 포함되고 의학의 지적인 기반이 된다. 이 이야기가 참일까? 설사 그렇더라도 유전자가 얼마만큼 제어 능력을 발휘할까? 이 장과 다음 장에 걸쳐 나는 유전자에게 최상위 제어 능력을 부여하는 화법에 이의를 제기하면서, 그 대신 우리 몸을 이루는 기관들 사이의 관계를 강조하는 인간 발생 이야기를 제시하려고 한다. 내가 하는 이야기가 자연을 더 정확히 반영한다고 생각한다. 그리고 내 주장을 받아들이면 의학은 경제적 효율이 더 높아지고 생명공학은 수익성이 더 커지며 사회는 더욱 공정해질 것이라고 나는 믿는다.

발생생물학의 모형은 한 마스터 유전자master gene(조절 위계의 최상위에 속하며 세포 분화를 결정하는 유전자. 조절 유전자라고도 함. — 옮긴이)가 그 아래 서열의 한 유전자를 작동시키고 이것이 제어의 하향식 위계를 따라 아래 유전자들을 연쇄적으로 작동시킨다고 상정한다. 이러한 구도에서 보면, 몸은 마치 한 볼링공이 올바른 위치에 있는 가운데 핀을 때리면 그 뒤에 있는 핀들이 완벽한 순서에 따라 쓰러지는 것과 마찬가지로 발생한다. 정상적인 아기를 낳는 일은 유전자 볼링 경기의 스트라이크인 셈이다.

이 모형 대신, 유전자가 볼링장 레인의 가장 위쪽에 풀어놓은 생쥐들이며, 이 생쥐들이 레인을 따라 급히 내려가면서 유전자 핀과 부딪치고, 마침내는 어지럽지만 일정한 방향성이 있는 소란을 피우면서 모든 유전자 핀을 쓰러뜨린다고 상상해보자. 발생이 어떻게 일어나는지를 이런 구도로 본다면 처음부터 다양성이 중요한 역할을 하게 된다.

내가 말한 발생 이야기는 유전적 기능의 상호연관성을 강조하며 유전적 통제의 역할이 과장되는 것을 막는다. 유전자 작동에 관한 내 모형은 '상냥한 유전자'인데, 이는 유명한 '이기적인 유전자'[1] 개념과 대조적으로, 서로 협력하는 유전자다. 달리 말해, 내 이야기는 개체주의를 강조하지 않는다. 수정된 난자는 난자와 정자 사이의 유전적 동반자 관계로서 시작되며, 게놈의 정자 부분은 몇 차례 접합 세포의 분열이 있기 전까지는 표현되지 않는다. 처음에는 유전적으로나 염색체 내에서나 난자만이 임무를 수행하다가, 나중에 난자와 정자 부분이 결합된 팀인 접합 세포가 생긴다. 게다가 어미가 난자-정자 동반자 관계가 맺어지는 데에 활발한 역할을 한다. 어미는 자신의 난자와 수정하도록 허락하기 전에 정자의 화학적 자격을 면밀히 검사한 다음, 정자가 헤엄쳐 오기만을 기다리기보다는 자신의 난자가 기다리는 난관 뒤쪽으로 정자를 데려간다. 배아가 발달하면서 조직들은 서로에게 말을 하고 세포들은 이리저리 섞이며 아기의 몸을 형성해나간다. 따라서 갓 태어난 아기는 이미 사회화를 겪은 데다 화학적인 경험을 거쳤기에 많은 체내기관 선생님들로부터 생물학 교육을 받은 자랑스러운 졸업생인 셈이다. 우리는 이러한 생물학적 교육을 우리의 사회적 교육과 이어지는 것으로 보아야 한다. 즉, 유치원에 가기 전에 다니는 학교로 여겨야 한다는 뜻이다.

동성애 유전자, 동성애 두뇌와 트랜스젠더 두뇌에 관해 많은 언급이 있었다. 마치 사람에게 그러한 기관상의 차이가(그런 것이 존재한다면) 언제나 비정상적이라는 듯이 말이다. 그 대신, 우리는 본디 물질적인 면에서 서로 다르다. 언젠가는, 가령 소설을 한 권 읽고 나면 뇌가 어떻게 달라지는지도 알게 될지 모른다.

앞으로 나는 마치 내 유전자, 내 세포, 내 조직이 서로 말할 수 있다고 여기듯이 인간 발생의 과정에 대해 말하고자 한다. 나는 내게 필요한 부분을 유전자가 내 몸에 제공한다고 믿는다. 나는 좋은 삶을 살기 위해 내 몸과 협력한다. 나는 평생에 걸쳐 작용 인자가 활동한다고 믿으며, 생화학적 기능과 내 의도적 활동이 서로 별도로 일어날 리는 없다고 본다. 이처럼 수정된 인간 발생 이야기는 질병에 관한 단조로운 의학적 설명과 달리, 유기체의 변이에 관한 새로운 이해의 토대를 풍부하고도 즐겁게 마련해준다.

나의 난자 부분

나의 난자 부분은 내 어머니가 생긴 지 4주가 지나 겨우 0.2밀리미터 길이로 매우 작을 때 생겨났다.[2] 어머니도 아직 배아 상태로서 양분을 공급해주는 공 모양의 난황낭卵黃囊 옆에 자리 잡고 있었다. 나는 어머니가 만든 가장 초기의 세포들 중 하나인 원시생식세포였다.

나는 통통한 난황낭의 가장자리에서 삶을 시작했지만, 아직은 발생 중인 어머니의 몸속에 들어 있지는 않았다. 어머니 몸 가운데로 들어가기 위해 나는 몸 한 조각을 앞으로 뻗은 다음 그 조각 안으로 흘러 들어가서 나의 나머지 부분을 다시 빨아들였다. 차근차근, 나는 어머니의 배가 될 부분으로 들어갔다. 그곳은 어머니의 잘록창자가 될 바닥 부분 근처다. 나는 다시 어머니의 머리가 있는 방향으로 이동하다가 등뼈가 생기게 될 곳을 향해 안쪽으로 이동했다. 나는 잘 해냈다.

태아 상태의 내 어머니가 6주가 되었을 때, 나는 어머니 척추의 한쪽 측면을 따라 생긴 이른바 생식융기에 자리를 잡게 되었다. 이곳이 어머니의 몸속에 있는 동안 살 내 집인 셈이었다. 12주가 되었을 때, 어머니는 생식융기를 난소로 바꿀 준비를 마쳤다. 그 후 나는 난원세포라는 형태로 변하기 시작했고, 어머니의 난소를 내 방으로 삼아 그 속에서 살았다.

나는 여러 번 분열하여 자매 난원세포들을 만들었다. 8주째에 우리는 50만 개가 넘었으며, 어머니 배아 생활 중 둘째 달에서 일곱째 달 사이에 내 자매 난원세포들과 나는 너무나 자주 분열하여 우리의 최대 개수는 700만 개가 넘었다. 너무나 많은 수여서 어머니가 태어날 때까지 우리는 200만 개로 줄어들었다.

내 유전자들 가운데 일부는 핵 바깥에 있는 세포질 속이나 미토콘드리아 내부에 있었고, 나머지는 핵 안에 있었다. 이제 나는 핵 유전자의 절반을 제거해 내 난자 부분에게서 받을 유전자를 위한 공간을 마련해야 했다. 내 유전자의 절반을 없애는 과정을 시작하여 난모세포가 된 다음에는 그 과정을 일단 멈추었다. 나는 먼 훗날 이 난모세포에서 신호가 오기를 기다리며 벤치에 느긋이 앉아 있었다. 그러는 동안 어머니가 이 세상에 태어났고 이후 줄곧 자라서 소녀가 되었다.

열두 살이 되었을 때 어머니는 우리에게 첫 번째 행동 개시 신호를 보냈다. 시간 간격을 두고서 어머니는 우리 중 하나에게 워밍업을 하게 했다. 우리 난모세포들은 처음에 50만 개를 넘었기에 막강한 팀이었다. 하지만 우리 중 겨우 약 400개만 활약할 기회를 얻을 것이었다. 어머니의 초경부터 폐경까지 약 40년 동안 한 달에 한 개꼴이다.[3]

오랜 세월을 기다린 후 어머니가 스무 살이 넘었을 때 갑작스레 행동이 개시되었다. 나는 열두 날 넘게 급속히 자라서 이전보다 500배로 커졌다. 나는 투명대라고 불리는 외피를 두르게 되었다. 어머니는 내 외피 바깥에 과립막세포라고 불리는 여분의 덮개 세포를 마련해주었다. 나는 배아가 될 준비를 하고 있었다. 내 세포질 속에 배아의 재료가 될 물질, 효소, 내 유전자가 전할 메시지, 그리고 단백질을 합성하기 위한 리보솜을 저장해두었다. 나는 배아로서 스스로 일주일을 견디기에 충분하도록 준비를 했다. 그 일주일 동안 내 유전자들만 표현될 것이다. 내 정자 부분에게서 덧보태어질 유전자들이 사용되기 전까지.[4] 생물학자들은 나, 즉 난모세포와 내 외피, 그리고 과립막세포라고 하는 여분의 덮개가 결합된 조직을 난포라고 부른다.

어머니는 오래된 조직 내벽과 혈관을 흘려보내서 자궁을 깨끗이 청소해두었다.[5] 내가 난포 속에서 자라는 동안 어머니는 신선한 자궁 내벽을 새로 마련해놓았다. 곧이어 어머니의 질 뒤쪽 근처에 있는 점액이 엷어져, 정자가 어머니의 생식관 속으로 들어올 수 있게 되었다. 바로 그곳에서 내가 기다리고 있었다. 정말로 그때 정자가 어머니의 수란관을 통과해 들어와서는 내가 나타나기를 기다렸다.

나는 오래전에 중단했던 유전자의 절반을 제거하는 과정을 다시 시작했다. 곧이어 난모세포에서 난자로 변신했다. 내 직경은 이제 1밀리미터의 10분의 1보다 약간 작은 크기(80마이크로미터)여서, 거의 맨눈으로 보일 정도였다.

모든 준비를 마쳤다. 나는 과립막세포와 난포를 뚫고 난소로부터 자궁으로 이어진 수란관 속으로 들어갔다. 나는 혼자가 아니었다. 어머니에게서 나온 난구세포cumulus cell라는 세포들이 함께했는데, 이 이름은 하늘의 구름 형태인 적운에서 따왔다. 수란관 속으로 들어가면서 나는 많은 구혼자를 만났다. 바로 그때 그곳에서 내 정자 부분과 융합되었다! 나는 여전히 어머니의 난소 근처에 있는 수란관 속에 있었다. 이제 나는 접합체가 되어 어머니의 난소 근처 수란관 속에 머무르며 워밍업을 하며 생명이 될 준비를 하고 있었다!

나의 정자 부분

나의 정자 부분은 내 아버지가 생겨난 지 겨우 몇 주 지나 0.2밀리미터 길이의 배아 상태로 난황낭 옆에 자리 잡고 있던 때에 시작되었다. 나도 원시생식세포였다. 또한 나도 아버지의 척추 한쪽에 자리 잡은 생식융기로 이주했다.

아버지는 자궁 속에서 7주째가 되었을 때 부지런히 노력해 생식융기를 정소로 변환시켰다. 그 정소는 내가 자라면서 지낼 방이었다. 나는 정원세포가 되었는데, 이 세포는 나중에 정자가 될 세포로서 내가 원시생식세포였을 때의 모습보다 약간 작았다.

그 후 나는 주변에 많은 일이 일어나는 동안 아버지의 정소 속에서 휴식을 취하고 있었다. 넉 달이 되었을 무렵, 나를 언젠가 바깥으로 내보낼 수정관이라고 불리는 중요한 관이 완성되었다. 아버지의 배아 나이로 여섯 달에서 여덟 달 사이의 어느 시기에 내가 사는 방 전체가 이동하기 시작했다. 아버지의 호르몬인 테스토스테론의 영향으로 내 방은 아버지 몸 외부에 달린 빈 음낭 속으로 내려갔다. 아버지는 숨쉬기와 가끔씩 하는 재채기를 통해, 내가 사는 정소를 샅굴 부위와 복부 벽을 따라 아래로 밀어 내렸다.

그 후 아버지는 태어나 성장하여 호리호리한 10대로 사춘기를 맞았다. 이때 테스토스테론이 혈관 속을 흐르고 있었다. 내 방, 즉 아버지 정소의 세포들은 이제 세정관細精管이라 불리는 매우 작은 관들의 거대한 집합체가 되었다. 이들은 계곡에서 지류로 흘러내리는 물길처럼 흘러가다 마침내 수정관에 다다랐다. 이제 내가 생명을 다시 얻을 차례였다.

나는 여러 번 분열되었다. 내 형제들과 나는 서로 가까이 지냈다. 비록 우리 각자가 핵을 별도로 갖고 있었지만 우리 세포들은 일종의 다리bridge에 의해 서로 연결되어 있었기에, 미식축구 선수들이 서로 손을 잡고 있듯 이어져 있었다.

나는 유전자들을 절반으로 나누어 정세포가 되었다. 나는 형제들에게서 떨어져 분리되었다. 마지막에 나는 화학물질로 된 모자를 썼는데, 이것은 내가 만날 상대에게 나를 알릴 일종의 이름표 역할을 하여 상대의 외투인 투명대를 녹일 수 있게 해준다. 마침내 나는 편모를 만들어 산도産道 속으로 헤엄쳐 들어가 내 짝과 만날 지점에 이르렀다. 나는 핵을 평평하게 하고 남아 있는 세포질을 다 버렸다. 홀쭉해진 나는 이제 행동을 개시할 준비가 끝났다!

정원세포에서 두 달이 지나자 나는 잘 차려 입은 정자로 변했다. 매일 1억 마리의 내 형제들이 성장해가고 있었으며 아버지는 우리를 한 번에 2억 마리씩 방출했다. 아버지 평생 1012~1013개(1조 개를 넘음)의 형제들이 성장한다. 미미한 존재로 여길 만도 하지만 나는 아버지의 핵 유전자의 절반을 지녔다. 약 100만 개 이상의 난모세포를 갖고 태어난 어머니와 달리 아버지는 1조 개 이상의 정자를 만들어내기에, 정자 대 난자의 비율은 약 100만분의 1이나 된다.

아버지는 나를 다음의 두 가지 방식으로 사용할 수 있었다. 짝짓기하는 동안 나를 난자의 핵과 결합시키거나, 아니면 다른 성인과의 관계, 즉 아버지의 생존이나 이후의 번식을 촉진하기 위한 관계를 맺는 데에 이용할 수 있었다. 이미 내가 밝혔듯 나는 내 난자 부분의 핵과 결합될 운명이었다.

세포 단위에서 이루어진 우리의 구애

내 정자 부분이 방출되어 어머니의 질 속으로 들어갔을 때, 나는 나 자신이 가볍고 민첩하다고 생각했고 근사한 몸매도 자랑스러웠으며 내 난자 부분과 만나기 위한 경주에 참여할 준비를 마쳤다고 여겼다. 놀랍고 위대한 일에 뛰어든 것이었다. 나는 막무가내로 질주했다. 방출되어 어머니의 질 속으로 들어간 지 30분 후 나는 수란관 속에 들어가 있었다. 내 힘만으로 헤엄치는 것보다 훨씬 빨리 도달했다.[6] 사실은 어머니가 자궁의 근육을 움직여 나를 수란관 속으로 더 빨리 데려다준 덕분이다. 아무튼 나는 그곳에 도착하자 짧은 거리는 스스로 주파할 수 있었다. 함께 방출된 2억 8000개의 정자 가운데서, 100만 개당 하나꼴인 겨우 200개의 정자만이 내 어머니의 수란관 끝에 도달했고, 그곳에서 내 난자 부분이 우리를 기다리고 있었다.

나는 많은 화학적 도움이 필요했다. 알고 보니, 당시 상태로는 내 난자 부분과 결합할 수 없었다. 어머니는 내 세포질을 변형시켜 내 표면을 덮고 있는 보기 흉한 분자들을 조금 떼어냈고, 일부 염 이온을 배출시키고 그 대신 일부 칼슘 이온을 받아들이게 하여 내 상태를 바꾸었다. 그러고선 내 단백질 일부에다 인燐을 입혔다. 수정능 획득이라 불리는 이러한 화학적 인정을 받지 못한 다른 정자들은 어머니가 난자 주변을 지키려고 마련해둔 난구 세포에 의해 제지를 당했다.

이 화학적인 인정 도장을 나는 질에서 수란관 끝으로 이어진 어머니의 생식관 속 여러 상이한 장소에서 얻었다. 한 선구적인 발생생물학자가 명쾌히 밝혔듯, "그렇다면 여성의 생식관은 정자가 경주하는 수동적인 공간이 아니라, 정자의 수정능 획득과 난자로의 접근 타이밍을 조절하는 매우 특수한 조직들의 집합체다."[7]

내 난자 부분에 다가갔더니 나 자신이 초라하게 느껴졌다. 난자는 지구처럼 거대하고 화려했다. 나는 달처럼 매우 작았다. 나는 난자 쪽으로 헤엄쳐 살며시 스치듯 다가갔다. 곧이어 미세융모라고 불리는 벨벳 천처럼 부드러운 난자의 표면이 내게 다가왔고 나는 그 속으로 머리를 들이밀었다.

독신 클럽을 끝내며

미세융모에 닿는 정자를 느꼈을 때, 나(난자 부분)는 그가 내 인연인지 궁금했다. 그래서 그의 머리에 있는 표면 단백질을 더듬어 어머니가 남겨놓은 인정 표시를 확인했다. 내 인연이 맞았다. 그래서 그가 자신의 효소로 내 덮개인 투명대에 있는 작은 구멍을 녹이도록 허락해주었다. 약 20분이 지나서 나는 그를 내 몸속으로 받아들였으며 내 핵 속의 유전자 정족수를 회복했다.

이제 나는 바지런히 움직여야 했다. 199개의 매력적인 정자들이 가까이 다가와 있었다. 아, 하지만 내 핵 속에는 다른 유전자를 받아들일 공간이 없었기에, 나는 이미 결정을 내렸으며 더는 결합할 수 없다는 메시지를 알려야 했다. 내 세포막 바로 아래에는 미세한 알갱이들이 많이 비축되어 있었는데, 이 알갱이 속에는 정자에게 내 미세융모가 매력이 없도록 하고 어떤 정자도 내 덮개 바깥에 달라붙지 못하도록 하는 효소가 들어 있었다. 나는 작은 알갱이들에게 내 세포막과 융합한 다음에 안팎을 뒤집어 그 속에 든 효소를 방출하도록 허용했다. 내가 선택한 정자가 내 속으로 들어온 곳부터 시작하여 알갱이들은 하나씩 내 세포에 걸쳐 일종의 띠처럼 효소를 방출했다. 1분이 지나자 그 띠는 내 세포 전체에 퍼졌다. 이제 내 표면이 정자에게 조금도 매력적이지 않게 되자, 미세융모 속으로 머리를 들이밀던 정자들은 모조리 흩어져버렸다.

드디어 나는 해냈다. 수정된 난자, 접합체로서 곧 아기가 될 예정이었다. 나는 이미 긴 삶을 살았던 것 같은 느낌이었다. 내 난자 부분은 이미 10~20년을 살았으며, 내 정자 부분의 출신 문중 또한 이미 오랜 세월을 살아왔다. 하지만 이제 새로운 국면이 시작될 참이었다. 배아로서의 내 삶을 열어줄 시곗바늘이 똑딱이기 시작했다.

나와 내 정자 부분이 우리의 삶을 함께 시작할 때 할 일이 무척 많았다. 우리는 내 거대한 세포벽 속에서 서로를 찾아야 했다. 그는 자신의 DNA를 풀었고 핵을 확장했으며, 나는 내 유전자의 절반을 제거하는 마지막 단계를 완료하여 그 부분 대신 그의 유전자를 받아들일 준비를 마쳤다. 그리고 나서 우리는 혼잡한 세포 속을 헤치며 서로를 찾았다. 이미 우리 공동의 세포 내에서 서로를 찾아다니고 있으면서도 우리는 유전자를 복제하기 시작했다. 우리가 만났을 때 모든 준비가 완료되었다. 우리는 핵을 융합해 서로의 염색체를 결합했고 순식간에 분열 과정에 돌입했다. 우리는 더는 단일한 이

배체 핵을 가진 단일 세포로 존재하지 않았다. 대신에 우리는 하루 동안 두 개의 핵을 지닌 하나의 세포로 살다가 금세 두 개의 세포로 이루어진 배아가 되었다. 각 세포는 우리의 결합 유전자의 복사본을 지니고 있었다.

신혼여행을 떠난 우리는 뗏목을 타고 어머니의 수란관을 떠나 자궁을 향해 나아갔다. 그 여행길 동안 우리 세포는 더 많이 분열되었다. 우리가 아직은 내 덮개인 투명대 속에서 살고 있었기에 우리의 전체 부피는 늘어나지 않았다. 우리는 단지 더 작게 세포를 쪼개고 있었다. 열여섯 개의 세포에 이르렀을 때, 우리는 같은 일을 함께하지 않아도 될 만큼 많은 세포를 얻은 셈이었다. 그래서 일을 전문적으로 나누기 시작했다. 예순여섯 개의 세포로 나뉘었을 때 우리는 두 그룹으로 무리를 지었다. 한 그룹은 배아 발생을 계속하기 위해 열두 개 세포로 이루어진 '속세포덩이ICM, inner cell mass'이고 다른 한 그룹은 어머니와 상호작용을 하는 도우미 세포들로 이루어진 외곽 세포층으로서 영양분을 얻고 노폐물을 배출하는 역할을 한다. 예순네 개의 세포로 이루어진 배아인 우리는 이른바 '배반포胚盤胞, blastocyst'로서, 생긴 지 약 일주일 지난 상태였다.

뗏목을 타고 가기엔 너무 커졌고, 마침 어머니의 수란관에서 빠져나오면서 큰 만(자궁)을 향하게 되자 우리는 뗏목에서 뛰어내려 뭍으로 헤엄쳐 갈 때라고 결정했다. 우리는 덮개인 투명대를 녹여 작은 구멍을 만든 다음, 우리 자신을 바깥으로 밀어냈다. 자궁내막이라고 불리는 어머니의 자궁벽에 다다랐을 때 우리는 그럴싸한 해안과 같은 장소를 찾은 셈이었다. 그러자 도우미 세포들로 이루어진 바깥 고리가 어머니의 자궁내벽에 텐트를 쳐주었다. 어머니의 자궁내막 속에 자리를 잡자, 도우미 세포들은 융모막이라는 막을 만들어 태반 형성에 도움을 주었다. 어머니는 탈락막이라는 세포내

벽으로 태반 형성에 도움을 주었다. 어머니와 나는 태반 만들기를 함께한 셈이다.

이 시점에서 나는 자신이 단일한 개체라는 생각이 편안하게 들었다. 내 정자 부분과 난자 부분에서 온 유전자들이 함께 협력한 결과였다.

아기 되기

갓 결혼한 난자-정자의 2주간의 신혼여행은 끝이 났다. 이제 아기로 자라나는 흥미로운 여행이 시작되었다.[8] 첫 번째 과제는 방향 잡기였다. 나는 몸을 펼쳐 위와 아래, 앞과 뒤, 그리고 오른쪽과 왼쪽의 위치를 잡았다. 방향을 잡기 위해 유전자 위원회와 상의해 혹스Hox라는 유전자에게 내 몸의 여러 부분을 맡게 했다. 그곳에서부터 내 머리가 생기기 시작하고 계속 아래로 진행될 터였다. 다른 유전자들은 왼쪽과 오른쪽을 구별하는 일을 맡았다. 심장은 내 몸 왼쪽에 놓이고 대장은 오른쪽에 놓이도록 하기 위해서다. 세 달째가 되자 나는 세포들로 이루어진 구 모양의 속세포덩이, 즉 ICM에서 세 개의 서로 다른 축을 지닌 배아로 바뀌었다.

주요 몸 축을 결정하고 있을 때 내 세포들은 장래를 대비해 역驛을 세우고 있었다. 스탠퍼드 대학의 행진악대를 본 적이 있는가? 악대는 곡을 하나 연주한 다음, 트롬본 주자가 한 방향으로 달려가고, 드럼 주자가 다른 방향으로, 그리고 플루트 주자가 세 번째 방향으로 달려가며, 이어서 모든 주자가 종종걸음을 옮겨 새로운 위치로 자리를 바꾼다. 얼마 후 다음 곡 연주를 준비하기 위해 새로운 악대 편성이 이루어진다. 이와 달리, 사우스캐롤라이나 대학의 행진악대는 위풍당당한 종대로 움직이며 악대 편성을 바꾼다. 미국 전역을 대상으로 한 텔레비전 방송은 스탠퍼드 행진악대를 좀체 방영하지 않는데, 그 까닭은 질서정연한 세계를 보고 싶어 하는 시청자들이 혼란스러운 모습을 보고 놀랄까 봐 염려해서다. 하지만 나는 두 가지 쇼가 다 재미있었다. 아기로 발달해가면서 내 세포들은 스탠퍼드식의 종종걸음과 사우스캐롤라이나식 진행을 둘 다 했다. 세포들은 내 몸이 형성될 우둘투둘한 어느 선 안에 쌓여 있었다. 원시선primitive streak이라고 하는 이 선에는 원시고랑primitive groove이라고 하는 홈이 가운데로 흐른다. 원시선에 있는 세포들은 원시고랑을 따라 내 몸 안쪽으로 뛰어들면서 계속 모습을 바꾸었다. 나중에 다른 세포들은 얇은 판 형태로 이동했다.

어머니의 자궁 속에서 텐트를 친 지 약 2주 후에 나는 바깥의 외배엽, 가운데의 중배엽, 그리고 안쪽의 내배엽, 이 세 가지 세포층으로 이루어져 있었다. (이런 층들을 만들어내는 세포 이동을 낭배형성gastrulation이라 부른다). 외배엽은 나중에 피부, 손발톱, 머리카락, 눈의 수정체, 귀의 내벽, 입, 항문, 치아 법랑질, 뇌하수체, 젖샘, 그리고 모든 신경계가 된다. 중배엽은 나중에 근육, 뼈, 림프 조직, 비장, 혈액 세포, 심장, 폐, 생식계와 배설계가 된다. 내배엽은 나중에 폐 내벽, 혀, 편도선, 요도와 소화관이 된다.

이 조직들은 발달하면서 서로 이야기를 나누었다. 중배엽은 자기 위에 있는 외배엽으로 하여금 중추신경계를 발생시키도록 유도했다. 마치 외배엽에게 "뇌를 사용해도 되겠니?"라고 물으니, 외배엽이 "그럼! 여기로 올라와!"라고 대답하는 식이다. 난자와 정자가 융합된 지 3주 후에 나는 이미 신경계를 발생시키기 시작했으며, 피도 만들어내기 시작했다. 그때에도 나는 길이가 고작 1~1.5밀리미터였다.

4주 무렵에 어머니가 가까스로 임신 사실을 알았을 때 나는 5밀리미터 길이로 자라 있었다. 척추도 자라고 있었고, 뇌도 커져서 세 부분으로 구분되기 시작했으며, 심장도 고동치고 있었다. 눈과 귀도 생겨나기 시작했으며, 팔과 다리도 내 몸통에서 뻗어나기 시작했다. 4주째의 하이라이트는 내가 원시생식세포를 만들었다는 사실이다. 이 시기부터 내가 태어나기 전까지 어머니는 3세대, 즉 어머니 세대, 내 세대, 그리고 내 아이의 세대를 동시에 몸에 품게 되었다. 어머니의 몸속에서 생식세포로 그토록 오랫동안 살아왔지만, 이제야 나는 다른 측면을 볼 수 있었다. 나 자신의 생식세포가 내 속에 살면서 나를 믿고 미래를 기약하고 있었다.

그다음 2주(수정한 지 8주)가 지나면서 뇌와 근육의 전기적 활동을 알리는 첫 신호가 작동하기 시작했으며, 아울러 생식샘에게 준비를 시켜 갓 도착한 생식세포를 맞이하도록 했다. 알고 보니 Y염색체상에 소란스러운 한 유전자가 있었는데, SRYSex-determining Region Y라는 이름의 이 유전자가 생식샘으로 하여금 정소로 변하도록 지시했다. 2주가 더 지나자 외부 생식기는 식별할 수 있을 정도로 자라기 시작했다. 어머니 몸에서 보내는 첫 3개월이 끝날 무렵에는 내 모든 기관이 비록 초보적인 형태이긴 하지만 굳건히 자리를 잡았다.

12주 동안의 두 번째 3개월이 시작되면서 나는 이제 배아가 아니라 태아로 불리게 되었다. 이제는 사람처럼 보였다. 나는 어머니의 자궁 속에서 스스로 움직이기 시작했다. 내 임무는 자라고 성숙하는 일이었다. 내가 자라면서 나를 감싼 태반 또한 자랐다. 다섯 달째 정소가 음낭으로 내려가기 시작했으며 팔다리는 다른 몸 부분과 어울리게 최종적인 비율에 이르렀다. 이 3개월 동안 내 몸은 스모 선수냐 아니면 경주마 주자에 어울리느냐를 결정할 형태를 띠게 되었다. 또한 다섯 달째 나는 소리를 알아듣기 시작해, 어머니의 숨소리, 심장박동, 목소리, 소화시킬 때 내는 소리 등을 인식했다. 여섯 달째 내 눈이 빛에 반응했다. 그때 나는 젖살이라곤 하나도 없이 여위어 있었다.

세 번째 3개월이 시작되자 뇌가 깨어났고, 일곱 달이 되자 뇌파, 즉 EEG가 이미 출생 시의 상태에 이르렀다. 나는 태어날 준비로 몸에 살을 불리기 시작했다. 여덟 달이 되자 나는 2~3퍼센트의 체지방을 축적했다. 내 몸의 성장은 느려졌지만 뇌는 여전히 커지고 있었다. 깨어 있을 때는 눈이 떠졌고 잘 때는 눈이 감겼다. 나는 면역계를 발생시키기 시작했다. 이 세 번째 3개월 동안 뇌가 발달했으며 내 기질도 형성되기 시작했다.

아홉 달째 나는 거의 태어날 준비가 다 되었다. 몸무게의 15퍼센트에 달하는 체지방이 나를 둘러싸서 어머니보다 내 체온을 더 높게 유지했다. 두개골은 한데 합쳐지지 않았고, 대신에 어머니의 산도를 통해 내가 빠져나갈 때 머리가 길게 늘어나도록 다섯 개의 골판으로 이루어져 있었다.

준비는 끝났다! 드디어 때가 온 듯하다! 나는 어머니의 산도 쪽으로 내려가기 시작한다. 터널 끝에 빛이 보인다. 어머니가 나를 밀어내고 또 밀어내는 것이 느껴진다. 내가 너무 크지 않으면 좋겠다. 아프게 해드려 어머니께 미안하다. 밀어내고 또 밀어내고…. 드디어 나는 쑥 빠지면서 의사의 손에 들려 있다. 나는 의사의 눈을 바라본다. 의사는 내 등을 찰싹 때리면서 어머니에게 축하를 건넨 다음 내게 이렇게 말한다. "멋진 남자가 되어라."

배아의 삶에 관한 이 이야기는 있을 법한 여러 이야기 중 하나일 뿐이다. 또한 남자 아기와 여자 아기의 이야기는 서로 다르다. 정말로 태어난 이야기는 모두 저마다 다르다. 왜냐하면 우리의 개성은 잉태될 때 시작되기 때문이다. 그전에 시작되는 것이 아니라면 말이다. 배아 단계를 포함한 생명의 이야기는 야구 선수, 미식축구 선수, 장거리 육상 선수, 기업 CEO, 음악가, 최신 유행 패션모델, 초등학교 교사, 여섯 아이를 둔 부모, 남자 동성애자가 다르고, 아울러 온갖 몸 유형과 기질, 성향마다 다르게 진행된다.

11장

성 결정

사람들 간에 가장 큰 차이로 들 수 있는 한 가지는 성이다. 성의 특징은 어떻게든 사람들이 만드는 생식세포의 크기와 관련이 있다. 하지만 남성과 여성 간의 전체적인 차이는 다른 척추동물에 비해 중간 정도다. 생쥐 수컷과 암컷은 생식세포 크기와 생식 연결 부위를 제외하고는 거의 동일한 반면, 사자는 암수가 뚜렷이 구별된다. 생식세포 크기 이외에는 통계적으로 유효한 성 차이는 미미하며 우리는 많은 점에서 서로 겹치는 부분이 많다. 어쨌든 암수 간의 이런 성 차이는 어떻게 생겨날까?

성이 결정되는 시기

포유류 암수의 차이가 어떻게 생겨나는가에 관한 이야기는 대체로 생식샘의 차이에서 시작된다. 유전자가 생식샘을 정소로 성장시킬지, 난소로 성장시킬지에 따라 성이 달라진다. 하지만 생식샘은 단지 생식세포를 위한 공간일 뿐이다. 생식세포는 자신이 사는 공간인 생식샘과는 다른 조직이며 원시생식세포로부터 내려왔다. 이 원시생식세포는 생식샘을 만든 조직이 분화되기 이전에 매우 초기의 배아 상태에서 분화되었다. 생식샘은 테스토스테론과 에스트로겐 같은 호르몬이 합성되는 장소인데, 일단 생식샘이 생기고 나면 몸의 다른 많은 측면이 젠더를 드러내는 형태를 발생시킨다. 성 차이를 '볼링에서 스트라이크 치기'식의 관점으로 바라보는 위계적인 견해에서는, 어느 마스터 유전자가 생식샘을 작동시키고 나면 생식샘이 나머지 몸 부분을 수컷이나 암컷 틀로 촉진시킨다고 본다. 하지만 이러한 제어 관점의 이야기는 정확하지 않다. 비록 널리 받아들여지고 자주 가르쳐지고 있지만.

배아의 성은, 원시생식세포가 난자로 성장하든 정자로 성장하든, 생식샘이 정소나 난소로 바뀌기 시작하기 전에 분명히 드러난다.[1] 쥐의 수컷 배아는 생식샘이 난소나 정소로 달라지기 훨씬 이전에 암컷 배아보다 더 빠르게 자란다.[2] 유대목 동물의 암컷과 수컷은 둘 다 외부 생식기가 생식샘이 생기기 전에 발생하기 시작한다.[3]

인간의 경우, Y염색체에 발견되는 리보솜(세포에서 단백질을 만드는 역할을 한다)과 관련된 한 유전자는 X염색체에서는 발견되지 않는다. 그러니 생식샘이 발달하기 한참 전부터 XX와 XY 배아의 세포들은 리보솜으로 그 차이가 구분된다. 암컷은 리보솜이 한 종류, 수컷은 리보솜이 두 종류이기 때문이다.[4] 그러므로 단백질 합성은 정자가 배아의 게놈 형성에 미친 영향이 처음으로 드러나는 시기(수정 후 몇 차례의 분열이 일어났을 때)부터 수컷 배아와 암컷 배아에서 약간 다르게 일어난다. 이러한 성 차이는 최초의 원시생식세포 분화가 있기 전에, 그리고 생식샘이 분화되기 오래전부터 명백히 드러난다.

따라서 생식샘 분화는 젠더 발생에 중요하긴 하지만, 성 결정이 일어나는 단계는 아니다. 왜냐하면 성 차이는 생식샘의 발생이 시작되기 전부터 이미 드러나기 때문이다. 생식샘 분화를 결정하는 유전자들은 개체의 최종적인 신체·행동 표현에도 분명 영향을 미친다. 나는 생식샘 분화를 결정하는 주요 유전자를 젠더 결정 유전자, 또는 줄여서 '젠더 유전자'로 부르고자 한다.

젠더가 결정되는 시기

원시생식세포가, 예를 들어 정자나 난자 중 어느 쪽으로 성장할지에 관해 좋은 아이디어를 이미 가졌을지라도, 생식샘에 당도한 생식세포는 그 생식샘이 정소가 되느냐 난소가 되느냐에 따라 영향을 받는다. (원시생식세포가 정자나 난자 어느 쪽으로 성장하는지에 따라 정해지는) 성과 (생식샘이 정소로 분화되는지 아니면 난소로 분화되는지에서 비롯되는) 신체적 젠더의 결정은 생화학적 협상에 달렸다.

포유류의 경우, 이 협상의 주요 담당자는 Y염색체상에 있는 SRY라는 유전자다. SRY는 생식샘 분화를 정소가 생기는 쪽으로 일어나게 하고 또한 가속화한다. 이 유전자가 없으면 생식샘은 더욱 느리게 분화되어 난소로 바뀐다.[5] 생물학자들은 SRY가 성 차이와 수컷성의 본질을 제어하는 마스터 유전자라고 설명한다. 다시 말해, 이 유전자가 존재하면 SRY가 배아를 장악하여 수컷으로 발달하도록 지시하고, 존재하지 않으면 배아는 '자동적으로' 암컷으로 발달한다고 본다.

글쎄, 너무 서두르진 말자. 이미 알아보았듯, 생식샘은 성 차이가 어느 정도 이미 결정된 후에 발달하기에, SRY는 성 분화를 전적으로 제어하지 않는다. 단지 젠더 표현에 어느 정도 영향을 미칠 뿐이다. 더군다나 SRY는 혼자 활동하지 않는다. 그렇다고 SRY가 중요하지 않다는 말은 아니다. SRY는 DNA를 묶어서 심하게 휘게 하는 단백질을 만드는데, 이 때문에 DNA의 휜 부분에 있는 유전자가 표현되느냐의 여부에 영향을 미친다. SRY는 DNA를 감시하여 세포가 보낸 메시지를 어느 유전자가 받을지를 결정한다.

한 실험에서 하나의 SRY유전자가 XX 생쥐 유전자 속으로 주입되었다.[6] 이 생쥐들의 약 30퍼센트는 정소를 발달시켰을 뿐 아니라 수컷 외부 생식기와 몇 가지 수컷 짝짓기 행동을 나타냈다. SRY유전자를 주입받지 않았다면 난자가 되었을, 이 수컷 XX 생쥐의 생식세포들은 정자로 발달하기 시작했지만 올바른 장신구가 없으면 발달을 완성할 수가 없었다. 핵심적인 장식 명령이 전체 Y염색체에게서 나와야 했다. SRY로는 충분하지 않다. 하지만 SRY는 최소한 일부 암컷 배아들에게 수컷 표현을 발달시키도록 지시할 수 있으며, 정소로 하여금 일부 원시생식세포가 난자 대신 정자로 성장하도록 믿게 할 수 있다.

또 다른 실험에서는 XY 생쥐의 Y염색체에서 하나의 SRY유전자를 제거했다. 이 생쥐는 난자뿐 아니라 다른 암컷 특성들을 발달시켰다. SRY유전자를 제거하지 않았다면 정자로 발달했을, 이 암컷 XY 생쥐 상당수의 생식세포는 난자로 발달했으며 나중에는 심지어 새끼들을 낳게 되었다.[7] 따라서 SRY가 존재하지 않으면 수컷 배아도 암컷 표현을 발달시키며, 난소로 하여금 일부 원시생식세포가 정자 대신 난자로 성장하도록 믿게끔 할 수 있다.

그렇다면 포유류의 생식샘 젠더는 SRY유전자의 존재 여부에 따라 대부분 결정되는 셈이다. 이런 까닭에 SRY는 성 결정 유전자라는 전설적인 지위를 얻었다. 만약 Y염색체가 수컷성의 지표라도 해도, 그 힘은 SRY유전자가 이 염색체에 존재하는지에 달렸다. 하지만 실제로 SRY가 볼링공 스트라이크 치기 위계구조의 정점에서 일방적으로 제어하는 지위에 있을까? 사실, 생식샘은 SRY이 강요하지 않더라도 최소한 부분적으로는 정소로 발달할 수 있다. XX 암컷 왈라비의 생식융기는 생식세포가 존재하지 않아도 부분적으로 정소로 발달한다.[8] 따라서 난소 안에서 난자로 바뀔 생식세포가 존재하지 않으면, 생식샘은 SRY가 없더라도 정소가 되는 쪽으로 스스로 움직인다.

따라서 마스터 유전자, 즉 SRY에 의한 위계적 제어라는 이야기는 상황을 너무 단순화한 것이다. SRY는 생식세포와 생식샘 간 협상의 한 요소로서, 생식샘을 수컷이 되는 쪽으로 몰아붙이는 역할을 맡은 유전자 로비스트일 뿐이다. 성은 SRY가 표현되기 전에 이미 결정되므로, SRY가 성 결정을 일방적으로 통제하지는 않는다.

권력 투쟁의 이면

자, 그러면 SRY가 큰소리치긴 했는데, 정말로 이 유전자는 어떻게 수컷이 되는지에 관한 중요 정보를 테이블에 올려놓을까? 전혀 그렇지 않다. 알고 보니 SRY는 영향력에서는 크게 기여하지만, 물질적으로는 기여하는 바가 적다. 여기서 SRY가 신체적 젠더를 결정하는 유전자 위원회를 어떻게 꾸려가는지 알아보자.

모든 사람은 난소와 정소 둘 다 만드는 유전자를 가졌지만, 둘 중 어느 것을 만들지는 유전자 사이의 협상 네트워크에 달렸다. 협상 테이블의 한 핵심 유전자는 비非성염색체에 위치한 SOX9이다. 이 유전자는 모든 척추동물의 정소 만들기에 대한 기본 레시피를 갖고 있다. SOX9은 수컷 포유류, 수컷 조류, 수컷 악어의 발생 중인 생식샘에서 표현된다.[9] SOX9, SRY와 더불어 협상 테이블에 있는 다른 유전자들은 WT1, SF-1, 그리고 X염색체의 DAX-1(또는 DSS)이다.[10] 상호작용은 다음과 같이 일어난다.

1. WT1은 생식융기, 그곳과 인접한 콩팥 영역을 준비한다. 그러면 SF-1과 WT1이 함께 SOX9에게 정소를 만들도록 재촉한다.
2. 하지만 DAX-1이 개입해 SF-1과 WT1이 SOX9을 활성화하지 못하게 막으면, 대신 난소가 생긴다.
3. 수컷은 SRY가 DAX-1을 견제해 SF-1과 WT1이 SOX9을 활성화하도록 허용하기에, 정소가 만들어진다.

따라서 SRY는 DAX-1 유전자를 중지시키는데, DAX-1 유전자는 SOX9의 레시피에 따른 정소 발생을 중지시킨다. 제법 복잡한 상황이다. SRY와 DAX-1이 정소를 만드는 레시피에 물질적으로는 아무런 기여도 하지 않음에 주목하자. 이들은 마치 유전자 변호사처럼 협상 테이블에 앉아 있다.

SRY와 DAX-1은 전혀 보편적이지 않다. 이 유전자들은 다른 포유류를 포함하여 다른 척추동물들에서는 나타나지 않는다. SRY와 DAX-1이 없는 종들도 정소와 난소를 가지는데, 이는 다른 종류의 유전 협상을 통해서도 생식샘 분화가 일어날 수 있음을 뜻한다. SOX9은 이러한 유전자들 가운데 적어도 척추동물에서는 보편성을 주장할 수 있는 유일한 유전자다. 생식샘 분화가 SRY-DAX-1-SOX9 위원회에서 일어나는 종들조차도 SRY, DAX-1, SOX9의 여러 가지 대안적 형태, 즉 대립유전자가 존재한다. 그러므로 각 개체의 신체적 젠더 형성에 이르는 유전적 과정은 한 개체가 이 세 가지 유전자 자리에서 어떤 대립유전자를 갖는지에 따라 달라진다. 생식샘 결정 회의에 참여하는 유전자들은 다른 회의에도 모습을 나타내며, 이들 유전자는 다른 많은 생체조직에서도 표현된다. 이 유전자들은 젠더의 신체적 측면에 다양성을 부여하는 기본 요소다.

SRY는 우리의 유전자 왕국에서 쿠데타를 일으켜, 생식샘을 정소로 분화시키는 힘을 미리 획득한다. 하지만 SRY는 보잘 것 없는 Y염색체에 사는, 목소리만 큰 악당일 뿐인데, 이 Y염색체도 최근에 X염색체로부터 진화하는 동안 퇴보해버렸다.[11] 정소 생성을 위한 실제 행동능력은 Y 이외의 다른 염색체들에게 달려 있다.

따라서 소란스럽기만 한 SRY까지도 포함된 여러 유전자는 몸이 발달하는 동안에 함께 일한다. 이기적인 유전자는 과학이 아니라 선전 구호다. 유전자들은 공통의 몸, 즉 하나의 구명보트에 탄 셈이다. 이기적인 유전자는 혼자 헤엄쳐 살아나는 편이 더 낫다. 유전자는 생존하려면 상냥해야 한다. 곧, 상냥한 유전자가 되어야 한다. 여러 유전자는 전체 생화학적 과정의 연속적인 각 단계를 공동으로 수행하기 위해 함께 일할 뿐 아니라 단일 효소의 합성에도 협력한다. 어떤 효소들은 여러 가지 서로 다른 유전자들로부터 생기는 많은 수의 소기관을 갖고 있다. 게다가 시토크롬 c 산화효소라는 한 효소는 핵 속의 유전자들에 의해 암호화된 소기관도 가진 데다가 미토콘드리아 속의 유전자들에 의해 암호화된 소기관도 가졌다. 따라서 이 효소를 만드는 데에는 핵 유전자와 미토콘드리아 유전자의 협력이 필요하다.[12]

요즈음 생물학자들이 유전자를 대하는 태도에는 철학적 관점의 급진적 변화가 일어나고 있다. 학생이었을 때 나는 유전자가 먼저이고 표현형이 그다음이라고 배웠다. 우리는 유전자가 정해놓은 특성을 갖고서 살아간다는 뜻이다. 그런데 진화발생생물학(애칭으로는 이보디보evo-devo)에서 나온 새로운 견해에 따르면 특성이 먼저라고 한다. 어떤 특성, 가령 정자로 자랄 생식세포를 정소가 만들도록 하는 능력이 이 세상에 먼저 필요해진다. 그러면 SRY와 DAX-1과 같은 유전자들이 발생과정에서 그 특성을 내놓기 위해 경쟁한다. 자체적인 정보가 없는 SRY와 같은 유전자 사냥꾼은 그런 특성을 더 빨리 내놓겠다고 약속함으로써 진화할 수 있다. 생태학이 구체적인 사양을 작성하고서 그 특성에 대해 주문한다. 그러면 유전자들은 그 특성을 실현하려고 경쟁한다. 마치 수요자와 공급자 관계처럼 생태학이 소비자이고 유전학이 생산자인 셈이다. 이 새로운 관점에서는 표현형이 더 중요한 요소가 된다.

Y염색체가 수컷과 동일한 의미가 아닐 때

살펴보았던 대로 SRY의 힘은 독불장군과는 거리가 멀며, 젠더-유전자 위원회의 다른 구성원들과 반드시 협의를 거쳐야 생식샘을 정소로 분화시키는 데에 영향을 미칠 수 있다. 때때로 SRY는 두더쥐들쥐의 한 종인 엘로비우스 루테센스*Ellobius lutescens*의 사례에서 보이듯 전혀 필요하지 않을 수 있다. 굴을 파는 이 포유류는 길이가 10~15센티미터 정도에다 보들보들한 계피색 외피를 가졌고, 캅카스와 터키 동부, 이라크와 이란의 반半사막 지역에서 살면서 식물의 땅속 부분을 먹이로 삼는다. 이 종의 수컷에는 Y염색체가 없고 SRY 유전자도 전혀 존재하지 않는다. 그런데도 이 종의 수컷은 진짜 수컷으로, 정소 내에서 정자를 만든다.[13] 다른 두더지들쥐 종으로 우즈베키스탄에서부터 중국 신장에 이르기까지 분포하는 엘로비우스 탄크레이*Ellobius tancrei*

의 수컷도 Y염색체가 없다.[14]

그밖에, SRY와 Y염색체가 존재하긴 하지만 다른 유전자에 의해 완전히 가려져 젠더-유전자 위원회에서 제외되는 경우가 있을 수 있다. 아코돈 Akodon 속屬의 남아메리카두더지생쥐 가운데 네 종은 암컷의 15~40퍼센트가 SRY와 Y염색체를 둘 다 가지는데도 여전히 암컷이며 난자를 만든다. 이 암컷들에게는 소란스러운 SRY를 침묵하게 하는 유전자가 있음이 분명하다.[15]

SRY가 완전히 제외될 수 있다면, 테스토스테론이 생체조직 발생에 미치는 영향을 인간 X염색체상의 유전자들이 얼마만큼 제어하느냐라는 논의를 진행해볼 수 있다. 그러므로 비록 SRY가 테스토스테론을 합성하기 위해 정소를 만들 법률을 제정하는 데에 성공하더라도, 그 법률을 시행할지 여부는 유전자 당국에 달렸다. 유전자 당국은 테스토스테론이 미미한 영향만 미치도록 하여 법률을 부분적으로만 시행하거나, 아니면 완전한 안드로겐불감성Androgen Insensitivity Syndrome, AIS의 사례에서 그러듯 전혀 시행하지 않을 수도 있다.

따라서 포유류의 경우, Y염색체와 SRY 유전자는 불필요할 뿐더러 수컷성 정체성을 결정하는 데에도 불충분하다. 물론 인간을 비롯한 일부 종에게는 SRY가 젠더-유전자 위원회의 주요 구성원임은 인정한다. 하지만 SRY가 정소를 발생시킬 권한을 부여받은 종들에서조차 SRY는 정소가 분비한 호르몬들이 몸의 성체 형태에 영향을 미치는 양을 제어하지 못한다.

그러므로 수컷과 암컷의 차이와 같은 기본적인 발생조차도 종 내외에서 표준적인 틀을 따르지 않는다. 연쇄적인 유전자 명령에 의해 발생과정이 위계적으로 결정된다고 보는 볼링공 스트라이크 치기 견해는 전혀 실제와 맞지 않다. 대신에 각 개체는 어떻게 젠더-유전자 위원회가 유전자들 사이의 협상을 통해 그 개체의 젠더와 섹슈얼리티를 구현하는지에 관해 자기들 나름의 고유하고 소중한 이야기를 갖고 있다.

난소와 정소가 결합될 때

몸의 모든 측면이 젠더-유전자 위원회의 협상 테이블에 오르는데, 여기에는 심지어 생식샘 자체의 구조도 포함된다. 대부분의 젠더-유전자 위원회는 SRY가 있든 없든 수컷에게는 오직 정소만을, 암컷에게는 난소만을 만들라는 결의안을 통과시킨다. 하지만 어떤 종들은 이처럼 신체적 젠더에 관해 가장 기본적인 측면조차 다르게 구성되었다.

탈파 옥시덴탈리스*Talpa occidentalis*라는 학명의 굴 파기 포유류는 이베리아 반도의 구세계두더지로서 모든 암컷이 난정소, 즉 난자와 정자 조직을 둘 다 지닌 생식샘을 갖고 있다.[16] 난정소는 다른 종들 같으면 난소가 발견되는 신체 부위에 생긴다. 탈파 XX 개체들은 난정소를 가지므로 이곳의 난자 부분에서 난자를 만든다. 이들이 정자를 만들지는 않지만 정자·난자 둘 다와 관련된 생식 연결 부위를 지니고 있다. 난정소의 정소 부분에서는 테스토스테론을 분비한다. XY 개체들에는 정소만 있어서 정자를 만들어낸다.

암컷에게 난소 대신 난정소가 있는 구세계두더지는 현재 네 종이 알려졌다.[17] 하지만 만약 사람이 난정소를 갖고 태어난다면 병원에서는 자연의 법칙이 위협받았다는 듯이 온갖 소란이 일어날 것이다. 구세계두더지는 현대의학이 근본적으로 틀렸다는 증거다. 포유류의 경우, 생식샘 구조조차 표준적인 틀을 따르지 않으니 말이다.

'여분'의 X염색체에 생긴 일

암컷이 XX이고 수컷이 XY인 포유류 종들의 경우, 암컷은 하나만으로 충분한데 당혹스럽게도 두 개의 X염색체를 가진다. 두 개의 X염색체 표현은, 하나의 X염색체(수컷의 경우)가 만드는 낮은 농도에서 작동하게끔 맞춰진 효소에게는 과잉공급인 셈이다. 암컷은 해결책으로 하나의 X염색체를 비활성화 상태로 만든다. 비활성화된 X염색체는 유전정보를 단백질로 전사하는 과정에 활용되지 않으며, 현미경 아래에서는 바소체Barr小體라고 하는 핵 속의 한 점으로 보인다.[18]

두 X염색체 가운데 어느 것이 세포 내에서 비활성화될지는 동전 던지기처럼 순전히 우연에 달렸다. 그러므로 한 세포는 아버지에게서 물려받은 X염색체를 사용할 수도 있고, 바로 옆에 있는 세포는 어머니에게서 물려받은 X염색체를 사용할 수도 있다.[19] 하지만 만약 한 X염색체에 제대로 작동하지 않는 유전자가 들어 있으면 암컷에게는 다른 대안이 있다. 즉, 그런 염색체를 가진 세포들을 솎아내고 다른 X염색체를 표현하는 세포들로 대체할 수 있는 것이다. 이러한 이배성二倍性의 장점은 한 세포 내의 유전자들 사이에서보다는 전체 세포들 사이에 유지된다.

온도가 성을 결정하는 경우

비록 정소와 난소는 모든 척추동물에 걸쳐 거의 똑같지만,[20] 한 생식샘이 정소 또는 난소로 바뀌느냐에 관한 협상은 척추동물의 종류에 따라 다르게 진행된다. 파충류, 특히 거북, 악어, 일부 도마뱀은 생식샘의 정체성이 염색체에 의해 결정되는 게 아니라 알이 발달하는 온도로 결정된다.[21] 이 알들은 대체로 땅에 낳아지며 모래나 습한 흙으로 덮여 있는데, 여기에서 물기를 흡수해 시간이 지나면서 크기가 커진다. 파충류 배아는 알 속에서 발생하기 시작하며, 얼마 후에 원시생식세포가 형성된다. 파충류의 원시생식세포가 모체인 배아의 생식융기로 이동하는 시점에 원시생식세포와 배아 주변은 온도가 같을 것이다. 따라서 생식세포와 배아는 둘 다 어느 성으로 발달할지에 관해 똑같은 메시지를 받으므로 둘의 과제는 당연히 일치한다.[22] 하지만 생화학적 의견에 어떤 차이가 생길 수 있을까? 원시생식세포가 먼저 분화되는 시간과 생색샘이 정소나 난소로 분화되는 시간 사이에 온도가 변하면 간성 표현형이 생길 수 있을까? 아직까지는 그런 실험이 시도되지 않은 듯하다.

온도에 의존하는 성 결정은 일정한 체온을 유지하는 조류나 포유류에게는 적용되지 않는다. 대신, 조류와 포유류는 성 정체성을 결정하기 위해 유전자 계획들을 조합해낸다. 대체로 X염색체와 Y염색체를 사용하는 포유류의 유전자 계획은 이미 살펴보았다. 조류는 정반대의 이야기를 들려준다.

ZZ 수컷과 ZW 암컷

조류와 뱀은 성염색체가 X와 Y 대신 Z와 W로 불린다. 수컷은 ZZ염색체이고 암컷은 ZW염색체이다. 암컷이 동일한 두 염색체를 갖고 수컷이 서로 다른 두 염색체를 갖는 포유류와는 정반대다.

조류는 W염색체의 어떤 것이 생식샘으로 하여금 조류의 왼쪽 측면에서 하나의 난소로 변하도록 확신을 준다. W염색체의 다른 어떤 것이 생식 융기에게 에스트로겐 합성을 시작하라고 말하는데, 이 호르몬은 생식융기가 난자로 변화되는 과정을 계속하도록 한다. 에스트로겐이 없으면 생식융기는 '기본적으로' 오른쪽과 왼쪽에 두 개의 정소로 바뀐다.[23]

따라서 조류의 유전 협상은 포유류의 거울 영상인 셈이다. 포유류에서 XY염색체를 가진 수컷은 소란스러운 SRY가 목청 높여 정소를 주장하지 않으면, 생식융기는 난자가 되는 쪽으로 향한다. 조류의 경우, SRY에 대응되는 W염색체의 어떤 유전자가 난자를 주장하지 않으면 생식융기는 정소가 되는 쪽으로 향한다.

조류와 포유류가 생식샘의 정체성을 결정하는 계획이 서로 거울 영상인 것은 우연일까? 아니면 상반된 두 계획은 어쨌든 적응에 이로운 방식일까? 조류와 포유류는 사회 생활이 근본적으로 다르다. 포유류는 암컷이 새끼를 데리고 다니며 통제하는 반면, 조류는 암컷과 수컷이 공동의 둥지에 사는 새끼들을 통제한다. 이러한 차이가 생기는 원인이 게놈까지 거슬러 올라가, 자연선택을 통해 생식샘의 성 정체성에 대한 규칙을 만들어내는 방식이 결정될 수도 있을까? 답을 알지는 못하지만, 추측하건대 조류와 포유류는 그들의 사회 시스템에서 젠더 표현을 맨 처음 발생시키는 데에 암컷이 필요한지, 수컷이 필요한지가 서로 다르다. 포유류는 번식 기회를 얻기 위한 동성 개체들 간의 경쟁이 암컷보다 수컷이 더 높은 반면, 조류는 그 반대다. 만약 그렇다면 더 높은 동성 간 경쟁을 겪는 성은 젠더 표현의 발생을 더한층 빠르게 진화시킬지 모른다.

유전자 신화가 치르는 대가

발생은 난자와 정자, 즉 큰 생식세포와 작은 생식세포로부터 시작해 이들과 함께 끝난다. 많은 종은 이러한 전체적인 시작점과 끝점이 같을 수도 있지만, 암컷과 수컷의 발생이 어떻게 이루어지는지, 그 표준적인 틀은 알려져 있지 않다. 한 동물의 성이 어떻게 결정되는지, 그 동물이 난자를 만들지 정자를 만들지는 종마다 다르다. 어떤 종은 결정이 유전적으로 이루어지고, 또 어떤 종은 생리적으로 이루어진다. 심지어 유전적으로 이루어지는 경우에도 종에 따라 다양한 유전적 범주가 적용된다. 그리고 개체의 발생은 의회 토론의 결과만큼이나 질서정연하지도 예측가능하지도 않다. 다양한 사람들이 발생 역사의 불협화음에서 생겨난다. 한두 가지 발생 이야기가 어떤 특권을 얻어 나머지를 판단할 표준이 될 수는 없다.

그런데도 왜 볼링공 스트라이크 치기 비유, 즉 생명 탄생으로 귀결되는 일련의 연쇄적인 유전자 결정이라는 개념은 아주 많은 상충되는 증거가 있음에도, 발생생물학에서 그토록 뿌리 깊게 자리 잡고 있을까? 발생을 소유하고 제어하고자 하는 욕망이 그 원인이라고 나는 본다. 만약 어느 마스터 유전자가 어떤 특성을 만들 수 있다면, 그 유전자에 대한 특허를 소유하고만 있다면 어느 누구라도 그 특성을 제어할 수 있다. 하지만 만약 특성이 유전자 위원회로부터 생겨난다면, 무엇을 소유한단 말인가? 위원회를 통째로 사버린다? 누군가가 한 유전자에 대해 특허를 얻을 수는 있지만 유전자들 사이의 관계를 특허 낼 수는 없다. 만약 몸이 개별 유전자보다는 유전자들 사이의 관계로부터 생겨난다면, 발생의 제어는 인간의 소유권을 넘어서는 일이다.

인간 발생을 소유하려는 시도가 물질적인 면에서 중요하다는 점은 인간 게놈을 특허화하려는 생물공학의 노력에 쏟는 돈을 보면 명백해진다. 대체로 한 유전자에 대한 특허는 가치가 없다. 유전자는 단독으로 작동하지 않기 때문이다. 유전자 협력을 강조하는 것은 자연의 조화로움에 대한 칭송이 아니다. 그보다는 이기적 유전자와 이기적인 유기체에 이르는 개체주의 중심 현대 과학이 실증적으로 오류이다. 이러한 경향은 유전공학 투자자들이 돈을 쏟아부어서 얻어진 결과일 뿐이다.

12장

성 차이

이제 아기의 성이 결정되었다고 가정하자. 아기의 유전자 위원회가 발생 초기에 만나 어떻게든 결정을 내렸다는 뜻이다. 그다음에는? 발생은 어떻게 계속될까? 모든 수컷이 똑같은 외투와 넥타이를 매고 자궁 학교를 졸업하고 또한 모든 암컷도 똑같은 옷을 입을까? 결코 그렇지 않다. 수컷들 사이에, 암컷들 사이에, 그리고 암수 사이에는 얼마나 큰 생물학적 차이가 존재할까?

이번 장을 쓰게 된 동기는 유전학적·해부학적 차이들이 동성애자와 이성애자 사이에, 트랜스젠더와 비非트랜스젠더 사이에, 그리고 간성인 사람과 그렇지 않은 사람 사이에 점점 더 많이 발견되는 추세 때문이다. 이러한 차이들은 이성애자인 암컷과 수컷이 정해놓은 표준에서 벗어난 변칙이라고 대중들에게 알려진다. 하지만 동성애자와 이성애자 사이, 또는 임의의 두 그룹 사이의 차이들은 그룹 내부의 차이와 비교하여 평가해야 한다. 예컨대 이성애자 수컷이 그들끼리 큰 생물학적 변이를 보인다면 이성애자 수컷과 게이 수컷과의 차이는 이성애자 수컷들 간의 차이보다 더 크다고 할 수 없으므로, 생물학적으로 특별히 주목할 거리가 아니다.

마찬가지로, 우리의 교육 환경에서는 사람들이 대부분 생물학적으로 동일하며 훈련만 받으면 모든 이가 동일한 기술과 지식을 습득한다는 것이 암묵적으로 가정되어 있다. 물론 사람들이 유전적으로 서로 다르다는 사실은 누구나 알지만, '정상적인' 사람들은 다소간 생물학적으로 동일하다고 가정되기에, '특별' 학급을 제외하고는 '한 가지 기준을 모두에게 맞추기'라는 방식이 교육에 적용된다. 하지만 사람들이 문화적인 면만큼이나 생물학적인 면에서도 서로 다르다는 것을 우리가 깨닫는다면 어떻게 될까?

유전적 차이들

인간 게놈 연구가 사람들이 어떻게 서로 유전적으로 다른지를 분명히 밝혀내기 시작했다. 이러한 차이들은 성염색체에서 기인한 차이와 비성염색체에서 기인한 차이로 나눌 수 있다. 게다가 수컷은 다른 수컷과 달라지는 나름의 방식이 있으며 암컷도 다른 암컷과 달라지는 나름의 방식이 있다.

우리 각자는 전부 합쳐서 약 3만 개의 유전자를 가진다. 어림잡아 봤을 때, 성염색체 X와 Y를 제외하고도 각자는 바로 옆 사람과 약 60개의 유전자가 다르다. 이런 의미에서 볼 때 우리는 매우 비슷하다. 3만 개의 유전자 가운데 고작 60개, 그러니까 0.2퍼센트만 다르니 말이다. 하지만 이 차이는 유전자들의 상호작용 방식의 파급효과 때문에, 우리 사이에 많은 생화학적 변이를 만들기에는 충분한 정도다. 더욱이, 임의의 두 사람은 60개 유전자의 특정한 한 집합에 의해 서로 달라지는데, 이 유전자 집합은 이 둘 외의 다른 두 사람을 서로 차이 나게 하는 유전자 집합과도 다르다. 따라서 사람들은 제각각의 방식으로 서로 다른 셈이다.[1]

X염색체에서 기인한 다양성

하나의 X염색체에는 약 1500개의 유전자가 들어 있으며, 임의의 두 사람은 이들 유전자 가운데 약 세 개가 서로 다르다. XX인 사람은 X염색체 가운데 오직 하나만 표현하며, XY인 사람은 애초에 X염색체가 하나만 있다. 따라서 사람들은 평균적으로 비성염색체의 60개 유전자와 더불어, X염색체가 표현되는 유전자 가운데서 세 개가 덧보태져 이 유전자 개수만큼 서로 다르다.[2]

XX염색체를 가진 인간은 대체로 여성이며, 여성들 사이의 가장 큰 차이는 성과 무관한 60개의 유전자 때문에 생긴다. 하지만 X염색체에서 나온 추가적인 세 유전자는 여성에게 고유한 차이를 일으킬 수 있다. 남성도 X염색체를 가지므로, 차이를 발생시키는 X염색체에서 나오는 세 유전자는 여성뿐만 아니라 남성에게도 적용될 수 있다. 하지만 X염색체 비활성화 현상은 XX인 사람들에게만 특유한 것이어서, 여성끼리 서로 유전적으로 특유하게 다른 방식은 남성에게는 해당되지 않는다.

두 여성은 각각 다른 세포에서 다른 X염색체들이 활성화되기 때문에 유전자 표현이 다를 수 있다. 한 여성은 콩팥 세포에서 활성화되어 있는 X염색체를 아버지에게서 물려받았을 수 있고, 그 여성의 자매는 같은 곳에서 활성화되어 있는 X염색체를 어머니에게서 물려받았을 수 있다. 유전자가 표현되는 방식의 이러한 가변성이 유전자 자체의 기본적인 가변성에 덧보태어진다. 만약 두 X염색체 사이에 서로 다른 세 유전자 중 하나가 해로운 것이라면, 몸은 나쁜 X염색체를 표현하는 세포들 중 일부를 제거하고 그 대신에 좋은 X염색체를 지닌 세포들을 사용할 수 있다. 나쁜 X염색체를 지닌 남성은 대부분의 심각한 질병을 앓지만 나쁜 X염색체를 지닌 여성은 제거되지 않은 세포들만 손상될 뿐이다.[3] 게다가 여성은 나쁜 유전자를 지닌 세포들이 얼마나 많이 성공적으로 제거되었는지에 따라 어떤 병의 심각성이 서로 다르다.

자가면역질환autoimmune disease의 발병률은 남성보다 여성이 더 높다.[4] 내 추측으로는, 자가면역질환에 대한 취약성은 해로운 유전자를 표현하는 세포들을 제거하는 능력과 X염색체 비활성화에 뒤따르는 부작용이다. 면역체계는 어느 세포가 자기 것이고 어느 세포가 외부에서 들어온 것인지를 알아내서 외부에서 들어온 세포를 제거해야 하는 과제에 직면한다. XX염색체를 지닌 몸의 경우, 어느 X염색체가 활성화되어 있느냐에 따라 두 종류의 세포가 자기 것이다. 자기 세포가 두 가지이면 외부 세포와의 구별이 더욱 어려워져, 결국 XX염색체를 지닌 사람은 XY염색체를 지닌 사람보다 자가면역 반응이 더 많아진다.

또한 여성은 X염색체의 어떤 특정 유전자는 활성화되고 다른 유전자는 비활성화되기 때문에 서로 다를 수 있다. X염색체 비활성화를 크게 보면, 하나의 X염색체는 완전히 활성화되는 반면, 다른 X염색체는 공 모양으로 말려버린다. 사실 비활성 염색체의 유전자들 가운데 80퍼센트만이 정말로 작동이 중지되며, 나머지 15퍼센트는 여전히 표현된다. 이 15퍼센트를 일컬어 비활성화 상태를 면했다고 말한다. 나머지 5퍼센트가 특히 흥미롭다. 이들은 어떤 여성의 경우에는 비활성 염색체에서 표현되지만 다른 여성의 경우에는 그렇지 않다. 그리고 마지막으로, 통상적인 경우와는 정반대로, 비활성 염색체에서만 표현되고 활성 염색체에서는 표현되지 않는 하나의 유전자가 알려져 있다.[5]

따라서 활성화와 비활성화의 차이는 전체 X염색체에 적용되지는 않고 두 X염색체의 다양한 부분에 선택적으로 적용된다. 따라서 XX염색체를 지닌 사람의 몸속에 든 세포들은 매우 비균질적이며, 아울러 비슷한 유전자를 가진 여성들도 유전자의 활성화/비활성화 여부에 따라 생물학적으로 매우 다를 수 있다.[6] 이런 모든 방식으로 XX염색체를 지닌 몸들은 서로 다르기 때문에, 여성은 남성에게는 해당되지 않는 방식으로 서로 다르다.

Y염색체에서 기인한 다양성

다른 염색체들에 대한 통계 자료에 따르면, 하나의 Y염색체에는 약 500개의 유전자가 포함될 수 있고, 이는 X염색체의 3분의 1 규모다. Y염색체를 가진 두 사람은 이들 유전자 가운데 대략 하나가 서로 다르다고 볼 수 있다.[7] 하지만 이제까지 Y염색체에서는 겨우 약 스물네 개의 유전자만이 그 정체가 확인되었다. 이는 전체 500개에 비하면 매우 낮은 숫자여서 어떤 생물학자들은 Y염색체를 일컬어 '유전자 황무지' 또는 '퇴락한 유적'으로 묘사한다.[8] 그런데 이 스물네 개의 유전자는 기능이 다른 두 그룹으로 나뉜다. 한 그룹에는 10장에서 언급한 리보솜의 남성 형태를 위한 유전자처럼 세포생화학의 남성 버전을 위한 유전자들이 들어 있다. 다른 그룹은 오직 정소에서 표현되는 유전자들로 이루어져 있다. 모두 정자 발생에 영향을 미치는 유전자들이어서, 이 유전자들이 없다면 남성은 불임이 된다.

　　XY염색체를 지닌 사람은 대체로 남성이다. 남성들끼리의 유전적 차이 대부분은 성과 무관한 60개의 유전자와 더불어, 남성이 가진 하나의 X염색체에서 나온 세 개의 유전자에서 비롯된다. 생각해보면, XY염색체를 지닌 사람들은 추가적으로 Y염색체의 어느 한 유전자에 의해서도 서로 다를지 모른다. 만약 그러한 차이가 존재한다면, 남성들은 여성에게는 해당되지 않는 고유한 방식으로 서로 다르다는 사실이 밝혀질 것이다.

하지만 Y염색체의 변이는 다른 염색체의 변이보다 약하다. Y염색체의 유전자 대부분은 연관군聯關群이라는 큰 단위로 모여 있다. 그 염색체의 양쪽 끝에 있는 아주 작은 반점을 제외하면, Y염색체의 유전자들은 쌍을 이루어 다른 염색체의 유전자들과 결합하지 않는다. Y염색체는 혼자서 작동하는 일배체다. 따라서 Y염색체의 유전자들은 끝부분에 있는 몇 개를 제외하고는 모두 운명을 함께한다.

어떤 특정 시기에는 Y염색체의 한 형태가 일시적으로 최상의 상태이고, 다른 모두는 잘 혼합되어 있는 국소 개체군 내에서 금세 제거된다. 하지만 시간이 흐르면, 한때는 제거되었던 것이 다시 나타나 이전에는 최상이었던 Y염색체를 대체한다. 그렇다면 어느 특정 시기에는 Y염색체가 한 종 내에서 큰 변이를 보이지 않지만, 종을 넘어서 그리고 시간이 흐름에 따라서는 변이를 나타낼 수 있게 된다. Y염색체의 어떤 변이는 의기양양하게 되돌아가길 준비하면서 주변에서 어슬렁대긴 하지만, 다른 염색체만큼 큰 변이를 보이지는 않는다. 이것은 XY염색체를 지닌 몸은 XX염색체를 지닌 몸보다 더 균일하다는 의미일 수 있다.

여기서 SRY(생쥐와 인간의 수컷성에 영향을 미치는 주요 유전자로서 젠더 유전자들 가운데 하나)가 다시 등장한다. SRY가 서로 다른 수컷들은 수컷 젠더가 구현되는 방법에 영향을 미치는 유전자가 서로 다르다. 그리고 SRY는 알려진 모든 유전자 가운데 가장 빠르게 진화하는 유전자 가운데 하나다. 수컷성에 관한 이러한 주요 기준은 종에 따라 매우 달라진다.[9] SRY는 또한 한 종 내의 개체군에 따라서도 달라지므로 수컷성의 표현은 한 종 내에서도 서식지에 따라 일정하지 않게 나타난다.[10] 영장류의 SRY는 진화상 특히 급속

2부 인간의 무지개

한 변화를 겪었는데, 이는 수컷성의 구현이 정적이지 않고 시간이 흐르면서 진화상 빠르게 변함을 뜻한다. 이러한 진화는 무작위적인 유전자 표류가 아닌 자연선택에 의해 일어나는 것이 분명하다. 왜냐하면 새 DNA 분자가 옛 DNA 분자를 대체하는 과정은, 그러한 대체가 단백질을 변화시키지 않는 곳보다 그 차이가 SRY의 단백질에 영향을 미치는 곳에서 더 빠르게 일어나기 때문이다.[11]

SRY가 만드는 단백질은 HMG High-Mobility Group 상자라는 가운데 부분으로 이루어져 있다. 왼쪽과 오른쪽 부분은 측면 영역으로서 N-말단 영역, C-말단 영역이라고 한다. HMG 상자 부분은 많이 바뀌지 않는다. 보존되는 이 부분은 DNA에 결합되어 SRY 단백질로 하여금 DNA 전사 방식에 영향을 미치게 한다. 진화와 관련된 활동은 이 측면 영역, 특히 C-말단 영역에서 생긴다.

SRY의 변이는 수컷에서 암컷으로 이어지는 몸의 연속체에서 변이를 불러온다. 실험실 생쥐에는 세 가지 유형의 SRY 유전자가 있는데, 이들이 서로 다른 신체 유형을 만들어낸다. 한 유형에서는 XY염색체를 지닌 수컷이 만들어지고, 다른 유형에서는 XY염색체를 지닌 몸이 배아일 때는 간성이고 어른일 때는 수컷이다. 그리고 세 번째 유형에서는 XY염색체를 지닌 몸이 어른일 때 암컷 또는 간성이다. 이러한 SRY 유전자들 사이의 차이는 특정 서열, 즉 DNA의 C-말단 영역에 있는 CAG 서열(DNA의 이중나선 가닥에서 DNA를 구성하는 네 종류의 염기서열인 C(사이토신), G(구아닌), A(아데닌), T(티민) 중 C, A, G로 이루어진 부분. ─ 옮긴이)이 단지 열한 번, 열두 번, 또는 열세 번 반복된 결과임이 드러났다.[12] 따라서 HMG 상자 바깥에서 SRY에 생기는 진화론적 변화가 몸의 젠더 형성에 영향을 미친다.

더욱이 SRY는 생식샘과 생식관 외의 여러 다른 신체 부분에 직접 영향을 미칠 수 있다. 또한 SRY는 몸 전체에도 간접적으로 영향을 미친다. 왜냐하면 SRY의 도움으로 분화된 정소는 멀리 있는 세포에 영향을 미치는 테스토스테론뿐만 아니라, 이웃 세포에 영향을 미치는 호르몬(AMH)도 분비하기 때문이다. SRY는 굳이 호르몬을 중재자로 사용하지 않고서도 많은 생체 조직에 직접 영향을 미치는 듯하다. 종에 따라 SRY는 뼈에서 뇌에 이르기까지 여러 생체조직에 표현된다.[13] SRY가 젠더와 관련된 뼈의 성장과 뇌의 발달에 영향을 미칠 가능성도 매우 높다.

젠더 구현에 SRY가 영향을 미치기 때문에 아마 이 유전자는 매우 빨리 진화하는 듯하다. 만약 SRY가 수컷 젠더를 위한 유전자라면, 혼란스러운 사회적 변화에 반응하여 진화하면서 '만남 시장'에서 성공하기 위한 최신 스타일의 몸과 유혹의 기술을 수컷에게 제공할 것이다.

유전학과 젠더 이분법

이미 살펴보았듯 사람들은 평균적으로 비성염색체의 60개 유전자가 서로 다르다. 아울러 성염색체가 제공하는 유전자도 다르다. 사람들에게 유전적 변이를 일으키는 원인이 되는 이들 요소를 서로 비교해보자. Y염색체 때문에 XY염색체를 지닌 사람들은 XX염색체를 지닌 사람들에게는 없는 유전자를 스물네 개 갖고 있다. XX염색체를 지닌 사람들은 X염색체가 두 개이기 때문에, XY염색체를 지닌 사람들의 단일 X염색체에 비해 두 배의 유전자량gene dosage으로 표현되는 약 225개의 유전자들(비활성 X염색체에서 비활성화 상태를 면한 15퍼센트의 유전자들)을 갖는다. Y염색체의 유전자들이 있는 경우와 없는 경우, 그리고 비활성화 상태를 면한 X염색체의 유전자들이 있는 경우와 없는 경우를 둘 다 고려하면, XX염색체를 지닌 한 사람과 XY 염색체를 지닌 한 사람은 성염색체의 총 250개 유전자가 서로 다르다. 비성 염색체의 60개 유전자가 서로 다른 경우와 비교하면 이는 네 배나 되는 수치다. 따라서 남성과 여성은 두 남성끼리 또는 두 여성끼리 서로 다른 정도에 비해 평균 약 네 배나 더 다른 셈이다.[14] 이러한 데이터에 따르면 남성과 여성 사이에는 분명히 이분법적인 유전자 차이가 존재한다. 하지만 실제로 이러한 유전 시스템에는 몸 전체 수준에서 보면 상당한 겹침이 허용된다.

성 결정에 관한 XX/XY 체계는 젠더 이분법의 생물학적 근거라고 널리 알려졌다. 하지만 이 체계에서도 첨예한 젠더 이분법과 더불어 XX와 XY 몸 사이의 상당한 겹침뿐 아니라 젠더 교차까지 허용된다. X와 Y염색체에 실제로 있는 정보의 세부사항, 그리고 어느 생체조직이 이러한 유전자의 생산물에 반응하는지에 따라 몸 전체 수준의 남성/여성 차이의 정도가 정해질 뿐 아니라 트랜스젠더 몸도 허용된다.

포유류 종 암수의 몸은 비록 생식세포의 크기와 관련 연결 부위가 다르긴 하지만, 전체적으로 매우 비슷할 수도 있고 아니면 매우 다를 수도 있다. 기니피그는 생식기를 확대경으로 자세히 살펴보지 않고서는 암수를 구별할 수 없지만, 수사자와 암사자는 누가 보더라도 수컷성과 암컷성이 분명히 구별된다. 이 두 포유류를 서로 비교해보면, XX/XY 성 결정은 한 종 내에서 암수 사이의 어떤 고정된 차이를 따르지 않음이 분명히 드러난다.

어떻게 XX 몸과 XY 몸이 어느 종에서는 거의 동일하다가 다른 종에서는 뚜렷이 다른 이형태가 될 수 있을까? 우선 Y염색체를 보자. 자연선택은 SRY와 같은 젠더 유전자들이 표현되는 생체조직의 지속시간과 개수를 조절할 수 있다. 만약 SRY가 생쥐의 경우처럼 오직 생식샘에서만 몇 시간 표현된다면, 그 영향은 제한적이다. 만약 SRY가 일부 유대목 동물의 경우처럼 여러 달 동안, 그리고 많은 생체조직에서 표현된다면, 이형태가 몸 전체에 널리 퍼질 것이다. 자연선택은 또한, Y염색체의 세포생화학을 지배하는 유전자들이 X염색체에 있는 자기 조상 격인 반대쪽 유전자들과 얼마나 가깝게 닮을지도 조절한다. 수컷 리보솜을 결정하는 Y염색체의 유전자는 X염색체에 있는 그의 조상과 다소 비슷한 다른 대립유전자로 교체될 수 있다. 이 때문에 단백질이 제조되는 방식이 젠더에 따라 달라질 수 있다. 따라서 Y염색체의 진화는 수컷과 암컷 사이의 평균적인 차이에 영향을 미칠 수 있다.

이번에는 X염색체를 보자. X염색체의 비활성화 정도는 XX 몸속의 얼마나 많은 유전자가 XY 몸과는 다른 발현량으로 표현되는지를 제어한다. 만약 X염색체의 비활성화가 100퍼센트이면, 암수의 몸 모두 오직 하나의 X염색체만 보게 되어 이형태성이 최소화된다. 다른 극단적인 경우로, 만약 X염색체의 비활성화가 없다면 XX 몸은 XY 몸에 비해 두 배의 발현량으로 모두 1500개의 유전자를 보게 되어, 두 성 사이에 몸의 차이가 커다랗게 생길 수 있다. 자연선택은 X염색체 비활성화를 면한 유전자의 퍼센티지를 수정할 수 있다. 어떤 사람에게는 비활성화 상태고 다른 사람에게는 활성화 상태인 X염색체의 유전자가 5퍼센트라는 사실이 그 증거다. 이것은 X염색체의 비활성화 정도에서 기인한 유전적 변이를 나타내는데, 이 변이는 오직 자연선택에 의해서만 일어날 수 있다. 자연선택은 또한, X염색체의 세포생화학을 지배하는 스물네 개의 유전자들이 Y염색체의 반대쪽 유전자들과 얼마나 가깝게 닮는지도 조절한다. 암컷 리보솜을 통제하는 X염색체의 유전자는 Y염색체에 있는 그의 후손과 다소 비슷한 다른 대립유전자로 대체될 수 있다. 이 때문에 단백질이 제조되는 방식이 젠더에 따라 달라질 수 있다.

따라서 X염색체의 진화는 수컷과 암컷 사이의 평균적인 차이에 영향을 미칠 수 있다.

X염색체의 진화와 Y염색체의 진화는 둘이 함께, 전체적인 성적 이형태성(X염색체 때문에 암컷이 수컷과 달라지는 차이, 그리고 Y염색체 때문에 수컷이 암컷과 달라지는 차이를 총합한 것)을 제어한다.[15] 더욱이 X염색체의 변이는 트랜스젠더 표현을 낳을 수 있다. 암컷다운 수컷과 수컷다운 암컷을 만들려면, X염색체와 Y염색체는 먼저 성에 따라 몸의 차이가 평균적으로 심하게 나서 암컷성과 수컷성이 통계적으로 명확히 구분되도록 하는 유전자를 갖고 있어야만 한다. 그러면 X염색체가 수컷과 암컷에서 서로 다르게 작용하므로, X 비활성화를 면한 유전자 자리에 있는 X염색체의 대립유전자 변이 때문에, 가설이긴 하지만, 어떤 수컷은 암컷을 닮고 어떤 암컷은 수컷을 닮을 수 있다.

암컷다운 수컷을 얻기 위해, 어떤 색소의 다섯 단위는 분홍색을 만들고 열 단위는 빨간색을 만든다고 상상하자. 열 단위이면 빨간색이 포화상태이기에 그 단위 이상이어도 빨간색이 만들어진다. X염색체에는 X염색체 비활성화를 면한 색소를 만들기 위한 유전자 자리가 하나 있고, 여기에 두 개의 대립유전자가 놓여 있다고 가정하자. 하나의 대립유전자는 다섯 단위의 색소만 만들며 유전자 풀의 99퍼센트에서 나타난다. 또 다른 대립유전자는 열 단위의 색소를 만들긴 하지만 1퍼센트 정도로 드물게 나타난다. 그렇다면 암컷은 모두 빨간색이다. 왜냐하면 암컷은 X염색체가 두 개여서 이 두 염색체에 있는 대립유전자들을 어떻게 조합하더라도 열, 열다섯, 스물 단위의 색소를 만들어내는데, 이 모두가 빨간색으로 나타나기 때문이다. 반면, 수컷의 99퍼센트는 분홍색이다. 왜냐하면 이들은 다섯 단위 색소를 만드는 대립유전자만 갖고 있기 때문이다. 고작 나머지 1퍼센트가 열 단위의 색소를 만드는 대립유전자를 가져서 빨간색을 띤다. 이 1퍼센트의 수컷은 빨간색의 특성 때문에 암컷다운 수컷이 된다. 그리고 이번에는 수컷다운 암컷을 얻기 위해, 푸른색 계열의 스무 단위가 이미 수컷과 암컷 모두에게 자동적으로 만들어져 있고, X염색체에는 X염색체 비활성화를 면한 색소를 분해하는 데에 필요한 유전자 자리가 있다고 상상하자. 푸른색 계열 색소는 열 단위이면 남색으로 포화된다. 한 대립유전자는 색소를 전혀 분해하지 않지만 유전자 풀의 1퍼센트만 차지할 정도로 드문 반면, 또 하나의 대립유전자는 색소의 50퍼센트를 분해하며 99퍼센트를 차지할 정도로 흔하다고 가정하자. 그러면 모든 수컷은 남색이다. 왜냐하면 그들은 열 단위 아니면 스무 단위의 색소를 갖기 때문이다. 반면, 암컷들은 99퍼센트가 다섯 단위의 색소만 가져 옅은 푸른색을 띤다. 왜냐하면 두 대립유전자 중 하나는 원래 스무 단위의 색소를 절반으로 분해하고 다른 하나가 나머지 열 단위의 색소를 다시 절반으로 분해하기 때문이다. 나머지 1퍼센트의 암컷은 열 단위 또는 스무 단위의 색소를 갖기 때문에 감청색이다. 이 1퍼센트의 암컷은 푸른색의 특성 때문에 수컷다운 암컷이 된다.

비록 트랜스젠더 표현에 관한 유전학이 알려지지 않았지만, 적어도 인간은 배아 후기와 출생 초기의 발달 경험만 보더라도 트랜스젠더 몸은 성결정의 XY 체계와 완전히 들어맞는다. 정말로, 여성다운 남성과 남성다운 여성은 비록 각각 XY염색체와 XX염색체를 지닌 몸이지만, 사회적으로는 각각 여성과 남성으로 인정될 만큼 충분히 여성적이고 남성적이다.

따라서 유전학은 젠더 이분법을 따르지 않는다. 비록 포유류의 성염색체 시스템이 생식세포의 크기를 기준으로 이분법적으로 나타나긴 하지만,

난자 또는 정자를 만듦으로써 젠더를 결정하는 몸은 성 결정의 유전학에 의해 제약받지 않는다. 진화론적으로 몸은 지역적인 상황에 자유롭게 적용한다. 정말로, 인간 게놈 연구는 모든 사람이 유전적으로 서로 다름을 밝혀내고 있다. 개체주의는 살갗 수준이 아니라 우리의 DNA 깊숙이 자리 잡고 있다. 어떤 두 사람을 비교해 봐도 유전적 차이는 발견될 수 있다. 그리고 만약 태생적인 기질을 반영하는 여러 사회적 범주로 사람들을 나누더라도, 그러한 범주에 속한 사람들 사이에서 유전적 차이가 드러날 것이다. '정상적인' 사람은 균일한 표현형, 몸, 그리고 뇌로 이루어진 집단이 아니다. '정상적인' 사람은 눈꽃송이처럼 유전학적으로 다양하다.

호르몬에 의한 성 결정

사람의 발생 이야기에서 다양성의 주요한 원천 하나는 사람끼리 서로 다른 호르몬과 관련된 내용이다. 하지만 호르몬 이야기는 다양성의 관점에서 말하기에 앞서 화학물질의 관점에서 '수컷(남성)'과 '암컷(여성)'의 이분법적인 정의를 내리려고 했지만 결국에는 실패로 끝난 시도들을 먼저 다루어야 한다. 1939년에 다음과 같은 권위적인 연구결과가 발표되었다. "성 특징에는 두 가지 종류가 있으므로 성호르몬도 수컷 호르몬 … 그리고 암컷 호르몬 두 가지가 있다."[16] 하지만 이것은 단지 희망사항이 아닐까? 1927년에 여성호르몬이 임신한 여성의 오줌에서 추출되었고, 1931년에 남성호르몬이 남성의 오줌에서 추출되었다. 하지만 이미 1928년에 남성에게서 여성호르몬이 발견되었다는 보고가 '당혹스럽다', '기이하다', 그리고 '다소 불편하다'라는 과학적 반응을 이끌어냈던 적이 있다. 1935년에 수컷 정력의 소중한 상징이던 종마도 오줌 속에 다량의 암컷 호르몬을 갖고 있다는 것이 드러났는데, 이에 대해 '놀랍다', '흥미롭다', '예상치 못했다', 그리고 '모순적이다' 등의 반응이 줄을 이었다. 한편, 수컷 호르몬도 암컷의 생체조직에서 활동한다는 사실이 밝혀졌다. 난소가 제거된 암컷 토끼에 이식된 정소는 자궁의 성장을 유도해냈다. 1930년대에는 수컷 호르몬이 젖샘을 키우고 자궁과 클리토리스를 커지게 할 뿐 아니라 암컷 쥐의 발정기를 연장시킨다는 사실이 알려졌다.[17] 따라서 두 성 모두 '수컷' 호르몬과 '암컷' 호르몬을 갖고 있으며, 이 두 호르몬에 반응한다.

사실, 누구나 테스토스테론, 에스트로겐을 비롯한 다른 모든 '성' 호르몬을 갖고 있다. 성호르몬은 몸의 화학적 오케스트라에 속한 악기들이다. 몸의 악보는 다양한 시기에 걸쳐 이 모든 악기를 요구하며, 이 악기들이 함께 모여 몸의 음악을 만든다.

개별적으로 살펴보니, 성호르몬들은 서로 화학적으로 비슷한 것으로 밝혀졌다. 예를 들어, 벌꿀 속 당분과 사탕수수처럼 가까운 사이였다. 인간은 남성이든 여성이든 콜레스테롤로부터 모든 성호르몬을 합성할 수 있다. 레시피는 두 단계를 거치면 프로게스테론이 되고, 이어서 세 단계를 더 거치면 테스토스테론이 된다. 테스토스테론은 배아에게 신호를 보내 남성의 내부 생식 연결 부위와 더불어 사춘기 남성의 이차성징을 만드는 호르몬이다. 그리고 한 단계가 덧보태지면 디하이드로테스테론, 즉 남성의 외부 생식기를 만드는 호르몬이 만들어진다. 이와 다른 한 단계는 테스토스테론을 에스트라디올로 변환시키는데, 이 호르몬은 에스트로겐과 상호전환되면서 사춘기 여성의 이차성징, 뼈 성장, 그리고 남성적인 두뇌 구조를 이끌어낸다.[18] 스테로이드 호르몬이라고 불리는 이러한 호르몬들은 많은 척추동물에 존재한다. 우리의 생화학적 개별성을 이끌어내는 각 호르몬의 양은 사람마다 서로 다르지만, 모든 사람은 모든 종류의 성호르몬을 적어도 일정 양만큼은 가진다.

호르몬 생산은 이야기의 절반일 뿐이다. 나머지 절반은 세포가 호르몬 수용체를 갖고 있느냐 하는 것이다. 세상의 모든 호르몬은 그 호르몬과 화학적으로 결합되는 어떤 물질이 세포에 들어 있지 않으면 아무런 효과가 없다. 한 호르몬의 전체적인 영향은 그 호르몬의 생산량과 이에 반응하는 수용체, 이 두 가지 요소가 얼마나 존재하는지에 달렸다. 따라서 몸의 성호르몬 교향악을 작곡하는 유전자 위원회에는 SRY와 같은 젠더 유전자, 성호르몬 수용체를 위한 유전자, 그리고 성호르몬 합성과 상호전환에 촉매로 작용하는 많은 효소가 포함되어 있다. 상당히 큰 위원회인 셈이다.

자궁의 환경

출생 시에 아기는 화학적인 경험을 한다. 자궁 속에 있는 동안에 배아는 생식샘과 부신 둘 다에서 호르몬을 만든다. 태반, 즉 아기와 어미가 함께 만든 구조물 또한 호르몬 합성의 장소이며 어미는 이곳에 자신의 몇 가지 호르몬을 제공한다. 이 모든 호르몬은 태어난 자식의 행동에 되돌릴 수 없는 영향을 미친다.

한 배에서 여러 새끼를 낳는 종, 즉 이란성 '쌍둥이'를 낳는 종들은 호르몬의 영향을 서로 공유하기 때문에 형제자매가 서로의 발생에 영향을 미친다.[19] 한 예로, 생쥐나 쥐 같은 설치류의 특정 행동 성향이 실험실에서 측정되었다. 수컷 생쥐 한 마리에게 두 암컷 중 하나를 고를 기회를 주었는데, 하나는 자궁 속에서 두 자매 옆에서 살았던 암컷이고('두 자매 암컷'), 다른 하나는 자궁 속에서 두 형제 옆에서 살았던 암컷이었다('두 형제 암컷'). 수컷 생쥐는 두 형제 암컷보다 두 자매 암컷과 두 배나 더 자주 짝짓기했다. 자궁 속에서 두 자매 옆에서 자랐던 수컷 쥐('두 자매 수컷')는 두 형제 옆에서 자랐던 수컷 쥐('두 형제 수컷')보다 성욕이 더 높았다. 짝짓기를 잘 받아들이는 암컷과 짝을 지어주자, 그 두 자매 수컷은 이내 교미했는데 두 형제 수컷보다 더 자주 절정에 올랐다. 생쥐의 경우에는 두 자매 수컷이 동성 짝짓기에 대한 성욕도 높았다. 어떤 한 수컷을 놓고서 두 형제 수컷, 두 자매 수컷과 번갈아 짝을 지었더니, 그 수컷은 두 형제 수컷보다 두 자매 수컷과 더 자주 짝짓기했다. 생쥐와 쥐에서 드러나는 이런 많은 차이를 통해 배아의 호르몬 환경이 출생 이후의 기질에 영향을 미침을 알 수 있다.

인간에 대한 데이터는 드문데, 그 이유 중 하나는 인간이 보통 여럿보다는 하나씩 태어나기 때문이다. 그러나 연구된 행동 특성이 한 가지 있다. 귀 안쪽 딸깍이기라는 특이한 행동이다. 믿기 어렵겠지만, 딸깍이는 소리가 귀 안쪽에서 생긴다. 이 소리는 귀 밖으로 전파되기에(대부분의 소리처럼 귀 안쪽으로 들어가지 않음) 녹음기로 녹음할 수 있다. 사람은 익숙해진 탓에 자기 귀 안에서 생긴 소리를 듣지 못한다. 이 딸깍이는 소리는 남성보다는 여성이 더 자주 낸다. 하지만 쌍둥이 형제가 있는 여성은 이 소리를 내지 못한다. 분명히 그 형제의 호르몬이 누이의 귀 발달을 남성적인 쪽으로 유도하여 딸깍이는 소리를 내지 않게 된 것이다.[20] 레즈비언과 양성애자 여성 또한 이성애자 여성보다 딸깍이는 소리를 덜 낸다(368쪽을 참고하기 바란다).

쌍둥이의 호르몬이 서로의 발달 과정에 영향을 미침을 보여주는 또 다른 단서로 치아의 비대칭을 들 수 있다. 치아는 일반적으로 여성보다 남성이 더 비대칭적이다(오른쪽 턱에 있는 치아가 왼쪽 턱에 있는 것보다 더 큼). 쌍둥이 형제를 둔 여성은 다른 여성보다 턱이 더 비대칭적이다.[21]

성숙

호르몬은 배아 성장뿐 아니라 사춘기 동안에도 형태 구성morphology에 큰 영향을 끼친다고 오랫동안 알려져 왔다. 남성 몸의 외부 형태는 배아인 동안에도 변하기 시작한다. 석 달째가 되면 음경은 보통 0.3센티미터 길이까지 자랄 수 있으며, 태어날 때까지 한 달에 0.7센티미터까지 자라서 출생 시에는 3.5센티미터에 이른다. 음경의 성장은 혈액 속에서 순환하는 테스토스테론이 변환된 디하이드로테스토스테론 때문이다. 음경이 자라는 동안에 질 주머니는 안쪽으로 재흡수되지만, 일부 남성은 여전히 전립샘소실이라는 작은 주머니를 지닌다.[22] 남성의 사춘기는 대략 만 열한 살 무렵에 정소의 성장과 함께 시작된다. 여성의 첫 사춘기 징후가 나타난 지 몇 달 후부터다.

여성의 가슴이 자라기 시작하는 평균 나이는 유럽 혈통의 소녀일 경우 만 10.6세이고 아프리카 혈통의 소녀일 경우 만 9.5세인데, 전체 범위는 만 6세에서 13세까지다. 첫 월경은 이보다 약 2~3년 후에 시작되는데, 유럽 혈통의 여성인 경우 만 12.9세, 아프리카 혈통의 여성인 경우 만 12.2세다.[23] 난소에서 분비되는 에스트로겐은 가슴을 커지게 한다. 동시에 부신과 난소에서 분비되는 테스토스테론은 음모를 자라게 한다.

사춘기 이전에 소년과 소녀는 거의 같은 비율로 자란다. 사춘기 시절 키가 급성장하려면 소년은 소녀보다 2년을 더 기다려야 하지만, 결국에는 소녀보다 평균 12.5센티미터가 더 커진다. 소년이 훨씬 더 커지는 까닭은 키가 더 큰 상태에서 급성장을 시작할 뿐 아니라 급성장 기간에 최대 성장 속도가 더 빠르기 때문이다. 소년과 소녀의 급성장은 둘 다 에스트라디올에서 비롯된다. '여성' 호르몬 중 하나인 에스트라디올은 소녀의 급성장을 일으킨다고 오랫동안 알려져 왔지만, 소년의 급성장 또한 이 호르몬이 일으킨다. 정소에서 나온 소년의 테스토스테론이 뼈 안에서 에스트라디올로 변환되어, 뼈가 성장한다. 정말로, 테스토스테론은 국부적인 생체조직에서 에스트로겐이나 에스트라디올로 변환된 이후에만 종종 영향을 미친다.[24]

호르몬은 어떻게 감정을 느끼게 하는가

1889년에 생리학자 샤를 에두아르 브라운세카르는 짓이긴 동물 정소의 추출물을 자신에게 주사했더니 정력을 회복했을 뿐 아니라 머리도 훨씬 더 명석해졌다고 주장했다. 하지만 10년 후 그 효과는 단기간 유지되었고 자신이 잘못 알았을 가능성을 배제할 수 없다고 시인했다.[25]

2000년 만우절 무렵 《뉴욕 타임스 매거진》은 언뜻 보기에는 장난 같은 테스토스테론 찬양 기사 한 건을 실었다.[26] HIV 치료를 위해 테스토스테론을 주입받은 그 기사의 필자는 이렇게 설명했다. "그것은 약간 금빛을 띠며, 기름기 있는 어떤 물질 속에 매달려 있는데, 전화선의 절반 두께의 주삿바늘로 주입된다. … 내가 그 바늘을 몸속으로 찔러 넣었다가 … 빼면 … 기름과 거무스름한 피의 이상한 혼합액이 내 엉덩이를 간질이며 흘러내린다." 또한 그는 이렇게 선언한다. "몇 시간 만에 머리 회전이 더 빨라지고 정신도 더 민첩해지지만, 판단은 더 충동적이게 된다." 그 필자가 면담한 어떤 트랜스젠더 남성은 이렇게 덧붙인다. "내 성욕은 지붕을 뚫고 솟아오른다. 하루에 한 번씩은 섹스를 하지 않으면 죽을 것 같았다."[27] 그리고 보디빌딩을 위해 테스토스테론을 주입받은 40세의 한 회사 중역은 "이제 사내 회의에 들어가면 자신감이 용솟음칩니다"라고 말한다. 그 기사의 필자는 자신의 큰 티셔츠를 증거로 들고나와, 몸무게가 75킬로그램에서 84킬로그램으로 늘었고, 옷깃 치수가 38센티미터에서 44센티미터로 길어졌으며, 가슴이 101센티미터에서 114센티미터로 넓어졌다고 했다.

기사는 이렇게 계속된다. "남성과 여성이 생물학적으로 다른데, 왜냐하면 남성은 대부분의 여성보다 테스토스테론을 10~20배나 더 많이 만들며, 누구도 심각한 이의를 제기하지 않는 바와 같이 이 호르몬이 신체 형태, 행동, 감정, 자기 이해에 심오한 영향을 미치기 때문이다. … 이 호르몬 덕분에 … 왜 남성과 여성 사이의 불평등이 공적·사적 생활에서 그토록 집요하게 존속하는지가 설명된다." 이 주장은 틀렸다. 테스토스테론은 혼자 작동하지 않는다. 그 자체로는 아무것도 못 하며 어떤 영향을 미치려면 수용체가 필요하다.

그 필자가 단언하기를, 여성은 긍정적인 행동이 불가능하며 우리는 남성과 여성의 호르몬 차이 때문에 "젠더 불평등이 지속되어도 놀라지 않아야 한다." 그 대신에 "의학적인 선택사항으로서, 여성이 자신들의 성욕, 공격성, 모험심을 향상시키기 위해, 그리고 자신들의 약점을 만회하기 위해 여성은 테스토스테론을 주입받을 기회를 얻어야 한다"고 역설한다. 따라서 여성들의 여성성을 치료하기 위해 테스토스테론이 투여되어야 한다는 말이다. 다만 "그 호르몬을 사용하려면 부작용을 일으킬 수 있으므로 주의 깊은 모니터링이 필요한데 … 하지만 그러려고 의사가 있는 법이다"라고 덧붙인다. 여성에게 테스토스테론을 주어 남성으로 바꿈으로써 사회적 불평등을 고치려는 방식은 결코 바람직하지 않다.

왜 필자는 이처럼 무책임한 기사를 썼을까? 그 답은 기사의 마무리 문장에 다음과 같이 제시되어 있다. "내가 보기에는, 내가 남자여서, 여자로서는 결코 느끼지 못할 것을 느끼고 … 어떤 여자에게도 불가능한 방식으로 이 세상을 경험하기에 무척이나 행복하다고 말해도, 여성성을 비하하는 것 같지는 않다. 또한 그런다고 해서 굳이 사과하거나 부끄러움을 느낄 일도 아니다." 참으로 남성다운 태도가 아닐 수 없다.

기사에서는 테스토스테론이 어떻게 행동에 영향을 미치는지에 관해 상투적인 견해를 자세히 설명하고 있다. "나는 에너지가 한껏 솟아오름을 느낀다. 그것은 에스프레소 두 잔을 연거푸 마시는 것보다는 덜 자극적이면서도 그만큼 위력적이다. 한 가지에 의식을 집중하는 시간이 짧아진다. … 가만히 앉아서 글을 쓰는 데에 집중하기가 어렵고 더 많이 몸을 움직여야 할 것 같다. … 욕망은 화학적이다. 그것은 왔다가 가고 부풀었다가 사그라진다. 그 앞에서 당신은 무기력하지는 않지만, 분명 완전히 자신을 통제하지도 못한다. 곧이어 화가 치솟는다. … 테스토스테론을 주입한 지 겨우 몇 시간 만에 … 나는 평생 처음으로 사람들과 한바탕 소란을 치를 뻔했다." 이 필자는 비록 남성성을 칭송하고는 있지만 자신이 남성성의 가치를 전복했음을 잘 인식하지는 못한 듯하다. 이런저런 충동적인 언급을 일삼음으로써 남성은 테스토스테론이 성적 욕망을 추구하는 것만큼이나 비합리적인 존재로 묘사되고 있다. 오랫동안 여성은 비합리적 존재, 생리 호르몬 주기의 희생자, 그리고 '나쁜 호르몬이 작동하는 날'의 괴물이라는 신랄한 공격을 받아왔다. 하지만 매일매일 나쁜 호르몬이 작용하여, 생리적 경련은 아니지만 정신적 경련을 겪는 쪽은 오히려 남성이었다.

호르몬이 어떻게 '느낌'을 유발하는지를 파악하는 데에 트랜스젠더가 큰 도움이 된다. 트랜스젠더는 호르몬 감각의 높은 가변성을 분간하는데,

이는 아마도 호르몬 생성만큼이나 호르몬 수용체의 차이 때문인 듯하다. 아마 가장 흥미로운 점은 테스토스테론이 너 나 할 것 없이 트랜스젠더를 차분하게 한다는 보도일 것이다.《뉴욕 타임스 매거진》기사는 트랜스젠더 남성에 대해 부분적인 측면만 설명하면서 테스토스테론이 그 사람의 리비도를 증가시켰다고만 말한다. 실제로 그 사람, 드루 사이드먼이 진술한 내용은, 테스토스테론이 과도한 공격성의 원인이라는 주장은 '신화'일 뿐이고 테스토스테론은 자기에게 '진정 효과'를 가져왔으며 자신은 그 호르몬 덕분에 '훨씬 좋은 느낌'을 받았다는 것이다.

마찬가지로, 최근에 성을 바꾼 한 저명한 트랜스젠더 작가인 패트릭 캘리피아는 한 인터뷰에서 이렇게 말했다. "나는 테스토스테론을 맞으면 훨씬 더 편안합니다. 더 평온하고 이성적인 인간이 되었다는 느낌이 듭니다. 남자는 더욱 화를 낸다고들 하지만, 나는 더욱 느긋해지고 사랑스럽고 달콤해집니다. 아마도 행복해지기 때문인 듯합니다. 이처럼 화학적으로 균형이 잡히면 왠지 느낌이 좋아집니다."[28] 저명한 트랜스젠더 권리 운동가인 재미슨 그린은 이렇게 적고 있다. "테스토스테론의 첫 효과는 평생 처음으로 내게 '정상인'이라는 느낌을 준 것이다. 그 호르몬 덕분에 나는 차분해지고, 균형이 잡히고, 나 자신으로서의 충만감을 느꼈다. 테스토스테론 중독 … 이라는 상투적인 표현의 정반대였다. 그리고 일단 그런 느낌에 편안해지자 … 리비도가 뒤따라왔다."[29] 나 역시 테스토스테론에 대해 다른 트랜스젠더 남성들과 이야기를 나눈 적이 있다. 사이드먼, 캘리피아, 그린의 말대로 테스토스테론에 진정 효과가 있음을 모두가 인정했다. 또한 그들 모두 리비도가 매우 높아짐을 인정했으며, 이러한 새롭고 행복한 감각을 자신들의 삶에서 어떻게 받아들였는지도 말해주었다.

한편 트랜스젠더 여성은 트랜스젠더 남성과는 테스토스테론에 대해 전혀 다르게 이야기한다. 남성적 리비도에 관해, 오히려 트랜스젠더 여성은 불길처럼 타오르던 아랫도리의 욕망에서 벗어난, 그리고 평온을 찾으려는 끊임없는 갈망에서 벗어난 자유에 대해 말한다. 또한 성급하게 달려들지 않고 천천히 로맨스를 유지하는 것에 관해 이야기한다. 내 경우엔, 테스토스테론은 에스프레소 커피를 마신 듯 부산스럽고 해롱해롱하고 성가시며 생각이 흐릿해질 뿐 아니라 가고 싶지 않은 곳으로 억지로 끌려가는 느낌이었다. 테스토스테론을 에스트라디올로 대체했더니 하루 만에 깊은 평온과 행복감을 느꼈다.

트랜스젠더는 호르몬을 젠더 바꾸기의 가장 중요한 단계로 여긴다. 남성이냐 여성이냐의 젠더 정체성을 함축한 미묘한 신호의 균형이 호르몬 때문에 뒤집어진다고 보는 것이다. 또한 트랜스젠더는 호르몬을 사용하기 시작한 직후 친밀한 관계가 근본적으로 바뀐 까닭에 파트너나 배우자를 잃은 경험에 대해서도 말한다.

몸과 기질의 다양성과 개성이 나타나는 주요한 이유는 호르몬과 그 수용체의 영향이다. 생애 초기에 작용하는 호르몬은 이후의 기질에도 돌이킬 수 없는 영향을 미치는 반면, 생애 후기에 작용하는 호르몬은 감정과 활동에 영향을 주기는 하지만 그 영향은 돌이킬 수 있다.

정신적인 측면의 성 차이

인간 다양성의 발생학적 원천에 관한 우리의 탐구는 이제 뇌, 즉 우리 모든 생체기관 중 가장 불가사의한 곳에 이르렀다. 바로 여기에 성욕, 굶주림, 기질을 활성화하게 하는 회로가 들어 있다. 또한 여기에 창조적인 정신, 자유의지, 사랑, 유머도 들어 있다. 어쨌든 우리의 인격은 뇌의 물질에서 비롯된다. 우리가 어떤 인간인지는 뇌의 크기와 모양, 뇌 속의 전기 신호 방출 패턴에 그 단서가 놓여 있다.

뇌와 행동은 앞과 뒤에서 함께 작동한다. 역기 들기가 이두박근을 강하게 하고 이렇게 커진 이두박근이 다시 더 무거운 역기를 들 수 있게 하듯이, 뇌의 여러 부분은 사용 여부에 따라 줄어들기도 하고 늘어나기도 한다. 특히 생애 초반에 더욱 그렇다. 이두박근은 역기 들기를 하기 전에도 이미 사람마다 크기가 서로 다르다. 마찬가지로 뇌도 태어날 때 사람마다 다른데, 이를 통해 서로 다른 행동을 낳게 되는 내재적인 기질 차이가 처음부터 존재함을 알 수 있다. 그런데 어떻게 뇌는 우리의 성생활, 즉 젠더와 섹슈얼리티를 표현하는 기질에 관여할까?

뇌는 외부에서 들어오는 형태와 소리뿐 아니라 몸속의 호르몬이 만드는 음악도 듣는다. 뇌도 호르몬을 분비하여 호르몬 오케스트라를 연주한다. 뇌는 청중석의 관객이 아니라 오케스트라석에서 연주하며 또한 듣기도 한다. 뇌는 시상하부의 시각교차앞구역에 위치한 수용체를 사용하여, 몸의 호르몬이 척추 위쪽 근처에 있는 뇌의 뒷부분에서 시작해 뇌 아래쪽을 거쳐 눈 가까이 뇌 앞쪽까지 흐르는 것을 '듣는다.' 또한 뇌는 호르몬을 매개체로 거치지 않은 채 여러 유전자(가령 남성에 있는 SRY와 같은 젠더 유전자)를 직접 듣는다.[30]

조류의 뇌 구조

뇌 구조를 연구하는 생물학자들은 세밀한 차이들, 이곳저곳에 있는 몇몇 세포 간의 차이를 찾는 데에 익숙하다. 1976년에 뇌 해부학자들은 자신들이 발견한 것에 깜짝 놀랐다. 수컷 카나리아와 금화조는 노래하는 반면, 암컷 카나리아는 조금만 노래하고, 암컷 금화조는 전혀 노래하지 않는다는 사실이 밝혀진 것이다. 또한 두 종 모두 수컷은 다른 수컷에게 들어서 노래를 배운다는 사실도 밝혀졌다.[31] 여러분이라도 어느 정도 숙련만 되면, 수컷 금화조와 암컷 금화조의 뇌를 나란히 놓고 그냥 보더라도 암수의 성을 구별할 수 있다.[32] 수컷 뇌의 윗부분에는 여분의 신경세포가 있는데, 여기에는 여분의 호르몬 수용체가 덩어리로 들어 있으며, 아울러 뇌의 아랫부분을 따라서도 신경세포가 분포한다.[33] 이러한 뇌 윗부분의 신경세포 덕분에 수컷 새가 노래를 부를 수 있다.

비록 조류 뇌의 신경생물학을 포유류 뇌에 직접 비교할 수는 없지만, 조류 뇌를 통해 소중한 생물학적 지식이 축적되었다.[34] 아래가 그 목록이다.

1. 암컷과 수컷의 뇌는 서로 다른데, 그것도 카나리아와 금화조의 사례처럼 상당히 다르다.

2. 암컷과 수컷의 뇌 차이의 정도는 그들의 행동 차이의 정도와 상관관계가 있다. 수컷은 노래를 부르고 암컷은 부르지 않는 종의 경우, 노래를 학습하고 부르는 활동을 담당하는 신경세포 다발의 크기 차이가 가장 두드러졌다. 암수 모두 구애 시에 서로 노래를 부르는 종의 경우에는 노래 부르기를 담당하는 신경세포 다발은 두 성이 같은 크기다.[35] 여섯 가족에 걸쳐 스무 종의 노래 부르기 새를 조사한 결

과에 따르면, 뇌 구조 이형태성의 정도는 노래의 다양성과 분량 모두에서 이형태성의 정도와 상관관계가 있음이 밝혀졌다.[36]

3. 테스토스테론은 갓 부화한 수컷 새끼의 뇌로 하여금, 노래 부르기를 제어하는 신경세포 다발을 발생시키도록 한다. 이 다발은 테스토스테론이 없으면 발생하지 않으며, 테스토스테론이 투여되면 암컷에서도 그러한 신경세포 다발이 생길 수 있다.[37]

4. 호르몬은 어른의 신경세포 다발을 활성화하게 하고, 번식기에 맞추어 신경세포 다발의 크기를 늘리거나 줄인다.[38]

5. 에스트로겐은 테스토스테론이 아로마타제 효소에 의해 변환되어 생기며 이는 뇌를 수컷화한다. 수컷 몸의 일부 측면들은 테스토스테론에 의해 직접 수컷화되는 반면, 다른 부분들은 테스토스테론이 변해서 생긴 에스트로겐에 의해 수컷화되며, 호르몬의 관여 없이 직접적인 유전자 표현에 의해 그렇게 되는 부분도 있다. 이처럼 성 차이의 발생학적 경로들은 복잡하게 재구성된다.[39]

6. 개성의 차이는 뇌의 차이에서 비롯될 수 있다. 번식 활동이 활발한 일본메추라기는 공격성의 정도가 열네 가지 단계로 세분화되어 있다. 이러한 변이는 그들 뇌의 시상하부 속에 있는 아로마타제의 양과 관계가 있다. 아로마타제가 많을수록 공격성이 강해진다.[40]

7. 암컷 부모는 알의 난황 속으로 에스트라디올이나 테스토스테론을 넣음으로써 새끼들의 기질에 영향을 준다. 난황 속에 테스토스테론을 더 많이 받은 새가 더욱 공격적이다. 암컷 새는 산란기가 다가오면 알 속에 점점 더 많은 테스토스테론을 넣기에, 둥지 내에서 마지막으로 부화한 새가 가장 공격적이다. 아마도 일찍 태어난 형제자매

들로부터 자신을 지키기 위해서인 듯하다. 이러한 효과는 포유류 태아 발생에서 어미 호르몬의 역할과 비슷하다.[41]

8. 새끼 암컷 금화조에 에스트라디올을 투여하면, 이후에 어른이 되었을 때 파트너 선택을 이성에서 동성으로 바꾼다. 에스트라디올은 뇌를 수컷화하며 성적 기호의 방향을 바꾼다.[42]

9. 흰목참새의 두 가지 성 모두, 텃세가 심한 흰 줄무늬 형태와 둥지를 돌보는 황갈색 줄무늬 형태가 있다(6장을 참고하기 바란다). 몸 색깔과 행동에서 나타나는 이러한 상호적인 트랜스젠더 표현은 뇌에서도 나타난다. 같은 성이라면, 노래 부르기를 제어하는 신경세포 다발은 텃세가 심한 형태가 둥지를 돌보는 형태보다 더 크다. 다른 성일 때에는, 비록 두 성 모두 노래 부르는 정도가 거의 같은데도, 둥지를 돌보는 수컷 형태가 텃세가 심한 암컷 형태보다 신경세포 다발이 더 크다.[43]

트랜스젠더의 젠더 정체성은 분명 아직까지 연구되지 않았다. 카나리아 같은 새는 수컷이 수컷 '가정교사'에게서 노래를 배우는데, 아비가 자주 그 역할을 맡는다. 수컷 새끼는 어떻게 어미 대신 아비의 노래를 들을까? 암컷 카나리아는 수컷과는 다른 노래를 부른다. 수컷 새끼가 어미에게서 노래를 배우고 암컷 새끼가 아비에게서 노래를 배우는 계절성 새가 있는지는 잘 모르겠다.

조류는 포유류와는 성염색체 결정이 반대다(309~310쪽을 참고하기 바란다). 조류는 가만히 놔두면 수컷다워질 몸을, 난소에서 나온 에스트로겐이 암컷화한다. 반면, 포유류는 가만히 놔두면 암컷다워질 몸을, 정소에서 나온 테스토스테론이 수컷화한다. 포유류와 조류는 호르몬이 서로 다르게 작용하지만, 호르몬이 젠더와 섹슈얼리티에 일으키는 전체적인 결과는 동일하다.

뇌 구조와 행동 사이의 관련성은 포유류보다 조류가 더욱 직접적이다. 마치 조류가 포유류보다 본능에 더 의존하고 사고에는 덜 의존하는 것처럼 말이다. 하지만 조류의 뇌 구조 차이가 젠더 표현, 개성, 성적 지향, 트랜스젠더 표현의 차이와 어떤 관련이 있는지를 나타내주는 데이터들이 얼마나 명백한지 알고 나서 나는 깜짝 놀랐다. 포유류도 얼마나 이와 비슷한지가 궁금하다.

설치류의 뇌 구조

조류와 마찬가지로, 포유류도 뇌 구조에 성적 이형태성이 존재한다. 아래는 설치류의 뇌 이형태성 목록이다.

1. 게르빌루스쥐, 기니피그, 흰담비, 쥐와 같은 설치류의 수컷은 뇌의 아랫부분을 따라 앞쪽으로 향해 있는 시각교차앞구역에 있는 신경 세포 다발이 더 크다. 다발은 수컷이 암컷보다 약 다섯 배 더 큰데, 그 차이는 맨눈으로도 볼 수 있다.[44] 태어날 무렵 뇌 속에서 에스트로겐으로 변환된 테스토스테론이 이런 차이를 만들어낸다.[45] 이 세포 다발이 수컷에게 어떤 작용을 하는지는 아무도 모른다. 수술을 통해 그 다발을 제거해도 행동에 미치는 영향은 미미했다. 하지만 시각교차앞구역 전체를 제거하면 수컷의 짝짓기가 영향을 받았기에, 그 다발은 수컷의 짝짓기 행동과 관련이 있을지 모른다.[46]

2. 근처에 있는 분계선조침대핵이라는 세포 다발 또한 출생 무렵의
  테스토스테론에 의해 제어되는 성적 이형태성을 보인다.[47] 요즘 이
  다발이 관심을 받고 있는데, 그 이유는 인간의 트랜스젠더 정체성에
  관한 최근의 연구가 설치류의 이 구조에 대응하는 인간의 뇌 부분에
  초점을 맞추고 있기 때문이다.

3. 등 아래쪽 척추 내에 있는 신경세포 다발 또한 암컷과 수컷이 서로
  다르다. 수컷은 이 신경세포가 음경 아래 부분의 근육을 제어한다.
  이 세포와 근육은 새로 태어난 새끼 암수 모두에 존재한다. 수컷은
  테스토스테론이 나서서 이 근육과 이를 제어하는 신경세포가 줄어
  들지 못하도록 막지만, 암컷은 테스토스테론이 근육과 신경세포를
  줄어들도록 한다. 테스토스테론은 에스트로겐으로 변환하지 않고
  서도 직접 이런 효과를 만들어낸다.[48]

실험실에서 임신한 암컷 쥐에다 온종일 밝은 빛을 쪼여 스트레스를 주
면, 암컷 쥐의 뱃속에 든 여러 배아 중 수컷은 태아 기간에 테스토스테론을
조금만 만든다. 결국 시각교차앞구역의 신경세포 다발도 작아지고, 음경 근
육을 제어하는 척추 속의 신경세포도 더 적어진다.[49]

수컷 새끼의 테스토스테론 냄새는 그 어미로 하여금 수컷 새끼의 생식
기 부위를 암컷 새끼의 그 부위보다 더 자주 쓰다듬도록 유도한다. 만약 어
미가 냄새를 맡을 수 없으면, 수컷 새끼든 암컷 새끼든 그다지 많이 쓰다듬
지 않는다. 쓰다듬지 않은 수컷 새끼는 자라서도 척추에 음경 근육을 제어
하는 신경세포가 적으므로, 쓰다듬은 수컷보다 교미하는 데에 시간이 더 걸
린다.[50]

따라서 포유류에서도 뇌와 척추의 해부학적 구조가 성마다 다를 수 있는데, 이 차이는 어느 정도 그 동물이 발달하는 과정에서 호르몬과 사회 환경이 다르기 때문이라고 볼 수 있다. 또한 기질과 성향도 태어날 무렵에 시작된다.

인간의 뇌 구조

인간의 뇌는 다른 종에 비해 성 차이를 거의 나타내지 않는다. 남성과 여성의 뇌 차이를 보여주기 위해 많은 연구가 실시되었지만, 여러 사소한 차이가 발견되었을 뿐이다. 따라서 전체적으로 남성과 여성의 뇌 구조는 매우 비슷하기에, 지금부터 할 이야기는 성 간의 차이가 아니라 겹침에 관한 내용이다. 서로 겹쳐진 두 개의 종 모양 곡선을 그려보자. 그리고선 살며시 하나는 오른쪽으로, 다른 하나는 왼쪽으로 밀면, 두 곡선은 약간만 떨어져 있다. 두 성의 뇌 구조는 이만큼이나 서로 비슷하다.[51] 아래의 내용은 지금껏 발견된 사소한 차이들을 요약한 것이다.

1. 남성의 전체 뇌 크기가 조금 더 큰데, 어른일 경우 120~160그램 사이다. 태어날 때는 거의 차이가 없다가 사춘기 동안에 차이가 생긴다. 여기에는 그 시기 남녀 간의 전체적인 몸집 차이가 어느 정도 반영된다. 하지만 출생 시에 몸무게가 같았던 신생아 그룹에서도 성별에 따라 뇌 무게는 5퍼센트의 차이를 보였다.[52] 비록 통계학적으로 유효하긴 하지만 이 5퍼센트는 뇌 크기의 전체적인 변이에 비하면 매우 적은 수치다.[53]
2. 남성과 여성 모두 생쥐에게서 발견되는 음경 제어 근육에 해당되

는 부위가 있다. 남성은 근육이 음경 아랫부분을 감싸고 있어서 사정을 돕는다. 여성은 근육이 질 입구에 원형으로 분포하고 있어서 음경의 진입을 제한할 수 있다. 비록 생쥐만큼 암컷과 수컷 사이에 차이가 크지는 않지만 그 근육은 남성이 조금 더 크다. 남성은 이 근육을 제어하는 신경세포가 여성보다 약 25퍼센트 더 많다. 생쥐의 사례처럼 이 세포는 척추에 있다. 역시 생쥐의 사례와 마찬가지로, 남성과 여성은 태어날 때는 근육과 이 근육을 제어하는 신경세포의 크기가 서로 같지만, 테스토스테론이 여성에게 직접 영향을 미쳐 그 근육과 신경세포가 줄어들게 하고 아울러 없어지게 한다.[54]

3. 인간의 시상하부 중 시각교차앞구역에는 SDN-POA(시각교차앞구역에 있는, 성적으로 이형성을 지닌 핵)라는 세포 다발이 존재하는데, 이것은 생쥐에게서 발견되는 세포 다발에 대응하는 부분이다. 남녀 모두 이 다발 속에 약 5000개의 세포를 지니고서 태어난다. 두 성 모두 만 네 살이면 이 세포의 수가 5만 개로 늘어나는데, 만 스무 살 무렵 여성에게서 이 다발 속의 세포 수가 약 2만 5000개로 감소되면서 남녀 간의 이형태성이 발달한다. 이러한 두 배 차이의 세포 수는 성인기 내내 지속된다. SDN-POA의 기능은 알려져 있지 않고 다만 짝짓기 행동에 어떤 식으로든 영향을 미친다고 짐작될 뿐이다. SDN-POA은 약 1리터 크기의 뇌 속에 든, 쌀알 크기의 미세한 신경세포 다발이다.[55]

4. 또 하나의 미세한 신경세포 다발로서, 젠더와 섹슈얼리티와 관련이 있다고 발표된 것은 SDN-POA보다 조금 위쪽에 존재한다. 이것은 BSTc(분계선조침대핵의 가운데 부분)라고 불린다. 설치류에서처

럼 남성이 여성보다 BSTc가 더 크다. 남성의 BSTc는 부피가 약 2.5 세제곱밀리미터에 3만 5000개의 세포가 들어 있고, 여성의 BSTc는 약 1.75세제곱밀리미터에 2만 개의 세포가 들어 있다.[56] (13장에서 트랜스젠더 정체성에 관한 부분도 참고하기 바란다.) BSTc는 성 기능에 관여하는 격막septum이라는 영역의 일부다. 뇌의 이 영역에서는 오르가슴 동안에 전기 신호가 방출되는데, 뇌의 이 부분을 전기적으로 자극하면 오르가슴이 일어난다.[57] 과잉 성욕뿐 아니라 성적 지향의 바뀜, 성도착 같은 성 행동의 변화는 이 격막에 손상을 입어서 생기는데,[58] 이는 섹슈얼리티의 자연적 변이가 그에 해당되는 뇌의 특정 부위에서 생기는 변이와 관련이 있을 수 있음을 시사한다. 게다가 과잉 성욕이 존재한다는 사실에서, 인간의 전형적인 성욕은 생물학적으로 가능한 정도만큼 강하지 않으며, 진화를 거치면서 우리의 성욕이 최적의 중간 수준에 맞추어졌을 가능성도 점쳐볼 수 있다. 격막은 잠재적으로 커질 수 있는 성욕을 가려서 절제하도록 하는 자연의 덮개인 셈이다.

5. SDN-POA 약간 아래에는 훨씬 더 작은 쌀알 크기의 세 번째 신경세포 다발이 있다. VIP-SCN(시교차상핵의 아핵이 들어 있는 혈관작용장펩티드)이라고 불리는 이 다발은 부피가 0.25세제곱밀리미터다. 대략 만 열 살 이후부터 성적 이형성이 발견될 수 있는데, 남성은 이 다발 속에 약 2500개, 여성은 약 1000개의 세포가 들어 있다. (14장에서 성적 지향에 관한 부분을 참고하기 바란다.)[59] 하지만 10대의 신경 다발의 차이가 얼마만큼 중요할 수 있을까? 아직은 답을 모른다. 그 다발은 젠더와 섹슈얼리티에 관한 많은 행동 차이를 설명하

기에는 너무나 작기 때문이다. 하지만 검은과부거미나 장수말벌한 테 아주 조금만 물려도 큰 손상을 입을 수 있는 법이다. 그러니 (말 하자면) 열린 마음을 갖자.

6. 인간의 뇌는 오른쪽과 왼쪽이 전문화되어 있는데, 특히 오른손잡 이 남성에게 이런 점이 두드러진다. 남성은 왼쪽 뇌가 언어 정보 처 리의 속도와 정확성이 더 뛰어나며 오른쪽 뇌는 공간 정보 처리가 더 뛰어나다.[60] 여성은 이처럼 두드러진 비대칭성을 보이지 않는다. 뇌졸중도 남녀 차이를 보이는데, 여성은 전체적으로 회복을 잘하는 반면, 남성의 뇌는 어느 쪽에서 뇌졸중이 일어났는지를 알아야 그 영향을 예측할 수 있다.[61] 뇌의 대칭성에 관한 이러한 차이는 해부학 적인 근거가 있기는 하되 미미하다.[62] 뇌량은 뇌의 양 측면을 잇는 신경세포의 통로다. 남성과 여성은 이 뇌량 속에 든 신경의 모양이 약간 다르긴 하지만 크기나 개수는 같다. 뇌량은 여성이 남성보다 약간 더 뒤쪽에 위치할 수도 있다.[63]

7. 뇌의 아랫부분에서 뇌의 위쪽에 있는 대뇌피질로 올라가보자. 남 성 여섯 명과 여성 다섯 명의 뇌를 해부해본 결과, 남성은 세포 개수 는 더 많지만 세포 사이의 연결은 더 작은 반면, 여성은 세포 개수는 더 적지만 연결은 더 많다는 것이 밝혀졌다. 남성과 여성 모두 뇌 물 질의 양은 전체적으로 동일하다. 남성은 세제곱밀리미터당 약 11만 5000개(오차범위 플러스마이너스 3만 개)의 뉴런이 있는 반면, 여성 은 세제곱밀리미터당 약 10만 개(오차범위 플러스마이너스 2만 5000 개)의 뉴런이 있다. 게다가 남성은 뇌의 오른쪽과 왼쪽의 비대칭성 이 더 심하다. 남성은 오른쪽 뇌가 왼쪽 뇌보다 세제곱밀리미터당

평균 1.18개의 신경세포를 더 많이 가지며, 여성은 오른쪽 뇌가 왼쪽 뇌보다 세제곱밀리미터당 평균 1.13개의 신경세포를 더 많이 가진다.[64] 남성과 여성 뇌의 이러한 차이는 다음과 같은 익숙한 규칙을 따른다. "평균적으로 봤을 때 유효한 통계적 차이는 적고 겹치는 부분은 많다."

뇌가 처음 형성될 때는 필요한 만큼보다 더 많은 신경세포가 만들어진다. 세포들은 세포 자살이라는 프로그래밍된 세포 죽음의 과정을 거치면서 솎아진다. 테스토스테론은 이 솎기 과정을 늦춘다. 이 과정이 끝났을 때 여성은 남성과 비교해서, 수는 적지만 잘 선별된 신경세포를 갖게 된다. 이 과정은 태어나기 전 마지막 10주 동안 일어난다.[65]

비록 어떤 정신적 기능이 뇌 속의 특정 위치에 존재한다고 정확히 집어낼 수 있겠지만, 더욱 일반적인 목적의 인식 과정은 뇌 전체에 분포된 많은 신경세포의 집합적인 활동으로 생긴다.[66] 남성과 여성은 이 일반적인 목적의 정신적 능력도 다를까?

남성과 여성의 사고

남성과 여성은, 비록 이렇게 말했다가는 거센 반론이 일긴 하겠지만, 인지 능력과 적성에서 차이가 있다. 하지만 어쨌든 전체적인 지적 능력은 남성과 여성이 서로 다르지 않다. 한쪽 젠더가 서로 간의 이해 부족으로 상대 쪽에 대해 어떻게 말하든 간에 말이다. 하지만 특정한 정신적 숙련도는 분명 서로 다르다. 뇌의 해부학적 구조에서 그랬듯, 그 차이가 작기는 하지만 통계적으로 드러나며 또한 상당한 중첩도 존재한다.

평균적으로 여성은 남성보다 언어 유창성, 발음, 기억력 검사에서 더 뛰어나다. 언어 유창성은 특정한 문자로 시작하는 모든 단어(예를 들면, 't'로 시작하는 모든 단어, 또는 'mind'와 운율이 같은 단어, 또는 '아이스크림'처럼 어떤 주제나 범주에 속하는 모든 단어)를 떠올려보게 하는 검사를 통해 측정된다. 여성은 남성보다 혀를 더 빨리 비틀면서 "내가 그린 기린 그림은 잘 그린 기린 그림이고"와 같은 구절을 더 잘 발음한다. 여성은 또한 배열된 기호나 숫자를 더 빨리 훑으면서 어떤 것이 이전의 기호나 숫자와 일치하는지 기억할 수 있다. 이러한 기억력의 장점은 시각적·공간적 정보뿐만 아니라 문자나 단어에도 적용된다.[67]

여성의 언어 유창성이 뛰어난 까닭은 어느 정도 에스트로겐 때문이다. 이에 대한 단서 하나가 미국 수화로 의사소통 훈련을 받은 암컷 고릴라 코코에게서 나왔다. 코코는 에스트로겐 수준이 최고였던 월경주기에 서로 다른 수화 단어의 개수와 전체 수화 단어의 총 개수가 모두 증가되었다. 에스트로겐의 이러한 효과는 일시적이며 뇌 구조에 영향을 미치지는 않는다(활동적이긴 하지만 조직적이지는 않다).[68] 인간 또한 배란 전 단계, 즉 에스트로겐 수치가 최고인 시기에는 에스트로겐이 가장 낮은 시기와 비교해 발음 능력에 대한 검사 성적은 더 높아지고, 공간적 능력에 대한 검사 성적이 더 낮아진다.[69] 밝혀지기로, 월경 이후에 에스트로겐 대체 요법을 실시한 여성은 인지능력이 나아졌다.[70] 어린 여성도 에스트로겐을 통해 인지능력이 나아진다. 읽기 장애인 난독증은 원래 시각적 어려움을 반영한다고 여겨졌다. 하지만 난독증은 단어의 구성 요소를 올바르게 분간해내지 못해서 생긴다. 난독증을 지니고 태어난 남자아이와 여자아이의 수는 거의 같다. 다만, 이를 보완할 능력을 발달시킨 이들 중 72퍼센트는 여자아이여서, 성인 남성이 성인 여성보다 이 장애를 더 많이 겪는다. 분명히 사춘기 때 여자아이에게 에스트로겐이 더 많이 생기므로 언어적 능력이 더 발달하여 난독증을 극복하는 것으로 보인다.[71]

남성은 2차원 또는 3차원 공간에서 어떤 형태나 물체를 회전시키는 방법을 시각화하는 검사에서 평균적으로 여성보다 뛰어나다.[72] 공간 관계를 시각화하는 이 능력은 SAT와 같은 시험의 정량적 적성검사에서도 드러난다. 이 검사에서 젠더 사이의 간격은 최고점을 향해 갈수록 점점 더 벌어진다. 500점 이상에서 남자아이들은 여자아이를 2 대 1로 앞질렀고, 600점 이상에서는 5 대 1로 앞질렀으며, 700점 이상에서는 17 대 1로 앞질렀다. 이 검사에서의 고득점은 특히 공간 관계 문제에 민감하게 반응하여 얻어진 성적이다.

이러한 세부사항 외에도 만약 여러분이 남녀는 서로 다르게 생각한다고 가끔씩 느낀다면, 그 느낌을 지지해줄 든든한 증거가 있다. 기능성 자기공명영상fMRI을 통해 요즘에는 생각하고 있는 뇌를 실시간으로 찍을 수 있다. 그 사진은 생각이 일어나는 뇌의 부위를 밝게 표시해준다. 한 연구에서, 한 그룹의 남성과 여성이 똑같은 언어 과제를 부여받았다. 즉 'lete'와 'jete'와 같이 말이 안 되는 단어들이 적힌 목록을 받고서, 그 단어들을 큰 소리로 발음하며 운율이 맞는지를 알아맞히는 문제였다. 그들이 이 단어들을 어떻게 발음할지 생각하는 동안에 fMRI를 이용해 뇌 사진을 찍었다. 결과는 놀라웠다. 같은 과제인데도 남성과 여성은 뇌를 서로 다르게 사용했다. 남성은 뇌의 한 부분(좌측 아래 전두이랑)만 사용한 반면, 여성은 뇌의 두 부분(좌측 · 우측 아래 전두이랑)을 사용했다. 이로써, 비록 해부학적으로 증명하기는 어려운 주장이긴 하지만, 여성이 남성보다 뇌를 더 대칭적으로 사용함을 알 수 있었다. 이 결과를 찍은 사진이 흥미진진하다. 뇌의 서로 다른 부분이 밝게 빛나고 있으니 말이다.[73] 이 차이는 신경세포의 미세한 다발이 아니라 뇌의 큰 영역과 관련이 있다. 남성과 여성이 어떻게 생각하는지에 관한 이러한 기능적 차이를 밝혀줄 해부학적인 근거는 아직 찾지 못했다.

또한 남성과 여성은 공간적 과제에 대해서도 서로 다른 방식으로 생각한다. 남성과 여성의 한 그룹에 3차원 가상현실 미로를 빠져나가는 과제를 주었다. 미로를 빠져나가기 위해 남성은 뇌의 한 부분(왼쪽 해마)을 사용했으며 여성은 두 부분(오른쪽 두정피질과 오른쪽 전전두피질)을 사용했다. 생각이 일어나는 위치의 이러한 차이는 여성이 지형 구조보다는 주요 지형지물 단서에 의존한다는 관찰 결과와 상관관계가 있을지도 모른다.[74]

남녀 간의 이러한 정신적 차이를 어떻게 활용해야 할까? 그러한 차이는 사회적 관습에 의해 증폭될 수 있다. 만약 공간회전능력을 요하는 직업에 뛰어난 남성 대 여성의 비율이 60 대 40이라면, 그 직업은 남성적인 특징을 띠게 되어 여성은 그런 직업을 갖기가 어려워질 것이다. 만약 언어 유창성을 요하는 직업에 뛰어난 남성 대 여성의 비율이 40 대 60이라면, 그 직업은 여성적인 특징을 띠게 되어 남성은 그런 직업을 갖기가 어려워질 것이다. 한 직업을 통해 얻어진 사회적 특징 때문에, 실제 능력의 차이보다 훨씬 과도하게, 어떤 직업이 '남성의 직업' 또는 '여성의 직업'이라는 믿음이 자리 잡을지 모른다.

우리 각자는 자신을 평균적인 남성이나 여성과 비교할 수 있는데, 그럴 경우 완전히 일치하는 사람은 없다. 거의 모든 사람은 자신이 속한 성의 통계적 표준에서 어떤 식으로든 벗어난다. 성에 대한 평균적 가치들은 개인으로서의 우리에게 큰 의미가 없다. 평균적인 미국인이 캔자스주에 산다는 말이 우리 대부분한테는 해당되지 않는 것과 마찬가지다.

정신적 특성들의 평균적인 차이와 상당한 중첩이 조합을 이룸으로써, 다양한 종류의 트랜스젠더 표현의 무대가 마련된다. 평균적인 남성과 평균적인 여성의 차이가 실제로 의미하는 바는, A가 남성의 특성이고 B가 여성의 특성이라는 진술이 통계적으로 유효하다는 뜻이다. 하지만 상당한 겹침이 존재한다는 것 또한 많은 남성이 B도 가지며 많은 여성이 A도 가진다는 뜻이다. 트랜스젠더 표현은 모든 측면에서 반드시 생긴다. 왜냐하면 어디든 평균값이 다르더라도 겹침 또한 아주 많이 나타나기 때문이다. 젠더 정체성도 이와 마찬가지다.

남성은 왜 공간과 관계된 능력이 여성보다 더 뛰어나고 여성은 왜 언어적으로 남성보다 더 유창할까? 공간회전능력은 남성의 고위험 생활사에서 증명되듯 창을 던지거나 공격자를 피하는 데에 도움을 줄 수 있다(355~336쪽을 참고하기 바란다). 또한 공간 능력은 함께 살며 짝을 지켜줄 구조물을 짓는 데에 필요하고 무기를 만드는 데에도 사용된다. 한편, 언어적 능력은 아이들을 가르치고 정신적인 소양을 함양시키는 데에도 필수적이다. 여성 뇌의 신경세포들은 고도로 연결되어 있기에 더 많은 활동을 동시에 수행할 수 있을지 모른다. 그러한 추측은 인간 진화의 주요 문제, 즉 왜 우리의 뇌는 현재와 같이 형성되었는가 하는 질문을 불러일으킬 수 있다. 인간의 뇌가 아마도 우리 종을 정의할 유일한 특성이기 때문이다.

인간 뇌의 진화

우리의 뇌 크기는 지난 250만 년 동안 세 배나 더 커졌다. 급격한 증가다. 왜일까? 진화심리학자들은 뇌의 진화를 설명하려고, 성선택을 바탕으로 하는 복잡한 이론을 하나 개발했다. 이 이론에 깔린 교묘한 책략들은 그들이 어떻게 성선택 이론에 지적으로 중독되었는지를 드러내준다. 우리는 성선택 이론에 대해 '틀렸다고 말하기' 전에는 인간 뇌의 진화와 같은 근본적인 내용을 설명해나갈 수 없다.

전통적인 설명에 따르면 우리 뇌는 더 복잡한 문제를 해결하기 위해 기술을 발전시켜 도구를 사용하는 동물이 되면서 진화했다고 한다. 이 견해는 심각한 도전을 받았는데, 이 견해에 따르면 우리 뇌는 진화상의 확장을 겪는 동안에 기술혁신은 정체 상태였던 셈이 되기 때문이다.[75] 모든 진화 행동이 끝난 다음에야 기술이 축척되면서 비약적으로 발전하기 시작했다. 그런 다음에야 열대지역에서 기온이 더 낮은 지역으로 전 지구적 이동이 일어났으며 인구의 급격한 증가도 일어났다. 자연선택은 수백만 년 앞을 내다볼 수 없고, 다만 장래에 가치가 있으리라는 희망에서 뇌를 발달시킨다. 자연선택은 어떻게 오직 장래에 사용할 작정인데도 뇌의 진화를 이끌어왔을까?

이와 달리 진화심리학자 제프리 밀러의 제안에 따르면, 우리 뇌는 "인간 문화의 더 장식적이고 즐기는 측면, 즉 미술, 음악, 스포츠, 드라마, 코미디, 그리고 정치적 이상" 등을 창조하는 데에 기여한다고 한다.[76] 그의 이론은 더 나아가, 문화적 산물은 어떻게든 짝 찾기를 촉진하는 반면, 도구 사용은 대부분 생존을 촉진시킨다고 주장한다. 아마 뇌는 생존보다는 우선적으로 번식을 돕기 위해 진화되었을 것이다. 밀러가 설명하듯, "인간의 마음과 공작의 꼬리는 비슷한 생물학적 기능을 갖는다. … 공작의 꼬리는 공작 암컷이 더 크고 더 화려한 꼬리를 선호했기에 진화되었다. … 공작의 꼬리는 공작 암컷을 유혹하기 위해 진화했다. … 마음의 가장 인상적인 능력은 공작의 꼬리와 같다. 즉, 마음은 교미 도구로서 섹스 파트너를 유혹하고 즐겁게 하기 위해 진화했다. … 마음은 … 달빛에 의해 … 섹스 파트너를 유혹하려는 유흥 수단으로서 진화했다." 이 이론에 따르면, 지성이란, 남성이 가지고 있다고 짐작되며 여성이 추구해 마지않는 '훌륭한 유전자'를 의미한다.

그런데 잠시 한번 생각해보자. 성선택 이론은 유혹적인 특성이 암컷에게는 없고 수컷에게만 있을 때에만 적용되며, 그 특성은 이성 구애 시 암컷이 실제로 선호하는 것이어야만 한다. 뇌를 일종의 공작 꼬리로 여기는 이 이론은 올바르지 않다. 남성과 여성의 뇌는 거의 동일하기 때문이다. 공작은 오직 수컷만이 큰 꼬리 깃털을 가지며 암컷은 굳이 그런 장식을 하지 않는다. 만약 사람 뇌가 남성의 꼬리 깃털일 뿐이라면, 여성은 굳이 남성과 비슷한 뇌를 발달시키지 않았을 것이다.

그러자 밀러는 뇌의 진화를 설명하기 위해 성선택 이론에 여러 가지 수정안을 제시했다. 어떤 수정안은 남녀 모두 자신이 훌륭한 유전자를 가졌다기보다는 나쁜 유전자를 가지고 있지 않음을 선전한다고 가정하고서 이렇게 주장한다. "유전적 표준에서 벗어나기는 최적성에서 벗어남을 뜻한다." 이 이론에 따르면, 여러분이 만약 똑똑하고 재치 있다면, 여러분은 건강하기도 하다. "인간 마음의 가장 두드러진 능력들은 적응의 지표로서 성선택을 통해 진화되었다. … 건강한 뇌 이론은 우리 뇌가 다른 유인원들의 뇌와는 다르다고 보는데, 왜냐하면 … 더 복잡한 뇌일수록 더 쉽게 엉망이 되기 때문이다. 인간 뇌는 매우 복잡하기 때문에 돌연변이로 말미암은 손상에 취약하며, 또한 매우 크기 때문에 생리학적인 비용이 많이 든다. … 하마터면 우리의 창조적 지성은 우리의 돌연변이를 드러내는 쪽으로 … 진화했을 수도 있었다."

이 수정안은 표준에서 벗어난 것이 차선이라고 가정함으로써 시작부터 심각한 오류를 범했다. 유성번식은 유전적 변이를 유지하려고 존재한다. 뇌의 진화에 관한 이 이론은 짝 선택의 목적이 유성번식이 촉진하고자 하는 바로 그 변이를 제거하기 위함이라고 가정함으로써 자체 모순에 빠진다. 이런 결점을 안고 있는 이론은 다양성을 억압한다.

하지만 또 하나의 다른 수정안은 이렇게 주장한다. "유머 감각을 이해하려면 유머 감각이 필요하다. 지성이 없다면 다른 사람의 지성을 이해하기 어렵다." 이 견해에 따르면 여성에게 뇌가 있는 까닭은 남성의 뇌를 존중하기 위해서다. 하지만 밀러는 결국 다음과 같이 인정한다. "나는 여성의 창조적 지성이 … 남성의 구애 행동을 평가하기 위한 방법으로서 생겨났다고 생각하지 않는다."

그렇다면 우리는 출발점으로 되돌아왔다. 우리 뇌가 진화한 까닭은 과거에도 현재에도 불가사의로 남아 있다. 앞으로 나아가기 위해 우선 진화심리학이 어디에서 틀렸는지부터 분석해보자.

1. 진화심리학에서는 짝 선택으로 직접 이어지는 문화적 산물의 양을 심하게 과장한다. 공작은 구애하는 동안 암컷 공작에게 자신의 꼬리 깃털을 보여준다고 여겨진다. 비록 증명되지 않긴 했지만, 공작 꼬리라는 특별한 경우에 대해서는 다윈의 이론이 맞을 수도 있다. 하지만 이처럼 드문 애정 표현을 제외한다면, 문화적 표현들은 공작의 꼬리 보여주기처럼 일대일의 이성애 구애를 위한 목적이 아닌 듯 보인다.

2. 진화심리학은 생물학적 성선택 이론을 너무나 열렬히, 무비판적으로 받아들인다. 성선택 이론은 동물에게 투영된 엘리트 수컷 이성애

주의자의 이야기다. 인간 행동의 이론을 성선택 이론에 바탕을 두면, 이 이야기가 정당화되고 다시 사람에게 적용된다. 마치 인간 본성에 관한 이론이기라도 하다는 듯이.

3. 진화심리학은 암컷의 관점을 더 진지하게 개념화할 필요가 있다. 암컷은 수컷이 바라는 모습대로 그려진다.

4. 진화심리학은 동성 섹슈얼리티를 부정한다. 밀러는 이렇게 주장한다. "동성애 행동은 진화에서 그다지 중요하지 않다. … 현대인 가운데 그런 행동이 1~2퍼센트 존재한다는 사실은 정말로 진화론적인 수수께끼다."[77] 동성애는 인간의 젠더 · 섹슈얼리티 무지개의 정당한 색깔이다. 부인할 것이 아니라 설명이 필요하다. 만약 빛에 관한 이론이 무지개의 색들 가운데 어떤 색을 무시했다면, 지금 RGB 컬러모니터나 CMY 컬러사진은 존재하지 않을 것이다.

나는 인간의 뇌가 인간 공동체의 구성원을 위한 사회통합형 특성이라고 본다. 사람들에게는 여러 유형의 상호작용이 필요한데, 뇌는 인간이 사회에 속하고 번식 기회를 얻고 인간으로서 생존할 수 있도록 하기 위해 그러한 상호작용을 지원해준다. 이러한 기능이 있기에 인간의 뇌는 급속히 진화할 수 있었고 사람마다 고유한 것인지 모른다. 사람으로서 살아가려면 짝 찾기, 자식 기르기, 생존하기가 필요한데, 이 모두는 사회적 환경에서 이루어진다. 사람으로서 제 몫을 하려면, 동성 · 이성 간에 관계를 맺고 인맥을 쌓고 사회생활을 하는 방법을 자식에게 가르쳐야 한다. 우리 사회의 복잡성은 우리의 복잡한 뇌를 그대로 반영한다. 점점 더 복잡해져가는 뇌는 점점 더 경쟁이 심해지는 사회에서 효과적으로 작동하는 방향을 찾으며, 이런 이유로 뇌의 크기와 복잡성은 비약적으로 진화하게 되었다. 남성과 여성의 뇌가 거의 똑같아 보이는 까닭은 우리 모두가 전체적으로 동일한 사회 속에서 활동하기 때문이다.

생활사에 관한 성 차이

우리가 방금 열거했던 모든 사소한 성 차이에 어떤 패턴이 존재할까? 다른 동물에게서 살펴본 바로, 각 젠더는 짝짓기뿐 아니라 생활 전반에 대해 고유한 접근 방법이 있다. 예를 들면, 파랑볼우럭의 세 가지 수컷 젠더는 짝짓기와 사회적 행동뿐 아니라 몸 크기와 수명도 서로 다르다. 이 물고기가 보이는 여러 특성은 하나의 생활사 전략을 수행하는 전술의 집합으로서 다 함께 작용한다. 아마 남성과 여성의 경우에도 자신들의 특성을 함께 모아서 수행하는 생활사 전략이 서로 약간은 다르다.

생활사의 기본 특징 중 하나는 수명이다. 1940년 이전에는 남성과 여성의 수명은 거의 같았다. 하지만 지난 60년 동안 여성은 원래의 자신들보다, 그리고 남성들보다 더 오래 살아왔다. 1998년이 되자 여자 아기의 기대 수명은 79.5년이 된 반면, 남자 아기는 73.8년으로 약 5년이 적었다. 75세인 여성은 12.2년을 더 살 것으로 예상되었으며 남성은 10.0년을 더 살 것으로 예상되었다. 전체적으로 보건의료가 향상되자 여성이 남성보다 태생적으로 더 오래 산다는 경향이 밝혀지고 있다.[78]

나이 든 남성의 사망률이 높은 직접적인 이유는 심장질환과 암이 더 많기 때문이지만, 남성은 모든 연령에 걸쳐 상해와 질병으로 말미암은 사망률이 더 높다. 남성이 여성한테서 더 오래 사는 방법에 대해 무엇을 배워야 할지는 생각하지 않고, 오히려 어떤 이들은 다음과 같이 여성이 경험하는 삶의 질을 깎아내리려고 했다. "하지만 여성이 누리는 긴 수명은 나름의 비용을 치른다. 비록 여성이 더 오래 살긴 하지만 남성보다 장애를 더 많이 겪는다. 삶의 질을 감안하면 … 여성이 누리는 5.38년의 혜택은 1.3년으로 줄어든다."[79] 이 통계의 의미는 논란의 소지가 많다. 어쨌거나 살아남은 여성은 살아 있지만 남성은 이미 죽었다. 만약 먼저 죽은 남성을 심각한 장애가 있는 존재로 여겨 평균을 다시 내면, 남성의 삶의 질은 여성보다 아래로 떨어질 수 있다. 또한 남성은 여성과 비교해 건강 문제를 줄여서 보고할 가능성이 높을 수도 있다. 게다가 건강 전문가들도 전체적으로 여성에 대한 의료혜택보다 남성에 대한 의료혜택을 강조해왔다. 따라서 자가면역질환처럼 여성한테 더 흔한 장애들은 남성들이 겪는 장애보다 덜 연구되고 치료 또한 덜 효과적이다.

여성은 모든 인종 · 문화에 걸쳐 5~10년 정도 더 오래 산다. 수명의 이런 차이는 5퍼센트로, 무시하지 못할 수준이다. 아메리카 원주민, 하와이 원주민, 사모아인, 괌 사람, 히스패닉계, 푸에르토리코인, 흑인, 미국 버진아일랜드 흑인, 중국인, 일본인, 필리핀인, 그리고 백인과 같은 범주를 활용하여, 연구자들은 각 범주에서 여성이 남성보다 더 오래 산다는 사실을 알아냈다. 평균수명은 낮게는 흑인 남성 · 여성의 각각 65세와 74세에서, 높게는 중국인 남성 · 여성의 80세, 86세로 다양하게 나왔다.[80] 여성이 남성보다 오래 산다는 것은 부정할 수 없다.

왜 이럴까? 생태학적 관점이 이에 대한 타당한 답을 내놓는다. 생태학자들은 생물학적으로 예정된, 살면서 겪는 중요한 사건들의 일정에 대해

'생활사'라는 개념을 사용한다. 주요한 사건들로는 번식이 시작되는 시기, 한꺼번에 낳을 새끼들의 수, 번식이 지속되는 기간, 그리고 죽음이 찾아오는 시기 등이 있다. 생태학자들이 관찰한 결과, 생활사의 특성들은 대체로 서로 다른 몇 가지가 함께 뭉쳐서 나타났다. 위험한 환경이라면, 동물들은 일찍 성숙하는 쪽으로 진화하고 한꺼번에 많은 수의 새끼를 낳으며 노화도 빨리 찾아온다. 즉, 고高사망률 특성을 보인다. 안전한 환경이라면, 동물들은 번식의 시작 시기를 비교적 늦은 나이로 미루고 임의의 어느 한 시기에 적은 수의 새끼를 기르며 더 오래 산다. 즉, 저低사망률 특성을 보인다.[81]

인간을 포함해 많은 포유류 수컷과 암컷의 전체 생활주기를 반영해보면, 생활사의 성적 이형성이 드러난다. 이형성의 내용은 평균적으로 수컷이 고사망률의 생활사 특성들을 더 많이 보이고 암컷이 저사망률 특성들을 더 많이 보인다는 것이다. 구체적으로 말하자면, 정자는 난자보다 수가 훨씬 더 많고 더 빨리 늙는다. 수컷 배아는 암컷 배아보다 잉태할 때부터 더 빨리 자란다. SRY는 수컷 몸을 더 빨리 분화하게 하려고 생식융기에 대한 제어권을 더 일찍 장악한다. 사춘기에 수컷이 암컷보다 첫 번째 교미를 약 1년 일찍 하고,[82] 수컷의 급속한 성장은 더 큰 체구를 갖도록 시기가 맞춰져 있다. 번식편중은 암컷보다 수컷이 더 두드러져, 1년 동안 교미하지 못하는 개체는 암컷이 10퍼센트인 데에 비해, 수컷은 14퍼센트나 된다.[83] 성체 수컷은 노화도 빠르고 수명도 짧다. 따라서 평균적으로 수컷은 암컷에 비해 고사망률의 생활사적 특성을 보인다. 개체군의 높은 사망률이 증명하는 대로 평균적으로 수컷이 암컷보다 더 많은 위험과 마주칠 뿐 아니라, 진화를 거치면서 수컷의 생활사는 이처럼 더 높은 위험에 적응되어왔음이 분명하다.

13장

젠더 정체성

정치가의 뇌와 시인의 뇌는 서로 다를까? 모든 작곡가가 가지고 있는 베토벤 뇌의 쌀알 부분과, 이와 다르게 모든 화가가 가지고 있는 피카소 뇌의 쌀알 부분, 다시 말해 음악과 미술 능력을 나타내는 해부학적 표시를 찾을 수 있을까? 아직 누구도 보지 못했지만, 가능성은 있다. 현악기 연주자들은 왼손의 손가락을 제어하는 뇌 부분이 다른 사람들보다 더 크다고 알려져 있다.[1]

이미 살펴보았듯, 우리의 척추동물 친척들 가운데서 무늬없는해군사관생도물고기의 두 가지 수컷 젠더와 나무도마뱀의 세 가지 수컷 젠더는 서로 다른 호르몬 특성을 가지며 발달한다. 풍부한 생물학적 선례들은 젠더 표현을 비롯하여 인간의 서로 다른 행동 기질이 뇌 조직의 차이에서 생길 수 있다는 가설을 뒷받침한다. 가령, 트랜스젠더와 비非트랜스젠더의 뇌에서 차이를 발견할 수 있지 않을까?

트랜스젠더의 뇌

시상하부의 내부와 주변에 있는 뇌의 세 가지 쌀알 부위, 즉 SDN-POA,

BSTc, VIP-SCN은 남성과 여성이 성적으로 이형태성을 띤다. 이 셋 중 오직 BSTc가 트랜스젠더와 비트랜스젠더 사이에서 다르기에 뇌의 이 쌀알 부위가 아마도 젠더 정체성 유전자 자리일 것이다. 이 주장을 뒷받침하는 데이터는 드물긴 하지만 진지하게 받아들여야 한다.

포름알데히드 용액 속에 담겨 네덜란드 두뇌 은행에 참고용으로 보관되어 있는 총 34개의 뇌를 분석한 두 가지 연구가 있었다.[2] 이 은행에 소장된 뇌 가운데에는 비트랜스젠더 이성애자 남성, 비트랜스젠더 동성애자 남성, 비트랜스젠더 이성애자 여성, 그리고 다양한 성적 지향을 지닌 트랜스젠더 여성 등의 뇌가 포함되어 있었다. 다음이 연구를 통해 발견된 내용이다.

1. 비트랜스젠더 이성애자의 경우, 남성의 BSTc는 여성 신경세포 (1.75세제곱밀리미터, 1만 9000개)와 비교했을 때 신경세포의 크기 (2.5세제곱밀리미터)와 개수(3만 3000개)가 약 150퍼센트였다. 즉, 이성애자 남성이 이성애자 여성보다 더 컸다.

2. 비트랜스젠더 동성애자 수컷의 경우, BSTc는 비트랜스젠더 이성애자 남성과 같았다. 즉, 게이 남성은 이성애자 남성과 같았다.

3. 트랜스젠더 여성 여섯 명의 경우, BSTc는 비트랜스젠더 남성이 아니라 비트랜스젠더 여성의 것과 일치했다. 즉, 트랜스젠더 여성은 비트랜스젠더 여성과 같았다.

4. 트랜스젠더 남성을 조사해보니, BSTc 크기와 신경세포 수는 남성의 범위와 정확히 일치했고 여성의 범위 밖이었다. 즉, 트랜스젠더 남성은 비트랜스젠더 남성과 같았다.

2부 인간의 무지개

이 연구에서는 BSTc가 발생하는 뇌의 지점을 찍은 사진이 포함되어 있어서, 가시적인 비교가 가능해 그래프와 데이터 도표를 보완하고 있다. 또 밝혀지기로, 트랜스젠더 여성의 신경세포 크기와 개수는 성전환을 한 나이와 관계가 없었다. 트랜스젠더 여성의 BSTc에 든 여성 유형의 신경세포는 "젠더 정체성이 분명히 나타난 시기보다는 정체성 **그 자체와** 관련되어" 있다. 연구자들의 제안에 따르면, 트랜스젠더와 비트랜스젠더 사이의 신경세포 차이는 "뇌의 초기 발생기 동안에 … 확립되었을 가능성이 있다."[3] 태어난 직후 테스토스테론이 BST(분계선조침대핵) 이형성을 생기게 하는 설치류의 경우와 마찬가지다.[4]

이 결과들은 마치 전통적인 젠더 이분법을 뒷받침하고 또한 마침내 트랜스젠더들이 희귀한 간성 형태의 하나임을 밝혀냈다는 듯이 다음과 같이 발표되었다. "현재의 발견 내용은 … 트랜스젠더는 뇌와 생식기의 성적 분화가 정상과 반대 방향으로 진행되었을지 모른다는 패러다임을 뒷받침하며, 또한 성별정체성장애gender identity disorder의 신경생물학적 근거를 마련해준다."[5] 이와 비슷하게, 같은 실험실에서 나온 초기의 논문은 이렇게 진술한다. "트랜스젠더를 생물학적으로 개념 짓자면, 그것은 젠더 정체성의 생물학적 기질基質(결합조직의 기본 물질. — 옮긴이)과 마찬가지로 중추신경계에 국한된 일종의 사이비 자웅동체다."[6]

이러한 연구는 젠더 이분법을 뒷받침하기보다는 오히려 뒤집어버린다. 성적 이형성을 띠는 세 가지 신경세포 다발은 서로 독립적으로 다른데, 이 때문에 두 가지 유형이 아니라 여덟 가지 유형의 뇌가 생긴다. 예를 들면, P가 큰 SDN-POA를 뜻하고 p가 작은 것을 뜻하며, B가 큰 BSTc를 뜻하고 b가 작은 것을 뜻하며, S가 큰 VIP-SCN을 뜻하고 s가 작은 것을 뜻한다고

하자. P는 XY염색체 구성에, p는 XX염색체 구성에 관련성이 있고, B는 남성적인 젠더 정체성에, b는 여성적인 젠더 정체성에 관련성이 있으며, S는 동성 성적 지향에, s는 이성 성적 지향에 관련성이 있을지 모른다. 그러면 다음과 같은 여덟 가지 뇌 구성이 생긴다. PBS, pBS, PbS, pbS, PBs, pBs, Pbs, pbs. 이들은 염색체, 젠더 정체성, 그리고 성적 지향의 다양한 배열에 대응된다. 물론 뇌의 크기 등급과 영역의 개수를 더 세분화하면 더 많은 뇌 유형도 가능하다. 하지만 큼과 작음이라는 두 종류의 뇌 크기와 세 가지 독립적인 뇌 부위만으로 뇌의 유형을 헤아려보아도 뇌의 유형은 두 가지가 아니라 여덟 가지가 나온다. 이 여덟 가지 중 두 가지는 정상이고 나머지는 비정상으로 분류할 과학적 이유는 존재하지 않는다. 게다가 뇌의 이 여덟 가지 유형은 적어도 두 가지 생식기 구성을 갖는 몸, 즉 음경을 갖는 구성 C와 클리토리스를 갖는 구성 c와 연결될 수 있다. 여덟 가지 뇌 유형과 두 가지 몸 유형이 결합되어 다음과 같이 열여섯 가지 유형의 사람이 나온다. PBSC, pBSC, PbSC, pbSC, PBsC, pBsC, PbsC, pbsC, PBSc, pBSc, PbSc, pbSc, PBsc, pBsc, Pbsc, pbsc. 여러분도 알아차렸으리라. 뇌-몸 조합은 무한하다.

이처럼 더 많은 상이한 뇌 유형이 발견됨으로써 뇌 형태의 무지개에 다양한 색상을 채우게 되었고, 아울러 이분법적인 뇌 유형에 대한 믿음이 무너지게 되었다. 호르몬에 관한 연구 때문에 이분법적인 생물학에 대한 믿음이 무너진 것과 마찬가지다. 그런데도 현재 의학자들은 "성적 이형성을 띠는 수많은 뇌 영역, … 그리고 관련 임상 장애들에 대한 … 빙산의 일각이라도 …"[7] 운운하며 "신경생물학적 질환과 장애"의 보고를 파헤치리라 상상하고 있다. 하지만 걱정하지 않아도 된다. 그렇게 되지는 않을 테니까. 식견 있는 과학 독자로서 우리의 과제는 여러 겹의 의학적 편견으로부터 가능한

한 최상의 데이터를 뽑아내는 것이다.

트랜스젠더의 뇌에 관한 연구는 젠더 정체성 변이를 인체기관 차원에서 밝혀냈다. 소중한 발견이 아닐 수 없다. 우리 트랜스젠더들은 이렇게 덧붙이고 싶다, "우리는 진작 그렇게 말해왔다"라고. 트랜스젠더로 커밍아웃한다는 것은 우리 자신에 대해 무언가를 깊이 깨닫는다는 뜻이다. 왜 사람들은 트랜스젠더와 인체 기관의 관련성이 분명히 드러나고서야 우리를 믿게 될까? 포름알데히드 용액에 잠겨 있던 여섯 개의 뇌를 해부하지 않고서는 우리의 말을 믿어줄 수 없었을까?

젠더 정체성이 형성되는 시기

젠더 정체성은 발생 동안 언제 형성될까? 언제, 어떻게 이러한 BSTc 영역들이 생길까? 젠더 정체성은 기질의 다른 측면들처럼 뇌가 전체적으로 성장하는, 태아의 세 번째 3개월을 기다리는 듯하다. 남성은 일생 세 번의 기간에 이례적으로 높은 테스토스테론 수준을 보인다. 그 첫 번째가 태아일 때의 두 번째 3개월인데, 이때 생식기가 발달한다. 두 번째는 출생 무렵이고, 세 번째가 사춘기 때다. 출생 무렵에 뇌의 젠더 정체성(따라할 선망의 대상이 되는 사람과 단지 관찰 대상이 되는 사람을 본능적으로 구별하는 인식의 렌즈(이번 장의 맨 마지막 문단에 관련 내용이 나온다). ― 옮긴이)이 형성되는 중일지 모른다.

젠더 정체성이 언제 형성되는지 알아내기 위한 좋은 전략은 시기상의 하한과 상한을 찾아서 이 두 끝 점에서부터 탐색하는 것이다. 젠더 정체성이 세 번째 3개월보다 훨씬 더 일찍 형성될 리가 없다는 한 가지 단서는 두 번째 3개월 배아의 뇌에 성호르몬 수용체가 존재하지 않는다는 사실에서 찾을 수 있다. 따라서 외부 생식기는 뇌보다 먼저 분화됨이 분명해졌다.[8] 가령, 음경 발생은 테스토스테론 농도와 두 번째 3개월 동안의 테스토스테론 생성에 의존한다. 요도하열(요도 구멍이 음경의 끝이 아니라 아래쪽 어딘가에 달려 있는 흔한 간성 형태)을 지닌 남자아이는 젠더 전형에서 남성적 정체성을 나타내고 놀이와 자기표현에서도 젠더 전형에서 남성적 특징을 드러낸다.[9] 여기서 음경 형태는 남성 정체성과는 관계가 없다. 생식샘 형태에 영향을 미치는 남성호르몬은 두 번째 3개월에 활동하는 것으로, 뇌의 이후 젠더 정체성 회로 습득에 영향을 미치지 않는 게 분명하다.

이와 비슷하게, 출생 시에 생식기가 불분명한 남자아이(구에베도체 guevedoche)는 사춘기에 남성으로 성숙하여 남성 정체성을 확실히 갖는다. 이것은 처음에 도미니카 공화국에서 연구가 실시되었다가, 지금은 파푸아뉴기니, 멕시코, 브라질, 중동에서 더 많은 사례가 연구되고 있다.[10] 구에베도체를 통해, 생식기가 형성되는 시기는 젠더 정체성이 형성되는 시기보다 앞선다는 사실이 드러났다. 생식기가 형성될 때는 낮은 테스토스테론 수준이라도 생식기 형태에 영향을 미치지만, 아마 이후에는 높은 테스토스테론 수준이라야 수컷의 전형적인 젠더 정체성을 이끌어낼 것이다.

XY염색체를 지닌 어떤 사람들은 간성이 되는데, 왜냐하면 그들이 테스토스테론과 아주 밀접하게 결합되지 않는 수용체를 가졌기 때문이다. AIS(안드로겐불감성증후군, 이하 AIS)라는 이 특성은 X염색체와 관련이 있다. AIS의 생식기 형태는 다양하긴 하지만, 요도하열과 구에베도체와는 달리 AIS를 겪는 많은 사람은 정체성이 여성이다. 아마도 몸이 부분적으로 테스토스테론에 반응하지 않는 경향은 생식기 형성기에만 국한되지 않고 태아 성장의 전 기간에 걸쳐 지속되므로, AIS를 겪는 사람들은 여성으로 발달하고 다른 이들은 남성의 젠더 정체성을 가지게 되는 듯하다.[11]

선천성부신증식증Congenital Adrenal Hyperplasia, CAH의 경우, 부신은 통상적인 안드로겐 양보다 더 많은 양을 생산한다. 여자아이는 이 호르몬이 생식기를 남성화하게 하여 클리토리스가 커지고 때로는 음순이 한데 붙어 음낭의 일부를 형성하기도 한다. CAH를 겪는 여자아이는 자라서 거의 언제나 여성 정체성을 갖는다. 부신에서 생긴 안드로겐은 여자아이에게 통상적으로 생기는 양보다 더 높긴 하지만, 남자아이의 정소에서 생기는 양보다는 여전히 적다. 따라서 여성으로서의 젠더 정체성이 발달한다. 비록 생식기 형태에 미친 영향이 명백히 드러나긴 하지만.[12]

이와 비슷하게, 다른 영장류에서는 생식기의 수컷화와 행동의 수컷화가 서로 다른 시기에 일어난다.[13] 함께 묶어서 생각해보면, 이 결과는 젠더 정체성이 때로는 생식기 형태가 모양을 갖추어가는 임신의 두 번째 3개월 이후에 형성됨을 의미한다. 그렇다면 가장 이른 경우에 젠더 정체성은 출생보다 약 3개월 전, 즉 태아의 두 번째 3개월이 끝나고 세 번째 3개월이 시작되는 시점에 형성된다.

범위의 후반기로 관심을 돌려보면, 여러 일화와 사례 연구를 통해 젠더 정체성은 분명 출생 후 여러 달 동안에 이미 결정된다는 사실이 드러났다. 아기를 이런저런 방향으로 키움으로써 한 사람의 젠더 정체성을 바꾸려는 시도는 여지없이 실패했으며 종종 끔찍한 결과를 낳기도 했다. 의학 교과서는 한때 아이의 젠더가 양육에 의해 '배정'될 수 있다고 주장한 적도 있었다. 하지만 1997년에 아동심리학의 한복판에 폭탄 하나가 터졌다. 의학 교과서가 기만적인 정보에 근거했음이 드러나는 순간이었다.

이전의 의학 교과서는 다음과 같이 주장했다. "(1) 성심리학적으로 개인은 출생 시에 중립 상태이며, (2) 건강한 성심리학적 발달은 생식기의 외관에 의존한다."[14] 이러한 믿음을 뒷받침할 최상의 증거는 한 남자 아기의 사례에서 나왔다. 이 아기는 생후 7개월에 할례를 받던 중 회복할 수 없는 손상을 입고서 생후 17개월부터 여성으로 살도록 새로 배정되었다. 이름도 여자 이름으로 바뀌었고(브루스에서 브렌다로 바뀌었는데 처음에는 존에서 조앤으로 바뀌었다고 보고되었다), 이후 여자아이로 길러졌다. 정소가 제거되었고, 생후 22개월째에는 외과수술로 여성 생식기와 비슷한 것을 여성 생식기 자리에 만들었다. 사춘기에 작동되도록 여성호르몬이 처방되었다. 그 남자아이에게는 일란성 쌍둥이가 하나 있었는데, 그 아이는 할례 동안에 음경에 손상을 입지 않아서 남자아이로 길러졌다. 따라서 둘을 비교해볼 수 있었다. 총책임을 맡은 의사이자 존스홉킨스 대학의 유명하고 권위 있는 교수였던 존 머니는 1972년에 이렇게 보고했다. 여자아이로 살도록 재배정된 그 남자아이에게는 전형적인 여자아이 특성이 완벽히 형성되어 그 결과 "인형, 인형집, 인형 마차"에 관심을 두는데, 이와 달리 그 아이의 쌍둥이 형제는 "자동차, 주유 펌프, 공구"에 관심을 보였다는 것이다.[15] 이를 바탕으로 의학 교과서는 젠더 정체성이 아이의 양육 방식에 의해 결정된다고 가르쳤다.

성호르몬과 발생에 관해 알려진 바로는, 이제껏 인정되었던 생리학적 지식, 다시 말해 아기가 성심리학적으로 중성이라는 지식은 전혀 타당하지 않은 듯하다. 아울러 거울로 생식기를 비춰보고서 아기의 젠더를 파악한다는 이론은 터무니없다. 그런데도 이 도그마는 25년 동안이나 의학계에서 아무런 도전도 받지 않다가, 마침내 용감한 연구자와 용감한 그 남자아이(지금은 남성이다)가 나섬으로써 도전받게 되었다.[16] 사실, '브렌다'는 자신에게 억지로 부과된 정체성을 받아들인 적이 없으며, 열네 살 때에는 10대 남자아이로 성전환을 했고 이름도 데이비드로 바꾸었다. 그 아이가 여성으로 성공적으로 발달했다는 의학보고서는 진실이 아니었다. 그는 지금 결혼도 했고 아이를 입양해서 아빠가 되어 있다.

이 사실을 고발한 저자들 중 한 명은 진실을 세상에 밝히면서 "끔찍하게 두려웠다"고 밝혔고, 성이 재배정된 남성은 일생 중 길고 고통스러운 시기에 연구자들의 주장에 들어맞게끔 '진정한 영웅'으로 칭송받았다. 은폐와 명백한 사기가 결합된 사람과 과학의 이러한 사례가 존 콜라핀토의 연구보고서에 멋지게 기록되어 있다.[17]

반박을 가하고자 아동심리학자들은 아주 간략한 보고서를 통해 반례하나를 내놓았다. 이에 따르면, 생후 2개월째에 할례를 받던 도중에 음경이 회복 불능으로 손상된, XY염색체를 지닌 한 아기가 생후 7개월부터 여성으로 살도록 재배정되었다. 그 여자아이를 열여섯 살 시점과 스물여섯 살 시점에 면담했더니 사회적으로 여성으로 살고 있었다. 그녀는 여성 생식기를 원했기에 마침내 수술로 여성 생식기를 얻어 자신을 완전히 여성이라고 여겼다.[18]

액면 그대로 받아들이자면, 이 젠더 재배정 사례는 젠더 정체성 발생의 상한이 7개월(재배정이 작동한 시기)과 17개월(재배정이 작동하지 않은 시기) 사이의 어느 시기임을 의미한다. 나는 기준 시기를 12개월로 택하겠다. 하한과 상한에 관한 데이터를 결합해보면, 젠더 정체성은 출생 전 3개월부터 출생 후 12개월 사이에 형성되는 듯하다.

나는 젠더 정체성을 인식 렌즈로 여긴다. 아기가 태어나서 눈을 떠 주변을 둘러볼 때, 누구의 행동을 따라하며 누구를 단지 쳐다보기만 할까? 아닐 수도 있지만 아마도 남자 아기는 아버지나 다른 남자를 따라할 것이고 여자 아기는, 역시 아닐 수도 있지만, 어머니나 다른 여자를 따라할 것이다. 나는 뇌 속의 렌즈가 누구를 '교사'로 초점을 맞출 것인지를 조종한다고 본다. 그렇다면 트랜스젠더 정체성은 자신과 반대 성을 교사로 받아들인 결과다. 일반적으로 트랜스젠더 정체성의 정도와 젠더 다양성의 정도는 교사의 젠더를 선택할 때 어느 하나에 집착하는 정도가 얼마나 크냐에 따라 달라진다. 그러므로 젠더 정체성의 발생은 뇌 상태와 출생 후의 초기 경험에 의존한다. 왜냐하면 렌즈가 어떤 것인지는 뇌 상태가 가리켜주고, 그 렌즈를 통해 찍혀 결국 뇌 회로 속에 인화되어 결코 바뀌지 않을 영상들은 환경에 따른 경험이 마련해주기 때문이다. 다른 기본적인 기질들과 마찬가지로, 젠더 정체성이 일단 자리 잡게 되면, 삶은 그 정체성을 바탕으로 진행되어간다.

14장

성적 지향

외적 행동이 내적 형태와 일치한다면, 게이와 레즈비언은 독특한 몸을 지닌다고 할 수 있다. 만약 현악기 연주자들에게 왼손 손가락 활용에 대한 특별한 뇌 부분이 있다면, 그리고 경마기수들에게 짧은 체구에 대한 특별한 유전자가 있다면, 아마도 동성 섹슈얼리티를 지닌 사람들에게도 그러한 섹슈얼리티에 대한 특별한 뇌 부분이나 유전자가 있을 것이다. 성적 지향의 생물학적 측면에 대한 탐구는 종종 섹슈얼리티를 트랜스젠더 표현과 혼동할 때가 있다.

동성애자의 뇌

뇌의 아랫부분에 있는 시각교차앞구역 · 시상하부 영역 속의 세 가지 신경세포 쌀알을 다시 떠올려보자. SDN-POA, BSTc, VIP-SCN이라는 이 알갱이들은 인간의 경우 성적 이형성을 띤다. VIP-SCN의 크기는 남성의 성적 지향과 일치하는 듯하다. 여러분은 분명 게이 남성의 VIP-SCN이 여성의 것과 같은 크기이려니 짐작할 테다. 전혀 그렇지 않다. 게이 남성은 이성애자 남성보다 VIP-SCN이 훨씬 더 크기에, 당연히 여성의 VIP-SCN보다 더 크다. 그런데도 다들 게이 남성이 여성의 뇌를 가졌다고 믿는다니![1] 특히, 이성애자 남성은 약 0.25세제곱밀리미터 부피의 다발 속에 세포가 약 2500개 들어 있고, 여성은 약 1000개 들어 있다.[2] 게이 남성은 이성애자 남성에 비해 VIP-SCN의 부피가 1.7배이고, 세포 수는 2.1배다.[3]

게이와 이성애자 남성 간에 있을 수 있는 또 하나의 차이가 있는데, 이것은 잘 언급되지 않는 네 번째 쌀알 부위에 관한 비공식 연구를 통해 알려졌다. 넷 중 가장 작은 이 네 번째 부위는 시상하부 내의 신경다발로서 INAH3라 불린다. 이성애자 남성은 이 알갱이 부위가 평균 0.1세제곱밀리미터이며 이성애자 여성은 0.05세제곱밀리미터다. 그리고 게이 남성도 0.05세제곱밀리미터다. 게이 남성의 뇌 속에 든 이 작은 부위는 여성의 것과 일치했다.[4] 따라서 게이 남성은 이 쌀알 부위(INAH3)로 보자면 여성과 가깝지만 다른 부위(VIP-SCN)로 보자면 여성과 멀다.

레즈비언 여성의 뇌는 이성애자 여성의 뇌와 다른 것 같다. 남성은 귀 안쪽에 딸깍이는 소리를 여성보다 적게 낸다는 사실을 떠올려보라(12장을 참고하기 바란다). 레즈비언과 양성애자 여성은 이성애자 여성보다 딸깍이는 소리를 적게 내지만 남성보다는 더 많이 낸다.[5] 따라서 레즈비언과 양성애자 여성은 이런 면에 대해서는 이성애자 여성과 남성의 중간이다. 정말로 성인은 호르몬 투여로 귀 딸깍이기를 변화시킬 수 있다. 성전환 수술 이전에 에스트로겐을 투여받기 시작했던 트랜스젠더 여성은 귀 딸깍이기를 드러냈다. 따라서 귀 딸깍이기는 뇌 구조의 형성과는 꼭 관련이 있지는 않다.[6]

대체로 신경세포의 많은 쌀알 부위에서 보이는 차이는 뇌가 성, 젠더 정체성, 그리고 성적 지향에 따라 달라진다는 점을 드러내준다. 뇌 상태에 대해 더 분석해보면 사람들의 뇌가 얼굴만큼이나 많은 차이가 있다는 것이 밝혀질지도 모른다.

동성애자 가족

아빠가 낚시하러 다녔나요? 여러분도 낚시하러 다니나요? 엄마가 쿠키를 구웠나요? 여러분도 쿠키를 굽나요? 취미나 요리 취향처럼 많은 특성이 가족마다 전해진다. 머리카락의 색이나 눈동자의 색도 마찬가지다. 취미와 요리 취향이 비슷한 까닭은 같은 환경에서 살기 때문이고, 머리카락과 눈의 색이 비슷한 까닭은 유전자가 같기 때문이다. 게이와 레즈비언도 가족 단위로 유전된다. 가족 내의 성적 지향이 비슷한 까닭도 생활환경이나 유전자, 또는 이 둘 다를 공유하기 때문일까? 답은 확실치 않다. 하지만 몇 가지 단서가 있다.

만약 한 남성이 이성애자일 때 그의 형제가 게이일 확률은 4퍼센트인데, 이것은 일반적인 인구에서 얻어진 결과와 같은 비율이다. 만약 한 남성이 게이라면, 그 확률은 다섯 배 높아져서 22퍼센트가 된다. 또, 남성이 이성애자인지 게이인지는 그의 누이가 이성애자인지 레즈비언인지에 아무런 통계적 영향을 미치지 않는다.[7] 이러한 수치들은 게이 남성이 가족으로 모인다는 것을 드러내주긴 하지만, 이런 성향이 유전자의 공유 또는 환경의 공유에서 비롯된다고는 말하지 않는다. 마찬가지로, 만약 한 여성이 레즈비언일 때 그녀의 자매는 레즈비언일 확률이 두 배나 더 높지만, 한 여성이 레즈비언인지는 그녀의 남자 형제가 게이인지 이성애자인지에 매우 작거나 식별할 수 없는 통계적 효과만 미친다.[8] 게이 남성과 레즈비언 여성은 모여 살아도 서로 독립적이다.

일란성·이란성 쌍둥이를 비교해보면 어떤 유전적 요소가 드러난다. 1991년의 한 연구에서 일란성 쌍둥이 남성의 52퍼센트가 둘 다 게이인 반면, 이란성 쌍둥이는 고작 22퍼센트만이 둘 다 게이였다.[9] 1993년의 한 연구에서는 일란성 쌍둥이 남성의 65퍼센트가 둘 다 게이였고, 이란성 쌍둥이의 29퍼센트가 둘 다 게이였다.[10] 마찬가지로, 1993년의 한 연구는 일란성 쌍둥이 여성의 48퍼센트가 둘 다 레즈비언인 반면, 이란성 쌍둥이는 고작 6퍼센트만이 둘 다 레즈비언이라고 보고했다.[11]

방금 인용한 연구들은 미국에서 실시되었다. 영국에서 진행된 1992년의 한 연구는 남성과 여성을 함께 살펴보았는데, 일란성 쌍둥이의 25퍼센트가 둘 다 동성애자인 반면, 이란성 쌍둥이는 고작 2.5퍼센트가 둘 다 동성애자였다.[12] 1995년에 실시된 호주의 한 연구는 다른 방법을 사용했다.[13] 동성애자 독자들이 볼 수 있도록 잡지를 비롯한 여러 매체에 광고해 쌍둥이가 참가하도록 초대하는 대신, 이 연구는 이미 존재하는 쌍둥이 목록을 사용했다. 더불어 쌍둥이를 둘 다 동성애자로 인정하는 기준을 엄격히 정의하여, 연구자들은 일란성 쌍둥이 남성의 20퍼센트가 둘 다 게이이며, 이란성 쌍둥이 남성의 0퍼센트가 둘 다 게이이고, 일란성 쌍둥이 여성의 24퍼센트가 둘 다 레즈비언이며 이란성 쌍둥이 여성의 11퍼센트가 둘 다 레즈비언이라고 발표했다.

이러한 연구들은 둘 다 동성애자일 확률이 일란성 쌍둥이가 이란성 쌍둥이보다 최소 두 배나 높다는 사실을 거듭하여 보여준다. 일란성 쌍둥이가 둘 다 동성애자인 확률은 연구에 따라서 약 25~50퍼센트 범위인데, 이것은 분명히 100퍼센트보다 낮다. 그러므로 비록 유전적 요소가 존재하더라도 다른 요소, 가령 환경적인 요소들이 50~75퍼센트를 차지한다고 볼 수 있다.

비록 일란성 쌍둥이와 이란성 쌍둥이 사이의 비교를 통해 동성애의 유전적 요소가 제시되긴 하지만, 일란성 쌍둥이가 이란성 쌍둥이보다 서로 더 비슷하게 길러지며, 일란성 쌍둥이가 이란성 쌍둥이보다 자라는 동안 서로 더 가까운 관계를 맺고 더 비슷한 경험을 겪는다고 볼 가능성이 남아 있다. 유전적 요소에 대한 향후의 연구는 서로 떨어져 자란 일란성 쌍둥이에게서 얻은 데이터를 살펴보아야만 한다. 이런 데이터를 통해, 공유된 유전자가 공통의 환경이 없을 때 어떤 효과를 내는지를 알 수 있기 때문이다.

1986년의 한 연구는 떨어져 자랐으며 적어도 하나는 게이나 레즈비언인 일란성 쌍둥이 여섯 쌍을 찾아냈다. 네 쌍의 여성 쌍둥이 사례에서 한 명은 레즈비언이었고, 다른 한 명은 이성애자였다. 한 쌍의 남성 쌍둥이 사례에서는 두 명 모두 게이였다. 사실 그들은 게이 바에서 만나 주변 사람들이 헷갈려하기 전까지는 서로의 존재를 몰랐다. 떨어져 자란 일란성 쌍둥이 남성의 다른 사례에서는 한 명은 열아홉 살까지 양성애자였다가 이후에 완전히 게이로 바뀌었으며, 다른 한 명은 열다섯에서 열여덟 살 동안에는 동성애자였다가 이후에 결혼하여 자신을 이성애자라고 여겼다. 이 경우, 두 명 모두 부분적으로나마 동성애 성적 지향을 보였다.[14] 따라서 떨어져서 자란 쌍둥이의 성적 지향에 관한 데이터는 아마도 게이 남성 섹슈얼리티를 담당하는 유전적 요소가 있을 수 있음을 시사하긴 했지만, 레즈비언 섹슈얼리티에 대해서는 별로 그렇지 않았다.

그럼에도 이와 반대되는 중요한 사실이 하나 남아 있다. 위에서 언급한 1991년의 연구는 이성애자 남성의 입양된 형제(5퍼센트)보다 게이 남성의 입양된 형제(11퍼센트)가 게이일 확률이 두 배임을 보였다. 따라서, 만약 입양한 부모가 게이일 가능성이 큰 아기를 어떤 식으로든 고른 경우가 아니라면, 입양된 아이가 자란 환경의 어떤 요소가 유전자보다 성적 지향에 더 큰 기여를 하고 있는 것이었다.[15]

실질적인 증거를 보면 동성 섹슈얼리티의 발달에는 유전적 요소와 환경적 요소가 둘 다 작용한다. 어느 한 요소를 배제하고 다른 한 요소만 부각하는 것은 결코 옳지 않다.

해머-파타투치 연구와 동성애 유전자에 관한 질문

남성의 게이성에 관한 유전자 분석에서 획기적 사건이 일어났는데, 바로 1993년에 이 주제에 관해 《사이언스》에 발표된 한 편의 논문이었다. 이 연구를 이끈 팀에는 커밍아웃한 선배 게이 과학자 딘 해머와 갓 커밍아웃한 젊은 레즈비언 과학자 안젤라 파타투치가 있었다.[16] 이 연구(이후로는 HP라고 부르겠다)는 이후 상당한 논란을 일으켰기에 주의 깊게 살펴보도록 하자.

그 논문은 게이 남성들이 가족 단위로 나타나는 경향을 재확인하게 했다. 한 게이 남성의 형제가 게이일 확률은 13.5퍼센트였고 한 이성애자 남성의 형제가 게이일 확률은 겨우 기준치에 지나지 않았는데, 이 연구에서는 약 2퍼센트로 추산되었다.

연구자들이 남성을 이성애자와 게이로 분류한 기준은 거의 절대적이었다. 즉, 양성애자는 거의 완벽히 배제되었다. HP는 이렇게 결론을 내렸다. "성적 지향은 연속적으로 변하는 특성으로 보기보다는 이형성을 띠는 것으로 취급하는 것이 적절하다." 그러한 양봉 분포를 보고한 다른 연구도 있긴 했지만(예컨대, 위에서 언급했던 1986년과 1991년의 연구), 이 주장은 심하게 반박당했다.[17] 대부분의 문화에서 동성 간 섹슈얼리티는 이성 간 섹슈얼리티와 섞여 있다. 한 인류학 연구는 21개 문화권에서 동성애 행위를 나열하고 있는데, 이들 행위 중 열다섯 가지는 이성애 행위와 함께 나타났다.[18]

서로 다른 범주로 분류하는 것은 현시대의 사회적 압력이 동성애자 공동체와 이성애자 공동체 내에서 가해지면서 빚어낸 부작용의 한 측면이다. HP의 연구대상들은 워싱턴 D.C. 지역의 HIV 병원에 오는 외래환자들 가운데에서 선발했거나 지역 동성애자 옹호 단체에서 선발한 동성애자 남성들로서, 스스로를 동성애자로 인식하는 사람들이었다. 참가자들은 92퍼센트가 비非히스패닉계 백인이었고 4퍼센트가 흑인이었고 1퍼센트가 아시아인이었는데, 교육 수준은 평균적으로 고등학교 이후의 교육과정을 3.5년 거친 정도였고 평균 나이는 39세였다. 게이들 가운데 90퍼센트는 자신이 거의 전적으로 동성애자라고 말했으며, 이성애자 남성들의 90퍼센트는 자신이 거의 전적으로 이성애자라고 밝혔다. 따라서 명백히 양봉 분포라는 느낌이 든다. 하지만 곰곰이 생각해보면, 이는 사회적 압력의 결과로서 그러한 표본에서 나타난 현상이며 인간 전체를 반드시 대표하지는 않는다. 현시대의 이성애자 남성들이 다른 남성에게 성적으로 끌리는 비율이 낮은 것만큼이나 현시대의 게이 남성이 여성에게 성적으로 끌리는 비율도 낮은 법이다. 양성애자 정체성을 주장하는 이들에게 안전한 공간을 제공하는 단체와 잡지들은 아무런 요청도 받지 못했다.

이러한 비판에 대해 연구자들은 얼버무리는 식의 반응을 보였다. 해머는 이렇게 말한다. "나는 0 또는 6(이성애자에서 동성애자 사이 척도상의 값)으로 답하라고 이 사람들에게 말하지 않았다. 그냥 거의 모두가 그렇게 답했다. 그런데 내가 어떻게 그 특성이 연속적인 척하겠는가?" 그리고선 이렇게 말을 잇는다. "글쎄, 진짜로 양성애자인 사람을 몇이나 만나보았는가? 나는 양성애에 대해서는 이론적으로 주장할 만한 어떤 내용도 가지고 있지 않다. 연구를 시작하기 전에 어떤 양성애자도 만나본 일이 없기 때문이다. 우리가 인터뷰한 남성들 대부분은 자신을 게이 아니면 이성애자로 인정했다. 아주 적은 수가 자신들을 양성애자로 여겼지만, 우리는 그들을 포함시키지 않았는데 … 단순성을 위해서였다. 하지만 자신들이 양성애자라고 말했으며(심지어 우기기도 했다) 여성과 동침했다는 사실을 밝힌 소수의 남성들은, 딱 두 가지 일상적인 질문을 던져보았더니 그들 대부분이 실제로는 남자에게만 끌리지만 커밍아웃과 관련해선 아직 준비 단계라는 것이 명백하게 드러났다. … 게다가, 유전학자로서 단도직입적으로 말해, 누가 무슨 기준을 사용하든, 심지어 그 사람들이 무엇을 하든, 또는 누구랑 하든 나는 전혀 개의치 않는다. 다만 그 사람들이 내면적으로 무엇을 느끼는지에만 관심 있을 뿐이다."[19]

파타투치도 양성애자의 존재에 대해 다음과 같이 회의적이다. "내 안목을 열어준 가장 값진 경험은 우리의 질문 방식이 성적 지향의 실체를 드러내준다는 점을 알아냈다는 것이다. … 나는 종종 핵심적인 질문을 먼저 제시한다. 가령, '당신의 내면에 무엇이 있는지 알고 싶습니다. … 비록 당신의 성적 행동이 다른 성의 구성원들과 같은 것이라고 해도 … 당신은 지금 자기가 누구인지, 당신의 동성애 성적 지향이 언제나 당신의 일부였다고, 즉 당신이 누구인가를 드러내는 일부였다고 느낍니까?' … 양성애자라고 밝히는 사람들에게 물어봤을 때, 그들이 자신들의 내면, 즉 진정한 성적 지향이 바뀌었다고 말하는 경우는 실제로 매우 드물다. 그들의 행동이 바뀌었을지는 모르지만, 동성애자로서의 핵심은 언제나 그대로였다. 그것이 중요한 점이다. 행동은 그 핵심에 비하면 별 의미가 없다."[20]

이들 인용문에서 동성애는 성적 행동과 무관하게 자기 정체성의 형태로서 정의된다. 하지만 가설로 내세운 동성애 유전자가 행동보다는 인식된 정체성과 더 관련이 있는지는 의문스럽다. 동성애 행동은 우리 종의 진화사 내내 존재해왔지만 동성애를 하나의 정체성으로 보는 주장은 우리의 특정 문화 속에서 자리 잡은 것이다. 표현형의 특성을 잘못 이해하면 그에 따른 유전적 분석은 무의미해질 수 있다.

파타투치는 레즈비언의 기준에 대해 다음과 같이 신중한 태도를 보인다. "비교적 적은 수의 여성이 면담에서 '저는 레즈비언이 아니에요. 그냥 이 여성이랑 사랑에 빠졌을 뿐이에요'라고 말한다. 그리고 이 여성들의 느낌이 … 기본적으로 이성애적임은 분명해 보인다. 그들은 뜻밖의 즐거운 경험을 했다고 여긴다. 특정한 여성과 사랑에 빠져 그 여성에게 헌신했고, 섹스는 관계의 일부였다." 파타투치는 연구에서 이 여성들을 제외한 까닭을 이렇게 밝혔다. "되도록 분야를 좁히는 편이 낫다. 연구하기에 제일 좋은 대상은 (자기)표현이 가장 많은 사람이다." 파타투치가 제외한 또 하나의 그룹은 "여성에게 낭만이나 성적 매력을 거의, 또는 완전히 못 느끼지만 정치적·이데올로기적인 이유로 자신을 레즈비언으로 인식하는 여성들이다. … 순전히 정치적인 수준의 그런 목적에 나도 공감하는가? 물론 그렇다. 나도 여자이고 또한 레즈비언이니까. 하지만 … 나는 정치적인 질문이 아니라 과학적인 질문을 탐구하는 중이다."[21]

연구대상을 이렇게 선택하자 중간 상태로 인정될 사람에 대한 데이터가 제외되어, 어쩔 수 없이 레즈비언과 이성애자라는 이분법적 구도가 형성되었다. 과학적인 관점에서 보면, 이런 방식의 데이터 수집과 선택은 위험하다. 정치적인 관점에서 보았을 때, 가장 진정한 레즈비언을 찾기 위해 레즈비언의 사회적 범주를 이처럼 좁히게 되면, 범위가 차츰 좁아져 결국 생물학에 바탕을 둔 위계구조가 형성된다.[22] 이런 이유로, 게이와 이성애자가 선명하게 양분된다고 보는 HP의 주장은 의심스럽다.

그렇긴 해도 HP는 게이 남성들의 생활사에 관해 값진 인구학적 데이터를 마련해준다. 이 데이터를 통해 그들이 동성에게 성적 매력을 처음 느낀 연령이 몇 세인지, 자신들의 성적 지향을 언제 스스로 인정했는지, 그리고 자신들의 성적 지향을 언제 공개적으로 드러냈는지(커밍아웃)가 밝혀졌다. 동성에게 성적 매력을 처음 느낀 평균 나이는 만 열 살이었는데, 이는 평균적인 사춘기 시작 나이인 열두 살보다 2년이 일렀다. 성적 지향을 스스로 인정한 나이는 평균적으로 열다섯 살이었고, 커밍아웃한 나이는 평균적으로 스물한 살이었다.[23]

HP는 남성의 게이 기질이 어머니로부터 유전되며 X염색체와 관련이 있다고 주장한다. 논문에 발표된 내용에 따르면, 한 게이 남성의 외삼촌과 이종사촌 형제 가운데 7.5퍼센트가 게이였다. 이것은 2퍼센트인 기준치보다 높은 비율이다. 그러나 다시 말하면, 이는 외삼촌과 이종사촌 형제 100명 가운데 고작 일곱 명이 게이일 가능성이 있다는 뜻이다. 비록 일곱 명이란 숫자는 아버지 쪽에서 게이가 될 가능성이 있는 두 명보다는 많은 수이긴 하지만 매우 낮은 수치다. 동성애에 대한 유전적 근거를 지지하는 연구자가 그 나름대로 가장 강력한 시나리오를 들고나왔지만, 미미한 효과를 내는 데에 그치고 만 것이다.

게이 기질의 유전적 요소는 어머니로부터 유전된다는 가정을 바탕으로, HP는 게이 기질과 통계적 상관관계가 있을지 모르는 X염색체상의 지점들을 찾았다. 그 존재가 확인된다면 '게이 유전자'라 불릴 수 있었다. HP는 X염색체의 긴 팔 끝에 있는, Xq28로 불리는 구역이 게이 기질과 통계적으로 관련성이 있다고 보고했다. 이 발견은 엄청난 주목을 받았다.

HP는, 두 형제가 게이이고 아버지가 이성애자이며 자매 중에 많아야 한 명이 레즈비언인 가족을 마흔 곳 찾아냈다. 동성애가 대부분 남성에게서 표현된 가족들을 살펴보고서, HP는 모계로 유전되며 게이 기질을 유발한다는 가상의 유전자와 관련해 '풍부'한 표본을 확보했다고 여겼다. 따라서 그 표본을 골라 연구대상으로 삼았다.

HP는 X염색체의 게이 유전자를 찾기 위해 유전자 검사를 고안해냈다. 검사의 내용은 이렇다. 게이 형제들은 검사 횟수의 100퍼센트에 걸쳐 동일한 X염색체를 공유할까, 아니면 무작위적으로(검사 횟수의 50퍼센트) X염색체를 공유할까? 100퍼센트라는 결과가 나오면 형제들이 게이가 되는 데에는 X염색체가 필요하다는 말이 된다. 즉, 그 속에 게이 유전자가 들어 있다는 뜻인 것이다. 반면, 50퍼센트라는 결과가 나오면 X염색체는 형제가 게이인지와는 무관하기에 X염색체상에 게이 유전자가 없다는 뜻이 된다.

마흔 쌍의 형제들 가운데 서른세 쌍이 X염색체의 Xq28 구역을 공유했고, 일곱 쌍은 그렇지 않았다. 중간적인 결과가 나온 셈이다. 만약 Xq28 속의 어떤 것이 게이가 되는 데에 반드시 필요하다면 마흔 가족의 형제 모두가 이 DNA 덩어리를 공유할 텐데, 겨우 스무 가족의 형제들만 Xq28을 공유한다면, 그것은 게이 기질과 관계가 없다고 보아야 옳다. 그러나 40 중 33이라는 수치는 통계적으로는 유의미하기에, Xq28 속의 어떤 유전자가 남성의 게이 기질을 만드는 경향이 있다고 결론이 나왔던 것이다. 하지만 이 주장이 실제로는 얼마나 시시한 것인지에 주목하자. X염색체의 Xq28 속에 든 한 유전자는 남성의 게이 기질에 반드시 필요하지도 않고 그런 기질을 만드는 데에 충분하지도 않다. 왜냐하면 일란성 쌍둥이라고 해서 언제나 둘 다 게이인 것은 아니므로, 유전자 단독으로 게이 기질을 보장하는 것은 아니기 때문이다. 한편, 남성은 그 유전자 없이도 게이가 될 수 있다. 이는 마흔 쌍 가운데 일곱 쌍이 게이이지만 이 유전자를 가지지 않았다는 점에서 확인할 수 있다. 그럼에도, 이 유전자는 남성의 게이 기질 발달과 어느 정도는 관련이 있는 어떤 생화학적 경로의 일부이기는 하다.

이어서 HP는 후속 연구를 통해 이전 연구 결과를 재확인했다고 주장했다. 이 후속 연구에서는 게이 남성 서른두 쌍 가운데 스물두 쌍이 X염색체의 Xq28 구역을 공유했다. 이번에도 이 연구는 중간적인 결과를 낳았다. 만약 Xq28이 게이 기질과 무관하다면 게이 형제 쌍 가운데 열여섯 쌍이 X염색체의 이 구역을 공유할 것이고, 만약 Xq28이 게이 기질에 필요하다면 서른두 쌍 모두가 이 구역을 공유할 것이다. 22라는 수치는 16에서 그리 멀지 않으므로 원래 연구보다 전반적으로 더 미미한 결과가 나온 셈이다.[24] 남성의 게이 기질에 대한 유전적 근거로서의 이 제한적인 주장이 과연 옳을까?

해머-파타투치 연구는 더는 옳다고 인정받지 못했으며, 다른 연구자들의 후속 연구에 의해 정면으로 반박당했다. 한 후속 연구는 게이 기질의 모계 유전에 대한 어떤 근거도 발견하지 못했음을 밝히며, 이렇게 진술하고 있다. "어떤 표본에서도 삼촌이나 사촌 형제보다 외삼촌이나 이종사촌 형제에게서 동성애자가 유의미하게 더 높은 비율로 나오지는 않았다."[25] (그러나 다시 한 번) 이 후속 연구는 동성애가 가족 안에서 유전됨을 확인했다. 게이 남성의 형제가 게이일 확률은 약 10퍼센트인데, 이는 그 연구에서 기준으로 삼은 일반인이 게이일 확률에 비해 두세 배에 해당하는 수치였다. 게이 남성의 자매가 레즈비언일 확률은 4퍼센트인데, 이 역시 그 연구에서 일반인이 레즈비언일 기준 확률의 두세 배에 해당하는 수치였다. 또 다른 후속 연구의 예로, 한 캐나다 연구팀은 HP와 전체적으로 동일한 방법을 사용해 X염색체의 게이 유전자를 찾는 시도를 반복했다.[26] 연구 팀은 캐나다 게이 뉴스 잡지인《엑스트라Xtra》와《푸가Fugue》에 광고를 실어서 적어도 두 명의 게이 형제가 있는 가족을 찾았다. 그 결과, 두 명의 게이 형제가 있는 마흔여섯 가족과 세 명의 게이 형제가 있는 두 가족을 대상으로 연구가 실시되었다. 각 대상자에게 '게이 면담자'가 직접 질문해 성적 지향을 확인했다. 각 대상자는 게이 잡지를 읽고서 자발적으로 자신이 게이라고 밝혔다. 그리고 각 대상자가 직접 쓴 보고서는 게이 형제의 면담을 통해 그 진위가 입증되었다.

만약 Xq28이 게이 기질과 무관하다면 마흔여섯 쌍의 형제 가운데 스물세 쌍이 이 뇌 구역을 공유할 테고, 게이 기질에 필요하다면 마흔여섯 쌍 모두가 이것을 공유할 터였다. 실제로, 오직 스무 쌍이 Xq28을 공유했기에, 남성의 게이 기질과는 무관하다는 결과가 나왔다. 이 결과는 Xq28에 게이 유전자가 없음을 보여주었다. 캐나다 연구자들은 이렇게 결론내렸다. "우리의 연구가 해머의 원래 연구와 이토록 차이가 나는 이유는 불분명하다. … 하지만 우리의 데이터로 볼 때, Xq28 위치에 성적 지향에 큰 영향을 주는 유전자가 존재한다고 볼 수 없다. … (비록) 이 결과가 게놈의 다른 지점에서 작용하는 다른 유전자가 발견될 가능성을 배제하지는 않지만 말이다."

해머-파타투치 연구가 실패했으므로 사후 검사가 필요하게 되었다. 무엇이 잘못되었을까? 미국국립보건원의 믿을 만한 연구소에서 나온 데다 널리 공표되고 받아들여진 보고서가 왜 후속 연구에 의해 반박되었을까? 원래 연구와 후속 연구의 가장 두드러진 차이는 사람들을 게이로 인정하는 방법에 있다. 캐나다 연구팀은 HP 연구에서 요구한 정도로, 게이인 사람이 성적 지향을 자기 정체성으로 인정하기를 요구하지는 않았다. 게이로서의 성적 행동을 나타내면 그 사람을 게이로 인정하기에 충분했을지 모른다. 반면 파타투치는 다음과 같이 동성애의 정의 방식에 매우 민감했다. "만약 당신이 사람들에게 '어떤 식으로 질문하느냐에 따라 답이 결정된다'고 말한다면, 사람들은 그 결과를 평가절하해도 된다는 뜻으로 받아들인다. 그러나 그 말의 참된 의미는 올바른 질문을 해야 한다는 것이다." 그렇게 할 때, "데이터가 정상적으로 작동하기 시작하고 당신은 신이 날 것이다. 왜냐하면 드디어 막힌 곳이 뚫리며 올바른 궤도에 올랐다는 걸 알게 될 것이기 때문이다. … 신나는 일이 아닐 수 없다."[27]

그렇다면 누가 잘못된 질문을 제기했을까? 게이로 보이는 행동 이전에 내면의 핵심 정체성으로 동성애자를 정의해야 한다고 본 HP였을까? HP는 생물학적으로 존재하지 않는 특성을 꾸며냈고 어떤 결과가 나오도록 유도하기 위해 그런 방법으로 연구대상을 선택했을까? 아니면 캐나다 연구팀이 느슨해 보이는 동성애에 대한 면담 기준을 사용해 서로 다른 유형의 동성애자들을 한데 묶는 바람에, 진정한 기본 패턴을 희미하게 했을까? 캐나다 연구팀은 충분히 엄밀하게 연구대상을 선택하지 않는 바람에 진짜 발견을 간과해버린 것일까? 이 질문에 대해서는 아직 어떤 답도 나와 있지 않다.

나는, 질문을 제기하는 방식이 달라도 상당히 다른 결과가 나온다고는 보지 않는 일반적인 통념을 지지한다. 내 경험상, 확실하고 굳건한 결과는 방법론적인 세부사항에 지나치게 민감하지 않다. 친구든 적이든 사람이 달라져도 어느 정도 같은 답이 나오며, 그건 그들이 그 결과를 좋아하든 그렇지 않든, 심지어는 약간 다른 방법을 사용하더라도 그렇다. 만약 동성애 유전자가 중요한 현상이라면 그것을 찾아내기가 그렇게나 어렵지는 않으리라고 나는 믿는다.

왜 동성애 유전자에 신경 쓸까?

동성애 유전자를 찾는 데에 과학계가 왜 그토록 많은 노력을 쏟는지가 궁금한 사람도 있을지 모른다. 동성애 유전자가 존재하는지를 누가 신경 쓰는가? 이를 두고 과학자와 일반 대중은 멀리 떨어져 있으며, 그 중간에 동성애자 과학자들이 있다. 과학적 관점에서 보자면 성적 지향은 짝짓기 행동의 근본적인 특징이므로, 이에 대한 기본적인 연구과제는, 이 특성이 어떻게 형성되는지, 직접적인 유전자 산물들이 이 특성에 기여하는 상대적인 비율은 얼마나 되는지, 그리고 초기의 호르몬과 아동기의 경험이 어떻게 이에 관여하는지를 이해하는 것이다. 정치적인 관점에서 보자면 사안이 다르다. 동성애 기질이 선택의 문제인지, 아니면 학습된 것이어서 되돌릴 수 없는지 여부에 초점이 맞추어진다.

해머는 언론 인터뷰를 통해 이러한 단절에 대해 설명했다. 1993년 7월 16일, 모든 주요 텔레비전 네트워크가 해머를 인터뷰했다. 〈투데이 쇼〉는 이렇게 발표했다. "동성애가 몇 가지 경우에 유전될 수 있으며 선택의 문제가 아니라는 새로운 증거가 나왔습니다." 톰 브로코는 방송 시작 멘트로 이렇게 말했다. "동성애가 유전적이며, 습득된 행동이 아니라는 새로운 의학 증거가 나왔습니다." 〈나이트라인〉에서 테드 코펠은 이렇게 발표했다. "오늘 밤의 주제는 남성의 동성애에 대한 유전적 관련성입니다. 이전보다 더욱 권위적으로 과학 연구는 남성의 동성애 경향이 선택의 문제가 아닐지 모른다고 제시하고 있습니다. … 이 주장의 법적인 의미를 생각해보십시오. … 가령, 어떤 인종을 불법적인 존재로 규정하면 헌법에 합치되지 않습니다. 만약 이 연구의 발견 내용이 사실로 확인된다고 해도 동성애가 인종과 같은 정도의 합법적 수준으로 격상되지는 않겠지만, 그런 수준에 훨씬 가까이 다가갈 것입니다."[28]

코펠은 해머에게 단도직입적으로 이렇게 물었다. "해머 박사님, 만약 그 연구의 발견 내용이 사실로 확인되면, 동성애는 선택할 수 있는 행동이 아니라고 말해야 옳습니까?" 해머는 거듭하여 코펠의 물었던 것과는 다른 질문에 대답했다. 즉, 자신의 연구는 X염색체상의 특정 영역에 있는 한 유전자에 대한 것이라고 답하면서, 아울러 다른 유전자들도 관련된다는 점을 강조했던 것이다. 광고가 나가는 동안의 대화에서, 해머는 최종적으로 이렇게 말했다. "성적 지향을 연구했던 모든 과학자가 게이나 동성애에는 선택의 요소가 거의 없다는 점에 동의한다고 저는 생각합니다. 문제는 동성애를 결정하는 유전적 요소가 존재하느냐입니다." 해머가 보기에 그 문제는 기술적인 사항이다. 대안적인 가정에 따르면, 성적 지향은 반드시 유전적인 요소가 아니더라도 뇌 회로 발달에 영향을 미치는 호르몬이나 기타 환경적 요소들 때문에 평생 고정된 채 지속될 수 있다. 해머는 성적 지향을 선택할 수 없다는 점을 당연시하며, 유전자들이 어떻게 관련되는지를 구체적으로 묻는다.

해머는 성적 지향이 선택의 문제가 아니라는 데에 다들 동의한다고 했지만, 실제로 광범위한 합의가 이루어진 것은 아니다. 그들의 역사 속에서 많은 레즈비언들은 이성애자와 동성애자의 삶 사이를 오가며 산다. 반면, 어떤 레즈비언은 평생 하나의 성적 공간 속에 머문다.[29] 게이 남성의 역사는 해머가 주요하게 논의하는 주제로, 적어도 현재의 문화에서는 덜 유동적이다. 트랜스젠더 이야기들 또한 성적 지향의 가변성을 보여준다. 최근의 한 연구에서 보고된 바로는, 트랜스젠더 여성의 약 30퍼센트가 성전환 이후에 자신들의 성적 지향을 바꾸었다고 한다.[30]

동성애 유전자에 대한 초기의 증거가 열렬히 받아들여지자 과학자와 과학 기자들은 유전자판 수정구슬 바라보기에 심취했다. 한 유전학자는 이렇게 말한다. "나는 성적 지향이 단지 한두 가지 유전자로 환원되리라고 기대한다. 성적 지향은 단순한 특성이다. 다들 복잡하다고 하지만, 사실은 전혀 복잡하지 않다."[31] 또 다른 과학자는 성적 지향을 결정하는 유전자의 개수에 대해 이렇게 추론한다. "나는 그 개수가 하나에 가깝다고 본다. 내가 추론하기로는, 성적 지향은 배아 발생의 매우 초기에 생기는 어느 사건과 관련이 있기에, 그 과정을 발현하기 시작하는 단 몇 가지 근본적으로 중요한 유전자들이 관련될 수 있다. 만약 그 유전자가 태아 발생 과정에서 나중에 작동한다는 사실이 드러난다면 나는 매우 놀랄 것이다."[32] 또 어떤 과학자는 이렇게 말한다. "해머의 동료 중에 자신의 정체를 밝히지 않은 사람이 있는데, 그는 훨씬 더 솔직하게 이렇게 말한다. '이보세요, 당신은 저더러 그걸 공개적으로 발표하라고 하지 않겠지만, 제 생각에 이건 정말 너무나 단순한 특성입니다. ⋯ 데이터가 어떻게 흘러가는지 본다면, 더는 의문스러울 게 없습니다.'"[33]

안타깝게도, 분자 차원의 이러한 허세는 반대 데이터와 마주칠 수밖에 없다. 과학 기자들이 특별히 이 문제에 끼어든 듯하다. 한 기자는 남성의 게이 기질 유전을 피그미족의 작은 키(성장 호르몬 수용체를 담당하는 주요 단일 유전자에 의해 생기는 특성) 유전과 비교하며 이렇게 말한다. "만약 한 피그미에게 아프리카인 평균 키의 아이가 있다면, 모든 아이는 평균 키이거나 피그미 키 둘 중 하나다. 그 특성은 분명 이것 아니면 저것이다. 그 까닭은 그 특성이 한 유전자에 의해 제어되기 때문이다."[34] 이 패턴은, 가족 내의 동성애 기질에 관한 많은 연구가 밝혀낸 대로, 성적 지향이 유전되는 방식이 결코 아니다. 동성애 기질은 분명 단 하나의 주요 유전자에 의해 유전되지 않는다.

이와 비슷하게, 한 기자는 동성애 기질을 두 가지 매우 희귀한 유전병과 비교한다. 그 두 가지는 Xq28 근처의 X염색체에서 일어나는 눈백색증과 멘케스병이다. 이 병들은 결코 성적 지향과 비교될 수 **없다**. 게이 성적 지향은 유전병보다 훨씬 더 흔하며 어떤 신체적 장애와도 관련이 없다(420~421쪽을 참고하기 바란다).

나는 성적 지향의 발달이 아주 어릴 때 말투의 억양이 발달하는 것과 비슷하게 이루어진다고 믿는다. 어떤 사람들은 어릴 때 배웠던 억양에서 거의 조금도 벗어나지 않는다. 비록 심한 러시아 억양은 유전적이지 않지만 말이다. 또 어떤 사람들은 새로운 억양을 쉽게 배운다. 가령 내 경우에는 몇시간 만에 억양을 바꿀 수 있다. 어떤 사람들은 성적 지향이 불변인 반면, 다른 사람들은 그것을 바꾼다. 성적 지향은 한 사람의 기질 일부이기도 하지만, 또 한편으로는 억양을 바꾸는 능력처럼 가변성의 정도이기도 하다.

성적 지향은 언제 발달하는가?

젠더 정체성의 형성 시기에서 그랬듯, 성적 지향의 발달에 관한 하한과 상한을 살펴보고, 거기에서부터 논의를 진행하자. 하한은 다음 두 가지 이유에서 출생 후 약 1년 정도인 듯하다. 첫째, 성적 지향은 젠더를 구별하는 정신적 렌즈를 필요로 하는 것 같기에, 젠더 정체성이 발생한 이후에야 발생하는 듯하다. 대략 출생한 첫 해에 젠더 정체성이 자리 잡으므로 성적 지향은 그 이후부터 시작할 수 있다. 둘째, 입양된 남자아이는 형제가 게이일 경우, 그렇지 않은 경우보다 게이일 확률이 더 높다. 이렇게 생각해보면, 입양이 통상적으로 일어나는 출생 후 약 1년 근처가 하한임이 드러난다.

상한은 동성애 성욕을 처음으로 의식하는 평균 나이를 통해 알 수 있는데, 그 나이는 사춘기보다 2년이 이른 대략 만 열 살이다. 따라서 얼핏 짐작하자면, 사람의 성적 지향 발달의 기간은 유아기로부터 매우 이른 아동기, 즉 만 한 살에서부터 만 열 살까지의 9년 기간이 된다. 어쩌면 그 기간은 더 좁아질 수도 있으며, 입양된 아이들의 게이 기질이 언제 발달하는지에 대해 연구가 더 이루어지면 더욱 확실히 밝혀질지 모른다.

게이 기질과 진화론

만약 동성애에 어떤 유전적 요소가 있다면, 동성애가 인간 진화에 관한 사상과 어떻게 부합될지 궁금해진다. 최근까지 과학자들은 다윈 적응도의 틀 안에서 동성애가 해로운 특성이라는 점을 당연시했으며, 어떻게 '나쁜 유전자'가 흔해지게 되었는지를 설명하기 위해 종종 억지스럽기도한 여러 이론들을 내놓았다. 하지만 누가 동성애가 해롭다고 말하는가?

레즈비언 여성의 경우, 1988년 미국의 조사에서 보고된 바로는, 동성애 경험이 있는 여성들에게서 태어난 아이들의 수는 평균적으로 1.2명이었고, 이에 비해 동성애 경험이 없는 여성들의 경우에는 평균 2.2명이었다.[35] 1994년의 조사에서는 레즈비언 여성의 67퍼센트가 어머니였는 데에 반해 이성애자 여성은 72퍼센트가 어머니였다.[36] 그리고 1995년에 당시의 영국인 여성들에 대한 연구에 따르면, 양성애자 여성은 이성애자 여성과 비교하면 25세 때까지 생식능력이 더 높았으며 평생의 생식능력에서는 유의미한 차이가 없었다.[37] 이 연구 결과로 볼 때, 레즈비언과 양성애자 여성의 생식능력은 이성애자 여성의 생식능력과 동일한 수준에서부터 그 절반 사이의 중간인 듯하다.

1994년의 연구에서는 게이 남성의 27퍼센트가 아버지였고, 이성애자 남성은 60퍼센트가 아버지였다.[38] 한편, 현시대 일본인의 동성애자·양성애자 655명 가운데 83퍼센트는 자식을 두었다.[39] 따라서 게이와 양성애자 남성 또한 생식능력은 이성애자 남성의 생식능력과 동일한 수준에서부터 그 절반 사이의 중간인 듯하다.

이러한 자료들은 있는 대로 죄다 긁어모아서 얻었다. 만약 동성애가 해롭다면 증거가 풍부해 쉽게 찾아낼 수 있을 것이다. 더욱이 생식능력은 다윈 적응도의 유일한 한 가지 요소인데, 자연선택에 관한 전체 적응도를 계산하려면 충분히 오래 살며 번식을 이어나갈 확률이 생식능력과 곱해져야 한다. 생식능력이 줄어드는 단점은 높은 생존율이라는 장점에 의해 극복될 수 있다. 인간의 동성애로 생존과 번식 사이의 균형이 어떻게 유지되는지에 대한 데이터는 존재하지 않는다. 오늘날의 사회는 게이와 레즈비언의 생존과 건강에 분명 유리하지 않지만, 인간 진화사의 다른 시점에서는 이야기가 전혀 달랐는지도 모른다.[40] 전반적인 데이터를 보면, 동성애의 유해성에 대한 맹목적 수용은 뒷받침할 만한 근거가 없다.

초창기의 한 이론은 게이와 레즈비언이 둥지 내의 조류 도우미처럼 핵가족과 함께 살면서 형제자매와 사촌의 양육을 돕는 사람이며, 이들 형제자매와 사촌은 자라서 번식을 담당하게 된다고 가정했다. 이 이론은 게이와 레즈비언이 가족과 사회에 기여하는 활동을 긍정적으로 평가하므로, 동성애 섹슈얼리티를 병적인 것으로 보는 관점에서는 한 걸음 진보한 견해였다.[41] 하지만 한 게이 과학자가 언급한 대로, "동성애는 친척을 향해 이타적인 행동을 하려고 자기의 성을 버리는 것이 아니라, 시간과 자원의 측면에서 꽤 비용이 많이 들 수 있는 다른 섹슈얼리티를 받아들이는 일이다."[42] 둥지에서 돕는 행위가 있다고 해서 왜 그런 도우미가 특별히 게이나 레즈비언이어야 하는지를 설명해주지는 않는다. 비록 도우미 이론이 중요하긴 하지만, 그것은 동성애가 인간한테서 진화된 이유에 대해서는 답을 주지 못하는 듯하다.[43]

떠도는 이론 중에서 이보다 더 기만적인 것은 X염색체의 게이 유전자, 즉 Xq28이 남성에게는 동성애를 일으키지만 여성에게는 그렇지 않다는 가정에 바탕을 두고 있다. 만약 게이 유전자가 X 비활성화를 면하면(316~317쪽을 참고하기 바란다), 여성은 그 유전자의 두 복사본을 표현하지만 남성은 오직 하나만 표현한다. 여성은 현재로선 알 수 없는 어떤 이유로 이 유전자로부터 혜택을 입는다고 한다면, 남성은 여성이 그 유전자를 두 배로 갖는 혜택에 대한 부작용 때문에 게이 유전자를 지니게 된 것인지도 모른다.[44] 이른바 성 적대적 다면발현성 동성애라고 하는 이 발상은 이론상으로 타당하지 않으며 뒷받침할 증거도 없고, 게이 유전자가 Xq28에 존재한다는 잘못된 가정에 바탕을 두고 있다. 어느 과학 기자가 만난 분자생물학자는 심지어 이런 추측까지 내놓았다. "동성애는 박테리아 감염의 한 형태일지 모릅니다. … 결국에는 항생제로 박멸할 수 있을 겁니다."[45]

일부 터무니없는 이론을 포함해 다양한 이론들이 제시되었는데, 전부 동성애를 해로운 것이라고 무비판적으로 인정했다. 따라서 그 이론들을 보면 해로운 유전자라는 개념이 동성애만큼이나 흔해지게 된 여러 진화론적 경로가 새삼 떠오른다. 이와 달리, 만약 동성애가 적응의 일환이라면 동성애가 흔한 것은 문젯거리가 아니다. 진짜 문제는 왜 보노보처럼 모든 사람이 동성애자가 아니냐는 것이다. 전반적으로, 인간의 동성애에 관한 진화론은 인간의 성적 지향에 나타나는 다형성을 설명해야 한다. 가령, 왜 이성애자 남성의 비율은 90퍼센트이고 게이의 비율은 10퍼센트일까, 그리고 왜 이성애자 여성의 비율은 95퍼센트이고 레즈비언은 5퍼센트일까? 그리고 적어도 오늘날의 경우, 왜 레즈비언 여성이 게이 남성보다 양성애자일 가능성이 더 클까? 마지막으로 왜 동성애혐오증이 존재할까? 이런 사안 전부에 대해 언급하는 진화론은 인간에게 아직 제시되지 않았다. 하지만 내가 보기에 몇 가지 희망적인 첫 단계들이 최근에 진행되었다.

한 연구는 진화심리학에서 한참 시기가 지난 수정안을 들고나와 인간의 동성애 문제를 다룬다.[46] 이 조사는 다음과 같이 주장한다. "높은 신분의 남성과 낮은 신분의 남성 사이의 제도화된 동성애는" 대체로 다섯 살이나 그 이상의 나이 터울로 행해지는데, "그것은 젊은이에게 성인의 역할을 심어주며, 젊은이들을 양육하고 보호하며 평생의 우정, 사회적 동맹, 사회적 지위에 대한 기틀을 마련해준다. … 사회적 지위는 정치적인 힘과 동맹을 반영하는데, 이것이 남성의 번식 성공의 진화사에서 큰 역할을 해온 것 같다." 이 연구는 더 나아가 여성의 동성애가 자녀 양육을 서로 돕는 우정 관계로 이어진다고 주장한다. 이것은 원시사회에서 아버지가 자녀 양육을 돕지 않는다고 가정한 결과다. 여기서도 동성애는 높은 번식 성공을 가져다주는 것으로 가정되어 있다. 동성애의 진화 방식에 관한 이러한 추론들은 유아기 동안 동성애가 발달하는 환경의 유형을 찾아내는 데에 논리적으로 다시 이용된다. "동성애 행동은 그런 행동이 진화되었던, 그리고 과거에 진화상의 적응에 이로웠던 환경과 비슷한 환경에 놓일 때 보이는 정상적인 반응으로서 유발될지 모른다." 특히, 단일한 성으로 이루어진 그룹에서의 동성애 행동은 파트너가 없음을 나타내는 게 아니라, 적응에 이로운 동성 유대와 동맹이 가장 유용한 조건에서 발달함을 나타낸다. 이것은 초기 인류의 사회구조와 비슷한 현상일지 모른다.

또 다른 한 연구는 어떻게 동성애가 남성들 사이에 다양한 유형의 동맹을 낳는지에 초점을 맞춘 인류학적 관점을 제시한다.[47] 이미 언급했듯, 21개 문화권 가운데 15개 문화권에서 이성애·동성애 행동이 함께 나타났다. 동성애 행동은 또한 수렵채취사회보다 농경사회에서 더 자주 나타났으며 더 큰 사회 그룹에서 더 많이 나타났다.[48] 동성애 행동은 독립적인 개인들보다는 정치적 네트워크가 형성되어 있을 때 더 자주 일어날지 모르며, 높은 번식률에서 높은 생존율로 인구학적 전이를 이룬 이후의 산업국가에서 더 많이 표현될지 모른다.[49] 하지만 동성애를 일종의 동맹 맺기로 보는 이론이 직면한 어려움은 남성 간의 동맹이 섹슈얼리티와 무관하게 생길 수 있다는 것이다. 동성애 행동을 통해 맺은 동맹이 이 요소가 빠진 동맹보다 더 강하고 더 나으며 더 오래 지속된다는 데이터가 필요하다.

인간 동성애의 진화에 관한 이 새로운 이론들은 올바른 듯 보이지만, 너무 특수한 측면만을 다룬다. 동성애 행동은 맥락에 따라 여러 가지 기능이 있을 수 있다. 동성애는 두 사람 사이의 동맹처럼 이원적이지 않아도 된다. 대신, 나는 또한 동성애가 사회통합적 특성, 즉 전체에 속하기 위한 일종의 티켓이 아닐까 하고 생각한다.

성적 지향의 다형성, 즉 동성애자 대 이성애자의 **비율**을 어떻게 설명할 수 있을까? 내가 추측하기에는, 성적 지향의 다형성은 다른 방법만큼이나 순純 번식 기회를 얻는 데 효과적인 동성 관계의 대안적 전략을 뜻하는지도 모른다. 이러한 동성 관계의 대안적 전략은 통제자 형태, 협력자 형태와 같은 이성 간의 대안적인 짝짓기 전략에 상응한다. 추상적이긴 하지만, 이성애자 형태의 구성원들은 권력의 교환을 통해 유대를 맺는 반면, 동성애자 형태의 구성원들은 즐거움의 교환을 통해 동맹을 맺을지 모른다. 여러 대안적인 동성 관계 형태들 간에서 갈등이 일어날 가능성이 크다. 왜냐하면 각 형태는 규칙이 서로 다르기 때문이다. 동성애혐오는 바로 이 갈등 탓에 생길 수 있다. 즐거움의 교환을 바탕으로 한 교류는 권력 위계구조를 전복하는 것으로 여겨질지 모르며, 권력을 가진 세력에 의해 억압받을지도 모른다. 그리고 나면 어떤 균형이 생겨날지 모른다. 극단적인 경우, 만약 모두가 갈등을 지속적으로 겪는다면, 협력자가 나서서 갈등의 위험을 제거함으로써 도움을 줄 수 있다. 이런 관점에서 보면, 동성애는 복잡한 사회적 적응, 즉 긍정적인 진화의 산물로서 등장한 셈이다.

15장

심리학적 관점

젠더 표현과 섹슈얼리티에 대한 나의 접근법은 생물학적이며 행동학적인 것이지 심리학적이지는 않다. 하지만 프로이트 이후로 젠더와 섹슈얼리티는 심리학적인 관점에서 종종 논의되었다. 나는 심리학에 회의적이고, 트랜스젠더 여성인 내가 보기에 심리학자들은 위험하다. 나 이전에 게이와 레즈비언들이 그렇게 여겼듯이 말이다. 심리학자들은 다양성을 병리 현상으로 여기는 의학 모형에 따라 연구한다. 이 의학 열혈신봉자들은 권위적인 태도로 남들과 다른 젠더와 섹슈얼리티를 가진 사람들을 오랫동안 박해하고 억압해왔다.[1] 그런데도 어떤 비평가들은 젠더와 섹슈얼리티에 대한 순전히 생물학적인 설명은 불완전하기에 심리학적 관점의 마무리 손질이 필요하다고 여겼다. 특히 성전환에 대해서는 더 많은 논의가 필요하다고 여겼다.

나름대로 일리가 있다. 하지만 내 생각에 이번 장의 원천 자료는 학문적으로 엉성하다. 과학적 질문 대신에 우리는 몇 가지 빈약한 일화들을 한데 모아서 어떤 종합적인 그림을 완성해내야만 한다. 게다가 나는 얼마나 많은 사람이 닫힌 문 뒤에서 진행되는 성적 환상과 행위들에 대해 세세한 사항까지 터놓고 듣고 싶은지는 잘 모르겠다. 하지만 이번 장은 사생활을 파헤치고자 한다. 또한 이번 장은 불균형의 위험을 떠안고서, 트랜스젠더들의 성적 환상은 다루고 그에 대응하는 비트랜스젠더의 환상은 다루지 않는다. 비록 글을 통해 일부 트랜스젠더에 대해 설명하는 것이 이례적일지 모르지만, 비트랜스젠더라도 표준적인 틀에 들어맞는 이가 과연 얼마나 될까? 트랜스젠더 행동의 다양성을 전체 인구의 성적 행동의 다양성과 비교해 평가하기는 쉽지 않다.

그렇긴 해도 만약 이번 장의 내용이 가치가 없다고 여겼다면, 군이 이번 장을 쓰지 않았을 것이다. 트랜스젠더 작가인 패트릭 캘리피아는 일련의 자서전들을 제시하면서, 트랜스젠더 여성이 초기에 꺼낸 이야기들에는 섹스와 관련된 내용은 없고 오직 젠더 정체성을 새롭게 알아차렸다는 내용에만 초점이 맞추어져 있음을 언급했다.[2] 트랜스젠더에게서 섹스를 제거함으로써, 그 이야기들은 섹스를 더러운 것으로 여기는 사회의 각 영역에서 받아들여지도록 순화되었다. 최근에 와서야 트랜스젠더 여성들은 섹스를 성전환의 주제로 다시 되돌려놓기 시작했다. 하지만 트랜스젠더 표현을 순전히 성적인 것으로 가정하면 앞에서와 반대되는 실수를 저지르게 된다. 즉, 트랜스젠더에게서 젠더를 제외하고 만다. 트랜스젠더 여성의 자서전적 이야기들과 달리, 트랜스젠더 남성의 이야기들은 섹슈얼리티를 전혀 역겨운 것으로 다루지 않았다. 이번 장은 트랜스젠더 경험에 관한 몇 가지 이야기를 통해, 젠더 인식에 바탕을 둔 욕구와 섹슈얼리티에 바탕을 둔 욕구 사이의 균형을 맞추고 아울러 트랜스섹슈얼리티의 성과 트랜스젠더의 젠더 둘 다를 존중하고자 한다.

트랜스젠더 경험에 관한 정보

트랜스젠더 이야기는 대부분 다음 두 가지 출처에서 나온다. 하나는 치료사 therapist가 보고한 내용이고, 다른 하나는 책으로 출간된 자서전이나 웹상에 올라온 증언이다. 트랜스젠더들에게서 직접 얻은 내용이 가장 가치가 큰데, 왜냐하면 그 속에는 트랜스젠더 본인의 편견만 들어 있기 때문이다. 치료사들이 정리해서 모아놓은 요약 자료는 가장 의심스럽다. 왜냐하면 종종 잘못된 이론적 관점이 처음에 작성된 보고서에 이미 존재하는 편견 위에 덧보태어지기 때문이다. 게다가 그들은 수술이나 호르몬과 같은 의학 기술을 허가해주는 문지기 역할을 하여 경제적인 이익을 얻는 처지인지라, 이해관계의 갈등을 겪으면서 일한다. 최상의 경우, 치료사들은 위안을 주고 안내하는 역할을 맡으면서 다양한 사람들에 관한 정보를 수집한다. 하지만 최악의 경우, 치료사들은 전쟁포로에게 행하는 방식인 행동 수정 전략을 통해 의뢰인들을 심리학적으로 고문하고 약물 투여를 하거나 전기 충격을 가함으로써 신체적인 장애를 안겨주고, 아울러 그들의 자기 확신을 약화시킨다.

치료사들이 하는 표본 선정은 매우 불공평하다. 치료사들은 자기들에게 의뢰인으로 찾아오는 트랜스젠더를 만나지만, 다수의 트랜스젠더는 치료사를 찾지 않는다. 치료사를 찾는 이들은 고민을 많이 하거나, 자신을 트랜스젠더로 여기고 있거나, 또한 치료를 받을 수 있을 만큼 부유한 사람들일 가능성이 크다. 더욱 중요한 점을 말하자면, 치료사들은 오직 하나의 창을 통해 트랜스젠더들의 삶과 마주한다. 그들은 성전환에 뒤따르는 어려움을 직접적으로 알고 성전환하기 전에 그들 삶 속의 여러 기억들을 듣긴 하지만, 성전환 후에는 후속 인터뷰를 거의 실시하지 않는다.

자서전이 전체 삶에 대한 관점을 드러내주긴 하지만 그것도 조심스레 읽어야만 한다. 트랜스젠더들은 끊임없이 자신을 방어하고 해명해야 하기에, 글을 쓸 때도 어깨 너머를 살핀다. 하지만 대체적으로 트랜스젠더들이 다양한 연령에서 '참된 자아'를 발견하면서 겪는 경험의 일부 조각들이 드러나긴 한다. '참된 자아'라는 표현은 밀드러드 브라운과 클로이 룬슬리가 쓴 책의 제목에서 따왔는데, 이 책은 치료사들이 모은 트랜스젠더 관련 내가 이제껏 발견한 가장 믿을 만한 설명을 제시한다.[3]

어린 시절 이야기: 정체성

트랜스젠더 경험은 의식이 생긴 아주 이른 순간부터 시작된다. 브라운의 보고에 따르면, 의뢰인들 중 85퍼센트는 사춘기보다 여러 해 전인 초등학교 입학 전부터 몸의 형태와 젠더 정체성 사이에 심각한 불일치를 인식한다. 한 트랜스젠더 여성은 이렇게 회상한다. "어머니는 제가 네 살 때부터 트랜스젠더인지 알았지만 어쩔 수 없이 그걸 억누르고 나를 남자로 만들려고 했어요." 이와 비슷하게, 한 트랜스젠더 남성은 어머니에게서 다음과 같이 꾸중들은 기억에 대해 말한다. "세상에! 리사야, 넌 존 웨인처럼 걷는구나."[4]

젠더에 순응하라는 압력에 대한 반응으로 어린이들은 기대에 맞게 살려고, 또한 좋은 아들이나 완벽한 딸이 되려고 무지 애를 쓰며, 마침내 자신들이 정상이 되었다고 믿을 때도 종종 있다. 한 트랜스젠더 여성은 이렇게 회상한다. "저는 카멜레온이 되는 법을 배웠어요. 진짜 저와는 아무런 상관도 없지만 세상에 나를 드러낼 하찮은 남성적 자아를 지어내는 법을 알아냈

2부 인간의 무지개

거든요." 하지만 모든 이가 색깔을 바꿀 수는 없다. 또 다른 트랜스젠더 여성은 이렇게 이야기한다. "내 정체성을 사람들은 좋아하지 않았어요. 밖에 다닐 때도, 정말 순진하기 그지없이, 내가 할 줄 아는 대로만 자신을 드러냈지 뭐에요. 내가 살아 있다는 것 자체가 조롱거리가 되기에 충분했죠."[5]

아이들은 누구나 부모의 옷을 입어본다. 남자아이는 자기 발이 아빠의 큰 신발에 맞는지, 얼마만큼 들어가는지를 알아보고 여자아이는 엄마의 스카프를 둘러본다. 트랜스젠더 아이들은 보통 자기들과 같은 젠더인 부모의 옷을 입어본다. 한 트랜스젠더 여성은 이렇게 회상한다. "저는 여섯 살 무렵에 옷장 속 어머니 옷걸이 아래에 서서 어머니의 옷을 입어보곤 했어요. 그때의 느낌은 평화로움과 충만함이었어요." 한편, 트랜스젠더 남자아이들은 여자 옷을 입으라고 하면 종종 딱 잘라 거절하거나 짜증을 부린다. 한 트랜스젠더 남성은 언제나 옷이 '우연히' 찢겨 있거나 때가 묻은 채로 집에 들어갔다고 전한다.[6]

트랜스젠더 아이들은 다른 아이들에게 폭행을 당했다고 터놓는다. 다음은 한 트랜스젠더 여성이 기억하는 내용이다. "초등학교에 다니던 내내 다른 남자아이들이 저를 괴롭혔고 또한 '약골', '요정', 또는 '소공자' 등의 이름으로 불러댔어요. 저는 똑똑하고 지능지수도 높았지만, 그 단어들이 무슨 뜻인지 몰랐고 그 애들이 왜 나를 그렇게 부르는지는 더더욱 몰랐답니다."[7]

치료사들은 이 같은 이야기들을 수천 건 모아서 자신들의 의뢰인 기록 속에 넣어두고 있다. 트랜스젠더 표현은 아동기의 초기에 나타나는데, 이와 더불어 인격, 기질 및 성향의 다른 표시들도 나타난다. 이러한 이야기들은 트랜스섹슈얼리즘transsexualism(트랜스섹슈얼리즘은 '성전환증', '성 달라지기',

'성주체성 장애' 등 여러 용어로 번역되기도 하지만, 모두 정확한 뜻을 나타내지 못한다고 판단해 음차했고 이후에 나올 트랜스섹슈얼리티도 마찬가지다. ― 옮긴이) 이 성욕이 아닌 젠더 정체성과 함께 시작됨을 보여준다. 트랜스젠더 표현은 사춘기 이전에, 그리고 어떤 의식적인 성 충동이 발현되기 훨씬 이전에 나타난다. 이 모든 이야기는 트랜스젠더들이 남들과 다르다는 느낌을 매우 강하게 받았음을 알려준다. 하지만 젠더 정체성에 대한 인식이 다양한 걸로 봐서, 무슨 일이 일어나고 있는지를 모든 이가 다 파악하지는 않았다는 걸 알 수 있다. 어떤 아이들은 자기의 젠더 정체성이 자기 몸과 다름을 완전히 확신했던 반면, 다른 아이들은 자기들의 어려움이 어디에서 비롯된 것인지 모르고 계속 기대에 순응하려고 했다. 〈나의 장미빛 인생〉이라는 멋진 영화는 인형을 갖고 놀면서 신부가 되고 싶어 하는 한 남자아이를 그리는데, 이 장면은 이미 자신의 젠더 정체성을 완전히 알아차린 어린아이가 보여주는 이례적인 상황이다.

치료사들이 인용한 이야기들은 신체적인 괴롭힘을 당하는 여성적인 남자아이에 집중되어 있다. 치료사들도 인정하듯이, 비록 전부 다 "외모와 행동을 여자아이처럼 하지는 않지만, 일부는 그렇게 한다."[8] 그렇게 인정하면서도, 인용한 내용들은 트랜스젠더 아동을 무기력한 시시sissy('계집애처럼 행동하는 사내아이'를 경멸적으로 부르는 말. ― 옮긴이)로 보는 인상을 준다. 하지만 남성으로 살면서 가혹 행위에 과감히 맞서 싸우는 트랜스젠더 여성들도 나는 많이 안다.

10대의 이야기: 몸

사춘기가 도래하면 이야기의 양상이 달라진다. 테스토스테론과 에스트로겐이 이차성징을 발달시킨다. 이 시기에, 많은 트랜스젠더 아동은 자신의 몸 때문에 매우 괴로워한다. 이전에는 그들의 몸이 어떤 방향으로도 뚜렷한 젠더를 드러내지 않았기 때문이다. 한 트랜스젠더 남성은 이렇게 회상한다. "나 자신의 정신적인 이미지와 신체적인 이미지를 일치시킬 수가 없었습니다. … 어떻게든 살아가야 했기에 내 몸에서 내 마음을 분리하는 방법을 금세 배웠습니다." 한편, 트랜스젠더 여성은 이렇게 말한다. "사춘기가 오자 나는 두려움 속에서 고민을 거듭했어요. 다른 모든 사내아이처럼 나도 덩치가 커지고 수염이 나며 흉해지고 있었던 걸까요?"[9]

일부 어린 트랜스젠더는 특히나 자신의 몸에 강하게 반응한다. 브라운의 보고에 따르면, 10대 트랜스젠더 남성은 때때로 "자신의 가슴 부위를 푸르스름한 멍이 생길 때까지, 또는 어떤 경우에는 찢긴 상처가 날 때까지 때린다". 그리고 한 트랜스젠더 여성은 자신의 십 대를 이렇게 회상한다. "저는 가위를 제 성기에 갖다 대며 정말로 자르려고 했어요. 하지만 결국에는 그럴 수 없었어요. 그렇게라도 해서 부모님이 내 괴로움의 심각성을 알아주기를 바랐나 봐요."[10]

치료사들은 "음경에 대해 역겨움을 느낀 경험도 있는 반면, 단지 무관심한 경우도 있다"는 것을 인정한다.[11] 그런데도 극단적인 내용을 강조하는 경향이 있다. 내가 아는 많은 트랜스젠더 가운데 자발적으로 나서서, 또는 질문을 받고서, 자신이 성기를 훼손했거나 그런 시도를 했다고 말하는 사람은 없었다. 물론 그런 경우도 있기야 하겠지만, 트랜스젠더들이 자신의 몸을 스스로 훼손할 정도로 미워했다는 이야기는 치료사들이 심하게 과장한 내용이다.

치료사의 이론적인 목적은 삶의 모든 측면에서 의학적 관심이 필요한 환자를 위해 참고용 기준으로서 '진정한 성전환자'의 모습을 파악하는 일이다. 그러면 다른 트랜스젠더들은 한 연속선의 어느 지점에 놓일 수 있는데, 이 연속선은 정상 상태에서부터 시작하여, 가끔씩 크로스드레싱을 하는 '경미한' 부적응 상태를 거쳐, 진짜로 성이 바뀌어 있는 깊은 병리 상태까지 뻗어 있다. 하지만 사실 내가 아는 트랜스젠더들은 자신의 몸을 여러 가지 관점으로 본다. 많은 이는 자기 성기를 자랑스러움의 원천이 아니라 귀걸이처럼 몸 구조의 중립적인 요소로 본다. 몸에 대한 그들의 다양한 태도는 트랜스젠더들이 성전환수술에 대해 보이는 서로 다른 태도에서도 드러난다. 예를 들어, 트랜스젠더 여성의 3분의 1은 성전환수술을 받았고(수술 후), 3분의 1은 그럴 계획이고(수술 전), 나머지 3분의 1은 수술을 거부했다(비수술). 수술 전인 트랜스젠더 여성들은 성전환을 하겠다고 알린 다음에도 몇년 동안 수술을 연기하기도 하는데, 종종 돈이 없어서라고 말한다. 흥미롭게도 샌프란시스코가 성전환수술에 의료보험을 적용하는 법안을 통과시킨 후에, 이제는 보험을 적용받게 된 수술 전 여성들 일부는 끝내 수술을 받지 않기로 결정했다. 경제적 부담이 없어졌는데도 수술에 관심을 보이지 않았던 것이다.

한편 이중형태의 몸을 적극적이고 공개적으로 즐기는 이들도 있다. 이런 사람들의 상당수는 섹스 관련 업종에서 '쉬메일'she-male(남성의 생식기를 가진 트랜스젠더 여성을 비하해서 부르는 말. — 옮긴이)이나 같은 맥락에서 트랜스젠더 남성에 대응하는 말인 '히쉬he-she'로서 일한다. 포르노에서 쉬메

2부 인간의 무지개

일은 자랑스럽게 발기된 음경, 큰 가슴, 치렁치렁한 머리카락을 가진 모습으로 그려지는데, 이는 매우 성적으로 과장된 이미지다. 내가 보기에는, 그들이 성매매 업종에 들어간 후 상업적 요구에 맞추려고 자기 몸을 그런 식으로 바꾸었는지, 아니면 그들이 먼저 몸을 바꾼 다음에 가장 얻기 쉬운 직업을 찾아 성매매 업종에 뛰어들었는지를 판단할 수 있을 만큼 충분한 사람들을 인터뷰하지는 않은 것 같다. 치료사들이 정리한 이야기에는 이런 사람들이 거의 언급되지 않는다. 왜냐하면 이들이 보이는 두드러진 성적 표현은, 섹슈얼리티가 아니라 젠더 표현에만 관심을 두는 것으로 보이는 '진짜' 성전환자의 틀 바깥에 놓이기 때문이다. 트랜스젠더들은 공개적으로 두 가지 몸 형태를 드러내는 사람들과 관련되는 것에 대해 불안해하거나 성매매 업종과의 관련성에 아무런 흥미를 느끼지 않기도 한다.

전반적으로, 성전환수술의 가치는 자기 몸을 어떻게 느끼는지, 어떻게 사용할 계획인지와 그 수술의 사회적 의미에 따라 달라진다. 트랜스젠더 남성은 비용, 외모, 기능(오줌 누기 기능이 있거나 그런 기능이 없는 남성 생식기, 큰 음낭 부위 또는 작은 음낭 부위 등)에 따라 현재의 기술이 제공하는 다양한 수술 절차 가운데서 몇 가지를 선택한다. 《뉴욕 타임스 매거진》에서 다룬, 최근에 성전환한 트랜스젠더 남성은 5만 달러짜리 수술에 대해 말하면서 이 문제를 간결하게 요약했다. "우리는 대학 등록금을 내야 했습니다. … 저는 페니스에는 **그다지** 관심이 없습니다."[12] 이처럼 몸 꾸미기를 비용 절감의 측면에서 바라보는 신중한 사고방식에서는 강박적인 동기를 전혀 찾아볼 수 없다.

성인의 이야기: 남성에서 여성으로 바뀐 섹슈얼리티

사춘기에 목소리가 변하고 가슴이 부풀면서 성욕이 깨어난다. 사춘기가 지난 트랜스젠더에게는 젠더 정체성과 섹슈얼리티가 복잡하게 뒤섞인 경험이 찾아온다. 어떤 치료사들의 글은 젠더 정체성을 강조하고 섹슈얼리티는 억누르는 반면, 또 어떤 치료사들은 섹슈얼리티를 강조하고 젠더 정체성은 억누른다. 실제 이야기를 들어보면 다양한 내용이 나온다. 사춘기 이후에 트랜스젠더 남성과 여성의 삶은 이제 더는 서로 거울 영상이 아니다. 성인이 되면 트랜스젠더 남성과 여성은 호르몬뿐 아니라 사회 환경 안에서도 점점 더 다른 경험을 하게 된다.

사춘기와 성인이 되는 문턱에서 트랜스젠더 여성들의 크로스드레싱은 더욱 빈번해지고 고의적인 행위가 된다. 누군가는 이렇게 말한다. "저는 열여섯 살 때부터 크로스드레싱을 했어요. 그때 막 엄마 키만큼 되었는데, 마침 엄마는 가발이 두 개 있었답니다. 그래서 모두가 집 밖으로 나가길 기다렸죠. 집에 혼자 있겠다고 핑계를 댔고요. 그러고서 엄마 옷을 입고 가발을 썼어요. … 그러자 모든 게 제대로 되었다는 느낌이 물밀듯 밀려왔어요. 너무 기뻐서 정신이 어질어질할 정도였어요. 사실 전 크로스드레싱을 하면 언제나 행복했답니다."[13] 이 이야기는 여성의 젠더 정체성 표현을 위해 트랜스젠더가 행하는 크로스드레싱의 표준적인 틀에 들어맞는다. 하지만 때로는 성전환으로 이어지는 크로스드레싱의 가장 흔한 동기로 이 이야기가 맞는지는 잘 모르겠다. 그렇긴 해도 사춘기에 때맞춰 크로스드레싱이 일어나는 현상을 우연으로 보긴 어렵다. 사실, 많은 복잡한 성적 측면들이 제대로 자리를 잡는 것은 트랜스젠더가 성인이 되어갈 때다.

트랜스젠더의 섹슈얼리티에 대해 가장 단순하게 설명하려면, 그들이 단지 동성애자일 뿐이라고 말하면 된다. 그러나 많은 트랜스젠더 여성의 이야기는 이러한 믿음을 반박한다. 예를 들면, 한 트랜스젠더 여성은 이렇게 회상한다. "여자라는 느낌이 들면 '내가 동성애자인가 보다'라고 여겼어요. 흔하지만 잘못된 믿음이었죠. 그래서 대학 첫 학기에 그것이 사실인지를 열심히 알아보기 시작했어요. 저는 매력적인 남자와 쉽게 섹스할 수도 있는 처지였지만, 게이 남성이 되는 상황을 결국 편안하게 받아들일 수 없었기에, 언제나 그런 상황에서 빠져나와 버렸어요."[14] 더군다나 게이들도 트랜스젠더 여성을 동성애자 남성으로 여기지 않는다. 게이 남성은 좀처럼 트랜스젠더 여성에게 섹스하자고 제안하지 않는다. 이와 달리, 게이 공동체 내의 한 구성원인 드래그 퀸은 남성으로 받아들여지기 위해 남성적인 표시를 많이 드러낸다. 그들의 남성적인 목소리와 여장 차림은 정체성에 아무런 혼란을 주지 않으며, 그들은 종종 다른 게이 남성과 낭만적인 관계를 맺는다. 한편, 성전환하기 이전의 트랜스젠더 여성은 잠시 다른 여성과 데이트하려고 자주 시도한다. 전통적인 이성애자 남성의 방식대로 살려고 하는 것이다. 하지만 어떤 사람이 회상하듯, "저는 (여성과) 데이트하기를 결국 그만두어야 했어요. 너무나 부자연스러웠거든요. … 저는 여성과 데이트하고 싶지 않았고, 여성처럼 **되고** 싶었어요."[15]

어떤 트랜스젠더 여성들은 멋진 남성을 만나 사랑에 빠지고 가족을 함께 이룬다. 다른 이들은 원래 직업에 계속 종사하면서, 변함없는 남자친구와 함께 살아간다. 이건 내가 잘 아는 사실이다. 그런 사람들을 직접 만나보았으니 말이다. 내가 짐작하기로는 트랜스젠더 여성의 상당수, 약 60퍼센트 정도는 남성에게 성적으로 끌리며, 많은 다른 이성애자 여성과 크게 다르지 않은 삶을 갈망한다. 이 여성들은 정기적으로 치료사와 상담하지 않으며, 따라서 치료사들이 모아놓은 이야기들 속에는 등장하지 않는다. 이 여성들은 또한 자서전도 쓰지 않는다. 그들은 이전에 남자로 산 삶의 흔적들을 지운 채 종종 '숨어서' 산다. 비록 숨어서 살지 않더라도, 자서전이 세상의 관심을 끌게 되면 그 사람뿐 아니라 그들이 사랑하는 사람들도 불편을 겪게 될지 모른다.

그 대신, 자신들의 섹슈얼리티에 대해 글을 쓴 트랜스젠더 여성 대부분은 젠더만 인정하는 틀에 매인 치료사들에 의해 자기 존재가 부정된 이들이다. 이 여성들은 세상을 향해 말할 필요성을 강하게 느낀다. 이들에게는 섹슈얼리티가 젠더만큼이나, 또 어쩌면 그보다 더 중요했기에, 젠더 표현을 넘어서 성적 완전성을 실현하는 데까지 나아갔다.

페티시즘을 보이는 신체 형태

SM, 사도마조히즘은 서로 동의한 상태에서 한 사람이 다른 사람에게 고통을 가해서 고통받는 이에게 성적 쾌락을 준다. 결박–훈련bondage-discipline, BD은 서로 동의한 상태에서 한 사람이 다른 사람에게 엉덩이 때리기, 욕하기, 또는 꾸중하기를 통해 모욕을 주어 모욕받는 이에게 성적 쾌락을 준다. 따라서 SM은 고통을, BD는 모욕을 에로틱한 요소로 삼는다. 아래쪽에 놓인 복종하는 사람은 대체로 남성이고 위쪽에 있는 지배하는 사람은 대체로 여성이다.[16] 때때로 SM · BD는 복종하는 남성이 하녀나 간호사 차림을 한 채 행해진다. 순종적인 여성 역할을 에로틱하게 여기는 이런 행위는 여성 비하처럼 보인다. 하지만 실상은 이보다 더 복잡하다. "지배적인 여성은 여장을 한 남자가 자기 자신에 대해 여성으로서의 긍정적인 이미지를 형성하도록 도우며 … 그리고 성전환자와 여장 남자들을 여성으로서 진심으로 존중하며 대하는 데에 많은 노력을 기울인다. 즉, 여성 되기가 좋은 것이라는 인상을 심어준다."[17] 지배적인 여성, 즉 도미나트릭스dominatrix는 자신이 여성인데도 왜 여성을 비하하는 데에 협력하겠는가? 분명 그러지 않는다. 그 대신, 도미나트릭스는 복종하는 남성이 여성이 되도록 훈련시킨다. 그러면 복종하는 남성은 그렇게 강요받았기에 여성인 것처럼 행동할 수 있다. 이런 식으로 여성이 될 계기가 주어지면, 복종하는 사람은 젠더를 바꾸기 위해 자신만의 길을 열어나간다.

트랜스젠더 운동가이자 역사가인 수전 스트라이커는 샌프란시스코의 LGBT 역사회의 회장으로서 성전환자 정체성 갖기에 대해 이렇게 설명한다. "1990년에 … 저는 레즈비언도 게이 남성도 성전환자도 아니었습니다. … 성적으로 여성과 함께 있고 싶은 저의 바람은 레즈비언의 환상을 통해 여성 형태성을 인식함으로써 … 비롯되었습니다." 하지만 그 당시 스트라이커는 이성애자 사회에서 이성애자 남성으로 살았다. 자신을 성전환자로 인정하지 않고서 그는 이렇게 말한다. "저는 제가 느끼는 저 자신을 가능하게 할 … 다른 기술이 있다는 사실을 알게 되었습니다. 수술용 메스와 주사기가 아니라 갈고리와 갑옷용 장갑이 있었던 겁니다. 밀폐된 지하실과 드래그 바에서 나는 공간 … 그리고 … 청중을 찾아냈습니다." 하지만 이후 스트라이커는 이렇게 결심했다. "성전환 기술이 실제의 나로 강하게 도약시킬 … 도구가 되었습니다. … 나 자신을 성전환자로 부르는 것은 … 유용한 진전이었습니다." 이후 스트라이커는 나서서 자신의 개인사, 즉 '몸에 새겨진 이야기를 건설적인 방법으로'[18] 알리는 쪽을 선택했다. 그녀의 말은 남성의 몸 안에 갇힌 이성애자 여성의 고전적인 이야기 같지는 않다. 스트라이커가 자신을 성전환자로 인정하고 성전환수술을 받은 까닭은 자신의 성 정체성과 젠더 정체성을 찾기 위해서였다.

위의 내용과 달리 트랜스젠더 섹슈얼리티에는 크로스드레싱에 관한 이야기도 있다. 트랜스젠더 여성이자 시애틀에서 의사로 일했던 앤 로런스는 "우리 상당수에게 성욕은 성전환자로서 우리 충동의 원천이자 통로다"라고 적고 있다.[19] 1996년에 노스캐롤라이나의 오크라코크섬에서 열린, 성전환수술을 받은 트랜스젠더 여성에 관한 어느 회의에서 로런스는 성전환수술을 받기 전에도 사람들이 성욕을 느끼는지를 물었다.[20] 많은 이가 그렇다고 대답했다. 분명, 그 모임에 참가한 열두 명의 사람 중 4분의 1은 어느 정도 자기 발정적autoerotic(직간접적으로 외부 자극이 진행되지 않을 때 발생하는 자발적인 성적 감정의 현상과 충족. — 옮긴이) 성욕을 채우려고 성전환수술을 받은 사람이었다. 1998년의 후속 연구에서 로런스는 거의 열두 명의 참가자 중 약 절반이 수술 전 좋아했던 성적 환상으로 "여성 몸의 일부 특징을 갖는 것"을 이야기했다는 점을 확인해주었다. 다른 어느 연구자 또한 수술을 받은 트랜스젠더 여성의 4분의 1 이상이 수술을 받으리라는 기대로 성욕을 느꼈음을 알아냈다.[21] 나도 트랜스젠더 여성 친구들에게 이에 대해 물은 적이 있다. 어떤 친구들은 여성의 생식기를 갖는다는 기대만으로도, 이후 실제로 남성 파트너와 섹스하게 될지와는 무관하게 성욕을 느낀다는 데에 맞장구를 친다. 일부 성전환자들에게 생식기 전환 수술은 페티시즘적인 측면이 있다.

자기 발정적 성욕을 채우려는 생식기 전환 수술은 곤란한 상황을 초래한다. 성적 흥분이 사라진 후에는 어떻게 될까? 그 사람은 이제 여성의 몸을 지닌 채로 삶이 계속된다. 로런스는 이렇게 적고 있다. "여성 역할을 하며 성공적인 삶을 살기 위해 함양해야 하는 자질들은 그 자체로 보람이 있다. 그런 여성적인 특성을 부드러움, 공감, 배려, 품위로 구현하는 법을 배움으로써 우리 삶의 수준이 향상되며 우리는 더 나은 인간이 된다." 로런스가 보기에, 성전환은 우선 자기 발정적 성욕을 채우는 과정이고, 그 후에 여성이 되기 위한 노력이 뒤따른다.

페티시즘적인 트랜스젠더 표현은 한때 크로스드레서에게 고유한 것으로 여겨졌다. 나는 여성용 신발 100켤레, 브래지어 100개, 형편이 된다면 여성 정장 100벌을 구매한 남자들을 만난 적이 있다. 페티시즘적인 측면에서 이성의 복장을 하는 사람들은 여성의 옷을 입음으로써 성적으로 흥분을 느끼는 이성애자 남성들이다. 그들은 크로스드레싱을 한 채로 여자친구나 아내에게 성관계를 갖자고 요구한다. 오로지 '샌프란시스코에만 머물던' 시기에, 나는 한 커플을 소개받은 적이 있는데, 여자는 자기 남자에게 여자 옷 입히기를 좋아하고 남자도 여자가 그렇게 해주기를 좋아했다. 그녀는 남자친구를 사귀는 데에 줄곧 어려움을 겪었고, 그도 여자친구를 사귀는 데에 어려움을 겪었다. 그 둘이 만나서 죽이 맞기 전까지는 말이다!

페티시즘적인 욕구는 알코올과 마찬가지로 절제가 꼭 필요하다. 〈술과 장미의 나날〉이라는 고전영화는 와인을 비롯한 술을 함께 마시면서 시작되었다가 결국에는 알코올 그 자체가 관계보다 더 중요해져 버린 어떤 로맨스를 그리고 있다. 페티시즘의 경우에도 인간관계는 도외시된 채 관심이 페티시즘의 대상에만 집중될 수 있다. 로런스도 여성 성기를 얻는 환상이 "종종 다른 사람들을 향한 성욕과 충돌할 때가 있다"고 인정한다. "파트너 자체는 거의 의미가 없으며, 단지 일종의 소품 역할을 할 뿐이다." 알코올에 쉽게 빠지는 사람은 생활 방식에서 특별히 조심해야 하듯, 페티시즘에 기우는 이들도 마찬가지다.

일부는 그러기도 하지만, 크로스드레서라고 해서 꼭 페티시즘을 추구하지는 않는다. 어떤 크로스드레서들은 특정 시기의 여성 정체성 부분을 즐긴다. 남성주도적인 작업 환경에서 벗어나려고, 또는 다른 이유로 눈에 띄는 색상의 옷을 입기도 한다. 내가 보기에, 로런스의 이야기는 젠더 정체성 때문에 생기는 트랜스젠더 표현과 페티시즘 때문에 생기는 트랜스젠더 표현을 효과적으로 구별하고 있다. 성전환자들은 그 둘 다에 의해 트랜스젠더 표현을 할 수 있으며, 크로스드레서들도 마찬가지다. 젠더 정체성에서 페티시즘으로 이어지는 스펙트럼에서 성전환자들은 주로 전자 쪽으로, 크로스드레서들은 주로 후자 쪽으로 모인다. 아마 트랜스젠더들에게는 저마다 자기 나름의 동기들이 적절히 섞여 있을 것이다.

로런스의 이야기도 자기 발정적 요소가 남성에서 여성으로의 성전환에 존재할 수 있음을 드러내긴 하지만, 많은 사람이 이런 구도에 맞을 것 같지는 않다. 로런스 자신도 분명 특이한 경우다. 그녀는 몸의 형태 변형에 오랫동안 관심을 두어왔고, 포토샵을 이용해 자기 얼굴을 모나리자와 같은 유명한 미술작품에 덧붙인 사진들을 웹상에 게시했다.

하지만 로런스는 자기 자신의 경험에서 일반화를 시도할 수 있으며 트랜스젠더에게서 젠더를 빼버리고 싶다고 주장한다. 그녀는 웹상에 스물여덟 개의 답변을 게재하면서 자기 발정적 트랜스젠더라고 인정하는 사람들이 나타나기를 원했다.[22] 하지만 내가 알기로는, 그 답변들은 어떤 것도 자기 발정적 성욕이 성전환과 성전환수술을 추구하기 위한 일차적 이유라고 주장하지 않았고, 단지 답변 중 상당수가 자기 발정적 감각을 전체적인 경험의 일부로서 어느 정도 인정하고 있을 뿐이었다. 정말로 일부 이야기는 자기 발정적 성욕을 주요한 요인으로 보는 견해와 상충된다. 하지만 로런스가 게재한 이야기들은 그런 견해를 뒷받침하는 경향이 매우 짙다. 로런스는 자신의 주장과 반대되는 이야기들을 이렇게 깎아내린다. "제발 부탁인데요. 나는 그런 느낌을 느껴보지 않았던 사람이나, 타인이 그런 경험을 느꼈을지 모른다는 생각에 반대하는 사람이 하는 이야기에는 전혀 관심이 없어요. 그런 이야기들은 이미 수도 없이 들었어요."

통합

내가 말할 수 있는 한, 트랜스젠더들 사이에서 자유롭게 나오는 이야기들 대다수와 더불어, 민족지학자들이 다양한 문화에 걸쳐 역사적으로 기록한 이야기들은 젠더 정체성(성 충동이 아니라)을 적극적으로 드러내는 것이 트랜스젠더 표현의 일차적인 동기임을 증명해준다. 또한 그런 이야기들에 따르면, 성전환수술과 얼굴 성형수술 같은 몸 형태 바꾸기 행위는 관계를 향상시키기 위해, 즉 섹스 파트너에게 더 매력적으로 보이기 위해서이거나 자기들이 원하는 모임에 속하기 위해서거나 직업을 얻기 위해서 하는 것이라고 한다. 많은 성전환자는 자기 발정적 요인이 트랜스젠더 표현의 동기라는 생각에 깜짝 놀라며 성전환수술을 앞두고 겪은 두려움만 기억한다. 다시 말해, 그 수술이 성욕을 일으킬 수 있다는 것이 어처구니없게 보이고 모욕적이라고 여긴다.

하지만 단 한 가지 사례의 자기 발정적 성전환조차도 통합의 문제를 제기한다. 여기서 우리 자신이 정말로 통합지향적인지를 알아볼 수 있다. 우리는 정말로 다양성을 믿을까? 아니면 시류에 다만 따라갈 뿐일까? 어쨌거나 어떤 자매가 자매로 바뀐 이유는 중요하지 않다. 나는 그녀를 사랑하고 지지할 뿐이다. 아울러, 자기 발정적 성전환을 선정적으로 알리는 행위는 트랜스젠더의 미래에 위협을 가한다. 오늘날 우리 트랜스젠더들은 예수의 시대가 주류 서구 사회에 자리 잡은 이후로 가장 미래를 낙관하면서 생산적이고도 정상적인 삶을 사는 편이다. 우리는 이러한 전망이 괴상망측한 섹슈얼리티에 의해 폄하되기를 바라지 않는다. 또한 우리를 질병으로 취급하고자 하는 사람들에게 공격의 빌미를 주고 싶지 않다. 자기 발정적 성전환을 인정하면 그런 빌미를 주게 될 듯하다.

자기 발정적 성전환은 기껏해야 소수 내에 있는 또 하나의 소수일 뿐이다. 그것을 트랜스젠더 공동체에 포함하느냐의 문제는 게이·레즈비언 단체가 트랜스젠더를 포함시켜야 할지를 결정할 때 직면했던 곤란한 상황을 떠올리게 한다. 게이와 레즈비언의 권리를 위해 30년 넘게 투쟁했던 이들은 비교적 소수인 트랜스젠더를 포함시킴으로써 그 일이 위험에 처하길 바라지 않았다. 마찬가지로, 트랜스젠더들은 자신들 한가운데에 성적 소수자를 포함시킴으로써 자신들의 권리 확보와 사회적 인정을 위한 활동이 위험에 처하길 바라지 않는다. 하지만 게이와 레즈비언은 트랜스젠더를 포함시켰다. 마찬가지로, 나는 아무리 소수일지라도 젠더 정체성보다 자기 발정적 욕구 때문에 트랜스젠더가 된 성전환자들도 포함시켜야 한다고 믿는다. 그러지 않으면 우리는 높은 도덕적 기반을 잃게 된다.

생물학적으로 볼 때, 성인 트랜스젠더의 여성적 표현 속에 자기 발정적 요소가 들어 있는 것은 놀랄 만한 일이 아니다. 남성 몸 안에 깃든 여성적 페르소나persona(고대 그리스 연극에서 배우들이 쓰는 '가면'을 뜻했던 이 말은, 현재에는 어떤 사람이 사회 속에서 드러내는 외적 모습을 뜻하는 말로 자주 쓰인다.

— 옮긴이)는 테스토스테론 아래에서도 살아남는다. 이 화학물질은 자기 발정의 원천인 남성 리비도를 증가시킨다. 미국인 남성은 약 41퍼센트, 반면 미국인 여성은 고작 16퍼센트가 매달 X 등급의 영화, 책, 잡지나 섹스 인형 같은 자기 발정 도구를 구입하거나 누드 클럽을 찾거나 폰섹스를 한다.[23] 즉, 남성의 몸을 지닌 모든 사람 중 약 40퍼센트가 매달 자기 발정적 욕구를 위해 비용을 지출하며, 나머지는 비용이 들지 않는 방식으로 이 욕구를 해소하는 것이다. 자기 발정적 크로스드레싱은 남성의 몸을 지닌 사람들이 일상적으로 행하는 여러 자기 발정적 행위 가운데 하나다. 필연적으로, 어떤 성인 트랜스젠더 여성들은 여성으로서의 정체성 확인과 더불어 자기 발정적 행위도 한다.

성인의 이야기: 여성에서 남성으로 바뀐 섹슈얼리티

많은 트랜스젠더 남성은 여성에 대한 성적인 관심에 눈떠 한동안 레즈비언으로 살려고 한다. 치료사들의 보고에 따르면 이들은 다음과 같이 진술한다. "저는 고등학교와 대학 시절 가끔씩 레즈비언과 만났습니다. 하지만 제 자신을 레즈비언으로 느끼진 않았습니다. 저는 남자라고 느꼈고, 레즈비언 그룹과 섞일 때에도 그들의 관심사는 저와는 판이하게 다른 것 같았습니다. 그런 그룹에는 전혀 끼고 싶지 않았습니다."[24] 1977년에 트랜스젠더 남성에 관한 최초의 자서전에서 마리오 마르티노는 이렇게 적었다. "저는 남자아이였습니다. 스스로 그렇게 여겼고, 옷도 그렇게 입었으며, 싸움도 남자아이답게 했습니다. 후에 사랑도 남자로서 할 작정이었습니다."[25] 성전환을 하기 이전에도 마르티노는 사촌 형의 침실에서 "여자 나체가 나오는 잡지들"을 보며 성욕을 즐겼다. 패트릭 캘리피아는 이에 대해 다음과 같이 논평한다. "섹스는 이 이야기의 핵심이다. … 이성애자 여성과 섹스하고 그녀에게 만족을 주는 것이 마르티노의 젠더 정체성에 있어서는 남성적인 신체를 갖는 것보다 훨씬 더 중요하다."[26] 드루 사이드먼은, 앞에서 테스토스테론에 대한 그의 반응과 관련하여 언급했던 인물로서, 성전환을 하고 테스토스테론을 투여받기 시작한 이후에 진행한 어느 인터뷰에서 이렇게 말했다. "저는 여자였을 때도 포르노를 좋아했는데, 지금은 더더욱 포르노를 좋아합니다. 포르노를 통해 남자라는 존재에 대해 정말로 잘 알게 됩니다."[27]

섹슈얼리티에 관한 열정적인 증언은 유명한 트랜스젠더 활동가이자 작가인 재미슨 그린에게서 들을 수 있다. 성전환 후의 상황에 대해 그는 이렇게 회상한다. "나는 침대 옆, 차 속에 두었던 포르노 잡지들을 샅샅이 읽기 시작했다. … 여자들이 내게 주목하기 시작하고, … 마침내 나를 남자로 여긴다는 사실을 차츰 알게 되었다. 내가 소년이나 레즈비언이나 양성구유자androgyne가 아니라 여자들에게 만족을 줄 수 있는, 수염이 나고 털이 수북하고 확실한 몸을 갖춘 남성임을 그들이 알아차렸던 것이다. 여자가 내 성기를 처음으로 핥았을 때 그 느낌은 너무나 놀라웠고, 그녀가 내 성기의 귀두를 혀로 휘감았을 때, 그녀의 입술이 귀두 주변에서 미끄러졌을 때, 그리고 기쁜 표정으로 나를 바라보고 있을 때 그녀는 내게 너무나 큰 기쁨을 안겨주었다. … 내가 어디를 만지든 그녀는 쾌락에 몸을 떨었다."[28]

차츰, 트랜스젠더 남성과 여성 성인의 이야기들은 섹슈얼리티를 인정하고 성전환이라는 주제에 섹스를 포함해가고 있다. 하지만 섹슈얼리티는 트랜스젠더들 대부분이 겪는 경험 가운데 큰 비중을 차지하지는 않는다. 비록 섹슈얼리티를 무시하는 것도 올바르지 않지만, 그 역할을 과장하는 쪽도 잘못이다. 아마 트랜스젠더의 4분의 1은 성관계와 성적인 행위에 관여하지 않을 테지만, 이들의 이야기가 충분하지 않다 보니, 복잡한 성적 환상과 행동을 하는 이들 때문에 쉽사리 가려진다. 비트랜스젠더들 가운데 여성의 10퍼센트와 남성의 14퍼센트는 1년 내내 파트너와 성적인 활동을 하지 않는다는 점을 고려해보자.[29] 이 비율은 또한 트랜스젠더에게도 해당되는 수치인 듯하다.

어떻게든 살아가기

젠더와 섹슈얼리티가 이처럼 내면에서 소용돌이치고 있긴 하지만, 트랜스젠더들은 대체로 태어날 때 배정받은 성으로 살려고 노력한다. 브라운과 룬슬리는 이렇게 알려준다. "그들은 자기들 역할에 맞게 옷을 입고 몸을 가꾸고 모임에 참여하고 직업에 종사하며 이성과 데이트하고 결혼하고 아이를 낳는다."[30] 성전환 이전의 많은 트랜스젠더 여성은 자신이 찾을 수 있는 가장 거칠고 전형적인 남성적 직종이나 직업, 예를 들면 법 집행관, 자동차 또는 항공기 정비사, 대형트럭 운전사, 제철소 작업자, 자동차 제조 공장 노동자 또는 대형 공사장 인부 등을 직업으로 찾는다. 군인도 인기 있는 직종이다. 브라운과 룬슬리는 의뢰인 중 절반 이상이 군대에서 복무했으며, 종종 자신이 찾을 수 있는 가장 엄격하고 위험한 임무를 맡았다고 전해준다. 나도 두 명의 전직 전투기 조종사뿐 아니라 전직 해병대원과 만난 적이 있는데, 이들은 지금 트랜스젠더 여성이 되었다. 게다가 성전환 이전의 트랜스젠더 여성들은 운동을 하거나, 턱수염이나 콧수염을 기르고, 머리 모양, 옷과 몸가짐을 통해 아주 남성적인 모습을 꾸며내기도 한다. 이런 행동들은 나중에 전부 되돌려야 할 수도 있다. 왜냐하면 역기를 들어 부풀어진 몸집은 훗날 여성적인 표현을 할 때 방해가 되기 때문이다.

치료사들이 전하는 바에 따르면, 많은 트랜스젠더는 시각화 기법, 이미지 유도법, 명상과 같은 스트레스 줄이기 기법을 활용하여 대응한다고 한다. 일과 직업에 과도하게 몰두하는 것도 하나의 생존전략이다. 한 트랜스젠더 여성은 이렇게 회상한다. "저는 슈퍼컴퓨터처럼 빠르게 일해서 2만 2000달러였던 수입을 5년 만에 10만 달러까지 올렸어요. 사람들이 내게 기대했던 그런 전형적인 마초 같은 방식으로 일하니까 그런 일이 가능했던 거예요. 저는 오로지 일에만 몰두했답니다. 전 세계를 날아다니며 사람들에게 제품에 대해 알렸고 인간관계도 맺어나갔지만, 그 속에 진짜 나는 없었어요. 결국 나는 정말로 병이 들어가고 있었어요. … 차츰차츰 제가 죽어가고 있다고 느꼈어요."[31]

대부분의 성인 트랜스젠더 의뢰인들은 **어떤 사람에게라도**, 심지어 치료사에게조차 자신들의 젠더 관련 정체성을 터놓기 전까지는 누구에게도 말을 못하고 혼자서만 고민한다.[32] 말을 못하는 한 가지 이유는 뭐라고 말해야 할지 모르기 때문이다. 치료사들은 의뢰인들을 '아는 이들'과 '혼란스러워하는 이들'로 분류한다. 아는 이들은 자신들이 트랜스젠더이며 앞으로 어떻게 해야 할지, 그리고 자기에게 지금껏 쌓여온 개인적인 문제들을 어떻게 다루어야 할지 확실히 아는 사람들이다. 이들은 트랜스젠더 공동체의 활동에도 이미 어느 정도 참여하고 있을 가능성이 크다.

혼란스러워하는 이들은 다음과 같이 트랜스젠더가 무엇인지 확실히 알지 못한다. "저는 나 자신을 어떻게 정의해야 할지 도무지 몰랐습니다. 내가 누가 **아닌지**는 알았지만, 내가 누구**인지**는 전혀 몰랐습니다. 나는 트랜스젠더가 무슨 뜻인지를 제대로 이해하지 못하는 트랜스젠더라고 스스로를 불렀습니다. 더군다나 자신을 트랜스젠더로 여기는 사람을 직접 만나서 나와 같은 이야기를 하는지 알아본 적도 없습니다."[33] 이들 트랜스젠더는 대체로 트랜스젠더 문화를 먼저 경험하지 않고서 치료사들에게 곧장 찾아간다. 이들이 다른 트랜스젠더를 처음 만나는 시점은 치료사들이 자신의 의뢰인들끼리 서로 만날 수 있도록 마련한 모임과 참여할 때다. 트랜스젠더가 어떤 의미인지에 대해 어느 트랜스젠더가 생각하는 개념은 다른 트랜스젠더와의 첫 만남이 치료사를 통해 마련되느냐, 아니면 트랜스젠더 공동체를 통해 이루어지느냐에 따라 영향을 받는다. 치료사를 통해 만나면 트랜스젠더가 자신을 부끄럽게 여길 가능성이 더 크다. 왜냐하면 트랜스젠더 표현을 치료가 필요한 질병으로 여기기 때문이다.

트랜스젠더의 성별 이행

트랜스젠더들은 커밍아웃을 '성별 이행transition'이라고 부른다. 이때가 바로 트랜스젠더들이 출생 시에 배정받은 젠더로 살다가 자신의 진정한 정체성에 맞는 젠더로 바꾸는 시기다. 미국에서 '건강관리실무표준the Standard of Care'이라 불리는, 의학적 관리를 받는 성별 이행의 기준에 따르면 최소 3개월 동안 행동치료사의 돌봄이 요구된다. 그다음에 치료사가 넘겨주면, 의사가 호르몬을 처방한다. 어떤 사람은 성별 이행 이전에도 자기 몸에 뚜렷한 효과가 나타나기 전까지는 호르몬을 계속 투여받기도 한다.[34] 성별 이행기에 있는 이들은 모두 '패싱', 즉 자신이 정체화하고 있는 젠더 소속으로 여겨지는 데에 몰두하게 된다. 패싱은 생존을 위해서도 필요하다. 패싱이 없다면 공공화장실에서 수모를 겪거나 거리나 식당에서 눈총을 받게 된다. 심지어 식료품을 사러 갈 수 없는 경우도 생긴다. 공격을 당하거나 조롱을 받을 수도 있다. 패싱의 반대는 '읽힘'을 당하는 것이다.

트랜스젠더가 아닌 사람들은 트랜스젠더들이 자기 젠더에 알맞은 표현을 하기 위해 그처럼 많은 단계들을 밟는다는 사실에 종종 깜짝 놀란다. 이 단계들에는 트랜스젠더 여성의 경우에는 얼굴 털 제거하기가, 트랜스젠더 남성의 경우에는 가슴 없애기, 얼굴 성형, 보디빌딩이 포함된다. 안전을 위해 꼭 완벽한 패싱이 필요하지는 않다. 그런 차림새는 다만 어떤 '기능'을 하기 위해서 필요한 것이다. 하지만 오늘날의 사회에서는 생산적인 삶을 살려면 일정 수준의 패싱이 필요하다. 자신의 정체성이 기존의 용인된 젠더 규범을 대체로 따르지 않는 사람들은 살아가면서 무거운 짐을 지게 된다.

1년의 시험 기간 동안 자신의 정체성에 맞는 젠더로만 사는 것을 '실생활 테스트'라고 부른다. 이 한 해가 지나면 성전환수술을 받을 자격이 주어진다. 수술은 행동치료사의 승인 후 의사가 실시한다. 성별 이행에는 불안전성과 미지의 위험뿐 아니라 이익과 손해도 함께 뒤따른다. 한 트랜스젠더 남성은 이렇게 말한다. "때때로 저는 제가 입을 손해가 만회하기에는 너무나 많고 클까 봐 염려스러웠습니다. 특히 무지하고 몰인정한 세상과 늘 마주칠 때, 세월과 호르몬이 언젠가는 정말 세상의 눈총과 판단으로부터 나를 벗어나게 해줄 수 있을지에 대해 생각하게 될 때 그런 염려가 가장 컸습니다." 마찬가지로, 한 트랜스젠더 여성은 이렇게 말한다. "제 마음에 가장 깊이 박혀 있는 사실은 모든 트랜스젠더가 커밍아웃을 하고 나면 무언가를 잃는다는 거예요. 제 자신에게 묻는 질문은, '얼마나 잃게 될까?'였어요. 저는 평생 이루었던 것(직업, 인간관계, 가족, 건강, 미래)을 테이블 위에 일단 내려놓았어요. 앞으로 무엇을 계속 가질 수 있을지는 운명이 결정할 것 같았어요. 인생을 다시 한 번 새로 시작하는 셈이었어요."[35] 대부분의 트랜스젠더에게 성별 이행은 성전환수술보다 훨씬 더 중요한 순간이다. 실제로 수술을 하더라도 종종 그것은 단지 "케이크 위에 아이싱을 올리는"[36] 정도에 불과한 것으로 여겨진다. 성별 이행은 네 단계 전진을 위해 두 단계 후진을 거치는 셈이다. 만약 처음부터 가장자리 근처에 있는 사람이라면 그 두 단계만으로도 모든 것을 잃을 수 있다.

성별 이행 동안의 중요한 실제적인 문제들은 소속될 사회적 네트워크 찾기, 가족에게 커밍아웃하기, 그리고 직장에서 커밍아웃하기 등이다. 치료 책자에는 친척 등에게 보낼 편지 견본, 고용주에게 보낼 편지 견본 등이 들어 있다. 직장을 바꿀지, 아니면 같은 직위에 머무를지도 실제적인 문제에 포함된다. 수십 년 전에는, 증인 보호 프로그램을 모형으로 삼아 성별 이행 과정이 진행되었다. 트랜스젠더는 다른 도시로 가서 새 이름과 새 직업, 그리고 꾸며진 과거를 갖고서 살았다. 완전한 숨기기 전략이었다. 오늘날 트랜스젠더들은 자기 직업을 유지하면서 점점 더 공개적으로 성별 이행을 하고 과거의 삶도 그대로 드러내고 자신의 능력을 발휘해가며 산다.

오늘날 직장 상사에게 성별 이행을 알리는 데에 가장 흔히 쓰이는 방법은 의료카드를 활용하는 것이다. 한 트랜스젠더 남성은 이렇게 회상한다. "저는 상사와 약속을 한 다음에 만났습니다. 젠더 디스포리아gender dysphoria(성별위화감을 뜻하는 의학용어) 진단을 받았다고 설명한 다음, 여성에서 남성으로 바꿀 때 따라야 할 '관리표준'에 대해 간략히 알려주었습니다."[37] 상사와의 면담이 잘된 덕분에 그 트랜스젠더 남성은 자기 일자리를 그대로 유지했다. 성전환한 사람들 중 내가 아는 거의 모두가 이 이야기와 비슷한 방식을 사용했다. 그런 방식이 통했던 것이다. 지금은 젠더 디스포리아가 꾸며진 질병이냐를 염려할 때가 아니다. 자기 정체성에 대한 느낌은 분명 진정한 것이다. 이 느낌을 과연 '질병'으로 볼 수 있는지가 문제다.

성별 이행은 이처럼 겉보기에는 끝없는 트라우마와 장애가 있는 듯하지만, 어쨌든 멋진 일이다. 트랜스젠더들은 성별 이행 이후 종종 행복감에 젖어 집 주변에서 춤을 추거나 세상이 마냥 아름답게 보이기도 한다. 나도 전환을 하고 나니 다른 사람들이 아주 좋게 여겨졌다. 사람들에게 다가가서, 전에 없이 그들과 마음을 나눌 수 있다고 느껴졌다.

동성애자와 트랜스젠더 이야기의 비교

트랜스젠더 경험에 얼마나 많은 다양성이 존재하느냐의 관점에서 볼 때, 트랜스젠더 경험과 게이·레즈비언 경험 사이에 어떤 분간할 수 있는 차이가 존재하는지 궁금해질 수 있다. 많은 사람은 어린 시절에 어느 정도 젠더 변이를 보인다. 많은 여자아이가 톰보이처럼 스포츠와 나무 타기를 즐긴다. 많은 남자아이가 야단법석을 떠는 것과 무관한 놀이를 한다. 젠더 변이를 보이는 아이들 가운데 대부분은 자라면서 젠더가 고정된 이성애자 성인이 되며 일부는 게이나 레즈비언이 되며 극소수가 트랜스젠더가 된다. 게다가 게이나 레즈비언인 사람들도 어릴 때는 젠더 변이를 보이지 않는 경우도 많다.

젠더 변이를 보이다가 나중에 자라서 게이나 레즈비언이 되는 아이들의 이야기는 젠더 정체성보다 섹슈얼리티를 우선적으로 강조한다는 점에서 트랜스젠더 아이들의 이야기와는 뚜렷이 다르다. 게이나 레즈비언인 젠더 변이 아동들의 경우, 젠더는 종종 그 자체로 목적이라기보다는 섹슈얼리티를 위한 수단이다. 게이와 레즈비언이 쓴 아동 젠더 변이에 관한 최근의 에세이와 이야기 모음집을 보면 그 차이가 드러난다.[38] 가령, 성인 게이 남성인 마이클 라셀은 이렇게 회상한다. "어렸을 때 제가 실제로, 또는 말 그대로 여자아이가 되고 싶었냐고요? 네, 그래요. 하지만 그건 만약 여자가 된다면 내가 하고 싶은 걸 전부 할 수 있겠다고 여겼기 때문이에요. … 체육 수업 시간에 조지 보웬한테서 받은 내 느낌은 … 분명 그의 페니스와 관계가 있었어요."[39] 마찬가지로 레즈비언인 킴 셔닌은 이렇게 적고 있다. "저는 남자아이였습니다. 나는 그녀들을 바라보고 쫓아가고 소유하고 싶고 내 곁에 두고 싶은 욕심을 느꼈으니까 말입니다. 마치 그것이 내 권리인 듯이요. 아시겠습니까? 그렇게 느끼려면 여자의 몸에 대해 권리를 가져야 하지 않겠습니까? 남자아이라는 건 바로 그런 뜻입니다."[40]

적어도 위의 사례들에서 보자면, 게이와 레즈비언인 아이들이 젠더 변이를 보일 때, 그들의 이야기에서는 트랜스젠더의 이야기에서보다 더 뚜렷하게 성욕과 섹슈얼리티가 드러난다. 자라서 게이로 인정된 남자아이들과 자라서 트랜스젠더로 인정된 남자아이들은 둘 다 전형적으로 체육을 싫어한다. 게이들이 느끼는 불편함은 라커룸에서 느끼는 성욕을 다루어야 하는 문제가 더 크고, 트랜스젠더들은 애초에 잘못된 라커룸에 들어와 있다는 느낌이 더 크다. 하지만 게이 남성들의 드래그 퀸 하위문화의 측면들과 레즈비언들의 사내 같은 표현의 측면들은 트랜스젠더 경험과 매끄럽게 섞여 든다.

16장

질병 대 다양성

인간의 무지개를 위협하는 한 가지 주요한 요인은 인간 다양성을 질병으로 잘못 분류하는 것이다. 수술에서부터 세뇌에 이르는 재래식 기법들이 다양한 사람들에게 적용되어 종종 그들에게 장애를 안겼다. 직접적인 손상을 입지 않는 사람들조차도 자신들이 무언가 잘못된 존재라고 믿으며 낙인이 찍힌 삶을 산다. 지금 이 세계에 어떻게 이런 학대가 저질러질 수 있을까?

의학이 다양성을 질병으로 보게 된 까닭은 질병에 대한 과학적 정의가 내려져 있지 않기 때문이다. 의학 사전에는 이런 정의가 나온다. "질병은 몸의 정상적인 상태에 대한 훼손으로, 기능을 방해하고 고통을 일으키며 식별할 수 있는 특성을 가진 것이다."[1] 이 정의의 문제점은 정상과 기능의 개념에 있는데, 이 두 개념은 개별 환자를 넘어선 데이터를 가리킨다.

의학은 정상을 정의하지 않는다. 어떤 특성이 정상으로 여겨지려면 얼마나 흔해야 하는가? 의학은 정상의 한계 범위에 대해 침묵을 지킨다. 그렇다면 도대체 정상이란 무엇일까?[2] 아인슈타인도 병에 걸렸던 것일까? 게다가 의학은 기능을 정의하지도 않는다. 사람들 또는 사람들의 어떤 측면이 어떻게 기능하는지는 의사의 진료실이 아니라 그들이 사는 환경 속에서 관찰해야 확실히 드러난다. 그런데 어떤 기능을 살펴야 할까? 만약 손이 농구공을 튀기기에 너무 작으면 그 손은 병에 걸린 것일까? 정상과 기능에 대한 과학적 정의가 없다 보니, 사회적 규범이 나설 여지가 생기고 만다. 즉, 사회적 가치가 과학을 가장하고서 등장하게 된다.

질병의 정의에 대한 또 다른 측면은 개인이 어떻게 느끼느냐에 관한 것이다. 만약 한 개인이 고통을 느끼고 그 증상들이 낯익은 패턴에 해당되면, 의사는 어떤 치료를 처방하게 된다. 이 기준은 질병에 대한 정의의 가장 유용한 부분이다. 고통에 대한 살핌 없이 정상성만을 고려하는 것은 어떤 이가 병에 걸렸는지를 결정하는 기준으로 결코 활용되어서는 안 된다. 실제로 어떤 사람이 고통을 느끼지 않는데도, 고통을 느껴야 타당하다고 판단해서는 안 되는 것처럼 말이다.

유전적 결함에 대한 기준

의학과 달리 생물학은 '유전적 결함'에 대해 분명한 기준을 갖고 있으며, '유전병'이라는 표현을 사용하지 않는다. 유전적 특성은 어느 것이든 어떤 시기와 장소에서 자식에게 배당금을 지급하기 위한 투자다. 하지만 어떤 특정한 시기와 장소에서, 어느 유전자는 운이 나빠질 수 있다. 유전되는 어떤 특성이 모든 조건하에서 해로우면 유전적 결함이 있다고 간주될 수 있다. 더욱이, 모든 조건하에서 해로운 특성은 드물 수밖에 없다(왜냐하면 자연선택에 의해 지속적으로 제거되기 때문이다). 따라서 유전적 결함으로 인정되려면 두 가지 과학적 기준이 충족되어야만 한다. 즉, 그 특성이 극도로 드물어야 하고, 아울러 어떤 조건에서도 이롭지 않아야 한다. 만약 이 두 기준 가운데 하나라도 충족되지 않으면, 그 특성은 유전적 결함으로 인정될 수 없다.

아주 드물지는 않다

유전적 결함은 시간이 흐르면서 자연선택에 의해 자동적으로 솎아진다. 결함이 등장하는 유일한 방법은 적응에 능한 유전자가 유해한 형태로 돌연변이하는 것뿐이다. 한 유전적 결함의 희귀함의 정도는 두 가지 속도, 즉 돌연변이에 의한 생성 속도와 자연선택에 의한 제거 속도 사이의 균형에 의해 정해진다. 희귀성에 관한 이 수준을 돌연변이-선택 평형(돌연변이에 의해 해로운 형질이 생기는 속도가 선택에 의해 그 형질이 제거되는 속도와 균형을 이루는 상태. — 옮긴이)이라고 부른다.[3]

아래 간단한 도표는 한 특성이 얼마만큼 결함이 있는지 정도와 그 특성의 희귀성 사이의 관계를 나타낸다.

질병의 희귀성과 심각성의 관계	
출생	다윈 적응도의 감소율
10명당 1명	0.001퍼센트
100명당 1명	0.01퍼센트
1,000명당 1명	0.1퍼센트
10,000명당 1명	1퍼센트
50,000명당 1명	5퍼센트
100,000명당 1명	10퍼센트
1,000,000명당 1명	100퍼센트

치명적인 특성은 돌연변이 발생률과 같은 빈도, 즉 위 도표의 맨 아랫줄에 나와 있듯이 100만분의 1의 비율로 나타난다. 만약 다윈 적응도(번식할 수 있도록 생존할 확률 × 태어난 새끼들의 수)의 감소율이 10퍼센트이면 그 특성의 발생빈도는 10만 명당 한 명의 비율까지 오른다. 만약 적응도의 감소율이 고작 5퍼센트이면, 그 특성은 5만 명당 한 명꼴로 나타난다. 나는 이

수치를 한 특성이 결함으로 간주될 수 있는 희귀성의 임계값으로 삼고자 한다. 비록 한 특성이 특별히 해롭지 않다 하더라도, 그리고 적응도의 5퍼센트 손실을 찾아내기가 그리 쉽지는 않다고 하더라도, 이 정도의 불리함이 만약 모든 세대에 걸쳐 어디에서나 유지된다면 이 특성은 결국 5만 명당 한 명꼴로 나타나게 될 것이다.

한편, 비교적 흔한, 가령 열 명당 한 명에서 1000명당 한 명꼴로 일어나는 특성들은 매우 작아서 감지할 수 없을 정도의 적응도 손실만을 일으킨다. 가령 0.1퍼센트에서 0.001퍼센트까지의 적응도 손실을 일으키는 특성은 어떤 의미로도 '질병'으로는 간주될 수 없다. 왜냐하면 그 특성이 있는 사람과 없는 사람이 서로 뚜렷이 다르지 않을뿐더러, 이처럼 작은 차이는 세대가 거듭되면서 무작위적인 다른 차이들에 의해 쉽게 가려지기 때문이다. 이것이 핵심이다. '흔한 유전병'이라는 표현은 용어 자체에 모순이 있다.

요약하자면, 비교적 흔한 특성은 생물학에 따르면 유전병으로 분류될 수 없다. 이것은 의학적 의견과 무관하다. 만약 그 특성이 가령 한계치(5만 명당 한 명꼴)보다 열 배 더 흔하고 전통적으로 '질병'으로 간주되어왔다면, 그 특성의 전체적인 단점이 애초부터 과대평가되었거나, 아니면 그 특성은 알려진 단점과 더불어 알려지지 않은 장점도 있을 수 있다. 그리고 유전자가 장점과 단점을 모두 가진다면, 어떤 사람들은 그 효과를 이렇게 느끼고 다른 사람들은 저렇게 느낄 수도 있다.

때때로 적응에 이로운

이미 언급했듯, 유전적 특성은 또한 어떤 상황에서 적응에 이로우면 유전적 결함이라고 할 수 없다. 어떤 특성이 유전적 결함임을 증명하려면 그 특성이 어떤 조건하에서도 적응에 이로울 리가 없다는 것을 보여야 한다. 그 특성이 적응에 이로운 조건을 하나라도 들추어내면, 유전적 결함이라는 주장은 부정된다.

어떤 유전적 특성이 결함인지를 알아내려고 그 특성이 긍정적인 작용을 하는 상황을 정확히 찾아내길 바라는 사람이 있을지 모른다. 하지만 안타깝게도 젠더 · 섹슈얼리티와 관련된 특성이 어떤 작용을 하는지는 대체로 알려져 있지 않다. 왜냐하면 인류 역사의 심층적인 내용은 모호한 영역이기 때문이다. 그렇긴 하지만 자연적인 기능을 드러내는 것이야말로 어느 특성이 유전적 결함이라는 주장을 부정할 가장 유용한 방법이다.

전통적인 질병들을 잘못 분류하기

어떤 유전적 특성이 결함인지를 구별하기란 쉽지 않다. 정말로 많은 '전통적인' 유전병들은 어느 정도 잘못 분류되었을지 모른다. 《타임》에 실린 한 도표는 '흔하게 유전되는 장애들'의 빈도를 요약해서 알려주었는데,[4] 과연 이들 중 몇 가지가 앞서 살펴본 대로 아주 드물게 나타나는 유전적인 결함일까? 헌팅턴병은 10만 명당 넷에서 일곱 명꼴로 일어나기에 유전적 결함일 가능성이 있다. 아마도 8500명당 한 명꼴로 일어나며 성별과 관련이 있는 혈우병 A도 마찬가지다. 하지만 도표에 나오는 다른 병들, 가령 낭포성 섬유증, 근육퇴행위축, 취약X증후군, 상염색체 우성 다낭성 신종, 그리고 아시케나지 유대인(독일을 중심으로 한 유럽 지역의 유대인. ― 옮긴이)에게서 나타나는 테이삭스병 등은 1500명당 한 명에서 3600명당 한 명꼴이어서 조금 흔한 편이다. 겸상적혈구빈혈은 흑인에게서 대략 500명당 한 명꼴로 생긴다. 이들 병의 뚜렷한 유해성과 상대적인 흔함의 정도 사이에 존재하는 불일치에 대해 적절한 설명이 없는 상황에서, 이 질환들의 상당수를 유전적 결함이라고 부르면 성급하다.

이들 질환의 일부가 왜 그처럼 흔한지를 물어보는 것이 중요하다. 왜냐하면, 만약 그 유전자들이 제거된다면, 이들이 아무리 좋은 작용을 하더라도 제거 과정에서 나쁜 효과와 함께 이들 긍정적인 요소도 잃게 되기 때문이다. 겸상적혈구빈혈을 일으키는 유전자는 단독으로 작용하면 말라리아를 예방하므로 좋은 작용을 하지만, 자신의 복제 유전자와 쌍을 이루면 나쁜 작용을 한다. 겸상적혈구빈혈을 겪는 사람의 처지에서 보면, 그 특성은 분명 유전병이고 그 증상을 치료하는 것은 중요한 의학적 과제다. 하지만 인구에서 겸상적혈구 유전자를 제거하면 겸상적혈구빈혈을 앓는 사람들이 줄어드는 것보다 더 많은 사람이 말라리아에 걸릴 위험에 노출된다. 왜냐하면, 겸상적혈구 유전자를 단독으로 지닌 사람이 쌍으로 지닌 사람보다 더 많기 때문이다. 따라서 겸상적혈구 유전자를 제거하면 말라리아가 성행하는 지역에서 사람들이 이로움을 얻는 것보다 더 많은 사람이 해로운 결과를 당한다.

마찬가지로, 다른 유전적 장애들에 대한 유전자 풀 재조정에도 복잡한 윤리적 찬반양론이 뒤따른다. (설령 가능하더라도) 유전자 풀에서 이 유전자들을 제거하기보다는 질환이 있는 사람들에게서 이러한 유전자가 표현되는 것을 치료하는 편이 더 나을지 모른다.[5]

동성애와 트랜스섹슈얼리티는 얼마나 흔할까?

여기서 LGBTI(Lesbian, Gay, Bisexual, Transgender, Intersex의 두문자 모음) 특성을 다시 살펴보자. 이 특성이 유전적 결함일 수 있을까? 게이나 레즈비언인 사람의 비율은 범주를 어떻게 정의하느냐에 따라 열 명 중 한 명에서 100명 중 한 명 사이다. 미국의 가장 최근 데이터에 따르면, 남성의 6퍼센트가 다른 남성에게 성적인 매력을 느끼는데, 그중 2.8퍼센트가 게이로 인정된다. 그리고 여성의 4퍼센트가 다른 여성에게 성적인 매력을 느끼는데, 그중 1.4퍼센트가 레즈비언으로 인정된다.[6] 이를 근거로 5퍼센트를 게이나 레즈비언의 비율로 보고 논의를 진행하자. 100명당 다섯 명은 5만 명당 한 명보다 2500배나 더 큰 수치다. 따라서 게이와 레즈비언은 유전적 결함을 가진 사람들보다 2500배나 더 흔하다. 극단적인 희귀성의 기준보다 위의 도표상으로 무려 천 배 넘게 높기 때문에, 이 근거만으로도 동성애가 유전적 결합이라는 주장은 틀렸다.

이 책에서 상세히 설명하고 있듯, 동성애는 기능장애가 아니다. 동성애는 다른 문화, 역사상의 다른 시기뿐 아니라 다른 척추동물 종에서도 적응에 이로울 때가 종종 있었다. 게다가 동성애자가 된다고 해서 그 자체로 장애를 겪거나 고통스럽지는 않다. 게다가 동성애는 유전학에 의해 전적으로, 또는 심지어 일차적으로 결정되지 않는다. 이 점에 대해서는 아무런 의문도 없다. 동성애는 유전적 결함도, 더군다나 유전병도 아니다.

그렇다면 트랜스젠더는 어떨까? 트랜스젠더의 수는 불확실성에 둘러싸여 있다. 최근까지, 사람들의 입에 오르내린 수치는 네덜란드의 데이터를 바탕으로 남성에서 여성으로 전환한 경우가 1만 명당 한 명, 여성에서 남성으로 전환한 경우가 3만 명당 한 명꼴이었다.[7] 이 수는 초기 문헌에서 주장된 5만 명당 한 명꼴보다 큰 수치이긴 하지만, 트랜스섹슈얼리즘이 유전적 결함의 경계 지점에 놓일 수 있다고 볼 만큼 낮은 수치다. 게다가 트랜스젠더가 된다고 해서 어쨌든 적응에 이롭다고 주장한 사람은 아무도 없었다.

비록 트랜스젠더라고 해서 그 자체로 고통스럽거나 장애를 겪지는 않지만, 많은 이는 전환을 앞두고서 심신이 쇠약해질 정도로 많이 고민한다. 따라서 나를 포함한 트랜스젠더들 대부분은 성전환자가 되면 아마도 생물학적으로 결정된 불리한 특성, 즉 일종의 유전적 결함이 뒤따른다는 점을 받아들였다. 그 후에 트랜스젠더들은 '몸의 이상 상태'를 지닌 채 되도록이면 온 힘을 다해 자기 삶을 시작한다. 마치 어떤 유전병을 지닌 사람들이 그러하듯 말이다.

하지만 새로운 데이터가 점점 더 많이 발표되면서 트랜스젠더가 유전자 결함의 결과라는 해석은 무너지고 있다. 트랜스젠더 엔지니어인 린 콘웨이는 단지 선구적인 외과의사가 실시한 성전환수술Sex Reassignment Surgeries, SRS의 횟수를 헤아려봄으로써 처음으로 반격을 개시했다. 알고 보니 큰 수였다.[8] 콘웨이에 따르면, 스탠리 비버라는 한 외과의사는 1969년 처음 시작한 이후 4500회 넘게 SRS 수술을 실시했다. 오랜 세월 동안 비버는 하루에 두 차례, 한 주에 사흘씩 SRS 수술을 했다. 또 한 명의 선구적인 외과의사인 유진 슈랭도 비슷한 일정을 소화하는데, 그는 또 다른 선구적인 외과의사인 토비 멜처와 함께 현재는 매년 총 400~500회의 SRS 수술을 실시한다. 다른 외과의사의 수술까지 합하면 SRS 시행 횟수는 미국에서 매년 총 800~1000회 정도인 것으로 추산된다.

가령, 1년에 1000회 수술을 40년 넘게 실시했다면 미국에서 남성에서 여성으로 성전환수술을 마친 사람의 수는 총 4만 명이 된다. 이 4만 명을 18세부터 60세까지 해당 연령대의 남성 수인 대략 8000만 명으로 나누면, 2000명당 한 명꼴이라는 결과가 나온다. 2000명당 한 명꼴과 5만 명당 한 명꼴 사이의 차이는 매우 중요한 값이다. 2000명당 한 명이라는 수치는 유전적 결함에 해당하는 수치보다 50배나 높다. 게다가 2000명당 한 명이라는 수치는 수술을 받은 성전환자들에 관한 것이다. 수술 전이거나 수술과 무관한 다른 많은 성전환자들은 이 통계에서 빠져 있다. 콘웨이에 따르면, 이들까지 포함할 경우 남성에서 여성으로 바뀐 성전환자의 비율은 500명당 한 명보다 높은데, 이것은 종종 언급되는 의학계의 합의가 "백 배 넘게 빗나갔다"[9]는 것을 의미한다.

비슷한 영국 통계도 이러한 주장을 든든하게 뒷받침해준다. 1997~1998년에 남성에서 여성으로 전환하는 수술이 정부 차원에서 44건 실시되었으며, 민간 영역에서도 104건의 성전환수술이 이루어져 매년 모두 합쳐 약 150건의 수술이 있었다.[10] 계산해보면, 매년 150명씩 40년이면 수술받은 사람은 6000명이다.[11] 18세에서 60세까지의 남성 인구가 약 1800만 명이므로, 영국에서 성전환수술을 받은 사람의 비율은 약 3000명당 한 명꼴인 셈이다.[12]

게다가 성전환수술이 실시된 정부의 주요 의료시설인 차링 크로스 병원 내의 젠더 정체성 클리닉에서는 470건의 새로운 사례가 있었는데, 그중 44명에 대해 남성에서 여성으로 전환하는 수술을 실시했다. 이로써 의학적으로 자신을 성전환자로 인식하는 사람 대 성전환수술 적합 판정을 받은 사람의 비율이 약 10 대 1임을 알 수 있었다. 따라서 성전환자로 인정되는 사람들의 수는 수술을 받은 성전환자 수의 열 배가 될 수 있기에, 영국의 성전환자 수는 약 300명당 한 명꼴이 된다. 이것은 콘웨이가 미국인을 대상으로 한 계산과 얼추 맞아떨어진다.

미국과 영국의 추산은 모두 약식 계산이므로 향후에 꼭 개선되어야 한다. 하지만 그 상태로도 든든한 계산이다. 다른 상황을 생각해보자. 만약 성전환자의 비율이 유전적 결함 기준에 들어맞도록 5만 명당 한 명꼴이라면, 8000만 명의 미국 남성 인구에는 고작 1600명의 성전환자가 포함되어 있을 것이다. 만약 이 사람들 모두가 20세부터 60세까지 40년 동안 수술을 받았다면, SRS 수술을 받은 사람의 수는 매년 고작 40명에 해당될 것이다. 하지만 우리가 알고 있기로는, 그 수술을 실시하는 많은 외과의사 가운데 겨우 세 명의 의사만으로도 매년 최소 400건의 SRS 수술이 이루어진다. 그러므로 유전적 결함 가설에 따라 예측한 것보다 매년 SRS 수술이 열 배나 더 많이 실시된다는 데이터를 통해, 성전환이 유전적 결함이라는 주장은 단번에 오류임이 드러난다.

게다가 미국과 영국의 성전환자 추정 비율은 인도의 히즈라 비율과 같은 범위대에 있다. 히즈라의 수는 10억 인도 인구 중 100만 명이 넘는다. 즉 1000명당 약 한 명꼴에 해당된다(507쪽을 참고하기 바란다). 한편 인도에서는 히즈라 외에 다른 트랜스젠더 범주도 존재하므로, 트랜스젠더의 수는 비록 아마 500명당 한 명꼴만큼 높지는 않겠지만 1000명당 한 명꼴보다는 더 높다.

인구 중 트랜스젠더의 비율에 대한 정확한 계산이 나오려면 앞으로 자세한 통계적·인구학적 연구가 필요하다. 그 사이에, 나는 트랜스젠더의 젠더 정체성을 지닌 인구 비율을 1000명당 한 명으로 놓고 논의를 진행하고자 한다. 1000명당 한 명의 트랜스젠더 비율이면 논의의 틀을 다시 짜야 하며, 트랜스섹슈얼리즘은 유전적 결함의 영역에서 벗어나 비록 흔하지 않은 인간 변이의 형태이긴 하지만 자연적이고 정상적인 영역에 속하게 된다. 1000명당 한 명꼴의 비율은 99.9백분위수(백분위수가 A라면 어떤 집단에서 그 수치 아래에 해당하는 비율이 A퍼센트라는 뜻. — 옮긴이)인데, 이는 IQ 130과 마찬가지로 대학입학시험에서 상당한 점수에 해당한다. 트랜스젠더이면 TGIQ, 즉 트랜스젠더 정체성 지수transgender-identity quotient가 130이라는 뜻이다.

만약 트랜스섹슈얼리즘이 더는 유전적 결함에 해당되지 않는다면, 이런 질문이 제기된다. 성전환자에게는 어떠한 적응상의 이로움이 따를 수 있는가? 그런 것이 만약 있다면 말이다. 고대 서양, 서양 외의 다른 문화를 보면, 남성에서 여성으로 바뀐 사람들은 남성 몸을 지닌 사람들이 여성적 · 사적인 공간에서 사는 데에 적합하면서도 유용한 특별한 직업을 가졌다. 이 책의 3부에서는 그러한 상황을 살펴본다. 게다가 선피시와 같은 다른 척추동물 종들의 경우, 암컷다운 수컷은 특별한 사회적 역할을 수행한다. 마찬가지로, 다른 척추동물들의 경우, 암컷들은 수컷성을 이용해 수컷의 성적인 관심 정도를 조절하고 구애를 받는 빈도를 제어한다. 다른 척추동물들의 그러한 크로스젠더 표현 기능이 인간과도 관련이 있는지는 나도 모른다. 지금까지 어느 누구도 트랜스젠더가 적응에 이로울 가능성을 진지하게 살펴보지 않았다.

모든 사람, 심지어 트랜스젠더들도 저마다 트랜스섹슈얼리즘이 일종의 의학적 기형이라고 굳건히 믿어왔다. 그렇다 보니, 성공한 트랜스젠더 이야기를 통해 그들이 그러한 '장애'를 딛고서 어떻게 생산적인 삶을 살았는지가 주목받는다. 현시대 서구 사회에서 사는 성공한 트랜스젠더들에게는 그런 이야기가 적합하겠지만, 트랜스젠더인 것이 원래 소중하게 여겨졌던 다른 시기와 장소에서는 타당하지 않을 수 있다. 향후의 연구가 트랜스젠더 표현을 긍정적인 관점에서 접근하게 되면, 트랜스젠더인 것이 어떻게 그 자체로서 적응에 이로운지를 알려줄 더 많은 가능성이 분명히 제시될 테다.

한편 트랜스섹슈얼리즘의 유전적 근거는 어떨까? 이에 대해서는 알려진 바가 거의 없다. 하지만 유전자와 호르몬의 역할이 동성애의 경우보다는 더 높을 가능성이 있다고 알려져 있다. 왜냐하면 젠더 정체성은 아마도 발생 초기에 형성되는데, 이때는 유전자와 호르몬이 성적 지향보다 더 큰 역할을 하기 때문이다.

이런 점들을 한데 합치면, 트랜스섹슈얼리즘은 돌연변이-선택 평형을 나타내기에는 이제 너무 흔한 듯하다. 그리고 비교인류학, 역사, 동물행동학에서 얻은 면밀한 시나리오에 따르면 트랜스젠더 표현은 특별한 상황에서 적응에 이로울 수 있으며, 트랜스젠더가 된다고 해서 그 자체로 고통스럽거나 장애를 겪지는 않는다. 이런데도, 트랜스젠더가 유전적 결함 내지는 유전병일까? 아마 그렇지 않다고 본다.

간성은 유전적 결함인가?

간성의 기준은 애초부터 제대로 정의되어 있지 않았다. 기본적으로, 만약 한 의사가 갓 태어난 아이를 남성이나 여성으로 분명하게 구별할 수가 없으면, 그 아이는 간성이 된다. 이후 그 아이는 '진짜' 성이 무엇인지 알아내기 위한 확인 목록 검사를 거치고 나서, 그 결과에 따라 두 성 중 어느 하나에

'배정'된다. 이 배정을 바탕으로 하여, 각 성의 생식기 기준에 맞게끔 수술용 메스로 생식기 형태를 만들어낼 때도 종종 있다. 이 절차는 남성과 여성 사이의 이분법적 차이가 모든 몸에 적용된다고 미리 가정하고 있는데, 이 가정은 이미 살펴본 대로 꼭 옳지만은 않다.

간성이 유전적 결함이나 유전병인지 알아보자. 의사들 대부분은 그 답이 자명하다고 여기며 그런 질문을 받으면 성가셔할 것이다. 하지만 간성은 '식별할 수 있는 특성'을 가져야 한다는 기본적인 기준도 만족하지 않는다. 간성은 그 존재 여부가 아니라 어떤 특성들의 부재에 의해 정의된다. 따라서 간성의 범주에는 수백 가지의 서로 다른 유전적, 생화학적, 그리고 해부학적 상태들이 포함되는데, 그중 몇몇은 거의 틀림없이 유전적 결함이겠지만 나머지는 그렇지 않다.

요도하열

뭉뚱그려서 간성으로 보는 많은 몸 상태 가운데 가장 흔한 것이 요도하열, 즉 남자아이의 음경에 있는 요도 구멍이 귀두 밑에 뚫려 있는 현상이다. 정상적인 요도 구멍은 귀두 끝에 있어야 하지만, 500명의 남성을 대상으로 실행된 어느 연구에 따르면, 고작 55퍼센트만이 귀두 끝에 요도 구멍이 있는 반면, 45퍼센트는 귀두에서 어느 정도 아래쪽에 요도 구멍이 나 있다고 한다.[13] 만약 요도 구멍이 음경의 둥그스름한 끝부분(귀두)의 어디엔가 있으면 요도하열은 미미한 것으로 여겨지는데, 두 명의 남자아이 중 하나는 그런 약한 요도하열인 것 같다. 하지만 그것이 발견되는 지점은 소아과 의사마다 다르다. 만약 요도 구멍이 음경 본체를 따라서, 또는 음경 아래 체벽에 있으면 이때는 각각 중간이나 심각한 요도하열로 불리며, 발생빈도는 1725명당

한 명꼴로 낮아진다.[14]

분명히, 약한 요도하열은 결함으로 여겨져서는 안 된다. 왜냐하면 그 증세는 고통스럽지 않고 분명히 어떤 식으로도 해롭지 않을 뿐 아니라, 돌연변이–선택 평형에서 예상되는 것보다 훨씬 더 흔하기 때문이다. 의학자들도 요도 구멍의 위치와 관련된 이러한 변이는 어쨌거나 '정상'이라는 의견을 차츰 내놓고 있다.[15]

선천성부신증식증

뭉뚱그려서 간성으로 여겨지는 신체 형태 중에 그다음으로 가장 흔한 것은 선천성부신증식증(CAH)이다. CAH에는 열두 가지 이상의 변종이 있다. 상염색체(X 또는 Y 이외의 염색체)상에 있는 CYP21이라는 한 유전자는 프로게스테론을 콩팥에 인접한 기관인 부신에 있는 스트레스 호르몬인 코르티솔로 변환하게 하는 과정에서 촉매작용을 하는 단백질을 만든다. 만약 이 유전자가 없거나 차단되어 있으면, 프로게스테론이 축적되는데, 이것은 그 자체로 남성호르몬이며, 테스토스테론과 같이 부신 바깥에서 다른 호르몬으로 변환된다. 여성의 경우 이 유전자가 만든 단백질의 활동이 신체의 남성성/여성성 균형에 영향을 미친다. CYP21 유전자가 만든 단백질의 활동이 약할수록 몸은 더 남성다워지고, 그 활동이 강할수록 몸은 더 여성다워진다.

이른바 비고전적 CAH, 또는 후발성 CAH라고 불리는 것이 가장 흔한데, 이는 생후 5년 이후의 어느 시기에 생기는 CAH를 일컫는다. 한 여자아이가 조기에 사춘기를 맞고, 남성적인 몸 형태를 가지며 털이 굵고, 남성에게 가능한 탈모 패턴을 보이며, 불규칙한 월경주기를 가진 사례가 드러나자, 의학계의 주목을 받았다. 그 특성은 매우 흔한 것에서부터 드문 것까지 다양하다. 아시케나지 유태인은 27명당 한 명꼴, 히스패닉계는 52명당 한 명꼴, 유고슬라비아인은 62명당 한 명꼴, 이탈리아인은 333명당 한 명꼴, 그리고 혼성 코카서스인은 10만 명당 한 명꼴로 나타난다. 이처럼 지리적으로 편차가 심하기에, 여러 인종에 걸친 평균값은 의미가 불명확하다. 하지만 어느 보고서는 이 특성의 전체적인 발생빈도를 1.5퍼센트, 즉 66명당 한 명꼴로 내놓고 있다.[16] 많은 여성의 경우 CAH는 단지 클리토리스를 크게 만든다는 의미일 뿐이고, XY염색체를 지닌 많은 사람은 아무런 영향을 받지 않는다.

이와 달리, 고전적인 CAH는 출생 시의 여성에게서 애매모호한 생식기 형태로 관찰되는데, 이 생식기에는 큰 클리토리스뿐 아니라 음순이 붙어서 어느 정도 음낭처럼 된 부분도 있고 또한 클리토리스 속에 요도가 포함되어 있어서 왜소음경을 이루고, 아울러 자궁도 들어 있다.[17] 고전적 CAH를 가진 사람들의 3분의 2는 또한 염분을 잃거나 '낭비한다.' 왜냐하면 부신이 염류대사에 필요한 추가적인 호르몬을 만들지 않기 때문이다. CAH의 유형 중 이러한 염분 손실형(SL-CAH) 또는 염분 낭비형(SW-CAH)은 염류대사 기능에 영향을 미치지 않는 이른바 단순 남성화(SV-CAH)인 나머지 3분의 1과는 뚜렷이 구분된다. 부신이 만드는 코르티솔을 비롯해 여러 호르몬이 주어지지 않으면, SL-CAH를 지닌 사람들은 유아기에 사망할 가능성이 크다. 남성은 생식기만으로는 염류대사가 위험하다는 점이 진단되지 않기 때문에 사망률이 더 높은 반면, 여성은 간성 생식기 때문에 그런 위험이 진단될 가능성이 더 크다.

고전적인 CAH는 후발성 CAH보다 드물긴 하지만, 아주 큰 지역적 편차를 보인다. 예를 들어, 알래스카 원주민 중 유피크족은 300명당 한 명, 다른 알래스카 원주민은 800명당 한 명, 레위니옹섬은 3000명당 한 명, 스위스는 5000명당 한 명, 브라질은 7000명당 한 명, 이스라엘의 아랍계는 8000명당 한 명, 오스트리아는 9000명당 한 명, 그리고 미국은 4만 명당 한 명이다. 어느 보고서에서는 전 세계 평균을 1만7000명당 한 명으로 제시한다.[18]

CAH는 간성이 제기하는 여러 문제점의 축소판이다. '돌연변이'와 '(세상으로부터의) 차단'과 같은 위력적인 단어를 통해 상이한 여러 범주의 사람들이 다 함께 환자로 뭉뚱그려진다. 분명 CAH 분포의 어느 한쪽 끝부분에 해당하는 사람들은 유전병을 앓고 있다고 할 수 있다. 염류 손실 CAH는 유전적이고 고통스럽고 생명을 위협하며 어떤 상황에서도 해로울 뿐 아니라, 유전자 풀의 돌연변이-선택 평형을 나타낼 만큼 충분히 드물다. 하지만 분포의 다른 쪽 끝부분에 있는 사람들은 불행하게도 함께 휘말린 것뿐이다. 사람들을 CAH로 인정하는 것은 낙인을 찍는 일이다. 큰 클리토리스에는 아무런 문제도 없다. 병과 무관한 CAH의 측면은 너무나 흔하기에 유전적 결함으로 인정되어서는 안 된다. 돌연변이-선택 평형이 유지되는 질환보다 무려 수천 배나 발생빈도가 높을 뿐 아니라 어떤 상황에서도 해롭지 않기 때문이다. 큰 클리토리스는 인류가 진화하는 동안 적응에 이로웠을지 모른다. 클리토리스가 크고 늘어져 있는, 우리 친척인 영장류들의 모습에서 그렇게 짐작할 수 있다. 우리는 초기 인류의 짝짓기 관습을 거의 모르므로 과거에, 그리고 오늘날에도 큰 클리토리스가 어떤 긍정적인 기능을 했을 가능성을 배제해서는 안 된다.

안드로겐불감성증후군

안드로겐불감성증후군(AIS)이라 불리는 간성의 한 형태는 성염색체가 XY

인 사람들과 관련이 있다. SRY 유전자를 지닌 Y염색체는 생식샘이 정소로 분화되도록 도우며 테스토스테론을 만드는 반면, X염색체에는 테스토스테론 수용체를 만드는 유전자가 들어 있다. Xq11-12라고 불리는 이 유전자는 많은 대립유전자(현재까지 150가지가 알려져 있다)를 갖고 있는데,[19] 이들은 테스토스테론이 몸에 얼마만큼의 영향을 미칠지를 결정한다. 따라서 Y염색체상의 SRY에 의해 얼마만큼의 남성성이 표현되는지는 이 유전자가 X염색체상의 Xq11-12와 맺은 협상의 결과에 따라 달라진다. AIS는 XY염색체를 지닌 사람으로 하여금 매우 여성적인 몸을 갖게 하는데, 이는 수용체가 테스토스테론에 강하게 결합하지 않는 바람에 테스토스테론이 몸의 외모에 거의 영향을 주지 않아서 생기는 현상이다.

AIS는 세 가지 주요 계열로 나뉜다. 완전형 AIS의 경우, 이 증후군을 지닌 사람은 외부생식기, 가슴, 털의 분포, 목소리가 완전히 전형적인 여성의 외모를 가진다. 따라서 여자아이로 길러지고 젠더 정체성에 관해서는 여성이다. 부분적 AIS는 남성적인 특징과 여성적인 특징이 섞여 있기에, 출생 시 성의 구별이 모호해진다. 약한 AIS의 경우, 이 증후군을 지닌 사람은 출생 시에는 남성으로 분류되지만 나중에는 여성적인 특징을 보인다. 예를 들어, 털의 분포가 여성적인 패턴을 따르며 정자 생성 기능이 손상될 수도 있다.[20]

출생 시에 남성으로 분류된 사람이 완전형 AIS를 갖는 빈도는 2만 명당 한 명에서 6만 명당 한 명 사이인 것으로 보고되어 있다. 출생 시에 여성으로 분류된 사람 중에는 완전형 AIS가 8000명당 한 명꼴로 나타난다(여성의 1~2퍼센트가 샅굴 부위 탈장을 보인다고 밝혀졌다). 출생 시 남성으로 분류된 이들의 AIS 데이터와 출생 시 여성으로 분류된 이들의 AIS 데이터를 합치면 1만 3000명당 한 명꼴의 사람들이 완전형 AIS를 갖고 태어난다는 통계가 나온다. 부분적 AIS와 약한 AIS는 완전형 AIS의 10분의 1 빈도라고 보고되었다. 하지만 명확하지 않은 근거를 바탕으로 진단이 내려지므로 이 수치는 낮게 잡힌 값인지도 모른다. 완전형 AIS는 거의 고전적 CAH만큼이나 흔한데, 어떤 의미에서는 고전적 CAH의 반대 경우라 할 수 있다. 완전형 AIS는 생식샘이 남성인 몸을 여성화하게 하는 반면, 고전적인 CAH는 생식샘이 여성인 몸을 남성화하게 하기 때문이다.

완전형 AIS는 거의 틀림없이 유전병으로 볼 수 있다. 비록 반드시 고통을 수반하지는 않지만, 완전형 AIS는 생식기능에 해롭고 돌연변이-선택평형을 나타낼 만큼 드물다. 하지만 부분적 AIS는 비교적 남성적이며 병으로 진단할 수 없는 다양한 몸 유형을 만들어낼 수 있기에 정상으로 여겨지곤 한다. 안드로겐 수용체에 대한 Xq11-12 유전자 자리의 150개 대립유전자는 이미 알려져 있는데, 아마도 그중 상당수는 유순하며, 덜 극단적인 남성 몸 유형이 적응에 유리한 환경에서는 심지어 이롭기까지 하다. 정말로, 이 유전자 자리는 우리 종의 성적 이형태성의 정도를 조절하는 데에 도움을 줄지 모른다. 약한 CAH와 마찬가지로, 약한 AIS는 병이 아니므로, 건강과 번식을 위협하는 사례들과 한데 뭉뚱그려서 비난을 가해서는 결코 안 된다.

염색체 변이

간성이 되는 또 다른 경로는 XX와 XY 이외의 염색체 구성을 통해 생긴다. 이러한 사람들은 염색체상 간성으로 부를 수 있는데, 일부는 외부생식기도 애매모호하다. 가장 흔한 형태는 1000명당 한 명꼴인 XXY, 1100명당 한 명꼴인 XYY, 2000명당 한 명꼴인 XXX, 2700명당 한 명꼴인 단일 X, 6500명당 한 명꼴인 XXYY, 그리고 2만 명당 한 명꼴인 XX 남성 등이다. XXY염색체를 지닌 사람들은 독일의 500명당 한 명꼴에서부터 위니펙의 7400명당 한 명꼴까지의 지역적 편차를 보인다. 그리고 단일 X염색체를 지니는 사람은 모스크바의 600명당 한 명꼴에서부터 에든버러의 9500명당 한 명꼴까지의 지역적 편차를 보인다. 비록 특이한 염색체를 가진 사람들 중 일부는 건강상의 위험 또는 생식능력의 저하나 상실을 겪지만 많은 이는 그렇지 않다. "47,XXX형(47이라는 숫자는 성염색체가 하나 더 있다는 의미다. — 옮긴이) 여자아이의 많은 수가 사춘기에 이차성징을 나타내며, 때로는 생식능력도 갖는다."[21] 마찬가지로, "많은 47,XXY형 · 47,XYY형 남성들은 진단이 이루어지지 않는다. 염색체 분석을 받을 만큼의 증상을 드러내지 않기 때문이다."[22] XX와 XY 이외의 성염색체 구성은 분명 꽤 흔하며, 심각한 경우가 아니라면 일반적으로 유전병이라고 할 수 없다.

자웅동체

간성으로 뭉뚱그려지는 것 중 가장 드문 신체 상태는 정소 조직과 난소 조직을 동시에 갖는 유형이다. 모든 인종을 통틀어, 이 특성이 나타나는 사람은 평균적으로 약 8만 5000명당 한 명꼴이다. 하지만 다른 간성의 특징과 마찬가지로 이것도 큰 지역적 편차를 보인다. 남아프리카의 경우, 어느 연구에 따르면 애매모호한 생식기를 갖고 태어난 모든 아기의 절반이 자웅동체라고 한다. 이 수치는 간성이 되는 더욱 흔한 원인인 고전적 CAH나 AIS와 같은 수준에다 자웅동체를 올려놓는다.[23] 자웅동체가 되는 발생학적 경로 중 한 가지는 수정 직후 두 배아를 하나로 합치는 것인데, 이것은 일란성 쌍둥이가 만들어지는 과정의 정반대다.

간성이 되는 다른 원인과 마찬가지로, 자웅동체가 표현되는 방식도 꽤 다양하다. 자웅동체인 367명의 사람들을 조사해 밝혀진 바에 따르면, 30퍼센트는 한쪽에 난소가 다른 쪽에 정소가 있고, 30퍼센트는 한쪽에 난정소(난소와 정소를 둘 다 가진 생식샘)가 다른 쪽에 난소가 있으며, 21퍼센트는 양쪽에 난정소가 있고, 11퍼센트는 한쪽에 난정소가 다른 쪽에 정소가 있으며, 나머지 8퍼센트는 이제껏 분류되지 않았거나 보고되지 않았던 구조를 갖고 있다.[24] 내부 생식관과 외부 생식기의 구조도 이와 비슷하게 다양하게 나타난다.

의학계는 한목소리로 자웅동체를 유전적 결함으로 낙인찍는다. 암 유발 위험과 생식능력의 저하를 가져온다는 이유 때문이다. 더군다나, 이 특성은 돌연변이-선택 평형을 나타낼 만큼 드물다. 하지만 일부 포유류의 경우에 난정소가 정상이라는 사실을 떠올려보아야 한다(3장을 참고하기 바란다). 자웅동체인 사람이 자연의 어떤 법칙을 어겼다고 해서 그를 환자로 취급해서는 안 된다. 그들은 다만 우리 종에선 드물지만 다른 종들에는 흔한 특성을 가졌을 뿐이다.

요약하면, 간성의 유전적·호르몬적 측면에 대한 설명은 젠더 정체성과 성적 지향에 대한 설명보다 더욱 광범위하다. 왜냐하면 간성인 신체 상태는 성적 지향과 젠더 정체성보다 더 이른 발생단계에서 형성되기 때문이다. 간성의 일부 형태는 돌연변이-선택 평형을 나타내기에는 너무 흔하다. 인간의 간성에 해당되는 형태가 일부 다른 종들에게서 나타나는데, 아마도 적응에 이로울 것이다. 그리고 많은 형태의 간성이 고통스럽지도 장애를 겪지도 않는다. 간성의 가장 흔한 형태들은 오직 겉모습에서만 비非간성과 다르다. 그리고 오직 드문 형태만이 고통스럽거나 해롭다. 그런데도 간성이 유전적 결함이나 유전병일까? 대개 그렇지 않다.

누구한테 '치료'가 필요한가?

게이와 레즈비언은 아님

비록 LGBTI 사람들이 병에 걸렸다고 일반화할 과학적 근거가 없는데도, 의학계는 오랜 세월 동안 이성애자 중심의 젠더 이분법을 따르는 사회적 규범에 맞게끔 이 사람들을 바꾸려고 시도했다. 구할 수 있거나 만들어낼 수 있는 온갖 기술을 사용하여, 의학계는 존재하지도 않는 병을 '치료'하는 데에 목표를 두었다. 그러다 보니 히포크라테스 선서를 어기고 다양한 사람들의 인권을 짓밟았다.

　구체적으로 말하자면, 치료사들은 혐오 치료라는 기법으로 게이와 레즈비언들에게 고통을 안겨주었다.[25] 예를 들어 한 게이 남성이 병원을 찾으면 누드 남성을 찍은 야한 사진들을 보여주는데, 이때 성적인 자극을 받는다는 어떤 조짐이라도 보이면 처벌을 내리는 것이다. 그들은 이론적으로 그 남성이 야한 사진을 통해 느끼는 자극이 고통이라고 여기고서, 어떻게든 성적인 자극을 받지 않아야 한다고 본다. 마치 쥐들을 조작적 조건 형성의 환경 아래에서 보상이나 처벌을 주면서 훈련시키는 것과 마찬가지다. 가해진 처벌은 악마 같은 짓이라고 밖에는 달리 설명할 길이 없다. 1960년대에 아포모르핀이라는 약이 투여되어 구토를 유발했다(또는 최면을 걸어 참을 수 없는 메스꺼움을 일으켰을지도 모른다). 1970년대에는 전기충격요법이 추가되었는데, 한 번의 치료를 받는 시간이 때로는 30분이나 걸렸으며 여러 달에 걸쳐 스무 번 이상 반복적으로 실시되었다. 사람들은 정신적으로 큰 상처를 입었을 뿐 아니라 신체적으로도 손상을 입었다. 더군다나 머리에 충격을 가하거나, 아니면 메트라졸이라는 약의 투여와 함께 실시되는 전기경련요법(ECT)은 간질발작을 일으키기도 했는데, 이 부작용 때문에 오랜 세월 지속될 수 있는 기억손실과 우울증도 뒤따랐다.

하지만 오랫동안 연구했음에도, 행동과학자들은 동성애 기질에 대한 어떤 이론이나 치료법도 내놓지 못했다. 정말로 그들은 차츰 패배를 인정했다. 1973년에 미국정신의학협회가 동성애를 정신장애 목록에서 뺐는데도, 정신분석학자들은 1990년대에 들어서도록 동성애가 일종의 도착증세라는 주장을 굽히지 않았다. 마침내 1998년 12월, 미국정신의학협회는 맨해튼에서 열린 연례회의에서 자신들이 "과거에 동성애혐오자였음"을 시인했다. 이 발표는 어느 정도까지는 애틀랜타의 어느 저명한 정신분석학자의 커밍아웃 때문이었다.[26]

행동과학자들은 이제 게이, 레즈비언, 양성애자들을 이성애자로 바꾸려는 요법들이 효과도 없을뿐더러 좋은 점보다는 해로움이 더 크다는 사실을 보고하고 있다.[27] 1998년 덴버에서 미국정신의학협회의 이사회는 동성애자를 이성애자로 바꾸는 것이 유일한 목적인 치료법을 거부하기로 만장일치로 결정했다. 미국정신의학협회는 그 전해에도 비슷한 결정을 내렸던 적이 있다.

하지만 그렇다고 해서 '치료'의 유령이 사라졌다는 뜻일까? 천만에. 최근의 이러한 표면적 변화는 동성애자 아기들을 선별적으로 낙태하겠다는 약속인지도 모른다. 《타임》에서 나온 아래 인용문은 의학적 미덕을 가장한 주장들이 어떻게 사회적 의제들을 교묘히 속일 수 있는지를 잘 보여준다.

"부모는 착상 전에 유전자 진단을 통해, 주의력결핍장애를 가진 아이, 또는 가령 키가 작거나 머리가 둔하거나 동성애 기질을 가진 아이를 낳지 않을 수 있다."[28] 동성애를 머리 둔함, 주의력결핍장애와 나란히 놓는 교묘하면서도 위험한 발상에 주목하자. 할리우드도 페이 더너웨이가 출연한 대중영화인 〈황금의 황혼Twilight of Golds〉에서 동성애자로 태어날 아기를 낙태하는 문제를 다루었다. 정치적 사양에 알맞게끔 아기를 선별적으로 낳는 것은 각자 나름의 유전적 의제를 지닌 다양한 생물학적 선거구들 사이에 경쟁을 촉발할 수 있다. 만약 동성애자 반대 그룹들이 아기들이 동성애 기질을 갖지 않도록 기른다 해도, 동성애자 찬성 그룹들은 다시 아기들이 동성애 기질을 갖도록 할지 모른다. 그러면 인간 유전자 풀에서 동성애 기질의 존재는 보존되거나 또 어쩌면 더 늘어날 수도 있다. 콕 집을 수 있는 동성애 유전자가 없어서 얼마나 다행인지!

이것만은 분명히 하자. 치료해야 할 질병이 아니므로 동성애를 치료한다는 것은 있을 수 없는 일이다. 하지만 너무 자신하기에는 조심스럽다. 왜냐하면 우리 동성애자 형제자매들을 정상으로 보는 기준은 끊임없이 심리학자들의 투표에 의해 좌지우지되어 왔기 때문이다. 어느 투표에서 이겼더라도 다른 투표에서 질 수도 있다. 동성애의 가치와 자연스러움이 지구가 둥글다는 사실처럼 과학적으로 분명히 밝혀져야 한다. 그렇게 되면, 정치적 상황이 달라지더라도 동성애는 변함없이 인정될 것이다.

트랜스젠더도 아님

동성애는 이제 정상으로 인정되어 따뜻한 볕을 쬐고 있지만, 트랜스섹슈얼리티는 아직도 질병이라는 낙인에 고통받고 있다. 더는 동성애를 질병으로 여기지 않게 된 이후, 행동치료사들은 치료할 새 질병으로 젠더 변이에 주목했다. 정신분석학자들이 펴낸 『정신질환 진단 및 통계 편람』(DSM-IV)을 보면, 트랜스젠더는 현재 성별정체성장애라는 정신질환을 갖고 있으며 '젠더 디스포리아'를 겪는 이들로 분류되어 있다.[29]

아이들이 자기 젠더의 전형적인 행동을 나타내도록 권장하기 위해 다양한 조치가 시도되어왔다. 예를 들면, 1970년대에 치료사들은 남자아이에게서 "여성적인 행동을 박멸하고 남성적인 행동을 발달시키기 위한" 목적으로 이른바 사회적 강화 치료법을 사용했다. 이런 식으로 진행되었다. 어른이 아이의 놀이방에 들어온다. 이 어른은 아이가 젠더에 맞는 행동을 하면 아는 체를 하고 웃어주고 칭찬해주는 반면, 아이가 자기 젠더에 맞지 않는 행동을 보이면 외면하거나 책을 읽는 척했다.[30] 아이들은 어른이 없거나 자기 집에 가면 바로 크로스젠더 행동으로 되돌아갔다. 게다가 아이들은 어른들에게 알려지지 않은 어떤 행동 형태들을 보편적으로 보이는 것도 아니었다. 또 다른 조치로는 '자기 규제' 치료법이 사용되었다. 여기서는, 한 남자아이에게 남자아이용 장난감을 갖고 놀 때는 카운터를 누르라고 '귓속의 벌레'(블루투스 이어폰과 웹캠을 이용해 코치가 피코치자의 행동을 지켜보며 피드백하는 행동 치료의 일종이다. — 옮긴이)를 통해 시켰다. 빅브라더가 언제나 지켜보고 있음을 상기하는 이 치료법은 사회적 강화 치료법만을 썼을 때보다 단기적으로는 더 효과가 있다는 것이 드러났다. 때때로 자기 규제 치료법은 혐오 치료를 동반한 전면적인 감금으로 치닫기도 했다. 비록 지난 10년 동안은 그렇지 않은 듯 보이지만 말이다. 하지만 지금도 혐오적 조건 형성Aversive Conditioning과 수치심 일으키기가 크로스드레서에게 행해진다. 오늘날에는 플루옥세틴(프로작)과 클로미프라민(아나프라닐)처럼 신경계의 세로토닌 흡수에 영향을 미치는 마음 바꾸기 약물로 관심이 이동하고 있다.

이런 고문들이 효과가 있을까? "체계적인 정보는 … 드물다." 그리고 "대부분의 저자들은 정신요법이 효과가 있음을 알아내지 못했다."[31] 치료에 비판적인 사람들은 묻는다, 그렇다면 왜 계속할까? 치료사들은 비판에 신경 쓰지 않는 듯하다. 한 그룹의 치료사들에 따르면, "비평가들 대부분은 … 임상의가 아니다. 임상의인 비평가들도 있지만 이 분야에 경험은 없는 것 같다. … 임상 경험에서 보자면, 우리는 성별정체성장애를 지닌 아이들에게 치료를 제공하지 않을 어떤 설득력 있는 이유도 찾아내지 못했다."[32]

이 치료사들은 도대체 어느 행성에서 사는 사람들일까? 1970년대와 1980년대에 커밍아웃한 트랜스젠더들에게 물어보면 끔찍한 이야기들을 끝도 없이 쏟아낸다. 나는 1999년에 남부 캘리포니아의 트랜스젠더 모임에서 어쩐지 지적장애를 겪고 있는 것 같은 여성을 본 적이 있다. 모임 주최자는 내가 어쩔 줄 몰라 하는 모습을 보고서 이렇게 말해주었다. "놀라지 마세요. 어렸을 때 전기충격을 받아서 그렇대요." 나로서는 젠더 정체성 치료 병원에서 장애를 얻지 않아서 고맙기 그지없었다.

근래의 젠더 치료는 젠더 변이가 있는 사람들을 더는 획일적으로 고치려 하지 않는다. "트랜스섹슈얼리즘이 심각한 정신장애라는 견해에 의문을 품게 하는"[33] 증거들이 많이 쌓이고 있기 때문이다. 정말로, 스칸디나비아 반도에서 실시된 한 연구에서는 트랜스젠더들을 다른 그룹과 직접 비교했는데, 여기서 트랜스젠더는 건강한 성인들로 이루어진 참조 그룹과는 통계적으로 다를 바 없었지만 정신적 장애를 지닌 참조 그룹과는 유의미한 차이를 나타냈다.[34] 이전과 달리, 젠더요법은 이제 사람들이 자기 자신을 받아들이도록 돕고, 아울러 출생 시 배정받은 젠더로 사는 삶에서 자신의 진짜 젠더에 맞게 사는 삶으로 신체적·사회적 전환을 하는 방법을 지도하는 과정을 뜻하게 되었다. 그 요법의 목적은 트랜스젠더 특성을 치료하기 위함이 아니라 사람들이 자기 모습대로 살도록 돕는 것이다.

현재의 절차에 따르면, 치료사들이 먼저 트랜스젠더를 성별정체성장애가 있는 존재로 '진단'한다. 이로써 내과·외과의사들로 하여금 호르몬과 수술을 통해 성별정체성장애를 '치료'할 수 있는 무대가 마련된다. 트랜스젠더의 상태는 그 자체로 바뀌거나 해결되지는 않았다. 그 대신 다양한 건강 전문가들이 나서서, 생식기에 근거하여 출생 시에 배정된 젠더에서 그 사람의 진짜 젠더로 쉽게 전환하도록 한다. 어떤 의미에서 이 방식은 효과가 있다. 장애로 진단되는 것을 받아들임으로써 트랜스젠더는 합법적인 의학 기술을 이용할 수 있게 된다. 트랜스젠더들은 종종 이런 틀을 받아들인다. 의학적 '설명' 덕분에 트랜스젠더는 자기 자신을 인정하게 된다. 비록 트랜스젠더를 질병으로 여기는 설명이긴 하지만.

치료사들은 한 젠더에서 다른 젠더로 곧 전환하려는 이들에게는 '문지기' 역할을 한다. 나는 치료사들이 심판하기와 도와주기 사이에서 이러지도 저러지도 못하며 느끼는 이해관계의 갈등에 대해 이야기하는 것을 들은 적이 있다. 어떤 치료사들은 호르몬과 수술을 권하기 전에 의뢰인들에게서 상투적인 이야기를 요구한다. 트랜스젠더 활동가인 패트릭 캘리피아는 최근에 이렇게 언급했다. "젠더를 다루는 과학자 중 어느 누구도 트랜스젠더로 하여금 판에 박힌 일련의 증상들을 털어놓게 하고, 아울러 그들의 천부적인 권리임이 마땅한데도 의사의 허락을 받아내기 위해 의료계의 관점에서 편집된 것이 분명한 이야기를 그들이 계속 반복하는 상황이 자신들 때문에 초래되었음을 알아차리지 못하는 것 같다."[35] 한편 트랜스젠더들 중에는 치료사가 도움이 된다고 하는 이들도 있다. 전환을 시작할 때 트랜스젠더들은 치료사를 유일한 친구로 여길지 모른다. 치료사들은 종종 지원 그룹 모임을 갖는데, 트랜스젠더들은 이 모임을 통해 안정과 확신을 얻는다. 하지만 안타깝게도 이 그룹 모임은 의존의 하위문화를 만들어낸다. 대체적으로, 트랜스젠더와 젠더요법 공동체 간의 상호작용은 일종의 잡동사니다.

현재의 시스템이 일부 긍정적인 점이 있고 20년 전보다 상황이 훨씬 좋은데, 그렇다면 왜 모든 것을 있는 그대로 놓아두지 않을까? 사실은 현 시스템이 거짓이기 때문이다. 트랜스젠더는 치료를 받아야 할 병에 걸린 환자가 아니라는 말이다. 사회적인 낙인이 찍힌 경우를 제외하면, 트랜스젠더 중 평범한 이성애자가 되길 바라는 사람이 몇이나 될까? 동성애자들에게 이 질문을 20년 전에 했더라면 '치료' 받고 싶다고 한 사람이 종종 있었을 테지만, 오늘날에는 그렇게 대답하는 사람은 훨씬 적다. 나 자신의 과거를 회상해보더라도, 나는 내가 아닌 다른 사람이 되고 싶다고 느낀 적이 없다. 나는 멋지고 아주 흥미로운 삶을 살고 있다.

많은 사람이 깨달아가고 있듯, 동성애에 대한 현재의 의학적 관점은 타당하지 않다. 더욱이 지금의 방식은 경제적인 불공정성 때문에 불필요한 사회적 비용이 들게 한다. 호르몬과 수술 절차를 필요로 하는 트랜스젠더는 이를 치를 방법을 어떻게든 스스로 찾아야만 한다. 대도시에서는 트랜스젠더들이 거리에서 일하는 모습을 볼 수 있는데, 이들은 호르몬을 살 돈을 벌려고 성매매도 하며, 종종 암시장에서 활약하기도 한다. 하지만 많은 이들은 호르몬보다 더 고가인 수술을 받을 형편이 안 된다.

행동건강 분야 종사자들이 트랜스젠더를 보는 관점은 엉성하고 비전문적이다. 성별정체성장애에 대한 진단학적 기준을 설명한 내용은 "모호하고 모순적이며 성차별적이고 너무 광범위할 뿐만 아니라 행복하게 잘 적응해 사는 트랜스젠더들을 인정하지 않는다." 이 문제를 면밀히 살핀 심리학자 케이트 윌슨이 내린 판단이다.[36] 또한 영장류학자 폴 베이시를 비롯한 다른 심리학자 그룹도 『정신질환 진단 및 통계 편람』이 성별정체성장애를 다루는 데에서 자기모순적임을 알아내고서, 성별정체성장애는 정신적 장애에 대한 이 편람의 기준을 충족하지 않기에 "그 기준은 편람의 후속판에 등장하지 않아야 한다"고 강하게 주장했다.[37]

트랜스젠더가 환자로 인정되기 때문에, 위와 같은 노선을 따르는 소수의 건강 전문가들은 그 입지가 뒷전으로 밀려난다. 이들 중에는 전문가로서의 명성이나 보수도 없이 외따로 일하지만 헌신적인 개별 연구자들이 종종 있다. 이들은 독학으로 이 분야를 배웠고 자기 나름의 연구를 하며 이 업종에 대한 나름의 절차를 고안한다. 트랜스젠더와 관련된 최상의 의료 기법들이 상당수 이런 방식으로 개발되었지만, 아직 의과대학생들이 널리 배우는 교과목으로는 편입되지 않고 있다. 일부 의료 전문가들이 과장된 임상적 전문용어를 이용해 트랜스젠더에 대해 논의하는 경향을 보면, 그들이 낙인찍힌 그룹과 연루되어 주변으로 밀려날까 봐 두려워하고 있다는 것이 드러난다. 의사가 환자를 통해 전염병에 걸릴 수 있듯, 치료사도 의뢰인으로부터 전염성이 있는 오명을 뒤집어쓸 수 있다. 치료사 자신의 이익과 트랜스젠더의 복지, 이 두 가지는 행동건강 분야 기관들이 트랜스젠더를 대하는 관행을 개혁하면 더 나아질 것이다.

오늘날의 사회에서 트랜스젠더가 되려면 의학적 기술이 필요하다. 임신도 이와 비슷하다. 임신한 여성은 병에 걸린 것이 아닌데도 의료 서비스가 종종 필요하다. 내가 보기에, 트랜스젠더 되기는 임신과 마찬가지로 의료 서비스의 도움을 받음으로써 제대로 표현되는 정상적인 인간의 상태라고 여김이 가장 타당하다. 실질적인 관점에서 볼 때, 본격적인 의료행위로서의 전환을 시작하기 전에 트랜스젠더들이 대기 기간, 시험 기간 등을 갖는 기존 과정은 적절한 것 같다. 나는 요청만 하면 호르몬을 투여하는 것에 찬성하지 않는다. 내가 보기에, 호르몬과 외과수술은 그 중요성과 위험성이 함께 평가되어야 하며, 트랜스젠더를 다루는 의료 전문가들은 법적 책임을 준수해야 한다. 오히려 문제는 다양성을 병으로 여기는 관점이다. 트랜스젠더에 관한 의료 절차들은 개인의 성장에 필요한 의료 서비스로 간주되어야지 병을 치료하기 위한 요법이 되어서는 안 된다. 여성이 임신했음을 '알아낸다'고 말해야지 '진단한다'고 말해서는 안 되는 것처럼, 트랜스젠더의 젠더 정체성도 알아낸다고 말해야 한다. 이것을 확인하는 것은 사실의 발견이지 진단이 아니다.

트랜스젠더의 커밍아웃은 간절히 기다리던 아이의 출생과 마찬가지로 모든 이에게 기쁨과 행복의 원천이 되어야 한다. 언젠가 트랜스젠더로 커밍아웃하는 이에게 세례의식을 하며 축하해주는 모습을 보게 되면 좋겠다. 북아메리카의 일부 원주민들 중에 두 개의 영혼인 사람들이 그러듯이 말이다 (18장을 참고하기 바란다).

간성도 아님

동성애가 이미 질병 목록에서 빠진 데에 이어 트랜스섹슈얼리즘까지 이 목록에서 빠질 조짐이 보이자, 의학계는 간성을 최후의 보루로 삼고 있다. 동성애와 트랜스섹슈얼리즘이 정신건강 전문가들에게 속했던 반면, 간성은 외과수술, 내분비학과 유전학에 속한다. 비록 상이한 전문가 집단이 관여하지만, 사고방식은 똑같다. 즉, 이분법적인 이성애는 자연의 뜻으로, 변이는 결함으로 본다. 이러한 잘못된 전제 때문에 태어난 지 몇 시간 내지 몇 주간에 걸쳐 무력한 아이들이 해를 입는다.

간성을 지닌 아이가 태어나면 경보가 발령된다. 다음의 설명은 이 상황을 여실히 드러내준다. "신생아의 생식기가 불분명하다는 판단은 정신사회학적 비상사태다. … 외과수술, 호르몬, 심리학적 치료법들을 전부 다 함께 고려해 적절한 결정을 내려야 하며, 그 결정에 따라 초기에, 그리고 대체로 여러 번에 걸쳐 실행에 옮겨야 한다."[38] "불분명한 생식기를 보이는 기형은 '사회적 비상사태'로 간주되며, 잘 훈련된 진단·치료 팀이 이 문제를 신속히 다루기 위해 준비하고 있다. … 우리는 다학제적이고 전문적인 센터에서 치료할 필요성을 강조한다. 소아외과의사, 소아비뇨기과의사, 소아내분비학자, 소아방사선전문의, 유전학자, 신생아학자 그리고 소아마취과의사들이 자신들의 축적된 전문 지식과 기술을 총동원할 수 있는 센터가 꼭 필요하다."[39] 이처럼 위협적인 의사 부대가 동원되다 보니, 부모로서는 자기 아이에게 심각한 문제가 있다고 믿지 않을 수가 없다. 이러한 전문가 집단 때문에 부모의 선택권은 부정된다.

의사들은 신생아를 즉시 남성이나 여성으로 배정하고 나서, 아동기 전체는 물론이고 그 후로도 계속 그 성이 유지되기를 바란다. 기준은 음경의 크기다. 신생아의 경우, "음경의 크기는 자극을 주어 발기해 있는 동안 측정된다. … 음경이 1.5센티미터(오차범위 플러스마이너스 0.7센티미터) 미만이면 심각히 우려스러운 상태이므로 부모에게 그 아이를 여성으로 기르라고 권유한다."[40] 생식기의 남성적인 부분들은 이때 제거되고, 나중에 사춘기가 되면 여성적인 부분들을 만들어 넣는다. "한편, 만약 음경이 적절한 크기이고 테스토스테론에 반응할 수 있으면, 아이는 남성으로 길러질 수 있다." 따라서 출생 시의 음경 크기는 아이의 젠더 배정을 강제하는 데에 있어 일차적인 기준이 되며, 이 기준에 따라 아이의 양육방식이 선택되며, 또한 어떤 경우는 아동기와 사춘기 동안 아이가 지속적으로 일련의 외과수술을 받게끔 한다. 한편, 부모는 비록 여러 의사가 부산을 떨며 아이의 출생을 환영해주긴 했지만, 아이에게 아무 이상도 없는 척 태연하기가 거의 불가능하다.

북아메리카간성협회ISNA는 '음경측정기phallometer'라는 자를 고안해냈다.[41] 전형적인 남성의 출생 시 음경 크기는 2.5~4.5센티미터 범위이고, 클리토리스 길이는 0.20~0.85센티미터다.[42] 음경측정기라는 자로 재어 0.20~0.85사이면 여성으로, 그리고 2.5~4.5사이면 남성으로 표시한다. 이 자를 신생아의 음경 옆에 대고서 눈금을 읽어 아이의 성을 정한다. 성염색체가 XY이면서 음경 길이가 1.5센티미터인 아이는 전통적인 남성의 범위 아래이므로, 여성으로 정해지고 이는 결코 되돌릴 수 없다. 간단하다. 너무나 간단하다.

오늘날 임상의들은 간성인 사람들에 대한 자신들의 접근법을 되짚어보아야 할지 여부보다는 어떻게 기술을 향상시킬지에 더 초점을 맞추는 것 같다. 수술 기법이 더 좋아질 수도 있겠지만, 나는 잘 모르겠다. 요도하열의 경우, 300가지 이상의 외과적 '치료'들이 제시되었는데, 여기에는 출생 후 2년 동안 세 차례의 피부봉합·피부이식 수술과 더불어 사춘기 이전 여러 차례의 수술이 포함된다. 이에 대해 한 비평가는 다음과 같이 요약한다. "어느 기법이 일관되게 가장 낮은 합병증 발생률을 나타내는지에 대해 아무런 합의가 이루어지지 않았다. … 매년 수십 건의 새 논문이 발간되어 … 이전에 실패한 수술을 만회할 다른 수술을 설명한다."[43] 음경 재구성의 기술적 적합성만 부각되다 보니, 애초에 의사들이 이런 수술을 해야 하는 것인가, 또는 한다면 언제 해야 하는가 하는 더 근본적인 문제는 가려지고 만다.[44]

CAH의 경우에는 놀라운 조치가 사용된다. 외부생식기는 발생 초기에 형성되므로, CAH에 걸릴 위험이 있는 아기를 밴 어머니들은 임신 후 겨우 4주째에 덱사메타손을 투여받는다. 태아가 CAH에 걸렸는지는 9주째가 되어야 결정되는데도 말이다. CAH가 유전되는 방식 때문에 여덟 태아 중 하나만이 걸리므로, 여덟 태아 중 일곱에 대해서는 10주째 이후에 치료가 중단된다. 일곱 명의 어머니와 일곱 명의 태아는 CAH에 걸린 한 명의 아이를 찾으려는 약물과 DNA 검사로 부작용을 겪는다. 이와 달리, CAH 병력이 있는 가족의 경우에는 CAH에 걸리지 않은 배아를 '착상 전에 선택'하려고 체외수정이 권장되기도 한다.[45]

CAH 아이가 태어난 후에는 출생 후 치료가 시작된다. 낮은 코르티솔 때문에 신진대사과정에 생기는 문제점들을 치료한 후에, 의사들은 이른바 클리토리스 축소, 즉 클리토리스의 가운데 부분의 한 조각을 잘라낸 다음 끝을 꿰매어 길이를 짧게 하는 치료를 진행한 다음, 이와 더불어 또는 별도로 클리토리스를 음순 덮개 아래로 숨기는 클리토리스 뒤옮김 수술을 실시한다.[46] 얼마 전까지 클리토리스는 전부 제거되었다. 왜냐하면 여성의 오르가슴은 클리토리스가 아니라 질에서 일어난다는 잘못된 믿음 때문이었다. 임상의에 따르면, 그러한 "외과적 교정은 … 생후 두 달에서 네 달 사이의 유아기 때부터 시작되어야 하며 이후에도 단계적으로 계속되어야 한다."[47]

AIS 환자의 경우, 직접적인 건강상의 위험은 미미하다. 그런데도 AIS 아기들에게서 정소를 떼어내는 까닭은 "정소가 암에 걸릴 수 있기" 때문인데, 하지만 실제로 암에 걸릴 위험은 사춘기 이전에 나타난다.[48] 부분적 AIS

환자들은 생식기를 만드는 수술을 받은 다음에 여성으로 배정된다. 한 임상의는 이렇게 적고 있다. "여성으로 만드는 이유는, 성교를 할 수 있도록 성기를 만들어야 하는데 음경보다는 질을 만들기가 더 쉽기 때문이다."[49] 부분적 AIS 환자들은 상당수가 여성으로 인정되지만 다 그렇지는 않으며, 성배정 과정에서 실수가 저질러져 이후 계속해서 문젯거리가 된다. 의사들도 이제는 "AIS 지지 단체의 뉴스레터에 실려 있는 불평 사례들이 얼마나 빈번하고 심각한지"를 인정하고 있다.[50]

간성 지지자들의 한 가지 화두는 유아의 생식기를 그대로 놓아두어 그 아이가 나중에 어떤 성형수술이 필요할지를 스스로 선택할 수 있어야 한다는 것이다. 두 번째 화두는 아이에게 진실을 알려주어야 한다는 것이다. 여름방학 때 아무 설명도 없이 억지로 병원에 데려가서 수술을 하게 했다는 사람들의 이야기가 흘러넘친다. 대놓고 거짓말한 경우도 종종 있었다. 일부는 성인이 되자 자신의 의료기록을 열람하려고 법적 조치에 호소해 어떻게 된 일인지 알아내기도 했다. 마침내 간성 옹호자들은 어떠한 시술도 부모의 이익이 아니라 아이의 이익을 위해 실시되어야 한다는 것을 강조하기에 이르렀다.

의료계 측은 출생 시 "'사내아입니다' 또는 '여자아입니다'라고 확실히 말하지 못하는 상황이 부모에게 심각한 부정적 효과를 미칠 수 있다"[51]고 본다. 아이는 초기의 성 배정으로 인해 도움을 받으며, 부모도 모든 게 정해졌으니 정해진 성에 따라 전형적인 방식으로 기르기만 하면 되니 안심이 된다고 본다. 하지만 출생 시에 전문의들을 무더기로 불러와서 아이를 보게 하면 그 아이의 정상적인 면은 애당초 배제된다. 나는 단지 진실을 알고 싶어서, 있는 그대로 아이를 사랑한 부모의 인터뷰를 본 적이 있다. 또한 외국에서 산 덕분에 어릴 때 의료 개입을 겪지 않았고 더할 나위 없이 행복하게 사는 간성인 사람들을 개인적으로 만난 적도 있다. 이와 달리, 유아기 때 장애를 갖게 된 사람들은 종종 의료 행위 때문에 심각한 문제점을 안고 있다.

이처럼 부모를 기쁘게 하는 데에 초점을 맞추어 아이를 치료하는 행위는 의료계가 LGBTI 사람들을 다루는 전형적인 방식이다. 아이들이 게이, 레즈비언이나 트랜스젠더로 커밍아웃하면, 어떤 부모는 "어떻게 내게 이럴 수 있니?"라고 묻고서는 아이를 치료사에게 보내 치료를 받게 한다. 만약 간성인 신생아의 부모가 친구들에게 얼굴을 들지 못한 채 자기 아이가 간성이라고 말하며, 의사를 찾아가 자기 아이를 고쳐달라고 하면, 의사는 거절할 책임이 있다. 도미니카 공화국의 어느 한 지역에서는 한 형태의 간성을 가진 사람들이 나중에 자신의 성 정체성을 스스로 선언하기 전에는 사회로부터 지지를 받으며 자란다. 나는 우리 사회도 이런 상황을 다룰 만한 충분한 능력이 있다고 믿는다. 간성 아이의 출생은 다른 어떤 아이들의 출생과 마찬가지로 경사스러운 일이다.

'치료'해야 한다는 망상을 치료하기

이성애주의의 이분법에서 조금이라도 벗어나면 낙인을 찍어버리는 의료계의 망상이 오직 LGBTI 사람들에게만 영향을 미친다고 느긋하게 여기는 이도 있을 것이다. 하지만 결코 아니다. 병이 아닌 것을 치료하려는 의료계의 망상은 우리 각자와 모두에게 해를 끼친다. 의료 전문가들은 'dys-'(또는 'hys-')로 시작해서 '-ia'로 끝나는 신조어를 만들어온 오랜 역사를 지니고 있다(dys는 악화, 불량 등을 뜻한다. — 옮긴이). 만약 여러분에게 아직 dys-ia 또는 hys-ia라는 꼬리표가 붙지 않은 것 같아 소외감을 느낀다면, 낙심하지 않아도 된다. 어쩌면 여러분에게도 이미 그런 꼬리표가 붙어 있을 테니까.

1860년대에는 단지 여자인 것이 질병 상황에 해당되었다. 민감한 클리토리스를 지닌 여성들은 자신들도 모르는 상태에서 의사가 '히스테리'를 치료한다며 자기 클리토리스를 잘라냈다는 사실을 알게 되기도 했다.[52] 좀 더 온순한 방법으로는, 의사가 진동 장치를 사서 환자들이 오르가슴을 느끼도록 유도했는데, 이 방법은 환자들이 '자신들의 손'으로 치료하는 방법과 비교하면 하늘이 보낸 선물이라고 찬양을 받았다. 한 연구자는 이렇게 언급한다. "그 이후에는 여성들이 기분도 더 좋아지고 잠도 잘 자고 웃기도 더 잘 웃는 게 확실하다. 게다가 예전에 히스테리는 치료할 수 없는 질병으로 여겨졌다. 환자는 정기적으로 의사한테 가야 했지만 죽지는 않았다. 의사에게는 고수익을 안겨주는 환자였던 셈이다."[53]

19세기의 두려움은 여성들이 '지나치게 성을 밝히게' 될지 모른다는 것이었다. 오늘날에는 늘 섹스를 원치 않는 것이 질병이 되었다. 성적인 '기능장애'에 관한 한 연구에 따르면, 조사 대상인 여성의 3분의 1이 정기적으로 섹스를 원하지 않았으며 23퍼센트는 섹스가 즐겁지 않다고 한다. 또한 남성의 3분의 1이 너무 일찍 절정에 오르며, 8퍼센트는 늘 섹스를 통해 즐거움을 얻지 못한다고 한다. 전체적으로, 여성의 43퍼센트와 남성의 32퍼센트가 성과 관련해 한 가지 이상의 지속적인 문제를 갖고 있다고 밝혔다.[54] 성적 기능장애라는 '질병'을 치료하기 위해 이제 남성들은 비아그라를 살 수 있고 여성들은 뮤즈(알프로스타딜 크림)를 살 수 있다.[55] 하지만 일반적으로 질병은 존재하지 않는다. 이 약들은 최음제일 뿐이다.

남성이라고 해서 안전하지는 않다. 여러분에게도 선천적인 질환이 있다. 바로 음경이 그것이다. 1960년대에 미국에서 태어난 사내아이의 95퍼센트가 포경수술을 받았다. 이후 1970년대에 미국 소아과 아카데미는 포경수술에 아무런 '의학적 가치'가 없다고 선언했다. 하지만 1989년에 그 아카데미는 이전 결정을 뒤집고 '잠재적인 의학적 혜택'이 있다고 보고했다. 1999년에 5만 5000명의 회원을 지닌 아카데미는 그 혜택이 '그다지 중요하지 않다'고 결론을 내렸다.[56] 모든 수컷이 외과적 수리를 받아야만 하는 종이 있다고 상상해보라. 어처구니없는 일이다.

이제는 모든 이에게 끔찍한 어떤 질환을 가졌다는 꼬리표가 붙었다. 심지어 수줍어하는 것도 일종의 질병이다. 1900만 명의 미국인들이 '사회공포증'을 앓고 있는데, 이는 전체 인구의 7퍼센트에 해당된다.[57] 우울증 치료제의 1998년 총매출액은 다음과 같다. 엘리릴리사社의 프로작 22억 7000만 달러, 화이자사의 졸로포트 14억 8000만 달러, 스미스클라인비첨사의 팍실 11억 6000만 달러. 이 수치들로 볼 때, 제약회사들은 모든 이들에게 아프다는 확신을 주려는 진짜 대단한 동기를 가진 셈이다. 그러므로 LGBTI 사람들만이 '치료'가 필요한 것은 아니다. 모든 이가 성이나 인격과 관련하여 '치료'가 필요한 상황이다.

주류 의료 서비스 분야에 정신의학적·심리학적 요법이 더 큰 역할을 맡아야 한다고 주장하는 미국 공중위생국장이 낸 최근의 한 보고서에 따르면,[58] 미국인은 다섯 명 중 한 명꼴로 어느 특정한 해에 정신적 장애를 겪으며, 전체 미국인 중 절반이 살아가면서 어느 시기에 정신적 장애를 갖는다고 한다. 스트레스가 심한 직업에 종사하는 사람들에게 카운셀러를 더 많이 보내자는데 누가 감히 반대할 수 있겠는가.[59] 하지만 조잡하게 정의된 행동성 질환에 제공되는 전국적인 치료 프로그램의 질이 어떤 지는 의심스럽다. 정치적 목적 하에 사람들을 정신질환자로 분류해온 지난 역사도 되짚어볼 일이다. 1850년대에는 '출분증drapetomania'라는 병이 있었는데, 이는 '노예들로 하여금 도망가게 만드는 질병'으로 정의되었다.[60] 또한 반체제 인사들을 정신질환자로 치부함으로써 그들을 강제수용소에 보내는 행위가 정당화되었다.

오늘날 이처럼 인성을 변화시키는 약물이 범람하게 되자 정신질환이 생물학적인 근거를 갖는 합법적인 질병인 것으로 때때로 여겨진다. 하지만 생각해보면, 화학물질을 통해 행동이 변하느냐 하는 것은 적절한 질문이 아니다. 행동은 화학물질이 있으면 언제나 바뀌는 법이기 때문이다. 음주만 생각해봐도 자명한 일이다. 중요한 문제는 한 행동을 질병으로 분류하는 방식이다. 우리 사회는 의료계에 과도하게 의존한다.[61] 너무나 많은 정신적 · 신체적 상태가 충분한 상황 조사 없이 질병으로 낙인이 찍힌다. 그러면 우리는 아픈 사람들을 어떻게 돌봐야 할까? 인간 공동체의 구성원인 우리 각자가 서로에 대해 더 많은 책임을 떠맡아야 한다는 것이 이에 대한 한 가지 답이 될 수 있다. 우리는 이웃들을 알고 소중히 여기고 사랑해야 하며 의료 서비스 전문가들에게 책임을 떠넘겨서는 안 된다.

이제 분명한 태도를 정하고 다음과 같이 말해야 할 때가 되었다. 우리는 모양과 크기가 어떻든, 젠더 표현과 성적 지향, 신체 부위가 어떻든 모두 건강하다고 말이다. 우리 모두는 인간을 비롯한 모든 피조물의 다양성을 전부 다 수용할 만큼 거대한 노아의 방주를 함께 탔던 이들의 후손이다. 우리는, 그렇지 않다고 밝혀지지 않는 한, 건강하다고 인정될 자격을 갖고 있다. 양도할 수 없는 이 권리는 권리장전 덕분에 우리가 사법 사건에서 무죄로 추정되기 훨씬 이전부터 우리 것이었다.

아메리카 원주민의 삶의 모습을 거론하면서, 소설가 폴라 건 알렌은 이렇게 적고 있다. "몸이란 어떤 식으로든 병들고 고통스럽고 죄악에 가득 차 있으며 잘못된 것이라고 믿는 사회는 지구 그 자체의 몸을 파괴하는 사회적 제도들을 만들어내게 된다."[62] 우리 자신과 우리의 타고난 건강을 존중하면, 우리는 더 나은 삶을 살게 되며 인간의 무지개를 보존하고 우리 지구도 함께 보호하게 될 것이다.

17장
유전공학 대 다양성

생물 종들이 생존하는 데는 무지개가 필요하다. 그런데 오늘날의 유전공학은 다른 종들뿐 아니라 우리의 무지개에도 위협을 가한다. 의학은 개인을 위협하지만 유전공학은 우리 종 전체, 인류의 번영까지도 위협한다. 존재하지도 않는 질병을 가진 것으로 잘못 분류된 사람들이 매일 겪는 피해로 볼 때, 의학은 바로 지금 우리에게 해를 입히고 있다. 하지만 유전공학 때문에 입는 피해는 미래에까지 계속 영향을 미친다.

유전공학의 위협은 우리의 유전자 풀을 조작해야 한다는 교만한 믿음에서 비롯된다. 때때로 유전공학은 전체 무지개를 재구성할 방안을 내놓기도 하는데, 때로는 젠더와 섹슈얼리티의 특이한 표현 같은 구체적인 색깔을 목표로 삼기도 한다. 이 모든 위협은 결함이 있는 유전자가 '유전병'을 일으킨다는 이야기를 받아들이는 데에서 시작된다. 이 이야기들이 실증적으로 허위로 밝혀지고, 아울러 투자에 대한 이윤 회수의 필요성이 대두되면서 유전공학은 유전적 치료를 제공한다는 비현실적인 약속에서 벗어나 유전적 무기를 내놓는다는 좀 더 실현가능한 목표로 옮겨지고 있다. 유전공학의 문제점들은 모두 다양성과 더불어 생명의 내재적인 관계적 본성을 이해하고 인식하지 못하는 데에서 기인한다.

우리 종의 미래를 가장 근본적으로 위협하는 요소는 우리의 전체 무지개가 어떤 식으로든 더러운 색으로 얼룩져 있으니, 이를 정화해야 한다는 믿음이다. 만약 히틀러가 인류를 솎아내어 하나의 '위대한 인종'을 만들었다면, 그는 분명 전염병으로 말미암은 멸종에 매우 취약한 동질의 종을 만들어냈을 것이다. 나치즘에 대한 비판 대부분은 개인에 대한 잔학성에 초점을 맞추었지만, 나치즘의 잘못된 과학적 전제가 전체 인구의 관점에서 얼마나 큰 재앙이 될 수 있는지를 인식하는 것도 중요하다. 나치 의학은 유대인을 유전병이 있는 존재로 진단했으며 유대인, 정신질환자, 장애인과 동성애자들을 제거해 독일 인종을 정화하려는 처방을 내렸다. 독일 의학은 나치 독재정권에 지적 토대를 마련해주었다. 살육이 임상적 환경에서 일어난 때도 종종 있었다. 나치 독일에서 얻을 수 있는 한 가지 교훈은 의학적인 합의라 해도 과학적으로 오류이고 도덕적으로 그릇되며 지극히 위험할 수 있다는 것이다. 이 교훈에 따라 우리는 의학적 합의가 이루어졌다 해도 지속적으로 의심해야만 한다.[1]

유기체 전부를 복제하기

유기체 전부를 복제한다는 것은, 가령 핵 유전자가 부모와 동일한 아이를 만들어낼 수 있다는 뜻으로, 우리의 무지개에 잠재적인 위협을 일으킨다. 이 기술 때문에 난자 세포의 핵이 예컨대 방사선에 의해 비활성화될 수 있다. 그다음에 한 성인의 몸에서 얻은 세포를 그 난자 세포에 융합해, 손상된 세포를 대체하기 위한 핵을 제공한다. 이 새로운 핵이 그 세포를 장악한 다음 배아로 자라기 시작한다. 아주 간단한 이야기처럼 들린다. 돌리라는 이름의 양 한 마리가 1997년 2월 276회의 시도 끝에 스코틀랜드 과학자에 의해 복제되었다.[2] 몇 달 후에 하와이에서 생쥐들이 복제되었고, 그때로부터 1년 후에는 여덟 마리의 동일한 소가 일본 과학자들에 의해 복제되었다.[3]

복제는 오늘날 상당히 장려되고 있다. 예상되는 한 가지 혜택은 "고기와 우유를 생산하는 우수 품종의 동물을 똑같이 복제"[4]함으로써 농산물 생산을 향상한다는 것이다. 하지만 유전적으로 동일한 소들은, 일란성 쌍둥이들이 자연적으로 발생할 때와 어느 정도 비슷하게, 아주 어린 배아들을 택해 그 세포를 여러 가지 그룹으로 격리하면 더 안전하고 값싸게 만들어질 수 있다. 이 '인공적인 쌍둥이 만들기'는 핵이 비활성화되어 있는 난자 세포에 성체 세포를 융합하지 않아도 된다.

예상되는 또 다른 혜택은 멸종위기에 처한 종을 보존할 수 있다는 것이다. "2001년 1월 8일, 어드밴스트 셀 테크놀로지사의 과학자들은 어느 멸종위기 동물의 첫 복제판인 노아라는 이름의 새끼 가우르(인도와 동남아시아의 큰 야생 수소)가 태어났다고 발표했다. 비록 노아는 복제 과정과 무관한 감염으로 죽긴 했지만, 그 실험은 복제를 통해 멸종위기 종을 보존할 수 있음을 보여주었다."[5] 한 표본을 재구성한다고 해서 종이 보존되지는 않는다. 생존할 수 있는 개체군을 만들려면 수백 개의 표본이 필요한데, 더구나 표본들은 종의 유전적 무지개를 재구성할 수 있도록 서로 달라야만 한다.

또 한 가지 예상되는 혜택은 죽어가고 있거나 이미 죽은 반려동물을 대체할 수 있는 가능성이다. 텍사스 A&M의 연구자들은 한 마리 집고양이를 복제했는데, 87개의 배아로부터 Cc라고 불리는 새끼 고양이 한 마리를 만들어냈다.[6] 이 복제 실험은 여든한 살의 자본가에게서 자금 지원을 받았는데, 그는 부유한 반려동물 주인들에게 동물을 복제해주는 대가로 돈을 벌고 싶다고 밝혔다. 그 자본가는 구조견처럼 사회적으로 쓸모 있는 동물들도 복제하고 싶다고 말했다. (한편, 그 복제 팀의 한 구성원은 새끼 고양이에게 에이즈를 심어주기를 꿈꾸며 이렇게 말했다. "고양이에게는 인간 에이즈를 연구하는 데에 훌륭한 모델이 되는 고양이 에이즈가 있습니다."[7])

　동물 복제와 인간 복제는 다른 문제다. 인간 복제도 정말 실현될까? 어떤 과학자들은 "나중이 아니라 조만간에"[8] 인간을 복제할 뜻을 확실히 품고 있다. 이미 복제된 인간 배아에 관한 검증되지 않은 보고가 있는데, 이런 보고는 한국에서 처음 나왔고 이후 어드밴스트 셀 테크놀로지라는 미국의 민간 회사에서도 나왔다.[9] 2002년 5월, 켄터키 대학의 전직 교수진이었다가 이제는 불임치료 사업가인 어떤 사람이 미국 의회의 소위원회 앞에서 1년 이내에 복제를 통해 사람을 임신시키기 위한 팀을 구성했다고 증언했다. 그는 복제로 임신하기를 바라는 열두 커플을 전 세계에서 확보해놓았다고 하며 이렇게 말했다. "지니는 이미 램프 밖에 나와 있다."[10] 기존의 난임 병원에서 제공하는 다른 의료 서비스에 복제도 결국 포함될 것이라는 주장이다.

　광범위한 복제는 소라는 종에게 위험을 안겨줄 것이다. 광범위한 가축의 근친교배가 지금 그렇듯이 말이다. 어떤 이는 만약 소, 옥수수나 다른 가축들이 전염병으로 위기에 처하면 이들의 대체물을 찾으면 된다고 여길지 모른다. 하지만 우리는? 우리가 인간을 대신할 것을 어떻게 찾을 수 있단 말일까?

복제가 성공적이지 않은 이유

놀랄 것 없다. 대체로 복제는 인간을 포함해 어느 종에게서나 성공적이지 않다. 2002년 1월에, 당시 생후 5년 반이 지났던 돌리의 창조자들은 돌리가 왼쪽 뒷다리, 엉덩이, 무릎에 관절염이 있다고 밝혔다. 돌리는 유달리 어린 나이에 병이 걸렸을 뿐 아니라, 보통은 잘 걸리지 않는 두 관절 부위에 병이 걸렸다. 게다가, 돌리 몸속의 세포들은 주로 나이 든 동물들에게서 나타나는 노화의 신호를 보이기 시작했음이 포착되었다. 한 가설에 따르면, 유전자 청사진이 마치 타자기의 리본에서 잉크가 바닥나듯 '낡아가고' 있었다고 한다. 돌리는 2003년 2월, 폐렴에 걸려 여섯 살의 나이로 죽었다.[11]

복제 시도에서는 "실패가 성공을 훨씬 웃돈다"고 어느 과학 기자는 지적한다.[12] 3년 넘도록 원숭이 한 마리를 복제하려고 300회 이상 시도했지만 성공하지 못했던 한 연구자는 "단 한 차례의 임신도 이루어내지 못했다"고 말했다. 대부분의 시도에서 다음과 같은 결과가 나왔다. "괴상하고 비정상적인 배아들 속에는 염색체가 없는 세포 … 또는 서너 개의 핵이 든 세포, 그리고 한 번은 아홉 개의 핵이 든 세포가 들어 있기도 했다. 또 어떨 때는 암세포처럼 보이는 세포들도 들어 있었다."[13] 돌리를 복제했던 과학자가 말하기로, 어떤 종으로는 성공했던 연구팀이 다른 종들로는 실패했으며, 토끼, 쥐, 개, 원숭이 등과 같은 어떤 종들은 광범위한 노력과 풍부한 자금 지원이 있었는데도 아직 복제가 되지 않았다. 그리고 복제가 이루어진 경우에도 시도 횟수의 고작 1~4퍼센트만 성공했고 나머지는 심각한 기형이 생겨났다.

어떤 경우에 복제가 성공할까? 많은 난자를 이용할 수 있을 때다. "연구자들은 도살장에서 수천 개의 소 난자를 얻는다. … (그래야) 충분히 여러 번 복제를 시도하기가 훨씬 쉬워진다. 조금씩 바꾸어가며 여러 기법을 사용할 수 있어야 마침내 성공하게 된다." 이와 달리 영장류를 대상으로 했을 때는, "그것은 결코 가능하지 않다. 수천 마리의 동물이 사는 어떤 영장류 서식지 전체가 필요하다. … 그것으로 상업적 가치가 있는 무언가를 만들어내려면 … 그 과정이 반복될 수 있어야 한다. 1퍼센트 또는 2퍼센트로는 성공이라고 할 수 없다. 2퍼센트 성공률은 성공이 아니라 생물학적 우연일 뿐이다."[14]

그런데도 유전공학 회사들은 기술을 쉽게 믿는 사람들에게 전면 복제된 동물을 팔려고 계속 시도하고 있다.[15] 어드밴스트 셀 테크놀로지사는 30번의 임신 시도 끝에 태어난 만 한 살에서 네 살 사이의 소들을 스물네 마리 비축해두고 있다. 이들은 '성공'률이 80퍼센트라며 전통적인 교배의 성공률인 84~87퍼센트와 가깝다고 선전하고 있다. 하지만 이 수치는 틀렸다. 왜냐하면 그 회사는 30번의 임신을 위해 몇 개의 배아가 필요한지를 밝히지 않고 있기에, 복제에서 가장 큰 문제와 직면하는 단계를 생략하고 있다. 게다가, 돌리를 복제했던 과학자는 이렇게 귀띔한다. "이런 결과가 나왔다고 해서, 본질적으로 동일한 절차로 복제되었던 동물들이 비정상적으로 죽음을 맞이했던 이전의 역사가 결코 없어지는 것은 아닙니다." 그런데도 어드밴스트 셀 테크놀로지사는 "연구팀의 높은 성공률을 6년간의 복제 실험과 그 방법의 우수성 덕분이라고 했습니다. 그들은 예를 들면 분열하는 세포들을 적극적으로 사용하는데, 이는 돌리 복제에 이용된 분열하지 않는 세포들과는 반대되는 것입니다. 갓 태어난 소는 또한 처음 며칠 동안 어떻게 돌보느냐가 아주 중요합니다." 연구팀이 그처럼 자랑을 해댔지만 다른 과학자들에게 확신을 심어주진 못하고 있다. 한 과학자는 이렇게 말한다. "여러 해 동안의 경험이 그 나름대로 중요하긴 하겠지만, 단지 생존확률에 어느 정도 영향을 미칠 뿐, 그들의 실험이 정상적인지 여부와는 무관합니다. 복제가 왜 그처럼 들쭉날쭉한 결과가 나오는지는 정말 아무도 모릅니다."

복제 과정에 무엇이 잘못되었는지를 밝혀줄 단서는 돌리가 어쨌거나

"제대로 된 복제양"이 아니라고 시인한 내용에서 찾을 수 있다.[16] 돌리는 핵을 제공한 공여자에게서 나온 핵 유전자와 더불어 그 핵을 받은 난자 세포에서 나온 미토콘드리아 유전자를 갖고 있으므로, 돌리의 유전자는 두 가지 출처에서 나왔다. 진정한 복제가 이루어지려면, 공여 세포와 난자 세포가 동일한 개체에서 나왔어야 하는데, 돌리의 경우에는 그렇지 않았다. 더욱이, 포유류의 난자 세포는 아주 크며 그 속에는 수십 만 개의 미토콘드리아가 들어 있다. 돌리를 복제하기 위해 사용된 성체 세포는 젖샘에서 얻어진 것으로 훨씬 작으며 고작 2000~5000개의 미토콘드리아만 들어 있는데, 이는 난자 세포에 든 미토콘드리아 수의 2~5퍼센트일 뿐이다. 따라서 과학자들은 돌리 몸속의 미토콘드리아의 2~5퍼센트는 공여 세포에서 얻어지고 나머지는 난자 세포에서 얻어질 것으로 예상했지만, 사실 알고 보니 100퍼센트가 난자 세포에서 얻어졌다. 분명히, 난자 세포의 세포질이 2~5퍼센트의 외래 미토콘드리아를 사정없이 파괴했던 것이다. 이를 통해, 핵의 영역을 넘어 세포질 내부에서 유전적 역학 관계가 일어남을 알 수 있다.

분자생물학자들은 복제의 기본 개념이 틀렸음을 차츰 깨닫고 있다. 핵은 일방적으로 세포를 '제어'하지는 않는다. 핵은 세포질과 협상을 벌이는데, 만약 세포질이 따라주지 않으면 복제 프로젝트는 중단된다. 핵과 세포질은 생명의 동반자인 셈이다.[17] 이러한 현실을 설명하기 위해 다음과 같이 새로운 전문용어가 생겨나고 있다. "'발생학적 재再프로그래밍'이 복제 생물의 생존과 건강 문제의 밑바탕을 이루는 듯하다. 어떤 핵이 한 세포에서부터 핵이 제거된 난자 세포로 옮겨질 때, 그 핵은 이전 패턴의 유전자 활동을 완전히 없애버리고 배아 발생을 촉진할 새로운 유전자 활동을 시작한다."[18] 이러한 기술적 논의를 통해 세포질의 상태가 유전자의 상태만큼이나 중요하다는 혁신적인 개념이 등장한다.

컴퓨터 과학자들은 '실행 환경'이라는 표현을 통해, 프로그램이 실행 중일 때의 컴퓨터 상태를 기술한다. 논리적으로 올바른 컴퓨터 프로그램도 컴퓨터에 어떤 장비가 장착되는지, 그리고 동시에 어떤 다른 프로그램들이 실행되고 있는지에 따라 프로그램 실행에 실패할 수도 있다. 유전자에게 실행 환경을 제공해주는 것이 바로 세포질이다. 모든 컴퓨터 과학자는 실행 환경을 무시한 채 프로그램 코드만 강조하면 잘못이라는 걸 알고 있다. 복제 생물학자들이 이런 잘못을 저지르고 있다.[19]

'부분' 복제

인간 부분 복제는 전체로서의 인간 대신, 특정 생체조직과 유전자에 초점을 맞춘 온갖 잡다한 기술을 두루 아우른다. 가령, 여러분의 부모가 임신 서비스 실험실에서 여러분을 잉태했으며, 여러분이 생명을 얻고 난 뒤 몇 시간 동안 어머니의 자궁으로 이어진 수란관이 아니라 실험실의 세균배양 접시에서 지냈다고 상상해보자. 또한 여러분이 고작 세포 몇 개 정도의 크기일 때 부모가 기술자들에게 여러분을 두 그룹으로 나누라고 지시했다고 상상해보자. 그러면 기술자들은 여러분의 절반을 어머니의 자궁에 이식하고, 나머지 절반을 실험실에 둔다. 이후 여러분은 어머니의 자궁에서 자라서 태어나고 어른이 되었다. 한편 여러분은 원래 여러분 몸의 일부였던 저장된 어떤 세포들을 지니고 있다. 줄기세포라고 불리는 이 세포들은 여러분의 개별적인 생체조직들이 생기기 이전부터 있던 것으로, 뼈, 신경, 콩팥, 간, 생식샘 등 어떤 유형의 생체조직도 될 수 있다. 이 이야기를 듣고 나니 어떤 느낌이 드는가?

실험실 어딘가에 놓여 있는 이 세포들은 당신이 이미 존재하고 있는데도 어머니의 자궁에 이식되었을 수 있다. 그렇다면 여러분은 일란성 쌍둥이 형제나 자매와 함께 자라게 된다. 그렇긴 하지만 여러분과 똑같은 형제나 자매는 여러분에게 여분의 장기를 제공하기 위해 자라는 것이다. 여러분의 콩팥이 차츰 기능이 나빠지면, 저장된 여러분의 줄기세포로 여러분의 콩팥을 재생할 수 있다. 이러한 인간 부분 복제를 '치료를 위한 복제'라고 부르는데, 이는 누군가에게 장기를 제공하기 위해 온전한 인간이 될 수 있는 어떤 사람을 사육한다는 실상을 가리기 위해서다.

인공적인 쌍둥이 만들기는 생체조직 재생을 위해 줄기세포를 얻기 위한 한 가지 방법이다. 내가 아는 한, 어느 누구도 이런 짓은 하고 있지 않다. 그 대신 핵 이식이 활발히 연구되고 있는데, 이는 콩팥 이식이 필요한 성인에게 세포 복제로 만든 콩팥을 공급하기 위해서다. 인간 전체 복제의 경우, 그 성인이 내놓은 공여 세포가 이미 핵이 제거되어 있는 여성의 난자 세포와 융합된다. 이후 그 성인의 공여 세포에 들어 있는 새 핵이 난자 세포에 남아 있는 세포질에게 배아로 성장하라고 아마 명령을 내릴 것이다. 하지만 전체 인간 복제에서처럼 자궁 속의 배아를 이식하는 대신, 배아는 여분의 장기를 공급할 목적으로 저장된다. 이러한 부분 인간 복제는 1999년부터 2001년까지 캘리포니아 대학 샌프란시스코 캠퍼스에서 실시되다가, 자금 지원이 줄어들고 연구책임자가 떠나면서 중단되었다.[20]

부분 인간 복제에서 얻는 장기들은 전체 인간 복제의 장기들에서 생기는 것과 똑같은 품질상의 문제점이 있긴 하지만, 비용 면에서 이익이 된다.

콩팥이 이미 망가지고 있는 사람은, 비록 신생아에게는 허용되지 않겠지만, 가벼운 결함을 지닌 이식도 기꺼이 받아들일지 모른다. 여분의 장기를 위해 배아를 복제하느냐 마느냐 하는 문제는 배아 세포를 새 유전자로 '더 낫게' 한다는 약속이 끼어들면 더 복잡해진다. 임신 서비스 실험실에 놓여 있는 세포들은 조작에 이용될 수 있다. 아마 어떤 유전자들이 제거되고 다른 유전자들이 대신 삽입될 수도 있다. 그러면 여러분의 새 콩팥은 '생체조직 기술' 덕분에 처음부터 달려 있던 콩팥보다 더 나을 것으로 기대된다. 여러분의 몸이 인슐린을 만들 수 없게 되더라도, 당뇨병을 치료할 위대한 방법인 유전자 접합 기술이 있다.

생체조직 재생의 이유가 건강 때문인 것만은 아니다. 운동선수들의 경우, 재생은 "실력을 향상시키기 위한 완벽한 방법일 수 있다. 운동하지 않고서도 몸집과 체력을 기를 수 있는 데다, 이것은 혈액 검사로는 적발되지도 않는다."[21] 올림픽 선수에게 행해지는 약물검사조차도 이 유전자 요법을 밝혀내지 못할 것이다. 생체조직 재생은 손상된 생체조직을 늙지 않는 새 조직으로 바꾸어서 일종의 영생을 안겨주는 것으로 여겨진다. '텔로머레이스'라는 유전자를 연구한 결과, 이 유전자 때문에 생체조직 세포들이 실험실 환경에서보다 50배나 더 많이 분열한다고 한다. 연구자들이 예상하기로, 이 유전자가 미분화된 배아 또는 생체조직 줄기세포와 결합되면 새로운 인체 장기를 자라게 할 수 있다. 《뉴욕 타임스》의 과학 기자는 이렇게 결론짓는다. "세포는 메커니즘이므로, 만약 신의 분노가 없다면, 언젠가는 세포를 진화의 무심한 설계보다는 우리의 바람에 더 가깝게 작동하게끔 할 수 있다."[22] 이러한 열정은 내가 보기에는 자만에 가깝다.

유전자 프로젝트의 쇼핑몰

이론적으로 말해, 유전자를 성체인 유기체에 집어넣는 방법에는 '우호적인 바이러스'(이전에는 위험했지만 유해 유전자를 제거해 해롭지 않게 바뀐 바이러스)에 의하거나, 아니면 이른바 벌거벗은 DNA를 직접 주입하는 방식이 있다. 하지만 현재의 기술로는, 몸은 바이러스가 여전히 해롭다고 여기고 바이러스를 거부하는 경향이 있다.[23] 18세인 어느 사람이 유전자 치료 실험의 일환으로 투여받은 유전자에 대해 심각한 면역반응을 일으켜 사망했다. 그 결과, 펜실베이니아 대학에서 인간 유전자 치료 프로그램이 중단되었다.[24]

유전공학은 또한 《타임》이 '설계자 아기들'이라고 부른 것을 만드는 데에 이용될 수 있다.[25] 난자 성숙과 방출을 촉진하는 약물들, 가령 1998년 12월에 여덟 쌍둥이를 낳게 한 그런 약물들을 이용해 작은 배아들로 이루어진 한 개체군을 만들 수 있다.[26] 그다음에 이 배아들의 유전자 프로필을 "슈퍼마켓의 바코드 스캐너가 수많은 식료품의 가격을 읽어내듯 빠르게" 조사할 수 있다. 이 검사를 통과한 배아들만 이식된다. 달리 말해, 원하는 배아들만 남기고 나머지는 버린다. "태아를 낙태하는 게 아니라, 열여섯 개의 세포로 분열된 한 무더기의 배아들을 흘려버리는 것이다. 수가 많을수록 문제는 줄어든다."[27]

좀 덜 과격하게 아기를 '설계'하려면 난자 공여자를 아주 까다롭게 고르면 된다. 1999년에 한 난자 공여자에게 지불한 총금액은 5만 달러였다. 그 난자 공여자는 적어도 키가 177센티미터에 SAT 종합점수가 최소 1,400점이었고 가족력에 주요한 질병 문제가 없었다. 이 공여자 모집에 신청한 여성들은 200명이 넘었다.[28]

종간 유전자 주입은 농업 유전공학에 널리 사용된다. 이제는 동물에도 그런 기술을 사용하자는 제안이 나오는데, 때로는 방식이 경솔해 보인다. 예를 들면, 과학과 예술의 만남을 추구하며 설립된 지 20년 된 국제단체인 아르스 엘렉트로니카Ars Electronica의 한 회의에서, 어느 화가는 형광 털이 달린 개를 만들어내자고 제안했다. 이를 위해서는 해파리의 단백질 유전자를 추출해 개의 게놈에 삽입하는 기술이 필요하다. 그러면 녹색 빛을 비추면 형광빛을 발하는 털을 가진 형질전환 동물이 만들어진다. 이 기술은 실제로 암 연구에 사용되어 종양이 형광빛을 발하게 한다. 그 화가는 이렇게 설명했다. "우리 사회는 대체로 이 새로운 연구와 기술의 물결을 제대로 알아차리지 못하고 있습니다. 우리는 이 기술이 소수의 사람, 정치인, 재계 인물, 그리고 과학자의 수중에만 두어서는 안 됩니다." 회의에 참석했던 어떤 이는 그런 발상을 비난하며 이렇게 말했다. "처음에는 저도 그 아이디어에 솔깃했지만, 교만한 제안을 계속 듣고 있자니 갈수록 마음이 불편해졌습니다. 화가가 캔버스에다 실험하는 것과 연구자가 살아 있는 생명체에 실험하는 것은 완전히 다른 일입니다."[29]

실제로 1999년에 초록빛 형광 토끼가 만들어졌다. 흰색 토끼에 해파리의 색소 유전자를 접합해 얻은 결과였다. 그 토끼의 창조자(말하자면)는 이렇게 적었다. "형질전환 (동물)이 여러분의 무릎에 앉아서 여러분의 눈을 바라보고 있으면 … 우리는 이제까지와는 다른 종류의 특이함을 경험한다. … (정말로,) 인종적인 특성들은 형질전환 동물과 비교하면 아무 것도 아니다."[30] 비록 초록빛 개와 토끼는 어리석은 발상일 수도 있겠지만, 다른 형질전환 종의 개념은 심각한 윤리적 문제를 불러일으킨다.

동물에 대한 어떤 종류의 잔학 행위들은 법으로 금지되어 있다. 동물들도 고통을 느끼고 괴로움을 겪을 수 있기 때문이다. 하지만 만약 동물들이, 가령 개싸움이나 닭싸움을 위해 고통을 느끼지 않도록 조작할 수 있다면 어떻게 될까? 만약 한 동물이 조작되어 고통을 느끼지 못한다면, 그런 잔인한 짓도 허용될까? 그 동물이 더는 고통을 느낄 수 없다면 잔혹한 행위는 어떤 의미를 갖게 될까? 자연적인 생명 형태들과 비교할 때, 합성된 생명 형태들은 어떤 윤리적 지위를 갖게 될까? 합성된 생명 형태들은 지구상에서, 그리고 하느님이 보시기에 열등한 존재일까?

반대로, 만약 인간 유전자가 동물에게 옮겨지면 어떻게 될까? 가령, 나중에 사람의 몸속으로 다시 이식하기 위한 목적으로 그 동물의 몸속에서 장기를 성장하게 한다면 말이다. 인간의 콩팥을 지닌 돼지를 단순히 돼지로만 볼 수 있을까? 인체의 방어 체계와 관련된 혈액 물질인 면역 글로불린 항체 유전자를 지니게끔 복제된 송아지들에 대해 《월스트리트 저널》은 다음과 같이 보도했다. "이미 과학자들은 수십 가지의 서로 다른 인간 유전자들을 소, 양, 염소, 토끼, 생쥐에게 주입해, 질병 치료에 사용될 한두 가지 인간 단백질을 얻기를 바라고 있다. 이들 '형질전환' 동물 각자는 특정 유전자에 의해 암호화된 단일 단백질만을 만든다. 하지만 복제된 송아지들의 면역 글로불린 항체 유전자들은 엄청나게 많은 질병과 싸울 항체를 만들 수 있다. 결국 그 동물들은 살아 있는 약품 공장이 될 수 있다는 말이다."[31] 인권을 얻을 자격이 생기려면 한 동물이 몇 개의 인간 유전자를 지녀야 할까?

다른 종의 유전자 풀을 보호하는 문제는 어떨까? 인간이 처음에 가축들을 사육한 이후로 줄곧 그래왔듯, 우리의 바람에 맞게 다른 종들을 변형할 권리가 우리에게 있을까? 유전공학은 전통적인 동물 번식보다 더 위험성이 크며, 우리의 가축에게 피해를 끼칠 가능성도 더 크다.

한편, 우리는 다른 종들에게도 인간의 미덕을 나누어줄 의무가 있지 않을까? 언젠가는 다른 동물들에게 언어능력과 도덕적 사고능력을 가르쳐서 우리가 그들과 이야기도 나누고 윤리에 관해 토론할 수 있도록 해야 하지 않을까? 그러면 세상에 도움이 되지 않을까? 동물들을 총명한 일꾼으로 고용해 생태계도 순찰하고 우리 대신 독이 있는 뱀도 없애게 하고 한편으로는 위기에 처한 종들을 보호할 수도 있다. 그러면 어떤 복음주의 종파가 이 모든 새로운 지적 생명체를 종교적으로 전도하길 원하지 않을까? 분명 다른 종들에 대한 우리의 책임은 복잡하며, 유전공학의 열렬한 팬들은 이 사안에 대한 대중적 논의를 좀처럼 끌어내지 못하고 있다.

과학자들은 생명을 창조하려고 시도하고 있다. 일부 유기체들의 전체 게놈이 알려지자, 마이코플라스마라고 하는 박테리아와 같이 가장 작은 게놈을 지닌 유기체들이 무無에서 합성될 수 있게 되었다. 이 '최소 게놈 유기체들'은 DNA를 합성하고 여기에다 인공적으로 합성된 어떤 지방 분자들과 리보솜을 추가하여 합성할 수 있다. 적잖이 놀랍게도 로마가톨릭, 유대교, 개신교 종파의 윤리학자들로 구성된 패널이 다음과 같은 결론을 내렸다. "최소 게놈을 창조하기 위한 연구 의제에는 합법적인 종교적 고려사항에 의해 자동으로 금지되는 내용이 없다."[32]

내가 보기에는, 생명을 합성하는 이 새로운 과학은 핵심을 완전히 잘못 짚고 있다. DNA 한 가닥의 복제본들은 한 가지 색(결코 무지개 전체가 아니고 생명이 아니며 단지 화학물질)의 개체군을 만든다. 살아 있다는 것은 친척들이 있고 한 공동체의 구성원이며 진화과정의 산물이며 다양한 색상의 무지개에 속한다는 뜻이다. 오히려 컴퓨터 바이러스가 최소 게놈보다 더 생명에 가깝다. 컴퓨터 바이러스는 복제하고 돌연변이를 일으키며 진화하고 가

계를 형성한다. 컴퓨터 바이러스가 자신이 사는 숙주(컴퓨터)를 유지하고
실행하려면 사람한테 의존해야 하므로 자립적인 존재가 아니라고 할지도
모른다. 하지만 언젠가는 컴퓨터 바이러스가 인간을 지배해 자신들을 섬기
게 할지도 모른다. 마치 난초가 꿀벌에게 그러듯, 가상의 섹스를 제공해주
고 그 대가로 먹이와 양분을 얻는 방식으로 말이다. 그 시점이 되면, 컴퓨터
바이러스는 주위 생태계와의 관계에서 다른 종들과 마찬가지로 자립적인
존재가 될 것이다.

유전공학은 온갖 방식의 프로젝트에 대해 무책임하게 제안되고 있는
데, 그중 대부분은 건강과 관계가 없으며, 상당수는 위험하고 아울러 잔인
할 수도 있다.

반항의 깃발들

유기체 전부를 복제하는 것은 당면한 일부 윤리적 사안들뿐 아니라, 우리의
유전자 풀에도 언젠가 위협을 가할지도 모른다. 하지만 유전공학은 또한 바
로 지금 위험하고 문제가 된다. 우리의 무지개를 색깔별로 다시 구성해야만
할까? 다른 많은 사람처럼 나도 의학 기술로부터 혜택을 입었으며 앞으로
도 그럴 것이라고 기대한다. 하지만 대화가 필요하다. 우리는 지금의 상황
이 앞으로 어떻게 진행될지를 터놓고 이야기해야 한다. 생의학 기술의 개발
자들은 잔뜩 고집스러운 태도를 물씬 풍기는 데다, 마치 성냥을 갖고 노는
사내아이들 같아 보인다.

이 사람들을 믿으라고?

제임스 왓슨은 DNA의 이중나선 구조를 1953년에 발견하여 프랜시스 크릭과 함께 노벨상을 받았던 인물로서, 《타임》에 다음과 같은 에세이를 실었다. "1948년에 생물학은 … 과학의 맨 밑바닥 근처에 있었고 물리학이 맨 꼭대기에 있었다." 이어서 왓슨은 오늘날 분자생물학자들이 존경과 두려움을 동시에 받는데, 이것은 마치 1940년대의 핵물리학자들과 마찬가지라고 주장한다. 그는 이렇게 묻는다. "감히 우리가 수백만 년에 걸친 다윈의 자연선택의 결과를 더 발전시키는 존재로 여겨지게 될 것인가?" 그러고는 이렇게 대답한다. "생기지도 않을 해악이 두려워 어떤 유용한 것을 미루어서는 안 된다. … 진보는 소심한 겁쟁이의 몫이 아니다."[33]

하지만 앞으로 나아가기 전에, 이면에 놓인 몇 가지 윤리적인 문제를 살펴보자. 과학자들이 윤리라는 면에서는 완전히 눈이 멀어 있다는 점이 2002년 4월 분명해졌다. 다시 말해, 이때 셀레라사의 대표이자 인간 게놈 염기서열을 밝히는 두 프로젝트 가운데 하나를 진행하던 크레이그 벤터가 그의 프로젝트에서 밝혀진 염기서열은 자신의 게놈을 대상으로 했음을 시인했다.[34] 그는 염기서열을 밝히기 위해 여러 개인을 선별해서 익명의 과정을 진행하는 대신, 자기 자신의 세포를 썼다. '인간 게놈'이 무엇인지를 밝히려고 수백만 달러의 돈을 투자했는데, 알고 보니 실제로는 '벤터의 게놈'이 무엇인지만 알아냈던 것이다.

다른 분자유전학자들이 단단히 화를 냈으려니 예상하는 분이 있을 것이다. 하지만 그렇지 않다. 왓슨은 이렇게 말한다. "놀랄 일이 아닙니다. 크레이그는 그런 사람이죠." 아이는 아이처럼 행동하기 마련이다. 인간 게놈 프로젝트에 공식적으로 자금을 지원했던 경쟁사의 대표도 그 사건을 대수

롭지 않게 여기는 듯, "그다지 크게 문제될 건 없습니다"라고만 말한다. 하지만 셀레라사의 과학 고문인 어느 이사는 다음과 같이 조심스러운 우려를 표했다. "이정표가 될 어떤 게놈도 익명이어야 합니다. 그것은 한 사람이 아니라 우리 모두의 지도가 되어야 합니다. 따라서 그 지도가 한 사람에 관한 것이라니 실망스럽습니다." 전체 프로젝트의 기술적 유용성은 그것이 한 사람을 대상으로 하는 바람에 상당히 축소된 듯하다. 더 중요한 점은 대상 선택이 무작위적이지 않은 까닭에 그 프로젝트의 완전성이 훼손되었다는 사실이다. 게다가 벤터는 그 정보를 자신의 사적인 복지를 위해 이용했다. 그는 자신이 비정상적 지방대사와 알츠하이머를 일으킬 우려가 있는 apoE4라는 유전자를 지녔음을 발견했다고 한다. 이후 그는 지방 감소 약물을 복용하기 시작했는데, 이로써 그가 적어도 자신의 연구를 믿고 있음을 알 수 있다.

　　생명공학 업계의 모범 창립 사례 중 하나인 제네텍사는 1999년에 자사의 한 과학자 때문에 비롯된 특허침해 소송을 해결하려고 2억 달러를 치렀다. 그 과학자는 "자신이 이전에 연구했던 캘리포니아 대학의 실험실로 잠입하여 DNA 표본을 몰래 빼내 갔다"고 한다. 또한 1999년에 제네텍사는 허가되지 않은 용도로 호르몬을 팔다가 형사 고발을 당해 이를 해결하려고 5000만 달러를 지불하기도 했다. 이후 2002년에는 시티 오브 호프 메디컬 센터에 로열티 지급을 부당하게 미루는 바람에 3억 달러의 손해배상 벌금을 물기도 했다. 더군다나 회사가 고의 또는 사기로 그런 짓을 했음이 드러나자 추가로 2억 달러의 벌금을 더 물게 되었다.[35] 다른 사례를 살펴보면, 또 하나의 생명공학 회사인 임클론시스템즈의 전직 CEO가 2002년 6월에 위증죄와 내부자거래 혐의로 체포되었다. 그는 회사에서 한 약품이 개발되어 허가를 기다리고 있다며 친척들에게 회사 주식을 사라고 몰래 알려주었다. 하지만 알고 보니 그런 사실을 뒷받침할 데이터가 충분하지 않았는데, 굳이 사실 파악을 위해 조사를 벌일 필요도 없을 정도였다.[36]

한편, 우리에게 알려진 정보도 의심스럽다. 인간 게놈 프로젝트에서 나온 염기서열에는 처음에 발표되었을 때 드러나지 않았던 대규모 실수가 100가지나 있음이 밝혀졌다. 하지만 지나친 자화자찬에 빠져서, 인간 게놈 과학계는 2003년에 게놈이 완성되었다고 선언하면서 DNA의 화학적 구조에 관한 왓슨-크릭의 논문이 발표된 지 50년이 되는 해를 기념했다. 하지만 미국 인간유전학협회의 이전 대표는 다음과 같이 이의를 제기했다. "완성되었다는 말은 … 왓슨-크릭 논문의 50주년 기념과 맞추기 위해, 억지로 꾸며낸 것이다."[37]

유전자 칩이 우리에게 알려주는 것

"수백만 년에 걸친 다윈의 자연선택의 결과를 더 발전시킨다"는 전망이 현실을 가리키기보다는 하나의 선전이라는 사실은 '유전자 칩', 즉 'DNA의 미세 배열'이라고 불리는 중요한 신기술을 통해 알 수 있다. 이 기술은 한 유기체 내 모든 유전자의 표현을 동시에 살핀다.

그 기술은 처음에 효모에서 개발되었다.[38] 포도주나 맥주 한 잔, 그리고 빵 한 조각을 각각 살펴보면, 효모의 서로 다른 두 가지 상태로 말미암은 결과를 알 수 있다. 다시 말해, 공기가 없이 대사작용이 일어나면 포도주와 맥주에서 알코올이 생기는 반면, 공기가 있는 데서 대사작용이 일어나면 CO_2가 생겨 빵이 더 가볍고 부드러워지도록 부풀린다. 효모가 알코올을 만드는 데서 CO_2를 만드는 과정으로 바뀔 때 효모 세포 내부에서는 어떤 일이 일어날까? 유전자 칩에서 얻어지는 그림과 그래프를 보면, 효모 세포가 알코올 생성에서 CO_2 생성으로 바뀔 때 일어나는 유전자 작동 중지, 다른 유전자 작동 시작의 전 과정이 실감 나게 드러난다. 한 효모 세포에는 약 6400개의 유전자가 들어 있는데, 그중 일부는 기능이 알려져 있고 나머지는 알려져 있지 않다. 알코올-CO_2 변환 동안에, 대략 710개의 유전자가 자신들의 표현을 두 배로 늘리는 반면, 1030개의 유전자들은 절반으로 줄인다. 전체적으로 보면, 전체 게놈의 약 27퍼센트가 이 변환 과정에 관여한다. 이들 가운데서 큰 역할을 하는 것은 게놈의 약 6퍼센트다. 즉, 네 배로 늘어나는 183개의 유전자와 네 배로 줄어드는 203개의 유전자들이다. 알코올-CO_2 변환 동안에 반응하는 유전자들의 절반은 그 기능이 알려져 있지 않아서 아직 이름조차 붙지 않았다. 이 400개의 불가사의한 유전자들은 이미 알려진 **어떠한** 유전자와도 전혀 닮은 점이 없다.

알코올과 CO_2를 합성하는 주요 생화학적 단계들은 이미 50년 전에 발견되었는데, 그것은 초기 생화학의 가장 감동적인 업적에 속한다. 아마 생물학을 통틀어, 그 생화학 시스템이 효소 발효와 호흡보다 더 잘 이해된 분야는 없을 것이다. 이 과정상의 여러 단계에 작용하는 고전적인 유전자들은 알코올-CO_2 전환 동안에 예상되는 대로 증가하기도 감소하기도 한다. 하지만 분명 현대 생화학에서 가장 잘 연구된 시스템에서조차도 유전자들의 고작 절반만이 파악되었다. 인간 특성들 대부분과 관련된 유전자들 중에서 아직 알려지지 않은 것이 얼마나 많을지 상상해보라.

어느 유전자도 알코올과 CO_2 생성에 단독으로 관여하지는 않는다. 설탕에서 알코올이나 CO_2를 합성하는 데에는 많은 단계가 필요하다. 만약 이들 단계 중 어느 한 단계를 맡은 유전자라도 존재하지 않으면 알코올이나 CO2를 만드는 능력이 상실된다. 이들 각 유전자는 알코올이나 CO2 '생산용' 유전자라고 부를 수 있다. 왜냐하면 이 유전자가 제거되면 알코올이나 CO2를 만드는 능력이 사라지기 때문이다. 그렇다고 해서 알코올 생산용 유전자를 커피콩 속에 집어넣어서 커피-술 식물을 만들 수는 없다. 알코올 제품의 특성을 얻으려면, **알려진** 생화학 단계마다 유전자들을 적어도 수백 개 집어넣어야 한다. 하지만 그래도 소용이 없을 것이다. 왜냐하면 수백 개의 불가사의한 유전자들도 아울러 집어넣어야 할 텐데, 이들이 무슨 작용을 할지가 알려지지 않았기 때문이다. 전체 게놈의 3분의 1이 서로 어떤 식으로든 관련되어 있다. 한 유기체 내에 질적으로 새로운 특징을 심어 넣으려면, 단지 몇몇 유전자가 아니라 대부분의 게놈을 새로 설계해야 한다. 현실을 직시하도록 하자.

이러한 기술은 기존 체계를 미묘하게 뒤집는 것으로, 하나의 유전자마다 하나의 기능을 가진다는 관점을 무너뜨리고 유전자 간의 상호의존성을 옹호한다.[39] 생명복제와 마찬가지로, 유전공학은 적어도 머지 않은 미래에는 실현될 수 없는 약속을 판매하고 있다. 유전공학은 생명체가 이미 갖고 있지 않는, 질적으로 새로운 능력을 생명체에게 부여하지는 못할 것이다.

그렇다면 유전공학은 무엇을 할 수 있을까? 가까운 장래에 유전공학은 애초에 거의 온전한 경로에 난 구멍을 메울 것이다. 무슨 말이냐면, 만약 가령 혈액응고 또는 인슐린 생산을 위한 경로에서 한 유전자가 빠져 있다면, 그 빠진 유전자를 삽입해 잃었던 기능을 회복할 수 있다는 뜻이다. 마찬가지로, 기존의 한 특성을 변화시키는 유전자가 삽입될지도 모른다. 그럴듯해 보이는 이 기술에는 유전공학이라기보다 '유전자 땜질'이라고 이름을 붙여야 알맞다. 유전자 땜질은 어느 정도 좋은 효과도 있겠지만, 심각한 피해를 일으킬 가능성이 이익을 훨씬 능가한다고 나는 믿는다.

오염되는 우리의 유전자 풀

몬산토사는 아래 내용처럼 유전적으로 옥수수를 땜질하여 라운드업이라는 제초제에 내성이 있도록 만들었다. "몬산토의 라운드업 제초제는 전 세계에서 널리 사용된다. … 이 제초제는 잡초를 효과적으로 관리할 수 있게 해준다. … 몬산토는 '라운드업 레디Roundup Ready'라는 유전자를 개발해 라운드업에 견디는, 값어치가 큰 옥수수 작물을 만들어냈다. 이로써 농부들은 라운드업을 옥수수 주위나 위에 직접 뿌려 잡초를 효과적으로 죽이면서도 작물에는 영향을 주지 않을 수 있다. … 아프리카에서는 대부분의 잡초 제거가 여성과 어린이의 수작업으로 이루어지고 있기에, 제초제를 견디는 작물을 현명하게 잘 사용하면 수백만 명의 사람들이 그 일에서 벗어나 다른 생산적인 활동에 참여할 수 있다."[40] 옥수수뿐 아니라, 라운드업 레디는 목화와 콩의 게놈 속에도 삽입되었다. 그 유전자를 이들 종 안에 집어넣기 위해 우호적으로 변환된 한 식물 바이러스, 꽃양배추모자이크바이러스CMV가 사용되었다.

2001년에 인간이 경작하는 옥수수의 친척뻘 되는 야생종의 유전자 풀이 CMV에 감염된 특징을 보인 채 오염되어 있음이 발견되었다. 이는 어떤 유전자 전달이 있었음을 가리킨다.[41] 야생 옥수숫대에 달린 옥수수 알갱이의 약 1~5퍼센트가 몬산토 유전자 표시를 지니고 있었다. 몬산토 유전자가 어떻게 경작 옥수수의 야생 친척의 유전자 풀 속으로 들어갔는지는 확실치 않다. 한 가지 의견에 따르면, 우호적인 바이러스가 갑자기 활발해져서 경작 옥수수의 야생 친척들의 게놈에 널리 퍼졌을지도 모르는 일이었다. 이와 달리 후속 연구에서는, 경작 옥수수와 야생 친척 간의 이종교배 때문에 야생 유전자 풀에 그 유전자가 들어갔다고 주장하기도 한다.[42] 어찌 되었든, 경작 옥수수의 야생 선조들의 유전자 풀이 이제 몬산토 유전자로 오염된 것만은 분명하다.

유전자재조합식품, 즉 이른바 프랑켄푸드Frankenfood를 걱정하는 사람들에게는 여간 나쁜 소식이 아니다. 그런데 어쩌면 우리의 유전자 풀도 유전자 땜질 때문에 오염될 수 있을까? 2002년 1월에 그런 끔찍한 일이 보도되었다. 한 유전자 치료 실험이 아비젠이라는 생명공학 회사에서 실시되었는데, 그 실험에서는 손실된 유전자를 간에 집어넣어 혈우병 B를 치료하려고 했다. 이 병은 두 종류의 혈우병 중 드문 것으로, 매년 약 150명의 사람들이 걸린다. 손실된 유전자는 혈액응고에 필요한 단백질 가운데 하나인 팩터 IX의 유전자다. 우선 팩터 IX의 유전자를 어떤 우호적인 바이러스(원래는 감기와 관련된 유전자) 속에 삽입했다. 그 바이러스 속에도 원래 어느 한 유전자가 들어 있었는데, 이 유전자는 팩터 IX가 오직 간 세포에서만 작동되게 하고 그 바이러스가 감염시킬지 모를 다른 조직의 세포들에서는 작동되지 않게끔 되어 있었다. 하지만 만약 그 바이러스가 배아의 세포 조직에 들어가게 되면 팩터 IX 유전자는 다음 세대로 전달되어 결국 인간 유전자 풀에 속하게 된다. 실제로, 그 바이러스는 해당 환자의 정액 속에서 검출되었는데, 이는 그 바이러스가 간 이외의 조직에서도 나타나고 있다는 뜻이다. 하지만 정자 속에서는 검출되지는 않았다. 그런데도 환자는 "유전자변형 아기를 낳을 가능성을 막기 위해 콘돔을 착용하라는 요청을 받았다."[43]

팩터 IX의 유전자를 우리의 유전자 풀에 보태면 바람직한 결과가 나올지도 모른다. 환자와 그 자식들에게 생기는 드문 형태의 혈우병을 치료할 수 있으니 말이다. 하지만 그 기술은 팩터 IX의 유전자뿐만 아니라, 그 유전자를 전달하기 위해 사용되는 전체 바이러스와 아울러 그 바이러스를 간세포에서만 작동하게 할 유전자도 관련되어 있다. 만약 우호적인 바이러스가 계획대로 행동하지 않는다면, 게놈의 여러 장소에 삽입된 그 바이러스가 다른 곳의 유전자들을 교란해 그 자체가 유전병의 원인이 될 수 있다. 그 바이러스는 아마 스스로 다른 사람에게로 건너가지는 않겠지만, 감기와 관련된 바이러스인 이상 그럴 가능성을 전적으로 배제할 수 없다고 나는 본다. 하지만 유전자는 어떤 이가 콘돔을 사용하지 않으면 유전자 풀로 들어올 수 있다. 바람직한 작용을 하리라고 예상되는 유전자를 게놈 속으로 집어넣기 위해 우호적인 바이러스를 사용하는 이 기술은 생물학적 통제가 지닌 문제점을 떠올리게 한다. 농업과학자들이 장담하고 있긴 하지만, 외부에서 들어온 종들은 자기 나름의 과제가 있으므로, 항상 의도대로 행동하지는 않는다.

혈우병 환자의 몸에서 팩터 IX를 복구한다면야 유전자 치료의 가장 좋은 시나리오일 것이다. 이는 환자의 몸속에 든 유전자가 틀림없이 해롭고 새로 받아들이기를 원하는 유전자는 틀림없이 좋으며, 우호적인 바이러스의 부작용이 치료 대상 유전병의 심각성에 비하면 그다지 중요하지 않은 경우일 때다. 하지만 이처럼 분명한 경우가 아니라면, 유전자 땜질이 유전병을 치료하기는커녕 오히려 우연히 병을 발생시킬지도 모른다. 원하는 유전자가 광고하는 것만큼 좋지 않을 수도 있고, 환자의 유전자가 주장과 달리 그리 나쁘지 않다든가, 우호적인 바이러스가 그다지 우호적이지 않을 수도 있기 때문이다.

우리 유전자 풀의 어떤 오염은 실수에 가까운 팩터 IX 사례에서처럼 좋은 의도로 시작했다가 뜻대로 되지 않아서 생길 수도 있지만, 다른 형태의 유전자 오염은 이보다 더 고의적으로 생길 수도 있다. 유전공학 회사들은 자신들의 제품을 보호하기 위해, 우리 게놈에 보태어진 모든 인간 합성 유전자들에 분명히 DNA 상표를 붙일 것이다. 그러면 고객과 그들의 자녀들에게는 모든 후세를 위해 이 상표가 찍힐 것이다. 또한 어떤 사람들은 유전자 문장紋章처럼 개인적인 유전자 상표를 자기 자손들이 지니기를 원하는 상황이 도래할 수도 있다.

유전자 삽입이라는 훌륭한 기술에 이어 아마 유전자 해킹이 등장할 것이다. 그렇게 되면 피부나 머리카락의 색깔을 바꾸는 유전자 도입에 신나하는 사람들도 있으리라. 유전자 삽입 기술은 우리의 유전자 풀을 대중매체, 즉 후손을 위한 게시판으로 만들 위험이 있다. 사람들은 우리 게놈 중 전사되지 않은 영역, 즉 '죽어 있는 코드'에 온갖 목적(게티즈버그 연설, 포르노 사진 또는 묻힌 타임캡슐 관련 정보 저장 등)을 위해 jpeg 포맷의 이미지 같은 메시지들을 등록하게 될 것이다. 농업 생산성을 높이기 위해 처음에 시작되었던 기술이 인간의 재료를 근본적으로 변화시키는 기술이 될지도 모른다.

여러분은 놀랄 이유가 없다고 여길지 모른다. 물론 이런 유전자 해킹이 당장 일어나지는 않는다. 유전공학이 제대로 작동하지 않는다면, 우리는 그 기술이 광고하는 혜택도 얻지 않을 테고 아울러 아직 알려지지 않은 위험도 겪지 않을 테다. 하지만 복제와 마찬가지로 언젠가는 유전공학이 제대로 작동하게 될 것이다. 특히 유전자-세포질 상호작용을 더 정교하게 파악하고 나면 그럴 가능성이 크다. 우리는 그런 변화를 앞질러 가야 한다. 왜냐하면 유전자 풀 오염은 되돌릴 수 없기 때문이다.

유전자 탄환

인간 게놈 프로젝트와 민간 회사들은 다양한 인종의 사람들(아프리카인, 아시아인, 유럽인, 아메리카 원주민)로부터 유전자 데이터베이스를 구축할 계획이다.[44] 유전공학자들은 유전자 프로필 덕분에 제약회사가 각 개인의 유전자 구성에 따른 맞춤형 약을 만들어낼 수 있으리라고 믿는데, 이런 방식을 '약물유전학'이라고 부른다.[45] 개인화된 의약품은 유전공학의 새로운 분야로서 상당한 경제적 잠재력을 갖추고 있다.[46] 훌륭한 아이디어인 것 같지만, 사람들의 유전자 프로필은 유전적 목표가 정해진 독, 즉 유전자 탄환을 만드는 데에도 이용될 수 있다. 유전공학을 통해 사람을 죽일 가능성은 사람을 치료할 가능성보다 실현하기에 더 쉽다.

유전공학자들이 꿈꾸는 유전자 프로필 작성은 자연적인 유전자 변이를 잘못 나타낸다. 인종은 사회적으로 고안된 범주로, 한 인종과 그 인종 내부의 많은 유전적 이질성 간에는 유전적 차이가 거의 없다. 하지만 어떤 유전적 차이는 출생지가 다른 사람들 간에 분명 존재한다. 종들은 보통 '지역적 편차'를 보인다. 다시 말해, 장소에 고유한 유전자를 갖는다. 언론에서 정기적으로 보도되듯, 이 유전자들을 통해 유전학자들은 인간 이주의 초기 경로를 추적한다.[47] 이 유전자들은 이주가 계속되면서 섞이지만 이전 장소에는 새로운 지역적 유전자 집합이 계속해서 형성된다. 따라서 어떤 시기에나 장소에 고유한 어떤 유전자 표지genetic marker들을 대체로 확인할 수 있다. 그러므로 인종의 유전자 프로필 작성은 생물학적 유효성이 제한되는 반면, 출생지의 유전자 프로필 작성은 그에 비해 더욱 타당하다.

전쟁은 종종 다른 지역의 사람들을 대상으로 일어나므로, 사람에 대한 지리학적 프로필 작성은 이런 종류의 전쟁에 도움을 줄 위험이 있다. 오직 간 세포에서만 작동하도록 만들어진 우호적 바이러스를 떠올려보자. 그 바이러스는 오직 간에서 만들어진 단백질이나 유전자만 찾아낸다. 이와 달리 그 바이러스가 특정 지역 출신의 사람들이 만든 단백질이나 유전자를 찾아내도록 해보자. 그런 유전자를 찾아내는 즉시, 그 바이러스가 활동에 들어가 어떤 중요한 효소의 작용을 중지하게 하면 장애나 죽음을 일으키게 된다. 이런 유전자 탄환은 출생지가 다른 사람들로 구성된 군대를 목표물로 삼을 수 있다.

국적이 다른 사람들은 분명 일부 유전자가 서로 다르다. 어느 나라의 군대와 다른 나라의 군대가 군인들의 키만 차이가 난다고 해보자. 유전자 탄환을 키 큰 나라의 군대가 키 작은 나라의 군대를 향해 무차별 발사한다면 우연히 일부 실수가 생길 수 있다. 공격하는 군대의 키가 가장 작은 군인들 중 일부가 목숨을 잃는다(아군의 사격으로 입는 부수적인 피해 때문이다). 그리고 공격당하는 군대의 가장 키가 큰 군인들은 살아남는다. 그래도 보병을 투입해 제압할 수 있다. 유전자 탄환은 현재의 전쟁 기술만큼이나 정밀할 테니, 먼저 사용하는 나라가 이길 것이다.

한편 이번에는 몬산토사의 라운드업 레디 유전자에서 단서를 찾아보면, 일반적인 독에 내성이 있는 우호적인 바이러스를 군대의 군인들에게 주입할 수 있다. 그러면 그 독이 전장에 퍼져 동굴과 카스바casbah(북아프리카와 스페인에서 볼 수 있는, 중세와 근세에 만들어진 성채. — 옮긴이)에 숨은 적들을 제거할 수 있다. 그런 임무라면 군인들은 기꺼이 자원할 것이다. 자살폭파병을 모집하는 군대라면, 적을 전멸시킬 치명적인 살충제로부터 자기 몸을 보호하는 유전자를 지니도록 자기 유전자 구성을 바꾸는 데에 동의하는 병사들도 분명 모집할 것이다.

구舊소련은 이미 분자생물학을 이용해 전쟁을 일으키려고 시도했다. 카나티안 알리베코프는 소련의 세균전 프로그램에 관여했던 고위급 망명자로, 모스크바가 아주 위험하고 대응하기 어려운 해로운 세균을 만들기 위한 유전자 재배열 기술을 완성했다고 폭로했다. 탄저균을 유전학적으로 바꾸어 다섯 종류의 항체에 내성이 생기도록 만들었다.[48] 그리고 미국의 연구자들도 바로 지금 탄저균을 연구하고 있다. 이들 중 한 명이 크레이그 벤터인데, 그가 처음에 세운 회사인 더 인스티튜트 포 게노믹 리서치The Institute for Genomic Research, TIGR(지금은 그의 아내가 운영하며 직원이 300명인 데다 매년 4,000만 달러의 연구보조금을 지원받는다)는 탄저균 DNA의 염기서열을 밝히는 데에 자금을 투입하고 있다. 벤터는 "돈을 내놓은 사람들이 내게 엄청난 압박을 가한다"는 것을 시인한다.[49]

유전자 탄환은 유전자 치료법보다 만들기가 더 쉽다. 복제가 제대로 이루어지지 않고, 조직 재생도 제대로 실현되지 않고 유전자 치료도 통하지 않는다. 하지만 탄저균을 더 치명적으로 만들 수는 있다. 국방산업(그리고 국가 공격 산업)은 돈이 된다. 건강을 위한다는 명목하에 유전공학에 돈을 댄 벤처 자본가들은 수익창출에 어려움을 겪고 있다.[50] 따라서 논리적으로 보자면 언젠가는 자신들이 투자한 돈을 내놓으라고 요구하게 될 듯하다. 그러면 무기 생산은 아마도 유전공학이 가까운 장래에 수익을 낼 수 있는 유일한 분야일 것이다.

정말로 현재의 경향이 지속된다면, 유전공학은 건강 산업이 아니라 주로 무기 산업이 될 운명인 듯하다. 앞에서 말했듯, 지금 분자생물학자들은 핵물리학자들이 제2차 세계대전 동안에 가졌던 힘을 얻기를 원한다. 인간 게놈 프로젝트의 주요 정부 측 후원 기관은 원자력 관리를 맡은 미국 에너지부다. 유전학에 관한 많은 연구가 미국 국립연구소에서 진행되고 있는데, 이 연구소는 한때 활발히 핵무기를 개발했으며 핵군축 협약이 조인된 후에는 새로운 일거리를 모색했다. 2001년 9월 11일의 테러 공격과 그 후 탄저균으로 인한 소규모 전염병까지 발생하자, 이제 유전공학의 역할을 무기 기술에까지 확장하는 데에 완벽한 구실이 마련되었다.

시드니 드렐의 아래 인용문에는 생명공학자가 무기 제작자가 됨으로써 받게 되는 엄청난 개인적인 부담이 잘 드러나 있다. 이 사람은 스탠포드 대학의 국제안보협력 센터CISAC의 공동설립자이며, 스탠포드 선형가속기 센터SLAC의 부소장 겸 명예교수, 그리고 스탠포드의 보수적인 후버 연구소의 선임연구원이자 미국국립정보 무공훈장의 수상자이기도 하다. 2002년 2월 드렐은 이렇게 밝혔다. "만약 냉전은 끝났고 세계는 평화로워지고 있으며 또한 과학자들이 더는 나설 일이 줄어들고 있다고 생각한 사람이 있다면, 다시 한 번 생각해보아야 한다. … 생물학 테러를 일으키는 데에는, 아주 약해 빠지긴 했지만 그 대신 똑똑하고 최신 의학 지식을 훈련받은 소수의 팀만 있으면 된다. 필요한 실험시설이라야 소형 양조장 정도만 있으면 된다." 드렐은 나아가, 생물학 테러를 막기 위해 "과학계는 사회에 의무를 지고 있다"고 말한다. 과학기술이 향상된 공중정찰 기술로 핵전쟁의 위협을 막아낼 수 있다고 한 그의 믿음에 딱 알맞은 생각이다.[51]

유전공학은 새로운 군비경쟁에 돌입할 태세를 갖춘 듯하다. 유전공학은 제2차 세계대전 동안의 핵물리학자들처럼 두려움과 존경을 동시에 받으려는 환상을 채울 방법을 갖고 있을 뿐 아니라, 돈벌이가 시원찮은 자신들의 산업을 고수익산업으로 전환할 방법도 갖고 있다. 또한 그들은 나약한 테러리스트의 공격으로부터 자유로운 우리 사회를 보호할 도덕적 의무도

지고 있다. 우리는 또 하나의 새로운 군산복합체를 원하는가?

다른 미래

우리는 지금껏 얻은 지식으로 무엇을 할지를 선택할 수 있다. 이 책 2부에서 밝히듯, 사람의 외면에서 명백히 드러나는 다양성은 내부에서도 발견되며, 우리 몸의 모든 측면에 퍼져 있다. 우리 종은 정상과 이상이라는 두 등급으로 나뉘지 않는다. 우리 종은 저마다 몸 구석구석까지 정상의 무지개를 이룬다. 생식세포 크기로 정의되는 남성과 여성의 차이가 있긴 하지만, 표현형, 염색체, 생화학, 호르몬, 형태학, 두뇌, 정신적 능력, 젠더 정체성 또는 성적 지향에서는 그처럼 뚜렷한 차이가 나타나지 않는다. 생식세포 크기, 생식에 관련된 연결 부위를 제외하면, 어떤 여성은 거의 모든 남성적 특성을 자연스레 갖고 있으며, 어떤 남성은 거의 모든 여성적 특성을 자연스레 갖고 있다. 작은 통계상의 차이를 근거로 인간의 젠더 이분법만 주장하고 양자가 크게 겹치는 부분이 있음을 외면하는 것은 사회적 신화에 다름 아니다.

사람들은 각자가 개인적인 발달 이야기를 갖고 있다. 이 이야기에는 두 생식세포가 융합되는 것에서 시작해, 배아의 삶을 거치고, 유아기 · 아동기 · 성인기 등의 전체 생활사를 아우르며, 젠더 정체성과 섹슈얼리티가 어떻게 표현되는가 하는 내용도 포함되어 있다. 이러한 내재적인 인간 다양성은 어떤 유형의 사회이든지 명백히 드러난다. 하지만 인간의 생물학적 다양성이라는 이 진실은, 생물학자들끼리 이야기하고 수업시간에 제시되며 대중들에게 설명하는 인간 본성에 관한 논의에서는 빠져 있다. 생물학자들의 가르침에 따르면, 사람은 온갖 유형의 이분법, 남성과 여성, 동성애자와 이성애자, 정상과 돌연변이, 건강한 사람과 환자 등으로 나뉠 수 있으며, 그 각각은 자신에게 정의된 틀을 갖는다고 한다. 또한 생물학자들이 가르치는 바로는, 이 틀에서 벗어난 것은 발생을 통제하는 유전자를 떼어내거나 아이들이 자라는 환경을 관리하면 고칠 수 있다고 한다. 자연적인 다양성을 병으로 여기는 이러한 생물학의 가르침은 틀린 데다가 위험하기까지 하다. 그들은 통제라는 불가능한 환상을 선전한다. 또한 개인의 인권을 침해하고 우리 종의 미래까지 위협한다. 다양성을 두려워하는 대신, 역사상의 다른 시기, 다른 문화로 눈을 돌려 인간의 무지개가 어떻게 나타나게 되었는지를 알아보자. 그러면 우리가 차츰 눈떠가고 있는 다양성을 어떻게 하면 더 잘 받아들일 수 있을지에 대해 몇몇 유용한 단서를 찾을지도 모른다. 정의로운 사회는 생물학적으로 다양한 사람들이 함께 살아가고 번영하기 위한 방법을 모색해야 하니 말이다.

3부

문화의 무지개

18장

두 개의 영혼, 마후, 히즈라

젠더와 섹슈얼리티의 보편적인 인간 무지개가 어떻게 전 세계에, 그리고 역사상 다른 시기 여러 사회의 사회적 범주에 들어맞았는지를 살펴보면, 우리 사회제도들이 더 나아지기 위한 몇 가지 아이디어를 얻을지 모른다. 이를 통해 우리는 생물학적 다양성을 억압한 결과로 잃어버린 시간과 불필요한 비용을 막을 수 있다. 동물의 다양성과 마찬가지로, 젠더와 섹슈얼리티의 문화적 다양성에 관한 사실들은 예상 밖으로 매력적이다. 하지만 자연과학과 마찬가지로 인류학, 사회학, 역사학, 신학을 비롯한 사회과학 분야들은 모두 각고의 연구와 주요한 자료들을 통해 확실하게 드러나 있는 다양성을 평가절하한다. 현재 전 세계를 통틀어, 모든 역사를 통틀어 동성애와 트랜스젠더 표현이 얼마나 많은 사람에게 널리 퍼져 있는지를 알게 되면 깜짝 놀랄 것이다. 우리는 그런 이야기를 전혀 듣지 못했으니 말이다.

이 책의 3부 '문화의 무지개'에서는 젠더와 섹슈얼리티 변이가 인간 사회에서 어떻게 나타나게 되었는지를 전 세계에 걸쳐 역사적으로 살펴본다. 나는 여러 가지 방식을 실험적으로 사용해 이 이야기를 구성했다. 단순히 전 세계를 이리저리 돌아다녀야 할까, '비' 오는 날이니까 '비'엔나에 가야 한다는 식으로? 아니면 젠더가 몸의 유형보다는 직업과 사회적 지위를 더 잘 반영해주는 곳부터 시작해야 할까? 그런 문화에서 어떻게 남성의 몸을 지닌 사람들이 효과적으로 여성이 되거나 그 반대로 되는지도 알아보면서 말이다. 또는 고대의 전통적인 사회 범주와 현대의 서구적 사회 범주 사이의(즉, 젠더나 섹슈얼리티가 다른 사람들을 신성시하는 관점과, 동성애자 · 트랜스젠더를 환자로 취급하는 관점 사이의) 충돌을 잘 드러내주는 문화들에 초점을 맞추면 어떨까? 젠더를 강조하는 사회적 범주를 지닌 문화에서 벗어나 성적 지향을 강조하는 문화를 다루면 어떨까? 아니면 성전환수술과 같은 신체 변형을 기대하는 사회와 그렇지 않은 사회를 대조해야 할까? 또는 젠더 범주의 형성과 성 행동의 풍습에 대한 종교의 역할에 초점을 맞출 수도 있다. 흥미로운 시각은 무한히 많다. 내가 설명할 내용은 어느 정도 임의적이긴 하지만, 부디 이 모든 측면에 관심을 두기 바란다.

여기서는 트랜스젠더 여성인 내가 보기에 눈에 띄는 이야기들을 골랐다. 비유하자면 자연계와 진화에 관해 쓴 글은 내 고향의 이야기다. 발생생물학에 대한 글은 이웃 동네 이야기다. 지금 여기서는 학문적 발견의 마지막 여정에 올라, 낯선 학문의 땅을 찾은 여행객으로서 글을 쓴다. 내가 이 낯선 학문 분야의 전통에 밝지 않은 점은 사과하지만, 내가 제기하는 비판을 후회하지는 않는다. 사회과학자들은 자연과학자들이 객관성을 강조하는 경향을 종종 비난한다. 하지만 내가 보기에 사회과학자들은 결함투성이다. 그들 또한 젠더가 남들과는 다른 사람들의 인간적 존엄성을 부정한다.

아메리카의 두 영혼 사람들

샌프란시스코에 정착한 이후로 나는 있는지도 몰랐던 젠더와 섹슈얼리티의 다양한 표현들과 마주쳤다. 그런 표현들은 수없이 많은 민족에 걸쳐 널리 퍼져 있었다. 있는 그대로인 사람들. 그 아름다움. 자기들에 대한 이름도, 언어도 없는 이들. 우리는 이제야 우리 자신에 대해 차츰 알아가고 있다. 때때로 나는 이런 생각이 든다. 우리는 자신보다는 깊은 바닷속의 다양성에 대해 더 잘 아는 존재라고. 하지만 샌프란시스코가 미국 서부 도시로 생겨나기 훨씬 이전에 아메리카의 토박이 나라들은 우리가 지금 트랜스젠더, 게이, 레즈비언이라 부르는 사람들에게 풍족한 사회적 환경을 마련해주었다. 아메리카 원주민 가운데 젠더가 다른 사람들은 '두 개의 영혼'으로 종종 불리는데, 그 자세한 내용은 부족마다 다르다.[1]

어떤 부족은 두 영혼 사람들을 예외적으로 대단히 존중했는데, 이는 어느 정도 그들이 종교의식에서 맡은 역할과 창조에 관한 믿음 때문이다. 예를 들면, 주니족에 내려오는 전설에 따르면, 농사의 영혼들과 사냥의 영혼들 사이에 전쟁이 있었는데, 여기서 두 개의 영혼을 지닌 신이 싸움 당사자들에게 평화를 가져다주었다고 한다. 주니족들은 4년마다 이 사건을 종교의식으로 재현하는데, 여기서 두 영혼 사람들은 두 영혼을 지닌 신의 역할을 맡는다.[2] 이와 비슷하게, 나바호족은 인류의 생존이 두 영혼을 지닌 신들의 창조성에 달렸다고 믿었다. 두 영혼을 지닌 신들을 종교의 토대로 삼았기에, 두 영혼 사람들은 위엄 있고 중요한 존재가 될 수 있었다.

오시티시

인류학자 윌 로스코는 퇴역 육군 장성인 휴 스코트가 1919년에 크로우족의 유명한 두 영혼 여성인 오시티시Osh-Tisch와 어떻게 인터뷰하게 되었는지 그 내막을 전해준다.[3] 오시티시와 처음 만났을 때 스코트 장군은 "'강철 황소'의 거대한 무소 가죽 오두막, 즉 크로우족의 본부에 흘러들었다." 강철 황소의 오두막은 오시티시가 만들었는데, 그녀는 예술가이자 여의사였고 또한 위대한 권위를 지닌 샤먼이었다. 스코트는 그녀가 남성의 몸을 지닌 것으로 알고 있는데 왜 여성의 옷을 입고 있는지 물었다. "그것이 저의 길입니다"라고 그녀는 대답했다. 그러자 얼마나 오랫동안 이렇게 지냈는지 물었다. 태어났을 때부터 "남성이 아니라 여성의 기질이 있었습니다"라고 그녀는 대답했다. 이번에는 어떤 일을 하는지 묻자, "여느 여자들이 하는 일"이라고 답했다. 이어서 대단히 자랑스럽게 그녀는 전복 껍질 장식이 달린 검푸른 여성복, 여성용 혁대와 각반, 섬세한 구슬이 달린 사슴 가죽옷을 꺼내보였다. 오시티시의 사진을 보면 영락없는 여성이다. 그녀는 성적으로도 남성에게 끌렸다.

두 영혼 사람들은 자신들이 지닌 신체적인 젠더로 '통하지' 않는다. 그들의 몸 상태는 누구나 안다. 두 영혼 여성은 여성으로 받아들여지지만, 대체로 한 영혼 여성보다 키가 크고 젖을 먹일 수 없다. 두 영혼 여성들은 여성이 하는 가사일과 경제활동에 참여하며 어느 정도 자란 아이들을 돌본다. 또한 자신들의 키와 체력을 십분 활용할 수 있는 일을 하는데, 여기에는 필요한 경우 전투에서 싸우는 일도 포함된다. 실제로, 오시티시는 용맹함이 남달랐다. 그녀는 또한 다친 전사들을 돌보기도 했다. 전사가 되어 싸우는 것은 '남자의 일'이었지만, 다른 여자들이 인정하듯 오시티시는 여자 중에서 그런 일을 하는 한 명이었다.

'예쁜 방패'라는 젊은 여성은 오시티시의 업적을 한 언론인에게 다음과 같이 일깨워주었다. "남자들이 여자 전사에 대해 말해주던가요?" "아뇨." "아, 남자들은 그런 이야기를 좋아하지 않지요. 하지만 저는 이야기할게요…. 그녀는 남자 같은 모습이었지만, 여자 옷을 입었어요. 그리고 여자의 마음을 지녔죠. 게다가 평소에는 여자들이 하는 일을 했어요. 남자만큼 강하지는 않았지만 여자보다는 더 지혜로웠죠. 남자들은 기자님께 이런 이야기를 안 했지만, 저는 했습니다. 저는 자랑스럽답니다…. 그녀는 용감했으니까요."

1890년대에 인디언 사무국의 한 직원이 오시티시를 포함해 다른 두 영혼 사람들에게 강제로 머리카락을 자르고 남자의 옷을 입히고 남자의 일을 시키려고 했다. 크로우족 사람들이 이 일로 매우 분개하자 크로우족의 추장은 그 직원을 쫓아냈다.[4] 크로우족 추장이 두 영혼 사람들을 위해 이렇게 나서준 것을 보면 그들이 대단한 정치적 지지를 받고 있었음을 알 수 있다.

하스틴 클라

인류학자 윌 로스코는 또한 하스틴 클라Hastíín Klah에 대해서도 설명한다. 나바호족의 유명한 두 영혼 사람이었던 그는 게이이긴 했지만 젠더를 바꾸지는 않았다.[5] 1867년에 태어난 그는 어려서부터 종교에 관심을 보여 열 살 때 처음으로 종교의식을 배웠으며, 아울러 토착 식물들의 치유력을 연구했다. 10대 초반에는 협곡 절벽의 한 동굴을 발견했는데, 그 속에는 어느 주술사가 남겨놓고 떠난 의식용 도구들이 있었다. 동굴의 벽에는 나바호족의 여러 신이 그려져 있었는데, 이를 계기로 클라는 주술사가 되기로 결심했다.

또한 그는 두 영혼으로 인정되었다. "그는 남자의 옷을 입었는데, 형언할 수 없이 부드러운 모습을 보일 때 외에는 전혀 여성적인 면이 없었다." 하지만 나바호족은 그를 두 영혼으로 간주했다. 담요를 짜고, 성적으로 여자보다 남자에게 끌렸기 때문이다.

두 영혼 사람이다 보니, 클라는 자기 어머니와 누이의 옷감 짜는 일을 도왔다. 옷감 짜기는 여성의 생활 일부였고, 자기 절제와 자기 존중, 창의성, 아름다움을 가져다주는 일이었다. 또한 동물·식물의 세계(동물에게서 난 섬유와 식물의 염료로 대변되는 영역)와 옷을 입는 존재인 인간의 세계를 이어주는 일이기도 했다. 클라의 예술적 스타일은 남달랐다. 염료를 입히지 않은 황갈색 양털을 바탕 재료로 삼아 토박이 식물들에게서 얻은 염료로 무늬를 입힌 그의 작품은 나바호족의 뛰어난 옷감 짜기 기술의 새로운 표준이 되었다. 그는 벽걸이 융단 제작에서도 모래 그림 이미지를 표현하는 방식을 새로 개척했다. 모래 그림 이미지는 이전에는 땅바닥에만 그렸던 것이었다.

20대 중반이 되자 클라는 옷감 짜기 실력을 인정받게 되었다. 1893년 시카고에서 열린 만국박람회는 옷감 짜기 기술을 대중들에게 선보이기 위해 원주민을 찾았다. 남자를 데려오길 원했지만, 옷감 짜는 남자는 어김없이 두 영혼인 줄은 모르고 있었다. 클라는 시카고 구경꾼들 앞에서 옷감을 짜며 그해 여름을 보냈다.

박람회에서 클라는 메리 캐벗 휠라이트라는 부유한 보스턴 사람을 만났는데, 그는 이렇게 적었다. "나는 선량함과 관대함, 그리고 성스러움(이 표현 외에는 그를 나타낼 다른 단어가 없으므로)까지 겸비한 클라에게 점점 더 존경과 애정을 느꼈다. 그는 돈과 물품들로 적어도 여덟 명의 조카와 조카딸을 도왔다. … 자신을 위해서는 아무것도 지니지 않았다. 의식을 치를 때 그가 거의 다 해진 옷을 입고 있지는 않았다. 하지만 자기가 얻은 것을 좀처럼 지니지 않고 필요한 사람들에게 주었다."[6] 1930년대부터 메리 휠라이트는 자신이 남길 유산에 대해 궁리하다가 클라와 손을 잡고 박물관을 하나 세웠다. 그것이 바로 지금 산타페에 있는 휠라이트 아메리카 인디언 박물관이다. 클라는 70세에 죽었다. 1937년에 그 박물관이 공식적으로 헌납되기 불과 몇 달 전이었다.

여성 전사들

로스코에 따르면, 그밖에도 여성의 몸을 한 채 남성의 일을 추구했던 이들이 있었다. 예를 들면, 오시티시는 또 한 명의 크로우족 여성과 함께 전사로 활약했다. '예쁜 방패'에 따르면, "그 다른 여성은 **야성적인** 사람으로, 자기 남자를 갖지 않았다. 그녀는 거칠면서 또한 용감했다. 이름은 '다른 까치'였다. 그녀는 예뻤다."[7] '다른 까치'가 두 영혼이었는지는 알려져 있지 않지만, 그녀의 이야기를 통해 크로우족 여성들의 행동 범위가 전통적인 남성적 행동을 포함할 만큼 폭넓었음을 알 수 있다.

오시티시와 '다른 까치'는 '황소 뱀'이라는 전사를 함께 구해냈다. 그는 라코타인에 의해 상처를 입고서 말에서 떨어져 있던 상태였다. 오시티시는 "그에게 쏜살같이 달려가더니 말에서 내린 다음, 쓰러져 있던 그를 옆에 두고서 재빨리 총알을 장전한 다음 라코타인을 향해 발사했다." 한편, '다른 까치'는 말을 타고 이리저리 다녔는데, 손에 막대기를 잡고 휘지으면서 전쟁 노래를 불러 적의 시선이 자기에게 향하게 했다." 두 여인 모두 그날 죽

음을 각오했습니다…. 저는 이 두 여인이 자랑스럽습니다"라고 '예쁜 방패'
는 회상했다.[8]

　　트랜스젠더가 분명한 다른 여성 전사들도 있었다. 샤이엔족의 두 영혼
여성들은 "종종 위대한 전사들이었으며 심지어 미국 최고법무책임자와 자
리를 함께하여 영향력 있는 발언을 하기도 했다."[9] 한 샤이엔 화가는 가슴이
밋밋한 여성이 장총을 쏘는 모습을 그림으로 그렸다. 그녀는 허리에 천 조
각만 두른 채 싸우는 특수부대의 남자 전사와 같은 복장이었다. 두 영혼 여
성들은 서로 낭만적인 관계를 맺는다고 알려져 있었다. 1890년에 찍힌 한
사진에는 케찬족의 두 영혼 여성이 보인다. 그녀는 남자처럼 허리에 천을
둘렀으며 활시위로부터 손을 보호하기 위해 손목에 찬 보호대도 남성용이
었고, 한 손을 엉덩이에 대고 서 있는 전형적인 남성적 자세를 취하고 있었
다. 그녀는 한 여자와 결혼한 것으로 알려졌다.[10] 최근의 연구에서는 지도가
발견되었는데, 여기에는 남성이지만 여성으로 사는 젠더, 여성이지만 남성
으로 사는 젠더, 또는 이 두 유형의 젠더가 함께 있는 부족들의 위치가 표시
되어 있으며, 아울러 여러 관계의 결합이 사회적으로 인정되고 허락되었음
을 알려주는 도표도 그려져 있었다.[11]

　　두 영혼이라는 것은 일차적으로 서로 다른 영혼을 갖고서 서로 다른 북
에 맞춰 행진한다는 뜻이지만, 반드시 젠더 변이를 뜻하지는 않는다. 여러
이야기의 내용대로, 두 영혼 사람들의 범위는 서구 사회에서 레즈비언, 게
이나 트랜스젠더로 인정될 여러 사람들을 포괄한다.

전환 의식

인류학자 월터 윌리엄스는 나바호족의 커밍아웃 의식을 설명해주는데, 이

의식은 공동체에서 어린 두 영혼 사람을 인정하고 축복하는 자리다.[12] 의식을 치르는 날에, 그 젊은이는 둥그렇게 모인 사람들 가운데 선다. 나바호족의 한 샤먼에 따르면, "만약 그 사내아이가 여러 사람이 보는 앞에서 사람들 가운데 기꺼이 서 있으면, 분명 의식을 치르겠다는 표시다. 무리들 속에 숨은 한 사람이 노래를 부르기 시작했다. 노랫소리를 듣자마자 사내아이는 여자처럼 춤을 추기 시작했다." 두 영혼이 아닌 어린아이는 춤을 추려고 하지 않는다고 한다. 하지만 두 영혼일 경우, "노래가 바로 가슴으로 들어오고 격렬하게 춤을 추게 된다. 저절로 춤이 추어진다. 네 번째 노래가 끝난 후에, 두 영혼으로 선언된다." 이후에는 목욕을 하고 여자의 치마를 받는다. 그다음엔 여자의 옷차림을 한 채 다시 춤추던 자리로 가서, 사람들에게 자기의 새 여자 이름을 알린다. 그 후로는 이전에 남자 이름을 가졌던 것에 대해 분개한다고 한다.

파파고족도 비슷한 전환 의식을 치렀다. 덤불을 모아 작은 천막과 같은 공간을 만들었는데, 그 속에는 활과 화살, 물통이 하나씩 들어 있었다. 아이가 그 속으로 들어갔고 어른들은 바깥에서 살펴보았다. 아이를 들어가게 한 다음 덤불에 불을 붙였다. 그 아이는 활이나 화살, 아니면 물통 중 하나를 잡은 다음에 불길을 빠져나올 수 있었다. 만약 물통을 잡았다면 두 영혼으로 인정되었고, 그 밖의 경우에는 사내아이로 남았다.

다른 성의 몸을 닮게끔 몸을 바꾸는 전통은 두 영혼 사람들에게는 없다. 남성은 여성의 성기를 닮도록 자기 성기를 바꾸지 않으며, 여성도 자기 가슴을 눌러서 숨기지 않는다. 하지만 두 영혼 사람들이 꼭 자기 몸을 편안하게 여기는 것은 아니다. 모하비족의 어느 두 영혼 여성은 사랑을 나눌 때면 곤혹스러워했다고 한다. 왜냐하면 "음경이 나무껍질 치마의 헐렁한 올 사이로 불쑥 튀어나왔기 때문이었다."[13] 또 다른 어느 두 영혼 여성은 자신의 음경을 만지작거리는 것에 예민했는데, 그게 클리토리스라고 불리는 편을 더 좋아했다. 순전히 성적으로 흥분되어서 만지작거리는 것이 보통이었지만, 어느 두 영혼 여성의 애인은 이렇게 밝혔다. "저는 관계를 갖는 동안이 아니고는 발기한 음경을 감히 만진 적이 없어요. 그건 죽음을 자초하는 거예요. 왜냐하면 발기한 음경을 너무 많이 만지작거리면 그이가 난폭해지거든요."[14] 두 영혼 사람들은 자신들의 몸에 불만을 느끼긴 했지만, 성기 변형은 사회가 허락하지 않았고 또한 섹스 파트너도 바라는 일이 아니었다.

정복자 정신

1500년대의 스페인 정복자들은 두 영혼 사람들에게 잔혹했다.[15] 1530년에 누노 데 구즈만은 자신이 전투에서 마지막으로 붙잡은 사람에 대해 이렇게 말했다. "그는 가장 용감하게 싸웠는데, 여자처럼 행동하는 남자였다. 그래서 불태워 죽였다." 파나마에 있을 때 바스코 누네스 데 발보아는 여자 복장의 남자들을 보자, 산 채로 잡아먹으라고 개들에게 던져버렸다. 리마의 스페인 관리였던 칼란차는 후에 "영예로운 가톨릭교도인 한 스페인 사람의 훌륭한 행동"이라며 발보아를 칭찬했다.

스페인은 아메리카 정복을 정당화하기 위해 원주민들이 '합리적인' 사람인지를 따졌다. 가톨릭교회에서 정의한 대로 이성, 지성, 도덕성 등을 함께 갖춘 존재인지를 따졌다는 말이다. 만약 원주민들이 합리적이라면 그들을 정복하는 행위는 정당하지 않은 셈이다. 만약 비합리적이라면, 그들을 정복해 기독교도로 만드는 행위는 마치 동물을 사육하는 것과 마찬가지로 정당한 일이었다. 남자들끼리의 성교는 반박의 여지가 없는 비합리성의 증거가 될 터였다. 따라서 스페인 개척자들은 표준과는 다른 젠더의 사람들이 동성애를 행하는 것을 밝혀내는 데에 관심이 높았다. 그렇게 하면 자신들의 정복을 정당화할 수 있었기 때문이다. 하지만 정복 기간에 보인 그들의 행동은 가축 사육의 정도를 훨씬 지나쳤다. 왜냐하면 동물에 대한 잔혹 행위를 반대하던 도덕적 이유가 이 경우에는 전혀 적용되지 않았기 때문이었다.

유럽인의 박해가 아메리카의 두 영혼 사람들을 뿌리 뽑지는 못했다. 두 영혼은 유구한 전통을 갖고 있다. 인류학자들은 뉴멕시코의 키바(종교적 의식을 치르는, 둥근 형태의 방)의 벽에서 1500년 전에 두 영혼을 그린 그림을 찾아냈다.[16] 두 영혼 전통은 오늘날에도 살아 있다. 미국 전역에 걸쳐 있는 아메리카 원주민 단체들이 이 유산을 다시 살려내고 있으니 말이다.

하지만 인류학자들은 오늘날의 트랜스젠더와 아메리카 원주민의 두 영혼 간의 유사점보다는 차이점에만 주목하는 경향이 있다. 그것도 종종 편견에 가득 찬 언어를 사용하면서. 인류학자들은 오시티시를 포함한 두 영혼 사람들에 대해, 원주민들 자신이 사용했던 젠더에 알맞은 대명사를 사용하기보다는, 그들의 생식기 유형을 근거로 한 젠더 관련 대명사를 사용한다.[17] 이 단어들은 두 영혼 사람들이 훌륭하게 이뤄냈던 젠더 넘나들기를 가로막는다. 한 인류학자는 현재의 성전환자를 가리켜, "생물학적 결정주의 이데올로기" 때문에 "신체 변형"이라는 "값비싼 가격"을 치르지만 "남성으로 지닐 때만큼이나 여성으로 지닐 때도 불편하기는 매한가지"라고 느끼는 "우리 문화의 산물"이라고 부른다. 하지만 이런 주장은 데이터로 뒷받침되지는 않는다. 이 인류학자는 나아가서 "동성애자 정체성이 트랜스젠더 정체성보다는 두 영혼 사람의 역할에 더 가깝다"고 말한다.[18] 두 영혼 사람들의 명백한 트랜스젠더적 측면을 동성애자 정체성으로 바꾸어버리는 것은 트랜스젠더 경험을 도용하는 짓이다.

다른 인류학자들은 젠더가 표준과 다른 두 영혼 사람들을 남성도 여성도 아닌 제3의 젠더로 분류하면서, 두 영혼 사람들 중 일부가 제3의 중간 영역이 아니라 실제로 자신들이 인정하는 젠더에 속한다는 점을 부정한다. 모든 여성은 키, 체력, 적성, 모유 수유·생식의 능력이 다르다. 두 영혼 여성들은 다른 이들보다 키도 크고 힘도 센 데다 수유 능력이 없는데도 그저 다른 유형의 여성일 뿐일까? 아니면 신체적 차이 때문에 다른 범주에 속한다고 보아야 할까? 여러 이야기를 살펴보면, 일부 두 영혼 사람들은 뚜렷한 하나의 젠더를 형성하지 않고서 남성과 여성의 두 주요 젠더가 섞인 형태인 듯하다.

대체로 아메리카 원주민 사회의 두 영혼 사람들은 다양한 스펙트럼으로 이루어진 하나의 그룹으로서, 서양인들이 게이, 레즈비언, 트랜스젠더라는 서로 다른 사회적 색깔로 구분하는 젠더와 섹슈얼리티의 전체 무지개에 두루 걸쳐 있다. 다음에 살펴볼 폴리네시아는 아메리카 원주민의 젠더·섹슈얼리티 표현과 매우 흡사한 양상을 보인다. 폴리네시아는 아메리카보다 훨씬 나중에 식민화되었기에, 토착적 제도들이 아메리카 원주민과 같은 정도로 말살되지는 않았다. 하지만 젠더와 섹슈얼리티의 토착적 표현들이 유입된 서구의 사상과 충돌을 일으키고 있는데, 이 때문에 전통과 현대 사이에 갈등이 일어나고 있다.

폴리네시아의 마후

인류학자 니코 베스니에는 프랑스 탐험가 루이 앙투안 드 부갱빌이 1766~1769년에 남태평양을 항해하던 중 타히티섬과 마주친 이야기를 전해주었다. 배가 그 섬에 다다랐을 때 원주민 카누가 맞이하러 나왔는데, 배 안에는 "여자들로 가득 차 있었는데, 그들은 대부분의 서양 여자에 못지않은 근사한 외모였다. … 남자들은 … 우리들에게 여자를 하나 골라서 같이 뭍에 오르라고 했다. 그리고 그들의 몸짓을 보니 … 우리가 여자를 어떻게 대해야할지를 짐작할 수 있었다. 여자들에 둘러싸여 있다 보니, 여섯 달 동안 여자를 본 적이 없던 400명의 젊은 프랑스 선원들로서는 자기들 일만 계속하기가 매우 힘들었다. … 정말 그때처럼 기꺼이 닻을 내렸던 적은 없었다."[19]

그러한 기꺼움은 곧 경멸로 바뀌었다. 타히티에 전도 시설을 세웠던 런던선교사협회는 그 섬이 "남태평양의 더러운 소돔이며, 이 섬에서는 모든 사람이 간음과 간통 외에는 다른 일을 거의 생각하지 않는 듯 보였다. 어린 아이들도 만 일곱 살이 채 되기도 전에 처녀성을 잃었다. 아이들이 아이들과 어울리고, 종종 사내아이들도 서로 어울리는데, 온종일 사악한 짓을 함께 일삼았다."[20] 선교사들은 특히 영국 선장인 윌리엄 블라이가 묘사한 내용을 듣고는 아연실색했다. 이런 내용이었다. "마후Mahu라고 불리는 사람들 무리가 있다. 이 사람들은 … 특히 사내아이였을 때 선택되어 오직 남자들을 돌보는 일을 하는 여성들과 함께 지냈다. … 여성들은 그를 자신들과 같은 성으로 대했으며, 그는 여성들과 마찬가지로 모든 규칙을 지켰다. 그는 여자들과 마찬가지로 존경받고 귀하게 여겨졌다."[21] 블라이 선장은 타히티 판 두 영혼 사람들을 만난 셈이었다. 이들은 마후라고 불렸는데, '반은 남자고 반은 여자'라는 뜻이다. 폴리네시아의 모든 섬에는 마후가 있었다. 하지만 사모아와 통가에서는 이름이 달랐다. 하와이에서는 타히티처럼 마후라고 불렸다.

블라이 선장은 마후가 여성들의 무리 속에 섞여 있었다고 전한다. 다른 보고에 따르면, 선원들이 마후를 만났을 때는 놀랍게도 여자인 줄 알았다고 한다. 1789년에 한 선원은 이렇게 적었다. "나와 함께 뭍에 올랐던 신사들 중 한 명은 춤추던 한 여자에게 흠뻑 빠져서 그 여자 생각만 하다가 … 자기랑 함께 우리 배에 오르자고 줄기차게 설득한 끝에 그 여자도 찬성했다. 그런데 처녀인 줄만 알았건만, 그럴듯한 여자 옷차림을 벗기고 보니 말쑥하고 근사한 사내아이였다."[22] 원주민들은 해변으로 따라와 이 재미난 상황에 웃음을 터뜨리고 재미있어했다고 한다. 이 이야기를 통해, 비록 영국인들은 마후인 여성과 마후가 아닌 여성을 구분할 수 없었더라도, 타히티 사람들은 분명히 그럴 수 있었음을 알 수 있다. 이로써 마후가 제3의 젠더인가, 아니면 여성의 젠더 속에 포함되는가 하는 문제가 대두된다.

베스니에의 최근 연구에 따르면 마후는 여성에게 맞는 일, 요리, 청소, 장작 모으기, 빨래, 담요 짜기, 옷 만들기 등을 한다. 도시에 사는 경우에는 비서나 집안 도우미 일을 한다. 사람들과 어울리는 측면에서는, 마후는 여성들의 공간에 사는데 "서로 팔짱을 끼고 걷고, … 함께 어울려 다니며 수다를 떨면서" 나이가 들어간다. 외모로 보면, 마후는 전형적인 여성적 특징을 가지며 가끔씩 여성 차림을 한다.[23] 들리는 말로는, 마후는 "살랑살랑 걷는 걸음걸이"에다가 "말이 빠르고 수다스러우며 얼굴이 생글생글한데, 이는 대체로 과묵하고 무뚝뚝한 남성의 성격과는 뚜렷이 다르다". 그들은 "자신들의 외모에 지나치게 관심이 많으며, 꽃이나 꽃다발을 몸에 달고 향수를 바르며, 도시에 사는 경우에는 진한 화장을 한다". 사진 속의 마후는 여성처럼 보이지만 완전한 여성이라고 하기에는 조금 부족하다. 하지만 여성들의 공간에서 함께 어울리고 여성적인 일을 하는 것은 분명하다.

마후는 "어떤 형태로든 성욕에 눈을 뜨기" 전의 어린 시절에 보이는 젠더 성향을 통해 정체성이 확인된다.[24] 이후 마후는 남자와 성적인 관계를 맺을 가능성이 크긴 하지만, 남자에 대한 성적 지향은 마후의 지위를 얻는 데에 "꼭 필요하거나 충분한 기준"이 아니다. 마후는 다른 마후와는 성적인 관계를 맺지 않는다. 또한 마후는 자신의 지위를 버리고 결혼하여 아비가 됨으로써 남자가 될 수도 있다. 마후는 남성에 의해 언제든지 성적으로 정복될 수 있는 존재로 여겨진다. 마후는 우스꽝스럽게 희롱하는 방식으로 남성들을 성적으로 조롱할 수도 있다. 또한 마후는 남성들, 특히 술을 많이 마신 남성들한테 종종 괴롭힘이나 신체적 폭력을 당하기도 한다.

두 영혼과 달리 마후는 남성의 정치적 권력이나 특권을 얻을 수 없다. 또한 사회에서 비교적 낮은 지위를 갖는다는 점에서도 두 영혼과는 다르다. 마후는 오시티시와 같은 두 영혼 사람들과 달리 지도자 역할을 꿈꿀 수 없다. 폴리네시아에서 마후는 종교적 생활과는 아무 관련이 없으며,[25] 공개적인 커밍아웃 의식도 없다.

하지만 절반은 남성이고 절반은 여성인 마후는 남성적 젠더와 여성적 젠더가 결합된 특성을 아메리카 원주민의 두 영혼 사람들과 공유한다. 또한 두 영혼 사람들과 마찬가지로 마후는 그 자신이 여성의 몸이 맞는지 자세히 검사받지 않고도, 자신들에게 어울리게 어느 정도 여성들의 공간에서 지낼 수 있다. 따라서 그들은, 앞으로 살펴볼 인도의 **히즈라**와는 다르다. 히즈라는 고대사회로 치자면 고자(또는 내시)이고 현시대로는 성전환자인 셈인데, 성을 바꾸는 신체 변형을 모두가 겪는다. 마후는 남성도 아니고 여성도 아닌 존재로 여겨지지는 않았으며, 또한 히즈라, 고자, 성전환자처럼 무언가가 부족한 존재로 여겨지지도 않았다. 그 대신 마후는 아메리카 원주민의 두 영혼처럼 남성과 여성이 반반씩 있는 존재다.

비록 폴리네시아 사회는 프랑스 식민통치와 선교 문화의 영향을 받긴 했지만, 아메리카 원주민 문화와 달리 대체로 자신들의 문화가 온전히 남아 있다. 폴리네시아 사회는 분명 비非서구적인 지역으로서, 과거와 현재의 문화 차이가 감당할 수 없을 정도로 다르지는 않다. 따라서 폴리네시아는 젠더와 섹슈얼리티에 대한 인류학적 연구를 앞으로 계속하기에 안성맞춤인 곳이다.

인류학자 데버라 엘리스턴이 최근에 소개한 마후에는 초기 탐험가들의 주목을 받았던 남성적인 여성과 더불어 여성적인 남성도 포함되어 있다. 한 여성은 다음과 같이 여성적인 몸을 지닌 사람도 마후일 수 있다고 설명했다. "마후는 원래 뜻대로 남성일 수도, 여성일 수도 있으며 둘 다일 수도 있다."[26] 엘리스턴은 "여성적인 몸을 지닌 마후의 특징, 단서, 신호와 행동"을 분간하는 데에 처음에는 어려움을 겪었다고 밝혔다. 하지만 트럭 운전이나 가족을 먹여 살리기 위한 농사짓기와 같은 일을 하는 데다, 특정한 몸짓과 옷차림 그리고 대부분의 여성이 머리를 아주 길게 기르는 사회에서 머리를 짧게 기르는 것 등은 남성적인 측면으로 해석되었다.

오늘날의 폴리네시아인들은 대체로 마후를 인정하는 편인데, 그 주된 이유는 마후를 자연적인 '있는 그대로'의 존재로 여기기 때문이다. 마후는 아직 어린 시절에 트랜스젠더 스타일의 외모나 트랜스젠더다운 일을 좋아하는 모습을 보임으로써 자신을 드러낸다. 여자아이 성향을 지닌 사내아이들과 톰보이 스타일의 여자아이(프랑스어로 가르송 망케garçon manqué)는 마후일 가능성이 크다. 마후의 지위에는 성적 지향보다는 젠더 정체성이 더욱 중요하다. 실제로 마후의 섹슈얼리티는 여러 가지로 다양하다. 어떤 연구 보고에 따르면, 남성적인 몸을 지닌 마후는 남성, 특히 젊은 남성과 섹스를 했지만, 그중 여럿은 여성과 장기간의 관계를 맺어 자식을 낳아 아버지가 되었다. 하지만 순결을 지키면서 독신으로 사는 이들도 있었다. 여성적인 몸을 지닌 마후는 대체로 여성을 애인으로 두었지만, 많은 이가 때로는 남성 애인을 두었으며 또한 순결을 지키며 독신으로 지낸 이들도 있었다.[27] 이처럼 섹슈얼리티보다는 젠더를 강조하는 경향은 순결을 지키는 독신생활을 비롯해 온갖 종류의 성적 지향을 나타내는 현대 미국인의 트랜스젠더와 꽤 닮아 있다. 하지만 미국의 트랜스젠더들은 서로 관계를 가질 수도 있는 반면, 마후는 오직 남성이나 여성과만 관계를 맺지 다른 마후와는 관계를 맺지 않는다.

폴리네시아인들은 사람을 남성적인 요소와 여성적인 요소가 '혼합된' 존재라고 여긴다.[28] 사람들은 남성성과 여성성의 비율이 서로 다른 까닭에 달라진다고 보는 것이다. 남성의 몸을 지닌 마후는 남성성보다 여성성이 더 많이 혼합되어 있으며, 여성의 몸을 지닌 마후는 그 반대다. 남성의 몸을 지닌 마후가 남성에게 끌린다는 것은 마후의 여성적 요소가 남성에게 이끌림을 나타낸다. 따라서 기본적인 성적 이분법을 인정하면서도 몸이 상이한 조합을 표현하는 것이 허용된다.

엘리스턴에 따르면, 타히티에서 최근에 특히 흥미롭게 드러나는 현상은 특히 수도 파페에테에서 볼 수 있는데, **라에라에**raerae라고 하는, 프랑스어로는 **트라베스티**travesti라고 불리는 서양식 트랜스젠더의 출현이라고 한다. 현재 이들은 오로지 남성에서 여성으로 바뀐 트랜스젠더로, "유럽 중심적인 백인 여성의 모습을 구체적으로" 모방한다.[29] 사람들 앞에서 대부분의 트라베스티는 유럽 여성의 옷을 입는다. 미니스커트, 노출이 심한 반바지, 홀터톱, 하이힐 등을 착용하는데, 이 모두는 프랑스령 폴리네시아 전역에서 매스미디어가 이상적인 옷이라고 광고해온 백인 여성의 차림새다. 대부분의 트라베스티는 적어도 파트타임으로라도 남성 고객을 대상으로 몸을 파는 일에 종사한다. 놀랍게도 트라베스티는 그런 모습이 되기를 스스로 '선택'했다고 말한다. 다시 말해, 마후와는 달리 그런 방식을 통해 트랜스젠더로서의 본성을 나타내기로 분명히 스스로 선택했다는 뜻이다. 그들은 처음에는 다른 남성과 성관계를 갖는 남성으로 시작하지만 마후로 인정되지는 않는다. 그러다가 나중에 트라베스티로 변한다. 대부분은 호르몬을 투여받는데, 상당수는 성전환수술을 한다. 전환하기 전에 자식을 낳아 아버지가 된 이들도 있다.

타히티 사람들은 옷차림새가 '지나치고' 모습이 이상하다는 이유로 그들을 낮추어 본다. 아울러 그들은 '언제나 그대로의 모습으로 사는' 마후와 달리 진짜가 아니라고 여겨진다. 여기서 우리는 트랜스젠더에 관한 두 가지 서로 다른 문화적 표현 사이의 충돌을 목격한다. 이 충돌이 어떻게 진행될지는 생생하고 매력적인 인류학 연구과제가 될 것이다. 이와 비슷하게, **동성애자**와 **레즈비언**이라는 새 범주가 타히티에도 도착했다. 유럽의 게이 · 레즈비언 정체성을 나타내는 이 개념들은 마후의 범주에 그대로 들어맞지는 않는다. 앞으로 어떻게 될지 지켜보도록 하자.

인도의 히즈라

인도는 워낙 인구가 많다 보니 트랜스젠더로 인정되는 사람들의 비율은 매우 낮더라도 전체 트랜스젠더의 수는 매우 많다. 10억 이상의 인구를 지녔기에 인도는 트랜스젠더의 수가 100만 명 이상이나 된다. 이들은 종교적 집단이자 카스트상의 한 신분이기도 한 **히즈라**Hijra라는 집단에 속해 있다.[30] 히즈라는 남성에서 여성으로 바뀐 트랜스젠더들로 이루어진 집단으로서, 구성원들은 대부분 신분이 낮은 불가촉천민 계급이다.

종교적인 면에서 보면, 히즈라의 일생은 바후차라 마타, 줄여서 마타라고 하는 어머니 여신에 오로지 헌신하는 삶이다. 주요 히즈라 사원은 인도 북서부 지역의 뭄바이 북쪽에 있는 구자라트의 아마다바드 근처에 있다. 종교는 원칙적으로 힌두교이지만, 일부 이슬람교적 요소도 가미되어 있다.

히즈라는 남자아이가 탄생하면 축하 의식을 치르며, 결혼할 때는 마타에게 축복의 기도를 올린다. 인도가 서구화되면서 이러한 의식을 치를 필요가 줄어들고 있으며, 히즈라는 점점 더 성매매업에 종사하거나 거지로 지낸다. 히즈라는 이런 악순환에서 벗어나려고 노력하고 있는데, 일부는 최근 공무원으로 뽑히기도 했다. 2001년 1월,《뉴욕 타임스》에는 25만 명의 사람들이 사는 석회석 광산 도시인 카트니에 새로 부임한 히즈라 시장과 더불어 인도 전역에서 다른 직위에 선출된 다섯 명의 히즈라가 소개되었다.[31] 이보다 3년 전에도《월스트리트 저널》은 또 다른 히즈라 출신 정치 지도자를 다루었다.[32]

인류학자 세레나 난다에 따르면, 히즈라는 전국적으로 일곱 군데의 지정된 그룹으로 나누어져 있다. 각 그룹의 연장자는 **나이크**naik라고 불리는

데 중소 도시나 뭄바이 같은 대도시의 한 구역과 같은 지역에서 관할권을
갖는다. 나이크들이 모여 **자마트**jamat를 이루는데 이것은 연장자들의 모임
으로, 그 지역의 통치위원회 기능을 한다. 자마트는 히즈라에 들어오려는
지원자를 공식적으로 승인한다. 히즈라에 들어오려는 지원자는 **첼라**chela,
즉 사도使徒라고 불린다. 이들은 구루, 즉 사부의 보살핌을 받으면서 그 밑
에서 견습생으로 지낸다. 히즈라에 들어가려면 지원자는 구루의 문하에 들
어야 하고, 이어서 구루가 그를 자마트에 데려가 소개한다. 첼라는 자신이
번 수입을 구루에게 주며 그의 권위에 복종한다. 구루는 첼라의 안녕을 책
임지며 아울러 자마트에 입회비도 내준다. 구루는 보통 다섯 명으로 이루어
진 작은 공동체에서 첼라들과 함께 산다. 가끔씩 히즈라는 결혼하여 남편과
함께 살기도 한다.

　히즈라의 외모는 히즈라가 아니라고 여겨지는 모습에서부터 야한 옷차
림과 묵직하게 울리는 목소리처럼 두 젠더가 함께 섞인 외모까지 다양하다.
히즈라는 대체로 브래지어와 보석을 비롯한 여성의 옷차림을 하며 여자처
럼 머리를 길게 기른다. 얼굴은 매끈하게 보이려고 수염을 뽑는다. 히즈라
는 여자처럼 걷고 앉고 서며, 남자와 달리 허리춤에 물동이를 얹고 다닌다.
히즈라는 여자 이름을 가지며, 여성적인 표현과 억양을 포함하여 여성적인
언어를 사용한다. 그들은 공공시설에서 여성의 자리를 요구하며 때로는 전
국 인구조사에서 여성으로 취급해달라고 부탁한다.[33] 히즈라는 또한 여성
적인 옷차림과 태도를 과장하여 우스꽝스럽게 보이기도 하고, 여자답지 않
은 조잡하고 모욕적인 말과 몸짓을 보이기도 하며, 보통은 남자의 '특권'인
담배도 피운다.

　히즈라는 인도 사회에서 주변적인 존재로 취급되며, 히즈라가 아닌 여

성들로부터는 여성으로 인정받지도 못한다. 그들은 어쩔 수 없이 전통적인 두 젠더 바깥에 머물며 제3의 젠더를 이룬다. 인도인들은 젠더 다양성을 인정하기는 하지만, 다음 구절처럼 사회적으로 그런 다양성을 받아들이지는 않는다. "그들을 초대해 차 대접이라도 할 것처럼 말하지 말라."[34] 힌두 사회가 히즈라에게 보이는 태도는 복합적이다. 결혼식에서 히즈라가 하는 축복의 기도는 번영과 다산을 약속하기도 하지만, 그들이 저주를 내리면 불임이나 기타 불행을 불러올지도 모른다. 히즈라는 돈과 물건을 달라는 자기들의 요구를 들어주지 않는 가족에게 모욕을 주는데, 이 모욕은 가벼운 욕이나 조롱에서 시작해 더 센 모욕으로 이어지고 급기야는 가장 무서운 모욕, 즉 자기 옷을 들어 올려 성기 부분을 보여주는 행위로 절정을 맞는다.[35] 히즈라의 영적인 역할은 이러한 강탈 행위 탓에 빛이 바랜다. 히즈라는 특별히 신성한 존재이면서 동시에 두려움, 학대, 조롱, 때로는 경멸의 대상이기도 하다.

현시대의 이야기들

히즈라들의 개인적인 스타일이 어느 정도 다양한지는 세레나 난다가 설명한 어느 공동체에서 함께 살아가는 사람들을 통해 엿볼 수 있다.[36] 공동체의 책임자인 여성은 키가 180센티미터가 넘는 아름다운 외모의 전형적인 인도 여인인 데다, 칠흑같이 검은 머리카락은 화려하고 풍성하며 허리 아래까지 내려온다. 그녀는 시폰(실크나 나일론으로 만든, 속이 비치는 얇은 직물. ─ 옮긴이)으로 만든 사리를 입고 다이아몬드 귀걸이를 했으며 금목걸이에 팔찌도 찼다. 화장실을 관리하는 히즈라는 아주 뚱뚱했고, 외모가 남자 같아서 팔에 털이 매우 많았으며 손목에 문신이 있었다. 그녀는 보석을 착용하지 않았으며 '거대한 부처' 같은 모습으로 그려졌다. 또 다른 한 명은 젊고 아름답고 여성적이었으며, 밤에는 자기 남편과 함께 지냈다.

난다가 인터뷰한 히즈라 중에는 서른다섯 살인 카믈라데비가 있었는데, 그녀는 11학년까지 수녀원이 운영하는 학교에 다녔던지라 영어, 힌디어, 타밀어에 능통했다. 어렸을 때 카믈라데비는 바지 입기를 거부하고 룽기만 입었다. 룽기는 비단이나 무명으로 지어진 화려한 밝은색의 전통 치마다. 그녀는 학교에서는 눈썹 화장을 하고 립스틱을 발랐다가, 집에 오기 전에 지웠다. 열한 살 때 한 사내아이와 첫 성 경험을 했으며, 후에는 학교의 여러 남자 선생님과 밀회를 즐겼다. 부모는 그녀가 여성이 되려고 애쓰는 것을 막으려고 했다. 그녀의 아버지는 범죄 담당 부서에서 근무하는 경사 계급의 경찰관이었는데, 심지어 부하를 시켜 자기 딸을 감시하게 했다. 하지만 히즈라는 카믈라데비를 알아보고 자기들과 함께 지내자고 초청했다. 초청을 받아들여 그녀는 뭄바이로 갔는데, 거기서 성매매업에 종사했다. 그렇게 암울한 일생을 살다가, 인터뷰 직후에 세상을 떠났다.

난다가 인터뷰한 또 다른 히즈라로 미라가 있었다. 그녀는 마흔두 살의 성공한 히즈라 구루였다. 옷차림새가 단조롭고 몸가짐이 보수적이어서 '중산층 주부'처럼 보였다. 얼굴은 남자 같았지만 남달리 강한 여성적 젠더 정체성을 갖고 있었다. 네댓 살 무렵에 이미 여자아이인 척하며 살랑살랑 걸었다. 아버지는 그녀에게 빈디(인도 여성들이 이마에 붙이는 색깔 있는 점)와 더불어 여자아이 옷차림을 허락해주었다. 어른이 되자 그녀는 여성호르몬을 맞아서 몸무게를 늘렸다. "이제 난 진짜 여자처럼 아름답고 토실토실해요."[37]

미라에게는 아메드라는 남편이 있었다. "낙담하여 눈물을 흘리고 있으면 아메드가 이렇게 물어요. '왜 그리 우울하오? 바라는 게 뭐요? 무슨 일이 생긴 거요?' 그리고 아메드가 안 좋으면, 심지어 그냥 머리가 아프더라도 저는 밤새도록 그이 옆에 앉아서 머리와 몸을… 주무르며 간호를 했어요. 그이는 저를 잘 지켜주었어요. 누구라도 절 놀리거나 괴롭히면 그이는 대단히 화를 냈어요…. 그이가 여기 없을 때는 경찰과 부랑아들이 절 괴롭혔지만, 그이가 있을 때는 아무도 얼씬거리지 않았어요…. 만약 누군가가 절 괴롭히면, 제 남편이 단단히 혼을 내서 쫓아냈어요. 내게는 남편이 하느님이나 마찬가지예요…. 만약 남편이 다른 여자나 다른 히즈라에게 가버리면 전 머리를 깎고서 마치 사티sati(옛날 인도에서 아내가 남편의 시체와 함께 산 채로 화장되던 풍습. 수티suttee라고도 함. — 옮긴이)하는 과부처럼 제 몸을 불태워버릴 거예요." 나중에 한 인터뷰에서 미라는 입양해서 기르던 조그만 아기를 보여주었다. 다년간의 호르몬 주사를 맞아서 그녀의 가슴은 충분히 커져 있다. "이제 바랄 것이라고는 제 남편이 잘 지내고, 제 첼라가 잘 지내고, 우리가 먹고 살기에 충분한 돈을 하느님이 주시는 것뿐이에요. 하느님은 위대하세요."

하지만 이런 미라의 인생길이 그저 순탄히 얻어진 것은 아니다. 그녀는 이전에 한 여자와 결혼해 딸을 두었으며, 나중에는 그 딸에게 혼처를 마련해주었다. 미라는 일생 중 그 부분에 관해 물으면 답을 피했다. 카믈라데비의 표현대로 그녀도 "히즈라가 되기 위해서는 여자와 어떤 관계도 가져서는 안 된다"는 것을 알고 있었다.[38]

수실라는 서른다섯 살 때 인터뷰를 했는데, 그녀는 말레이시아의 한 타밀족 가정에서 태어났다. "학창 시절 초반부터 나는 오직 여자아이 옆에만 앉곤 했어요"라고 그녀는 회상했다.[39] 그녀는 열세 살 때 아내, 어머니, 자매들과 함께 사는 한 유부남 선원과 성적인 관계를 맺었다. 수실라가 그들과 함께 살려고 갔을 때, 수실라의 부모는 **빈디**와 **카잘**kajal(여성 화장)을 했다는 이유로 그녀를 다시 데려가려고 하지 않았다. "제 가족은 그걸 싫어했어요"라고 설명한 뒤 부모가 그런 자기 모습에 '당황'했다고 말했다. 그녀는 잠시 후 스스로 집으로 돌아갔다가 어느 날 영화관에서 한 히즈라를 만나게 되었다. 히즈라는 자기들과 같이 살자며 "평생 사리를 입고 살아도 돼요"라고 그녀에게 말했다. 수실라는 히즈라 집단에 들어갔다. 왜냐하면 "자기 집이 너무 싫었기 때문"이었다. 이후 가족과의 줄다리기가 시작되었다. "집에 돌아오거라." "저는 오직 이렇게 (여자 옷차림으로) 돌아갈게요." "안 된다. 우리는 기품 있는 대가족 집안인데, 어떻게 네가 그런 차림으로 집에 오도록 내버려 두겠니?" "그럼 집에 안 갈래요." 하지만 그녀의 자매가 열흘 후에 병이 들자 그제야 집에 돌아갔다. "아버지와 오빠 둘이서 제게 방으로 들어오라더니, 룽기와 셔츠로 옷을 갈아입힌 다음에 사람들에게 저를 보였어요. 저는 아버지에게 이렇게 말했어요. '사리를 입는다고 저를 부끄러워하시니, 더는 아버지를 불편하게 하고 싶지 않아요. 당장 여기서 떠나게 허락해주세요.'" 이틀 후에 그녀는 히즈라로 돌아가 다시는 집에 돌아가지 않았으며, 때때로 성매매업에 종사했다.

수실라는 남편을 얻었는데, 브라만 계급인 남편은 큰 기업의 운전기사였다. 그녀는 남편에게 따뜻한 말씨로 자신은 아이를 낳아줄 수 없어서 걱정이라고 말했다. 남편이 '정상적인 가정생활'을 하려면 아이가 꼭 있어야 한다고 느꼈던 것이다. 얼마간 세월이 흐른 뒤에 진행한 인터뷰에서 수실라는 자신이 대단한 일을 해냈노라고 털어놓았다. 알고 보니, 이전의 자기 남편을 자기 아들로(!) 입양했고 이후 그 아들이 이웃의 한 자매와 결혼하도록 주선까지 해주었다. 신부는 가난하지만 품위가 있고 매우 예뻤다. 갓 결혼한 부부가 아들을 낳자 수실라는 법적으로 할머니가 되었다.

한편, 수실라는 새 남편을 얻었다. "제 남편이 매력적인 까닭은 … 제가 옷을 잘 차려입고, 단정하고, 머리에 꽃을 꽂고 빈디를 붙이고 새 옷을 입고 집을 청소하고 상스런 말을 쓰지 않는 걸 … 그이가 좋아하기 때문이에요. 저는 남편이 집에 돌아오는 때에 맞춰 점심을 준비해 둔답니다. … 얼마나 많은 사람들이 와서 저랑 함께 이야기를 나눈다고요. … 이제 저는 존경받고 사람들과 이야기도 잘한답니다. 사람들이 와서 저랑 함께 지낸다고요." 비록 전에는 성매매업에 종사했지만, 이제 그녀는 당당히 이렇게 말한다. "지금 남편은 제게 유일한 남자예요. … 저는 남편과 함께 훌륭한 삶을 살아요. 아들도 입양했고 며느리도 있고 손자도 있어요. 가정을 이룬 셈이죠."

지금까지 다룬 세 명의 히즈라는 남성으로 태어나 남성으로 길러졌지만 여성으로 살고 싶어 했다. 카믈라데비와 수실라는 집에서 여자 옷차림을 하지 못했지만 미라에게는 여자 옷차림이 허용되었고, 세 명 모두 히즈라에 들어가 적어도 어느 정도는 여자로 살았다. 이와 달리, 살리마는 간성으로 태어났다. 살리마는 뭄바이에서 살았는데, 인터뷰할 당시는 다 해어진 침구에서 자며 길거리에서 지내고 있었다. 당시 그녀는 성매매 종사자는 아니었다("제게는 아무 손님도 오지 않았어요!"). 사흘 동안 수염이 자란 데다 손과 발, 옷이 더럽고 부스스한 모습을 하고 있었기 때문이다.[40] 다음은 그녀의 회상이다. "부모님은 내가 태어난 걸 슬퍼했어요…. 어머니는 절 의사에게 데려가려고 했지요…. 아버지는 이곳저곳을 다니며 간청했지만 다 소용이 없었어요. … 내 고추는 아주 작았어요. … 의사는 이렇게 말했대요. '제대로 자라지 않을 겁니다. 저 아이는 남자도 여자도 아닙니다.' … 만약 내가 여자아이였다면 부모님은 저를 잘 길러서 좋은 곳에 시집을 보냈겠지요. 만약 제가 사내아이였다면 좋은 교육을 받게 해주었을 거예요. … 하지만 저는 부모님께 아무런 쓸모도 없는 아이였어요." 살리마는 계속 말을 이었다. "처음부터 저는 여자아이처럼 옷을 입고 그렇게 행동하곤 했어요. … 저 자신을 사내아이로 여긴 적은 없어요. 부모님은 제게 사내아이의 이름을 지어주셨어요. … 하지만 전 그들(선생님들)에게 여자아이 이름을 알려주었어요." 학교에서 교사들은 살리마가 여자아이들과 함께 앉지 못하게 했다. "그래서 전 학교를 그만두었어요."

살리마가 히즈라를 만났을 때 어머니는 이렇게 말했다. "넌 이렇게 태어났으니, 뭐든 하고 싶은 대로 하고, 어디든 가고 싶은 대로 가고, 네가 행복해질 수 있는 걸 하고 살아라." 그래서 살리마는 히즈라 집단에 들어갔고 "마음의 고통이 누그러졌다". 살리마는 구루의 보호를 받는 동안에는 히즈라들에게서 좋은 대접을 받았다. 하지만 구루가 죽고 난 후에는 외면당했다. 한때 남편을 두기도 했지만, 그녀는 결국 길거리에서 죽었다.

이 이야기들로 알 수 있듯, 히즈라는 어떤 색다른 젠더 개념이 아니다. 히즈라는 그렇게 되고자 해서가 아니라 본래 제3의 젠더다. 자신들이 스스로 여기는 젠더로 인정받지 못하게 되자, 결국 제3의 젠더가 될 수밖에 없었다. 많은 수의, 아마 대부분의 히즈라는 분명 히즈라가 아닌 일반적인 여성의 삶을 바랄 것이다.

니르반: 생식기 수술

히즈라라는 단어는 종종 '남자도 아니고 여자도 아닌 존재'라는 뜻으로 번역된다. 히즈라도 **니르반**nirvan즉 '수술'이라고 불리는 일종의 성전환 수술을 받는데, 이 수술은 생식기 부위를 남성 생식기와 여성 생식기의 중간 상태로 바꾼다. 히즈라는 또한 '고자'로 번역되기도 한다. 위에서 알아본 네 명의 히즈라 가운데 카믈라데비와 미라는 이미 수술을 했고, 수실라는 그럴 계획이었으며, 살리마는 '원하지' 않았다.

니르반이라는 정교한 의식을 통해 한 사람은 남성 형태에서 벗어나 잠시 경계 상태에 머물다가 마침내 '진정한' 히즈라로 다시 태어나고 마타 여신의 사도로서 권능을 부여받는다. 수술은 **다이 마**dai ma, 즉 산파가 행한다. 미라는 니르반을 행할 자격이 있었기에 많은 수술을 집도했다. 구체적으로 말하면, "X자 형태로 두 번 재빨리 베어서" 고환과 음경을 떼어낸다.[41] 이런 매우 상징적인 행동에 대해 듣기만 해도 여러분은 아마 마음이 불편해졌을 것이다.

히즈라는 왜 니르반에 동의할까? 단지 동의만 하지 않고 왜 많은 돈까지 낼까? 카믈라데비가 미라에게 지불한 것은 "대단히 많은데 ⋯ 사리 스물일곱 벌, 속치마 스무 벌, 블라우스 스물일곱 벌, 무용복 두 벌, 큰 양철 상자 한 개, 돌로 만든 코걸이 아홉 개, 그리고 200루피의 돈"이었다. 이로써 "영국이나 인도나 어떤 정부도 꺾을 수 없을" 만큼 수술을 받으려는 뜻이 확고함을 알 수 있다.[42]

인류학자들은 경멸적인 설명을 통해 니르반을 제대로 이해할 수 없게 만든다. 니르반은 '종교적 의무의 일부'로서 행해지는 '거세 의식'이라고 인류학자들은 부른다. 한 남자는 자기 배우자를 잡아먹고 목을 따고 거세하는 욕심 많은 한 여신에게 '집안의 보물'family jewels(남성의 '고환'을 뜻하는 은유적 표현. — 옮긴이)을 갖다 바친다고 한다. 아마도 "생식기를 희생해 자신을 여신과 동일시함으로써 히즈라는 생명력을 얻고 죽음을 물리치는" 것인 듯하다. 하지만 여러 보도에 따르면, 죽음을 물리치는 대신에 '생식기 훼손'

이라는 가엾은 결과만이 초래된다고 한다.[43] 니르반은 원시인들의 비합리적 미신으로 여겨진다.

히즈라들이 직접 전해준 이야기에 따르면, 그들은 실제로는 자신들의 생식기를 희생 제물로 바치지 않는다. 생식기는 마타에게 공양하는 제단 위에 올려지지 않으며, 조용히 떼어내어 져서 용기에 담긴 채 나무 밑둥치에 묻힌다. 만약 니르반이 희생 제물이라면 왜 음경과 고환을 함께 떼어내겠는가? 남성성을 마타에게 공양하는 것이라면 고환만으로도 충분하다. 거세란 고환을 제거한다는 뜻이니 말이다. 히즈라의 관습을 괴상한 것, 원시적인 신에게 바치는 비합리적인 헌신으로 해석하는 것은 히즈라의 위엄과 역할을 부정하고 그들이 보여주는 인간의 다양성을 깎아내리는 일이다.

그렇다면 왜 히즈라는 니르반을 치를까? 아마도 히즈라는 어쨌거나 합리적인 사람들인 듯하다. 합리성 분석의 기준인 비용/이익 분석을 통해 니르반이 합리적인 관습인지 알아보자. 일단, 비용은 낮다. 히즈라가 자신의 남성 생식기를 마타에게 헌납한다고 해서 많은 것을 잃지는 않는다. 히즈라는 남성으로 태어났지만 자신을 여성으로 여기는 이들이기에, 남성 생식기는 소중할 리가 없다. 카플라데비는 자신의 남성 생식기를 나약하고 쓸모없는 것으로 칭하면서 "아무짝에도 소용없다"고 말했다. 이와 비슷하게, 락시미라는 아름답고 젊은 히즈라 무용수는 수술받기 전에 자신이 어땠는지를 설명하면서 이렇게 말했다. "저는 남성으로 태어났지만 완전한 남성은 아니었어요." 그리고 수술을 기다리고 있던 닐람은 이렇게 말했다. "저는 남성으로 태어났지만 제 남성 기관은 제대로 작동하지 않았어요." 수술 전의 히즈라는 자신들의 생식기를 전혀 소중하게 여기지 않기에, 포기한다고 해도 전혀 손해가 아니다. 다만 수술 때문에 주로 손해가 생긴다. 다이 마에게 지불

할 비용과 6주간의 회복 과정에서 겪는 고통 때문이다. 수술 그 자체는 고통스럽지 않으며, 단지 '작은 꼬집기' 또는 '개미 물기'에 비유되는 정도다.[44]

대신, 다음과 같이 이익은 많다.

1. **여성적인 몸**. 그 수술로 여성성이 촉진된다. 이미 여성의 옷차림, 패드를 넣은 브래지어, 긴 머리 스타일, 수염을 뽑아 매끈해진 얼굴, 여성적인 말투, 이름 바꾸기 등으로 얻어진 여성성이 한층 더 커진다. 미라는 이렇게 설명했다. "수술하고 나면 우리는 여자처럼 됩니다." 고환을 떼어내면 주요한 테스토스테론 분비샘이 제거되기 때문에 더욱 여성적인 몸의 윤곽이 발달하고, 음경을 떼어내면 히즈라는 여자처럼 오줌을 누게 된다. 히즈라는 수술 후에 생기는 변화를 아름답다고 여기지 손상으로 여기지 않는다. 미라는 아파서 병원에 가서 검사를 받은 적이 있다며 이렇게 말했다. "의사는 내가 수술을 받아서 얼마나 훌륭하게 '여자로 바뀌었는지' 알고는 깜짝 놀랐어요. 자기 눈으로 직접 보고 나서야 의사들은 남성에서 여성으로 바꾸는 히즈라의 능력을 확신했어요." 인터뷰 진행자에게 그녀는 이렇게 덧붙였다. "당신네 나라 사람들도 히즈라의 능력과 기술을 알도록 제가 수술한 부위를 꼭 사진으로 찍어주세요."[45]

2. **남편의 기대 충족**. 미라는 남편 아메드가 자기에게 "당신도 남자고 나도 남자요"라고 말한 뒤 수술을 권유했다고 한다. "그래서 저는 그때 수술하러 갔어요." 수실라도 비슷하게 이렇게 말했다. "남편은 제가 수술을 받아서 다른 이들처럼 건강하고 멋진 모습이 되길 원했어요."[46]

3. **자신의 참모습**. 니르반은 한 사람이 복장을 바꿔 입은 가짜가 아니라 진짜 히즈라임을 나타내는 증거다. 동료들의 인정도 여기에 한몫한다. 카믈라데비는 이렇게 인정했다. "오랜 세월을 살아오면서 만약 그 수술을 받지 않았다면, 그건 제 인생에 큰 '오점'이 되었을 거예요."[47]

4. **권력**. 니르반은 히즈라에게 마타의 권능을 부여한다. 수술을 통해 히즈라는 마타의 이름으로 축복 기도를 올리는 영적인 권위를 갖게 된다. 여자처럼 옷을 입는 남자에게는 이러한 영적인 능력이 부족하다. 만약 그런 남자가 갓 태어난 아기나 결혼을 축복하는 의식에서 춤을 춘다면, 보수도 받지 못하고 허둥지둥 쫓겨나고 만다.[48] 게다가 니르반을 치르고 난 후에는 히즈라가 자기의 생식기 부위를 노출하려 해도 받아들여지지만, 니르반을 치르기 전에 그런 짓을 하면 위험한 허세 부리기로 취급된다.

따라서 그다지 놀랄 것도 없이, 영국에서 인도까지 어느 정부도 히즈라의 니르반을 근절할 수는 없는 것이다. 그 관습은 지금이나 과거에나 지역의 상황 안에서는 합리적인 행위이니 말이다.

후회하는 경우도 있을까? 물론 있다. 하지만 수술 때문은 아니다. 수술 후에 히즈라는 마타 여신이 전혀 영향을 미치지 못하는 사회의 권력구조에서 새로운 지위에 처하게 된다. 이제 히즈라는 더는 남자가 아니며 남자의 권력을 전혀 누릴 수 없다. 곤란한 상황에서 벗어나려고 다시 남자 행세를 할 수는 없다. 카믈라데비는 이렇게 말했다. "수술 전에는 밤에 외출하더라도 전혀 무섭지 않았어요. 하지만 이젠 술 취한 사람이나 소란피우는 사람을 보면, 수술을 하고 난 다음이어서 두려워져요…. 동네 부랑자나 건달들이 밤에 와서 문을 두드리고 우리를 깨워서 강제로 범하려고 해요. 하지만 그래도 우린 수술을 꼭 해야 해요."[49] 여성의 세계로 온 것을 환영합니다! 미라는 후회가 전혀 없었다. 자신을 '지켜줄' 남편이 있었으니까.

따라서 인도의 히즈라가 치르는 니르반은 합리적인 선택이며, 크로스젠더 정체성을 가진 사람이 지역에서 더 나은 삶을 살기 위한 하나의 방법이다. 비록 니르반은 종교적 의무라고 설명되지만, 종교에 기댐으로써 진짜 이유가 가려지는 것이다. 비트랜스젠더들은 트랜스젠더의 동기를 좀체 이해할 수 없기에, 트랜스젠더들은 사회적 허구에 의존할 수밖에 없다. 서구에서는 트랜스섹슈얼리즘이 의학적 허구에 기대어 표현되는 반면, 인도에서는 종교적 허구가 분명 지배적인 역할을 한다.

히즈라와 두 영혼의 비교

아메리카 원주민의 두 영혼 사람들의 경우, 수술의 비용/이익 산출표는 히즈라의 경우와 같지 않다. 마땅한 기술이 없었던지라 비용이 더 들었고, 게다가 고통과 위험도 수백 년 넘게 니르반을 완벽한 수준으로 끌어올린 히즈라보다 더 컸다. 한편, 이익은 훨씬 적었다. 이익이라고 해봤자 두 영혼 사람들이 좀 더 여성적인 몸을 얻는 것뿐이었다. 두 영혼 여성에게는 수술하라고 성가시게 권하는 남편이 없었다. 아메리카 원주민들은 동성애를 가볍게 여겼으며, 두 영혼 여성의 파트너는 자신이 어떤 세계로 들어왔는지를 잘 알고 있었다. 사람의 정체를 증명하는 데에 어떤 신체적 표시가 꼭 필요한 것은 아니었다. 두 영혼 사람들은 전환 의식을 통해 그 존재가 증명되었다. 종교적으로 보자면 어떤 몸도 올바르지 않았다. 두 영혼 사람은 몸이 아닌 영혼이 존중을 받았다. 이런 까닭에 수술은 아메리카 원주민들에게 합리적인 선택이 아니었기에 행해지지 않았다.

아메리카 원주민의 두 영혼과 히즈라 사이에는 또 다른 차이도 있다. 두 영혼의 전환 의식은 부족 전체 차원에서 치러지고, 한 사람이 사회 전체에 커밍아웃을 한다. 한편, 히즈라의 니르반은 히즈라 공동체 내에서만 일어날 뿐, 히즈라로 완전히 바뀌는 과정이 더 넓은 사회에서 목격되고 인정되거나 승인되지는 않는다. 두 영혼 사람들은 전체 부족을 향해 바라보면서 그 속에서 더 큰 선善을 가져다줄 역할을 충실히 수행했으며, 큰 세상에서 성공적인 삶을 살기를 갈망한다. 반면, 히즈라는 안쪽으로 초점을 맞추어야 했고, 큰 공동체에서 무엇을 얻어낼 수 있는지에 의존하는 삶을 산다.

두 영혼의 개념은 통합적이어서 남성과 여성 각자보다 더 큰, 그 둘의 결합과 통일이었다. 히즈라의 개념은 배타적이어서 남성도, 여성도 아닌 버려진 그 무엇이었으며, 남성과 여성 각자보다 작은 그 둘의 교차점이었다. 두 영혼 사람은 간극을 잇고 사람을 치료하고 무언가를 세우고 창조하는 위치에 놓여 있다. 히즈라는 위협을 가하고 손실과 무능함을 드러내는 위치에 놓여 있다. 아메리카 원주민이 두 영혼들을 통해 번영했던 것만큼 인도가 히즈라를 통해 번영하지는 못하고 있다.

두 영혼 범주는 히즈라 범주보다 훨씬 폭이 넓다. 히즈라는 자신을 여성으로 여기는 남성과 간성만으로 국한된다. 인도 사회에는 다른 많은 다양한 젠더 표현이 포함되어 있지만, 제대로 설명되거나 이해되지 않고 있다.

인도의 더 많은 트랜스젠더들

인도 남부의 **조가빠**jogappa는 다음과 같은 점에서 히즈라와 꽤 비슷하다. 이들은 남성의 몸을 가졌지만, 여성의 옷차림을 하고 여성적인 이름을 가지며, 여성처럼 머리카락을 길게 기르고 야한 농담을 건네며, 사람이 많은 곳에서 남자들과 시시덕거리며 적선을 얻어내고, 결혼식이나 남자아기가 태어났을 때에는 축하 행사를 벌인다.[50] 이들은 히즈라가 따르는 바후차라지 여신의 자매로 여겨지는 옐람마 여신을 따른다. 하지만 히즈라와 달리 조가빠는 니르반을 치르지 않고 고자라고 불리지도 않는다.

인도 북부에서 히즈라는 **장카**jankha, **코티**kothi, 또는 **제나나**zenana 집단과 함께 살아간다.[51] 이들 중 장카는 남성의 몸을 지니고 스스로도 남성이라고 여기지만, 일상적으로는 여성의 옷차림을 한다. 이 집단은 비균질적이다. 어떤 이들은 자기 모습 그대로 살면서, 히즈라에 가입하게 되기를 기다리는 것처럼 보인다. 또 어떤 이들은 축하 공연으로 돈을 벌려고 히즈라와 경쟁하는 듯하다. 또 하나의 집단인 코티는 더욱 복잡한데, 아이들이 딸린 아내가 있을 뿐만 아니라 남자 애인도 두고 있다.

남성적인 여성들의 세계는 대부분 아직 탐구되지 않은 영역이다. 비록 산스크리트어 문헌을 현대 언어로 옮긴 자료에서 레즈비언 표현에 관한 역사적인 연구가 드러나긴 했지만 말이다.[52] 나는 '남성적인 여성'이라는 뜻의 **마르다나 아우라토**mardana aurato라는 사람들이 여성 파트너를 두었다는 말을 들은 적이 있다.[53]

요즘은 서구화의 영향으로 영어를 쓰는 상류층 사람들은 자신을 레즈비언, 게이, 트랜스젠더로 차츰 인정하고 있다. 히즈라는 자신들의 역사를 빼앗기고 서양식 범주에 편입되는 것에 불편함을 느낀다고 한다. 이는 폴리네시아의 마후가 젠더와 섹슈얼리티에 관한 서양식 범주의 도입으로 갈등을 느꼈던 상황과 마찬가지다.

19장

유럽 · 중동 역사상의 트랜스젠더

젠더 변이는 고대의 저술가들이 히즈라와 비슷한 고자를 설명할 때 일반적으로 인정했던 개념이다. 로마제국 후기인 기원후 100년부터 400년까지, 그리고 성경과 이슬람 문헌에 나오는 글을 통해 고대의 고자에 관한 설명을 찾을 수 있다.

로마제국의 고자

역사학자 매슈 쿠에플러의 말대로, 고대 로마에서 고자는 생식기 기능이 결여된 남자로 정의되었다.[1] 로마의 법률가인 울피아누스는 '고자라는 이름은 일반 명칭'이라고 적은 다음에 고자의 세 가지 유형을 열거했다. 우선, 고자는 '본래' 사춘기 이전에 생식기가 발달하지 않은 남자다. 그런 사람도 출생 시에는 남자로 분류되기에 충분한 생식기를 가졌을 테다(초기 로마제국에서는 남자인지 여자인지 분간하기에 생식기가 너무 애매모호하게 태어난 아기들은 죽임을 당했다). 두 번째 유형의 고자는 수술이 아닌 방법으로 거세된 자들이었다. 음낭을 묶어서 고환이 줄어들게 한다든지, 고환을 짓뭉갠다든지 해서, 남자 생식기가 있기는 하지만 정자나 테스토스테론을 만들어내지는 못하는 이들이었다. 마지막으로, 수술을 통해 실제로 생식기를 떼어내 생식기 부위로는 더는 남자로 보이지 않는 고자들이 있었다. 거세는 로마제국 내에서 불법이었는데(하지만 '국경선 너머' 제국 바깥에서는 불법이 아니었다), 3세기까지는 그 자신의 뜻에 반하여 남자를 거세하는 행위는 사형을 당할 수 있는 범죄였다. 그런데도 한 로마인은 거세를 하여 생계를 이어갈 수 있었으며, 정부 관리인 플라우티아누스는 '남자아이와 청년'뿐 아니라 '어른들'까지 거세했는데, 그중 '아내가 있는 이'도 일부 있었다.

고자의 외모는 거세가 일어난 시기가 사춘기 전인지 이후인지에 따라 달랐다. 대부분의 고자는 사춘기 전에 거세되었기에, 몸이 여성적인 특징을 띠었다. 그들은 목소리가 높았고 청년기가 되어도 몸에 털이 나지 않았다. 종종 가슴이 커지기도 했는데, 저술가인 시도니우스 아폴리나리스의 표현에 따르면, "어머니의 젖꼭지처럼 달려 있었다"고 한다.[2] 또한 엉덩이에 살이 많이 붙어 있는 편이었다. 하지만 테스토스테론과 에스트로겐이 둘 다 부족했기에, 팔다리가 길었고 척추가 굽었으며 골다공증에 걸렸고, 병약해 보이는 피부는 일찍 주름살이 지기 쉬웠다. 세베루스 알렉산데르 황제(재위 기원후 222~235년)는 고자를 '제3의 성'이라고 칭했다.

많은 고자가 처음에 부모에 의해 팔린 이후 노예시장에서 거래되었다. 고자의 수요는 공급을 초과했다. 아우렐리아누스 황제(재위 기원후 270~275년)는 "원로원 의원 신분에게는 고자의 소유가 제한적으로 허용됐다. 고자의 가격이 지나치게 높았기 때문이었다."[3] 원로원 의원만 고자를 살 수 있도록 하여 수요를 제한한 것은 가격을 낮추기 위해서였다. 공급을 늘리기 위해 자유 거래 정책이 장려되었다. 거세를 금하는 콘스탄티누스의 법률은 오직 '로마제국 내부에서' 고자를 만드는 행위를 금지했을 뿐 그 밖의 지역에서 이루어지는 거세는 허용했다. 동로마제국의 황제 레오 1세는 "야만 국가에서 고자가 된 로마인 남성들"의 참상에 대해 언급했으면서도, 이후 그는 "우리 제국의 국경 바깥에서 거세된 야만 국가의 고자라면 어디에서든 사고팔 수 있도록 모든 상인에게" 허용해버렸다.[4]

고자가 왜 그토록 값어치가 있었을까? 집안의 하인과 마찬가지로 고자들은 여성과 아이들을 위한 보호자 역할을 맡았다. 귀족 여성의 고자 노예는 그녀의 짐꾼 역할뿐 아니라 공개적으로 어디를 가든 교통수단이 되어주었기에, 여성 귀족은 남자 친척 없이도 마음껏 다닐 수 있었다. 저술가 히에로니무스에 따르면, 한 귀족 여성은 자신의 고자 노예를 데리고 성 베드로 대성당에도 들어갔다고 한다. 게다가, 고자들은 동지중해 고대 그리스 왕국들의 왕실 관리로 오랫동안 일했는데, 궁 안팎에서 남자와 여자, 그리고 하인과 주인 사이의 중재자 역할을 맡았다. 후기 로마제국에도 고자가 많았는데, 너무 많았던지라 저술가들은 종종 그들을 일컬어, '늙은이와 젊은이를 포함한 고자들의 무리', '고자들의 집단', '고자들의 군대', '고자들의 부대' 등으로 불렀다.[5]

고자들 사이의 차이

고자에는 아주 여성적인 이들뿐 아니라 남성적인 면을 보이는 이들까지 두루 포함된다. 여성적인 측면에 대해, 로마 시대의 작가 피르미쿠스 마테르누스는 약간 경멸적인 어조로 이렇게 전했다. "고자들은 얼굴을 여자답게 꾸미고, 피부를 문질러 부드럽게 하며, 여자의 예복을 입어서 자신들의 남성성을 욕되게 했다. … 그들은 머리를 땋아서 여자같이 예쁘게 만들었고, 부드러운 옷을 입었으며, 가녀린 목 위로 좀체 머리를 똑바로 쳐들지 않았다. 또한 남성성을 잃자 플루트 가락에 취해 살았다."[6] 로마 시대의 작가 겸 철학자 아풀레이우스에 따르면, 그런 고자들은 자신이 이전에 가졌던 남성 정체성을 버리고 자기들끼리 몰래 서로 '여자'라고 불렀다고 한다.

일부 고자들이 드러내놓고 여자로서 결혼하자, 이런 관습은 불법으로 여겨져 금지되었다. 기원후 342년에 기독교도 황제 콘스탄티누스 2세와 콘스탄스는 다음 사항에 해당하면 사형을 내리게 했다. "여자가 남자에게 자기 몸을 바치는 것처럼 남자가 여자 행세를 하여 결혼하는 행위. 이 경우 성은 제 역할을 잃고, 그런 욕된 행위는 알 가치도 없으며, 비너스는 다른 형태로 바뀌고, 사랑을 추구해도 어디에도 보이지 않게 된다."[7] 아마도 그들과 결혼하기를 바랐던 파트너들은 자신들의 관계를 이런 식으로 보지는 않았을 것이다.

어떤 고자들은 사내아이 같았고 다른 남자들과 동성애 관계를 추구했다. 로마인들은 때때로 남성 노예를 거세하기도 했는데, 노예의 젊은 아름다움이 오래 지속되도록 만들기 위해서였다. 이 관습은 경제적 · 도덕적 이유로 권장되지는 않았다. 법률가 파울루스는 이렇게 적었다. "그는 도덕과 몸을 타락시켜 … 노예의 값어치를 깎아내렸다." 아울러, 섹스를 위해 쓰이는 "핵심적인 자질에 대한 훼손"과 함께 "온 집안을 엉망진창으로 만들었다"고 말했다.[8]

남성의 세계에서 성공적으로 살아간 고자들도 있었다. 4~5세기의 거의 모든 황제는 막강한 권력을 지닌 고자 관리를 두었다. 궁내 장관직(황궁의 수석집사 격)은 고자에게 맡겨졌다. 이 자리는 원로원 계급에 해당되었으며, 세월이 갈수록 더욱 지위가 높아졌다(클라리시무스clarissimus에서 시작해 일루스트리스illustris를 거쳐 에미넨티시무스eminentissimus까지 올랐다). 고자인 에우트로피우스는 영사 직책을 맡았는데, 이는 어느 정도는 기원후 398년에 훈족에 대한 군사 작전을 성공시킨 공로에 대한 보답이었다. 하지만 제국의 정치 상황이 매우 나빠지는 바람에, 에우트로피우스는 1년 후에 처형당했다. 고자가 아닌 이들은 고자의 권력에 분개했으며, 궁전에서 모든 고자를 잠정적으로 쫓아낸 세베루스 알렉산데르 황제를 칭송했다. 다만 예외가 있었는데, 여성들의 욕실 관리를 맡은 고자들은 남겨두었다. 고자들을 여성들의 사적인 공간에만 가둠으로써 남성들의 공적인 공간에서 멀어지게 하려는 의도였다. 하지만 고자들은 고위 관리와 군사 직책에 계속 임명되었다. 그렇게 된 이유 중 하나는 고자에게는 가족이 없었기 때문에 황위 승계에 아무런 위협이 되지 않았기 때문이다.

키벨레 여사제

고자의 직업 중에서 가장 두드러지는 것 하나는 키벨레를 모시는 여사제직이다. 키벨레는 신들의 어머니로 불리는 여신이다. 로마인 저술가들은 그 여신을 이시스(이집트), 아스타르테(시리아), 이스타(바빌로니아), 타니트 또는 카엘레스티스(카르타고)뿐만 아니라 그리스의 여신들인 레아, 데메테르, 아프로디테, 헤라, 그리고 로마 여신들인 케레스, 비너스, 주노와 관련시켰다. 키벨레는 농사의 풍요와 인간의 다산, 그리고 그 바탕이 되는 정열을 다스리는 여신으로 여겨졌다. 그 여신의 풍부한 번식 능력은 다른 많은 여신을 낳는 데에 도움을 주었다(따라서 '신들의 어머니'라는 이름을 갖게 되었다).

키벨레에게는 남성 배우자인 아티스가 있었는데, 아티스는 오시리스

(이집트), 탐무즈(시리아), 두무지(바빌로니아)뿐만 아니라 그리스 신인 아도니스와 디오니시우스, 그리고 로마의 신인 바쿠스와 관련되었다. (아마 현존하는 가장 오래된 트랜스젠더 이야기는 로마의 시인 카툴루스가 남긴 아티스에 관한 내용일 것이다.)[9] 이 배우자 신은 다른 신을 좋아하여 신들의 어머니인 아내의 사랑을 거부한다. 키벨레가 화가 나서 거세를 해버리자, 부상으로 그는 죽고 만다. 하지만 키벨레는 아티스를 여전히 사랑하였기에, 성기만 빼고 그를 소생시켰다.

키벨레는 또한 고대 이스라엘과도 관련될 수 있다. 당시는 히브리어 성경이 작성되던 중이었는데, 히브리의 어머니 여신은 아세라라고 불렸으며 그녀의 배우자는 탐무즈였다. 하지만 야훼 신에 대한 숭배가 강화되고 유일신교가 다신교를 대체하게 되면서 이 신들은 버림받았다. 아세라는 고자인 여사제들의 시중을 받았는데, 이는 지역별로 이름이 다르게 불리는 어머니 여신과 마찬가지였다. 로마의 저술가 히에로니무스는 아세라, 탐무즈, 그리고 여사제들에 대한 히브리 단어를 몇 백 년 후 로마 문화에 맞는 단어로 번역했는데, 이를 통해 이러한 종교적 전통이 천 년 동안이나 지속되었음을 알 수 있다.[10]

키벨레 여사제들은 오랫동안 굳건히 내려온 트랜스젠더 집단이었다. 최근에 고고학자들이 밝혀낸 바에 따르면, 영국 요크셔 지방에서 여자 옷과 보석을 착용한 채 발견된 남자 시체는 기원후 4세기의 키벨레 여사제였다. 그 종교는 영국 북부에서 번성했는데, 코브리지에 있는 하드리아누스의 성벽에는 키벨레에게 바쳐진 제단이 마련되어 있다.[11]

봄은 죽음을 슬퍼하는 의식에 이어 생명의 부활을 기뻐하는 의식이 치러졌던 시기였다.[12] 또한 3월 24일 치러진 이 의식에서는 키벨레의 사도들이 성전환수술을 행했다. 여사제가 될 사람들은 낫으로 자기 성기를 '황홀한 상태에서' 잘랐다. 그 의식에는 장식된 쯤쇠가 사용되었는데, 그중 하나가 런던교 근처의 템스강에서 발견되어 현재 대영박물관에 소장되어 있다. 수술 후에 키벨레 여사제는 베일과 보석을 비롯해 여성의 옷차림을 하고 머리를 길게 길렀다. 특히 흥미롭게도, 여사제가 자신의 잘린 성기를 어느 집의 문 앞 계단에 놓아두면, 그 집의 여자들이 여사제에게 처음 입을 옷을 주었다.

수술 전반에는 여러 겹의 상징이 깃들어 있다. 신화적 측면에서 보자면, 그 수술은 키벨레의 손으로 아티스를 거세했던 것을 재현한다. 게다가 성기를 자르는 데에 쓰인 낫은 곡식을 맺는 식물 줄기인 밀을 자르는 데에 쓰이는 농기구와 같은 도구다. 아울러 의식에서는 아마도 원뿔 모양의 소나무도 베어 쓰러뜨렸다. 여사제의 행동은 개인의 생식능력을 희생해 공동체의 생식능력을 키우기 위한 것으로 묘사되었다. 하지만 저술가 프루덴티우스는 키벨레 여사제들이 그 수술을 기꺼이 받아들였음을 지적하면서, 그들을 순교자로 볼 수 있을지 의심스러워했다. 순교자는 어쩔 수 없이 고난의 희생자가 된 사람을 뜻하기 때문이다.[13]

고대 로마의 고자와 히즈라의 비교

키벨레 신화는 니르반에서 재현된 것처럼 인도 여신 마타가 자기 애인을 거세한 내용과 비슷하다. 하지만 이미 살펴보았듯, 히즈라에 대한 설명은 실제 생활의 측면에서 니르반이 신화와 어떠한 관련이 있음을 전혀 알려주지 않는다. 그 대신, 수술이 히즈라를 진짜 여성으로 만드는 중요한 의미를 띠고 있음을 알려준다. 키벨레 여사제의 거세 행위의 배경이 되는 신화는, 여사제들이 수술을 기꺼이 받아들였다는 사실로 판단해볼 때, 젠더 전환을 종교적인 명목으로 가려주는 역할을 했을지도 모른다.

하지만 키벨레 여사제의 거세는 여러 가지 면에서 인도의 니르반과 다르다. 로마의 수술은 공개적인 상태로 행해졌기에, 아메리카 원주민의 두 영혼과 마찬가지로 젠더 전환 의식에 해당되었다. 이와 달리 인도의 니르반은 다른 히즈라에게만 공개된 사적인 의식이어서, 히즈라가 아닌 여성들은 그 의식에 참여하지 않았다. 로마의 수술에는 고자가 아닌 여성들이 맡은 역할도 있었는데, 바로 여사제에게 옷을 줌으로써 젠더가 바뀐 것을 승인해주는 것이었다. 젠더 전환이 이처럼 사회에서 인정되었다는 것은, 아마 키벨레 여사제들이 자신들의 젠더 변화를 '농사철의 시작과 풍작'이라는 공공의 선과 결부시키는 데에 성공했다는 것을 의미한다. 키벨레 여사제들이 자신들의 잘린 성기를 키벨레에게 바치는 제단에 올려놓지 않고 그 대신에 고자가 아닌 여성들에게 바쳤으므로, 젠더 전환이 승인되는 데에는 고자가 아닌 여성들이 필요했음이 분명하다.

고자인 키벨레 여사제와 고자가 아닌 키벨레 여사제는 둘 다 '종교 창녀' 또는 '신성한 창녀'라고 불렸다. 고자인 여사제와 고자가 아닌 여사제 모두 다산을 촉진하는 종교의식의 일환으로 신도들과 성적인 관계를 맺고서 그 보답으로 헌금을 받았다.[14] 키벨레 여사제들은 거리를 지나다닐 때에도 눈에 띄었던지라, 성 아우구스티누스는 그들이 세상을 타락시킨다고 불평했다고 한다. 비록 그 스스로 어렸을 때 그들의 "아주 천박한 모습을 흠뻑 즐겼다"고 시인했으면서도 말이다.[15] 이는 히즈라와도 비슷하다. 히즈라도 때때로 무리를 지어 다니면, 사람들은 그 모습을 탐탁지 않게 여겼다.

초기 기독교인들은 키벨레 여사제들에게 적대감을 느꼈으리라 예상된다. 어쨌거나 키벨레는 기독교와 경쟁 관계였으니 말이다. 실제로, 초기 기독교인 저술가인 락탄티우스는 그 공개적인 의식을 '미친 짓'이라고 묘사했으며, 오늘날의 트랜스젠더 혐오자들이 쓰는 언어를 사용해 '남자도 아니고 여자도 아닌' 존재로 바꾸는 '신체 훼손' 행위를 비난했다. 아우구스티누스는 이 '남성성 절단 행위'를 조롱하면서, "고통스럽게 그런 짓을 해봤자 여자로 바뀌지도 않고 남자로 남지도 않는다"고 일갈했다.[16] 하지만 성경 그 자체는 접근법이 매우 다른데, 지금부터 이에 대해 살펴보도록 하자.

성경 속의 트랜스젠더

히브리어 성경(구약)과 기독교 성경(신약)이 쓰인 시기는 젠더 이분법에 들어맞지 않는 인간성의 표현인 다양한 유형의 고자들이 분명히 살아 숨 쉬던 때였다. 성경은 고자들뿐 아니라 시대를 건너뛰어 오늘날의 트랜스젠더까지 공격하고 좌절하게 하는 책일까? 그 반대다. 성경은 드러내놓고 고자들을 환영한다.[17]

구약에는 키벨레 여사제들에게 사원에 발을 들여놓지 말라고 경고하는 다음과 같은 구절이 나온다. "신낭이 터졌거나 신경이 잘린 사람은, 주의 총회 회원이 되지 못한다."(「신명기」 23장 1절, 표준새번역) 하지만 구약 후반부에 선지자 이사야는 고자라도 안식일을 준수하면 사원에서 환영받는다고 분명히 밝히고 있다. "이러한 사람들에게 주께서 말씀하신다. '비록 고자라 하더라도, 나의 안식일을 지키고, 나를 기쁘게 하는 일을 하고, 나의 언약을 철저히 지키면, 그들의 이름이 나의 성전과 나의 백성 사이에서 영원히 기억되도록 하겠다. 아들딸을 두어서 이름을 남기는 것보다 더 낫게 하여 주겠다. 그들의 이름이 잊히지 않도록, 영원한 명성을 그들에게 주겠다.'"(「이사야서」56장 4~5절, 표준새번역) 어떤 성경 판본에서는 주Lord가 초기 히브리 사회의 여러 신 가운데서 나타난 유일신인 야훼 또는 여호와로 번역되어 있다. 따라서 야훼는 고자들도 주의 성전에서 자손을 둘 수 있다고 약속한 것이다.

신약에서 예수는 직접 고자에 대해 말한다. 예루살렘으로 가는 도중에 예수가 유대 지역을 지날 때, 바리새인들은 예수에게 결혼과 이혼에 대해 어떻게 생각하는지를 묻는다. 말을 주고받다가 예수는 결혼할 수 없는 고자의 처지에 대해 다음과 같이 말한다. "누구나 다 이 말을 받아들이지는 못한다. 다만 타고난 사람들만이 받아들인다. 모태로부터 그렇게 태어난 고자도 있고, 사람이 만들어서 된 고자도 있고, 또 하늘나라를 위해 스스로 고자가 된 사람도 있다. 이 말을 받아들일 수 있는 사람은 받아들여라."(「마태복음」19장 11~12절, 표준새번역)

따라서 예수는 여러 유형의 고자, 즉 간성인 고자(사춘기에 생식기가 발달하지 않은 이), 황궁에서 행정관리가 되기 위해 또는 노예로 집안일을 하기 위해 거세된 고자, 그리고 스스로 거세한 고자("하늘나라를 위해" 고자가 된 사람)를 인정했다. 예수가 열거한 이 세 번째 유형의 고자에는 키벨레 여사제가 되었을지 모를 사람들도 포함될 것이다. 하늘나라는 분명 모든 고자, 심지어 스스로 거세한 이들에게도 열려 있다. 첫 구절과 끝 구절, 즉 "누구나 다 이 말을 받아들이지는 못한다"와 "이 말을 받아들일 수 있는 사람은 받아들여라"를 보면, 위의 내용이 이해하기 어려운 것임을 짐작할 수 있다. 하지만 예수는 어떻게든 사람들이 자신의 가르침을 받아들이도록 촉구한다.

사도 빌립과 에티오피아의 고자

사도 빌립은 실제로 예수의 가르침을 행동으로 옮겼다. 한 고자에게 세례를 주어 기독교 교회에 받아들여지도록 한 것이다. 빌립은 전도하려고 사마리아에 갔던 적이 있다. "그런데 주의 천사가 빌립에게 말하였다. '일어나서 남쪽으로 나아가, 예루살렘으로부터 가사로 내려가는 길로 가거라. 그 길은 광야 길이다.' 빌립은 일어나서 가다가, 마침 에티오피아 사람 하나를 만났다. 그는 에티오피아 여왕 간다게의 고관으로, 그 여왕의 모든 재정을 관리하는 사람인데, 내시였다. 그는 예배를 드리러 예루살렘에 왔다가 돌아가는 길에, 마차에 앉아서 예언자 이사야의 글을 읽고 있었다. 성령이 빌립에게 '가서, 마차에 바싹 다가서거라' 하고 말씀하셨다. 그러자 빌립이 달려가서, 그 사람이 읽는 예언자 이사야의 글을 듣고서 '지금 읽으시는 것을 이해하십니까?' 하고 물었다. 그가 대답하기를 '나를 지도해주는 사람이 없으니, 내가 어떻게 깨달을 수 있겠습니까?' 하고, 올라와서 자기 곁에 앉기를 빌립에게 청하였다."(「사도행전」 8장 26~31절, 표준새번역)

그 고자(내시)와 함께 가면서 빌립은 이사야서를 설명해주었다. 고자가 읽고 있던 부분은 다음 구절이었다. "양이 도살장으로 끌려가는 것과 같이, 새끼 양이 털 깎는 사람 앞에서 잠잠한 것과 같이, 그는 입을 열지 않았다. 그는 굴욕을 당하면서, 공평한 재판을 박탈당하였다."(「사도행전」 8장 32~33절, 표준새번역. 「이사야서」 53장 7~8절에 대응하는 구절) 이 구절은 사람들에게 굴욕을 당하지만 말고 터놓고 할 말을 하라는 뜻이다. 정의롭지 못한 것에 맞서 행동하라는 놀라운 요청이다. 그리고 바로 이 이사야서의 뒷부분에는 앞서 인용했던 바로 그 구절(「이사야서」 56장 4~5절, 표준새번역), 주의 성전과 성벽이 고자에게도 열려 있다는 내용이 나온다. 따라서 빌립과 고자는 교회에서 고자의 자리를 인정해주는 바로 그 구절에 대해 이야기를 나누었던 것이다. 게다가 그 메시지는 말없이 굴욕을 당하고 있지 말라는 내용이었다. 그래서 "빌립은 입을 열어 이 성경 말씀에서부터 시작해, 예수를 알리는 기쁜 소식을 전하였다."(「사도행전」 8장 35절, 표준새번역)

"그들이 길을 가다가, 물이 있는 곳에 이르니, 내시가 '보십시오, 여기에 물이 있습니다. 내가 세례를 받는 데에 무슨 거리낌이 되는 것이라도 있습니까?' 하고 말하였다. 빌립은 마차를 세우게 하고, 내시와 함께 물로 내려가서, 그에게 세례를 주었다."(「사도행전」 8장 36~38절, 표준새번역) 이 세례는 고자뿐 아니라 검은 피부의 이방인까지도 교회에서 받아들인다는 뜻이다. 분명 통합을 지향하는 이 행위는 기독교 교회가 이루고자 노력했던 높은 이상을 구현하고 있다.

전체적으로, 「이사야서」, 「마태복음」, 「사도행전」은 선지자 이사야와 예수의 가르침을 공개적으로 알리고 있으며, 다양성과 통합을 긍정하는 놀라운 메시지를 전한다. 위의 구절들은 오해의 소지가 있는 애매모호한 표현이 아니다. 구약과 신약 모두 신앙공동체 내에 다양한 젠더의 사람들을 전면적으로 받아들이라고 가르친다.

교회 내의 젠더 왜곡

성경에서 분명히 고자를 인정했기에 초기 기독교도들은 자신들도 고자가 되어야 하는지 궁금하게 여겼다. 하느님의 영광을 위해 고자가 되는 것이 천국으로 가는 입장권 같았기에, 어느 정도까지 고자로 여겨져야 할지를 놓고서 토론이 벌어졌다. 기준을 낮게 정해 금욕적인 독신 생활인 정도를 천국으로 가기 위한 자격이 충족되는 고자로 충분히 인정할 수 있다면 좋을 것이다.

하지만 독신 생활도 자체적인 문제를 안고 있다. 기독교인 저술가 암브로시우스는 독신 생활을 권장하면서, 독신인 주교는 스스로를 지켜내어 '그리스도의 신부'가 된다고 말했다. 독신 생활은 내세에 성적인 만족을 보답으로 얻게 될 것이었다. 암브로시우스는 이렇게 말을 이었다. "그리스도께서는 자기 교회를 바라보시고서 … 말씀하신다. '보라, 네가 예쁘구나. 내 사랑아, 보라, 네가 예쁘구나, 네 눈은 비둘기의 눈과 같구나.'" 암브로시우스는 이렇게 주장했다. "우리는 그리스도에게 입맞춤을 합니다. … 영적 교감의 입맞춤을." 암브로시우스는 그리스도로 하여금 그의 신부, 즉 교회에 다음과 같이 말하게끔 한다. "내게 맡겨라. 그러면 내가 널 채워주리라."[18] 키프리아누스 주교는 교회 신도가 되면 마치 아내가 남편에게 복종하듯 교회의 주교에게 복종해야 한다고 역설했다. 사제에 의한 이러한 젠더 강요는 여성을 종속시키고 성적 학대의 무대를 마련한다. 하느님에서부터 주교, 신부, 고해신부로 내려간다고 할 때, 위아래의 복종 관계는 교대로 성을 바꾸어가며 정해진다. 동성 간의 학대가 이성 간의 복종으로 가장된 셈이다.

일부 초기 기독교도들은 지나친 행동을 했다. 알렉산드리아의 오리게네스와, 발레시안이라는 한 무리의 남성 기독교도들은 스스로 거세했다. 오리게네스는 "'하늘나라를 위해 스스로 고자된 자들이 있다'라는 말을 너무 문자 그대로, 극단적인 의미로 받아들여 구세주의 말을 완수하려 했다"고 비난받았다. 또한 "그는 어린 시절부터 남자뿐 아니라 여자와 더불어 성스러운 주제에 대해 논의했다. 아울러 불신자들의 마음에 생길지 모를 모든 의혹을 없애고자 했다."[19] 오리게네스는 또한 그리스도의 신부라는 비유를 광범위하게 사용한 초기 인물들 가운데 하나였다. 오리게네스를 여성과 관련시킨 사례들이 있기에, 나는 그가 사실은 여성의 정체성을 지니지는 않았을까 짐작한다. 어찌 되었건 그는 스스로 거세함으로써 얼마간 명성을 얻었으며, 히에로니무스는 그에게 비난과 더불어 내키지는 않지만 칭찬도 함께 표했다.

기독교 안에서 고자의 범주에는 남성적인 여성도 함께 포함되었다. 초기 기독교에는 남자 옷차림에 남자처럼 사는 거룩한 여성, 이른바 '복장도착 성인transvestite saint'에 관한 이야기가 수없이 많다. 가장 초기의, 그리고 아마 가장 유명한 예는 바울의 동료였던 데클라다. 데클라는 바울의 설교를 듣고 기독교로 개종했으며 처녀로 살겠다고 맹세했다. 그녀는 남자 옷차림을 하고서 바울과 함께 여행했으며, 역시 바울에게서 세례를 받았는데 이때도 남자 옷차림이었다고 한다. 이와 비슷하게, 에우제니아는 자기가 왜 남자처럼 옷을 입는지에 대해 이렇게 설명했다. "그리스도에 대한 확신을 통해 나는 여자가 되고 싶지 않았다. … 나는 그리스도 안에 있는 처녀성을 대담하게 껴안으면서, 남자들이 그러듯 남자답게 행동했다."[20]

이런 전설은 많이 연구되었는데, 모든 전설은 성스러움의 추구와 여성 정체성의 거부가 서로 연결되어 있다. 이를 두고서 '그리스도의 옷차림하기'라고 부른다. 남자처럼 옷을 입은 여자 중 상당수는 자신을 고자로 소개했다. 아마도 목소리가 높고 얼굴에 수염이 없고 몸매가 여성적인 이유를 설명하려고 그랬을 것이다.[21] 하지만 히에로니무스는 그 여성들을 '여성 고자'라고 비난했다. 흥미롭게도 고자와 여성 고자 중 일부는 서로 함께 어울려 다녔다고 하는데, 이들은 오늘날의 임시로 맺어진 상호 트랜스젠더 커플의 선구자인 셈이다.

하지만 진짜 고자에 대해서도 사정을 봐주지 않는 비판자들이 있었다.

이에 대해 한 역사학자는 다음과 같이 짧게 설명한다. "기독교 자료들이 빈번하게 드러내듯, 금욕적인 미덕의 추구와 관련해 고자들은 '속임수'를 썼으며 완전히 금욕적인 이상을 달성할 수 없었다. 즉, 금욕 생활이 그들에게는 너무 쉬웠다. 굳이 힘겹게 노력하지 않아도 그렇게 살 수 있었기 때문이다."[22]

실제 고자가 사라지게 된 계기는 거세 대신에 독신 생활을 하기로 결심한 이들이 나오면서부터다. 존 카시안이라는 수도승은 이렇게 적었다. "축복받은 사도는 우리의 손이나 발 또는 성기를 자르라는 잔인한 명령을 강압적으로 내리지 않는다. 오히려 그는 완전한 성스러움을 향한 우리의 열정에 의해 음경을 비롯한 죄의 몸이 최대한 빨리 정화되길 바란다." 이후 카시안은 아주 고약한 수사 계급체계를 세웠다.[23] 그리고 히에로니무스는 이렇게 말했다. "이제 가서, 더러움의 온갖 얼룩을 벗어버리고 수도원 안에서 살라. 그러면 너는 내실에서 걸어나오는 처녀처럼 주께 나아가게 된다."[24]

5세기가 되자, 수도원 생활이 기독교의 새로운 남성적 이상이 되었다. 따라서 그리스도 이후 수 세기가 지난 후의 기독교 교회는 실제 생활에서 표준과는 다른 젠더로 살아가는 고자들, 즉 하늘나라에서 환영을 받을 것이라고 예수와 선지자들이 분명히 밝혔던 유형의 사람들을 철저히 부정했다. 실제 생활인인 고자는 일종의 가짜 고자인 남성 수사로 대체되었다. 젠더가 다른 사람들의 범주에 고자가 빠지게 되자 젠더 다양성은 어쩔 수 없이 음지로 숨게 되었다. 젠더가 표준과는 다른 유명인들이 중세 내내 그리고 근대에까지 유럽에서 가끔씩 등장하긴 했지만, 서구 사회에서 자연스러운 젠더 다양성 개념이 다시 등장해 널리 퍼진 것은 천 년 동안의 억압 끝에 겨우 현시대가 되고 나서부터다.

초기 이슬람의 무카나툰

다른 고대 문화에서처럼, 초기 이슬람 문헌에도 트랜스젠더 문화가 기록되어 있다. **무카나툰**mukhannathun으로 알려진 사람들이 메카와 메디나(현재의 사우디아라비아)의 여러 도시에 살았다. 무카나툰은 "사람들 앞에서 옷과 보석으로 … 여성처럼 꾸미고 있는 남성들의 무리"였다. 역사학자 에버렛 라우슨에 따르면, 그들에 대한 설명은 선지자 마호메트의 언행록인 『하디트』에 나와 있다고 한다.[25]

핫Hit은 선지자 마호메트가 활약하던 당시, 서양 달력으로 기원후 630년 무렵에 살았던 무카나툰이었다. 여성들이 자식, 여자 노예, 그리고 무카나툰과만 동행할 수 있었기에, 무카나툰은 열렬한 구혼자들에게 좋은 신부감에 관한 내부 정보를 알려주기에 좋은 위치에 있었다. 구혼자가 될 남자에게 여자의 장점을 설명할 때 무카나툰은 신중해야 했다. 하지만 핫은 너무 드러내놓고, 심지어는 상스럽게 떠벌리는 바람에 비난받았다.

선지자 마호메트의 아내들 중 한 명에 따르면 핫은 선지자에게 말하기를, 만약 어떤 도시를 차지하게 되면 반드시 "가일란의 딸을 찾아야 하는데, 왜냐하면 그녀는 다가올 때는 넷이고 멀어질 때는 여덟이기 때문"이라고 했다. 무슨 말이냐면, 그 딸은 배에 네 개의 주름이 져 있는데, 등 뒤쪽에서 볼 때에는 양쪽 옆구리에 각각 네 개씩이므로 총 여덟 개의 주름이 보인다는 뜻이었다. 당시로서는 아주 육감적인 몸매였다. 선지자는 화를 내며, "그런 것들을 받아들여서는 안 된다"고 타일렀다고 한다. 아시아의 학자들에 따르면, "선지자가 한 말의 속뜻은 여자의 어떤 모습이 매력적인지를 무카나툰이 안다는 사실은 바로 이들이 여자에게 성적인 관심이 있다는 증거이며, 바로 그런 이유 때문에 그를 비롯한 무카나툰은 여성의 공간에 발을 들여놓아서는 안 된다는 것"이었다. 따라서 힛이 비난을 받은 까닭은 "여성의 몸에 대한 그 자신의 감상을 표출했기" 때문이 아니라, "다른 남자를 위해 그것을 설명했기" 때문이었다. "여성과 함께 있을 수 있는 자격"은 오직 "순하고 자연스러운 체질을 타고 나서 사지가 가냘프고 혀가 짧고, 또한 여성에게 욕심이 없고 … 삿된 짓을 하지 않는 이들"에게만 적합했다. 힛이 월권행위를 저지르긴 했지만, 무카나툰은 대체로 알맞은 여자를 만날 기회가 거의 없는 미혼남에게 중매쟁이로서 중요한 역할을 계속했다.

투웨이스Tuways는 기원후 632년에 태어나 711년에 여든둘의 나이로 세상을 떠난 무카나툰이었다. 그는 운율을 잘 맞춘 '예술적인 음악'을 연주한 음악가로 유명했다. 혁신적인 음악가로서 다음 세대의 음악가들을 가르쳤는데, 더프라고 불리는 일종의 탬버린을 악기로 썼다. 결혼해 자식도 두었다. 투웨이스는 "직업적인 남성 음악가 무리의 지도자였는데, 그 무리는 공개적으로 여성의 옷차림을 했고, 음악뿐만 아니라 재치와 매력으로도 인기가 높았지만, 이들을 인정하지 않는 사람들은 … 그들의 음악과 경솔한 차림새를 도덕과 신앙에 어긋나는 짓이라고 여겼다". 그들은 힛처럼 중매쟁이는 아니었다.

알다랄Al-Dalal이라는 사람도 무카나툰이었는데, 그는 투웨이스에 비해 교양이 낮았으며, 힛처럼 말썽을 일으키는 행동으로 유명했다. 신체적으로는 아름답고 매력적이었지만, 알다랄은 생각이 천박하고 신앙에 어긋난 짓을 했다. 한 이야기에 따르면, "그는 기도 중에 방귀를 뀌고 나서, '저는 앞과 뒤 양쪽으로 주를 찬양합니다!'라고 말했다". 그는 또한 밀회를 주선하는 사람이었으며, 여성에게 불경함과 부도덕함을 권장하는 사람으로 묘사된다. 알다랄은 메디나에 사는, 추문을 몰고 다니던 두 여인과 가까이 지냈는데, 그 둘은 "말달리기 경주를 하는 동안에 자기들의 발찌를 드러냈다"고 한다. 이 여인들이 죽임을 당하자, 알다랄은 메카로 도망을 쳤는데, 메카의 여성들은 그를 위험한 존재로 여기며 이렇게 말했다. "메디나의 여자들을 죽이더니 이제 우리를 죽이려고 왔구나."

알다랄의 성적 지향은 남성을 향해 있었다. 그는 "여성을 숭배하고 그들과 함께 있기를 좋아했다. 하지만 (그에게 성적 매력을 느낀 여자들이) 아무리 요구해도 소용이 없었다". 한 이야기에 따르면, 시리아의 어느 장군이 그의 노래 실력에 대해 듣고서 초청을 했다. 알다랄은 아름다운 노예 소년을 자기에게 사주지 않으면 노래하지 않겠다고 했다. 한편, 그 장군은 특별히 매우 관능적인 몸매를 지닌 여자 노예를 원했는데, 알다랄은 이 여자를 만나게 해주었다고 한다. 또 다른 이야기에 따르면, "어느 혼례를 주선한 후에, 알다랄은 신부에게 가서 그녀가 첫날밤에 느낄 성적인 흥분에 대한 기대가 너무 커서 오히려 남편에게 역겨움을 줄 수 있으니, 자기와 먼저 성교를 하여 마음을 진정하라고 설득했다. 그러고선 신랑에게도 가서 똑같은 주장을 하고서, 이번에는 자기 몸을 바쳐 신랑을 진정시켰다". 이 소식을 듣고, "질투심이 많은" 통치자인 술라이만은 노발대발하여 무카나툰을 **모조리** 거세하라고 명령하며 이렇게 말했다. "그들을 쿠라이시족의 여자들에게 허용해주었더니 여자들을 타락시켰다." 흥미롭게도, 코란이 비난하는 동성애를 알다랄이 저질렀다는 명백한 증언이 나왔는데도, 처벌의 근거로 든 것은 여성들을 타락시켰다는 내용이지 여성적인 모습을 했다거나 동성애를 탓하는 것이 아니었다.[26]

무카나툰이 벌을 받아 거세되자 메카와 메디나에 있던, 젠더가 표준과는 다른 이들에 대해 박해가 시작되었다. 하지만 정작 희생자들은 다음과 같이 특이한 반응을 보였다.

> 투웨이스: "이건 그냥 할례를 다시 한 번 더 치르는 것뿐이다."
> 알다랄: "어쩌면 더 위대한 할례다!"
> 나심 알사하르: "거세를 통해 나는 진정한 무카나툰이 되었다!"
> 나우마트 알두하: "어쩌면 우리는 진정한 여성이 되었다."
> 바르드 알푸아드: "오줌 누기를 위한 주둥이를 달고 다니는 수고를
>   덜게 되었다."
> 질 알사자르: "쓸 일도 없는 무기로 도대체 뭘 한단 말인가?"

그로부터 백 년 후인 기원후 813년에 젠더가 표준과는 다른 연예인들이 다시 나타났다. 이들은 탬버린과 비슷한 더프를 다시 사용했으며 특이한 북과 더불어 목이 긴 류트인 툰바도 연주했다. 음악보다는 재치 있는 이야기가 주가 되었는데, 이런 이야기들은 '야만스러운 흉내, 지나친 풍자, 그리고 저속한 성적 농담'이라고 묘사되었다.

잔 다르크, 중세의 아이콘

젠더 변이를 보이는 사람들의 실체를 지우는 데에는 대중문화가 한몫을 거들었다. 잔 다르크는 영화, 텔레비전 특별 다큐멘터리, 책에 나오는 유명한 여자 영웅으로, 대체로 젊은 여성의 모범이자 여성의 권리, 투쟁적인 페미

니즘의 아이콘으로 묘사된다. 하지만 잔 다르크는 트랜스젠더의 영웅으로 보는 편이 더 낫지 않을까? 트랜스젠더 활동가이자 작가인 레슬리 파인버그는 잔 다르크가 스스로를 남성으로 여긴 트랜스젠더로서 자신의 젠더 정체성을 구체적으로 드러냈기 때문에 죽임을 당했다고 주장한다. 파인버그를 비롯해 여러 연구자가 밝혀낸 바에 따르면, 잔 다르크에 관해 우리가 아는 것보다 더 많은 이야기가 있다.[27]

잔 다르크는 1412년경 프랑스의 로렌주에서 태어났다. 유럽 인구의 3분의 1을 죽음으로 내몬 페스트가 발병한 지 50년 후였다. 설상가상으로, 프랑스는 영국과 전쟁을 치르고 있었다. 영국 군대가 출몰하여 프랑스 농민들을 약탈했지만, 프랑스 귀족들은 영국 군대를 쫓아낼 능력이 없었다. 그러던 중, 농민이었던 잔 다르크가 영국군을 물리칠 수 있는 유일한 군 지도자로 등장했다.

열일곱의 나이에 잔 다르크는 남자 옷차림을 하고서 한 무리의 추종자들을 이끌고 프랑스의 왕위계승자인 샤를 왕자에게 찾아갔다. 그리고 영국군을 내쫓을 농민 군대를 만들겠다고 제안했다. 샤를 왕자는 이 제안을 받아들여 잔 다르크가 1만 명에 이르는 강력한 농민 군대를 지휘하도록 승인했다. 잔 다르크는 1492년 후반에 베드퍼드 공작의 안내를 받아 오를레앙에서 영국군을 무찔렀다. 잔 다르크는 영국군이 점령하고 있던 여러 마을을 연이어 해방했고, 이 덕분에 찰스 왕자는 왕위를 물려받을 수 있게 되었다. 이후 샤를 왕자가 왕위에 오를 때 잔 다르크는 군대 깃발을 들고 그 옆에 서 있었다.

1년 후에 잔 다르크는 영국과 동맹을 맺은 부르고뉴 사람들에게 붙잡혔다. 그들은 잔 다르크를 '남자 여자', 즉 남성적인 여자라는 뜻의 속된 말인 '옴마스hommasse'라고 불렀다. 영국 왕 헨리 6세는 보베의 주교이자 가톨릭 종교재판소의 우두머리였던 피에르 코숑에게 이런 편지를 보냈다. "한때 잔 라 퓌셀(Jeanne la Pucelle, pucelle은 여자, 처녀를 뜻하는 프랑스어로, 이는 잔 다르크가 자신을 칭하는 이름이다. — 옮긴이)이라고 자처하는 여자가 여성의 옷과 의복을 버리고, 신성한 법에 어긋나고 하느님 앞에 혐오스럽게도, 또한 모든 법이 금하는데도 남자들의 복장과 갑옷을 입었다는 악명 높은 이야기는 너무나 잘 알려져 있소."[28] 잔 다르크는 부르고뉴 사람들에 의해 영국에 팔렸다가 다시 프랑스 종교재판소로 회부되었고, 그곳에서 남자 복장을 했다는 혐의로 기소되었다.

자기 성(여기서는 여성)을 거부하고 남성이라고 단언했던 복장도착 성인들의 전통에 따라, 잔 다르크는 자신이 남자 옷차림을 한 것은 환영 속에서 들려온 목소리에 따른 종교적 의무였다고 주장했다. 재판 기록문에 있는 내용을 글자 그대로 옮기면 이렇다. "너는 말하기를, 하느님의 명령에 의해 줄곧 남자의 옷을 입었다고 했고 … 너의 짧은 머리는 귀 주변으로 둥그스름하게 깎여 있어 여자임을 나타낼 아무런 흔적이 남아 있지 않다. 그리고 여러 번 너는 그런 차림으로 우리 주님의 몸(영성체)을 받았다고 했으며 … 이런 옷을 입지 않겠다는 맹세를 어떤 이유로든 하지 않겠다고 너는 말했다." 따라서, 재판소는 이런 판결을 내렸다. "너의 성에 맞는 옷을 입기를 거부함으로써 너 스스로를 죄악에 빠뜨렸다."[29] 그래서 결국 잔 다르크는 사형선고를 받았다.

잔 다르크는 열아홉 살의 나이로 1431년 5월 30일 루앙에서 기둥에 묶여 산 채로 화형을 당했다. 입고 있던 옷이 불타고 잔 다르크가 죽었다고 짐작되었을 때, 종교재판관들은 "여성과 관련된 … 모든 비밀을 … 사람들의 마음에 한 점 의심도 남기지 않기 위해"[30] 석탄을 파헤친 다음 벌거벗은 몸을 꺼냈다. 이처럼 극단적인 조치를 한 것을 보면, 잔 다르크가 남자 같은 외모를 하고 있었음이 분명하다.

레슬리 파인버그는 이렇게 적고 있다. "잔 다르크는 자기 정체성을 부정하기보다는 산 채로 화형을 당하는 극도의 고통을 감내했다. 나는 그녀를 죽음으로 내몬 것과 비슷한 격렬한 증오에 대해 알고 있다. 나도 그런 증오를 겪어보았으니까. 하지만 내가 트랜스젠더로서 혼란스럽고 두려웠던 젊은 시절에, 그녀의 삶과 용기에 관한 진실을 배웠더라면 얼마나 좋았을까! 그러면, 일꾼들로 이루어진 군대를 이끌고 전쟁터를 누볐던 위대한 10대 트랜스젠더인 잔 다르크가 내게 얼마나 감동적인 모범이 되었을까!"

20장
고대의 성관계

동성애 성생활은, 비록 개인의 정체성 범주에는 속하지 않았지만, 고대사회에서는 생활의 일부였다. 어떤 사람이 동성애 성생활을 하느냐 마느냐 하는 문제는, 가령 포테이토칩 대신 프렌치프라이를 좋아하느냐의 문제와 마찬가지로, 그 사람이 어떤 존재인지 그리고 자기 스스로를 어떻게 여기는지와는 아무런 상관이 없었다. 하지만 프렌치프라이를 먹는 사람들은 식탁 위에 케첩이 튀지 못하게 한다. 마찬가지로, 동성애 성생활을 좋아하는 사람들에게도 어떤 예의범절이 필요했다. 사회적 관례는 섹스 파트너의 선택이 아니라 성행위가 이루어지는 방식에 초점이 맞추어져 있었다.

고대 그리스

고대 그리스의 철학자 플라톤(기원전 428~347)은 『향연』과 『파이드로스』에서 남성 간의 동성애에 대해 광범위하게 논의했다. 동성애는 기원전 6세기 무렵에 고대 그리스에 널리 퍼져 있었다. 플라톤의 저술과 더불어 아테네 정치가인 티마르코스의 법률 문서, 그리고 상당수의 도자기에 그려진 그림 등을 통해, 주로 남성의 관점이긴 하지만 고대의 사랑과 성을 엿볼 수 있다.[1]

고대 그리스에서는 남성 간의 성행위에 관해 '올바른 방법'과 '그릇된 방법'이 있었다. 고대 그리스에서 남성 간의 동성애 관계는 거의 언제나 나이가 많은 남자와 그보다 어린 파트너 사이에서 맺어졌다. 키가 다 자라고 사춘기를 넘긴 청년이 수동적인 역할을 맡았고, 나이 든 이가 능동적인 역할을 맡았다. 사춘기 이전의 남자들은 제외되었다. 성교는 능동적인 파트너가 한 손으로는 수동적인 파트너의 음경을 간질이고 다른 손으로는 뺨을 어루만지면서 시작되었다. 능동적인 파트너의 음경은 발기된 반면, 수동적인 파트너의 음경은 축 늘어진 채로 있었다. 만약 수동적인 파트너가 그 이상의 행위를 받아들이면, 둘은 얼굴을 마주한 채로 서고 능동적인 파트너는 수동적인 파트너의 가슴을 잡은 채 자기 머리를 수동적인 파트너의 어깨 또는 그 아래에 놓고서 무릎을 굽힌다. 그리고 음경을 수동적인 파트너의 음낭 아래에 있는 허벅지 사이로 찔러 넣는다. 이 자세는 가랑이사이 체위라고 불리는데, 허벅지 사이로 찔러 넣는 것은 삽입으로 간주되지 않는다는 점에서 구강성교나 항문 성교와는 다르다. 이 자세는 고대 그리스의 동성애 남성 성교의 정상 체위로 여겨졌을지도 모른다.

나이 든 사람의 수동적 파트너로서 젊은 남자가 남성 간의 성교를 하기 위한 규칙은 다음과 같았다. 돈을 받지 않을 것, 어울리지 않는 능동적인 파트너를 거부할 것, 쾌락을 피할 것, 똑바로 선 자세를 유지할 것, 능동적 파트너가 오르가슴을 느끼는 동안 그의 눈을 쳐다보지 않을 것, 삽입이 가능한 체위를 피할 것. 수동적인 파트너는 능동적인 파트너를 떠받드는 존재로 여겨졌다.

여성끼리의 성교는 어땠을까? 여성 간의 성교를 설명할 때는 고대의 '딜도'가 종종 등장하는데, 이것은 가죽으로 만든 인공 음경으로 올리스보

olisbo라고 불렸다. 여성들은 집단으로, 또는 둘이서 이 기구를 입, 질, 또는 항문에 집어넣는 모습으로 그려진다. 여성 간의 항문 성교에서 올리스보를 사용한 것에서 엿볼 수 있듯이, 서로 간의 성적 쾌락이 꼭 지배와 복종에 기반을 둔 행위에서 생기는 것은 아니었다.

이성애 성교의 체위는 동성애의 체위와는 뚜렷이 달랐다. 남자가 한 손으로 여성의 성기를 쓰다듬고 다른 손으로는 뺨을 어루만지면서 성교가 시작되었다. 그 후에 여성은 두 손을 바닥에 댄 채 허리를 굽혀 항문 성교를 허용했을 수도 있다. 이 체위는 꽃병에 그려진 그림에서 흔히 보이는데, 한 역사학자의 추측에 따르면, 고대인들은 원치 않는 임신의 위험을 막을 수 있었기에 이 체위를 좋아했다고 한다. 이와 달리, 서로 마주 보는 체위에서는 여자가 두 다리를 허공으로 치켜 올려 남자의 어깨 위에 올려놓았다. 그리고 '경주마' 체위에서는 남자가 의자에 앉아 있고 여자는 남자의 발기된 음경 위로 몸을 굽혔다. 이런 식으로 여성은 이성애 성교에서 삽입을 피했다.

'깨끗하다' 대 '깨끗하지 않다'

동성애 남성 성교의 가랑이사이 체위는 사회적으로 허용되었으며 '깨끗하다'고 여겨진 반면, 삽입과 관련된 체위는 '깨끗하지 않다'고 여겨졌다. 이 차이는 거의 동시대의 히브리 문헌에서도 분명히 드러난다. 한 남자가 행동 규칙을 어기고 '깨끗하지 않은' 짓을 하면 어떻게 되었을까? 그러면 그 남자는 아테네의 '시민'이 될 자격을 잃었고, 대중들 앞에서 연설하거나 정부 관리가 되는 것과 같이 시민들에게 허용된 활동을 더는 맡을 수 없었다. 시민의 역할을 맡다가 더는 가치가 없어진 사람에 대한 처벌은 죽음이었다. 고대 그리스인들은 명예 규칙을 진지하게 여겼다.

성교에 대한 돈을 받는 것은 완전히 합법이긴 했지만, 아테네 시민들에게는 합당치 않았다. 동성애 성매매로 생계를 유지하는 소년과 성인 남성은 대부분 아테네인이 아니었고 흔히 노예들이었다. 따라서 아테네인들은 "자신들의 성향을 추구하는 것이 부정되지" 않았다.[2] 하지만 고대 그리스인들은 강한 도덕의식을 갖고 있었다. 교만은 어떤 이가 남의 권리를 짓밟아도 처벌받지 않으리라는 오만한 믿음 때문에 자기 마음대로 남을 대하는 행동이다. 동성애든 이성애든 강간, 특히 방문자에 대한 강간은 불법이었으며, 교만죄 혐의로 고발당했다.[3]

오늘날에는 깨끗함과 깨끗하지 않음을 위생의 관점에서 판단한다. 고대 그리스의 깨끗하지 않은 동성애 관계에 대한 인식은 위생과는 아무 관계가 없었으며, 그 대신 젠더 이분법을 감시하기 위함이었다. 즉, 남자들은 서로 성교할 수 있고 심지어 해야만 했지만, 놀랍게도 남자들은 서로 자기들끼리 성관계를 가질 때에는 여자랑 가질 때와는 다른 체위를 쓰는 편이 좋았다. 허용할 수 있는 체위를 제한함으로써 고대 그리스의 동성애 남성 성교는 남성성을 유지했던 것이다.

성경

성경이 동성애를 부정한다는 오래된 믿음이 자리 잡고 있다 보니, 성경을 펼쳐보면 동성애가 그릇된 짓이라는 내용이 광범위하고도 분명하게 나오리라고 예상할지 모르겠다. 사실은, 겨우 몇 개의 성경 구절만이 동성애를 어떤 식으로든 언급하고 있는 데다, 어떤 구절도 동성애를 확실히, 명백히 비난하지는 않는다. 간음, 도둑질, 거짓말 등이 포함된 죄의 목록 어디에도 동성애에 대한 언급은 없다. 예수도 동성애에 대해 아무 말도 하지 않았다. 성경이 쓰일 때의 레이더망에는 동성애가 거의 포착되지 않은 듯하다. 성경이 고자를 분명히 인정하고 대체로 동성애 성생활에 대해 침묵을 지키는 것에서 드러나듯, 왜 성경은 젠더 다양성을 명시적으로 인정하고 있을까?[4]

룻과 나오미

성경에서 가장 사랑스러운 구절로는 룻과 나오미라는 두 여인의 관계를 다룬 내용을 꼽을 수 있다. 나오미는 남편, 두 아들과 함께 모압 땅에 살려고 갔다. 그곳에서 남편은 죽고 말았다. 두 아들은 정착해 모압 여자인 오파와 룻과 결혼했다. 10년 후에 두 아들은 자식을 남기지 못한 채 죽고 말았다. 나오미는 두 며느리에게 자기를 돌보지 말고 친정으로 돌아가라고 권했다. 오파는 시어머니의 말에 따라 친정으로 돌아갔다. 하지만 룻은 시어머니 곁을 떠나길 거부하고서, 인류 역사상 가장 위대한 맹세라 해도 좋을 다음과 같은 말을 시어머니에게 했다.

나더러 어머님 곁을 떠나라거나

어머님을 뒤따르지 말고 돌아가라고는 강요하지 마십시오.

어머님이 가시는 곳에 나도 가고

어머님이 머무르시는 곳에 나도 머무르겠습니다.

어머님의 겨레가 내 겨레이고

어머님의 하느님이 내 하느님입니다.

어머님이 숨을 거두시는 곳에서 나도 죽고

그곳에 나도 묻히겠습니다.

죽음이 어머님과 나를 떼어놓기 전에 내가 어머님을 떠난다면

주께서 나에게 벌을 내리시고 또 더 내리시더라도 달게 받겠습니다.

—「룻기」1장 16~17절 (표준새번역)

이 맹세에서 룻은 제 나라 사람들을 버리고 시어머니와 함께 갈 것이며 또한 나오미의 신앙을 자기도 따르겠다고 말한다. 베두인족에게는 가족과 신앙이 최상의 가치였는데도, 룻은 그 둘을 모두 버리고 시어머니를 따르기로 한다. 시어머니가 자기보다 나이가 많기에, 룻은 시어머니가 세상을 먼저 떠날 것으로 여기고, 만약 그런 날이 오면 자신은 그 옆에 함께 묻히기를 바란다.

나오미와 룻은 나오미의 고향인 베들레헴으로 떠난다. 그곳에서 나오미는 룻에게 새 남편을 찾아주었다. 자기가 며느리의 보살핌을 받듯, 며느리도 나이가 들면 보살펴줄 자식이 필요할 터였기 때문이다. 룻은 새 남편을 통해 아들을 갖게 되자, 베들레헴 여자들은 나오미에게 이렇게 말했다. "주께 찬양을 드립니다. 주께서는 오늘 이 집에 자손을 주셔서, 대가 끊어지지 않게 하셨습니다. 그의 이름이 이스라엘에서 늘 기리어지기를 바랍니다. 시어머니를 사랑하는 며느리, 아들 일곱보다도 더 나은 며느리가 아기를 낳아주었으니, 그 아기가 그대에게 생기를 되찾아줄 것이며, 늘그막에 그대를 돌보아줄 것입니다."(「룻기」4장 14~15절) 두 여인 간의 이러한 모습은 오늘날까지도 사랑의 동반자 관계의 소중한 모범으로 남아 있다.

요나단과 다윗

또 다른 사랑의 관계로 두 남자 요나단과 다윗의 관계를 들 수 있다. 이새의 아들 다윗은 음악가로, "눈이 아름답고 외모도 준수한 홍안의 소년이었다."(「사무엘 상」 16장 12절) 다윗은 이스라엘의 왕 사울의 궁전에 갔다가 왕의 아들인 요나단을 만났다. 요나단은 이스라엘의 적인 블레셋과 치른 중요한 전투에서 승리하여 이미 유명한 영웅이 되어 있었다. 이후 "요나단은 다윗에게 마음이 끌려, 마치 제 목숨을 아끼듯, 다윗을 아끼는 마음이 생겼다". "요나단은 제 목숨을 아끼듯이 다윗을 아끼어, 그와 가까운 친구로 지내기로 굳게 언약을 맺고, 자기가 입고 있던 겉옷을 벗어서 다윗에게 주고, 칼과 활과 허리띠까지 모두 다윗에게 주었다."(「사무엘 상」 18장 1, 3~4절)

그러나 정치적인 계략으로 사울 왕은 다윗을 쫓아내기로 결심했다. 그래서 마구 역정을 내며 왕은 자기 아들을 꾸짖었다. 아들과 다윗의 관계가 심히 못마땅했기 때문이다. "네가 이새의 아들과 단짝이 된 것을 내가 모를 줄 알았더냐? 그런 아이와 단짝이 되다니, 너에게나 너를 낳은 네 어머니에게 욕이 될 뿐이다."(「사무엘 상」 20장 30절) 고대 그리스에서는 이 구절이 다음과 같이 되어 있다. "네가 이새의 아들과 절친한 동무임을 내가 모를 줄 아느냐?" 사울이 아들을 모욕한 까닭은 동성 간의 관계가 위험하다고 여겨 둘 사이를 떼어놓기 위함이었다.

헤어질 때, "다윗이 … 얼굴을 땅에 대면서 세 번 큰절을 하였다. 그리고 그들은 서로 끌어안고 함께 울었는데, 다윗이 더 서럽게 울었다. 그러자 요나단이 다윗에게 말하였다. '잘 가게. 우리가 서로 주의 이름을 걸고 맹세한 것은 잊지 않도록 하세. 주께서 나와 자네 사이에서뿐만 아니라, 나의 자손과 자네의 자손 사이에서도, 길이길이 그 증인이 되실 걸세.' 다윗은 일어나

길을 떠났고, 요나단은 성 안으로 들어갔다."(「사무엘상」20장 41~42절) 요나단은 자기 아내와 아버지와 함께 지내다가 결국 전투를 치르던 중 죽었다. 추모사에서 다윗은 이렇게 오열했다. "나의 형 요나단, 형 생각에 나의 마음이 아프오. 형이 나를 그렇게도 아껴주더니, 나를 끔찍이 아껴주던 형의 사랑은 여인의 사랑보다도 더 진한 것이었소."(「사무엘 하」1장 26절)

그러고 보면, 성경에서 사랑에 대해 다룬 가장 아름다운 구절은 동성 관계에 대한 내용이다. 이와 달리, 아래 살펴볼 세 가지 성경 구절은 게이와 레즈비언에 대한 집중 공격으로 가득 차 있다.

소돔과 기브아

소돔에 관한 이야기는 얼마 전에 이 도시로 이주한 롯이라는 베두인에서부터 시작된다. 두 명의 천사가 베두인 차림으로 위장하고 소돔에 찾아왔는데, 롯은 호의를 베풀어 두 천사에게 자기 집에서 하룻밤 묵으라고 권했다. 두 천사는 호의를 받아들였다. 하지만 롯이 음식을 준비하는 동안에, 그들이 왔다는 소식이 온 도시에 퍼졌다. 롯과 두 손님이 잠자리에 들기 전에, "소돔 성 각 마을에서, 젊은이 노인 할 것 없이, 모든 남자가 몰려와서, 그 집을 둘러쌌다. 그들은 롯에게 소리쳤다. '오늘 밤에 너의 집에 온 그 남자들이 어디에 있느냐? 그들을 우리에게로 데리고 나오너라. 우리가 그 남자들과 상관 좀 해야 하겠다.' 롯은 남자들을 만나려고 바깥으로 나가서는, 뒤로 문을 걸어 잠그고, 그들을 타일렀다. '여보게, 제발 이러지들 말게. 이건 악한 짓일세. 이것 보게, 나에게 남자를 알지 못하는 두 딸이 있네. 그 아이들을 자네들에게 줄 터이니, 그 아이들을 자네들 좋을 대로 하게. 그러나 이 남자들은 나의 집에 보호받으러 온 손님들이니까, 그들에게는 아무 일도 저지르지 말게.' 그러자 소돔의 남자들이 롯에게 비켜서라고 소리를 지르고 나서"(「창세기」 19장 4~9절) 곧이어 그들은 문을 부수기 시작했다. 바로 이때 두 천사가 롯을 집안으로 끌어들이고 문을 걸어 잠근 후에, 바깥에 있는 이들의 눈을 모두 멀게 만들었다. 그러고선 롯과 그의 가족에게 그 도시를 즉시 떠나라고 했다. 언제라도 그 도시가 완전히 파괴될 것이며 지진이 일어나 소돔을 집어삼킬 것이라고 일러주었다.

소돔 남자들은 천사인 줄도 모르고 두 방문자에게 동성애 강간을 저지르려고 했다. 무엇이 잘못일까? 동성애? 강간? 또는 두 방문자에 대한 강간? 이 셋 전부 아니면 그중 일부? 이들 중 어느 것이 소돔 멸망의 원인이었을까? 죄는 방문객을 강간한 데에 있다. 동성애는 관계가 없다. 성경에 나오는 다른 일화를 보면 이 점이 명백해진다.

기브아라는 도시에서 일어난 비슷한 멸망 이야기를 살펴보자(「사사기」 19장 22~30절). 한 레위인이 하인과 첩을 데리고 기브아에 왔다. 아무도 환대해주지 않았지만 그곳에 사는 어느 이방인만은 예외였다. 둘이 집 안에 있을 때, 도시의 남자들은 그 집에 욕을 퍼부으며 그 이방인을 강간하려고 했다. 롯의 경우엔 자기 딸을 내놓았지만, 그 레위인은 자기 첩을 내어주어 딸은 강간을 면했다. 첩은 그날 밤에 강간을 당해 이튿날 아침에 죽은 채 발견되었다. 그 레위인이 첩의 시체를 두 조각으로 잘라 이스라엘의 두 부족에게 하나씩 보내자, 부족 사람들은 무슨 일이 벌어졌는지 확실히 알게 되었다. 얼마 후 이스라엘 부족들은 군대를 모아서 기브아를 멸망시켰다.

이 경우, 이성애 강간이 벌어지고 동성애 강간은 모면했는데도 기브아는 멸망을 당했다. 따라서 성행위가 이성애냐 동성애냐 하는 문제는 이보다 더 큰 죄악인 강간과 방문자에 대한 적대행위에 비하면 별 문제가 아닌 셈이다. 소돔의 죄는 우리가 알고 있는 동성애와는 아무 관계가 없다. 성경의 이 구절을 동성애 반대 이유로 삼는 것은 단지 오해에서 비롯되었다.

레위기

「레위기」에는 다음과 같이 남자들에게 이르는 유명한 구절인 이른바 '성결 법전'이 있다. "너는 여자와 교합하듯이 남자와 교합하면 안 된다. 그것은 망측한 짓이다."(「레위기」 18장 22절) '망측한 짓'이란, 그것이 '부정한' 행위라는 뜻이다. 이 구절은, 구체적으로 말해 한 남자가 다른 남자에게 삽입하는 성교, 특히 항문 성교를 비난한다. 남성 간의 다른 동성애 체위에 대해서는 아무런 언급이 없으며, 여성 간의 동성애는 더더욱 아무런 말도 없다. 이 구절은 동성애 관계(사랑, 신뢰, 그리고 헌신적 동성애 관계를 통해 함께하는 삶)는 조금도 반대하지 않는다. 이 구절은 특정한 성교 체위를 금지할 뿐이지 동성애를 금지하는 것은 아니다. 가령 남자들이 고대 그리스의 '동성애 남성 표준 체위'인 가랑이사이 체위를 이용하면 삽입을 피할 수 있으므로, 따지고 보면 이 명령을 따르는 셈이다.

이스라엘인들은 정결한 것과 부정한 것에 대해 긴 목록을 가지고 있었다. 돼지, 낙타, 바닷가재, 새우는 부정한 것이기에 먹어서는 안 되었다. 동시에 두 종류의 씨앗을 밭에 뿌리는 것이나 두 종류의 실로 옷을 짜는 것도 모두 부정한 짓이었다. 여성의 월경, 남성의 사정, 장례식 참석, 출산도 일생의 어느 기간에는 부정한 행위였다. 구약 시대 이후로 기독교도와 유대교도의 많은 분파는 정결함과 부정함의 목록을 줄기차게 갱신해왔다. 예를 들면, 예수는 다음과 같은 구절에서처럼 사람들이 할 것과 하지 말 것의 행동 목록을 넘어서게 하고자 했다. "너희는 듣고 깨달아라." 이어서 예수가 말하기를, "마음에서 악한 생각들이 나오는데, 곧 살인과 간음과 음행과 도둑질과 거짓 증언과 비방이다. 이런 것들이 사람을 더럽힌다. 그러나 손을 씻지 않고서 먹는 것은, 사람을 더럽히지 않는다."(「마태복음」 15장 10절, 19~20절) 물론, 동성애 성행위는 언급하지 않았다.

로마서

게이와 레즈비언에 반대했다고 인용되는 세 번째 성경 구절은 신약에 나온다. 그 구절은 바울이 로마인들에게 보내는 편지인 「로마서」의 첫 장에 있다. 바울은 고대 이집트 미술에 나오는 신들처럼 인간이나 동물의 형상을 한 신들을 숭배하는 사람들을 이렇게 비판한다. "(그들은) 썩지 않는 하느님의 영광을, 썩을 사람이나 새나 네발 달린 짐승이나 기어 다니는 동물의 형상으로 바꾸어 놓았습니다."(「로마서」 1장 23절) 이어서 바울이 말하기를, "이런 까닭에, 하느님께서는 사람들을 부끄러운 정욕 속에 내버려 두셨습니다. 여자들은 남자와의 바른 관계를 바르지 못한 관계로 바꾸고, 또한 남자들도 이와 같이, 여자와의 바른 관계를 버리고 서로 욕정에 불탔으며, 남자가 남자로 더불어 부끄러운 일을 하였습니다. 그래서 그들은 그 잘못에 마땅한 대가를 스스로 받았습니다."(「로마서」 1장 26~27절)

「레위기」에서처럼, 바울이 문제로 삼은 것은 동성애 행위이지 동성애 관계가 아니다. 이 구절이 암시하는 바는 동성애 성생활이 부자연스럽고, 여성 간의 동성애 성행위는 남성 간의 동성애 성생활과 마찬가지이며, 동성애 성생활에 가담하는 사람은 합당한 처벌을 받으리라는 것이다. 이러한 점들에는 무슨 의미가 있는지를 하나씩 살펴보자.

동성애 성생활이 부자연스러운가? 이 주장은 두 가지 방식으로 해석되어왔다. 고대의 과학자라고 할 수 있는 스토아학파의 추종자들은 자연은 인간의 이성이 파악할 수 있는 '법칙'에 따라 작동하며, 감정이나 느낌이 아니라 이성에 따라 사는 것이 미덕이라고 주장한다. 도덕적으로 사람은 자연의 법칙을 파악해야 하며, 이후 그 법칙에 따라야 한다. 성생활에 관해 스토아학파는 성교의 '자연스러운' 목적은 번식이며 따라서 동성애 성생활과 더불어 월경 기간의 성교를 포함한 번식과 무관한 성교는 부자연스럽다고 단언했다.[5] 스토아학파가 '자연스러움'에 대해 내린 해석에서 발견되는 문제점은 과학이 발전하면서 번식과 무관하면서도 여전히 자연스러운 성교의 기능이 발견됨에 따라 성경도 오류일 수 있다는 데에 있다.

이와 달리, 부자연스러움은 '(표준적인) 특성에서 벗어남'을 뜻한다고 해석되기도 했다.[6] 식욕이 왕성한데도 더는 먹지 않는 사람은 '부자연스러운' 행동을 하고 있으며, 무언가가 잘못되어 있는 것이다. 「로마서」의 인식에 따르면, 만약 하느님을 숭배했던 사람이 믿음을 버리고 다른 신들을 따른다면, 그 사람의 행동은 그에게 부자연스러워진다. 즉, 자신의 특성에서 벗어난 행동을 하게 되어 도덕적 방향감각을 상실하게 된다. 완전히 동성애를 탐닉하게 될지도 모른다. 하지만 원래 동성애자인 사람에게는 그 반대가 부자연스러운 것이다. 동성애자인 사람이 억지로 이성애 성교를 하려고 하면 그것이 오히려 자신에게는 부자연스러울 수 있고, 아울러 자기 파트너에게도 부당한 짓이다. 하느님의 사랑에 대한 믿음을 잃은 사람은 자신의 성적 지향을 바꾸고 싶어 하는 사람들 무리에 속하게 될지도 모른다. 내가 좋아하는 이런 해석을 따르면, 성경은 과학적 주장이 아니라 도덕적 주장을 하는 셈이다.

또한 그 구절을 통해, 로마 시대에는 여성 간의 동성애 성생활이 남성

간의 동성애 성생활과 마찬가지의 지위를 얻었다는 사실을 알 수 있다.[7] 히브리인들은 「레위기」에서 여성 간의 동성애 성생활에 대해 굳이 언급하지는 않았다. 왜냐하면, 여성끼리의 '애무'는 삽입이 포함되지 않았으므로 '성교'가 아니었기 때문이다.[8] 여성들끼리의 성교와 남성들끼리의 성교를 한데 뭉침으로써, 「로마서」는 누가 누구에게 '삽입'을 하는가 하는 문제에서는 벗어나서 그 대신에 성생활의 상황과 동기에 초점을 맞추었다.

마지막으로, 「로마서」는 삐뚤어진 성행위를 통해 '자신의 몸으로 받는' 처벌에 대해 말한다. 의심할 바 없이, 성행위를 통해 전파되는 질병들이 난잡한 성관계 동안에 감염되었다. 이 형벌을 받는 까닭은 특별히 동성애 성생활 때문이 아니라, 어떤 성생활이라도 문란해지면 비위생적인 습관이 생기기 때문이다.

이처럼 성경에는 나오미와 룻, 그리고 요나단과 다윗이라는 두 쌍의 동성 간 사랑을 묘사한 구절이 담겨 있다. 이어서, 소돔과 기브아의 이야기에는 방문자에 대한 강간과 냉대가 비판받고 있다. 「레위기」에서는 삽입을 포함하는 남성 간의 동성애 성생활을 사회적으로 부정한 짓으로 보고 있다. 그리고 「로마서」에서는 표준적인 특성에서 벗어난 과도한 성생활은 도덕의 나침반을 잃은 표시라며 비난받고 있으며, 여성 간의 동성애 행위가 남성 간의 동성애 행위와 동일시되고(따라서 누가 누구에게 삽입하느냐는 관심 주제가 아니었다), 모든 이가 문란한 성교의 부정적인 결과에 대해 경고를 받았다. 성경의 구절들은 동성애자와 이성애자 모두에게 자신들의 성적 표현에 책임을 지라고 권고한다. 어려운 일이긴 하겠지만, 그 구절들은 게이와 레즈비언이 기독교 신자가 되어 모든 종교 생활에 참여하는 것을 전적으로 긍정해주고 있다.

성경 구절들이 게이와 레즈비언을 배척하는 근거로 이용될 수 없다는 인식은 새로운 것이 아니다. 기독교 성직자인 낸시 윌슨은 이렇게 적고 있다. "대다수의 기독교인들은 … 여전히 시대에 뒤떨어지고 오류가 있는 동성애혐오적인 성경 해석을 믿고 있다. 교회 지도자들은 진실을 가르치려 하지 않는다. 우리 문화에서 끊임없이 일어나는 게이와 레즈비언에 대한 폭력과 증오는 암묵적으로(때로는 공공연히) 교회의 승인을 받고 있다. 교회 지도자들은 알고 있다. 성경 속에 나오는 동성애의 진실을 가르치는 것은 논쟁이 뒤따르고 어려울 뿐 아니라 우선 비용이 드는 일이라는 것을 말이다. 논쟁을 일으키고 돈이 들며 또한 극우세력의 비난을 받을까 봐 두려워 진실을 가둬두는 것이다."[9]

게이와 레즈비언을 종교에 포함하는 문제는 일단 제쳐두고서, 우선 왜 성경이 젠더 변이는 명시적으로 다루면서도 동성애 성생활은 부수적으로만 다루는가 하는 질문을 제기해볼 수 있다. 내가 생각하기에, 그 답은 젠더 변이의 사회적 범주와 성적 지향의 사회적 범주가 동시에 형성되지 않았기 때문이다. 성경이 쓰였을 때, 그리고 아마도 선사시대 이전의 먼 과거에는 고자가 뚜렷이 구별되는 하나의 범주로 인식되었다. 동성애는 그렇지 않았다. 정체성을 나타내는 사회적 범주로서의 동성애는 1800년대 후반 독일에서 처음 나타났기에, 그것은 꽤 근래의 사회적 범주다.[10] 성경은 고자를 명시적으로 종교의 울타리에 포함하면서도 동성애자들에 대해서는 비교적 침묵을 지키는데, 그 까닭은 다른 사람들과 마찬가지로 그들도 '네 이웃을 네 몸처럼 사랑하라'라는 일반적인 도덕규범으로 다루면 되기 때문이다.

21장

톰보이, 베스티다, 구에베도체

이번 장은 중세를 떠나 섹슈얼리티, 젠더 표현, 몸의 다양성이 어떻게 현대 사회 속에 수용되었는지를 주제로 하여 세 가지 사례를 살펴본다.

인도네시아의 젠더 표현

열 살 무렵에 나는 인도네시아 자바섬의 나지막한 산악지대에 있는 보고르 시에서 살았다. 내 기억 속에는 아직도 야생동물들, 땅거미가 지면 나무에 내려앉는 큰박쥐 무리들, 스콜성 강우, 길 위로 피어오르던 수증기, 맛있는 떡, 아름다운 밀랍 염색 옷, 불개미들, 그리고 꽃들이 남아 있다. 더할 나위 없는 열대의 풍경이었다. 인도네시아에서 동성애와 관련된 기억은 전혀 없다. 하지만 그 지역에서도 많은 일이 일어나고 있었다. 수마트라와 자바 두 지역을 연구하는 인류학자들은 서양의 레즈비언·게이 개념을 그 지역의 젠더·섹슈얼리티 표현에 적용할 때 생기는 놀라운 현상들을 자세히 알아 냈다.

　미국 인류학자인 에블린 블랙우드는 이렇게 적고 있다. "톰보이tomboi 라는 단어는 남자처럼 행동하는 여자에게 사용된다. 서부 수마트라에서 내가 어느 톰보이와 맺었던 관계를 통해, 내가 알던 '레즈비언'에 관한 개념이 내 파트너가 알고 있는 개념과 똑같지 않다는 걸 알게 되었다. 내 생각에 우리 둘 다 여성을 사랑하는 여성이었는데도 말이다."[1] 블랙우드는 데이언이라는 여자와 연애 관계를 맺었는데, 그녀는 20대 중반의 나이였고, 티셔츠와 반바지를 입고 머리카락을 짧게 하여 남자처럼 보였지만, 그 외에는 특별히 남성적이거나 거칠지는 않았다. 하지만 데이언은 스스로를 남자로 여겼다. 블랙우드는 이렇게 밝힌다. "마침내 나는 톰보이가 인도네시아판 부치butch(레즈비언을 유형화하는 지칭 중 하나로, 남성성의 성향이 강한 쪽을 일컫는 용어다. 여성성이 강한 쪽은 펨femme이라고 한다. ─ 옮긴이)가 아니라는 사실을 인정해야 했다. 그들은 남자였다."

톰보이들은 남자 같은 행동을 하는 데에 자부심을 느낀다. 코아(포커와 비슷한 카드게임)를 하고 담배를 피우고 밤에 혼자 나다니며, 파트너를 뒤에 태우고 오토바이를 운전하고 파트너의 집에 드나든다. 파트너는 그들과 다를 바 없는 여자인데, 이 여자들은 때때로 톰보이 파트너가 톰보이가 아닌 남자와 어울리도록 내버려둔다.

네덜란드 인류학자인 사스키아 비링아는 자바에 있는 여성들의 공동체를 연구했는데, 그 공동체에서는 잘 발달된 부치/펨 문화가 자리 잡고 있었다. 그녀가 느끼기에, "나 자신이 초창기의 부치/펨 문화를 '옛날식' 레즈비언이라며 거부했던 네덜란드 여성운동의 영향을 받으며 자랐던지라 그 문화는 구식으로 보였다. … 부치들은 나를 그들과 같은 사람이 되도록 가르치려 했으며, 펨들은 내게 남자다운 정중함과 성관계를 바란다고 분명하게 밝혔다. … 자카르타 부치들은 내가 서로 주고받는 관계를 좋아한다는 걸 알고 깜짝 놀라며 이렇게 말했다. '그건 혼란스럽지 않나요?'"[2] 부치들은 보통 근사한 직업을 갖는데, 이는 생계를 위해서이기도 하지만 자기 여자친구에게 잘 베풀기 위해서이기도 하다. 그리고 이들은 복장 규정(바지, 셔츠, 남성 옷가게에서 산 속옷, 가슴을 평평하게 만드는 붕대, 무대 공연자 스타일)을 지키며, 으스대며 걷고 머리를 빳빳이 치켜세우며 손에 담배를 들고 아울러 자기 젠더에 맞는 말투를 쓴다. 펨들은 평범한 여자들처럼 보이지만, 종종 리본이나 프릴이 달린 옷을 입고, 진한 화장을 하고 하이힐을 신으며 화려하게 꾸민다. 펨들은 비서로 일했으며 일부는 성매매업에도 종사했다.

"나는 정말로 혼란스러웠다." 비링아는 이렇게 고백한다. "나는 '새로운 스타일'의 레즈비언의 주요 특징이 남녀 양성의 특징을 함께 갖추는 것임을 전혀 의심한 적이 없었다. … 우리는 페미니스트였다. … 우리는 남녀의 역할이란 이성애적 가부장제에서 비롯되었다고 선언했다. 우리는 해방된 것을 자랑스러워했다." 자바섬의 부치들에게 왜 여자의 몸을 자랑스러워하지 않느냐고 물었더니, 몸은 그들에게 그다지 중요하지 않다고 대답했다. 그들은 여자를 사랑하길 원했고, 남자의 몸을 가진 사람이 여자 파트너를 찾기가 훨씬 수월하다는 것을 알아차렸다. 하지만 부치들은 남성 젠더에 적합한 행동을 아무리 따르더라도, 자신들을 남성으로 규정하지 않았다. 때로는 자신들을 제3의 성으로 규정하기도 했다. 부치들은 성전환수술을 치른 어느 친구에 대해 논의했다. 그들도 그 방법을 고려해보긴 했지만, 따르지 않기로 결정했다. 이유를 묻자 모두 건강상의 위험과 비용을 들었다. "어느 누구도 자기 몸을 좋아한다고 말하지 않았다."

따라서 인도네시아의 이 두 레즈비언 공동체의 젠더 표현은 남녀 양성이 함께 겸비된 하나의 형태로 모여들지 않고서 수마트라의 트랜스 남성과 펨, 그리고 자바의 부치와 펨이라는 두 축으로 분리되어 있다. 왜일까?

1940년대, 1950년대, 그리고 1960년대의 유럽과 미국의 주요 도시들에서 일어났던 부치/펨 문화에 속한 여성들은 스스로에 대해, 타고난 욕망을 표현하는 존재라고 여겼다.[3] 페미니스트들은 전통적인 남성성과 여성성을 모방하는 존재들이라며 그들을 비난했다. 그건 그들의 참모습이 아닐뿐더러 억압적인 사회체제를 고착시키며, 급진적이거나 용감하지 않다고 여긴 것이다. 요즘에는 차츰 견해가 바뀌고 있다. 다른 여성들 그리고 대체로 이성애자들로 이루어진 세상은 아직 부치 레즈비언과 트랜스 남성들에 대해 엄청난 편견을 갖고 있다. 많은 사람은 특별할 것 없이 뒤섞인 중간 상태보다는 이러한 길에 더 많은 용기가 필요하다고 점점 더 느끼고 있다. 비링아가 최근에 결론을 내렸듯, 여성 속에 남성적 정체성을 함께 갖추는 것은 '자기결정'의 한 형태로 점점 더 가치를 인정받고 있다.[4]

멕시코시티의 베스티다

오늘날의 트랜스젠더는 잔 다르크처럼 기둥에 묶여 화형당할 리는 없지만, 세상 곳곳에 퍼져 있는 트랜스젠더들이 사회 속에서 얻을 수 있는 선택권은 옛날보다 그다지 나아지지 않았다. 현시대의 멕시코시티가 처한 상황을 살펴보자. 이곳에서 두드러지는 트랜스젠더 표현 대부분은 거리의 여왕이자 복장도착 성매매업 종사자, 즉 베스티다vestida이다.

메마의 집

네사(네사우알코요틀)는 평판이 나쁜 멕시코시티 내의 한 교외 지역이다. 더

럽고 위험하고 가난한 이곳에는 중산층과 상류층 시민들이 얼씬도 하지 않는다. 스웨덴 사회학자인 안니크 프리에우르에 따르면, 메마Mema의 집은 네사의 젊은이들이 모이는 장소다.[5] 메마는 성매매업 종사자, 미용사, 요리사, 점원, 노점상이자 트랜스젠더를 대상으로 에이즈 관련 교육을 하는 강사다. 그 집에는 대개 열에서 스무 명 정도의 사람들이 매일 들르는데, 주로 저녁에 와서 가정식 식사를 한다. 메마의 집은 안식처다. 메마와 함께 지내는 사람들은 여자 같다거나 동성애자라는 이유로 집을 나온 청소년들이다. 이 아이들은 여성성이 자꾸 드러나면서 섹슈얼리티를 숨기기가 점점 더 어려워졌고, 결국 가족에게서 핍박을 받자 집을 뛰쳐나왔다.

판차Pancha라는 아이는 의붓아버지에게서 폭행을 당했고 개처럼 마당의 개수대 아래에서 잠을 자며 지냈다. 그러던 중 여덟 살의 나이에 집을 뛰쳐나와 거리에서 살다가 메마의 집으로 왔다. 판차는 열 살 때 자기 어머니가 "내게 남자인지 여자인지 물었어요"라고 말한 것을 회상한다. 판차는 이렇게 안타까움을 토로한다. "어머니는 제가 집에서 화장하는 것을 허락하지 않아요…. 어머니는 제가 꽉 끼는 바지와 블라우스를 입거나 머리를 길러 염색하는 걸 좋아하지 않았어요. 저는 머리를 늘 짧게 잘랐어요. 하지만 이제는 제 머리카락과 손톱을 기르도록 내버려 두어요."[6] 이처럼 인정을 받게 된 데에는 판차가 성매매로 번 수입의 일부를 그 가정의 생활비에 보탠 것이 어느 정도 도움이 되었다. 성매매로 번 수입이 때로는 가족을 다시 화합시키기도 한다.

마르타Marta라는 트랜스젠더 여성은 이렇게 회상한다. "저는 인형을 좋아했는데, 그것도 아주 미치도록 좋아했어요. 거룩한 성인들의 밤에, 사람들은 내게 선물로 장난감 차나 트럭을 주었어요. 그러면 전 차를 갖고서 잠시 놀곤 했어요. 하지만 저는 여동생의 인형에 관심이 갔어요. 그 인형을 갖고 놀았고 여동생한테 인형을 빌려달라고 했어요. 그리고 밖으로 나가 이웃집 여자애들과 인형을 갖고 놀았어요.[7] 그리고선 이렇게 말을 잇는다. "저는 화장실에서 성인 남성들을 보면 황홀해졌어요. … 저는 그걸 후회하지 않아요. 그게 좋아요. … 그때 전 여섯 살이었어요. 한 이웃 남자가… 제게 말을 걸더니 아이스크림으로 절 유혹했어요…. 전 기뻤어요. … 그는 자기 침대로 가더니 옷을 벗기 시작했어요. … 저도 유혹을 느껴서 호기심에 만져보았어요. … 이후 그런 일이 계속 이어졌어요. 그 사람은 계속 제게 아이스크림을 주었고 전 아홉 살까지 줄곧 그의 애인이었어요. … 저는 어릴 때부터 성에 눈을 활짝 떴답니다." 어떻게 되었던 것일까? "저는 그렇게 태어났다고 생각해요. … 남성호르몬을 투여하며 저를 치료했던 의사에게 전 그렇게 말했어요. … 대여섯 살 이후부터 저는 남자에게 끌렸어요. 그런 걸 싫어하는 사람들에게는 전혀 생기지 않는 감정이 일어난 거죠." 의사의 치료를 받자 마르타의 다리에 털이 났다. 마르타는 눈썹이 길다는 이유로 학교에서 놀림을 받았고, 성적이 좋았는데도 열두 살 때 퇴학을 당했다. 이어서 그녀는 부모에게 두들겨 맞은 뒤 집에서도 쫓겨났다.

바로 이 시점에 마르타는 다른 베스티다들을 만났다. "저는 그 사람들이 여잔 줄 알았는데, 누군가가 제게 여자가 아니라 여자 옷차림을 한 남자들이라고 알려주었어요. 믿지는 않았지만, 만약 그 사람들이 남자라면 나도 함께할 수 있다고 말했어요. 저도 그렇게 되고 싶거든요. 즉, 여자처럼 보이고 싶어요. 그래서 알고 지내는 사이가 되자 그들이 절 후원해주었어요. 메마가 절 도와주었어요. 무척 감사하게도 그녀가 절 도와주었어요. 제게 신발과 옷도 사주었어요. 그녀의 미용실에서 여자처럼 화장을 하기 시작했어요. 눈썹 화장도 했고 손톱에 매니큐어도 칠했어요. 또한 눈썹과 손톱을 길게 길렀어요." 열네 살 때 마르타는 처음으로 섹스를 해준 대가로 돈을 받았는데, 그전에는 공짜로 해주었다. "스스로 결정을 내려야 할 때가 왔어요. 그리고 전 남자의 옷에 갇혀 있다고 느꼈어요. 어느 순간 전 '벗어버려, 벗어버려, 남자의 옷들은 모두 다. 나한텐 이젠 필요 없어'라고 말하고 있었어요. 그리고 여자의 옷을 입었어요. 저는 신데렐라가 된 기분이었어요. 저는 이전의 옷들은 내다 버리고 새 옷을 입었어요. 제가 원했던 모습이 되었어요."

마르타는 수술로 성을 바꾸고 싶어 한다. "오줌을 누면서, 저는 '어휴, 이건 내 것이 아냐'라고 말하는데… 저는… 그걸 잘라버리고 싶어요." 그러면서도 이렇게 말한다. "저는 자부심이 커요. 저는 동성애자예요. 동성애자이긴 하지만 여자에 가까워요. 제 말은, 신체적으로 모든 면에서 얼굴이랑 몸이 그렇단 뜻이에요. 전 여자예요. 그렇지 않나요? 그렇다고 여자가 되려고 동성애자이길 그만두지는 않겠어요…. 내면적으로 저는 제 자신이 동성애자로서 여자처럼 보이는 것이 자랑스러워요. 그리고 그걸 보고 사람들도 동성애자가 자신이 원하는 대로 될 수 있다는 걸 알 수 있어요. 역사상 많은 동성애자가 중요한 사람이었다고 들었으니까요. 안 그런가요? 작가나 화가, 그리고 많은 훌륭한 일들, 그것도 전 세계에서요. 그러니까 자부심을 느낄 만하죠." 마르타가 전해준 이 내용은 동성애 세계에서 트랜스젠더 요소와 동성애자로서의 자부심이 결합된 훌륭한 이야기다.

동성애와 여성스러움이 이 그룹에서는 완전히 서로 연결되어 있는데, 그 정도가 아주 크다 보니 여성스러운 표현(성매매 여성 스타일)과 동성애는 거의 동의어다. 베스티다는 복장과 행동이 도발적이고 섹스에 관해 많이 이야기하고 끊임없이 섹스에 관해 농담하며 섹스에 시간과 에너지를 많이 소비한다. 10대들인데도. 이 어린아이들에게는 본받을 만한 모범이 없고 교육에서도 제외되어 있다. 종종 교사들은 그들의 여성적 경향과 그들끼리 첫 성관계를 가진다는 사실을 알아차린다. 프리에우르가 인터뷰한 모든 베스티다는 학교에서 괴롭힘을 당했으며, 대부분 초등학교를 졸업하고 곧바로 학교를 그만두었다. 하지만 일부는 고등학교까지 마치길 바랐고, 한 명은 심지어 교사가 되고 싶어 했다. 대체적으로 베스티다들은 장래에 대해 많이 이야기하지 않았다.

미용사 이외에 베스티다의 주된 직업은 성매매 종사자이다. 거리에서 베스티다들이 활약하는 지역은 트랜스베스타이트 성매매업 종사자들이 있다고 알려진 곳이며, 고객들은 이들에게 돈을 주고 무엇을 살 수 있는지 잘 알고 있다. 베스티다들은 종종 경찰에 붙잡혀 가는데, 풀려나기 위해 뇌물을 주기도 한다. 거친 삶의 이면에는 패거리들, 음주, 마약, 도둑질, 말싸움, 유치장 구금, 그리고 폭력이 뒤따를 수도 있다. 그들은 종종 고객들한테서 도둑질을 한다. 문제 있는 행동과 복장으로 일부러 물의를 자초하는 듯 보인다. 하지만 미래에 대한 믿음은 없다. 왜 그럴까? 이러한 삶은 아마도 그와 같은 경제적 상황에서는 트랜스젠더가 아닌 10대 성매매업 종사자도 마찬가지일 것이다.

듣기를 거부하는 학계의 태도

사회학자들은 면담자들의 이야기를 처음으로 기록하면서 종종 그 내용을 변경한다. 예를 들어, 마르타는 "그렇게 태어났다"고 말한다. 하지만 그것은 사회학에서 분명 금지된 전제다. 프리에우르는 이렇게 적고 있다. "어떤 독자들은 '마르타가 성전환자'라고 생각할지 모른다. 그것은 … 내가 취하는 구조주의적 방법에 반대된다." 프리에우르는 나아가 마르타가 "자신의 성욕을 의식하기 훨씬 이전에 동성애자 역할을 수행했다"고 주장한다.[8] 하지만 사실이 아니다. 마르타는 남성에 대한 자신의 성적인 관심은 첫 동성애 성행위보다 먼저 생겼으며, 그 성행위 이후 스스로 자신의 그런 성향을 인정했다고 직접 밝혔다.

정말로 우리는 마르타 자신의 설명을 그대로 믿어도 되는 것일까? 프리에우르에 따르면, "마르타를 비롯한 다른 이들의 이야기는 지나간 과거에 의해, 그들이 나중에 배운 동성애와 여성스러움에 관한 일반적인 해석에 의해, 그리고 아마도 자기들에 관해 비교적 일관성 있는 이야기를 내놓고 싶어 하는 바람에 의해 채색된다. 그리고 이런 모든 요소로 말미암아, 호타 jota(여성스러운 동성애자를 가리키는 경멸적인 용어)들은 자기 이야기를 할 때 동성애자, 여성스러운 남자가 되기로 일찍 결심했음을 강조한다고 나는 믿는다. 이 사람들은 자신들이 그렇게 태어났다고 여기는 모습대로 되었던 것이다."[9] 이번에도 사회과학자들은 자신들이 연구하는 개인들의 원래 이야기를 무시하고 자신들의 견해를 바꾸어 넣을 권한이 있다고 느낀다. 하지만 아마 베스티다들은 적어도 자신들이 아름답다고 느끼는지에 대한 그들 자신의 의견 표명이 허용될 수 있을 것이다. 하지만 그렇지 않다. 프리에우르에 따르면, "남성중심주의가 그들의 인식과 이해 방식을 구성해버린 바람에, 그들은 자기 선택을 긍정적인 것으로 인식하게 되었다."[10]

프리에우르는 또한 베스티다들의 외모가 싫다면서, 그들은 "차림새를 통해 몸 파는 사람이라는 티를 낸다"고 주장한다. 짧은 치마 아랫부분과 몸을 휘감는 옷감에 대해 말하면서, 프리에우르는 이렇게 지적한다. "음경과 고환은 꽉 끼는 치마나 심지어 접착테이프로 다리 사이에 숨겨두어야만 한다."[11] 그녀는 이러한 '신체 변형 행위들'에 대해 자신이 강한 반응을 보이는 것을 느끼고, 자기 자신의 태도를 돌아보게 되었다고 말한다. 이어서 그녀는 얼마나 스칸디나비아 "사람들이 … 멕시코의 남성 동성애자들이 마초 사회에 의해 억지로 신체 변형을 당한다는 사실에 대해 … 대단히 분개하게 되었는지"를 언급한다. 특히나 이 사람들이 "자연스럽게 남성다운 모습으로 지내는 대신, 여성적인 모습으로 바뀌는" 방식에 대해 분개했다고 한다.[12]

베스티다들은 이 말에 동의하지 않는다. 프리에우르가 가타라는 베스티다에게 여성적인 모습을 문제 삼자, 가타는 10대 때 남자들이 자신을 따돌려서 마음에 큰 상처를 입었다고 대답했다. 하지만 "더 여성스러워짐으로써, 더 여자 같은 모습이 되면서… 판도가 바뀌게 되었어요. 남자들이 내게 섹스하자고 했고, 내게 키스했어요. 난 그게 좋았어요." 곧이어서 가타는 프리에우르에게 이렇게 반격했다. "내 젖통은 당신네보다 크다고요." 프리에우르도 이렇게 인정한다. "내 태도는, 어쨌든 중립적이라고 말했지만, 결국은 자기방어였을 뿐이에요." 가타는 이렇게 반박했다. "그건 중요하지 않아요…. 그건 일종의 성취예요…. 당신이 자신에게 해줄 수 있는 일이죠. 마치 당신이 집을 원하는 것처럼 말이에요." 그래서 프리에우르도 그런 점을 인정할 수밖에 없다. 즉, 베스티다들에게는 "꾸며지고 만들어진 그들의 몸이 힘든 노동과 궁핍한 생활을 통해 얻은 사회적 지위의 상징인 것이다. 동시에, 그 몸은 성매매 여성으로서의 수입을 보장할 투자다." 그녀는 이렇게 요약한다. "여성성이 진짜냐 가짜냐를 물을 것이 아니라, 여성성이 통하는지가 중요하다. 정말로 여성성은 통한다."[13]

프리에우르는 베스티다들이 활동하는 방식을 좋아하지 않기에, "남자의 몸에 갇힌 여자의 영혼"을 보게 되는 것이다. 하지만 베스티다들은 "여성적인 태도보다는 남성적인 태도를 더 많이" 갖고 있다. 여기서, 프리에우르는 분명히 말한다. "여성성에 관한 저의 기준에 따르면", 진짜 여성은 "여성처럼 보이고", "정서적으로 여성을 닮으며", "온화하고", "다른 사람들을 돌보며", "남을 돕기를" 좋아하고, "사람들을 기쁘게 해주며", 그리고 드러내놓고 "기쁘든 슬프든 자신의 감정을 표현한다."[14] 이런 상투적인 여성상은 베스티다들이 일반적으로 보여주는 여성의 모습과는 분명 다르다. 하지만 뒷골목의 거친 여성 갱단이나 트랜스젠더가 아닌 성매매업 종사자들과 비교한다면 어떻게 될까? 이런 사람들 가운데 얼마만큼이 여성성에 관한 스칸디나비아 학계 중산층 학자들의 기준을 충족할까?

다년간 연구를 하는 내내, 프리에우르는 베스티다를 오직 여성스러운 남성 동성애자로만 언급하는데, 이는 베스티다를 일부 트랜스젠더 소녀와 여성들이 분명 그러하듯 여성인 척하는 기만자이며 자신들의 정체성을 부정하는 존재로 보았다는 뜻이다. 베스티다들은 여성의 삶 속으로 통합될 기회가 거의 없다(미용사로 일하는 베스티다의 여성 고객들을 인터뷰했더라면 흥미로운 결과가 나왔을지도 모르지만 말이다). 이런 이유로 그들의 옷이나 몸가짐 모두 지역 여성들과 같은 수준으로 나아질 수가 없다. 베스티다는 자기를 여자로 이끌어줄 어머니가 없다. 이들에게는 대중매체 속 글래머 여성이 여성스러운 모습의 표준으로 정의된다. 성매매업에 종사하는 베스티다들은 남성 고객들로부터 지속적으로 영향을 받아서 자신들의 몸을 페티시하게 바꾼다. 이러한 운명은 트랜스젠더가 아닌 성매매업 종사자들에게도 찾아온다. 마지막으로, 베스티다는 시기 면에서 볼 때, 사회에 등장한 지 얼마 되지 않는다. 그들이 사회 속에 여성적인 모습으로 등장한 시기는 같은 나이의 비트랜스젠더 여자들보다 10년 이상이나 늦었다. 따라서 베스티다가 불완전한 모습을 보인다고 해서, 프리에우르가 주장하듯 그들의 여성적 정체성이 반드시 진짜가 아니라고 볼 수는 없다.

너무나 많은 사회학자는 트랜스젠더들의 말을 그대로 받아들이지 않는다. 아마도 그렇게 하면 생물학에서 드러난 내용이 진실임을 인정하는 격이라고 여기기 때문인 듯하다. 그 대신, 이 사회학자들은 베스티다를 비롯한 트랜스젠더들이 다른 성으로 살기를 '선택'했다는 믿음에 사로잡혀 있다. 프리에우르는 이렇게 적고 있다. "트랜스젠더들은 … 이 세상에서 자신들의 성을 실제로 선택한 유일한 사람들인데도, 성이 선택에 근거한다고는 절대 주장하지 않는다."[15] 아마 트랜스젠더의 말이 옳을 것이다. 트랜스젠더는 트랜스젠더가 아닌 사람들과 마찬가지로 자신들의 성이나 젠더를 선택하지 않는다.

트랜스젠더 표현에 관한 사회학자들의 편향된 연구는 생물학, 인류학, 신학의 잘못된 해석과 일맥상통한다. 내가 보기에, 자기들의 연구대상에 대해 그렇게나 심판하는 태도를 버릴 수 없는 사회과학자들은 다른 직업을 찾아야 마땅하다. 트랜스젠더를 인정하고 받아들이고 긍정하기를 그토록 단호히 거부하는 행위는 학계에서 일어나는 잔 다르크 화형식이나 마찬가지다. 인간성의 의미 있는 측면을 부정하고 말살하려는 시도인 셈이다.

도미니카 공화국의 구에베도체

한때 도미니카 공화국의 세 군데 시골 마을에는 간성인 사람들이 적잖이 살았기에, 근래의 의학적 개입이 일어나기 전까지는 그곳에서 특별한 제3의

성에 해당되는 사회적 범주가 번성했다. 이들은 구에베도체라고 불리는데, 번역하자면 '열두 살의 음경'이라는 뜻이다. 간성인 이 사람들은 대개 여자로 길러지지만, 성숙하면 정자를 만들기에 생물학적으로는 남성이다. 태어날 때 구에베도체의 몸에는 서로 합쳐지지 않은 음순 모양의 음낭 조직이 달려 있고, 음경이 없거나 아니면 클리토리스처럼 생겼으며, 정류고환(복강 속에 위치하여 외부에서 볼 수 없는 고환. '잠복고환'이라고도 한다. — 옮긴이)을 가진다. 어떤 구에베도체는 출생 시에 그런 상태로 확인되고 다른 이들은 여성으로 분류된다. 하지만 두 경우 모두 사내아이가 아니라 여자아이로 자란다. 그러다가 목소리가 굵어지고, 근육이 발달하고, 고환이 내려오고, 음경이 자라고, 발기가 일어나고, 정자가 포함된 정액이 생산되어 음경에서 흘러나온다.

인류학자 길버트 허트는 열여덟 명에게서 데이터를 모았다. 그중 둘은 죽었고, 한 명은 성과 무관한 은둔자로 살았고, 한 명은 여자로 계속 살다가 남자와 결혼했으며, 또 한 명은 모호한 젠더 정체성(여자 복장을 했지만 자신을 남성으로 여겼다)을 지녔고, 나머지 열셋은 남성으로 성전환을 했다.[16] 이 열세 명 중 대부분은 여성과 결혼하여 농부나 벌목꾼과 같은 직업을 가졌으며, 아내는 집안일을 하거나 화초를 가꾸었다. 즉, 열여덟 가운데 열셋이라는 높은 비율로 여성에서 남성으로 성을 전환한 것이었다. 성전환은 열넷에서 스물넷 사이의 나이에 일어났다. 평균 나이는 열여섯이었는데(구에베도체라는 이름이 의미하는 것처럼 열두 살이 아니다), 한참 테스토스테론이 분출되는 사춘기 이후의 시기였다.

구에베도체 아이들이 전환 이전에 자신에 대해 어떻게 느꼈는지를 알려줄 정보는 구할 수가 없다. 대부분 자신이 여자라고 여기다가 남자임을 차츰 깨달았을까? 아니면 애초부터 자기들이 여자라는 생각을 거부하다가, 생식기가 자라면서 자신의 예상이 사실로 확인되자 안심하게 되었을까? 아니면 대부분 자신을 제3의 성으로 여겨 남자라고도, 여자라고도 인정하지 않다가 생식기가 발달하면서 정체성의 분명한 표시를 얻게 되었을까? 아니면 자신들의 젠더에는 관심이 없이, 단지 남자가 되면 더 이익이라고 여겨 남자가 되기로 결정했을까? 그리고 여자로 남은 사람과 젠더가 애매모호한 사람은 또 어떻게 된 것일까? 아무도 모른다. 분명한 것은 이러한 간성 형태가 그 마을의 사회구조에서는 기꺼이 받아들여졌다는 사실이다.

　사회과학자들은 구에베도체가 제3의 성이라는 사회적 범주에 해당되는지 여부에 관심을 보였다. 아마 이 마을들은 세 가지 **몸의 유형**, 즉 남성, 여성, 그리고 구에베도체가 동등하게 인정되는 사회다. 즉, 몸이 나타내는 성에 세 가지 유형이 있다고 인정되지, 그것이 세 가지의 행동 방식이라고 인정되지는 않는다. 하지만 구에베도체라는 범주는 아이들에 대해 일시적으로 불확정한 상황을 메워주는 표시일 뿐, 이후 몸이 성숙하여 '진짜' 성이 나타나면 필요가 없어진다. 마을 사람들은 실제로는 두 성만을 보며, 성숙하기를 기다리는 이들에게 잠시 제3의 성을 허용해준 것이다. 이러한 상황을 더 깊이 연구할 수는 없었다. 왜냐하면 의사들이 마을 사람들에게 구에베도체는 남성이며 여자로 기르면 안 된다고 일러주었기 때문이다. 의사들이 출생 시에 구에베도체를 여자와 구별하는 기술을 마을 사람들에게 알려주자, 구에베도체라는 사회적 범주는 이제 사라졌다. 모든 구에베도체는 이제 단지 처음부터 사내아이로 자란다. 이러한 의학적 개입이 가치가 있다고 증명되었는지에 대해서는 아무런 데이터도 얻을 수 없다.

　뉴기니에 사는 한 부족에서도 간성인 사람들이 하나의 사회적 범주를 이룰 만큼 흔한 사례가 있다. 하지만 여기서도 부족민들은 진짜 성 두 개와 더불어, 신체적으로 성숙하고 있는 아이들에게 일시적으로 부여하는 제3의 성으로 간성을 구분한다. 따라서 비교인류학은 동등한 세 가지 신체 유형 범주라는 의미에서 세 성을 인정하는 사회는 발견하지 못한 셈이다. 많은 사회가 행동 방식의 실질적인 차이는 인정하면서도, 신체 유형은 여전히 남성과 여성이라는 두 가지 주요 범주로만 분류되고 있다.

생물학적 관점에서 보면, 필연적으로 어떤 사회는 언젠가 남성과 여성의 이분법으로 분류될 수 없는 세 가지 이상의 신체 유형 범주를 고안해낼 것이다. 생물학자들은 남성과 여성의 기능에 대응되는 두 가지 생식세포 크기를 계속 인정할 것이다. 하지만 생물학에는 남성과 여성의 기능이 다양하게 혼합된 여러 가지 신체 유형에 관한 선례가 많이 있다. 줄기세포로 생체조직을 조작하는 생명공학 덕분에 어쩌면 언젠가 사람들은 일생의 동일한 어느 시기 또는 여러 시기에 걸쳐 자신들이 정자를 만들지, 난자를 만들지를 결정할 수 있게 될 것이다. 이러한 능력 덕분에 간성으로 태어난 사람의 잠재적인 생식능력이 완성되거나, 일생토록 어떤 시기에 아비와 어미가 동시에 되고 싶은 갈망이 충족될지도 모른다. 그런 사람들은 다른 포유류에서 이미 잘 발달된 능력을 얻게 될 것이다. 즉, 그들은 진정한 트랜스젠더가 되어, 평생 남성이나 여성으로만 지내는 신체 유형을 넘어 또 다른 유형의 몸을 갖게 될 것이다. 지금 트랜스젠더로 여겨지는 사람들은 젠더 정체성의 신체적 표시인 생식기를 바꿈으로써 젠더를 바꿔왔다. 하지만 생식샘의 기능을 난자 생산에서 정자 생산으로 바꾸거나 그 반대 방향으로 바꾸면 실제로 성을 바꾸는 셈인데, 미래에는 있을 법한 일이다.

22장

미국의 트랜스젠더 정책

여러 문화에 걸쳐서 젠더 표현과 섹슈얼리티를 연구한다고 하더라도, 현재의 미국을 제외한다면 불완전한 연구로 그치게 될 것이다. 지금 내가 이 글을 쓰고 있는 이곳에서는 과연 무슨 일이 벌어지고 있을까? 흥미롭게도, 이전에는 은밀히 숨어서 살던 사람들을 포함하는 새로운 사회적 범주가 온통 우리 주위에 등장하고 있다. 이러한 등장은 고통과 함께 오며 생채기를 남긴다. 고통은 트랜스젠더가 자신들의 일상생활에서 마주치게 되는 엄청난 폭력의 위협에서 비롯되며, 생채기는 현실 사회가 받아들이길 꺼리는 이들을 포함하도록 기존의 범주를 바꾸려는 노력의 과정에서 생긴다.

폭력과 동성애자 – 트랜스젠더 관계

동성애자들은 1969년에 그리니치 빌리지에서 일어난 유명한 스톤월 항쟁을 시작으로 미국 동성애자 인권 운동을 시작했다. 뉴욕 경찰이 드래그 퀸을 비롯하여 게이 바에 있는 여러 트랜스젠더를 괴롭히자 급기야 폭동이 일어나 이들이 거리로 쏟아져 나왔다.[1] 하지만 이후 수십 년이 지났건만, 동성애자를 정치적으로 옹호하는 단체들은 자신들의 강령에 트랜스젠더를 포함하지 않았다. 오로지 게이와 레즈비언으로만 구성된 사람들로만 구성되어, 트랜스젠더와 이들에 관한 사안들은 설 자리가 없게 되었다. 강력한 동성애자 로비 단체인 휴먼라이츠캠페인Human Rights Campaign, HRC과 같은 단체들은 직업적 차별과 증오범죄를 다루는 입법 활동을 후원했지만, 젠더 정체성에 대해서는 언급하지 않고 오로지 성적 지향만을 문제 삼았다.[2] 이번에도 트랜스젠더들의 자주성과 경험이 외면되거나 동성애자 단체들에 의해 도용당했다. 그렇긴 하지만, 아래 사례들처럼 트랜스젠더에 대한 폭력이 벌어지는 현실을 보면, 동성애자와 트랜스젠더의 정치적 미래가 긴밀히 연결되어 있음을 알 수 있다.

와이오밍에서 매슈 셰퍼드라는 동성애자 학생이 끔찍하게 살해당한 직후, 한 트랜스젠더 여성이 텍사스주의 오스틴에서 비슷한 정황으로 살해되었다.[3] 열여덟 살의 로린 페이지(태어났을 때 이름은 도널드 풀러)가 오스틴 남동부 숲 지역에서 변사체로 발견되었던 것이다. 로린은 여자 옷차림이었다. 로린의 아버지는 이렇게 말했다. "그 애는 늘 그런 모습이었습니다. 우리는 그 애가 약간 다르다는 걸 줄곧 알고 있었고, 그걸 기꺼이 받아들였습니다. 하지만 집 밖에 그런 차림으로 나가지는 못하게 했습니다. 그런 옷차림을 하지 않으면 그 애는 행복해 보이지 않았습니다." 로린은 경찰이 성매매 단속을 하는 곳인 사우스 콩그레스 애비뉴를 따라 종종 걸어 다녔다고 한다. 경찰 지휘관인 게리 올퍼스는 이렇게 말했다. "우리는 사디즘에 빠진 살인자들을 상대하고 있습니다. (칼에 찔린) 상처가 두 군데 이상이었습니다. 그놈들은 무자비하게 그런 상처를 냈습니다." 부검 결과 로린의 목에는 길이가 23센티미터에 폭이 8센티미터인 베인 상처가 있었다.

"이 살인 사건에 대한 경찰의 설명은 비통하게도 늘 듣던 소리입니다"

라고 젠더PACThe Gender Public Advocacy Coalition를 이끄는 리키 앤 윌친스라는 트랜스젠더 활동가는 말했다. "사디즘에 빠진 살인자들, 여러 번 베인 상처, 반복적인 구타나 총격… 그런 짓들은 젠더가 다른 사람들에게 가해진 잔혹한 폭력 행위들로서, 우리가 늘 듣던 설명입니다. 희생된 트랜스젠더들로는 샤넬 피킷, 브랜던 티나, 크리스티안 페이지, 데버라 포르테, 비안나 페이 윌리엄스, 자메이카 그린, 제시 산티아고와 페기 산티아고, 타샤 둔 … 희생자들의 이름은 계속 이어집니다." 하지만 로린의 살해 사건은 언론의 주목을 거의 받지 않았으며, 동성애자 단체들도 더 자세히 알아보지 않았다. 대중들에게 널리 알려진 매슈 셰퍼드 살해 사건과 비슷했는데도 말이다.

로린의 죽음은 개별적인 사건이 아니었다. 트랜스젠더 활동가이자 시사평론가인 퀸덜린 스미스는 "죽임을 당한 우리의 벗들을 기억하며"라는 제목의, 매년 살해당한 트랜스젠더들의 이름을 싣는 웹사이트를 운영한다. 그리고 매년 전 세계의 여러 도시에서는 감동적인 추모 의식이 개최된다.[4]

최근에 발생한 또 한 가지 사례는 1999년 여름에 테네시주와 켄터키주의 경계인 포트 캠벨에서 스물한 살 난 배리 윈첼이라는 이등병이 끔찍하게 살해당한 사건이다. 윈첼의 죽음을 계기로 동성애자 옹호 단체들은 군에서의 '묻지도 말하지도 말기Don't-Ask-Don't-Tell'(1993년부터 2011년까지 시행된 미국 성소수자 군복무 관련 제도. — 옮긴이) 정책을 재검토하라고 미국 정부에 압력을 가했다. 하지만《뉴욕 타임스 매거진》이 결국 표제 기사에서 보도했듯, "윈첼이 게이라는 이유로 살해당했다고 하지만, 사실 그는 게이가 아니었다"[5] 그는 이성애자였다. 과거에 그는 여성들, 즉 트랜스젠더가 아닌 여성들과만 교제했다. 그런데 사건이 일어나던 무렵에는 캘퍼니아 애덤스라는 아름다운 트랜스젠더 여성과 사랑에 빠져 있었다. 내슈빌에 근거지를 두는 '정의를 위한 레즈비언·게이 연합'이라는 단체가 애덤스를 찾아가, "사건 경위를 분명히 밝히기 위해" 기자들에게 그녀가 사실은 남자라고 털어놓아야 한다고 제안하며 이렇게 물었다. "그(윈첼)가 여자와 교제하고 있는데도 게이라는 이유로 살해당했다고 당신이 어떻게 말할 수 있겠어요? 그렇죠?" 애덤스가 이 제안에 동의했고 이어서 나온 기사에서 그녀는 윈첼의 '남자친구' 또는 '크로스드레싱 친구'로 소개되었다. 이 끔찍한 거짓말은 (트랜스젠더 여성인) 애덤스의 존재는 물론이고 그녀와 윈첼이 맺은 관계의 기반을 지우는 것이었다. 어느 내슈빌 게이 활동가는 이런 결론을 내렸다. "우리는 이런 사안을 어떻게 다룰지 전혀 모르겠어요."

2001년 6월 22일의 신문 기사에 따르면, 2001년에는 '묻지도 말하지도 말기' 정책이 처음 시작된 이후 다른 어떤 해보다 군대에서 퇴역한 사람들이 더 많았다. 퇴역자들의 거의 절반은 제101 공수사단의 본부인 켄터키주 포트 캠벨 출신이었는데, 이곳이 바로 윈첼이 1999년에 야구방망이에 맞아 죽었던 부대였다. 《샌프란시스코 크로니클》은 윈첼을 "게이로 여겨졌던" 사람이라고 설명했으니, 게이가 아니라는 사실을 알고 있었다. 하지만 이 설명만 보면, 그 공격은 단지 정체성을 오해한 데에서 비롯된 것이라고 잘못 생각할 수 있다. 사실 윈첼이 교제하던 캘퍼니아 애덤스는 트랜스젠더로 알려져 있었고 때로는 남자가 여장 차림으로 접대하는 바에서 공연자로 일하기도 했다. 그 바에 자주 드나들었던 살인자가 엉뚱하게도 이성애자인 군인에 대해 동성애혐오증을 느끼고 말았던 것이다.

동성애혐오증의 이러한 사례가 군대에서 어떤 의미를 갖는지는 아직도 불분명하다. 2001년 9월 11일의 테러 이후에, 펜타곤은 동성애자임을 밝힌 군복무자들을 퇴역시키는 조치를 연기하라는 명령을 내렸다. 페르시아 전

쟁 기간에도 비슷한 명령이 내려졌다. 분명 게이와 레즈비언 부대도 전시에는 아무 문제가 없는 셈이다.[6]

트랜스젠더 여성이 복장을 바꿔 입은 게이 남성으로 바뀌었던 것과 마찬가지로, 트랜스젠더 남성도 트랜스베스타이트 레즈비언으로 바뀌어버렸다. 빌리 팁턴은 재즈 음악가로, 한 여성과 결혼하였고 아이들을 입양하여 아내와 함께 키웠다. 1989년에 세상을 떠나자, 그가 여성의 생식기 구조를 지녔던 사실이 밝혀졌다. 하지만 레즈비언 공동체는 그를 '그녀'라고 부른다. 이와 비슷하게, 브랜던 티나라는 트랜스젠더 남성이 1993년에 네브래스카주에서 강간당한 후 살해되었는데, 그도 죽은 후에야 트랜스젠더로 밝혀졌다. 레즈비언 언론은 그를 일컬어, 세상에는 이성애자 남성으로 통했지만 실제로는 트랜스베스타이트 레즈비언이라고 했다. 이로써 강간범이 무엇을 알리고자 했는지가 드러난다. 여자처럼 강간을 당할 수 있는 사람은 여자라는 것이 강간범의 메시지였다. 사실, 브랜던 티나는 정말로 남자로 받아들여지려고 무진장 애를 썼으며, 자신을 가리킬 때 남성형 인칭대명사를 사용했다. 그는 이성애자 남성으로 통했던 것이 아니라, 정말로 남성이었다.[7]

최근의 트랜스젠더 살해 사건은 하고많은 곳 중에서 샌프란시스코 베이 에어리어에서 일어났다. 그웬 아로요라는 열일곱 살의 트랜스젠더 소녀가 2002년 10월 3~4일 밤에 살해당했지만, 시신은 시월 중순까지 발견되지 않았다. 출생 시 이름이 에드워드 아로요였던 그웬은 여자로 살았으며 여러 남자와 낭만적인 관계를 맺었다. 그녀가 가깝게 지냈던 남자아이 가운데 둘은 그녀가 남자로 태어났는지 차츰 의심이 들자, 그웬의 성기를 직접 확인해보려고 음모를 꾸몄다. 그들은 만약 그녀가 남자 성기를 지니고 있는 것으로 밝혀지면 벌을 줄 계획이었다. "맹세하건대, 젠장, 남자라면 죽여버릴 겁니다. 남자라면 그냥 내버려 두지 않을 겁니다."[8] 뉴어크시에서 2002년 10월 3일 어느 파티가 열렸는데, 그 자리에서 한 여자아이가 그웬의 치마를 내려, 그녀를 사람들 앞에서 아웃팅outing 시켜버렸다. "젠장, 남자네"라고 여자아이는 소리쳤다. 그웬과 친했던 사내아이 중 한 명은 "난 염병할 게이가 될 수는 없어"라고 외쳤다. 그웬을 아웃팅한 여자아이는 사내아이를 달래며 이렇게 말했다. "네 잘못이 아냐. 우린 고등학교 동창이어서 아는데, 넌 미식축구 선수였잖아. 이후로 널 아는 어떤 여자들에게도 이번 일은 문제가 되지 않을 거야. 저 애를 그냥 보내줘."[9] 하지만 사내아이 넷은 피가 철철 흐르도록 그웬을 때렸고 밧줄로 목을 졸라 죽였다. 그리고 시체를 트럭에 싣고서 네 시간을 달려 시에라네바다산맥 근처에 있는 엘도라도 카운티의 어느 지점으로 갔다. 그곳에서 얕은 무덤을 파서 시체를 던지고서 그 위에 무거운 돌, 흙, 나뭇가지를 덮어두었다. 그러고서 넷은 다시 차로 돌아가 햄버거 가게까지 달려가 차 안에서 아침 식사를 주문해 먹었다. 여러 날 동안 그 살인 사건은 묻혀 있었다.

트랜스젠더가 아닌 사람들은 이런 유형의 폭력이 자신의 뒷마당에서 주기적으로 일어난다는 사실을 인정하려 들지 않는 것 같다. 이런 사례들은 일상적인 범죄가 아니라 진짜 증오범죄다. 이 사건들을 통해 알 수 있듯이, 동성애자나 트랜스젠더로 밝혀지면 단지 무례나 모욕을 당하는 정도가 아니라 개인의 안전에 심각한 위험이 생긴다. 그 범죄들은 또한 트랜스젠더와 동성애자에 대한 폭력이 서로 얼마나 긴밀히 관련되어 있는지 보여준다. 범죄자들은 젠더 정체성과 성적 지향을 영리하게 구별하지 않는다. 그들은 느닷없이 급소를 찌를 뿐 이유를 묻지 않는다.

동맹의 형성

수십 년의 혼란기를 거친 후에, 레즈비언-게이-양성애자-트랜스젠더-간성인 사회의 정치적 풍경은 차츰 안정되고 있다. 1969년의 스톤월 항쟁 이후 동성애자들의 정치적 견해는 늘 '대중들은 트랜스젠더를 받아들일 준비가 되어 있지 않다'는 것이었다. 동성애자에 대한 권리를 확립하는 일이 최상의 과제이고 그다음에 트랜스젠더로 넘어가야 된다는 관점이었다. 나는 이러한 정치적 해석이 틀렸다고 믿는다. 일반 대중은 굳이 매년 새로운 범주의 사람들을 보호하길 원하지 않는다. 트랜스젠더를 제외함으로써 동성애자 옹호 단체들은 도덕적인 우위를 상실한다. 인권보다는 오직 '특수한 권리'를 대변한다는 비판을 받을 수 있다. 휴먼라이츠캠페인HRC은 트랜스젠더의 숫자가 너무 적어서 재정적으로나 선거에서 보탬이 되지 않는 데다 정치적으로 골칫거리라고 여기는 듯하다. 트랜스젠더의 견해는 이렇다. 우리는 처음부터 있었고 또한 힘겹게 살아오고 있다고 말이다. 동성애자 공격으로 통하는 폭행의 대부분은 실제로는 젠더가 다른 사람들에 대한 폭력이다. 젠더 정체성을 언급하지 않고서 성적 지향만을 보호하려는 입법 활동은 그 점을 놓치고 있다. 동성애자들 중에서도 젠더가 다른 사람들이 종종 있다. 그들을 위험하게 하는 것은 성적 지향보다는 젠더 차이다. 왜냐하면 그들의 성적인 활동은 은밀히 이루어지지만 젠더 차이는 일반인들에게 드러나기 때문이다.

하지만 정치적인 상황은 점점 나아지고 있다. 2001년 3월 10일에, HRC는 마침내 단체의 강령에다 트랜스젠더의 권리를 추가했다. 비록 입법권고안에 젠더 정체성을 포함하지는 않았지만 말이다. 많은 수의 동성애자 단체는 단체명에 'T' 자를 보탰다. 트랜스젠더도 포함한다는 뜻이다. 샌프란시스코에서는 앨리스 B. 토클라스 민주당 지지 모임에 이어서 하비 밀크 민주당 지지 모임이 몇 년 전에 트랜스젠더를 포함했다. 각각 진보적인 성향과 중립적인 성향을 띤 서로 경쟁 관계인 두 정치단체가 이례적으로 의견일치를 보인 것이다. 더욱 중요한 사례로, 마크 레노는 샌프란시스코 내의 주로 동성애자들이 모이는 '카스트로 구역'을 대변하는 용감한 정치 지도자인데, 그는 시의 의료보장계획에 트랜스젠더에 대한 의료혜택을 포함하려는 입법 활동을 후원했다. 2001년 4월 30일에 감독관 이사회는 열한 명 가운데 의결에 필요한 아홉 명의 투표로 그 법안을 통과시켰다. 그전에 사려 깊은 대중토론을 통해 관련 의견들을 충분히 논의한 후였다. 미국 전역을 대상으로 하는 언론매체들이 그 사건을 다루었다. 스톤월 항쟁 이후 몇몇 트랜스젠더 이슈가 있긴 했지만, 이번에는 게이, 레즈비언, 트랜스젠더가 공동으로 행동하여 얻은 결과였다. 그 행동 덕분에, 모든 사람을 향한 젠더 표현과 섹슈얼리티의 무지개를 구성하기 위해 미국에서 새로운 입법기준이 마련되었다.[10] 마크 레노는 이제 캘리포니아주 의회로 자리를 옮겨, 그곳에서 가장 영향력 있는 입법위원 중 하나가 되었다

알파벳에는 글자가 몇 개 들어 있을까?

레즈비언-게이-양성애자-트랜스젠더-간성인 사회에 누가 속하느냐를 둘러싼 혼란은 이제 더는 주요 관심사가 아닌 듯하다. 길지 않은 기간에, 매년 사회적 인정을 요구하는 새로운 단체들이 출현하는 듯 보였다. 처음에는 게이 남성, 이어서 레즈비언, 그다음에 양성애자, 그다음에 트랜스젠더, 마지막으로 간성인 사람들. 사람들은 성적 소수자와 젠더 소수자들을 포함하는

이러한 행진이 언제야 멈추게 될지 궁금해했다. 새로운 유권자들이 인정과 보호를 요구하면 우리는 매년 법을 바꾸어야만 할까?

나는 현재의 목록이 이제 일관성을 갖춘 완벽한 체계이기에, 젠더 찾아내기 놀이는 끝났다고 믿는다. 이론적으로 게이와 레즈비언은 젠더 정체성과 몸에 관한 전통적이고 이분법적인 차이를 인정하면서도 성적 지향의 방향을 뒤집는다. 양성애자들은 섹슈얼리티 이분법에 도전하고, 트랜스젠더들은 젠더 이분법에 도전하며, 간성인 사람들은 몸의 이분법에 도전한다. 전체적으로 보아, 이런 모든 정체성 범주는 몸-젠더-섹슈얼리티 공간에 걸쳐 있기에, 만약 어느 한 범주가 제외되면 나머지 범주들에도 빈자리가 생기게 된다. 마침내 우리는 하나의 몸-젠더-섹슈얼리티 공동체를 얻게 된 듯하다. 이제는 어느 누구라도 이 모든 범주 가운데에서 원하는 요소들을 결합하여 자기 자리를 찾을 수 있으리라고 나는 본다.

내가 믿기로는, 이 몸-젠더-섹슈얼리티 공동체에 속한 우리 모두는 가끔씩 제기되는 정체성에 관한 어떤 정치적 미사여구보다도 서로 공통점이 더 많다. 우선, 우리 각자가 '커밍아웃을 한다'. 우리는 우리 자신, 우리 가족, 학교나 고용자, 친구와 동료, 그리고 사회를 받아들이게 된다. 우리는 종종 수년간의 부인 끝에 마침내 자신의 참모습이 됨으로써 얻게 될 오명과 위험을 받아들인다. 우리는 세세한 면에서는 다르다. 삶의 한 시점에서 게이 남성은 자신이 다른 남성에게 성적인 매력을 느낀다는 걸 알아차리게 되고, 레즈비언 여성은 자신이 단지 톰보이가 아니라는 사실을 인식하게 되며, 트랜스젠더 여성은 사람들 앞에 새로 처음 모습을 보일 때 야유꾼들의 비난을 용감하게 헤쳐 나가고, 간성인 사람은 용서해준다. 아주 충격적인 순간들이다. 다음 경우들을 비교해보자. 한 여자아이가 공학자가 되지 않겠다고 아빠에게 말한다. 한 남자아이가 의사가 되지 않겠다고 엄마에게 말한다. 한 미혼여성이 임신했다고 가족에게 말한다. 한 남성이 인종과 종교가 다른 여자랑 결혼하겠다고 가족에게 말한다. 이런 상황들도 자기결정의 중대한 순간들이지만, 퀴어queer('이상하다'라는 뜻의 단어로, 현재에는 성 정체성 변이를 보이는 여러 범주의 사람들을 통합적으로 지칭하는 용어로 쓰인다. — 옮긴이)인 사람이 커밍아웃을 하면서 겪는 상황과 같은 선상에 있지는 않다. 둘째로, 우리 각자는 있을 수 없는 존재라는 말을 듣는다. 우리는 존재하지 말아야 할 존재이며, 우리의 실체는 과학, 종교, 그리고 관습에 의해 부정된다. 이론적으로 우리는 문젯거리다. 하지만 우리는 존재한다. 그리고 우리는 선량하다.

젠더는 얼마나 많은가?

레즈비언-게이-양성애자-트랜스젠더-간성인 사회는 완벽한 듯하지만, 더 중요한 문제가 하나 있다. 트랜스젠더는 남성과 여성이라는 전통적인 이분법 속에 계속 자신들을 위치시켜야 한다는 점이다. 많은 트랜스젠더는 자기 삶 속에서 전통적인 젠더 규범을 긍정하면서도 다른 사람들에게 그러한 규범을 강요하길 바라지 않는다. 많은 트랜스젠더 여성은 특이한 이력을 가졌음에도, 자신을 이성애자인 여성으로 여기며 비슷한 나이·직업의 다른 여성과 별반 다르지 않게 살아간다. 트랜스젠더 남성도 비슷하다. 린 콘웨이라는 트랜스젠더 여성은 대체로 젠더 규범에 순응하며 훌륭하게 살아가는 트랜스젠더들에 관한 짧은 목록을 모아놓기까지 했다.[11]

　　젠더 규범을 어기는 트랜스젠더도 있다. 가장 거침없는 트랜스젠더 저자이자 활동가인 케이트 본스타인은 이렇게 적고 있다. "나는 남자가 아니란 걸 안다…. 또한 아마 여자도 아니라는 결론을 내렸다. … 문제는, 우리가 사는 세상은 이것 아니면 저것 중에 하나여야 한다고 우긴다는 점이다."[12] 어떤 이들은 자신이 남성과 여성 사이의 어느 공간, 즉 제3의 젠더에 속한다고 느낀다.

제3의 젠더 공간이 다른 문화들에서는 존재하는 까닭에, 많은 이는 미국 문화가 제3의(또는 제4의) 젠더를 허용하는 데에 너무 엄격한(사람들을 두 가지 주요 젠더 중 어느 하나에 놓이도록 강제함으로써) 것인지, 그리고 사람들이 주요 젠더로 인정되기를 실제로 선택하는지 여부를 궁금해한다. 제3의 젠더 정체성을 인정하는 데에 따르는 가장 큰 어려움은 제3의 성이 무슨 뜻인지를 알아내는 것이다. 전통적인 젠더 이분법에 따라 어느 젠더에서 다른 젠더로 전환하는 사람들은 자신들이 태어날 때는 분명 불행했지만 앞으로는 자신들이 바라는 대로 될 것이라는 명확한 인식이 있다. 제3의 젠더로 바꾸려면, 여러 가지 상이한 조합들을 많이 연구하고 시도해봐야 하는데, 어떤 조합에서는 두 젠더가 조화롭게 섞이겠지만, 또 다른 조합에서는 분명하고 노골적인 저항이 뒤따를 것이다.

실험적인 한 장르로 젠더퀴어gender-queer(남성과 여성이라는 이분법적 젠더 구분을 벗어난 젠더 정체성 스펙트럼. ─ 옮긴이), 또는 젠더퍽gender-fuck(사회적으로 정의된 성 정체성과 성 역할 등을 거부하는 행위 또는 그런 사람. ─ 옮긴이)을 들 수 있다. 젠더퍽이라는 표현을 만든 초기 그룹 중 하나인 '영원한 탐닉의 자매들'은 수녀 차림을 하고서 턱수염이나 콧수염을 기른 남성들의 모임이다.[13] 1979년에 조직된 이 모임은 전 세계 여러 도시에 지부를 설립하고 활발한 자선사업을 벌인다. 그들은 아주 희한한 행동을 하며 거리 퍼레이드를 열렬히 벌이고 대중적인 이벤트에서 주도적인 역할을 한다. 그들은 여러 종교 지도자들을 보란 듯이 조롱한다. 미끼를 던져놓고 물지 않을 수 없도록 하는 것이다.

젊은 부치 레즈비언과 젊은 트랜스젠더 남성들은 남성성과 여성성의 결합을 통해 흥미롭고 매력적인 한 가지 생활 방식을 본격적으로 개척해나가고 있다. 이러한 새로운 젠더 모형들로 볼 때, 향후에는 제3의 젠더가 지금보다 훨씬 더 실현 가능한 방식이 될지 모른다.[14]

인간 무지개의 진화

거듭 말하지만, 레즈비언, 게이, 양성애자, 트랜스젠더, 간성인 사람들은 모두 존재한다. 하지만 우리가 왜 존재할까? 이전에 동물에 대해 그랬듯, 젠더와 섹슈얼리티의 다양성이 인간에게서 진화한 이유를 이론화할 수 있을까? 방법론적인 측면에서 보자면, 우리는 동물의 진화를 연구한 방식대로 인간의 진화를 연구할 수는 없다. 인간은 전 지구에 걸쳐 있다. 동물은 대체로 한 유형의 환경과 그 환경에서의 특정 기능에 묶여 있는 특성을 정확히 집어낼 수 있다. 하지만 인간은 우리의 유전자 풀이 처하게 되는 모든 물리적 · 사회적 환경에 반응하면서 진화해왔다. 동성 섹슈얼리티를 통해 맺어진 사회적 유대는 고대 그리스에서는 사람들을 살려주었는지 모르지만, 가톨릭 종교재판 기간에는 죽음을 초래했다. 우리 종의 진화는 긍정적인 압력과 부정적인 압력을 둘 다 반영해준다.

동성 섹슈얼리티가 하나의 정체성 범주로서 등장한 역사가 비교적 짧은 까닭은 동성 섹슈얼리티가 흔한 현상이기 때문일지 모른다. 이처럼 흔하면서도 눈에 드러나는 표시가 없는 까닭에, 동성 섹슈얼리티를 하나의 분명한 범주로서 감시하려면 사회는 늘 에너지를 소모하게 된다. 얼마나 많은 시간과 돈이 동성애자들을 억압하기 위한 입법 활동, 법률적 활동에 낭비되는가. 마치 근절할 만큼의 충분한 에너지가 투입되면 그런 사람들이 언젠가 사라지기라도 할 것처럼 말이다. 트랜스젠더 범주는 더 긴 역사를 지닌 듯한데, 아마도 트랜스젠더는 뚜렷이 차이가 드러나면서도 비교적 흔하지 않기에, 더 적은 에너지로도 쉽게 파악이 되기 때문일 것이다. 때때로 나는 게이와 레즈비언의 정체성 범주가 언젠가는 하나로 융합되지 않을까 하고 여기는데, 왜냐하면 누구도 굳이 둘 사이의 차이를 분간하고 싶어 하지 않기 때문이다. 반면, 트랜스젠더 범주는 더 오래 지속될지 모른다.

트랜스젠더 표현들은 직업과 긴밀히 관련되어 있는 것 같으며, 그 직업에서 얻은 수입은 트랜스젠더에게 직접적으로 혜택을 줄 수 있거나 그들의 가족에게 도움을 줄 수 있다. 고대에는 고자가 됨으로써 남성끼리의 경쟁 영역에서 벗어나, 남성과 여성이 함께 존재하는 사적인 공간에서 일할 자격을 얻었다. 고자 노예의 부모도 아마 자기 자식을 노예로 팔아서 이익을 얻었고, 어쩌면 이를 통해 더 많은 아이를 기를 수 있었을 것이다. 마찬가지로, 아메리카 원주민의 두 영혼 사람들은 때때로 직접 친척들을 길러주었고, 일부 멕시코 베스티다들은 가족에게 돈을 주었다. 이러한 가족 혜택은 친족선택을 통한 진화에 중요한 역할을 할 수 있으며, 특히 번식편중이 높은 사회에서는 더욱 그러했을 것이다. 트랜스젠더 정체성을 지닌 사람들이 몇몇 특정한 직업들에서는 소중했기에, 그들은 가족에게 혜택을 줌으로써 그들의 존재가 인간의 유전자 풀에 영구적으로 나타나는 것인지도 모른다. 게다가 오래전부터 트랜스젠더들은 종종 자기 자식을 낳아왔다. 그들의 직업과 기질은 어떤 상황에서는 직접적으로 장점이 되었기에, 그에 알맞게 자기 짝을 만났을지 모른다. 대체로 트랜스젠더 표현의 진화는 동성 섹슈얼리티와 마찬가지로, 우호적인 시대의 번영뿐 아니라 억압적인 시대의 핍박도 아울러 드러내준다.

우리는 왜 어떤 특정한 색깔이 인간의 젠더와 섹슈얼리티 무지개에서 생기는지 모른다. 그렇긴 하지만, 우리 종에는 다른 종들처럼 젠더 표현과 섹슈얼리티의 무지개가 분명 포함되어 있다. 이 무지개는 우리의 유전자 풀, 즉 우리의 공유된 인간성에서 생겨난다. 사회는 이 무지개를 잘라서 여러 범주로 나눈다. 과자 틀이 한 덩어리의 과자 반죽을 작은 과자로 잘라내듯. 우리는 인권에 관한 우리의 정책을 통해 우리의 과자를 빚는다. 우리는 섹슈얼리티와 크로스젠더를 모두 아울러서 남성과 여성이라는 단 두 개의 매우 넓은 범주를 가져야만 할까? 비유하자면, 초콜릿 칩, 건포도, 견과류, 알록달록하게 흩뿌린 과자 장식 등이 가득한 두 가지의 아주 큰 과자처럼 말이다. 하지만 두 가지의 큰 범주도 여전히 제3의 범주를 원하는 이들을 차별하지는 않을까? 아니면 각각 특별한 맛이 나는 작은 과자들(M&M's 초콜릿식 방법, 일종의 정체성 확대 정책)을 많이 가져야 할까? 아니면 몇 개의 큰 과자와 더불어 작은 과자 몇 가지는 어떨까? 나는 그 답을 모른다. 다만 우리 종을 젠더와 섹슈얼리티의 두 가지 작은 범주 속에 집어넣는 것은 통하지 않으리라는 점만은 알고 있다.

내가 믿기에, 무지개는 늘 사회가 지닌 범주들보다 더 많은 색을 가지며, 사회는 언제나 인간의 무지개를 사회가 가진 몇 가지 범주로 좁히려 한다. 사회과학자들은 이와 반대되는 관점을 보인다. 그들은 사람은 생물학적으로 똑같지만 사회가 차이를 만들어냄으로써 다양성이 생긴다고 여긴다.

나는 동의하지 않는다. 내가 아는 생물학은 몇 가지 정도가 아니라 무한한 변이에 대해 알려준다. 이 무한한 생물학적 변이는 언제나 사회적 범주를 빠져나와서 경계를 넘어 흩어지며 가장자리를 불분명하게 한다.

하지만 무지개는 정적이지 않다. 우리 사회, 그 속의 제도와 범주를 바꾸면 우리 종의 본질은 우리 사회 내부에 지금도 작동하는 자연선택의 새로운 힘에 반응해 서서히 바뀐다. 이로써 다시 사회에 새로운 무지개가 등장한다. 빙하가 움직이듯 천천히 문화 현상과 생명 활동이 서로 엎치락뒤치락하는 셈이다.

도덕적 필요성

지금까지 나는 인간 무지개의 다양성을 전면적으로 긍정하기 위한 실증적 근거에 초점을 맞추었다. 이제는 한 종교적 전통에서 얻어진 다양성을 받아들이기 위한 도덕적 필요성을 다룬다. 성경은 선별된 범주들을 하나씩 인정하는 식으로 다양성에 접근하지 않는다. 오늘날에는 성경이 동성애자들을 좀 더 직접적으로 인정했다고 믿고 싶은 게 사실이다. 하지만 앞으로 몇 천 년이 지나면, 현재는 인식하지 못하는 더 많은 정체성 범주들이 나누어져 우리가 그 범주들을 구분할 수 있게 되고, 어떤 범주들은 하나로 합쳐질지도 모른다. 그때 가서 성경은 뭐라고 말하게 될까? 그런 상황은 지금에도 적용된다. 성경은 「창세기」의 세 장을 차지하고 있는 노아의 방주 이야기에서 모든 생물학적 다양성을 인정한다. 심지어 이름이 없거나 재구성된 범주들도 인정한다.

이 이야기를 다시 살펴보자. "세상이 폭력으로 가득 찼다. 그래서 하느님은 노아에게 '방주를 만들라'고 말씀하셨다." 노아는 이렇게 들었다. "살과 피를 지닌 모든 짐승도 수컷과 암컷으로 한 쌍씩 방주로 데리고 들어가서 너와 함께 살아남게 하여라. 새도 그 종류대로, 집짐승도 그 종류대로, 땅에 기어 다니는 온갖 길짐승도 그 종류대로, 모두 두 마리씩 너에게로 올 터이니 살아남게 하여라. … 모든 정결한 짐승은 수컷과 암컷으로 일곱 쌍씩, 그리고 부정한 짐승은 수컷과 암컷으로 두 쌍씩 네가 데리고 가거라. 그러나 공중의 새는 수컷과 암컷 일곱 쌍씩 데리고 가서 그 씨가 온 땅 위에 살아남게 하여라."

「창세기」는 이렇게 계속한다. "노아는 홍수를 피하려고 아들들과 아내와 며느리들을 데리고 함께 방주로 들어갔다. 정결한 짐승과 부정한 짐승과 새와 땅 위를 기어 다니는 모든 것도 하느님이 노아에게 명하신 대로 수컷과 암컷 둘씩 노아에게로 와서 방주로 들어갔다. … 모든 들짐승이 그 종류대로, 모든 집짐승이 그 종류대로, 땅 위를 기어 다니는 모든 길짐승이 그 종류대로, 날개 달린 모든 날짐승이 그 종류대로 방주로 들어갔다. 살과 피를 지닌 살아 숨 쉬는 모든 것들이 둘씩 노아에게 와서 방주로 들어갔다."

40일 동안의 홍수 후에 물이 빠졌다. "하느님이 노아에게 말씀하셨다. '너는 아내와 아들들과 며느리들을 데리고 방주에서 나가거라. 네가 데리고 있는, 살과 피를 지닌 모든 생물들, 곧 새와 집짐승과 땅 위에서 기어 다니는 모든 길짐승을 데리고 나가거라. 그래서 그것들이 땅에서 생육하고 땅에서 번성하게 하여라.'"(「창세기」 6~8장, 표준새번역)

이 구절들은 모든 생명체들이 '정결한' 것과 '부정한' 것 모두, 그리고 각각 '그 종류대로' 방주에 포함된다고 분명히 밝힌다. 하지만 방주에는 각 종에서 하나의 수컷과 하나의 암컷만이 실린다고 대체로 묘사된다. '종류' 란 단지 한 종보다 더 큰 개념이다. '종류'에는 한 종 내의 모든 변종도 포함된다. '종류대로의 모든 소(집짐승)'란 모든 소의 모든 품종을 뜻한다(이 책의 원서에서 인용하는 영어 성경에는 위의 한국어판 성경의 '집짐승'에 대응하는 단어로 'cattle'을 쓴다. 'cattle'은 성경에서 쓰일 때, 단지 '소' 한 종만을 뜻하지 않고 집합적으로 가축, 집짐승을 뜻하는 용어인데, 본서의 저자는 이 문단에서 일단 '소'만으로 해석하여 논의를 진행한다. — 옮긴이). 모든 소는 서로 교배하기 때문에 동일한 종이다. 따라서 '모든 소를 그 종류대로'라는 말은 방주에는 소의 모든 품종이 포함됨을 가리킨다. 그리고 이 개념을 확장하면 각 종은 저마다 각각의 모든 품종을 포함하게 된다. 하느님은 노아에게 어떤 품종을 포함하고 다른 품종은 제외하라는 식으로 고르고 선택하라고 말씀하시지 않았다. 그러므로 방주는 생물학적 다양성의 여러 차원뿐 아니라 젠더 표현과 섹슈얼리티의 전체 무지개도 품고 있던 것이었다.

노아의 방주 이야기에서, 성경은 전체적인 생물학적 다양성에 대해 하나의 광범위한 보호 조치를 마련해준다. 그 메시지는 자격을 따지지 않는 포괄적인 통합이다. 우리가 구별하는 각각의 새로운 다양성 범주를 인정하기 위해 성경을 찾아보아서는 안 된다. 방주에는 지금도, 그리고 앞으로도 영원히 모든 것이 포함되어 있다. 노아의 방주는 모든 생물종을 보존하라는 메시지를 담고 있다.

트랜스젠더 의제

나는 한 연설가와 저녁을 먹으러 간 적이 있는데, 내가 트랜스젠더라는 사실을 알자마자 그 사람은 내 존재에 불편함을 보였다. "당신네들은 무엇을 원합니까?"라며 그는 줄곧 물었다. 예상대로 그 답은 자명하다. 다른 사람들처럼 권리를 누리는 것이다. 하지만 그 답으로는 충분히 구체적이지 않다. 위의 질문에 대한 답으로, 그리고 이 장을 마무리하기 위해 '우리가 원하는 것'의 목록을 아래에 소개한다. 트랜스젠더에 관한 내 의제는 여섯 가지 사항으로 이루어진다.

1. 우리는 인간 다양성의 정상적인 한 부분으로 존중받기를 원한다.
2. 우리는 여과되지 않은 우리 자신의 이야기를 할 권리를 요구한다. 즉, 우리 자신의 목소리를 내기를 요구한다.
3. 우리는 정중하고 품위 있는 대접을 받기를 원한다. 우리는 여성임을 보이려고 치마를 들어 올리거나 남성임을 보이려고 바지를 내리기를 원하지 않는다. 우리는 몸이 아니라 사람으로 존중받기를 원한다.
4. 우리는 트랜스젠더 살해가 중단되기를 요구한다. 우리는 보호의 범주로 젠더 정체성이 포함되도록 기존의 증오범죄 방지 법안을 확장하는 것을 지지한다.
5. 우리는 고용, 교육, 거주, 결혼, 입양, 군복무, 종교 생활 등의 공공적인 사회제도에 동등하게 참여하길 원한다. 우리는 젠더 정체성을 포함하도록 기존의 차별방지 법안을 확장하는 것을 지지한다. 우리는

어떠한 두 사람이라도 결혼을 허용하는 입법을 지지한다. 우리는 미군의 '묻지도 말지도 말기' 정책이 철회되기를 지지한다. 우리는 성적 지향이나 젠더 정체성에 상관없이 세례와 사제서품이 이루어지길 지지한다.

6. 우리는 임신 수혜의 제공 범위와 비슷하게, 젠더 전환 의료 서비스도 전체 서비스를 제공하는 의료보험에 포함되기를 원한다. 어떤 의료보험은 치명적인 질병만을 다루기도 하지만, 다른 의료보험은 침술에서 물리치료까지 많은 시술을 다루기도 하므로, 이 포괄적인 보험들은 트랜스젠더 수혜를 제외하지 않아야 한다.

이 여섯 가지 사항 가운데 첫 번째가 가장 중요하고 나머지 사항은 그 첫 항목에서 비롯된다. 나는 우리가 가정과 사회에 종합적으로 이바지하여 이 권리들을 얻어냈다고 여긴다. 그리고 내가 보기에 우리는 개인적인 안전에 대한 위협에 굴복하지 않고 또한 사회의 낙인에 위축되지 않는다면, 훨씬 더 생산적인 삶을 살 수 있다. 또한 나는 현 사회가 도덕적이며 문명화되었다고 인정받기를 원한다면, 이 여섯 가지 사항들을 반드시 허용해야 한다고 본다.

정책 권고

이 책은 널리 알려지지 않거나 이해되지 않은 다양성, 젠더와 섹슈얼리티에 관한 정보를 제시했다. 그 다음은? 우리는 앉아서 생각만 하다가 차츰 잊어 버릴까? 아니면 행동에 나서야 할까? 나는 어떤 행동을 당연히 해야 한다고 믿는다. 척추동물의 다양성에 관한 제1부의 사실들을 볼 때, 예비의대, 의학 대학원, 그리고 그 후 계속되는 교육과정(미국의 의과대학 제도는 일반대학 학 부과정의 예비의대, 대학원 과정의 의학대학원, 그리고 이후의 전공의 과정으로 구 성된다. ― 옮긴이)에는 개혁이 필요하다. 제2부는 유전공학과 의학계가 어 떻게 질병이 아닌 현상을 치료하고 생물 무기를 개발하고 우리의 유전자 풀 을 훼손하려고 하는지를 밝히는 내용으로, 직업윤리의 명시적인 기준과 더 불어 생명공학의 감독에 공적인 개입이 필요함을 알려준다. 제3부의 연구 는 다양한 문화에서 젠더와 섹슈얼리티가 어떻게 표현되는지에 관한 내용 으로, 인간의 무지개에 대한 공적인 인정을 요구한다. 여기서부터는 우리가 취할 행동에 대한 몇 가지 구체적인 권고안을 제시한다.

교육

예비의대 교육과정

나는 예비의대 학생들의 학부 과목에 생물학적 다양성, 특히 젠더와 섹슈얼리티 다양성에 관한 강의가 필요하며, 아울러 의학대학원은 이 교과 수강을 입학 조건으로 삼기를 권고한다. 현재 미국의 예비의대 교과는 유기화학, 생화학, 유전학, 세포생물학 과목으로 구성되고, 여기에 아마 생리학 과목도 포함되어 있을 것이다. 그 결과, 예비의대생들은 전문적으로 오직 일곱 가지 종, 즉 박테리아, 벌레, 초파리, 닭, 토끼, 생쥐, 그리고 인간에 대해서만 익숙하다. 대부분의 의대 실험실 연구는 이 종들을 대상으로 이루어졌다. 학부 교과목을 이 일곱 종으로 제한한 까닭에, 결국 의사들은 자연의 다양성에 대해 아는 바가 없어서 놀라운 현상을 대하면 병으로 판정해버리고 만다. 상상해보라. 한 젊은 의사가 특이한 생식 연결 부위를 지닌 아기나 남자 같은 해부학적 구조를 지닌 여성, 여자 같은 해부학적 구조를 지닌 남성, 또는 칵테일 파티에서 동성 파트너를 소개하는 사람과 처음 마주쳤을 때 얼마나 놀라게 될지를. 하지만 이 또한 모두 인간이다. 척추동물 생식기 비교형태학, 여성적인 남성과 남성적인 여성을 포함하는 다양한 젠더 표현들, 그리고 동성 구애와 짝짓기를 나타내는 300개 이상의 척추동물 사회의 관점에서 보자면 말이다.

의학대학원 교육과정

환자와 의사는 성, 젠더, 섹슈얼리티와 관련된 많은 사항에 대해 분명 이야기를 나눌 필요가 있다. 그런데도 예컨대 스탠퍼드 대학 의학대학원은 인간의 섹슈얼리티에 관한 단 한 가지 과정도 열지 않는다. 의대생들이 스스로 한 과정을 조직하여 외부 강사에게 강의를 듣는 것이 고작이다. 스탠퍼드 대학을 대표격으로 하여, 이런 교과상의 빈틈은 의학대학원의 교육과정이 적절한지 의문이 들게 한다. 따라서 나는 의학대학원이 의학박사 학위를 얻기 위한 하나의 조건으로서 인간의 섹슈얼리티에 대한 교육을 실시하기를 권고한다.

이 권고대로 실행하려고 해도 인간 섹슈얼리티에 관한 전문적인 교수진을 찾기 어렵다는 문제가 있다. 인간 섹슈얼리티는 모든 생물의학 분야 중에서 가장 취약한 연구과제 중 하나다. 인간 섹슈얼리티 분야의 특출한 학자들이 부족한 상황을 해결하기 위해, 나는 다른 생물의학 분야의 신임·중간 경력의 과학자들이 자기 연구 분야를 인간 섹슈얼리티로 전환하는 데에 도움을 줄 특별지원금을 미국 보건국이 마련하기를 권고한다. 더 나아가, 나는 의사에 대한 지속적 교육과정 속에 인간 섹슈얼리티뿐만 아니라 젠더와 섹슈얼리티 다양성에 대한 과정이 포함되기를 권고한다.

심리학 교육과정

나는 심리학 교육과정에 생물학 원리에 관한 1년간의 핵심 과정이 포함되어야 하며, 그 속에는 다음 세 가지 영역을 다루길 권고한다.

> 분류학: 생물학적 관점에서 볼 때, 심리학자들은 건성으로 사람들을 다양한 '유형'과 '아류형'으로 분류한다. 한편 생물학자들은 생명체를 종에 따라 분류할 때조차도 매우 조심하며 한 종 내에서 일어나는 표현 형상의 여러 변이에 대해 공식적으로 진단된 범주를 구성하

는 일은 상상조차 못 한다. 지난 20년 동안 생물학은 분류에 대해 정교한 통계학적 방법을 개발했다. 현대 분류학에 관한 이 원칙들은 심리학에도 적용되어야 한다.

진화생물학: 심리학자들은 점점 더 진화론을 오용함으로써 인간 행동을 '설명'하리라고 짐작되는 진화론적 이야기들을 지어내고 있다. 심리학자들은 진화생물학의 가정들을 제시하고 검증하는 표준과 방법들을 더 잘 이해해야 한다.

분자유전학과 내분비학: 심리학자들은 걸핏하면 유전자와 호르몬에 대해 말을 하는데, 그 내용은 순진하고 수십 년이나 지난 것들이다. 심리학이 본성/양육nature/nurture 차이에 관해 덜 이분법적이고 향상된 설명을 제공하려면 유전자와 호르몬 작용에 관해 더욱 현대적인 정보가 필요하다.

의료 실무

질병에 대한 FDA 인정 목록

미국 식품의약국FDA은 진단의 근거로 의료 전문가들이 사용하는 공식적인 질병 목록을 유지하는 일을 담당해야 한다. 현재, 질병 목록은 수많은 전문직 협회와 전문가 단체에 의해 유지되고 있는 실정이다. 『머크 매뉴얼Merck Manual』은 신체적 질병에 대한 지침서이고, DSM-IV는 행동질환에 대한 지침서인 데다 다양한 치료법에는 자신들만의 '치료 기준'을 갖고 있다. 게다가, 전문직 협회들은 포경수술과 같은 특정한 시술을 옹호한다. 한편, 주요 의료보험사와 종합건강관리기구들은 보험에서 다루는 질병 목록, 허용되는 처방, 적절한 약물들의 처방서 등을 제각각의 규정대로 갖고 있다. 대신에 나는 FDA가 질병으로 간주되는 조건들의 공식 목록을 개발하는 일을 맡기를 권고한다. 목록이 작성되는 과정에는 의료 전문가, 의료보험사, 종합건강관리기구, 그리고 환자 보호 단체의 의견을 반영해야 한다.

FDA 인정 의료 절차

FDA는 외과수술과 행동치료를 의약적 치료와 동일한 방식으로 규제해야 한다. 수술이나 상담에 의한 치료 기준이라고 해서 약물에 의한 치료 기준과 다르지 않아야 한다. FDA의 인정을 받으려면, 약물은 효능, 작용 방식, 부작용에 관한 검사를 통과해야 한다. 똑같은 과정이 외과수술과 행동치료에도 적용되어야 한다. 또한 FDA의 인정을 받으려면, 외과수술이나 행동치료가 효과가 있는지 밝혀져야 하고, 그 수술이나 치료가 효과가 있는 이유가 이해되어야 하며, 부작용이 수량화되어야 한다. 게다가 후속 연구가 보장되어야 한다. 이러한 단계가 실시되면, 질병이 아닌데도 헛되이 치료하는 상황을 없애거나 크게 줄일 수 있다.

유전공학과 생명공학

직업윤리 서약

생명공학자들은 직업윤리 기준에 따르기로 공개적으로 약속해야 한다. 오래전부터 의사들은 사람에게 해를 끼치지 않겠다고 맹세하는 고대의 히포

크라테스 선서를 해왔다.[1] 분자생물학, 생화학, 유전공학을 포함한 생명공학 분야의 석사 · 박사과정 입학에도 어떤 식으로든 서약이 포함되어야 한다. 이 서약은 다음과 같아야 한다. **나는 인간의 유전자 풀을 보호할 것을 약속한다. 나는 생명공학 기술을 평화적인 목적으로 사용할 것을 약속한다.** 그런 서약을 하게 되면, 적어도 도덕적인 강제성은 마련될 것이다.

이런 맹세로는 충분하지 않다고 반대하는 사람이 있을지 모른다. 내 생각에, 다른 종의 유전자 풀을 보호하기 위해 서약을 요구하기에는 너무 이르다. 미래에는 언젠가 가능할 수도 있지만 말이다. 그때까지는 인간 종을 보호하기 위한 서약을 요구해야 한다.

직업적 생명공학자 면허

의사 및 공학자와 마찬가지로, 생명공학자들도 면허를 얻어야 한다. 면허시험은 역학疫學적 · 공공의료적 의미를 포함하는 공공안전에 관해 그 지식을 검증해야 한다. 또한 그 시험은 자신의 행위가 지닌 윤리적 차원에 대한 지식을 평가해야 하고, 아울러 인간 유전자 풀을 보호하고 평화를 추구한다는 서약을 재확인해야 한다. 이후에는 오직 면허를 지닌 생명공학자들만이 정부의 보조금을 지원받으며, 인간 게놈에 영향을 미칠 연구를 실시하는 주요 연구자가 될 자격을 가질 수 있다. 마치 면허를 가진 의사들만이 정부의 재정지원으로 인간 대상 연구를 실시할 수 있는 것처럼 말이다.

기업의 윤리 정책

생명공학 회사들은 개인 생명공학자들이 하는 서약과 비슷하게 기업으로서 서약해야 한다. 회사들은 인간 유전자 풀을 보호하고 평화를 추구하는 기업 정책을 따르기로 약속해야 한다. 나는 기관투자가들이 이 약속을 하지 않는 생명공학 회사들의 주식을 처분하고 개인 투자가들은 그런 회사들의 주식을 사지 말 것을 권고한다. 또한 이런 약속을 하지 않는 회사들에게는 정부 보조금이나, 정부 기관과 사업 계약을 맺을 자격이 주어지지 않기를 권고한다.

역학적 영향 보고서

생명공학의 상품에 대해, FDA는 만족할 만한 역학적 영향 보고서가 제출된 이후에만 관련 치료법을 승인해야 한다. 이 보고서는 공공재에 영향을 미치는 건설 사업에 필요한 환경영향평가 보고서의 의료계 버전이 될 것이다. 역학적 영향 보고서는 치료가 승인되기 전에 생태학적 과제가 수행되도록 요구할 것이다. 전염병일 경우, 그 영향 보고서는 병원균의 약물 내성 발현을 최소화하기 위해 어떻게 그 약물을 투여할지를 상세히 기술할 것이다. 유전병일 경우, 그 영향 보고서는 인간 무지개에 복구가 필요한 이유를 설명해줄 것이다. 그 보고서는 제시된 유전자 치료법이 실제로 유전병을 치료했는지, 아니면 순전히 유전자 화장품에 불과한지를 분명히 밝혀줄 것이다. 그 보고서는 제시된 유전공학 상품이 인간의 유전자 풀에 미치는 의미를 드러내줄 것이다.

유전공학적 치료법에 대한 역학적 영향 보고서는 소비자와 환경단체들이 유전자변형작물에 대해 요구하는 영향 보고서와 동일한 개념이다.[2] 프랑켄푸드(유전자변형으로 생산된 농산물을 원료로 만든 음식. — 옮긴이)에 대한 우려가 일어나는 것을 볼 때, 일단 생명공학 회사들의 탐욕이 잘 알려지고 나면, 인간 무지개를 다루는 유전공학에 대한 반대의 목소리가 터져 나올 것이 어느 정도 예상된다.

생태적 · 환경적 영향 보고서를 위한 공통 기준

현재 미국 환경보호국EPA은 스스로 살충제를 만들도록 유전공학적으로 변형된 식물들을 규제하며, 미국 농무부USDA는 유전적으로 변형된 식물들의 생태학적 안전성을 보장하는 일을 담당하고 있다. 하지만 이들 기관의 규제 과정은 강한 비판을 받아왔다. 따라서 다음과 같은 최종 제안을 한다. 생태적 · 역학적 영향 보고서에 대한 공통규정 또는 기준이 FDA, EPA, USDA를 위해 마련되어야 한다.

공공 상징물

아울러, 동부 해안의 '자유의 여신상'에 대응할 서부 해안의 '다양성의 조각상'을 세우기를 제안한다. 이 조각상은 환영을 표하는 불빛이자 미국의 가치와 생활 방식의 근본을 밝히는 선언문이 될 것이다. 2000년 11월 선거에서 나는 샌프란시스코의 사우스 오브 마켓 지구의 감독관직에 출마했다. 그때 다양성의 조각상을 샌프란시스코항에 세우겠다고 제안했다.[3]

그 조각상은 그 항구의 한 섬인 트레저 아일랜드에 세워질 수 있다. 그곳은 1939~1940년에 세계박람회가 열렸던 곳인 베이 브리지 근처다. 배가 그 조각상 옆을 지나 오클랜드에서 샌프란시스코로 이어지는 해안가의 부두로 가게 될 것이며, 그 조각상은 두 도시 모두에서 잘 보일 것이다. 접근성도 좋다. 샌프란시스코의 마켓 스트리트에 있는 여객선 터미널에서는 차로

5분 거리이며, 오클랜드의 잭 런던 스퀘어에서는 약간 더 먼 거리다. 조각상의 설계는 공모를 통해서 정해지고 조각상에는 여러 영적인 전통에서 내려온, 생물학적·문화적 다양성을 나타내는 상징들이 담길 수 있기를 바란다. 그 시설에는 여가 활동, 예술, 자연을 위한 광장과 공공 공간이 마련될 수도 있을 것이다.

그 조각상은 차별을 겪었던 이들에게 희망을 전해줄 것이며, 번번이 제시되지만 거의 지켜지지는 않는 능력주의의 깨진 약속을 넘어서, 더 멀리 바라보도록 사람들을 북돋울 것이다. 다양성의 조각상은 미국의 도덕적 리더십을 선언하는 대담한 상징물이 될 것이다.

주석

2013년판 서문

1. J. Roughgarden, 2009, The Genial Gene, University of California Press.

2. C. Darwin, 1871, The Descent of Man and Selection in Relation to Sex, John Murray.

3. D. M. Shuker, 2010, Sexual Selection: Endless forms or tangled bank?, Anim, Behav. 79:E11-E17.

4. G. Seemel, 2012, Crime against Nature: A More Accurate Telling of What's Natural, self-published.

들어가며 거부된 다양성

1. C. Yoon, 2000, Scientist at work: Joan Roughgarden, a theorist with personal experience of the divide between the sexes, New York Times, Oct. 17, pp. D1-D2; 아울러 아래에 나오는 50분 간의 인터뷰를 참고하기 바란다. January 22, 2001, on GenderTalk Web-Radio, program 294, with Nancy Nangeroni and Gordene MacKenzie, 관련 내용은 다음 웹사이트에서 볼 수 있다. http://www.gendertalk.com/real/251/gt294.shtml.

2. H. Adams, L. Wright, and B. Lohr, 1996, Is homophobia associated with homosexual arousal? Psychological Review 103:320-35. 심리학자들은 "동성애혐오(증)"을 동성애자와 가까운 구역 내에 함께 있는 것을 두려워하며 동성애자에 대해 비합리적인 두려움, 증오 및 불관용을 보이는 현상으로 정의한다.

3. J. Roughgarden, 1991, The evolution of sex, Amer. Natur. 138:934-53.

4. J. Roughgarden, 1998, Primer of Ecological Theory, Prentice Hall; J. Roughgarden, 1995, Anolis Lizards of the Caribbean: Ecology, Evolution, and Plate Tectonics, Oxford University Press; J. Roughgarden, R. May, and S. Levin, eds., 1989, Perspectives in Ecological Theory, Princeton University Press; P. Ehrlich and J. Roughgarden, 1987, The Science of Ecology, Macmillan; J. Roughgarden, 1979, Theory of Population Genetics and Evolutionary Ecology:

An Introduction, Macmillan.

1장 성과 다양성

1. C. Darwin, 1962 [1860], The Voyage of the Beagle, Anchor Books, esp. pp.393, 394, 398.

2. E. Mayr, 1964 [1942], Systematics and the Origin of Species, Dover Publications; E. Mayr, 1963, Animal Species and Evolution, Harvard University Press.

3. T. Dobzhansky, 1954, Evolution as a creative process, Proc. 9th Int. Cong. Genet., in Caryologia, pp. 435-49.

4. H. MuUer, 1950, Our load of mutations, Amer. J. Hum. Genet. 1:111-76; N. Morton, J. Crow, and H. Muller, 1956, An estimate of the mutational damage in man from data on consanguineous marriages, Proc. Nat. Acad. Sci. (USA) 42:855-63.

5. 다음 출처에서 인용하였다. H. Muller, p. 166 in M. Kimura and T. Ohta, 1971, Theoretical Aspects of Population Genetics, Princeton University Press; cited in R. Lewontin, 1974, The Genetic Basis of Evolutionary Change, Columbia University Press, p. 30.

6. K. Petren and T. Case, 1998, Habitat structure determines competition intensity and invasion success in gecko lizards, Proc. Nat. Acad. Sci. (USA) 95: 11739-44.

7. 도마뱀붙이에 대해서는 다음 내용을 참고하기 바란다. R. Radtkey, S. Donnellan, R. Fisher, C. Moritz, K. Hanley, and T. Case, 1995, When species collide: The origin and spread of an asexual species of gecko, Proc. R. Soc. Lond., ser. B, 259:145-52. 채찍꼬리도마뱀에 대해서는 다음 내용을 참고하기 바란다. C. Cole, 1975, Evolution of parthenogenetic species of reptiles, in R. Reinboth, ed., Intersexuality in the Animal Kingdom, Springer Verlag; O. Cuellar, 1979, On the ecology of coexistence in parthenogenetic and bisexual lizards of the genus Cnemidophorus, Amer. Zool. 19:773-86; O. Cuellar, 1977, Animal parthenogenesis, Science 197:837-43. See also: L. D. Densmore, C. Moritz, J. W. Wright, and W. M. Brown, 1989, Mitochondrial-DNA analysis and the origin and relative age of parthenogenetic lizards (Genus Cnemidophorus): IV. Nine semilineatus-group unisexuals, Evolution 43:969-83. 암컷으로만 이루어진 물고기에 대해서는 다음 내용을 참고하기 바란다. R. C. Vrijenhoek, 1984, The evolution of clonal diversity in Poeciliopsis, pp. 399-429 in B. J. Turner, ed., Evolutionary Genetic of Pishes, Plenum Press. See also, on vertebrates generally: R. C. Vrijenhoek, R. M. Dawley, C. J. Cole, and J. P. Bogart,

1989, A list of the known unisexual vertebrates pp. 19-23 in R. M. Dawley and J. P. Bogart, eds., Evolution and Ecology of Unisexual Vertebrates, New York State Museum.

8. O. Cuellar, 1974, On the origin of parthenogenesis in vertebrates: The cytogenetic factors, Amer. Natur. 108:625-48.

9. H. Carson, 1967, Selection for parthenogenesis in Drosophila mercatorium, Genetics 55:157-71.

10. M. Olsen, 1965, Twelve year summary of selection for parthenogenesis in the Beltsville small white turkey, Brit. Poultry Sci. 6:1-6; M. W. Olsen, S. P. Wilson, and H. L. Marks, 1968, Genetic control of parthenogenesis in chickens, J. Hered. 59:41-42.

11. G. L. Stebbins, Jr., 1950, Variation and Evolution in Plants, Columbia University Press; O. P. Judson and B. Normark, 1996, Ancient asexual scandals, Trends Ecol. Evol. 11:41-46; and R. Butlin, 2002, The costs and benefits of sex: New insights from old asexual lineages, Nature Reviews: Genetics 3:311-17.

12. G. C.Williams and J. B. Mitton, 1973, Why reproduce sexually? J. Theor. Biol. 39:545-54; G. C. Williams, 1975, Sex and Evolution, Princeton University Press.

13. O. Solbrig, 1971, The population biology of dandelions, American Scientist, 59:686-94.

14. D. Tilman, 1990, Constraints and tradeoffs: Toward a predictive theory of competition and succession, Oikos 58:3-15.

15. R. Lewontin, 1974, The Genetic Basis of Evolutionary Change, Columbia University Press; J. Gillespie, 1994, The Causes of Molecular Evolution, Oxford University Press; H. Muller, 1932, Some genetic aspects of sex, Amer. Natur. 66:118-38; special issue on the evolution of sex in Nature Reviews: Genetics, vol. 3, April 2002.

16. G. Kolata, 1998, Scientists see a mysterious similarity in a pair of deadly plagues, New York Times, May 26, p. B9.

17. A. Cullum, 2000, Phenotypic variability of physiological traits in populations of sexual and asexual whiptail lizards (genus Cnemidophorus), Evol. Ecol. Research 2:841-55.

18. 이 주장은 수학적 정리와 비슷한 일반성을 지닌다. 무작위적으로 짝짓기를 하는 이배체 개체군에서 두 대립유전자를 갖는 하나의 유전자 자리를 고려해보자. 시간 t에서 세 가지 유전자형의 적응도 $W_{11,t}$, $W_{12,t}$ 및 $W_{22,t}$가 독립이며 동일하게 분포된 확률변수라고 가정하자. 시간

t에서의 평균 적응도는 시간 t에서 해당 유전자형 빈도에 대한 Wij의 기대값이다. 한 무성생식 종의 유전자형 빈도는 특정 값에 묶여 있는 반면에, 한 유성생식 종의 유전자형 빈도는 매세대마다 하디-와인버그 비율로 재설정된다. 따라서 한 무성생식 개체군의 평균 적응도의 시간에 따른 분산은 한 유성생식 개체군의 분산보다 더 크다. 그러므로 시간에 따른 평균 적응도의 기하평균은 유성생식 개체군보다 무성생식 개체군이 반드시 더 낮은데, 이는 유성생식 개체군이 무성생식 개체군보다 필연적으로 더 오래 산다는 의미다. 컴퓨터 시뮬레이션을 보려면 다음 내 논문을 참고하기 바란다. J. Roughgarden, 1991, The evolution of sex, Amer. Natur. 138:934-53. 이 시뮬레이션은 유성번식을 하는 종이 변동하는 환경에서 어떻게 자기복제 종보다, 비록 두 종이 동일하게 다양한 무지개로부터 시작하는데도, 차츰 더 오래 살아남는지를 보여준다. 아울러 다음 내용을 참고하기 바란다. W. D. Hamilton, 1980, Sex versus non-sex, Oikos 35:282-90; and W. Hamilton, P. Henderson, and N. Moran, 1981, Fluctuations of environment and coevolved antagonist polymorphism as factors in the maintenance of sex, pp. 363-81 in R. Alexander and D. Tinkle, eds., Natural Selection and Social Behavior: Recent Research and Theory, Chiron Press; R. May and R. Anderson, 1983, Epidemiology and genetics in the coevolution of parasites and hosts, Proc. R. Soc. Lond., ser. B, 219:281-331; L. Nunney, 1989, The maintenance of sex by group selection, Evolution 43:245-57; R. Michod and B. Levin, eds., 1988, The Evolution of Sex: An Examination of Current Ideas, Sinauer; and the April 2002 issue of Nature Reviews: Genetics.

2장 성 대 젠더

1. Y. Iwasaand A. Sasaki, 1987, Evolution of the number of sexes, Evolution 41:49-65.

2. 생식세포 크기가 한 가지면 동형배우자생식이라고 부른다. 생식세포 크기가 두 가지 이상이면 이형배우자생식이라고 부른다. 다음의 내용을 참고하기 바란다. G. Bell, 1982, The Masterpiece of Nature, University of California Press; R. Hoekstra, 1987, The evolution of sexes, pp. 59-91 in S. Sterns, ed., The Evolution of Sex and Its Consequences, Birkhauser.

3. V. A. Dogiel, 1965, General Protozoology, Clarendon Press.

4. C. Bressac, A. Fleury, and D. Lachaise, 1994, Another way of being anisogamous in Drosophila subgenus species: Giant sperm, one-to-one gamete ratio, and high zygote provisioning, Proc. Nat. Acad. Sci. (USA) 91:10399-402; S. Pitnick and T. A. Markow, 1994, Male gametic

strategies: Sperm size, testes size, and the allocation of ejaculate among successive mates by the sperm-limited fly Drosophila pachea and its relatives, Amer. Natur. 143:785-819; S. Pitnick, G. S. Spicer, and T. A. Markow, 1995, How long is a giant sperm? Nature 375:109.

5. R. R. Snook, T. A. Markow, and T. L. Karr, 1994, Functional nonequivalence of sperm in Drosophila pseudoobscura, Proc. Nat. Acad. Sci. (USA) 91:11222-26; C. Bressac and E. Hauschteck-Jungen, 1996, Drosophila subobscura females preferentially select long sperm for storage and use, J. Insect Physiol. 42:323-28; R. R. Snook, 1997, Is the production of multiple sperm types adaptive? Evolution 51:797-808. See also: P. Lee and A. Wilkes, 1965, Polymorphic spermatozoa in the hymenopterous wasp, Dahlbominus, Science 147:1445-46; R. Silberglied, J. Shepherd, and J. Dickinson, 1984, Eunuchs: The role of apyrene sperm in lepidoptera? Amer. Natur. 123:255-65; P. Cook, I. Harvey, and G. Parker, 1997, Predicting variation in sperm precedence, Phil. Trans. R. Soc. Lond., ser. B, 352:771-80; M. Watanabe, M. Bon'no, and A. Hachisuka, 2000, Eupyrene sperm migrates to spermatheca after apyrene sperm in the swallowtail butterfly, Papilio xuthus L. (Lepidoptera: Papilionidae), J. Ethol. 18:91-99.

6. 두 짝짓기 유형 A와 B의 생식세포 크기가 서로 같은 상태는 동적으로 불안정한 ESS(진화적으로 안정된 전략)라는 흥미로운 성질을 나타낸다. 만약 한 접합체의 최적 크기가 이를테면 2밀리그램이라면, 각 생식세포의 최적의 크기는 1밀리그램이고 이 둘이 융합되면 합이 2밀리그램이 된다. 따라서 A 유형의 생식세포 크기가 1밀리그램이면, B 유형의 생식세포 크기도 1밀리그램이며, 이 1밀리그램의 최적 크기에서 벗어나는 B 내의 돌연변이는 드문 경우일 때 증가하지 않는다. 마찬가지로, B 유형의 생식세포 크기가 1밀리그램이면, A 유형의 생식세포 크기도 1밀리그램이며, 이 1밀리그램의 최적 크기에서 벗어나는 A 내의 어떤 돌연변이도 드문 경우일 때 증가하지 않는다. 그러므로 A와 B 두 유형이 모두 생식세포 크기가 1밀리그램인 상태는 ESS다. 하지만 이 상태는 교란에 대해 동적으로 안정적이지 않다. 만약 A 유형의 생식세포 크기가 어느 정도 감소하면, 선택은 이를 보상하기 위해 B 유형 내의 생식세포 크기를 증가시키게 되고, 이런 과정이 계속 진행되어 두 유형은 점점 더 생식세포 크기가 달라지고, 마침내 한 유형의 생식세포는 최대한 작은 크기가 되고 다른 유형의 생식세포는 접합체의 재료를 거의 대부분 공급할 만큼 커진다. 다음을 참고하기 바란다. G. Parker, R. Baker, and V. Smith, 1972, The origin and evolution of gamete dimorphism and the male-female phenomenon, J. Theor. Biol. 36:529-53; N. Knowlton, 1974, A note on the evolution of gamete dimorphism, J.

Theor. Biol. 46:283-85; G. Bell, 1978, The evolution of anisogamy, J. Theor. Biol. 73:247-70;

J. Maynard Smith, 1978, The Evolution of Sex, Cambridge University Press; R. Hoekstra, 1980,

Why do organisms produce gametes of only two different sizes? Some theoretical aspects of the

evolution of anisogamy, J. Theor. Biol. 87:785-93; G. Parker, 1982, Why so many tiny sperm?

The maintenance of two sexes with internal fertilization, J. Theor. Biol. 96:281-94; H. Matsuda

and P. Abrams, 1999, Why are equally sized gametes so rare? The instability of isogamy and the

cost of anisogamy, Evol. Ecol. Research 1:769-84; I. Eshel and E. Akin, 1983, Coevolutionary

instability of mixed Nash solutions, J. Math. Biol. 18:123-34; J. Madsen and D. M. Waller,

1983, A note on the evolution of gamete dimorphism in algae, Amer. Natur. 121:443-47.

7. J. Butler, 1990, Gender Trouble, Routledge, rpt. on pp. 80-88 in C. Gould, ed., 1997, Key
Concepts in Critical Theory: Gender, Humanities Press; S. Kessler and W. McKenna, 1978,
Gender: An Ethnomethodological Approach, University of Chicago Press.

8. C. Francis, E. L. P. Anthony, J. Brunton, and T. H. Kunz, 1994, Lactation in male fruit bats,
Nature 367:691-92.

3장 몸 안의 성

1. D. Policansky, 1982, Sex change in plants and animals, Ann. Rev. Ecol. Syst. 13:471-95.

2. R. Warner, 1984, Mating behavior and hermaphrodism in coral reef fishes, American Scientist
72:128-36; G. Mead, E. Bertelson, and D. M. Cohen, 1964, Reamong deep-sea fishes, Deep
Sea Research II:569-96.

3. D. Robertson and R. Warner, 1978, Sexual patterns in the labroid fishes of the western
Caribbean: II. The parrotfishes (Scaridae), Smithsonian Contributions to Zoology 255:1-26.

4. R. Warner and S. Hoffman, 1980, Local population size as a determinant of a mating system and
sexual composition in two tropical reef fishes (Thalassoma spp.), Evolution 34:508-18.

5. D. Robertson, 1972, Social control of sex reversal in a coral reef fish, Science 1977:1007-9; J.
Godwin, D. Crews, and R. Warner, 1996, Behavioral sex change in the absence of gonads in a
coral reef fish, Proc. R. Soc. Lond., ser. B, 263:1683-88; J. Godwin, R. Sawby, R. Warner, D.
Crews, and M. Grober, 1999, Hypothalamic arginine vasotocin mRNA abundance variation
across the sexes and with sex change in a coral reef fish (unpublished manuscript).

6. H. Fricke and S. Fricke, 1977, Monogamy and sex change by aggressive dominance in coral reef fish, Nature 266:830-32; J. Moyer and A. Nakazono, 1978, Protandrous hermaphrodism in six species of the amenonefish genus Amphiprion in Japan, Japan. J. Ichthyology 25:101-6. See also: J. Moyer and A. Nakazono, 1978, Population structure, reproductive behavior and protogynous hermaphrodism in the angelfish Centropyge interruptus at Miyake-jima, Japan, J. Ichthyology 25:25-39.

7. 이 아이디어에 대한 검증은 인도네시아 바타비아만의 어릿광대 물고기와 비교해보면 가능할지 모른다. 이 물고기는 한 쌍의 성체가 지내기에 넉넉한 말미잘 속에 살며, 일부일처제 대신에 일부다처제를 유지한다. 이 종에 대해 검토한 도표가 다음 자료에 나와 있다. J. Roughgarden, 1975, Evolution of marine symbiosis-a simple cost-benefit model, Ecology 56:1201-8.

8. E. Fischer, 1980, The relationship between mating system and simultaneous hermaphrodism in the coral reef Hypoplectrus nigricans (Seranidae), Anim. Behav. 28:620-33; P. Pressley, 1981, Pair formation and joint territoriality in a simultaneous hermaphrodite: The coral reef fish Serranus tigrius, Z. Tierpsychol. 56:33-46.

9. G. Mead, E. Bertelson, and D. M. Cohen, 1964, Reproduction among deep-sea fishes, Deep Sea Research 11:569-96.

10. 이 논의는 다음에 바탕을 두고 있다. T. Kuamura, Y. Nakashima, and Y. Yogo, 1994, Sex change in either direction by growth-rate advantage in the monogamous coral goby, Paragobiodon echinocephalus, Behav. Ecol. 5:434-38.

11. Ibid.

12. 이 논의는 다음에 바탕을 두고 있다. P. Munday, M. Caley, and G. Jones, 1998, Bi-directional sex change in a coral-dwelling goby, Behav. Ecol. Sociobiol. 43:371-77.

13. 암컷과 자웅동체가 함께 섞인 개체군은 자성양성이주gynodioecious라고 부르며, 수컷과 자웅동체가 함께 섞인 개체군은 웅성양성이주androdioecious라고 부른다. 다음을 참고하기 바란다. M. Geber, T. Dawson, and L. Delph, eds., 1998, Gender and Sexual Dimorphism in Flowering Plants, Springer Verlag; D. Charlesworth and M. Morgan, 1991, Allocation of resources to sex functions in flowering plants, Phil. Trans. R. Soc. Lond., ser. B, 332:91-102; J. Pannell, 1997, The maintenance of gynodioecy and androdioecy in a metapopulation, Evolution 51: 10-20; A. Liston, L. H. Rieseberg, and T. Elias, 1990, Datisca glomerata is functionally

androdioecious, Nature 343:641-42.

14. Qing-Jun Li, and Zai-Fu Xu, W. John Kress, Yong-Mei Xia, Ling Zhang, Xiao-Bao Deng, Jiang-Yun Gao, and Zhi-Lin Bai, 2001, Flexible style that encourages outcrossing, Nature 410:432; S. Barrett, 2002, The evolution of plant sexual diversity, Nature Reviews: Genetics 3:274-84.

15. 의사들은 생식샘이 간성인 경우에 대해서는 "진정한 자웅동체성", 생식기가 간성인 경우에 대해서는 "유사자웅동체성"이라는 용어를 도입했다. 이 용어들은 쓸모가 없다. "진정한"이나 "유사"는 무의미한 개념이며, 이 용어들은 단지 설명의 문제여야 할 것에 가치 판단을 내리고 있다.

16. 흰꼬리사슴에 대해서는 다음을 참고하기 바란다. C. Crispens Jr. and J. Doutt, 1973, Sex cromatin in antlered female deer, J. Wildlife Management 37:422-23; J. C. Donaldson and J. Doutt, 1965, Antlers in female white-tailed deer: A four-year study, J. Wildlife Man29:699-705; J. Doutt, and J. Donaldson, 1959, An antlered doe with possible masculinizing tumor, J. Mammalogy 40:230-36; D. Taylor, J. Thomas, and R. Marburger, 1964, Abnormal antler growth associated with hypogonadism in white-tailed deer of Texas, Amer. J. Veterinary Research 25:179-85; J. Thomas, R. Robinson and R. Marburger, 1970, Studies in Hypogonadism in White-tailed Deer of the Central Mineral Region of Texas, Texas Parks and Wildlife Department Technical Series No. 5, Texas Parks and Wildlife Department; J. Thomas, R. Robinson, and R. Marburger, 1965, Social behavior in a white-tailed deer herd containing hypogonadal males, J. Mammalogy 46:314-27; J. Thomas, R. Robinson, and R. Marburger, 1964, Hypogonadism in white-tailed deer in the central mineral region of Texas, in J. B. Trefethen, ed., Transactions of the North American Wildlife and Natural Resources Conference 29:225-36, Wildlife Management Institute; W. Wishart, 1985, Frequency of antlered white-tailed does in Camp Wainright, Alberta, J. Mammalogy 3 5:486-88; G. Wislocki, 1954, Antlers in female deer, with a report on three cases in Odocoileus, J. Mammalogy 35:486-95; G. Wislocki, 1956, Further notes on antlers in female deer of the genus Odocoileus, J. Mammalogy 37:231-35.

17. 검은꼬리사슴에 대해서는 다음을 참고하기 바란다. I. McT. Cowan, 1946, Antlered doe mule deer, Canadian Field-Naturalist 60:11-12; B. Wong and K. Parker, 1988, Estrus in

black-tailed deer, J. Mammalogy 69:168-71. 다른 사슴들에 대해서는 다음을 참고하기 바란다. D. Chapman, N. Chapman, M. Horwood, and E. Masters, 1984, Observations on hypogonadism in a perruque silka deer (Cervus nippon), J. Zoology, London 204:579-84; G. Lincoln, R. Youngson, and R. Short, 1970, The social and sexual behavior of the red deer stag, J. Reproduction and Fertility (Suppl.) 11:71-103; D. Wurster-Hill, K. Benirschke, and D. Chapman, 1983, Abnormalities of the X chromosome in mammals, pp. 283-300 in S. Sandberg, ed., Cytogenetics of the Mammalian X Chromosome (Part B), Alan Liss. On moose, see: A. Bubenik, G. Bubenik, and D. Larsen, 1990, Velericorn antlers on a mature male moose (Alces a. gigas), Alces 26:115-28; O. Murie, 1928, Abnormal growth of moose antlers, J. Mammalogy 9:65; W. Wishard, 1990, Velvetantlered female moose (Alces alces), Alces 26:64-65.

18. G. Sharman, R. Hughes, and D. Cooper, 1990, The chromosomal basis of sex differentiation in marsupials, Australian J. Zoology 37:451-66.

19. G. Pfaffenberger, F. Weckerly, and T. Best, 1986, Male pseudohermaphroditism in a population of kangaroo rats, Dipodomys ordii, Southwestern Naturalist 31:124-26.

20. J. Baker, 1925, On sex-intergrade pigs: Their anatomy, genetics, and developmental physiology, Brit. J. Experimental Biology 2:247-63; J. Baker, 1928, Notes on New Hebridean customs, with special reference to the intersex pig, Man 28:113-18; J. Baker, 1928, A new type of mammalian intersexuality, Brit. J. ExperBiology 6:56-64; W. Rodman, 1996, The boars of Bali Ha'i: Pigs in paradise, pp. 158-67 in J. Bonnemaison, C. Kaufmann, K. Huffman, and D. Tryon, eds., Arts of Vanuatu, University of Hawaii Press.

21. B. Bagemihl, 1999, Biological Exuberance, St. Martin's Press, p. 234.

22. M. Cattet, 1988, Abnormal differentiation in black bears (Vrsus americanus) and brown bears (Ursus arctos), J Mammalogy 69:849-52.

23. L. Frank, 1996, Female masculinization in the spotted hyena: Endocrinology, behavioral ecology, and evolution, pp. 78-131 in J. Gittleman, ed., Carnivore Behabioral and Evolution, vol. 2, Cornell University Press; L. Frank, 1997, Evolution of genital masculinization: Why do female hyaenas have such a large 'penis'? Trends Ecol. Evol. 12:58-62.

24. M. Harrison, 1939, Reproduction in the spotted hyena, Crocuta crocuta (Erxleben.), Phil.

Trans. Roy. Soc. Lond., ser. B, 230:1-78.

25. L. Frank and S. Glickman, 1994, Giving birth through a penile clitoris: Parturition and dystocia in the spotted hyena (Crocuta crocuta), J. Zoology London 206:525-31; L. Frank, M. Weldele, and S. Glickman, 1995, Masculinization costs in hyenas, Nature 377:584-85.

26. M. East, H. Hofer, and W. Wickler, 1993, The erect "penis" is a flag of submission in a female-dominated society: Greetings in Serengeti spotted hyenas, Behav. Ecol. Sociobiol. 33:355-70; H. Hofer and M. East, 1995, Virilized sexual genitalia as adaptations of female spotted hyenas, Revue Suisse de Zoologie 102:895-906.

27. Frank, 1996, Female masculinization in the spotted hyena.

28. Bagemihl, 1999, Biological Exuberance, pp. 336-37; H. Butler, 1967, The oestrus cycle of the Senegal bush baby (Galago senagalensis senegalensis) in the Sudan, J. Zoology London 151:143-62; G. Doyle, 1974, Behavior of Prosimians, Behavior of Nonhuman Primates 5:154-353; R. Martin, G. Doyle, and A. Walker, eds., 1974, Prosimian Biology, University of Pittsburgh Press; D. Lipshitz, 1996, Male copulatory patterns in the Lesser Bushbaby (Galago moholi) in captivity, Int. J. Primatology 17:987-1000.

29. D. Dewsbury and J. Pierce, Jr., 1989, Copulatory patterns of primates as viewed in broad mammalian perspective, Amer. J. Primatology 17:51-72.

30. 흰이마거미원숭이Ateles belzebuth의 길쭉한 클리토리스는 다음에서 참고하기 바란다. p. 112 in N. Rowe, 1996, The Pictorial Guide to the Living Primates, Pogonias Press.

31. 길쭉하고 끝이 분홍빛인 클리토리스가 있는 수컷 및 암컷 양털원숭이Lagothrix lagotricha 사진은 위의 책 p.116을 참고하기 바란다.

32. Ibid.

33. 이 문단에서 논의한 각각의 고래목 동물에 대해서는 다음을 참고하기 바란다. M. Nishiwaki, 1953, Hermaphroditism in a dolphin (Prodelphinus caeruleo-albus), Scientific Reports of the Whales Research Institute 8:215-18; R. Tarpley, G. Jarrell, J. George, J. Cubbage, and G. Stott, 1995, Male pseudohermaphroditism in the bowhead whale, Balaena mysticetus, J. Mammalogy 76:1267-75; J. Bannister, 1963, An intersexual fin whale Balaenoptera physalus (L.) from South Georgia, Proc. Zool. Soc. London 141:811-22; S. De Guise, A. Lagace, and P. Beland, 1994, True hermaphroditism in a St. Lawrence beluga whale (Delphinapterus leucas), J. Wildlife

Diseases 30:287-90.

34. R. Jimenez, M. Burgos, A. Sanchez, A. Sinclair, F. Alarcon, J. Marin, E. Ortaga, and R. D. de la Guardia, 1993, Fertile females of the mole Talpa occidentalis are phenotypic intersexes with ovotestes, Development 118:1303-11; A. Sanchez, M. Mullejos, M. Burgos, et al., 1996, Females of four mole species of genus Talpa (Insectivora, Mammalia) are true hermaphrodites with ovotestes, Mol. Reprod. Dev. 44:289-94.

4장 성 역할

1. E. Bertelsen, 19 51, The ceratioid fishes: Ontogeny, taxonomy, distribution, and biology, Dana Report 39; T. Pietsch, 1976, Dimorphism, parasitism and sex: Reproductive strategies among deep sea ceratioid anglerfishes, Copeia 781-93.

2. B. Saemundsson, 1922, Zoologiske meddelelser fra Island: XIV. 11 Fiske, nye for Island, og supplerende om andre, tidligere kendte, Vidensk. Medd. fra Dansk Naturh. Foren. Bd. 74:159-201.

3. C. Regen, 1925, Dwarfed males parasitic on the females in oceanic anglerfishes (Pediculati Ceratioidea), Proc. R. Soc. Lond., ser. B, 97:386-400.

4. A. Vincent, I. Ahnesjo, A. Berglund, and G. Rosenqvist, 1992, Pipefishes and seahorses: Are they all sex role reversed? Trends Ecol. Evol. 7:237-41.

5. T. Clutton-Brock and A. C. J. Vincent, 1991, Sexual selection and the potential reproductive rates of males and females, Nature 351:58-60.

6. 성비는 수컷과 암컷이 별개의 개체일 때 의미를 갖는다. 자웅동체 종의 경우, 성비와 유사한 개념은 성 할당이다. 이것은 한 개체의 에너지 중 얼마만큼이 암컷 부분에 쓰이고 얼마만큼이 수컷 부분에 쓰이는지를 가리킨다. 오십 대 오십 성비를 보이는 종에 대해 설명하는 한 이론은 다음을 참고하기 바란다. R. Fisher, 1927, The Genetical Theory of Natural Selection, Oxford University Press; for a fifty-fifty sex allocation, see E. Charnov, 1982, The Theory of Sex Allocation, Princeton University Press; and J. Roughgarden, 1991, The evolution of sex, Amer. Natur. 138:934-53.

7. A. C. J. Vincent and L. M. Sadler, 1995, Faithful pairbonds in wild seahorses, Hippocampus whitei, Anim. Behav. 50:1557-69.

8. S. T. Emlen, P. H. Wrege, and M. S. Webster, 1998, Cuckoldry as a cost of polyandry in the sex-role reversed wattled jacana, Jacana jacana, Proc. R. Soc. Lond., ser. B, 265:2359-64. 또한 다음을 참고하기 바란다. C. Yoon, 1998, In this battle of the sexes, the females win, New York Times, Dec. 22, 1998, p. D3; and photos at http://www.nwf.org/intlwild/2000/jacanaja.html.

9. D. J. Delehanty, R. C. Fleisher, M. A. Colwell, and L. W. Oring, 1996, Sexrole reversal and the absence of extra-pair fertilization in Wilson's phalarope, Anim. Behav. 55: 995-1002; L. W. Oring, J. M. Reed, and S. J. Maxson, 1994, Copulation patterns and mate guarding in the sex-role reversed, polyandrous spotted sandpiper Actitis macularia, Anim. Behav. 47:1065-72.

5장 두 가지 젠더로 구성된 가족

1. L. Greenhouse, 2000, Case on visitation rights hinges on defining family, New York Times, Jan. 4, p. A11.

2. Louis Farrakhan, quoted in F. Clines, 2000, Families arrive in Washington for march called by Farrakhan, New York Times, Oct. 16.

3. M. Janofsky, 2002, Custody case in California paves way for "fathers", New York Times, June 8.

4. Ibid.

5. M. Frye, 1983, The Politics of Reality: Essays in Feminist Theory, Crossing Press, rpt. C. Gold, ed., Key Concepts in Critical Theory: Gender, Humanities Press, pp. 91-102.

6. 이 논의는 다음에 바탕을 두고 있다. P. Sherman, 1989, Mate guarding as paternity insurance in Idaho ground squirrels, Nature 338:418-20.

7. T. R. Birkhead, 2000, Defining and demonstrating post-copulatory female choice-again, Evolution 54:1057-60; T. R. Birkhead, 2000, She knows what she wants, New Scientist 2244:28-31.

8. B. Smuts and R. Smuts, 1993, Male aggression and sexual coercion of females in nonhuman primates and other mammals: Evidence and theoretical implications, Adv. Study Behav. 22:1-63.

9. Ibid.

10. J. Mitani, 1985, Mating behavior of male orangutans in the Kutai Reserve, Anim. Behav. 33:392-402.

11. See: T. Clutton-Brock and G. Parker, 1995, Sexual coercion in animal societies Anim. Behav. 49:1345-65; among birds, sexual coercion by males occurs in ducks and in the colorful long-billed South African white-fronted bee-eater (Merops bullockoides). F. McKinney, S. R. Derrickson, and P. Mineau, 1983, Forced copulation in waterfowl, Behavior 86:250-94; S. T. Emlen and P. H. Wrege, 1986, Forced copulations and intra-specific parasitism: Two costs of living in the white fronted bee-eater, Ethology 71:2-29.

12. T. Clutton-Brock, 1989, Review lecture: Mammalian mating systems, Proc. R. Soc. Lond., ser. B, 236:339-72.

13. 이 논의는 다음에 바탕을 두고 있다. S. M. Smith, 1991, The Black-Capped Chickadee: Behavioral Ecology and Natural History, Comstock Publishing; K. Ratcliffe and L. Ratcliffe, 1996, Female initiated divorce in a monogamous songbird: Abandoning mates for males of higher quality, Proc. R. Soc. Lond., ser. B, 263:351-54.

14. Ibid.

15. M. Lindén, 1991, Divorce in great tits-chance or choice? An experimental approach, Amer. Natur. 138:1039-48.

16. F. Cezilly and R. G. Nager, 1995, Comparative evidence for a positive association between divorce and extra-pair paternity in birds, Proc. R. Soc. Lond., ser. B, 262:7-12.

17. Ibid.

18. T. Clutton-Brock, 1989, Review lecture: Mammalian mating systems, Proc. R. Soc. Lond., ser. B, 236:339-72.

19. See: P. Johnsgard, 1997, The Avian Brood Parasites: Deception at the Nest, Oxford University Press.

20. S. Vehrencamp, 1978, The adaptive significance of communal nesting in groove-billed Anis, Bebav. Ecol. Sociobiol. 4:1-33; B. S. Bowen, R. R. Koford, and S. L. Vehrencamp, Breeding roles and pairing patterns within communal groups of groove-billed Anis, Anim. Behav. 34:347-66.

21. 이 논의는 다음에 바탕을 두고 있다. J. Terborgh and A. Goldizen, 1985, On the mating system of the cooperatively breeding saddle-backed tamarin Saguinus fuscicollis, Behav. Ecol. Sociobiol. 16:293-99.

22. B. Keane, P. Waser, N. Creel, L. Elliott, and D. Minchella, 1994, Subordinate reproduction in

dwarf mongooses, Anim. Behav. 47:65-75.

23. L. Whittingham, P. Dunn, and R. Magrath, 1997, Relatedness, polyandry and extra-group paternity in the cooperatively-breeding white-browed scrubwren (Sericornis frontalis), Behav. Ecol. Sociobiol. 40:261-70; H. Gibbs, C. Bullough, and A. Goldizen, 1994, Parentage analysis of multi-male social groups of Tasmanian native hens (Tribonyx mortierii): Genetic evidence for monogamy and polyandry, Behav. Ecol. Sociobiol. 35:363-71; J. Faaborg, P. Parker, L. DeLay, T. de Vries, J. Bednarz, M. Paz, J. Naranjo, and T. Wake, 1995, Confirmation of cooperative polyandry in the Galapagos hawk (Buteo galapagoensis), Behav. Ecol. Sociobiol. 36:83-90; T. Burke, N. Davies, M. Bruford, and B. Hatchwell, 1989, Parental care and mating behavior of polyandrous dunnocks Prunella modularis related to paternity by DNA fingerprinting, Nature 338:249-51; I. Jamieson, J. Quinn, P. Rose, and B. White, 1994, Shared paternity is a result of an egalitarian mating system in a communally breeding bird, the pukeko, Proc. R. Soc. Lond. 257:271-77; W. Piper and G. Slater, 1993, Polyandry and incest avoidance in the cooperative stripe-backed wren of Venezuela, Behavior 124:227-47.

24. C. Packer and A. Pusey, 1997, Divided we fall: Cooperation among lions, Scientific American (May), 52-59.

25. S. Lewis and A. Pusey, 1997, Factors influencing the occurrence of communal care in plural breeding mammals, pp. 335-62 in N. G. Solomon and J. A. French, eds., Cooperative Breeding in Mammals, Cambridge University Press.

26. C. J. Manning, D. A. Dewsbury, E. K. Wakeland, and W. K. Potts, 1995, Communal nesting and communal nursing in house mice (Mus musculus domesticus), Anim. Behav. 50:741-51.

27. G. Wilkonson, 1990, Food sharing in vampire bats, Scientific American (February), 76-82.

28. 때때로 협력은 이타주의와 구별된다. 왜냐하면 이타주의는 남을 돕기 위해 어떤 것을 포기하는 것인데 반해, 협력은 단지 남과 경쟁하지 않는다는 의미를 수반하기 때문이다. 나는 협력의 의미를 넓게 보아 여기에 도움 주기 및 해 끼치지 않기의 의미를 둘 다 포함시킨다. 다음을 참고하기 바란다. R. Trivers, 1984, Social Evolution, Benjamin-Cummings.

29. T. H. Clutton-Brock and G. A. Parker, 1995, Punishment in animal societies, Nature 373:209-15.

30. 이 제안은 현재 드러난 공공 정보의 개념을 확장하여 번식 장소 선택에 포함되도록 한다. 다

음을 참고하기 바란다. B. Doligez, E. Danchin, and J. Clobert, 2002, Public information and breeding habitat selection in a wild bird population, Science 297:1168-69.

31. J. Jarvia, M. O'Riain, N. Bennett, and P. Sherman, 1994, Mammalian eusociality: A family affair, Trends Ecol. Evol. 9:47-51; E. Lacey and P. W. Sherman, 1997, Cooperative breeding in naked mole-rats: Implications for vertebrate and invertebrate sociality, pp. 267-300 in Solomon and French, eds., Cooperative Breeding in Mammals.

32. Lacey and Sherman, 1997, Cooperative breeding in naked mole-rats.

33. 이 논의는 다음에 바탕을 두고 있다. C. Brown and M. Bomberger Brown, 1996, Coloniality in the Cliff Swallow: The Effect of Group Size on Social Behavior, University of Chicago Press.

34. Ibid.

35. S. Vehrencamp, 1983, Optimal degree of skew in cooperative societies, Amer. Zool. 23:327-35; H. Reeve, S. T. Emlen, and L. Keller, 1998, Reproductive sharing in animal societies: Reproductive incentives or incomplete control by dominant breeders? Behav. Ecol. 9:267-78; S. Emlen, 1995, An evolutionary theory of the family, Proc. Nat. Acad. Sci. (USA) 92:8092-99.

36. W. D. Hamilton, 19 64, The genetical theory of social behavior, J. Theor. Biol. 7:1-52.

37. S. Vehrencamp, 1983, A model for the evolution of despotic versus egalitarian societies, Anim. Behav. 31:667-82.

38. L. Whittingham, P. Dunn, and R. Magrath, 1997, Relatedness, polyandry and extra-group paternity in the cooperatively-breeding white-browed scrubwren (Sericornis frontalis), Behav. Ecol. Sociobiol. 40:261-70.

39. T. H. Clutton-Brock, 1998, Reproductive skew, concessions and limited control Trends Ecol. Evol. 13:288-92; T. H. Clutton-Brock, P. N. M. Brotherton, A. F. Russell, M. J. O'Riain, D. Gaynor, R. Kansky, A. Griffin, M. Manser, L. Sharpe, G. M. Mcllrath, T. Small, A. Moss, and S. Monfort, 2001, Cooperation, control, and concession in meerkat groups, Science 291:478-81.

40. L. Keller and H. K. Reeve, 1994, Partitioning of reproduction in animal society Trends Ecol. Evol. 9:98-102.

6장 다양한 젠더로 구성된 가족

1. R. D. Howard, 1978, The evolution of mating strategies in bullfrogs, Rana catesbeiana, Evolution

32:859-71; R. D. Howard, 1981, Sexual dimorphism in bullfrogs, Ecology 62:303-10; R. D. Howard, 1984, Alternative mating behaviors in young male bullfrogs, Amer. Zool. 24:397-406.

2. S. L. Lance and K. D. Wells, 1993, Are spring peeper satellite males physiologically inferior to calling males? Copeia 1162-66.

3. A. Bass, 1992, Dimorphic male brains and alternative reproductive tactics in a vocalizing fish, TINS 15:139-45; J. L. Goodsonand A. H. Bass, 2000, Forebrain peptides modulate sexually polymorphic vocal circuitry, Nature 403:769.

4. M. R. Gross, 1985, Disruptive selection for alternative life histories in salmon, Nature 313:47-48.

5. F. F. Darling, 1937, A Herd of Red Deer, Oxford University Press.

6. G. Lincoln, R. Youngson, and R. Short, 1970, The social and sexual behavior of the red deer stag, J. Reproduction and Fertility, suppl. 11:71-103.

7. 오피니콘 호수에서 실시된 연구는 다음을 참고하기 바란다. M. R. Gross, 1982, Sneakers, satellites and parentals: Polymorphic mating strategies in North American sunfishes, Z. Tierpsychol. 60:1-26; M. R. Gross, 1991, Evolution of alternative reproductive strategies: Frequency-dependent sexual selection in male bluegill sunfish, Phil. Trans. R. Soc. Lond., ser. B, 332:59-66. For Lake Cazenovia studies, see: W. J. Dominey, 1980, Female mimicry in bluegill sunfish-a genetic polymorphism? Nature 284:546-48; W. J. Dominey, 1981, Maintenance of female mimicry as a reproductive strategy in bluegill sunfish (Lepomis macrochirus), Environ. Biol. Fishes 6:59-64.

8. Gross, 1991, Evolution of alternative reproductive strategies.

9. Dominey, 1981, Maintenance of female mimicry as a reproductive strategy in bluegill sunfish.

10. M. Taborsky, B. Hudde, and P. Wirtz, 1987, Reproductive behavior and ecology of Sympbodus (Crenilabrus) ocellatus, a European wrasse with four types of male behavior, Behavior 102:82-118.

11. S. Alonzo, M. Taborsky, and P. Wirtz, 2000, Male alternative reproductive behaviours in a Mediterranean wrasse, Sympbodus ocellatus: Evidence from otoliths for multiple life-history pathways, Evol. Ecol. Research 2:997-1007.

12. G. Barlow, 2000, The Cichlid Fishes: Nature's Grand Experiment in Evolution, Perseus.

13. R. Oliveira and V. Almada, 1998, Mating tactics and male-male courtship in the lek-breeding cichlid Oreochromis mossambicus, J. Fish Biology 52:1115-29.

14. M. Moore, D. Hews, and R. Knapp, 1998, Hormonal control and evolution of alternative male phenotypes: Generalizations of models for sexual differentiation, Amer. Zool. 38:133-51.

15. 낮은 프로게스테론 그룹은 0.1-1.0 밀리리터 당 나노그램이며, 높은 프로게스테론 그룹은 10-100 밀리리터 당 나노그램이다.

16. D. DeNardo and B. Sinervo, 1994, Effects of corticosterone on activity and home-range size of free-ranging male lizards, Hormones and Behavior 28:53-65 and 28:273-87.

17. J. Kopachena and J. Falls, 1993, Aggressive performance as a behavioral correlate of plumage polymorphism in the white-throated sparrow (Zonotrichia albicollis), Behavior 124:249-66. 또한 다음을 참고하기 바란다. J. Lowther, 1961, Polymorphism in the white-throated sparrow Zonotrichia albicollis (Gmelin), Can. J. Zool. 39:281-92; H. Thorneycroft, 1975, A cytogenetic study of the white-throated sparrow, Zonotrichia albicollis, Evolution 29:611-21; A. Houtman and J. Falls, 1994, Negative assortative mating in the white-throated sparrow Zonotrichia albicollis: The role of mate choice and intra-sexual competition, Anim. Behav. 48:377-83; T. DeVoogd, A. Houtman, and J. Falls, 1995, White-throated sparrow morphs that differ in song production rate also differ in the anatomy of some song-related brain areas, Neurobiology 28:202-13.

18. B. Sinervo and C. M. Lively, 1996, The rock-paper-scissors game and the evolution of alternative male strategies, Nature 380:240-43; B. Sinervo, E. Sevensson, and T. Comendant, 2000, Density cycles and an offspring quantity and quality game driven by natural selection, Nature 406:985-88. 다음 웹사이트에서 사진과 동영상을 참고하기 바란다. http://www.biology.ucsc.edu/barrylab/lizardland/male_lizards.overview.html. 해당 논문은 단위를 제시하지 않은 채 주황색 암컷에 대해서는 수용능력 K를 0.70으로, 노란색 암컷에 대해서는 1.18로 인용한다. 나는 그들이 사는 암석 노출 지역의 면적에 대한 적절한 단위가 1평방미터라고 추측한다.

19. Sinervo website, http://www.biology.ucsc.edu/barrylab/lizardland/male_lizards.overview.html.

20. Ibid.

21. 주황색 암컷은 "r 전략가"란 명칭을 얻었고 노란색 암컷은 "K 전략가"라는 명칭을 얻었다. 다

음을 참고하기 바란다. R. H. MacArthur, 1962, Some generalized theorems of natural selection, Proc. Nat. Acad. Sci. (USA) 231:123-38; J. Roughgarden, 1971, Density-dependent natural selection, Ecology 52:453-68.

22. Sinervo, Sevensson, and Comendant, 2000, Density cycles and an offspring quantity and quality game driven by natural selection.

23. R. Alatalo, L. Gustafsson, and A. Lundberg, 1994, Male coloration and species recognition in sympatric flycatchers, Proc. Roy. Soc. Lond., ser. B, 256: 113-18.

24. T. Slagsvold and G. Sastre, 1991, Evolution of plumage color in male pied flycatchers (Ficedula bypoleuca): Evidence for female mimicry, Evolution 45:910-17. See also: E. Huhta and R. Alatalo, 1993, Plumage colour and male-male interactions in the pied flycatcher, Anitn. Behav. 45: 511-18.

25. G. Ssetre and T. Slagsvold, 1996, The significance of female mimicry in male contests, Amer. Natur. 147:981-95.

26. H. Hakkarainen, E. Korpimaki, E. Huhta, and P. Palokangas, 1993, Delayed maturation in plumage color: Evidence for the female-mimicry hypothesis in the kestrel, Behav. Ecol. Sociobiol. 33:247-51. (아래 인용문들은 이 출처에서 나왔다.)

27. R. Mason and D. Crews, 1985, Female mimicry in garter snakes, Nature 316:59-60; R. Shine, D. O'Connor, and R. Mason, 2000, Female mimicry in garter snakes: Behavioural tactics of "she-males" and the males that court them, Can. J. Zool. 78:1391-96; R. Shine, P. Harlow, M. Lemaster, I. Moore, and R. Mason, 2000, The transvestite serpent: Why do garter snakes court (some) other males? Anim. Behav. 59:349-59; 사진과 일반적인 정보는 다음을 참고하기 바란다. http://www.naturenorth.com/spring/creature/garter/Fgarter.html.

28. 다음에서 인용하였다. Shine, Harlow, Lemaster, Moore, and Mason, 2000, The transvestite serpent; Shine, O'Connor, and Mason, 2000, Female mimicry in garter snakes.

29. 예를 들면, 다음을 참고하기 바란다. D. Hilton, 1987, A terminology for females with color patterns that mimic males, Ent. News 98:221-23.

30. M. Taborsky, 1994, Sneakers, satellites and helpers: Parasitic and cooperative behavior in fish reproduction, Adv. Study Behav. 23:1-100; M. Taborsky, 1998, Sperm competition in fish: 'Bourgeois' males and parasitic spawning, Trends Ecol. Evol. 13:222-27.

31. V. Brawn, 1961, Reproductive behavior of the cod (Gadus callarias L), Behavior 18:177-98; C. Wedekind, 1996, Lek-like spawning behaviour and different female mate preferences in roach (Rutilus rutilus), Behavior 102:82-118.

32. G. D. Constanz, 1985, Alloparental care in the tesselated darter: Etheostoma olmstedi (Pisces: Percidae), Environ. Biol. Fishes 14:175-83.

33. M. Taborsky and D. Limberger, 1981, Helpers in fish, Behav. Ecol. Sociobiol. 8:143-45; D. Limberger, 1983, Pairs and harems in a cichlid fish, Lamprologus brichardi, Z. Tierpsychol. 62:115-44; M. Taborsky, 1984, Broodcare helpers in the cichlid fish Lamprologus brichardi: Their costs and benefits, Anim. Behav. 32:1236-52.

34. K. McKaye and N. McKaye, 1977, Communal care and kidnapping of young by parental cichlids, Evolution 31:674-81; J. Coyne and J. Sohn, 1978, Interspecific brood care in fishes: Reciprocal altruism or mistaken identity? Amer. Natur. 112:447-50

35. R. Dawkins and J. Krebs, 1978, Animal signals: Information or manipulation? pp. 282-309 in J. R. Krebs and N. B. Davies, eds., Behavioral Ecology-an Evolutionaty Approach, Blackwell; Taborsky, 1994, Sneakers, satellites, and helpers.

36. See: P. Ehrlich and J. Roughgarden, 1987, The Science of Ecology, Macmillan, pp. 310-18; W. Wickler, 1968, Mimicry in Plants and Animals, McGraw-Hill.

37. R. Bleiweiss, 1992, Widespread polychromatism in female sunangel hum(Heliangelus: Trochilidae), Biol. J. Linnean Soc. 45:291-314.

38. R. Bleiweiss, 2001, Asymmetrical expression of transsexual phenotypes in hummingbirds, Proc. R. Soc. Lond., ser. B, 268:639-46.

39. R. Bleiweiss, 1999, Joint effects of feeding and breeding behavior on trophic dimorphism in hummingbirds, Proc. R. Soc. Lond., ser. B, 266:2491-97.

40. T. Amundsen, 2000, Why are female birds ornamented? Trends Ecol. Evol. 15:149-55

41. E. Morton, 1989, Female hooded warbler plumage does not become more male-like with age, Wilson Bulletin 101:460-62.

42. D. Niven, 1993, Male-male nesting behavior in hooded warblers, Wilson Bulletin 105:190-93.

43. B. Stutchbury and J. Howlett, 1995, Does male-like coloration of female hooded warblers increase nest predation? Condor 97:559-64; B. Stutchbury, 1998, Extra-pair mating effort of

male hooded warblers, Wilsonia cirtina, Anim. Behav. 55:553-61.

7장 암컷선택

1. E. Forsgren, 1997, Female sand gobies prefer good fathers over dominant males, Proc. R. Soc. Lond., ser. B, 264:1283-86.

2. 이 논의는 다음에 바탕을 두고 있다. R. Warner, F. Lejeune, and E. van den Berghe, 1994, Dynamics of female choice for parental care in a fish species where care is facultative, Behav. Ecol. 6:73-81. (아래 인용은 여기서 나왔다.)

3. 이 논의는 다음에 바탕을 두고 있다. R. Knapp and R. Sargent, 1989, Egg-mimicry as a mating strategy in the fantail darter, Etheostoma flabellare: Females prefer males with eggs, Behav. Ecol. Sociobiol. 321-26.

4. 이 논의는 다음에 바탕을 두고 있다. N. B. Davies, I. R. Hartley, B. J. Hatchwell, and N. E. Langmore, 1996, Female control of copulations to maximize male help: A comparison of polygynandrous alpine accentors, Prunella collaris, and dunnocks, P. modularis, Anim. Behav. 51:27-47.

5. T. Birkhead and A. Moller, 1992, Sperm Competition in Birds, Academic Press.

6. M. Rodriguez-Girones and M. Enquist, 2001, The evolution of female sexuality Anim. Behav. 61:695-704.

7. Galan, 2000, Females that imitate males: Dorsal coloration varies with reproductive stage in female Podarcis bocagei (Lacertidae), Copeia 819-25.

8. G. Watkins, 1997, Inter-sexual signalling and the functions of female coloration in the tropidurid lizard Microlophus occipitalis, Anim. Behav. 53:843-52.

9. W. Cooper Jr. and N. Greenberg, 1992, Reptilian coloration and behavior, pp. 298-422 in C. Gans and D. Crews, eds., Biology of the Reptilia: Hormones, Brain, and Behavior, University of Chicago Press.

10. C. Johnson, 1975, Polymorphism and natural selection in ischnuran damselflies, Evol. Theory 1:81-90; Robin Corcoran, 1995, "Intraspecific sexual mimicry in insects", available at http://www.colostate.edu/Depts/Entomology/courses/en507/student_papers_1995/corcoran.html.

11. 이 논의는 다음에 바탕을 두고 있다. H. Robertson, 1985, Female dimorphism and mating

behaviour in a damselfly, Ischnura ramburi: Females mimicking males, Anim. Behav. 33:805-9.

12. P. S. Corbet, 1980, Biology of the Odonata, Ann. Rev. Entomol. 25:189-217.

13. B. Hinnekint, Population dynamics of Ischnura e. elegans (Vander Linden) (Insects: Odonata) with special reference to morphological colour changes, female polymorphism, multiannual cycles and their influence on behavior, Hydrobiologia 146:3-31.

14. M. R. L. Forbes, 1991, Female morphs of the damselfly Enallagma boreale Selys (Odonata: Coenagrionidae): A benefit for androchromatypes, Can. J. Zool. 69:1969-70; M. R. L. Forbes, 1994, Tests of hypothesis for female-limited polymorphism in the damselfly, Enallagma boreale Selys, Anim. Behav. 47:724-26.

15. D.J. Thompson, 1989, Lifetime reproductive success in andromorph females of the damselfly Coenagrion puella (L.) (Zygoptera: Coenagrionidae), Odonatologica 18:209-13; A. Cordero, 1992, Density-dependent mating success and colour polymorphism in females of the damselfly Ischnura graellsii (Odonata: Coenagrionidae), J. Anim. Ecol. 61:769-80; O. M. Fincke, 1994, On the difficulty of detecting density-dependent selection on polymorphic females of the damselfly Ischnura graellsii: Failure to reject the null hypothesis, Evol. Ecol. 8:328-29; O. M. Fincke, 1994, Female colour polymorphism in damselflies: Failure to reject the null hypothesis, Anim. Behav. 47:1249-66. 실잠자리 암컷들의 색 차이에 관한 유전학에 대해서는 다음을 참고하기 바란다. C. Johnson, 1966, Genetics of female dimorphism in Ischnura demorsa, Heredity 21:453-59. 나비의 남성적인 암컷 표현형에 대해서는 다음을 참고하기 바란다. R. I. Vane-Wright, 1979, Towards a theory of the evolution of butterfly colour patterns under directional and disruptive selection, Biol. J. Linnean Soc, Lond. 11:141-52; C. Clarke, F. Clarke, S. Collins, A. Gill, and J. Turner, 1985, Male-like females, mimicry and transvestism in butterflies (Lepidoptera: Papilionidae), Systematic Entomology 10:257-83; 다음을 참고하기 바란다. "female-limited Batesian mimicry" in T. Belt, 1874, The Naturalist in Nicaragua, Murray; R. Krebs and D. West, 1988, Female mate preference and the evolution of female-limited Batesian mimicry, Evolution 42:1101-4; S. E. Cook, J. G. Vernon, M. Bateson, and T. Guilford, 1994, Mate choice in the polymorphic African swallowtail butterfly, Papllio dardanus: Male-like females may avoid sexual harassment, Anim. Behav. 47:389-97; R. Vane-Wright, 1984, The role of pseudosexual selection in the evolution of butterfly colour patterns, in R.

Vane-Wright and P. Ackerly, eds., The Biology of Butterflies, Academic Press.

16. D. Scott, 1986, Sexual mimicry regulates the attractiveness of mated Drosophila melanogaster females, Proc. Nat. Acad. Sci. (USA) 83:8429-33.

17. L. Gilbert, 1976, Postmating female odor in Heliconius butterflies: A male-contributed antiaphrodesiac, Science 193:419-20; C. Wiklund and J. Forsberg, 1985, Courtship and male discrimination between virgin and mated females in the orange tip butterfly Anthocharis cardamines, Anim. Behav. 34:328-32.

18. T. Amundsen, 2000, Why are female birds ornamented? Trends Ecol. Evol. 15:149-55.

19. See: A. Craig, 1996, The annual cycle of wing moult and breeding in the wattled starling Creatophora cinera, Ibis 138:448-54; W. Dean, 1978, Plumage, reproductive condition, and moult in non-breeding wattled starlings, Ostrich 49:97-101.

20. 흰꼬리사슴에 대해서는 다음을 참고하기 바란다. J. C. Donaldson and J. Doutt, 1965, Antlers in female white-tailed deer: A four-year study, J. Wildlife Management 29:699-705; W. Wishart, 1985, Frequency of antlered white-tailed does in Camp Wainright, Alberta, J. Mammalogy 35:486-88; G. Wislocki, 1954, Antlers in female deer, with a report on three cases in Odocoileus, J. Mammalogy 35:486-95; G. Wislocki, 1956, Further notes on antlers in female deer of the genus Odocoileus, J. Mammalogy 37:231-35.
검은꼬리사슴에 대해서는 다음을 참고하기 바란다. I. McT. Cowan, 1946, Antlered doe mule deer, Canadian Field-Naturalist 60:11-12; B. Wong and K. Parker, 1988, Estrus in black-tailed deer, J. Mammalogy 69:168-71.

21. E. Reimers, 1993, Antlerless females among reindeer and caribou, Can. J. Zool. 71:1319-25.

22. A. Hogen-Warburg, 1966, Social behavior of the ruff, Philomachus pugnax (L.), Ardea 54:109-229; J. van Rhijn, 1991, The Ruff, Poyser.

23. J. Hogland and R. Alatalo, 1995, Leks, Princeton University Press.

24. D. Lank and C. Smith, 1987, Conditional lekking in ruff (Philomachus pugnax), Behav. Ecol. Sociobiol. 20:137-45.

25. D. Hugie and D. Lank, 1997, The resident's dilemma: A female choice model for the evolution of alternative mating strategies in lekking male ruffs (Philomachus pugnax), Behav. Ecol. 8:218-25.

26. 이 논의는 다음에 바탕을 두고 있다. C. Groot and L. Margolis, 1991, Pacific Salmon Life Histories, University of British Columbia Press; I. A. Fleming, 1998, Pattern and variability in the breeding system of Atlantic salmon (Salmo salar), with comparisons to other salmonids, Canadian J. Fisheries and Aquatic Sciences 55 (suppl. 1): 59-76. 또한 다음을 참고하기 바란다. M. A. Elgar, 1990, Evolutionary compromise between a few large and many small eggs: Comparative evidence in teleost fish, Oikos 59: 283-87; I. A. Fleming and M. R. Gross, 1990, Latitudinal clines: A trade-off between egg number and size in Pacific salmon, Ecology 71: I-II; G. S. Su, L. E. Liljedahl, and G. A. E. Gall, 1997, Genetic and environmental variation in female reproductive traits in rainbow trout (Oncorhynchus mykiss), Aquaculture 154:115-24; S. Einum and I.A. Fleming, 2000, Highly fecund mothers sacrifice offspring survival to maximise fitness, Nature 405:565-67.

27. D. Lack, 1947, The significance of clutch size: I. Intraspecific variation, Ibis 89:302-52; S. C. Kendeigh, T. C. Kramer, and F. Hamerstrom, 1956, Variations in egg characteristics of the House Wren, Auk 73:42-65; F. C. Rohwer, 1988, Inter- and intraspecific relationships between egg size and clutch size in waterfowl, Auk 105:161-76. 또한 다음을 참고하기 바란다. W. C. Kerfoot, 1974, Egg size cycle of a cladoceran, Ecology 55:1259-70; S. Kolding and T. M. Fenchel, 1981, Patterns of reproduction in different populations of five species of the amphipod genus Gammarus, Oikos 37:167-72; S. A. H. Geritz, 1995, Evolutionary stable seed polymorphism and small-scale spatial variation in seedling density, Amer. Natur. 146:685-707; T. A. Mousseau and C. W. Fox, 1998, The adaptive significance of maternal effects, Trends Ecol. Evol. 13: 403-7.

28. 이 논의는 다음에 바탕을 두고 있다. R. Wagner, 1992, The pursuit of extra-pair copulations by monogamous female razorbills: How do females benefit? Behav. Ecol. Sociobiol. 29:455-64. (아래 인용문들은 이 출처에서 나왔다.)

29. J. Lifjeld and R. Robertson, 1992, Female control of extra-pair fertilization in tree swallows, Behav. Ecol. Sociobiol. 31:89-96. (녹색제비 연구에 대한 인용은 모두 이 출처에서 나왔다.)

30. S. Hrdy, 1977, The Langurs of Abu: Male and Female Strategies of Reproduction, Harvard University Press.

31. "충실한" 짝은 자신의 짝이 죽은 이후에도 계속 그런 상태를 유지하는지에 대한 설명을 나는

입수하지 못했다. 추가적인 연구를 통해 이러한 보고를 확인하고, 아울러 암컷이 얼마나 오래 짝의 정자를 계속 사용하는지 그리고 다른 수컷과의 구애에 어떤 비용이 드는지 여부도 확인할 필요가 있다.

8장 동성 섹슈얼리티

1. G. Barlow, 2000, The Cichlid Fishes, Perseus, p. 145.

2. B. Bagemihl, 1999, Biological Exuberance: Animal Homosexuality and Natural Diversity, St. Martin's Press. 배게밀은 생물학자들에게 거의 알려지지 않은 인물로서, 브리티시 컬럼비아 대학에서 언어학으로 박사학위를 받았다.

3. D. Crews and K. Fitzgerald, 1980, "Sexual" behavior in parthenogenetic lizards (Cnemidophorus), Proc. Nat. Acad. Sci. (USA) 77:499-502; 구애 행동 발생에 대한 묘사는 다음을 참고하라. in D. Crews, 1987, Courtship in unisexual lizards: A model for brain evolution, Scientific American 257 (6): 116-21.

4. L. Young and D. Crews, 1995, Comparative neuroendocrinology of steroid receptor gene expression and regulation: Relationship to physiology and behavior, Trends in Endocrinology and Metabolism 6:317-23.

5. D. Crews, M. Grassman, and J. Lindzey, 1986, Behavioral facilitation of reproduction in sexual and unisexual whiptail lizards, Proc. Nat. Acad. Sci. (USA) 83:9547-50.

6. C. Cole and C. Townsend, 1983, Sexual behaviour in unisexual lizards, Anim. Behav. 31:724-28.

7. D. Crews and L. Young, 1991, Pseudocopulation in nature in a unisexual whiptail lizard, Anim. Behav. 42:512-14.

8. B. Leuck, 1982, Comparative burrow use and activity patterns of parthenogenetic and bisexual whiptail lizards (Cnemidophorus: Teiidae), Copeia 416-24; B. Leuck, 1985, Comparative social behavior of bisexual and unisexual whiptail lizards (Cnemidophorus), J. Herpetology 19:492-506.

9. 앞서 언급했던 다른 무성생식 도마뱀인 하와이의 도마뱀붙이 또한 동성 구애를 한다. 자세히 연구되지는 않았지만, 동성 교미를 하는 모습이 사진에 찍혔다. Y. Werner, 1980, Apparent homosexual behavior in an all-female population of a lizard, Lepidodactylus lugubris, and its probable interpretation, Z. Tierpsychol. 54:144-50; M. J. McCoid and R. A. Hensley, 1991,

Pseudocopulation in Lepidodactylus lugubris, Herpetological Review 22:8-9.

10. G. K. Noble and H. T. Bradley, 1933, The mating behavior of lizards: Its bearing on the theory of sexual selection, Annals of the New York Academy of Science 35:25-100; R. L. Trivers, 1976, Sexual selection and resource-accruing abilities in the Anolis garmani, Evolution 30:25 3-69; and Bagemihl, 1999, Biological Exuberance, pp. 657-58, with references.

11. J. Terry, 2000, "Unnatural acts" in nature, GLQ 6:151-203, esp. 192 n. 59.

12. I. Jamieson and J. Craig, 1987, Male-male and female-female courtship and copulation behaviour in a communally breeding bird, Anim. Behav. 35:1251-53.

13. J. Craig, 1977, The behavior of the pukeko, New Zealand J. Zoology 4:413-33.

14. Jamieson and Craig, 1987, Male-male and female-female courtship and copulation behaviour in a communally breeding bird.

15. M. P. Harris, 1970, Territory limiting the size of the breeding population of the oystercatcher (Haematopus ostralegus)-a removal experiment, J. Anim. Ecol. 39:707-13; B. J. Ens, K. B. Briggs, U. N. Safriel, and C. J. Smut, 1996, pp. 186-218 in J. D. Goss-Custard, ed., The Oystercatcher: From Individuals to Populations, Oxford University Press.

16. D. Heg and R. van Treuren, 1998, Female-female cooperation in polygynous oystercatchers, Nature 391:687-91. The studies were carried out at the Natuurmonumenten reserve on Schiermonnikoog.

17. Bagemihl, 1999, Biological Exuberance, pp. 479-655.

18. R. Huber and M. Martys, 1993, Male-male pairs in greyleg geese (Anser anser), J. Ornithologie 134:155-64.

19. L. W. Braithwaite, 1981, Ecological studies of the black swan: III. Behavior and social organization, Australian Wildlife Research 8:135-46.

20. R. H. Wagner, 1996, Male-male mountings by a sexually monomorphic bird: Mistaken identity or fighting tactic? J. Avian Biology 27:209-14.

21. M. Fujioka and S. Yamagishi, 1981, Extramarital and pair copulations in the cattle egret, Auk 98:134-44; C. Ramo, 1993, Extra-pair copulations of gray herons nesting at high densities, Ardea 81:115-20; D. F. Werschkul, 1982, Nesting ecology of the little blue heron: Promiscuous behavior, Condor 84:381-84.

22. 이 새들의 각각의 학명은 다음과 같다. Larus delawarensis, Larus canus, Larus occidentalis, Rissa tridactyla, Larus novaehollandiae, Larus argentatus, Larus ridibundus, Larus atricilla, Pagophila eburnea, Sterna caspia, 및 Sterna dougallii.

23. M. R. Conover and G. L. Hunt Jr., 1984, Female-female pairings and sex rain gulls: A historical perspective, Wilson Bulletin 68:232-38; M. R. Conover and G. L. Hunt Jr., 1984, Experimental evidence that female-female pairs in gulls result from a shortage of males, Condor 86:472-76; M. R. Conover, D. E. Miller, and G. L. Hunt Jr., 1979, Female-female pairs and other unusual reproductive associations in ring-billed and California gulls, Auk 96:6-9; M. R. Conover, 1984, Occurrence of supernormal clutches in the Laridae, Wilson Bulletin 96:249-67; G. L. Hunt Jr. and M. W. Hunt, 1977, Female-female pairing in western gulls (Larus occidentalis) in Southern California, Science 196:1466-67; I. Nisbet and W. Drury, 1984, Supernormal clutches in herring gulls in New England, Condor 86:87-89; M. A. Fitch and G. W. Shugart, 1983, Comparative biology and behavior of monogamous pairs and one male-two female trios of herring gulls, Behav. Ecol. Sociobiol. 14:1-7; G. W. Shugart, M. A. Fitch, and G. A. Fox, 1987, Female floaters and nonbreeding secondary females in herring gulls, Condor 89:902-6; J. van Rhijn, 1985, Black-headed gull or black-headed girl? Advantage of concealing sex by gulls and other colonial birds, Neth. J. Zool. 35:87-102; J. van Rhijn and T. Groothuis, 1985, Biparental care and the basis for alternative bond-types among gulls, with special reference to black-headed gulls, Ardea 73:159-74; J. Hatch, 1993, Parental behavior of roseate terns: Comparisons of male-female and multi-female groups, Colonial Waterbird Society Bulletin 17:43; I. Nisbet, 1989, The roseate tern, pp. 478-98 in Audubon Wildlife Report 1989/1990, Academic Press; I. Nisbet, J. Spendelow, J. Hatfield, J. Zingo, and G. Gough, 1998, Variations in growth of roseate tern chicks: II. Early growth as an index of parental quality, Condor 100:305-15.

24. M. Lombardo, R. Bosman, C. Faro, S. Houtteman, and T. Kluisza, 1994, Homosexual copulations by male tree swallows, Wilson Bulletin 106:555-57.

25. J. Blakey, 1996, Nest-sharing by female blue tits, British Birds 89:279-80.

26. O. Buchanan, 1966, Homosexual behavior in wild orange-fronted parakeets, Condor 68:399-400; P. C. Arrowood, 1988, Duetting, pair bonding, and agonistic display in parakeet pairs,

Behavior 106:129-57.

27. A. I. Dagg, 1984, Homosexual behaviour and female-male mounting in mam-a first survey, Mammal Rev. 14:155.

28. Bagemihl, 1999, Biological Exuberance, pp. 269-476.

29. V. Geist, 1971, Mountain Sheep: A Study in Behavior and Evolution, University of Chicago Press; J. T. Hogg, 1984, Mating in bighorn sheep: Multiple creative male strategies, Science 225:526-29; J. T. Hogg, 1987, Intrasexual competition in and mate choice in rocky mountain bighorn sheep, Ethology 75:119-44.

30. J. Berger, 1985, Instances of female-like behaviour in a male ungulate, Anim. Behav. 33:333-35.

31. A. Perkins and J. Fitzgerald, 1992, Luteinizing hormone, testosterone, and behavioral response of male-oriented rams to estrous ewes and rams, J. Anim. Sci. 70:1787-94.

32. C. Hulet, G. Alexander, and E. Hafez, 1975, The behavior of sheep, pp. 246-94 in E. Hafez, ed., The Behaviour of Domestic Animals, 3d ed., Bailliere-Tindall; J. Zenchak and G. Anderson, 1980, Sexual performance levels of rams (Ovis aries) as affected by social experience, J. Anim. Sci. 50:167; E. Price, L. Katz, S. Wallach, and J. Zenchak, 1988, The relationship of male-male mounting to sexual prefof young rams, Appl. Anim. Behav. Sci. 21:347; L. Katz, E. Price, S. Wallach, and J. Zenchak, 1988, Sexual performance of rams reared with or without females after weaning, J. Anim. Sci. 11:1166.

33. G. Silver and E. Price, 1986, Effects of individual vs. group rearing on the sexbehavior of prepubertal bull beefs: Mount orientation and sexual responsiveness, Appl. Anim. Behav. Sci. 15:287.

34. A. Perkins and J. Fitsgerald, 1990, Is your ram a dud or a stud? Knowing the difference pays off, Sheep! (July), 4-5.

35. A. Perkins and J. Fitsgerald, 1993, Sexual behavior of rams: Biological perspectives to flock management, Sheep Research J. 9:51-58.

36. Bagemihl, 1999, Biological Exuberance, pp. 269-476.

37. 각각의 학명은 다음과 같다. Odocoileus virginianus, Odocoileus hemionus, Cervus elaphus, Rangifer tarandus, Alces alces, Giraffa camelopardalis, Antilocapra americana, Kobus kob, Kobus

ellipsiprymnus, Antilope cervicapra, Gazella thomsoni, Gazella granti, Ovibos moschatus, Oreamnos americanus, Bison bison, Equus zebra, Equus quagga, Placochoerus aethiopicus, Tayassu tajacu, Vicugna vicugna, Loxodonta africana, 및 Elephas maximus.

38. 각각의 학명은 다음과 같다. Fanthera leo, Acinonyx jubatus, Vulpes vulpes, Canis lupis, Ursus arctos, Vrsus americanus, 및 Crocuta crocuta.

39. 각각의 학명은 다음과 같다. Macropus giganteus, Macropus rufogriseus, Macropus parryi, Aepyprymnus rufescens, Dendrolagus dorianus, Dendro-lagus matschiei, Pbascolarctos cinereus, Sminthopsis crassicaudata, 및 Dasyurus hallucatus.

40. 각각의 학명은 다음과 같다. Tamiasciurus hudsonicus, Sciurus carolinensis, Tamias minimus, Marmota olympus, Marmota caligata, Microcavia autralis, Galea nusteloides, Cavia aperea, Hemiecbinus auritus, Pteropus poliocephalus, Pteropus livingstonii, 및 Desmodus rotundus.

41. 각각의 학명은 다음과 같다. Inia geoffrensis, Tursiops truncatus, Stenella longirostris, Orcinus area, Eschrichtius robustus, Balaena mysticetus, Balaena glacialis, Halichoerus grypus, Mirounga angustirostris, Phoca vitulina, Neophoca cinerea, Phocarctos hookeri, Callorhinus ursinus, Odobenus rosmarus, 및 Trichechus manatus.

42. R. Connor, M. Heithaus, and L. Barre, 2001, Complex social structure, alliance stability and mating success in a bottlenose dolphin "super-alliance", Proc. R. Soc. Lond., ser. B, 268:263-67; R. Connor, R. Wells, J. Mann, and A. Read, 2000, The bottlenose dolphin: Social relationships in a fission-fusion society, pp. 91-126 in J. Mann, R. Connor, P. Tyack, and H. Whitehead, eds., Cetacean Societies: Field Studies of Whales and Dolphins, University of Chicago Press; R. Connor, A. Richards, R. Smolker, and J. Mann, 1996, Patterns of female attractiveness in Indian Ocean bottlenose dolphins, Behavior 133:37-69; R. Connor and R. Smolker, 1995, Seasonal changes in the stability of male-male bonds in Indian Ocean bottlenose dol(Tursiops sp.), Aquatic Mammals 21:213-16; R. Connor, R. Smolker, and A. Richards, 1992, Dolphin alliances and coalitions, pp. 415-43 in A. Harcourt and F. de Waal, eds., Coalitions and Alliances in Humans and Other Animals, Oxford University Press.

43. P. Vasey, B. Chapais, and C. Gauthier, 1998, Mounting interactions between female Japanese macaques: Testing the influence of dominance and aggression, Ethology 104:387-98.

44. P. Vasey, 1998, Female choice and inter-sexual competition for female sexual partners in

Japanese macaques, Behavior 135:579-97.

45. P. Vasey, 1996, Interventions and alliance formation between female Japanese macaques, Macaca fuscata, during homosexual consortships, Anim. Behav. 52:539-51.

46. P. Vasey and C. Gauthier, 2000, Skewed sex ratios and female homosexual activity in Japanese macaques: An experimental analysis, Primates 41:17-25.

47. E.g., L. Fairbanks, M. McGuire, and W. Kerber, 1977, Sex and agression during rhesus monkey group formation, Aggr. Behav. 3:241-49.

48. P. Vasey, 1998, Intimate sexual relations in prehistory: Lessons from the Japanese macaques, World Archaeology 29:407-25.

49. D. Futuyma and S. Risch, 1984, Sexual orientation, sociobiology, and evolution Homosexuality 9:157-68.

50. Vasey, 1998, Intimate sexual relations in prehistory. 또한 다음을 참고하기 바란다. P. Abramson and S. Pinkerton, 1995, With Pleasure: Thoughts on the Nature of Human Sexuality Oxford University Press.

51. S. Shafir and J. Roughgarden, 1998, Testing predictions of foraging theory for a sit-and-wait forager, Anolis gingivinus, Behav. Ecol. 9:74-84.

52. 캘리포니아 대학 데이비스 캠퍼스의 주디 스탬프스 교수가 이러한 관찰을 처음 알려준 점에 대해 감사드린다.

53. 어떤 특성은 만약 그 특성에 대한 선택계수로서 측정된 자연선택의 세기가 해당 개체군 크기의 역수를 10이상 크면 적응적이라고 한다. 만약 개체군의 크기가 50이면, 개체군 크기의 역수는 50 분의 1, 즉 0.02다. 만약 한 동성 암컷이 평생 남긴 새끼의 평균 개수가 2.5이고, STR에 참여하지 않은 암컷이 남긴 새끼들의 평균 개수가 2.0이면, 선택계수는 (2.5/2.0-2.0/2.0), 즉 0.25이다. 0.25는 0.02보다 10배 이상 크므로, 이 정도의 이점을 갖는 가상적인 상황의 경우, 동성애는 적응적인 것으로 인정된다.

54. F. de Waal, 1995, Bonobo sex and society, Scientific American (March), 82-88.

55. A. Parish, 1996, Female relationships in bonobos (Fan paniscus): Evidence for bonding, cooperation, and female dominance in a male-philopatric species, Human Nature 7:61-96.

56. A. Richard, 1992, Aggressive competition between males, female-controlled polygyny, and sexual monomorphism in a Malagasy primate, Propithecus verreauxi, J. Human Evolution

22:395–406; A. Richard, 1974, Patterns of mating in Propithecus verreauxi verreauxi, pp. 49–74 in R. Martin, G. Doyle, and A. Walker, eds., Prosimian Biology, Duckworth.

57. G. Talmage–Riggs and S. Anschel, 1973, Homosexual behavior and domiin a group of captive squirrel monkeys Saimiri sciureus, Folia Primatologica 19:61–72; S. Mendoza and W. Mason, 1991, Breeding readiness in squirrel monkeys: Female–primed females are triggered by males, Physiology & Behavior 49:471–79; C. Mitchell, 1994, Migration alliances and coalitions among adult male South American squirrel monkeys Saimiri sciureus, Behavior 130:169–90.

58. J. Manson, S. Perry, and A. Parish, 1997, Nonconceptive sexual behavior in bonobos and capuchins, Int. J. Primatology 18:767–86; S. Perry, 1998, Male–male social relationships in wild white–faced capuchins, Cebus capucinus, Behavior 135:139–72.

59. J. Akers and C. Conaway, 1979, Female homosexual behavior in Macaca mulatta Archives of Sexual Behavior 8:63–80; J. Erwin and T. Maple, 1976, Ambisexual behavior with male–male anal penetration in male rhesus monkeys, Archives of Sexual Behavior 5:9–14; V. Reinhardt, A. Reinhardt, F. Bercovitch, and R. Goy, 1986, Does intermale mounting function as a dominance demonstration in rhesus monkeys? Folia Primatologica 47:55–60.

60. S. Chevalier–Skolnikoff, 1974, Male–female, female–female, and male–male sexual behavior in the stumptail monkey, with special attention to female orgasm, Archives of Sexual Behavior 3:95–116; S. Chevalier–Skolnikoff, 1976, Homosexual behavior in a laboratory group of stumptail monkeys (Macaca arctoides): Forms, conand possible social functions, Archives of Sexual Behavior 5:511–27; D. Gold–foot, H. Westerborg–van Loon, W. Groeneveld, and A. Slob, 1980, Behavioral and physiological evidence of sexual climax in the female stump–tailed macaque (Macaca arctoides), Science 208:1477–79.

61. R. Noë, 1992, Alliance formation among male baboons: Shopping for profitable partners, pp. 284–3 21 in A. Harcourt and F. de Waal, eds., Coalitions and Alliances in Humans and Other Animals, Oxford University Press.

62. G. Agoramoorthy and S. Mohnot, 1988, Infanticide and juvenilicide in Hanuman langurs (Presbytis entellus) around Jodhpur, India, Human Evolution 3:279–96; S. Mohnot, 1980, Intergroup infant kidnapping in Hanuman langur, Folia Primato–logica 34:259–77; S. Hrdy, 1978, Allomaternal care and abuse of infants among Hanuman langurs, Recent Advances in

Primatology 1:169-72.

63. S. Hrdy, 1977, The Langurs of Abu: Male and Female Strategies of Reproduction, Harvard University Press.

64. A. Edwards and J. Todd, 1991, Homosexual behavior in wild white-handed gibbons (Hylobates lar), Primates 32:231-36; R. Palombit, 1996, Pair bonds in monogamous apes: A comparison of the siamang Hylobates syndactylus and the white-handed gibbon Hylobates lar, Behavior 133:321-56; U. Reichard, 1995, Extra-pair copulation in a monogamous gibbon (Hylobates lar), Ethology 100:99-112.

65. R. Fischer and R. Nadler, 1978, Affiliative, playful and homosexual interactions of adult female lowland gorillas, Primates 19:657-64; D. Fossey, 1984, Infanticide in mountain gorillas (Gorilla gorilla beringei) with comparative notes on chimpp. 217-35 in G. Hausfater and S. Hrdy, eds., Infanticide: Comparative and Evolutionary Perspectives, Aldine; M. Robbins, 1996, Male-male interactions in heterosexual and all-male wild mountain gorilla groups, Ethology 102:942-65.

66. P. Vasey, 1995, Homosexual behavior in primates: A review of evidence and theory, Int. J. Primatology 16:173-204.

67. F. de Waal, 1995, Bonobo sex and society, Scientific American (March), 82-88.

68. M. Zuk, 2002, Sexual Selections: What We Can and Can't Learn about Sex from Animals, University of California Press, p. 143.

9장 진화론

1. C. Darwin, 1962 [1860], The Voyage of the Beagle, Anchor Books. Quotations here and below from pp. 393, 394, 398.

2. See: L. Margulis, 1996, Archaeal-eubacterial mergers in the origin of Eukarya: Phylogenetic classification of life, Proc. Nat. Acad. Sci. (USA) 93:1071-76; T. Cavalier 1998, A revised six-kingdom system of life, Biol. Rev. 73:203-66; L. Marand K. V. Schwartz, 1988, Five Kingdoms: An Illustrated Guide to the Phyla of Life on Earth, 2d ed., W.H. Freeman; see also: Charting the evolutionary history of life, special issue of Science 300:1691-1709.

3. C. Darwin, 1967 [1859], The Origin of Species by Means of Natural Selection or the Preservation of Favored Races in the Struggle for Life, Atheneum, p. 63.

4. See: L. Margulis, 1993, Symbiosis in Cell Evolution, 2d ed., W.H. Freeman.

5. 허디에 대해서는 다음을 참고하기 바란다. S. Hrdy, 1974, Male-male competition and infanticide among the langurs (Presbytis entellus) of Abu, Rajasthan, Folia Primatologica 22:19-58; S. Hrdy, 1979, Infanticide among animals: A review, classification, and examination of the implications for the reproductive strategies of females, Ethology and Sociobiology 1:13-40; S. Hrdy, 1997, Raising Darwin's consciousness: Female sexuality and the prehominid origins of patriarchy, Human Nature 8:1-49.

고워티에 대해서는 다음을 참고하기 바란다. P. Gowaty, 2003, Power asymmetries between the sexes, mate preferences, and components of fitness, pp. 61-86 in C. Tarvis, 2003, Evolution, Gender and Rape, MIT Press; P. Gowaty, 2004, Sex roles, contests for the control of reproduction, and sexual selection, in P. Kappeler and C. van Schaik, eds., Sexual Sein Primates: New and Comparative Perspectives, Cambridge University Press (in press); P. Gowaty, 2003, Sexual natures: How feminism changed evolutionary biology, Signs 28:901-22.

6. C. Darwin, 1871, The Descent of Man, and Selection in Relation to Sex, Princeton University Press (facsimile edition). Quotations here and below from pp. 218-22, 228-35, 449, 498-99.

7. 공정하게 말해서, 한 수컷이 "떠나는지" 아니면 부모로서의 돌보기를 위해 둥지에 남는지 여부에 대한 암수 간의 협상 결과를 모델링하는 최근의 한 논문은 결정적인 진보이다. 다음을 참고하기 바란다. M. Wade and S. Shuster, 2002, The evolution of parental care in the context of sexual selection: A critical reassessment of parental intheory, Amer. Natur. 160:285-92.

8. M. Small, 1993, Female Choices: Sexual Behavior of Female Primates, Cornell University Press, p. 106

9. D. Buss, 1994, The Evolution of Desire, Basic Books, p. 20.

10. N. Malamuth, 1996, The confluence model of sexual aggression: Feminist and evolutionary perspectives, pp. 269-95 m D. Buss and N. Malamuth, eds., Sex, Power, Conflict: Evolutionary and Feminist Perspectives, Oxford University Press, p. 275.

11. J. Coyne, 2003, Of vice and men: A case study in evolutionary psychology, pp. 171-89 in C. Travis, ed., Evolution, Gender, and Rape, MIT Press. Quotations here and below from this source.

12. R. Thornhill and C. Palmer, 2000, A Natural History of Rape: Biological Bases of Sexual

Coercion, MIT Press.

13. S. Shuster quoted in V. Gewin, 2003, Joan Roughgarden profile: A plea for diversity, Nature 422:368-69.

14. J. Crook, 1965, The adaptive significance of avian social organization, Symp. Zool. Soc. Lond. 14:181-218; J. Crook and J. Gartlan, 1966, Evolution of primate societies, Nature 210:1200-3; J. Crook, 1970, Social organization and environment: Aspects of contemporary social ethology, Anim. Behav. 18:197-209; R. Wrangham, 1987, Evolution of social structure, pp. 282-96 in B. Smuts, D. Cheney, R. Seyfarth, R. Wrangham, and T. Struhsaker, eds., Primate Societies, University of Chicago Press; T. H. Clutton-Brock, 1989, Review lecture: Mammalian mating systems, Proc. R. Soc. Lond., ser. B, 236:339-72; N. Davies, 1991, Mating systems, pp. 263-300 in J. R. Krebs and N. B. Davies, eds., Behavioral Ecology: An Evolutionary Approach, Blackwell Scientific Publications.

10장 배아에 관한 이야기

1. R. Dawkins, 1990, The Selfish Gene, Oxford University Press.

2. 다음에 바탕을 둔 이야기이다. S. Gilbert, 2000, Developmental Biology, 6th ed., Sinauer. 또한 다음을 참고하라. M. Ginsberg, M. Snow, and A. McLaren, 1990, Primordial germ cells in the mouse embryo during gastrulation, Development 110:521-28; L. Pinsky, R. Erickson, and N. Schimke, 1999, Genetic Disorders of Human Sexual Development, Oxford University Press, p. 4; and A. Byskov, 1956, Differentiation of mammalian emgonad, Physiol. Rev. 66:71-117.

3. 한 배란과 다음 배란 사이의 기간은 평균 29.5일이다. Gilbert, 2000, Developmental Biology, p. 610.

4. E. Davidson, 1986, Gene Activity in Early Development, 3d ed., Academic Press. 어머니 쪽 유전자들은 수정 후 첫 번째 및 두 번째 세포분열을 위해 표현된다. 같은 책 p.356을 참고하기 바란다.

5. M. Profet, 1993, Menstruation as a defense against pathogens transported by sperm, Q. Rev. Bio. 68:335-85.

6. B. Storey, 1995, Interactions between gametes leading to fertilization: The sperm's eye view, Reprod. Fertil. Dev. 7:927-42.

7. S. Gilbert, 2000, Developmental Biology, 6th ed., Sinauer, p. 196.

8. http://www.visembryo.com/baby/index.html 및 http://anatomy.med.unsw.edu.au/cbl/embryo/ Embryo.htm. 아래 링크를 통해 인간 발생에 관한 애니메이션을 퀵타임 동영상 포맷으로 볼 수 있다. http://www.uphs.upenn.edu/meded/public/berp/overview.mov.

11장 성 결정

1. A. McLaren, 1995, Germ cells and germ cell sex, Phil. Trans. R. Soc. Lond., ser. B, 350:229-33; D. Whitworth, 1998, XX germ cells: The difference between an ovary and a testis, TEM 9:2-6.

2. P. Burgoyne, A. Thornhill, S. Bourdrean, S. Darling, C. Bishop, and E. Evans, 1995, The genetic basis of XX-XY differences present before gonadal sex differentiation in the mouse, Proc. R. Soc. Lond., ser. B, 350:253-60.

3. M. Renfree and R. Short, 1988, Sex determination in marsupials: Evidence for a marsupial-eutherian dichotomy, Phil. Trans. R. Soc. Lond., ser. B, 322:41-53.

4. M. Watanabe, A. Zinn, D. Page, and T. Nishimoto, 1993, Functional equivalence of human X- and Y-encoded isoforms of ribosomal protein S4 consistent with a role in Turner syndrome, Nature Genetics 4:268-71.

5. 예를 들어 다음을 참고하기 바란다. C. Haqq and P. Donahoe, 1998, Regulation of sexual dimorphism in mammals, Physiol. Rev. 78:1-33; E. Vilain and R. McCabe, 1998, Mammalian sex determination: From gonads to brain, Mol. Genet. Metab. 65:74-84; J. Marshall Graves, 1998, Evolution of the mammalian Y chromosome and sex-degenes, J. Exp. Zool. 281:472-81; A. Swain and R. Lovell-Badge, 1999, Mammalian sex determination: A molecular drama, Genes and Development 13:755-67.

6. P. Koopman, J. Gubbay, N. Vivian, P. Goodfellow, and R. Lovell-Badge, 1991, Male development of chromosomally female mice transgenic for Sry, Nature 351:117-21.

7. E. Eicher and L. Washburn, 1986, Genetic control of primary sex determination in mice, Ann. Rev. Genet. 20:327-60; J. Gubbay, J. Collignon, P. Koopman, et al., 1990, A gene mapping to the sex-determining region of the mouse Y chromosome is a member of a novel family of embryonically expressed genes, Nature 346:245-50. See also: McLaren, 1995, Germ cells and germ cell sex.

8. D. Whitworth, G. Shaw, and M. B. Renfree, 1996, Gonadal sex reversal of the developing marsupial ovary in vivo and in vitro, Development 122:4057-63; see also: M. Renfree, J. Harry, and G. Shaw, 1995, The marsupial male: A role model for sexual development, Proc. Trans. R. Soc. Lond., ser. B, 350:243-51.

9. S. Morais da Silva, A. Hacker, V. Harley, P. Goodfellow, A. Swain, and R. Lovell-Badge, 1996, SOX9 expression during gonadal development implies a conserved role for gene in testis differentiation in mammals and birds, Nature Genetics 14:62-68.

10. K. McElreavey and M. Fellous, 1999, Sex determination and the Y chromosome, Amer. J. Med. Genet. (Semin. Med. Genet.) 89:176-85.

11. J. Marshall Graves, 1995, The origin and function of the mammalian Y chromosome and Y-borne genes-an evolving understanding, Bioessays 17:311-21; J. Marshall Graves, 1995, The evolution of mammalian sex chromosomes and the origin of sex determining genes, Phil. Trans. R. Soc. Lond., ser. B, 350:305-12.

12. S. Edmands and R. Burton, 1999, Cytochrome c oxidase activity in interpopulational hybrids of a marine copepod: A test for nuclear-nuclear or nuclear-cytoplasmic coadaptation, Evolution 53:1972-78.

13. 수컷과 암컷 둘 다 동일하게 XO라고 하는, 짝이 없는 X 염색체 구성을 갖는다. 다음을 참고하기 바란다. W. Just, W. Rau, W. Vogel, M. Akhverdian, K. Fredga, J. Marshall Graves, and E. Lyapunova, 1995, Absence of Sry in species of the vole Ellobius, Nature Genetics 11:117-18; A. Baumstark, M. Akhverdyan, A. Schulze, I. Reisert, W. Vogel, and W. Just, 2001, Exclusion of SOX9 as the testis determining factor in Ellobius lutescens: Evidence for another testis determining gene besides SRY and SOX9, Mol. Genet. Metab. 72 (1):61-66.

14. Just et al., 1995, Absence of Sry in species of the vole Ellobius.

15. N. Bianchi, M. Bianchi, G. Bailliet, and A. Chapelle, 1993, Characterization and sequencing of the sex determining region Y gene (Sry) in Akadon (Cricetidae) species with sex reversed females, Chromosoma 102:389-95.

16. R. Jimenez, M. Burgos, A. Sanchez, A. Sinclair, F. Alarcon, J. Marin, E. Ortega and R. D. de la Guardia, 1993, Fertile females of the mole Talpa occidentalis are phynotypic intersexes with ovotestes, Development 118:1303-11.

17. A. Sánchez, M. Mullejos, M. Burgos, et al., 1996, Females of four mole species of genus Talpa (Insectivora, Mammalia) are true hermaphrodites with ovotestes, Mol. Reprod. Dev. 44:289-94.

18. H. Willard, 2000, The sex chromosomes and X chromosome inactivation, in C. Scriver, A. Beaudet, W. Sly, D. Valle, B. Childs, and B. Vogelstein, eds., The Metabolic and Molecular Bases of Inherited Disease, 8th ed., McGraw Hill, cited in T. Wizemann and M. L. Pardue, eds., 2001, Exploring the Biological Contributions to Human Health: Does Sex Matter? National Academy Press, pp. 29-32.

19. L. Carrel, A. Cottle, K. Goglin, and H. Willard, 1999, A first-generation Xinactivation profile of the human genome, Proc. Nat. Acad. Sci. (USA) 96:14440-44.

20. A. Arnold, 1996, Genetically triggered sexual differentiation of brain and behavior, Hormones and Behavior 30:495-505. See also: C. Smith and J. Joss, 1994, Sertoli cell differentiation and gonadogenesis in Alligator mississippiensis, J. Exp. Zool. 270:57-70; M. Thorne and B. Sheldon, 1993, Triploid intersex and chimeric chickens: Useful models for studies of avian sex determination, pp. 201-8 in K. Reed and J. Marshall Graves, Sex Chromosomes and Sex Determining Genes, Harwood Academic; I. Lagomarsino and D. Conover, 1993, Variation in environmental and genotypic sex-determining mechanisms across a latitudinal gradient in the fish, Menidia menidia, Evolution 47:487-94.

21. 파충류에 대한 일반적인 내용은 다음을 참고하기 바란다. D. Deeming and M. Ferguson, 1988, Environmental regulation of sex determination in reptiles, Phil. Trans. R. Soc. Lond., ser. B, 322:19-39; V. Lance, 1994, Introduction: Environmental sex determination in reptiles: Patterns and processes, J. Exp. Zool. 270:1-2; J. Spotila, L. Spotila, and N. Kaufer, 1994, Molecular mechanisms of TSD in reptiles: A search for the magic bullet Exp. Zool. 270:117-27; T. Wibbels, J. Bull, and D. Crews, 1994, Temperature-dependent sex determination: A mechanistic approach, J. Exp. Zool. 270:71-78.

거북에 관한 더욱 구체적인 내용은 다음을 참고하기 바란다. M. Ewert, D. Jackson, and C. Nelson, 1994, Paterns of temperature-dependent sex determination in turtles, J. Exp. Zool. 270:3-15. On crocodiles, see: J. W. Lang and H. Andrews, 1994, Temperature-dependent sex determination in crocodilians, J. Exp. Zool. 270:28-44; C. Smith and J. Joss, 1993, Gonadal sex differentiation in Alligator mississippiensis, a species with temperature-dependent sex determination, Cell Tissue Res. 273:149-62. On lizards, see: B. Viets, M. Ewert, L. Talent, and C. Nelson, 1994, Sex-determining mechanisms in squamate reptiles, J. Exp. Zool. 270:45-56.

22. C. Johnston, M. Barnett, and P. Sharpe, 1995, The molecular biology of temperature-dependent sex determination, Phil. Trans. R. Soc. Lond., ser. B, 350: 297-304; Wibbles, Bull, and Crews, 1994, Temperature-dependent sex determination.

23. B. Schlinger, 1998, Sexual differentiation of avian brain and behavior: Hormone-dependent and independent mechanisms, Ann. Rev. Physiol. 60:407-29.

12장 성 차이

1. 최근의 인간 게놈 연구에 따르면, 한 인간의 DNA에는 약 30조(3×10^9) 개의 염기쌍이 들어 있다고 한다. 이 DNA에는 약 3만(3×10^4) 개의 유전자, 즉 단백질을 암호화하는 DNA 분절이 포함되어 있다. 따라서 약 10만(10^5)개의 DNA 위치들이 하나의 유전자를 구성한다(3×10^4 분의 3×10^9). 해당 단백질을 암호화하는 구체적인 서열은 이보다 훨씬 더 짧지만, 이 평균치에는 비활성화 상태로 보이는 그 사이의 모든 DNA가 포함된다. 개인들의 게놈은 비성염색체에서 4~6백만($4 \sim 6 \times 10^6$) 개의 염기 위치(60개의 유전자에 해당됨(1×10^5 분의 6×10^6))가 차이를 보인다. 다음을 참고하기 바란다. T. Wizemann and M. L. Pardue, eds., 2001, Exploring the Biological Contributions to Human Health: Does Sex Matter? National Academy Press, p. 25.

2. X 염색체에는 약 1억 6000만(160×10^6) 개의 염기쌍이 있다. (같은 책 p.29를 참고하기 바란다.) 평균 10개의 염기쌍당 유전자 하나라는 수치를 사용하면, 1600개의 유전자가 얻어지는데, 이 값은 어림잡아 1500개의 유전자로 볼 수 있다. 사람들이 유전자의 0.2퍼센트가 서로 다르다고 가정하면, 임의의 두 사람은 X 염색체상에서 약 3개의 유전자가 서로 다르다.

3. J. Belmont, 1996, Genetic control of X inactivation and processes leading to X-inactivation skewing, Amer. J. Hum. Genet. 58:1101-8; K. Wareham, M. Lyon, P. Glenister, and E. Williams, 1987, Age related reactivation of an X-linked gene, Nature 327:725-27; H. Willard, 2000, The sex chromosomes and X chromosome inactiavation, in C. Scriver, A. Beaudet, W. Sly, D. Valle, B. Childs, and B. Vogelstein, eds., The Metabolic and Molecular Bases of Inherited Disease, 8th ed., McGraw-Hill; cited in ibid., pp. 30-31.

4. Wizemann and Pardue, eds., 2001, Exploring the Biological Contributions to Human Health, p.

118.

5. X 염색체 불활성화 전사물XIST, X Inactive Specific Transcript을 말한다. 관련해서는 다음을 참고하라.: L. Carrel and H. Willard, 1999, Heterogeneous gene expression from the inactive X chromosome: An X-linked gene that escapes X inactivation in some human cell lines but is inactivated in others, Proc. Nat. Acad. Sci. (USA) 96:7364-69.

6. L. Carrel, A. Cottle, K. Goglin, and H. Willard, 1999, A first-generation X-inactivation profile of the human X chromosome, Proc. Nat. Acad. Set. (USA) 96:14440-44.

7. Y염색체는 60×10^6개의 염기쌍 길이다. 10^5개의 염기쌍당 유전자 하나이므로 600개의 유전자가 얻어지는데, 이는 어림잡아 500으로 볼 수 있다. 만약 사람들이 평균적으로 유전자의 0.2퍼센트가 서로 다르다면, 성염색체가 XY인 사람은 Y염색체가 하나뿐이므로, 이러한 두 사람의 유전자의 평균 차이는 $0.002 \times 500 = 1$개이다.

8. M. Delbridge and J. Marshall Graves, 1999, Mammalian Y chromosome evolution and the male-specific functions of Y chromosome-borne genes, Rev. Reprod. 4:101-9. 인간 Y염색체의 서열을 이제는 확인할 수 있다. 다음을 참고하기 바란다. H. Skalet-sky et al., 2003, The male-specific region of the human Y chromosome is a mosaic of discrete sequence classes, Nature 423:825-37.

9. L. Whitfield, R. Lovell-Badge, and P. Goodfellow, 1993, Rapid sequence evolution of the mammalian sex-determining gene SRY, Nature 364:713-15; R. Tucker and B. Lundrigan, 1993, Rapid evolution of the sex determining locus in Old World mice and rats, Nature 364:715-17; E. Payten and C. Cotinot, 1994, Sequence evolution of SRY gene within Bovidae family, Mammalian Genome 5:723-25; P. Tucker and B. Lundrigan, 1995, The nature of gene evolution on the mammalian Y chromosome Lessons from Sry, Phil. Trans. R. Soc. Lond., ser. B, 350:221-27.

10. C. Nagamine, Y. Nishioka, K. Moriwaki, P. Boursot, F. Bonhomme, and Y. F. Lau, 1992, The musculus-type Y chromosome of the laboratory mouse is of Asian origin, Mammalian Genome 3:84-91; P. Tucker, B. Lee, B. Lundrigan, and E. Eicher, 1992, Geographic origin of the Y chromosome in "old" inbred strains of mice, Mammalian Genome 3:254-61; C. Nagamine, 1994, The testis-determining gene, SRY, exists in multiple copies in Old World rodents, Genet. Res. Camb. 64:151-59; K. Miller, B. Lundrigan, and P. Tucker, 1995, Length variation of CAG

repeats in Sry across populations of Mus domesticus, Mammalian Genome 6:206-8.

11. P. Pamilo and R. Waugh O'Neill, 1997, Evolution of the Sry genes, Mol. Biol. Evol. 14:49-55.

12. P. Coward, K. Nagai, D. Chen, PL Thomas, C. Nagamine, and Y. F. Lau, 1994, Polymorphism of a CAG trinucleotide repeat within Sry correlates with B6YDom sex reversal, Nature Genetics 6:245-50; K. Miller, B. Lundrigan, and P. Tucker, 1995, Length variation of CAG repeats in Sry across populations of Mus domesticus, Mammalian Genome 6:206-8.

13. C. Clepet, A. Schafer, A. Sinclair, M. Palmer, R. Lovell-Badge, and P. Good-fellow, 1993, The human SRY transcript, Hum. Mol. Genet. 2:2007-12; J. Harry, P. Koopman, F. Brannan, J. Graves, and M. Renfree, 1995, Widespread expression of the testis-determining SRY in a marsupial, Nature Genetics 11:347-49; G. Lahr, S. Maxson, A. Mayer, W. Just, C. Pilgrim, and I. Reisert, 1995, Transcription of the Y chromosomal gene, Sry, in adult mouse brain, Mol. Brain Res. 33:179-82; E. Payen, E. Pailhous, R. About Merhi, L. Gianquinto, M. Kirszenbaum, A. Locatelli, and C. Cotinot, 1996, Characterization of ovine SRY transcript and developmental expresof genes involved in sexual differentiation, Int. J. Devel. Biol. 40:567-75.

14. 정말이지 이 계산조차도 XX 몸을 지닌 사람과 XY 몸을 지닌 사람 간의 유전자 차이의 가능성을 낮게 보는 것인지 모른다. 매사추세츠주 케임브리지의 화이트헤드 연구소의 데이비드 페이지는 이렇게 말했다. "남성과 여성은 1 내지 2퍼센트의 게놈이 서로 다른데, 이는 인간 남성과 수컷 침팬지 사이의 차이 또는 인간 여성과 암컷 침팬지 사이의 차이와 대략 동일한 값이다. 실제로, 남성과 여성의 유전자 차이가 인간 게놈의 다른 모든 차이들을 완전히 무색하게 만들어버린다." 또한 다음을 참고하기 바란다. N. Wade, 2003, Y chromosome depends on itself to survive New York Times, June 19.

15. 이기적인 유전자에 대한 대안으로는 다음을 참고하기 바란다. L. Hurst, 1994, Embryonic growth and the evolution of the mammalian Y chromosome: I. The Y as an attractor for selfish genes, Heredity 73:223-32; L. Hurst, 1994, Embryonic growth and the evolution of the mammalian Y chromosome: II. Suppression of selfish Y-linked growth factors may explain escape from X-inactivation and rapid evolution of Sry, Heredity 73:233-43. 후속 연구에 의해 이 가설은 틀렸음이 증명되었다. 다음을 참고하기 바란다. Pamilo and Waugh O'Neill, 1997, Evolution of the Sry genes.

16. F. Lillie, 1939, Sex and Internal Secretions, National Research Council; cited in A. Fausto-

Sterling, 2000, Sexing the Body: Gender Politics and the Construction of Sexuality, Basic Books, p. 178.

17. Fausto-Sterling, 2000, Sexing the Body, p. 182.

18. 예를 들어, 다음을 참고하기 바란다. C. Migeon and A. Wisniewski, 1998, Sexual differentiation: From genes to gender, Hormone Research 50:245-51.

19. F. S. vom Saal, 1989, Sexual differentiation in litter-bearing mammals: Influence of sex of adjacent fetuses in utero, J. Anim. Sci. 67:1824-40.

20. D. McFadden, 1993, A masculinizing effect on the auditory systems of human females having male co-twins, Proc. Nat. Acad. Sci. (USA) 90:11900-4.

21. Wizemann and Pardue, eds., 2001, Exploring the Biological Contributions to Human Health, p. 39.

22. Ibid., p. 49.

23. M. Herman-Giddens, E. Slora, R. Wasserman, C. Bourdony, M. Bhapkar, G. Koch, and C. Hasemeier, 1997, Secondary sexual characteristics and menses in young girls seen in office practice: A study from the Pediatric Research in Office Settings Network, Pediatrics 99:505-12.

24. J. Bilezikian, A. Morishima, J. Bell, and M. Grumbach, 1998, Increased bone mass as a result of estrogen therapy in a man with aromatase deficiency, New England Medicine 339:599-603.

25. Fausto-Sterling, 2000, Sexing the Body, p. 149.

26. A. Sullivan, 2000, The He hormone, New York Times Magazine, April 2, p. 46ff. 여기 및 아래의 인용문들은 이 출처에서 나왔다.

27. 설리번은 콕 집어서 드루 사이드먼이란 남성을 이전의 여성 이름인 수잔으로 부르며 여성대명사를 사용한다. 이는 트랜스젠더의 실체를 인정하려 하지 않는 보수적인 게이 논평가의 치밀하게 계획된 완고한 태도를 적나라하게 드러내준다. 마찬가지로 보수적인 레즈비언 칼럼니스트인 노라 빈센트가《빌리지 보이스》지에 기고한 드루에 관한 1999년 기사는 "여자가 가슴에 털을 기른다"란 제목을 달고 드루를 "살짝 너무 예쁜"이라고 묘사하면서 글을 맺는다. 너무 우쭐대는 태도이다. 하지만 역시 그녀답게 빈센트는 드루에게 남성대명사를 붙인다.

28. Shoshanna Scholar, 2000, An interview with Pat Califia, The Channel TGSF (Sept.), taken from nerve.com.

29. J. Green, 2004, Becoming a Visible Man, Vanderbilt University Press.

30. SRY는 성체 생쥐의 시상하부와 중뇌에서 표현되는데, 이곳의 전사체는 선형이며(정소에서처럼 원형이 아님) 아마도 번역이 된 듯하다. 다음을 참고하기 바란다. Lahr et al., 199 5, Transcription of the Y chromosome gene, Sry, in adult mouse brain. SRY is also expressed in both the fetal and adult brain in the tammar wallaby, a marsupial. SRY는 또한 유대목 동물인 타마왈라비의 태아 및 성체 뇌에서도 표현된다. 다음을 참고하기 바란다. Harry et al., 1995, Widespread expression of the testis-determining gene SRY in a marsupial (위의 13번 주석을 참고하기 바란다).

31. R. Zann, 1990, Song and call learning in wild zebra finches in south-east Australia Anim. Behav. 40:811-28.

32. F. Nottebohm and A. Arnold, 1976, Sexual dimorphism in vocal control areas of the songbird brain, Science 194:211-13; 또한 다음을 참고하기 바란다. E. Adkins-Regan and J. Watson, 1990, Sexual dimorphism in the avian brain is not limited to the song system of songbirds: A morphometric analysis of the brain of the quail (Corurnix japoonica), Brain Res. 514:320-26.

33. G. Panzica, N. Aste, C. Viglietti-Panzica, and M. Ottinger, 1995, Structural sex differences in the brain: Influence of gonadal steroids and behavioral correlates, J. Endocrinol. Invest. 18:232-52, esp. fig. 4.

34. B. Schlinger, 1998, Sexual differentiation of avian brain and behavior: Current views on gonadal hormone-dependent and independent mechanisms, Ann. Rev. Physiol. 60:407-29; A. Arnold, 1996, Genetically triggered sexual differentiation of brain and behavior, Hormones and Behavior 30:495-505.

35. 수컷만 노래하는 캐롤라이나굴뚝새를 제외하고는 대부분 듀엣으로 노래를 부르는 굴뚝새에 관한 다음 연구들을 참고하기 바란다. P. Nealen and D. Perkel, 2000, Sexual dimorphism in the song system of the Carolina Wren Thryothorus ludovicianus, J. Comp. Neurology 418:346-60.

36. S. MacDougall-Shackleton and G. Ball, 1999, Comparative studies of sex differences in the song-control system of songbirds, TINS 22:432-36.

37. 테스토스테론은 암컷 카나리아로 하여금 노래 부르기를 유도하지만 암컷 금화조에게는 그렇지 않다. 다음을 참고하기 바란다. F. Nottebohm and A. Arnold, 1976, Sexual dimorphism in vocal control areas of the songbird brain, Science 194:211-13.

38. F. Nottebohm, 1981, A brain for all seasons: Cyclical anatomical changes in song control nuclei

of the canary brain, Science 214:1368; J. Balthazard, O. Tlemcani, and G. Ball, 1996, Do sex differences in the brain explain sex differences in hormnal induction of reproductive behavior? What twenty-five years of research on the Japanese Quail tells us, Hormones and Behavior 30:627-61.

39. B. Schlinger and A. Arnold, 1995, Estrogen synthesis and secretion by the songbird brain, pp. 297-323 in P. Micevych and R. Hammer Jr., eds., Neurobiological Effects of Sex Steroid Hormones, Cambridge University Press.

40. B. Schlinger and G. Callard, 1989, Aromatase in quail brain: Correlations with aggressiveness, Endocrinology 124:437-43.

41. E. Adkins-Regan, M. Ottinger, and J. Park, 1995, Maternal transfer of estradiol to egg yolks alters sexual differentiation of avian offspring, J. Exp. Zool. 271:466-70; H. Schwabl, 1993, Yolk is a source of maternal testosterone for develbirds, Proc. Nat. Acad. Sci. (USA) 90:11446-50.

42. E. Adkins-Regan and M. Ascenzi, 1987, Social and sexual behavior of male and female zebra finches treated with oestradiol during the nestling period, Anim. Behav. 35:1100-12; V. Mansukhani, E. Adkins-Regan, and S. Yang, 1996, Sexual partner preference in female zebra finches: The role of early hormones and social environment Hormones and Behavior 30:506-13.

43. T. DeVoogd, A. Houtman, and J. Falls, 1995, White-throated sparrow morphs that differ in song-related production rate also differ in the anatomy of some song-related brain areas, Neurobiology 18:202.-13.

44. S. Torbet and I. Hanna, 1997, Ontogeny of sex differences in the mammalian hypothalamus and preoptic area, Cellular and Molecular Neurobiology 17:565-601; S. M. Breedlove, 1994, Sexual differentiation of the human nervous system, Ann. Rev. Psychol. 45:389-418; S. Torbet, D. Sahniser, and M. Baum, 1986, Differentiain male ferrets of a sexually dimorphic nucleus of the preoptic/anterior hypothalamic area requires prenatal estrogen, Neuroendocrinology 44:299-308; R. Gorski, 1988, Hormone-induced sex differences in hypothalamic structure, Bull. TMIN 16:67-90; D. Commins and P. Yahr, 1984, Acetylcholinesterase activity in the sexually dimorphic area of the gerbil brain: Sex differences and influence of adult gonadal

steroids, J. Comp. Neurol. 224:113-31; M. Hines, F. Davis, A. Coquelin, R. Goy, and R. Gorski, 1985, Sexually dimorphic regions in the medial preoptic area and the bed nucleus of the stria terminalis of the guinea pig brain: A description and an investigation of their relationship to gonadal steroids in adulthood, J. Neurosci. 5:40-47.

45. K. Dohler, J. Hancke, S. Srivastava, C. Hofmann, J. Shryne, and R. Gorski, 1984, Participation of estrogens in female sexual differentiation of the brain: Neuroanatomical, neuroendocrine and behavioral evidence, Prog. Brain Res. 61:99-117; E. Davis, P. Popper, and R. Gorski, 1996, The role of apoptosis in sexual differentiation of the rat sexually dimorphic nucleus of the preoptic area, Brain Res. 734:10-18.

46. F. Dejonge, A. Louwerse, M. Ooms, P. Evers, E. Endert, and N. Van de Poll, Lesions of the SDN-POA inhibit sexual behavior of male Wistar rats, Brain Res. Bull. 23:483-91.

47. A. Del Abril, S. Segovia, and A. Guillamon, 1987, The bed nucleus of the stria terminalis in the rat: Regional sex differences controlled by gonadal steroids early after birth, Brain Res. 429:295-300; A. Guillamon, S. Segovia, and A. Del Abril, 1988, Early effects of gonadal steroids on the neuron number in the medial posterior region and the lateral division of the bed nucleus of the stria terminalis in the rat, Brain Res. Dev. 44:281-90.

48. N. Forger, L. Hodges, S. Roberts, and S. Breedlove, 1992, Regulation of motoneuron death in the spinal nucleus of the bulbocavernosus, J. Neurobiol. 23:1192-1203; N. Forger, S. Roberts, V. Wong, and S. Breedlove, 1993, Ciliary neurotrophic factor maintains motoneurons and their target muscles in developing rats, J. Neurosci. 13.

49. D. Anderson, R. Rhees, and D. Fleming, 1985, Effects of prenatal stress on differentiation of the sexually dimorphic nucleus of the preoptic area SDN-POA of the rat brain, Brain Res. 332:113-18; W. Grisham, M. Kerchner, and I. Ward, 1991, Prenatal stress alters sexually dimorphic nuclei in the spinal cord of male rats, Brain Res. 551:126-31.

50. C. Moore, H. Dou, and J. Juraska, 1992, Maternal stimulation affects the number of motoneurons in a sexually dimorphic nucleus of the lumbar spinal cord, Brain Res. 572:51-56.

51. 최근의 데이터는 자기공명영상(MRI)을 통해 얻어진다. 다음을 참고하기 바란다. N. Lange, J. Giedd, F. Castellanos, A. Vaituzis, and J. Rapoport, 1997, Variability of human brain structure size: Ages four-twenty years, Psychiatry Research: Neuroimaging Section 74:1-12., esp. fig. 2, p.

8.

52. A. Dekaban and D. Sadawsky, 1978, Changes in brain weights during the span of human life: Relation of brain weights to body heights and body weights, Ann. Neurol. 44:345-56.

53. 이 차이는 두 성의 뇌 무게의 표준편차의 고작 25퍼센트이다. 비교하자면, 남성과 여성의 평균 키 차이는 양성의 체중의 표준편차의 200퍼센트이다.

54. N. Forger and S. Breedlove, 1986, Sexual dimorphism in human and canine spinal cord: Role of early androgen, Proc. Nat. Acad. Sci. (USA) 83: 7527-31.

55. D. Swaab, 1995, Development of the human hypothalamus, Neurochemical Research 20:509-19, esp. fig. 5, p. 513; D. Swaab and E. Fliers, 1985, A sexually dimorphic nucleus in the human brain, Science 228:1112-15; D. Swaab and M. Hofman, 1988, Sexual differentiation of the human hypothalamus: Ontogeny of the sexually dimorphic nucleus of the preoptic area, Dev. Brain Res. 44:314-18; M. Hofman and D. Swaab, 1989, The sexually dimorphic nucleus of the preoptic area in the human brain: A comparative morphometric study, J. Anat. 164:55-72.

56. L. Allen and R. Gorski, 1990, Sex difference in the bed nucleus of the stria terminalis of the human brain, J. Comp. Neurol. 302:697-706; J.-N. Zhau, M. Hofman, L. Gooren, and D. Swaab, 1997, A sex difference in the human brain and its relation to transsexuality, Nature 378:68-70; F. Kruijver, J.-N. Zhou, C. Pool, M. Hofman, L. Gooren, and D. Swaab, 2000, Male-to-female transsexuals have female neuron numbers in a limbic nucleus, J. Clin. Endocrin. Metab. 85:2034-41.

57. R. Heath, ed., 1964, The Role of Pleasure in Behavior, Harper and Row; C. Sem-Jacobsen, 1968, Depth-Electrographic Stimulation of the Human Brain and Behavior Charles C. Thomas.

58. B. Miller, J. Cummings, H. Mclntyre, G. Ebers, and M. Grode, 1986, Hypersexuality or altered sexual preference following brain injury, J. Neurology, Neurosurgery and Psychiatry 49:867-73; D. Gorman and J. Cummings, 1992, Hypersexuality following septal injury, Arch. Neurol. 49:308-10.

59. D. Swaab, J.-N. Zhou, T. Ehlhart, and M. Hofman, 1994, Development of vasoactive intestinal polypeptide neurons in the human suprachiasmatic nucleus in relation to birth and sex, Dev. Brain Res. 79:249-59; D. Swaab and M. Hofman, 1990, An enlarged suprachiasmatic nucleus

in homosexual men, Brain Res. 537:141-48.

60. J. McGlone, 1980, Sex differences in human brain asymmetry: A critical survey, Behav. Brain Sci. 3:215-63.

61. J. Levy and W. Heller, 1992, Gender differences in human neuropsychological function, pp. 245-73 in A. Gerall, H. Moltz, and I. Ward, eds., 1992, Handbook of Behavioral Neurobiology: Sexual Differentiation, Plenum.

62. J. Wada, R. Clarke, and A. Hamm, 1975, Cerebral hemisphere asymmetry in humans: Cortical speech zones in one hundred adult and one hundred infant brains, Arch. Neurol. 32:239; M. de Lacoste, D. Horvath, and D. Woodward, 1991, Possible sex differences in the developing human fetal brain, J. Clin. Exp. Neuropsychol. 13:831-46.

63. L. Allen, M. Richey, Y. Chai, and R. Gorski, 1991, Sex differences in the corpus callosum of the living human being, J. Neurosci. 11:933-42.

64. G. de Courten-Myers, 1999, The human cerebral cortex: Gender differences in structure and function, J. Neuropath, and Exp. Neurol. 58:217-26.

65. E. Davis, P. Popper, and R. Gorski, 1996, The role of apoptosis in sexual differentiation of the rat sexually dimorphic nucleus of the preoptic area, Brain Res. 734:10-18; T. Rabinowicz, G. de Courten-Myers, J. Petetot, et al., 1996, Human cortex development: Estimates of neuronal numbers indicate major loss late during gestation Neuropath, and Exp. Neurol. 55:320-28.

66. M. Laubach, J. Wessberg, and M. Nicolelis, 2000, Cortical ensemble activity increasingly predicts behaviour outcomes during learning of a motor task, Nature 405:567-71; J. Sanes and J. Donoghue, 2000, Plasticity and primary motor cortex, Ann. Rev. Neuroscience 23:393-415.

67. J. Hyde and M. Linn, 1988, Gender differences in verbal ability: A meta-analysis Psychological Bull. 104:53-69; E. Hampson and D. Kimura, 1992, Sex differences and hormonal influences on cognitive function in humans, pp. 3 57-98 in J. Becker, S. Breedlove, and D. Crews, eds., Behavioral Endocrinology, MIT Press.

68. F. Patterson, C. Holts, and L. Saphire, 1991, Cyclic changes in hormonal, physical, behavioral, and linguistic measures in a female lowland gorilla, Amer. J. Primatology 24:181-94.

69. E. Hampson, 1990, Variations in sex-related cognitive abilities across the menstrual cycle, Brain and Cognition 14:26-43; E. Hampson, 1990, Estrogen-related variations in human spatial and

articulatory–motor skills, Psychoneuroendocrinology 15:97–111; M. Moody, 1997, Changes in scores on the Mental Rotations Test during the menstrual cycle, Perception and Motor Skills 84:955–61; K. Phillips and I. Silverman, 1997, Differences in the relationship of menstrual cycle phase to spatial performance on two– and three–dimensional tasks, Hormones and Behavior 32:167–75; M. McCourt, V. Mark, K. Radonovich, S. Willison, and P. Freeman, 1997, The effects of gender, menstrual phase, and practice on the perceived location of the midsagittal plane, Neuropsychologia 35:717–24.

70. B. Sherwin, 1997, Estrogen effects on cognition in menopausal women, Neurology 48:S21–S26; K. Yaffe, D. Grady, A. Pressman, and S. Cummings, 1998, Serum estrogen levels, cognitive performance, and risk of cognitive decline in older community women, J. Amer. Geriatric Soc. 46:816–21; S. Shaywitz, B. Shaywitz, K. Pugh, R. Fulbright, P. Skudlarski, W. Mencl, R. Constable, F. Naftolin, S. Palter, K. Marchione, L. Katz, D. Shankweiler, J. Fletcher, C. Lacadie, M. Keltz, and J. Gore, 1999, Effect of estrogen on brain activation patterns in postmenopausal women durworking memory tasks, J. Amer. Med. Assoc. 281:1197–1202; B. McEwen and S. Alves, 1999, Estrogen actions in the central nervous system, Endocrine Reviews 20:279–307.

71. S. Shaywitz, 1996, Dyslexia, Scientific American (Nov.), 98–103; S. Shaywitz, B. Shaywitz, K. Puch, R. Fulbright, R. Constable, W. Mencl, D. Shankweiler, A. Liberman, P. Skudlarski, J. Fletcher, L. Katz, K. Marchione, C. Lacadie, C. Gatenby, and J. Gore, 1998, Functional disruption in the organization of the brain for reading in dyslexia, Proc. Nat. Acad. Sci. (USA) 95:2636–41.

72. M. Linn and A. Petersen, 1985, Emergence and characterization of sex differences in spatial ability: A meta–analysis, Child Devel. 56:1479–98; C. Benbow, 1988, Sex differences in mathematical reasoning ability in intellectually talented preadolescents: Their nature, effects, and possible causes, Behav. Brain Sci. 11:169–232; H. Stumpf and J. Stanley, 1998, Standardized tests: Still gender based? Current Directions in Psychological Sci. 7:192–96; A. Gallagher, R. De Lisi, P. Hoist, A. McGillicuddy–DeLisi, M. Morely, and C. Cahalan, 2000, Gender differences in advanced mathematical problem solving, J. Exp. Child Psychol. 75:165–90; D. Halpern, 2000, Sex Differences in Cognitive Abilities, 3d ed., Lawrence Erlbaum.

73. B. Shaywitz, S. Shaywitz, K. Pugh, R. Constable, P. Skudlarski, R. Fulbright, R. Bronen, J. Fletcher, D. Shankweiler, L. Katz, and J. Gore, 1995, Sex differences in the functional organization of the brain for language, Nature 373:607-9, esp. the color photograph on p. 608.

74. G. Gron, A. Wunderlich, M. Spitzer, R. Tomczak, and M. Riepe, 2000, Brain activation during human navigation: Gender-different neural networks as substrate of performance, Nature Neuroscience 3:404-8; N. Sandstrom, J. Kaurman, and S. Huettel, 1998, Males and females use different distal cues in a virtual environment navigation task, Brain Res.: Cognitive Brain Res. 6:351-60.

75. G. Miller, 2000, The Mating Mind: How Sexual Choice Shaped the Evolution of Human Nature, Random House.

76. Ibid., p. 2. 뒤따르는 인용문들은 다음 페이지에서 확인할 수 있다. pp. 3, 4, 7, 29, 103, 104, 92, 98.

77. Ibid., pp. 217-18.

78. National Center for Health Statistics, 2000, Health, United States, 2000, with Health and Aging Chartbook (PHS-2000-1232), cited in Wizemann and Pardue, eds., 2001, Exploring the Biological Contributions to Human Health, p. 60.

79. R. Kaplan and P. Erickson, 2000, Gender differences in quality-adjusted survival using a Health-Utilities Index, Amer. J. Preventive Med. 18:77-82; cited in ibid., p. 61.

80. Wizeman and Pardue, 2001, Exploring the Biological Contributions to Human Health, p. 60.

81. 자연선택이 어떻게 생활사 진화에 영향을 주는지에 관한 수학적 내용은 다음을 참고하기 바란다. J. Roughgarden, 1998, Primer of Ecological Theory, Prentice Hall, pp. 203-16; and J. Roughgarden, 1996 [1979], Theory of Population Genetics and Evolutionary Ecology: An Introduction, Prentice Hall, pp. 347-70.

82. R. Michael, J. Gagnon, E. Laumann, and G. Kolata, 1995, Sex in America: A Definitive Survey, Warner Books, fig. 6, p. 90.

83. Ibid., table 8, p. 116.

13장 젠더 정체성

1. T. Elbert, C. Pantev, C. Wienbruch, B. Rockstroh, and E. Taub, 1995, Increased cortical

representation of the fingers of the left hand in string players, Science 270:305-6.

2. J.-N. Zhau, M. Hofman, L. Gooren, and D. Swaab, 1997, A sex difference in the human brain and its relation to transsexuality, Nature 378:68-70; F. Kruijver, J.-N. Zhou, C. Pool, M. Hofman, L. Gooren, and D. Swaab, 2000, Male-to-female transsexuals have female neuron numbers in a limbic nucleus, J. Clin. Endocrin. Metab. 85:2034-41.

3. Kruijver et al., 2000, Male-to-female transsexuals have female neuron numbers in a limbic nucleus, pp. 2037, 2039.

4. A. Del Abril, S. Segovia, and A. Guillamon, 1987, The bed nucleus of the stria terminalis in the rat: Regional sex differences controlled by gonadal steroids early after birth, Brain Res. 429:195-300; A. Guillamon, S. Segovia, and A. Del Abril, 1988, Early effects of gonadal steroids on the neuron number in the medial posterior region and the lateral division of the bed nucleus of the stria terminalis in the rat, Brain Res. Dev. Brain Res. 44:281-90.

5. Kruijver et al., 2000, Male-to-female transsexuals have female neuron numbers in a limbic nucleus, p. 2034.

6. L. Gooren, 1990, The endocrinology of transsexualism: A review and commentary, Psychoneuroendocrinology 15:3-14, esp. p. 4.

7. Kruijver et al., 2000, Male-to-female transsexuals have female neuron numbers in a limbic nucleus, p. 2041.

8. D. Abramowich, I. Davidson, A. Longstaff, and C. Pearson, 1987, Sexual differentiation of the human mid trimester brain, Eur. J. Obst. Gyn. Reprod. Biol. 25:7-14.

9. D. Sandberg, H. Meyer-Bahlburg, G. Aranoff, J. Sconzo, and T. Hensle, 1989, Boys with hypospadias: A survey of behavioral difficulties, J. Pediat Psychol. 14:491-514; D. Sandberg, H. Meyer-Bahlburg, T. Yager, T. Hensle, S. Levitt, S. Kogan, and E. Reda, 1995, Gender development in boys born with hypospadias, Psychoneutoendocrimology 20:693-709.

10. K. Zucker, 1999, Intersexuality and gender identity differentiation, Ann. Rev. Sex Res. 10:1-69, esp. references on p. 20.

11. Ibid., pp. 28-29.

12. Ibid., pp. 14-15; L. Pinsky, R. Erickson, and R. Schimke, 1999, Genetic Disorders of Human Sexual Development, Oxford University Press, pp. 233-38.

13. R. Goy, F. Bercovitch, and M. McBrair, 1988, Behavioral masculinization is independent of genital masculinization in prenatally androgenized female rhesus macaques, Hormones and Behavior 22:552-71.

14. M. Diamond and H. Sigmundson, 1997, Sex reassignment at birth, long-term review and clinical implications, Arch. Pediatr. Adolesc. Med. 151:298-304.

15. J. Money, cited in J. Colapinto, 1997, The true story of John/Joan, Rolling Stone, Dec. n, pp. 55ff.

16. M. Diamond and H. Sigmundson, 1997, Sex reassignment at birth, long-term review and clinical implications, Arch. Pediatr. Adolesc. Med. 151:298-304.

17. J. Colapinto, 2001, As Nature Made Him: The Boy Who Was Raised As a Girl, Harper.

18. S. Bradley, G. Oliver, A. Chernick, and K. Zucker, 1998, Experiment of nurture: Ablatio penis at two months, sex reassignment at seven months and a psychosexual followup in young adulthood, Pediatrics 102:e9 (abstract).

14장 성적 지향

1. D. Swaab and M. Hofman, 1995, Sexual differentiation of the human hypothalamus in relation to gender and sexual orientation, Trends in Neuroscience 18:264-70; D. Swaab, L. Gooren, and M. Hofman, 1995, Brain research, gender, and sexual orientation, J. Homosexuality 28:283-301; D. Swaab and M. Hofman, 1990, An enlarged suprachiasmatic nucleus in homosexual men, Brain Res. 537:141-48.

2. 이 차이는 열 살에서 서른 살까지에서 명백히 드러난다. 다음을 참고하기 바란다. D. Swaab, 1995, Development of the human hypothalamus, Neurochemical Research 5:509-19, esp. fig. 4.

3. 이 결과들은 에이즈로 사망한 22세에서 74세까지의 동성애자 남성 18명의 뇌를 역시 에이즈로 사망한 25세에서 43세까지의 이성애자 남성 10명의 뇌와 비교하여 얻어졌다. 다음을 참고하기 바란다. Swaab, Gooren, and Hofman, 1995, Brain research, gender, and sexual orientation, esp. fig. 3.

4. S. LeVay, 1991, A difference in hypothalamic structure between heterosexual and homosexual men, Science 253:1034-37, esp. fig. 2.

5. D. McFadden and E. Pasanen, 1998, Comparison of the auditory systems of heterosexuals and

homosexuals: Click-evoked otoacoustic emissions, Proc. Nat. Acad. Sci. (USA) 95:2709-13.

6. D. McFadden, E. Pasanen, and N. Callaway, 1998, Changes in otoacoustic emissions in a transsexual male during treatment with estrogen, J. Acoust. Soc. Am. 104:1555-58.

7. R. Pillard and J. Weinrich, 1986, Evidence of familial nature of male homosexuality Arch. Gen. Psychiatry 43:808-12.

8. J. Bailey and D. Benishay, 1993, Familial aggregation of female sexual orientation Am. J. Psychiatry 150:272-77; J. Bailey and A. Bell, 1993, Familiarity of female and male homosexuality, Behav. Genetics 23:313-22; M. Pattatucci and D. Hamer, 1995, Development and familiality of sexual orientation in females, Behav. Genetics 25:407-20.

9. J. Bailey and R. Pillard, 1991, A genetic study of male sexual orientation, Arch. Gen. Psychiatry 48:1089-96.

10. F. Whitam, M. Diamond, and J. Martin, 1993, Homosexual orientation in twins: A report on sixty-one pairs and three triplet sets, Arch. Sexual Behavior 22:187-206.

11. J. Bailey, R. Pillard, M. Neale, and Y. Agyei, 1993, Heritable factors influence sexual orientation in women, Arch. Gen. Psychiatry 50:217-23.

12. M. King and E. McDonald, 1992, Homosexuals who are twins: A study of forty-six probands, Brit. J. Psychiatry 160:407-9.

13. J. Bailey and N. Martin, 1995, A twin registry study of sexual orientation, paper presented at the annual meeting of the International Academy of Sex Research, Provinceton, Mass., 1995.

14. E. Eckert, T. Boouchard, J. Bohlen, and L. Heston, 1986, Homosexuality in monozygotic twins reared apart, Brit. J. Psychiatry 148:421-25.

15. Bailey and Pillard, 1991, A genetic study of male sexual orientation.

16. D. Hamer, S. Hu, V. Magnuson, N. Hu, and A. Pattatucci, 1993, A linkage between DNA markers on the X chromosome and male sexual orientation, Science 261:321-27. For biographical information on Hamer, see: D. Hamer and P. Copeland, 1994, The Science of Desire, Simon and Schuster; C. Burr, A Separate Creation Hyperion. For biographical information on Pattatucci, see: K. Brandt, 1993, Doctor Angela Pattatucci: Not your typical government scientist, Deneuve (Dec), 44-46; S. Levay and E. Nonas, 1995, City of Friends: A Portrait of the Gay and Lesbian Community in America, MIT Press, pp. 194-95.

17. W. Byne and B. Parsons, 1993, Human sexual orientation: The biologic theories reappraised, Arch. Gen. Psychiatry 50:228-39; W. Byne, 1994, The biological evidence challenged, Scientific American (May), 50-55.

18. R. Kirkpatrick, 2000, The evolution of human homosexual behavior, Current Anthropology 41:38 5-413.

19. Burr, 1996, A Separate Creation, pp. 179-80.

20. Ibid., pp. 235-36.

21. Ibid., pp. 173-74.

22. C. Golden, 1966, What's in a name? Sexual self-identification among women, pp. 229-47 m R- Savin-Williams and K. Cohen, eds., The Lives of Lesbians, Gays, and Bisexuals, Harcourt Brace.

23. Hamer et al., 1993, A linkage between DNA markers on the X chromosome and male sexual orientation, fig. 2, p. 322.

24. S. Hu, A. Pattatucci, C. Patterson, L. Li, D. Fulker, S. Cherny, L. Kruglyak, and D. Hamer, 1995, Linkage between sexual orientation and chromosome Xq28 in males but not in females, Nature Genetics 11:248-56.

25. J. Bailey, R. Pillard, K. Dawood, M. Miller, L. Farrer, S. Trivedi, and R. Murphy 1999, A family history study of male sexual orientation using three independent samples, Behav. Genetics 29:79-86.

26. G. Rice, C. Anderson, N. Risch, and G. Ebers, 1999, Male homosexuality: Absence of linkage to microsatellite markers at Xq28, Science 284:665-67. Data and quotations from this source.

27. Burr, 1996, A Separate Creation, p. 236.

28. 여기 및 아래의 인용문들은 위의 책 pp. 200-5에서 인용했다.

29. L. Peplau, L. Spalding, T. Conley, and R. Veniegas, 1999, The development of sexual orientation in women, Ann. Rev. Sex Res. 10:70-99; see also M. Dickemann, 1993, Reproductive strategies and gender construction: An evolutionary view of homosexualities, J. Homosexuality 24:55-71.

30. C. Daskalos, 1998, Changes in the sexual orientation of six heterosexual male-to-female transsexuals, Arch. Sex. Behav. 27:605-14.

31. Cassandra Smith of Boston University, cited in Burr, 1996, A Separate Creation, p. 243.

32. Philip Reilly of the Shriver Center for Mental Retardation, cited in ibid., p. 244.

33. Ibid., p. 245.

34. Ibid.

35. S. Essock-Vitale and M. McGuire, 1988, What seventy million years hath wrought: Sexual histories and reproductive success of a random sample of American women, pp. 221-35 in M. Betzig, B. Mulder, and P. Turke, eds., Human Reproductive Behavior: A Darwinian Perspective, Cambridge University Press.

36. A Yankelovich MONITOR Perspective on Gays and Lesbians, 1994, Yankelovich.

37. R. Baker and M. Bellis, 1995, Human Sperm Competition: Copulation, Masand Infidelity, Chapman and Hall.

38. A Yankelovich MONITOR Perspective on Gays and Lesbians, 1994.

39. S. Isomura and M. Mizogami, 1992, The low rate of HIV infection in Japahomosexual and bisexual men: An analysis of HIV seroprevalence and behavioral risk factors, AIDS 6:501.

40. L. Dean, I. Meyer, K. Robinson, R. Sell, R. Sember, V. Silenzio, D. Bowen, J. Bradford, E. Rothblum, M. Scout, J. White, P. Dunn, A. Lawrence, D. Wolfe, and J. Xavier, 2000, Lesbian, gay, bisexual, and transgender health: Findings and concerns, J. Gay Lesbian Med. Assoc. 4:101-51.

41. E. O. Wilson, 1975, Sociobiology: The New Synthesis, Harvard University Press, see esp. p. 555 for a discussion of homosexuality; and E. Wilson, 1979, Gay as normal: Homosexuality and human nature: A sociobiological view, Advocate (May 3), pp. 15, 18.

42. S. LeVay, 1996, Queer Science: The Use and Abuse of Research into Homosexuality MIT Press, p. 193.

43. 또한 다음을 참고하기 바란다. J. Weinrich, 1995, Biological research on sexual orientation: A critique of the critics, J. Homosexuality 28:197-2.13.

44. Hamer and Copeland, 1994, The Science of Desire, esp. chap. II.

45. Burr, 1996, A Separate Creation, pp. 257-59.

46. F. Muscarella, 2000, The evolution of homoerotic behavior in humans, *J. Homosexuality* 40:51-77.

47. R. Kirkpatrick, 2000, The evolution of human homosexual behavior, Current Anthropology

41:385-413. (다음 인용은 모두 이 출처에서 나왔다.)

48. N. Barber, 1998, Ecological and psychosocial correlates of male homosexuality Across-cultural investigation, J. Cross-CulturalPsychology 29:387-401.

49. Dickemann, 1993, Reproductive strategies and gender construction.

15장 심리학적 관점

1. J. Myerowitz, 2002, How Sex Changed: A History of Transsexuality in the United States, Harvard University Press.

2. P. Califia, 1997, Sex Changes: The Politics of Transgenderism, Cleis Press.

3. M. Brown and C. Rounsley, 1996, True Selves: Understanding Transsexualism for Families, Friends, Coworkers, and Helping Professionals, Jossey-Bass.

4. Ibid., pp. 30, 31, 42.

5. Ibid., pp. 46, 36.

6. Ibid., pp. 47, 37.

7. Ibid., p. 43.

8. Ibid., p. 44.

9. Ibid., pp. 51, 52.

10. Ibid., p. 73.

11. Ibid., p. 53.

12. S. Corbett, 2001, When Debbie met Christina, who then became Chris, New York Times Magazine, Oct. 14, pp. 84-87.

13. Brown and Rounsley, 1996, True Selves, p. 61.

14. Ibid., p. 71.

15. Ibid., p. 88.

16. S. Ramet, 1996, Introduction, Gender Reversals and Gender Cultures, Routledge.

17. T. Sellers, 1992, The Correct Sadist: The Memoirs of Angel Stern, Temple Press, p. 98, cited in ibid., p. 13.

18. S. Stryker, 1998, The transgender issue: An introduction, GLQ 4:145-58, esp. 150.

19. A. Lawrence, http://www.annelawrence.com/autogynephiliaoriginal.html.

20. 1996년의 연구는 다음 사이트에서 볼 수 있다. http://www.ren.org/Lawrencei.html. 로런스의 사이트 (http://www.annelawrence.com/nwc.html)에는 1996년 연구의 데이터 개요가 실려 있다. 1998년의 연구는 다음 사이트에 나와 있다. http://www.annelawrence.com/autogynephiliaoriginal.html. 아래 문단들의 인용문들은 이들 사이트에서 얻었다.

21. M. Schroder, 1995, New women: Sexological outcomes of gender reassignment surgery, Ph.D. diss., Institute for Advanced Study of Human Sexuality, San Francisco.

22. A. Lawrence, http://www.annelawrence.com/aghistories.html http://www. annelawrence.com/agnarratives.html.

23. R. Michael, J. Gagnon, E. Laumann, and G. Kolata, 1995, Sex in America: A Definitive Survey, Warner Books, table 14, p. 157.

24. Brown and Rounsley, 1996, True Selves, p. 71.

25. M. Martino, 1977, Emergence: A Transsexual Autobiography, Crown Publishers cited in Califia, 1997, Sex Changes, p. 38.

26. Califia, 1997, Sex Changes, p. 39.

27. N. Vincent, 1999, A real man: Brooklyn girl grows hair on chest, Village Yoke, Nov. 17-23.

28. J. Green, 2004, Becoming a Visible Man, Vanderbilt University Press.

29. R. Michael, J. Gagnon, E. Laumann, and G. Kolata, 1995, Sex in America: A Definitive Survey, Warner Books, table 8, p. 116.

30. Brown and Rounsley, 1996, True Selves, p. 79.

31. Ibid., p. 81.

32. Ibid., p. 82.

33. Ibid., p. 100.

34. 전환에 관한 전체적인 소개는 다음에 나와 있다. G. Isreal and D. Trarver II, 1997, Transgender Care: Recommended Guidelines, Practical Information and Personal Accounts Temple University Press.

35. Brown and Rounsley, 1996, True Selves, p. 126.

36. Ibid., p. 127.

37. Ibid., p. 154.

38. M. Rottnek, ed., 1999, Sissies and Tomboys: Gender Nonconformity and Homosexual

Childhood, New York University Press.

39. M. Lassell, 1999, Boys don't do that, pp. 245-62 in ibid.

40. K. Chernin, 1999, My life as a boy, pp. 199-208 in ibid.

16장 질병 대 다양성

1. 메드라인Medline(생명과학 및 생물의학 서지 정보 데이터베이스)에서 이용할 수 있는 의학 사전을 참조하라. http://www.nlm.nih.gov/medlineplus/dictionaries.html.

2. G. Maranto, 1998, On the fringes of the bell curve: The evolving quest for normality, New York Times, May 26, p. B13; A. Dreger, 1998, When medicine goes too far in pursuit of normality, New York Times, July 28. 또한 다음을 참고하기 바란다. J. Terry and J. Urla, 1995, Deviant Bodies, Indiana University Press, 이 책은 정상성에 대한 역사상의 변화하는 정의들을 그 뒷면, 즉 정상에서 벗어난 면을 살펴봄으로써 고찰한다.

3. 돌연변이-선택 평형에서, 해당 개체군 내에서 한 우성 돌연변이 유전자의 빈도 p는 v/s이며, 한 열성 돌연변이 유전자의 빈도는 √v/s이다. 여기서 v는 남아 있는 대립유전자들로부터 해당 돌연변이 대립유전자로 바뀌는 총 복귀 돌연변이 비율을 말하며(보통, 10^{-6}), s는 해당 돌연변이 대립유전자가 비돌연변이에 비해 얼마나 나쁜지를 가리키는 선택계수이다. 구체적으로 말해, 만약 비돌연변이의 유전자형의 다윈적응도가 1로 표준화되어 있다면, 한 돌연변이 유전자형의 다윈적응도는 1-s로 표현된다. 그러므로 s에 100을 곱한 값은 돌연변이의 다윈적응도가 비돌연변이보다 얼마만큼 낮은지를 알려주는 퍼센트 값으로 볼 수 있다. 그리고 s의 값은 치명적인 돌연변이일 때의 1에서부터 전혀 해롭지 않은 돌연변이일 때의 0까지 변한다.

최악의 시나리오는 돌연변이 유전자가 치명적이고 유전자 빈도 p가 우성일 때의 10^{-6}에서부터 열성일 때의 10^{-3}까지 변하는 경우이다. 해당 돌연변이 유전자형을 갖는 개체의 출생 빈도는 만약 돌연변이 유전자가 우성이면 약 2p이다. 왜냐하면 돌연변이 유전자는 주로 이형접합으로 표현되기 때문이다. 한편 열성이면 출생 빈도는 p2이다. 왜냐하면 돌연변이 유전자는 오직 동형접합으로만 표현되기 때문이다. 그러면 이 출생 빈도는 우성이면 2v/s이고 열성이면 v/s가 된다. 두 경우 및 그 중간 경우들에서, 출생 빈도 b는 근사공식 bv/s에 의해 두 배 내로 요약된다. s = 1 및 v = 10^{-6}인 치명적인 우성 유전자의 경우, 이 공식에 의하면 약 백만 명 당 한 명꼴로 생긴다. 따라서 치명적인 유전적 결함은 백만 명 당 한 명이 통상 걸리므로 매우 드문 편이다.

만약 어느 한 특성이 백만 명 당 한 명꼴보다 더 흔하면, 상황이 달라지거나(그 유전자가 그리 해롭지 않거나 아니면 오직 다른 어떤 유전자와 결합될 때 내지는 특정한 환경에서 표현될 때에만 해롭거나) 또는 어떤 다른 방식으로 개선된다. 유전병으로 인정될 만큼 치명적인 것보다 덜 심각한 특성의 근사적 기준으로서 50,000명 당 1명이라는 수치를 택할 수 있다. 더 구체적으로 말해, 만약 요약 공식 bv/s를 sv/b로 변형하면, 50,000명 당 1명의 b는 0.05의 선택계수에 해당됨을 알 수 있다. 0.05의 선택계수가 의미하는 바는 해당 돌연변이가 유전자형을 지니지 않은 개체들이 낳은 100 마리의 순(net) 새끼들에 대해서, 오직 95마리만이 그 돌연변이 유전자를 가진 개체들에 의해서 태어났다는, 즉 다윈적응도에 5퍼센트의 결손이 생긴다는 뜻이다. 다윈적응도의 5퍼센트 결손은 200이상의 한 개체군 내에서 유전적 부동이라는 진화상의 노이즈에 대해 자연선택이 두드러지게 보일 만큼 강함을 뜻한다. 적응도의 5퍼센트 결손은 크지 않은 듯 보이지만, 만약 모든 시대 모든 환경에 걸쳐 지속된다면, 결국에는 50,000명당 1명꼴의 출생빈도로 이어진다.

만약 출생 빈도가 50,000명당 1명보다 더 높으면, 적응도 결손은 5퍼센트만큼 높지 않다. 따라서 출생 빈도가 1,000명당 1명에서 100명당 1명 정도로(대부분의 LBGTI 특성들의 범위) 흔한 특성들은 가장 약한 선택과도 부합되지 않는다. 대부분의 유효 인구 크기에 대한 유전적 부동의 진화상의 노이즈에 포함되지 않을 정도로 약한 선택이다.

돌연변이-선택 균형에 관한 공식들은 개체군 유전학에 관한 다른 교재에서도 찾을 수 있다. 예를 들어 다음을 참고하기 바란다. J. Crow and M. Kimura, 1970, An Introduction to Population Genetics Theory, Harper and Row, pp. 259-60. 그리고 J. Rough-garden, 1996, Theory of Population Genetics and Evolutionary Ecology, Prentice Hall, p. 47. 유전자 빈도에서 출생 빈도로의 전환에는 하디 와인버그 관계식이 사용된다.

4. Time, January 11, 1999, pp. 57-58.

5. 또한 다음을 참고하기 바란다. R. Nesse and G. Williams (a medical doctor and an evolutionary biologist), 1996, Why We Get Sick: The New Science of Darwinian Medicine, Vintage Books. See especially chapter 7, "Genes and Disease", which includes a table of benefits from genes considered diseases; work by J. Diamond, a medical doctor and ecologist, in B. Spyropoulos and J. Diamond, 1989, Nature, 331:666; Discover, November 1989, pp. 72-78; Natural History, June 1988, pp. 10-13, and February 1990, pp. 26-30. See also G. Kolata, 1993, New York Times, Nov 16, pp. C1 and C3, on cystic fibrosis; and N. Angier, 1994, New York Times, June 1, p.

B9, on evolutionary aspects of genetic diseases.

6. 앨프리드 킨제이의 데이터 및 후속 연구에 따르면 게이 남성의 출현율과 레즈비언의 출현율은 10퍼센트에서 1퍼센트 사이다. 이 수치들은 게이를 어떻게 정의하느냐에 따라 달라진다. 어떤 특정한 연구에서는 게이 남성이 레즈비언 여성보다 두 배나 더 많은 것으로 나타난다. 다음을 참고하기 바란다. R. Michael, J. Gagnon, E. Laumann, and G. Kolata, 1994, Sex in America: A Definitive Survey, Warner Books, pp. 169-83; S. LeVay, 1996, Queer Science, MIT Press, pp. 47-49 and 60-64.

7. The Harry Benjamin International Gender Dysphoria Association's Standards of Care for Gender Identity Disorders, Fifth Draft, January 29, 1997. 이 자료에서는 네덜란드의 경우 11,900명당 1명이 남성에서 여성으로의 성전환자이며 3만400명당 1명이 여성에서 남성으로의 성전환자라고 주장한다. 이 협회는 트랜스젠더 남성인 리드 에릭슨의 노력으로 설립되었다. 다음 사이트를 참고하기 바란다. http://web.uvic.ca/erick123/.

8. http://www.lynnconway.com/.

9. Http://ai.eecs.umich.edu/people/conway/TS/TS-II.html#anchor6356i5.

10. U.K. Home Office, July 2000, Report of the Interdepartmental Working Group on Transsexual People. 다음 링크에서 pdf 파일로 볼 수 있다. http://www.homeoffice. gov.uk/ccpd/wgtrans. pdf, 그리고 다음은 html 파일 형태이다. http://www.pfc.org.uk/workgrp/wgrp-all.htm.

11. '프레스 포 체인지(Press for Change)'에서 사용하는 5,000이라는 수치는 다음을 참고하기 바란다. http://www.pfc.org.uk/index.htm.

12. D. Kelly, 2001, Estimating of the prevalence of transsexualism in the United Kingdom, http:// ai.eecs.umich.edu/people/conway/TS/UK-TSprevalence.html.

13. J. Fichtner, D. Filipas, A. Mottrie, G. Voges, and R. Hohenfellner, 1995, Analysis of meatal location in 500 men: Wide variation questions need for meatal adin all pediatric anterior hypospadias cases, J. Urology 154:833-34, cited in A. Fausto-Sterling, 2000, Sexing the Body: Gender, Politics, and the Construction of Sexuality, Basic Books, pp. 57-58.

14. 다음 자료에서는 0.5797/1,000의 빈도가 보고되어 있다. M. Blackless, A. Charuvastra, A. Derryck, A. Fausto-Sterling, K. Lauzanne, and E. Lee, 2000, How sexually dimorphic are we? Review and synthesis, Amer. J. Human Biol. 12:151-66.

15. Fichtner et al., 1995, Analysis of meatal location in 500 men.

16. Blackless et al., 2000, How sexually dimorphic are we? See also: Fausto-Stering 2000, Sexing the Body, table 3.2, p. 53; L. Pinsky, R. Erickson, and R.N. Schimke, 1999, Genetic Disorders of Human Sexual Development, Oxford University Press, p. 236.

17. Pinsky et al., 1999, Disorders of Human Sexual Development, p. 234.

18. Blackless et al., 2000, How sexually dimorphic are we?

19. B. Gottlieb, H. Lehvaslaiho, K. Beitel, M. Trifiro, R. Lumbrosos, and L. Pinsky 1998, The androgen receptor gene mutations database, Nucleic Acids Res. 26:234-38.

20. Pinsky et al., 1999, Disorders of Human Sexual Development, pp. 242-52.

21. K. Buckton, 1983, Incidence and some consequences of X-chromosome abnormality in liveborn infants: Cytogenetics of the mammalian X chromosome, pp. 7-22 in Part B: X Chromosome Abnormalities and Their Clinical Manifestations, ed. Alan R. Liss, cited in Blackless et al., 2000, How sexually dimorphic are we?, p. 152.

22. L. Abramsky and J. Chappie, 1997, 47,XXY (Klinefelter syndrome) and 47,XYY: Estimated rates of and indication for postnatal diagnosis for prenatal counseling, Prenat. Diagn. 17:363-68, cited in Blackless et al, 2000, How sexually dimorphic are we?, p. 152.

23. Blackless et al., 2000, How sexually dimorphic are we?; see also A. Danso and F. Nkrumah, 1992, The challenges of ambiguous genitalia, Centr. Afr. J. Med. 38:367-71; G. Krob, A. Braun, and U. Kuhnle, 1994, True hermaphroditism: Geographical distribution, clinical findings, chromosomes and gonadal histories, Eur. J. Pediatr. 152:2-10; U. Kuhnle, H. Schwarz, U. Lohrs, S. Stengel-Ruthkowski, H. Cleve, and A. Braun, 1993, Familial true hermaphroditism: Paternal and maternal transmission of true hermaphroditism (46,XX) and XX maleness in the absence of the Y-chromosome sequences, Hum. Genet. 92:571-76; S. Slaney, I. Chalmers, N. Affara, and L. Chitty, 1998, An autosomal or X-linked mutation results in true hermaphrodites and 46,XX males in the same family, J. Med. Genet. 35:17-22.

24. W. van Niekerk, 1976, True hermaphroditism: An analytic review with a report of three new cases, Am. J. Obst. Gyn. 126:890-907.

25. 설명된 사례들은 다음 출처에서 얻었다. LeVay, 1996, Queer Science, pp. 91-97.

26. E. Goode, 1998, On gay issue, psychoanalysis treats itself, New York Times, Dec. 12, p. A29.

27. R. Weller, 1998, Board nixes gay conversion therapy, Associated Press, Dec. 11. 다음 웹페이지

에서 볼 수 있다. http://www.skeptictank.org/hs/apanogay.htm. 실제 결정에 대한 정보는 다음 웹사이트를 참고하기 바란다. http://www.apa.org/pi/lgbpolicy/orient.html 그리고 http://www.psych.org/pract_of_psych/copptherapyaddendum83ioo.cfm. 전체적인 개요는 다음 웹사이트를 참고하기 바란다. http://psychology.ucdavis.edu/rainbow/html/facts_changing.html.

28. M. Lemonick, 1999, Designer babies, Time, Jan. n, p. 66.

29. The Harry Benjamin International Gender Dysphoria Association, Standards of Care for Gender Identity Disorders, Fifth Draft, Jan. 29, 1997.

30. G. Rekers and O. Lovaas, 1974, Behavioral treatment of deviant sex-role behaviors in the male child, J. Applied Behav. Analysis 7:173-90; cited in K. Zucker and S. Bradley, 1995, Gender Identity Disorder and Psychosexual Problems in Children and Adolescents, Guilford Press, p. 271.

31. Zucker and Bradley, 1995, Gender Identity Disorder, pp. 281, 315.

32. Ibid., p. 281.

33. I. Haraldsen and A. Dahl, 2000, Symptom profiles of gender dysphoric patients of transsexual type compared to patients with personality disorders and healthy adults, Acta Psychiatr. Scand. 102:276-81.

34. Ibid.

35. P. Califia, 1997, Sex Changes: The Politics of Trans-genderism, Cleis Press.

36. GIDreform.org에 대해서는 다음 웹페이지를 참고하기 바란다. http://www.transgender.org/tg/gidr/, 특히 다음 내용에 주목하라. K. Wilson, 1998, The disparate classification of gender and sexual orientation in American psychiatry. 이 내용은 다음 웹페이지에 소개되어 있다. http://www.transgender.org/tg/gidr/kwapa98.html.

37. N. Bartlett, P. Vasey, and W. Bukowski, 2000, Is gender identity disorder in children a mental disorder? Sex Roles 43:753-85.

38. Pinsky et al., 1999, Disorders of Human Sexual Development, p. 51.

39. P. Donahoe and J. Schnitzer, 1996, Evaluation of the infant who has ambiguous genitalia, and principles of operative management, Seminars Pediatr. Surg. 5:30-40.

40. D. Federman and P. Donahoe, 1995, Ambiguous genitalia-etiology, diagnosis, and therapy, Adv. Endocrin. and Metab. 6:91-116; quotations here and below from pp. 103, 108.

41. Fausto-Sterling, 2000, Sexing the Body, diagram on p. 59.

42. 음경 길이에 대해서는 다음을 참고하기 바란다. E. Flatau, Z. Josefsberg, S. Reisner, O. Bialik, and Z. Laron, 1975, Penile size in the newborn infant, J. Pediatr. 87:663-64. 클리토리스 길이에 대해서는 다음을 참고하기 바란다. S. Oberfield, A. Mondok, F. Shahrivr, J. Klein, and L. Leving, 1989, Clitoral size in full-term infants, Amer. J. Perinat. 6:453-54.

43. Fausto-Sterling, 2000, Sexing the Body, pp. 62-63.

44. 더욱 구체적인 정보는 다음을 참고하기 바란다. http://www.the-penis.com/hypospadias.html. 이 사이트에는 개인의 진술과 더불어 더 많은 정보에 대한 링크가 담겨 있다. 아울러 다음의 요도하열 지지 단체를 참고하기 바란다. http://www.hypospadias.co.uk/index2.htm. 간성 옹호 단체인 미국간성협회 홈페이지 http://isna.org 및 이 협회의 요도하열 안내 페이지인 다음 페이지를 참고하기 바란다. http://isna.org/library/hypospadiasguide.html.

45. Federman and Donahoe, 1995, Ambiguous genitalia, p. 104.

46. 다음 자료의 다이어그램을 참고하기 바란다. Fausto-Sterling, 2000, Sexing the Body, pp. 61-63.

47. Pinsky et al., 1999, Genetic Disorders of Human Sexual Development, p. 23 5. For a booklet for parents of children with CAH, see http://www.rch.unimelb.edu.au/publications/cah_book/index.html.

48. Fausto-Sterling, 2000, Sexing the Body, p. 65.

49. Pinsky et al., 1999, Genetic Disorders of Human Sexual Development, p. 252.

50. 다음의 AIS 지지 단체 웹사이트를 참고하기 바란다. http://www.medhelp.org/www/ais/. 간행물은 다음 웹페이지에서 볼 수 있다. http://www.rch.unimelb.edu.au/publications/CAIS.html.

51. Donahoe and Schnitzer, 1996, Evaluation of the infant who has ambiguous genitalia, p. 30.

52. S. Jahoda, Theatres of madness, pp. 251-76 in Terry and Urla, 1995, Deviant Bodies.

53. R. Maines, 1999, The Technology of Orgasm: "Hysteria", the Vibrator, and Women's Sexual Satisfaction, Johns Hopkins University Press; reviewed by N. Angier, New York Times, Feb. 13, 1999.

54. Study finds dysfunction in sex lives is widespread, 1999, New York Times, Feb. 10, p. A14.

55. T. Abate, 1999, Vivus patents sex cream for women, San Francisco Chronicle March 9, pp. E1, E4.

56. D. Stead, 1999, Circumcision's pain and benefits re-examined, New York Times, March 2, p. D6.

57. A. Raghunathan, 1999, A bold rush to sell drugs to the shy, New York Times, May 18, pp. C1, C6.

58. Robert Pear, 1999, Few seek to treat mental disorders, a U.S. study says, New York Times, Dec. 13.

59. C. Goldberg, 1999, Mental health of students gets new push at Harvard, New York Times, Dec. 14.

60. E. Eakin, 2000, Bigotry as mental illness, or just another norm, New York Times, Jan. 15, p. A21.

61. G. Kolata, 2002, More may not mean better in health care, studies find, New York Times, July 21, pp. A1, A20.

62. P. G. Allen, 1990, The woman I love is a planet, in I. Diamond and G. Orn-stein, eds., Reweaving the World: The Emergence of Ecofeminism, Sierra Club Books, pp. 52-57.

17장 유전공학 대 다양성

1. R. Proctor, 1995, The destruction of "Lives Not Worth Living", pp. 170-96 in J. Terry and J. Urla, 1995, Deviant Bodies, Indiana University Press.

2. I. Wilmut, A. Schnieke, J. McWhir, A. Kind, and K. Campbell, 1997, Viable offspring from fetal and adult mammalian cells, Nature 385:810-14.

3. G. Kolata, 1998, Japanese scientists clone a cow, making eight copies, New York Times, Dec. 8, p. 1. 웹상에서 복제에 관한 정보를 찾으려면 다음 사이트에서 시작하기 바란다. http://www.ornl. gov/hgmis/elsi/cloning.html 및 http://www.ri.bbsrc.ac.uk/library/research/cloning/. 회의적인 서문이 포함된 책으로 다음을 들 수 있다. G. Kolata, 1998, Clone: The Road to Dolly, and the Path Ahead, William Morrow; 다음의 책에는 긍정적으로 보는 시각이 담겨 있다. G. Pence, 1998, Who's Afraid of Human Cloning? Rowman & Littlefield.

4. Dr. Y. Tsunoda of Kinki University in Nara, Japan, in Kolata, 1998, Japanese scientists clone a cow, p. 1.

5. 미국 정부의 복제에 관한 정보성 광고가 담긴 다음 웹페이지를 참고하기 바란다. http://www.

how stuffworks.com/cloning.htm.

6. Http://www.nature.com/nsu/o202ii/o202i 1-13.html.

7. Http://news.bbc.co.uk/hi/english/sci/tech/newsid_i82oooo/i820749.stm.

8. 다음에서 인용하였다. Kolata, 1998, Japanese scientists clone a cow, p. 1. See: L. Silver, 1998, Remaking Eden: Cloning and Beyond in a Brave New World, Avon Books.

9. 한국의 주장은 다음을 참고하기 바란다. S. WuDunn, 1998, South Korean scientists say they cloned a human cell, New York Times, Dec. 17; also: G. Kolata, 1998, Speed of cloning advances surprises US ethics panel, New York Times, Dec. 8. On U.S. claim, see: http://www.sciam.com/explorations/2001/112401ezzell.

10. Researcher promises human clone by next year, team plans delivery outside of the US, 2002, San Francisco Chronicle, May 16.

11. http://www.msnbc.com/news/681969.asp G. Kolata, 2003, First mammal clone dies: Dolly made science history, New York Times, Feb. 15.

12. G. Kolata, 2001, In cloning, failure far exceeds success, New York Times, Dec. 11.

13. 또한 다음을 참고하기 바란다. Simerly et al., 2003, Molecular correlates of primate nuclear transfer failures, Science 300:297-98.

14. Kolata, 2001, In cloning, failure far exceeds success.

15. J. Whitfield, 2001, Cloned cows in the pink: Healthy cows buck the trend for sickly clones, Nov. 23, available at http://www.nature.com/nsu/011129/011129-1.html. (다음의 인용은 이 출처에서 가져왔다.)

16. H. Gee, 1999, Dolly is not quite a clone, Aug. 31. 다음 웹페이지에서 볼 수 있다. http://www.nature.com/nsu/990902/990902-5.html.

17. T. Maniatis and R. Reed, 2002, An extensive network of coupling among gene expression machines, Nature 416: 499-506.

18. H. Pearson, 2002, Cause of sick clones contested: Tentative diagnosis of clones' complaints, Jan. 11. 다음 웹페이지에서 볼 수 있다. http://www.nature.com/nsu/02.0107/020107-10.html.

19. http://www.globalchange.com/clonech.htm; http://www.humancloning.org/; http://www.clonaid.com/.

20. C. Hall, 2002, UCSF admits human clone research, San Francisco Chronicle, May 25.

21. Dr. H. Sweeney, of the University of Pennsylvania Medical Center, quoted in P. Recer, 1988, New genes may restore old muscles, study finds, Santa Barbara News Press, Dec. 15, p. A1.

22. Dr. W. Haseltine, chairman of Human Genome Sciences in Rockville, Md., quoted in N. Wade, 1998, Immortality of a sort beckons to biologists, New York Times, Nov. 17, p. D1.

23. L. Jaroff, 1999, Fixing the genes, Time, Jan. 11, pp. 68-70.

24. S. Stolberg, 2000, Gene therapy ordered halted at university, New York Times, Jan. 22, p. Ai.

25. M. D. Lemonick, 1999, Designer babies, Time, Jan. 11, pp. 64-66.

26. Lance Morrow, 1999, Is this right? Who has the right to say? A mother of octuplets, one already gone, says God has blessed her, Time, Jan. 11, p. 41.

27. Dr. J. Botkin, a University of Utah pediatrics professor, quoted in F. Golden, 1999, Good eggs, bad eggs, Time, Jan. 11, pp. 56-59.

28. G. Kolata, 1999, $50,000 offered to tall, smart egg donor, New York Times, March 3, p. A10.

29. T. Abate, 1999, Artist proposes using jellyfish genes to create glow-in-the-dark dogs, San Francisco Chronicle, Oct. 18, p. B1.

30. S. Madoff, 2002, The wonders of genetics breed a new art, New York Times, May 26.

31. S. Begley, 2002, Cloned calves may offer cure for many ills, Wall Street Journal, Aug. 12.

32. N. Wade, 1999, Life is pared to basics: Complex issues arise, New York Times, Dec. 14.

33. James Watson, 1999, All for the good, Time, Jan. 11, p. 91.

34. N. Wade, 2002, Scientist reveals secret of genome: It's his, New York Times, April 27, p. A1. (인용문 및 후속 논의들은 이 출처에서 얻었다.)

35. A. Pollack, 2002, A jury orders Genentech to pay $300 million in royalties, New York Times, June 11.

36. A. Pollack and D. Johnson, 2002, Former chief of ImClone Systems is charged with insider trading, New York Times, June 13.

37. N. Wade, 2002, Human genome sequence has errors, scientists say, New York Times, June 11.

38. J. DeRisi, V. Iyer, and P. Brown, 1997, Exploring the Metabolic and Genetic Control of Gene Expression on a Genomic Scale, Science 278: 680-86. 그 기술이 어떻게 작동하는지를 보여주는 훌륭한 애니메이션을 다음 웹페이지에서 볼 수 있다. http://www.bio.davidson.edu/courses/genomics/chip/chip.html. 발효에서 호흡으로 전환하는 동안에 전체 유전자들의 작

동 중지 및 작동 시작 사진을 담은 슬라이드 쇼는 다음 웹페이지에 나온다. http://industry.ebi. ac.uk/alan/MicroArray/IntroMicroArrayTalk/index.htm. 더 많은 정보를 원하면, 검색을 시작 하기 좋은 곳은 다음의 스탠퍼드 마이크로어레이 데이터베이스(SMD)이다. http://genome-www.stanford.edu/microarray. G. Sherlock et al., 2001, The Stanford Microarray Database, Nucleic Acids Res. 29:152-55.

39. D. Lockhart and E. Winzeler, 2000, Genomics, gene expression and DNA arrays Nature 405:827-36.

40. http://www.monsantoafrica.com/reports/fieldpromise/page4.html.

41. D. Quist and I. Chapela, 2001, Transgenic DNA introgressed into traditional maize landraces in Oaxaca, Mexico, Nature 414:541-43.

42. the back-and-forth exchange in Nature (advance online publication), April 4, 2002, 다음 웹페 이지에서 볼 수 있다. www.nature.com, 1-3.

43. N. Wade, 2002, After scare, a gene therapy trial proceeds, New York Times, Jan. 8.

44. N. Wade, 1999, Ten drug makers join to find genetic roots of diseases, New York Times, April 15. 미국 국립보건원의 인간게놈프로젝트 연구소장인 F. 콜린스Collins 박사는 이렇게 말한 다. "유전자 지도는 단지 북유럽인만이 아니라 전체 인간 변이의 진정한 목록이 되어야 한다." 게다가 웨이드Wade (1999, The genome's combative entrepreneur, New York Times, May 18, pp. D1, D2)가 인용하기로, 셀레라Celera사의 벤터Venter 박사는 "주요 인종 집단들에서 선별 한 남성 세 명과 여성 두 명, 총 다섯 명"의 유전자 염기서열을 밝혀낼 계획이라고 한다. 45. N. Wade, 1999, Tailoring drugs to fit the genes, New York Times, April 20. 또한 웨이드에 의하면, 다양한 인종에 대한 게놈 지도를 작성하기 위해 공동으로 결성된 열 개의 제약회사들이 맞춤 식 약품을 개발할 계획이라고 한다.

46. G. Kolata, 1999, Using gene testing to decide a patient's treatment, New York Times, Dec. 20, p. 1; Andrew Pollack, 1999, In the works: Drugs tailored to individual patients, New York Times, Dec. 20, p. C8.

47. 예를 들어 다음을 참고하기 바란다. N. Wade, 2002, Genes help identify oldest human population, New York Times, Jan. 8.

48. W. Broad and J. Miller, 1999, Defector discloses germ weapons, New York Times, April 5.

49. N. Wade, 2002, Thrown aside, genome pioneer plots a rebound, New York Times, April 30.

50. T. Abate, 2002, Depressing times for biotech as key index hits three-year low, San Francisco Chronicle, May 13; A. Pollack, 2002, Biotechnology seeks end to slump, New York Times, May 19.

51. D. Levy, 2002, Scientists need to play a bigger role in national security, Drell says, Stanford Report, Feb. 14, 다음의 웹페이지에서 볼 수 있다. http://www.stanford.edu/dept/news/report/news/february2o/drell-a.html.

18장 두 개의 영혼, 마후, 히즈라

1. W. Williams, 1992, The Spirit and the Flesh: Sexual Diversity in American Indian Culture, Beacon Press; W. Roscoe, 1998, Changing Ones: Third and Fourth Genders in Native North America, St. Martin's Press; W. Roscoe, 1988, Living the Spirit: A Gay American Indian Anthology, St. Martin's Press; S. Long, 1996, There is more than just women and men, pp. 183-96 in S. Ramet, ed., Gender Reversals and Gender Cultures: Anthropological and Historical Perspectives, Routledge; S. Lang, 1998, Men As Women, Women As Men, University of Texas Press; S. E. Jacobs, W. Thomas, and S. Lang, 1997, Two-Spirit People: Native American Gender Identity, Sexuality, and Spirituality, University of Illinois Press.

2. Williams, 1992, The Spirit and the Flesh, p. 19.

3. Roscoe, 1998, Changing Ones, p. 31. 오시티시에 관한 모든 인용문은 이 출처에서 얻었다.

4. Ibid., p. 35.

5. Ibid., p. 47. 클라에 관한 모든 인용문은 이 출처에서 얻었다.

6. Ibid., p. 54.

7. Ibid., p. 31.

8. Ibid., p. 33.

9. Ibid., p. 75.

10. Ibid., p. 145.

11. S. Lang, 1999, Lesbians, men-women and two-spirits: Homosexuality and gender in Native American cultures, pp. 91-116 in E. Blackwood and S. Wieringa, eds., Female Desires, Same-Sex Relations and Transgender Practices across Cultures, Columbia University Press.

12. Williams, 1992, The Spirit and the Flesh, p. 24. 아래 인용문들은 이 출처에서 얻었다.

13. Roscoe, 1998, Changing Ones, p. 150.

14. Williams, 1992, The Spirit and the Flesh, p. 98.

15. Ibid., p. 137.

16. Roscoe, 1998, Changing Ones, p. 202

17. Ibid., p. 17.

18. Williams, 1992, The Spirit and the Flesh, pp. 80, 219.

19. N. Besnier, 1994, Polynesian gender liminality through time and space, pp. 285-328 in G. Herdt, ed., Third Sex, Third Gender: Beyond Sexual Dimorphism in Culture and History, Zone Books. 인용문은 p. 289의 내용이다.

20. Ibid., p. 290.

21. D. Elliston, 1999, Negotiating transnational sexual economies: Female mahu and same-sex sexuality in "Tahiti and Her Islands", pp. 232-52 in Blackwood and Wieringa, eds., Female Desires, Same-Sex Relations and Transgender Practices across Cultures.

22. Besnier, 1994, Polynesian gender liminality, p. 291.

23. Ibid., pp. 296-98.

24. Ibid., p. 300.

25. Ibid., p. 298.

26. Elliston, 1999, Negotiating transnational sexual economies, p. 234.

27. Ibid., p. 237.

28. Ibid., p. 237.

29. Ibid., p. 241.

30. 히즈라에 대한 이 설명은 주로 인류학자 세레나 난다 및 언어학자 키라 홀의 연구에서 가져온 것이다. 다음을 참고하기 바란다. S. Nanda, 1999, Neither Man nor Woman: The Hijras of India, 2d ed., Wadsworth; L. Cohen, 1995, The pleasures of castration: The postoperative status of hijras, jankhas, and academics, pp. 276-304 in P. R. Abramsan and S. D. Pinkerton, eds., Sexual Nature, Sexual Culture, University of Chicago Press; K. Hall, 1995, Hijra/bijrin: Language and Gender Identity, Ph.D. diss., Department of Linguistics, University of California, Berkeley; K. Hall, 1997, "Go suck your husband's sugarcane!": Hijras and the use of sexual insult, pp. 430-60 in A. Livia and K. Hall, eds., Queerly Phrased: Language, Gender and

Sexuality, Oxford University Press; and K. Hall, 2001, personal communication. 또한 다케시 이시가와의 다음 홈페이지에서 사진을 참고하기 바란다. http://home.interlink.or.jp/takeshii/index.htm.

31. B. Bearnak, 2001, A pox on politicians: A eunuch you can trust, New York Times, Jan. 19.

32. J. Karp, 1998, And she's a eunuch: Ms. Nehru goes far in Indian politics: Lower than the untouchables, 'hijras' begin to change some popular prejudices, Wall Street Journal, Sept. 24.

33. S. Nanda, 1999, Neither Man nor Woman, p. 17.

34. Ibid., p. 166.

35. Ibid., p. 6.

36. Ibid., p. 56.

37. 여기 및 아래의 미라에 관한 인용문은 같은 책의 pp. 81, 78-79, 82에서 나온 내용이다.

38. Ibid., p. 63.

39. 여기 및 아래의 수실라에 관한 인용문은 같은 책의 pp. 87, 95-96에서 나온 내용이다.

40. 여기 및 아래의 살리마에 관한 인용문은 같은 책의 pp. 98-100에서 나온 내용이다.

41. Ibid., p. 28.

42. Ibid., pp. 66, 35.

43. 방금 인용한 경멸적인 표현은 같은 책 pp. 35-37에서 난다의 말을 인용했다.

44. 여기의 모든 인용문들은 같은 책 pp. 67, 15-16, 28에서 나온 내용이다.

45. 미라에 관한 인용문들은 같은 책 pp. 81, 156에서 나온 내용이다.

46. 미라에 관한 인용문들은 같은 책 p. 81.에서, 수실라에 관한 내용은 위의 책 p. 94.에서 나왔다.

47. Ibid., p. 67.

48. Ibid., p. 11.

49. Ibid., p. 69.

50. Ibid., p. 160.

51. L. Cohen, 1995, The pleasures of castration: The postoperative status of hijras, jankhas, and academics, pp. 276-304 in P. R. Abramsan and S. D. Pinkerton, eds., Sexual Nature, Sexual Culture, University of Chicago Press; Kira Hall, 2001, personal communication; S. Nanda, 1999, Neither Man nor Woman, p. 11.

52. G. Thadani, 1999, The politics of identities and languages: Lesbian desire in ancient and

modern India, pp. 67-90 in Blackwood and Wieringa, eds., Female DeSame-Sex Relations and Transgender Practices across Cultures.

53. Jordy Jones, 2001, personal communication.

19장 유럽·중동 역사상의 트랜스젠더

1. 이 부분은 주로 역사학자 매슈 쿠에플러의 저술에서 얻은 내용이다. M. Kuefler, 2001, The Manly Eunuch: Masculinity, Gender Ambiguity, and Christian Ideology in Late Antiquity, University of Chicago Press. 이 문단의 인용문들은 다음 페이지를 참고하기 바란다. pp. 32-34.

2. Ibid., p. 34; 또한 다음을 참고하기 바란다. J. Long, 1996, Claudian's In Eutropium: Or, How, When, and Why to Slander a Eunuch, University of North Carolina Press.

3. Kuefler, 2001, The Manly Eunuch, p. 62.

4. Ibid.

5. Ibid., p. 61.

6. Ibid., p. 252.

7. Ibid., p. 101.

8. Ibid., pp. 85, 64.

9. 카툴루스는 로마 시대에 셰익스피어처럼 여겨지던 인물이었다. 다음을 참고하기 바란다. Poem 63, translated by C. Sisson, 1967, The Poetry of Catullus, Orion; 다음 웹페이지에서 볼 수 있다. http://aztriad.com/catullus.html.

10. Kuefler, 2001, The Manly Eunuch, pp. 255-56.

11. Http://news.bbc.co.uk/hi/english/uk/england/newsid_1999000/1999734.stm. 이 전통은 부활되었다. 다음을 참고하기 바란다. http://www.gallae.com/ and http://aztriad.com/index.html.

12. Kuefler, 2001, The Manly Eunuch, p. 248.

13. Ibid., p. 250.

14. Ibid., pp. 250-51.

15. Ibid., p. 254.

16. Ibid., p. 249.

17. 다음 단체에 감사드린다. Bible Gateway of the Gospel Communications Network Online

Christian Resources. 이들의 아래 웹사이트에는 여러 가지 판본의 온라인 성경을 제공한다. http://bible.gospelcom.net/cgi-bin/bible

18. Kuefler, 2001, The Manly Eunuch, pp. 137-39.

19. Ibid., p. 261.

20. Ibid., pp. 223, 231. See also: J. Welch, 1996, Cross-dressing and cross-purposes: Gender possibilities in the Acts of Thecla, pp. 66-78 in S. Ramet, ed., Gender Reversals and Gender Cultures, Routledge; K. Torjesen, 1996, Martyrs, ascetics, and gnostics, pp. 79-91 in S. Ramet, ed., Gender Reversals and Gender Cultures, Rout-ledge.

21. Kuefler, 2001, The Manly Eunuch, pp. 261-62.

22. K. Ringrose, 1994, Living in the shadows: Eunuchs and gender in Byzantium, pp. 85-109 in G. Herdt, ed., Third Sex: Beyond Sexual Dimorphism in Culture and History, Zone Books, p. 99.

23. Kuefler, 2001, The Manly Eunuch, pp. 269, 280. 우리로서는 종교적 학대라고 여길 한 사례를 카시안은 다음과 같이 존경스럽게 이야기한다. 한 아버지가 여덟 살 난 아들과 함께 한 이집트 수도승 공동체에 들어갔다. 그 아버지에게 가족 버리기에 관한 교훈을 가르치고자, 수도원장은 다른 수도승들로 하여금 아버지가 보는 앞에서 그 어린아이를 줄곧 괴롭혔다. "많은 이들이 아들을 쥐어박고 때리는 바람에 아버지가 볼 때면 아들의 뺨에는 늘 더러운 눈물 자국이 묻어 있었다." 아버지는 자기 아들이 괴롭힘을 당하는 모습을 보고서도 아무 말 없이 그 고통을 견뎌냈으며, 심지어 수도원장이 명령을 내리자, 미리 준비된 계획에 따라 지체 없이 아들을 물에 빠뜨리기조차 했다. 수도원장이 죽자 그 아버지가 후임을 맡았다. 요점은 분명했다. 생물학적인 아버지로서의 책임을 내던짐으로써, 그 남자는 전체 수도승 공동체를 이끌 지도자가 되었던 것이다. 가족의 가치를 지키는 것과는 거리가 먼 전통이다.

24. Ibid., p. 274.

25. E. Rowson, 1991, The effeminates of early Medina, J. Amer. Oriental Soc. 111:671-93. 해당 부분의 모든 인용은 이 출처에서 나왔다.

26. 라우슨에 따르면 코란과 마호메트의 언행록은 동성애 행위를 강하게 비난한다고 한다. 코란은 다음을 참고하기 바란다. 7:80f., 26:165f., 27:54f., 29:27f., 54:37.

27. L. Feinberg, 1996, Transgender Warriors: Making History from Joan of Arc to RuPaul, Beacon Press, pp. 31-37. 잔 다르크의 소송 과정을 담은 긴 문서가 포함된 광범위한 문헌과 더불어 대중극으로 각색된 내용이 지금도 존재하며, 다음 웹사이트에서도 볼 수 있을 것이다. http://

www.smu.edu/ijas, http://www.stjoan-center.com, 및 http://perso.wanadoo.fr/jean-claude. colrat. 특히 다음을 참고하기 바란다. B. Wheeler and C. T. Wood, eds., 1996, Fresh Verdicts on Joan of Arc, Garland; and S. Crane, 1996, Clothing and gender definition: Joan of Arc, J. Medieval and Early Modern Studies 28 (2):297-320.

28. Feinberg, 1996, Transgender Warriors, p. 34.

29. Ibid., p. 35.

30. Ibid., p. 36.

20장 고대의 성관계

1. 이 부분은 K. J. 도버의 저술을 바탕으로 하고 있다. K. Dover, 1989 [1978], Greek Homosexuality, Harvard University Press. See especially pp. 98, 101, 102, 106.

2. Ibid., p. 31.

3. Ibid., p. 36.

4. 이 부분은 톰 호너와 대니얼 헬미니아크의 저술을 바탕으로 하고 있다. T. Horner, 1978, Jonathan Loved David, Westminster Press; D. Helminiak, 2000, What the Bible Really Says about Homosexuality (millennium edition), Alamo Square Press, with a foreword by J. Spong. 더 많은 학술 문헌은 다음을 참고하기 바란다. J. Boswell, 1980, Christianity, Social Tolerance and Homosexuality: Gay People in Western Europe from the Beginning of the Christian Era to the Fourteenth Century, University of Chicago Press; W. Countryman, 1988, Dirt, Greed and Sex: Sexual Ethics in the New Testament and Their Implications for Today, Fortress Press; B. Brooten, 1996, Love Between Women: Early Christian Responses to Female Homoeroticism, University of Chicago Press. 성직자들은 다음을 보기 바란다. R. Truluck, 2000, Steps to Recovery from Bible Abuse, Chi Rho Press, 다음에서 온라인으로 볼 수 있다. http://www. chirhopress.com/products/gayandchristian.html; and links at http://www.truluck.com/.

5. Helminiak, 2000, What the Bible Really Says about Homosexuality, p. 83.

6. Ibid., p. 79.

7. Brooten, 1996, Love Between Women.

8. Helminiak, 2000, What the Bible Really Says about Homosexuality, pp. 85-86.

9. N. Wilson, 2000, Our Tribe, Queer Folks, God, Jesus and the Bible (millennium edition), Alamo

Square Press, p. 100.

10. D. Halperin, 1989, Sex before sexuality: Pederasty, politics, and power in classical Athens, pp. 37-53 in M. Duberman, M. Vicinus, and G. Chauncey Jr., Hidden from History: Reclaiming the Gay and Lesbian Past, Meridian.

21장 톰보이, 베스티다, 구에베도체

1. E. Blackwood, 1999, Tonbois in west Sumatra: Constructing masculinity and erotic desire, pp. 182-205 in E. Blackwood and S. Wieringa, eds., Same-Sex Relations and Female Desires: Transgender Practices across Cultures, Columbia University Press. 여기 및 아래의 인용문들은 p.186에 나오는 내용이다.

2. S. Wieringa, 1999, Desiring bodies or defiant cultures: Butch-femme lesbians in Jakarta and Lima, pp. 206-32 in Blackwood and Wieringa, eds., Same-Sex Relations and Female Desires. 자바에 관한 모든 인용문은 이 출처에 바탕을 두고 있다. 인용문들은 차례대로 다음 페이지에서 인용했다. pp. 206, 209, 218, 217, 222.

3. 뉴욕 버펄로의 부치/펨 공동체에 관한 결정적인 연구는 다음을 참고하기 바란다. E. Kennedy and M. Davis, 1993, Boots of Leather, Slippers of Gold, Penguin Books.

4. Wieringa, 1999, Desiring bodies or defiant cultures, p. 226.

5. 이 부분은 안니크 프리에우르의 저술에 주로 바탕을 두고 있다. A. Prieur, 1998, Mema's House, Mexico City: On Transvestites, Queens, and Machos, University of Chicago Press.

6. Ibid., pp. 49-50.

7. 여기서부터 마르타가 하는 말들의 출처는 다음과 같다. ibid., pp. 104-8, 178.

8. Ibid., p. 108.

9. Ibid., p. 109.

10. Ibid., p. 129.

11. Ibid., pp. 145-46, 154.

12. Ibid., p. 156.

13. Ibid., pp. 158-59.

14. Ibid., pp. 171, 174.

15. Ibid., p. 173.

16. 이 설명의 길버트 허트의 저술에 바탕을 두고 있다. G. Herdt, 1994, Mistaken sex: Culture, biology and the third sex in New Guinea, pp. 419-45 in G. Herdt, ed., Third Sex, Third Gender: Beyond Sexual Dimorphism in Culture and History, Zone Books.

22장 미국의 트랜스젠더 정책

1. L. Feinberg, 1996, Transgender Warriors: Making History from Joan of Arc to RuPaul, Beacon Press, pp. 97-99; 광범위한 동성애자 정치 활동이 이 시기 이전부터 샌프란시스코에서 벌어지고 있었다. 출처는 다음 자료이다. S. Stryker and J. Van Buskirk, 1996, Gay by the Bay, Chronicle Books.

2. http://www.hrc.org.

3. The Channel, TGSF, 1999, 18 (2) (Feb):13; reprinted from QUILL, Gender-Pac Media Advisory, Jan. 14, 1999. 로린 페이지에 관한 모든 인용문의 출처는 다음이다.

4. Http://www.rememberingourdead.org.

5. D. France, 2000, An inconvenient woman, New York Times Magazine, May 28, pp. 24-29, and cover photograph. 배리 윈첼의 살해 사건과 관련된 모든 인용문은 이 출처에서 나왔다. 윈첼의 살해 사건 및 그와 캘퍼니아 아담스와의 연애를 극화한 〈군인의 여자Soldier's Girl〉가 2003년 5월 31일 고급 케이블 영화 채널 쇼타임에서 처음 발표되었다.

6. C. Heredia, 2001, Gay, lesbian troops can serve openly-for now: Pentagon suspends discharges during conflict, New York Times, Sept. 19.

7. A. Livia, 1997, Disloyal to masculinity, pp. 349-68 in A. Livia and K. Hall, eds., Queerly Phrased: Language, Gender, and Sexuality, Oxford University Press.

8. H. Lee, 2003, Guilty plea in transgender killing, San Francisco Chronicle, Feb. 25.

9. K. St. John, 2003, Slain teen's last night recounted, San Francisco Chronicle, Feb. 2,0.

10. 이 혁신적인 입법에는 많은 이들의 노력이 있었다. 트랜스젠더 활동가이자 전국 및 샌프란시스코 지역의 지도자인 재미슨 그린에 따르면, 가장 큰 기여를 한 사람은 윌리 브라운 시장이다. 그는 논쟁의 여지가 있긴 하지만 인권 확립의 긴 역사에서 가장 영향력 있는 인물이다. 브라운 시장은 멀리사 웰치를 시의 의료 서비스 위원회의 책임자로 임명했는데, 이는 어느 정도 그녀가 트랜스젠더들에게 의료 혜택이 필요하다는 것을 지지했기 때문이다. 웰치 박사가 많은 트랜스젠더들의 삶과 관련된 입법안의 대부분을 기획했는데, 그 안건들은 결국 통과되었

다.

11. http://ai.eecs.umich.edu/people/conway/TSsuccesses/TSsuccesses.html; http://ai.eecs.umich.edu/people/conway/TSsuccesses/TransMen.html.

12. K. Bornstein, 1994, Gender Outlaw: On Men, Women, and the Rest of Us, Vintage Books, 책 뒷 표지에 나오는 인용문.

13. http://www.thesisters.org/sistory/spihistory.htm.

14. 관련 논의 및 사진은 다음을 참고하기 바란다. J. Halberstam, 1998, Female Masculinity, Duke University Press; D. Volcano and J. Halberstam, 1999, The Drag King Book, Serpent's Tail.

부록 정책 권고

1. 오늘날의 히포크라테스 선서에 관한 논의는 다음을 참고하기 바란다. http://www.pbs.org/wgbh/nova/doctors/oath.html. 과학자와 공학자에게 어울릴 만한 히포크라테스 선서는 다음을 참고하기 바란다. http://www.globalideasbank.org/BOV/BV-381.html.

2. C. Yoon, 1999, Reassessing ecological risks of genetically altered crops, New York Times, Nov. 3, p. 1.

3. City and County of San Francisco Voter Information Pamphlet and Sample Ballot November 7, 2000, Supervisor-District 6, Ballot Type 03, p. 13.

찾아보기

674

변이의 축제
다양성이 이끌어온 우리의 무지갯빛 진화에 관하여

1판 1쇄 인쇄 2021년 7월 9일
1판 1쇄 발행 2021년 7월 20일

지은이 조앤 러프가든 | 옮긴이 노태복
책임편집 김지하 | 편집부 김지은 | 표지 디자인 플락플락

펴낸이 임병삼 | 펴낸곳 갈라파고스
등록 2002년 10월 29일 제2003-000147호
주소 03938 서울시 마포구 월드컵로 196 대명비첸시티오피스텔 801호
전화 02-3142-3797 | 전송 02-3142-2408
전자우편 books.galapagos@gmail.com

ISBN 979-11-87038-76-4 (03330)

갈라파고스 자연과 인간, 인간과 인간의 공존을 희망하며, 함께 읽으면 좋은 책들을 만듭니다.